The New Strategic Brand Management
Advanced Insights and Strategic Thinking

工商管理经典译丛·市场营销系列
Business Administration Classics·Marketing

战略品牌管理

〔第5版〕
Fifth Edition

让-诺埃尔·卡普费雷尔（Jean-Noël Kapferer） / 著

何佳讯 等 / 译

中国人民大学出版社
·北京·

工商管理经典译丛·市场营销系列
出版说明

随着我国市场经济的不断深化，市场营销在企业中的地位日益突出，高素质的市场营销人才也成为企业的迫切需要。中国人民大学出版社早在1998年就开始组织策划了"工商管理经典译丛·市场营销系列"丛书，这是国内第一套引进版市场营销类丛书，一经推出，便受到国内营销学界和企业界的普遍欢迎。

本丛书力图站在当代营销学教育的前沿，总结国际上营销学的最新理论和实践发展的成果，所选图书均为美国营销学界有影响的专家学者所著，被美国乃至世界各国（地区）的高校师生和企业界人士广泛使用。在内容上，涵盖了营销管理的各个重要领域，既注意与国内营销学相关课程配套，又兼顾企业营销的实际需要。

市场营销学是实践性很强的应用学科，随着我国企业营销实践的日渐深入和营销学教育的快速发展，本丛书也不断更新版本，增加新的内容，形成了今天呈现在读者面前的这一较为完善的体系。今后，随着营销学的发展和实践的积累，本丛书还将进行补充和更新。

在本丛书选择和论证过程中，我们得到了国内营销学界著名专家学者的大力支持和帮助，原我社策划编辑闻洁女士在早期的总体策划中付出了大量的心血，谨在此致以崇高的敬意和衷心的感谢。最后，还要特别感谢为本丛书提供版权的培生教育出版集团、约翰威立公司、麦格劳-希尔教育出版公司、圣智学习出版公司等国际著名出版公司。

希望本丛书对推动我国营销人才的培养和企业营销能力的提升继续发挥应有的作用。

中国人民大学出版社

译者序

读懂卡普费雷尔的品牌理论思想

我主译完成让-诺埃尔·卡普费雷尔教授所著的世界上第一部"战略品牌管理"教材的第5版，是出于我近年工作的需要。华东师范大学与法国里昂商学院合作创办亚欧商学院，我牵头与法方同事一起，创立了高端品牌管理（High-End Brand Management）硕士学位项目[①]。本书渗透着高端品牌和奢侈品管理的学术思想，汲取了法国和欧洲的品牌战略实践成果，在品牌和高端品牌管理教学层面具有不可替代性，也正呼应了国内品牌升级实践与人才培养的普遍需求。此外，翻译本书也是对自己青年时代的一个回望——25年前，我研读该书的第1版[②]，对我影响很大。

本书英文版出版一年多后的某天，我与卡普费雷尔教授相约在巴黎晤面。我仍清晰地记得，那是一个有点炎热的夏天中午，卡普费雷尔邀请我在巴黎市中心的一家餐馆用餐，话题的中心是这部经典著作。他高大俊朗，热情健谈，好似久未见面的老友。那天刚一落座，卡普费雷尔就问我，"您与大卫·阿克和凯文·莱恩·凯勒熟识吗？"那一刻，我似乎明白，在他的心中，在现代品牌理论学术领域这两位也称得上是奠基人。卡普费雷尔（1991）首次提出"战略品牌管理"这个学术构念[③]，并于1992年出版了同名英文著作，即本书第1版英文版。在差不多的时间，阿克（1991）出版了《创建强势品牌》。两年后，凯勒（1993）发表了《概念化、测量和管理基于顾客的品牌资产》这篇种子论文，但他出版同名的战略品牌管理教材是在1998年。[④]

要读懂《战略品牌管理》，不妨先把它放到品牌与品牌化研究的整体格局中。根据我的研究，上述三位奠基人的学术思想各有倾向且有理念差异，但一起构建了品牌理论的整

[①] 根据对国内外高校学位项目的检索，在华东师范大学与法国里昂商学院创立高端品牌管理硕士学位项目之前，国内外高校只有奢侈品营销与管理硕士学位项目。

[②] Kapferer Jean-Noël. Strategic brand management: new approaches to creating and evaluating brand equity. New York: The Free Press, 1992.

[③] 卡普费雷尔（1991）的奠基之作首先是以法文出版的，书名为 Les Marques, capital de l'entreprise, 出版社是 Les Editions d' Organisation。

[④] Keller K L. Strategic brand management: building, measuring, and managing brand equity. Pearson Education, 1998.

体版图。①

卡普费雷尔在品牌理论整体版图中的贡献

我曾提出品牌与品牌化研究有两个对应的取向。如果我们画一坐标，向左走就是企业（战略）角度，这是卡普费雷尔建立并主张的取向；向右走就是顾客角度，这是凯勒确立并主导的取向。在这个坐标的中间，则是企业与顾客兼顾的取向，这是阿克开创并坚持的取向。这三种取向构成了完整的版图（何佳讯，2016），并蕴含了品牌创建与品牌资产测量的实践逻辑，明辨它们之间的差异和联系十分重要。

那么，如何理解这三种取向的差异呢？简单地说，就是企业（战略）取向以品牌是条件性资产（conditional asset）为逻辑起点，离开了产品，品牌也就无法存在，因此品牌要与业务结合在一起，考虑所有的方案和行动。顾客取向则以品牌价值的来源是消费者对品牌的认知、情感和态度为逻辑起点。由此，品牌管理可以是相对"独立"的专门化工作，主要通过市场营销（特别是营销传播）把品牌建立在顾客心智中。企业与顾客兼顾的取向，则把两者结合在一起，既重视基于顾客角度建立品牌资产，也重视基于组织角度建立品牌领导地位和品牌（与业务结合）的组合战略。下面，我从本书各版的更迭中总结卡普费雷尔始终坚持的理论思想。

卡普费雷尔在《战略品牌管理》第1版（1992）和第2版（1995）的前言中指出，品牌化不应该是一种战术性决策，即在营销过程的最后，通过像广告、包装等之类的传播建立品牌；也不是一开始所关注的品牌名称、标识、设计等。"真正的品牌管理，无论如何，在很早阶段就以一种战略和一个持续一致的愿景开始了。""它的中心概念是品牌识别（也即身份），而不是品牌形象。"因此，卡普费雷尔在建立战略品牌管理的逻辑体系时，是由品牌识别（brand identity）开始的，他花了数章的篇幅介绍品牌识别的概念和构面、来源，以及如何随时间管理品牌识别的一致性和变化。需要指出的是，在卡普费雷尔的理论中，品牌识别并不是那些设计性的识别元素，而是帮助确定产品的来源、产品的意义和方向，在时间和空间上定义产品的身份。

时隔十年后，卡普费雷尔推出第3版（2004）。他在前言中坦言，第3版反映了自己思想的演进，核心是把品牌和业务整合起来。品牌是业务盈利增长的工具，品牌建立的目的即为此。因此，需要强调企业战略和品牌战略之间的相互关系，这是公司实际运作的方式。卡普费雷尔指出，关键是要记住，无论品牌的形象与知名度如何，如果品牌无法产生额外的现金流，就没有价值。在第4版（2008）的前言中，卡普费雷尔指出，要把品牌看作战略性资产。战略的目的是建立持续性竞争优势，而品牌是少数实现方式之一。在第5版（2012）的前言中，卡普费雷尔一开始就直接指出本书的原创性：与其他任何品牌管理书不同，这是因为它是企业取向的。卡普费雷尔认为，品牌是一种条件性资产，即它以产品的存在为前提。因此，我们可以简单地概括，在卡普费雷尔的逻辑中，品牌是产品加上产品之外的附加值。

---

① 何佳讯. 长期品牌管理. 上海：上海格致出版社，2016：序1-41.

纵观卡普费雷尔的理论体系，可以看出他强调的一些要点，包括：品牌组合投资（brand portfolios），产品与品牌的关系，品牌与商业模式，品牌与创新的关系，品牌的财务评估与会计，等等。这些都是企业取向的品牌管理所要重视的内容。

为什么中国需要卡普费雷尔的理论思想

仔细阅读第5版，读者不难发现企业（战略）导向的品牌管理思想贯穿全书。这个体系完全不同于凯勒的战略品牌管理体系。卡普费雷尔强调，要调动所有内部资源创造附加值，要在整个价值链上进行质量和体验控制，要通过支撑的商业模式与品牌进行互动才能发挥品牌的效应。而凯勒的教科书聚焦市场营销的路径来建立品牌资产。对此，卡普费雷尔的表述是：对附加值的重视使得品牌管理转向传播管理。这正是我们在实践中看到的普遍现象，许多企业实施的所谓品牌战略，其实只是品牌宣传推广而已。这就无法真正发挥品牌引领企业增长和发展的作用。因此，只有把品牌当作上层建筑，才能进入品牌战略阶段（何佳讯，2017）。

在卡普费雷尔和凯勒的教科书中，都谈到了品牌架构和品牌组合。凯勒对品牌架构的界定非常清晰简练，而卡普费雷尔对此的阐释无疑是极为深刻和复杂的，可以说这个部分正是卡普费雷尔理论体系的精彩之处。两者讨论的角度和思想也是不同的。凯勒是以品牌资产和市场利润最大化为原则衡量品牌架构的有效性，而卡普费雷尔把品牌架构与组织和战略结合起来，认为它不是技术性或策略性问题，应视为公司不同部门及产品间的价值流问题；卡普费雷尔详细讨论了品牌架构对公司职能的深远影响，以及对公司价值（股价）的直接影响。如果读者对中国国有集团公司的组织架构和治理实践有所了解，就不难理解只有把品牌架构放到组织与战略的背景下考虑，才能深入剖析并真正解决品牌架构存在的问题。

中国企业的品牌实践现状需要卡普费雷尔的理论思想指导。以2016年6月国务院发布《关于发挥品牌引领作用推动供需结构升级的意见》为标志，品牌战略成为国家层面积极实施的战略，成为经济转型背景下广大企业寻求商业模式转变创新的共同选择。卡普费雷尔的理论思想帮助我们解决实施品牌战略过程中的两大要害问题：一是品牌价值如何产生；二是品牌战略如何真正落地。

按凯勒的理论，品牌价值产生于顾客的认知和态度；按卡普费雷尔的理论，品牌价值以产品价值为基础。显然，就普遍情况而言，中国企业的产品质量仍有很大的提升空间，质量建设仍是重中之重。总体上，"中国制造"的声誉与西方发达国家相比还有明显差距。这个声誉的提升，要靠中国企业的共同努力。而每家企业的质量建设，是全产品生命周期的质量管理，是全员努力的要求和结果。从国家层面看，这类似于20世纪50年代开始，日本和德国通过质量战略提升"国家制造"的声誉。

按凯勒的理论，品牌战略通过市场营销职能建立并推进；按卡普费雷尔的理论，品牌战略要与业务融合，由商业模式支撑，建立在成功创新的基础上。显然，从中国企业的普遍情况来看，品牌战略要在企业真正生根落地，建立领导地位，通常无法由市场营销部门操作实现，而是要由企业高管亲自领导发起，否则就无法在整个企业层面建立品牌战略。仔细体会中国在世界范围内成功的大品牌，如海尔、华为和阿里巴巴，它们的共同之处在于企业领袖在公司品牌建立和发展中贡献卓越，赋予了公司品牌的灵魂，并体现在顶层战略、公司治理、管理模式、研发和创新等这些看起来不属于市场营销范畴的方面。

卡普费雷尔对于奢侈品品牌理论的贡献

本书理论体系的建立在很大程度上吸收了奢侈品品牌管理的实践和理论成果。事实上，卡普费雷尔的学术成就除了开创性地建立企业（战略）导向的品牌管理理论体系外，对奢侈品品牌管理也有极大学术贡献。[①] 他发表的论文大部分聚焦于奢侈品研究，涉及奢侈品集团战略、奢侈品客户关系管理战略、奢侈品产品线延伸、奢侈品品牌管理特殊性、奢侈品可持续性战略等。读者需要理解的是，奢侈品理论与实践对指导一般品牌管理具有重要作用，一是因为它代表了品牌"向上走"的逻辑，二是因为奢侈品是由创造者驱动而不是以消费者为中心驱动的，把品牌作为上层建筑可以拥有先天的作为。下面，笔者简要概括卡普费雷尔关于奢侈品品牌管理的重要学术思想和成果。

奢侈品行业的一个关键特征是其销售梦想的能力，使消费者经常将奢侈品视为理想的梦中之物（Kapferer and Gilles，1985）。卡普费雷尔的研究表明，所有国家的奢侈品观念与品牌的梦想价值之间存在很强的相关性（Kapferer and Valette-Florence，2016）。在涉及奢侈品行业时，将亚洲国家当作单一区域是不恰当的。相反，有必要明确区分成熟的亚洲国家（日本）与发展中国家（中国）。前者看重产品的最高品质，后者关注品牌和价格（Kapferer and Valette-Florence，2016）。

企业家清楚地认识到将奢侈品定位成艺术品而非产品的重要性。这是因为要建立品牌超越客观的稀有性，获得性质上的稀有性（Kapferer，2012）。市场渗透率的提高对奢侈品可得性的总体影响是负面的，而知名度的影响是积极的。这种对稀有原则的认可对于寻求维持梦想价值的奢侈品营销具有显著意义。对独特性的需要越强，稀缺性就越是提高价值（Kapferer and Valette-Florence，2018）。卡普费雷尔总结了一系列对于成功营销奢侈品和服务的反直觉规则（Kapferer and Bastien，2012）。比如，通过削减品牌延伸或无盈利的门店将品牌带回到其本质与根源；要忘记"品牌定位"，崇尚品牌身份；奢侈品的独特性很重要，并不是基于与竞争对手的任何比较；奢侈品的价格必须高于其他品牌，因为奢侈品是"最高级的"，而不是"比较性的"。由此可以筛选出非忠诚的客户，留下高质量客户（Kapferer and Bastien，2009）。为此，卡普费雷尔提出要开发动态细分，建立与客户的情感联系，通过独特性和专属性使得客户与品牌的关系更加密切（Cailleux，Mignot and Kapferer，2009）。

站在企业管理的角度，卡普费雷尔认为，为了提升市场预期并进一步取得成功，单个的奢侈品牌公司在未来必须加入奢侈品集团。奢侈品集团的整合水平通常反映了寻求协同效应和保持奢侈品牌自主权之间的平衡。管理、财务和市场效应等方面的协同作用，对于维持其象征性力量至关重要。在集团内，奢侈品融资准入成本会低很多。未来奢侈品牌组合将会提供一些额外的战略灵活性，赋予其持有者一种增长选择权，可为公司增加更多价值（Kapferer and Tabatoni，2011）。对于大多数管理者来说，尽管创造更容易获得的产品

[①] Kapferer Jean-Noël, Vincent Bastien. The luxury strategy: break the rules of marketing to build luxury brands. 2nd ed., London: Kogan-Page, 2012.

线来扩大客户群可能会削弱品牌资产并导致品牌失去其奢侈性，但其产生的营销效果让人无法抗拒（Kapferer，Klippert and Leproux，2013）。经理人应该利用这种明显的光环效应来吸引新消费者（通常是较年轻的消费者），因而可能需要减少价格障碍。价格是否昂贵对于不同消费者具有不同的含义，因此，企业家必须一开始就基于目标市场对奢侈品的不同看法来确定价格（Kapferer，Klippert and Leproux，2013）。在奢侈品与可持续性方面，卡普费雷尔发现，两者之间存在的矛盾取决于消费者如何定义奢侈品。以卓越品质来定义奢侈品，顾客的矛盾感较低；但如果定义为昂贵或罕见，顾客的矛盾感强烈。这一发现表明，可持续性已成为奢侈品消费者所期望的质量要素。这对于捍卫整个奢侈品行业的合法性以及其未来最具代表性的品牌至关重要（Kapferer and Michaut，2015）。

理解卡普费雷尔的品牌理论思想，必须全面了解他的奢侈品品牌研究成果，把握奢侈品与一般品牌管理的联系和区别，这对我们真正领悟战略品牌管理的真谛是非常有帮助的。

致谢

本书的翻译由我和我主持的华东师大重点培育智库国家品牌战略研究中心的硕博生共同完成。分工如下：何佳讯，第1~5章、13章和16章；郑莹，第6、7章；吴婉滢，第8、12章；胡春鲜，第9、10章；孙心怡，第11、17章；吴漪，第14、15、18章。在初译的基础上，我们进行了交叉互校。

之后，我又安排了第二轮和第三轮的校对工作，我和我的学生何盈、孙立、张爽、葛佳烨、张倩、吴静娴和方宝英等先后参加。张凡补译了前言和导言。在出版社排出清样后，葛佳烨、张爽、张凡进行了仔细的通读校对。我又对清样逐字校改，最后把关。所有人员投入大量精力，就是希望尽可能减少差错。

最后，特别感谢卡普费雷尔教授对我主持翻译的极大支持；还要感谢中国人民大学出版社资深策划编辑石岩女士对我的信任，把这本学界公认的经典著作交到我手上。我期待大家给予反馈和意见，待再版时进行修订和完善。

何佳讯

华东师范大学教授、博士生导师
亚欧商学院中方院长，国家品牌战略研究中心主任

主要参考文献

［1］何佳讯. 长期品牌管理. 上海：上海格致出版社，2016：序. 1-41.

［2］何佳讯. 品牌的逻辑. 北京：机械工业出版社，2017：12-15.

［3］Cailleux Hugues, Mignot Charles, Kapferer Jean-Noël. Is CRM for luxury brands?. Journal of Brand Management, 2009, 16 (5-6): 406-412.

［4］Kapferer Jean-Noël. Abundant rarity: the key to luxury growth. Business Horizons, 2012, 55 (5): 453-462.

［5］Kapferer Jean-Noël, Bastien Vincent. The specificity of luxury management: turning marketing upside down. Journal of Brand Management, 2009, 16 (5-6): 311-322.

［6］Kapferer Jean-Noël, Bastien Vincent. The luxury strategy: break the rules of marketing to build luxury brands. 2nd ed., London: Kogan-Page, 2012.

［7］Kapferer Jean-Noël, Klippert Cindy, Leproux Lara. Does luxury have a minimum price? An exploratory study into consumers' psychology of luxury prices. Journal of Revenue and Pricing Management, 2013, 13 (1): 2-11.

［8］Kapferer Jean-Noël, Gilles Laurent. Consumers' involvement profile: new empirical results. Advances in Consumer Research, 1985, 12 (1): 290-295.

［9］Kapferer Jean-Noël, Anne Michaut. Luxury and sustainability: a common future? The match depends on how consumers define. Luxury Research Journal, 2015, 1 (1): 3-17.

［10］Kapferer Jean-Noël, Tabatoni Olivier. Are luxury brands really a financial dream?. Journal of Strategic Management Education, 2011, 7 (4): 271-286.

［11］Kapferer Jean-Noël, Valette-Florence Pierre. Is luxury sufficient to create brand desirability? A cross-cultural analysis of the relationship between luxury and dreams. Luxury Research Journal, 2016, 1 (2): 110-127.

［12］Kapferer Jean-Noël, Valette-Florence Pierre. The impact of brand penetration and awareness on luxury brand desirability: a cross country analysis of the relevance of the rarity principle. Journal of Business Research, 2018, 83: 38-50.

前　言

把品牌和企业业务整合起来

这是一本关于战略品牌管理的书，它充分利用了前四版的成功之处。我们从全球读者（营销人员、广告商、律师、MBA学生等）那里了解到，这一成功是基于我们一贯强调的七个特性：

- **独创性**。由于企业业务导向和在先进的理论与实务之间的独特平衡，本书与其他有关品牌管理的书籍截然不同。书中强调了品牌建立强大而独特的运营模式和概念。
- **关联性**。案例和图表都经过更新，而且没有过度宣传。取材于全球，代表了与读者相关且易于理解的商业环境。
- **覆盖范围广**。本书试图解决品牌面临的大多数关键决策问题。
- **剖析深入**。品牌管理的每个方面都得到深入的分析，这也是本版的特色。可以说，这是一本给出意见、标杆和方法的书。
- **最前沿**。整合了神经科学或文化分析等研究的最新相关应用。
- **多样性**。案例涵盖了快速消费品行业（FMCG）及大宗商品、B2B品牌、医药品牌、奢侈品牌、服务品牌、电子品牌和分销商品牌。
- **国际范围**。案例来自美洲、欧洲和亚洲。

第5版不仅仅是对前一版的修订，也可以视为一本全新的帮助理解当代品牌，并在当今市场中有效进行品牌管理的书籍。品牌世界发生了很多变化！这就是本版需要彻底更新、转换形式和继续丰富的原因。当然，本书的原始架构和方法本质上并没有改变，但已经调整以反映当前的竞争等问题。

本书专注于低成本竞争，这是全球品牌面临的主要挑战。

本书还有许多其他重要的新特点，它们反映了新的竞争环境：

- 由于分销商品牌（通常称为自有品牌）无处不在，并且往往占据主导市场份额，因此该部分内容独占一章。
- 值得注意的是，第5版安排了关于创新的章节。令人奇怪的是，大多数关于品牌的书籍没有关注品牌化和创新，这与品牌化和创新已成为公司的头号话题不一致。事实上，正如我们将要展示的，品牌因创新脱颖而出，创新是品牌的生命线。

- 第5版敏锐注意到许多市场已经饱和的事实。品牌如何在这样的竞争环境中成长？为了回答这一问题，本书从品牌现有顾客的增长入手展开阐述。
- 企业品牌日益重要，相关问题尤其是在B2B环境中遇到的问题得到重视。
- 第5版比之前更加强调：如何建立能激发强大广告创意的品牌平台，既能促进销售又能打造品牌；如何活化品牌；如何在接触点激活品牌；如何创造更多的品牌联系。
- 我们整合了社交媒体。

本书也反映了作者思想的演变。我们对品牌的看法发生了变化，认为品牌正在成为一个独立的领域，这样也许会引起自恋和以自我为中心的风险。品牌是一种有利于利润增长的工具，也是为此目的而创建的，但商业不能简化为只有品牌。业务战略和品牌战略之间的相互关系需要被着重强调，因为这是公司运营的重要方式。因此，我们将品牌资产的经典划分方法改变为以下两种：一种是基于消费者，另一种是基于现金流。至关重要的是，无论其形象和公众认知如何，一个不产生额外现金流的品牌几乎没有价值。事实上，现在是时候将品牌视为"一个被可行的商业模式支持的伟大的共同理念"了。在第5版中，我们会尝试将品牌化决策与企业的经济增长联系起来。

如今，每个组织、国家或城镇都希望拥有自己的品牌。我们希望本书能够为读者——无论他们是在跨国公司工作还是在小型组织工作，是在开发全球品牌还是本地品牌——带来极大的帮助。

导　言

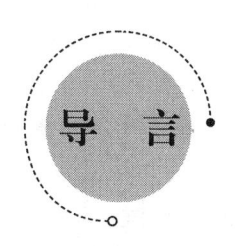

在客户获得授权的同时建立品牌

很少有可用的战略性资产能为企业带来持久竞争优势，即便有，形成优势的时间跨度也在不断缩小。品牌就是其中之一，伴随着研发、真正的消费者导向、有效率的文化体系（削减成本）、员工参与以及快速变革和反应的能力。这些都是沃尔玛、星巴克、苹果和Zara的口头禅。

管理者知道，最好的忠诚是品牌忠诚，而不是价格忠诚。埃伦伯格（Ehrenberg，1972）通过40年的面板数据分析表明，产品渗透率与购买频率相关。换句话说，大品牌的每个买家都具有高渗透率和高购买频率。要实现增长，必然会选择这两个途径，而不仅仅依靠客户忠诚。

超越品牌相关性：富含更多意义的品牌

在唯物主义社会中，人们想要为他们的消费赋予意义。只有那些能够增加产品价值并讲述其买家故事的品牌，或者为其消费附加无形价值的品牌，才能提供这种意义。因而人们会崇拜奢侈品牌或其他文化领袖，如耐克或苹果。我们强调，品牌需要拥有品牌内容，并能够揭示其文化。为了与现在和未来的消费者产生共鸣，品牌必须意识到，除了市场份额竞争外，还有价值竞争。

延伸品牌概念

如今，每个组织都想拥有一个品牌。除了快速消费品的生产商和分销商的品牌竞争激烈外，品牌已成为各个行业的战略问题：高科技行业、低技术行业、商业、公用事业、零部件行业、服务行业、B2B行业以及制药实验室、非政府组织（NGO）和非营利组织都看到了品牌推广的作用。

令人惊讶的是,现在所有类型的组织甚至是所有人都希望能够像品牌一样被管理:英国足球明星大卫·贝克汉姆就是这样一个例子。洛杉矶银河队支付了2.5亿美元拥有这位足球英雄,希望通过销售以大卫·贝克汉姆冠名、使用其肖像或签名的特许产品来获利。而大卫·贝克汉姆所做的一切都是为了强化他的形象和身份,从而为"贝克汉姆品牌"带来利润。

巴黎市长决定将城市定义为目的地品牌,并以盈利为目的管理这个品牌,其他许多城镇已经做到了这一点。一些国家也开始在品牌方面如此考虑(Kotler et al.,2002)。这样做是对的,因为无论它们是否愿意,它们实际上都是一个品牌、一个独特价值和利益的集合体。国家、城市、大学等在很多市场上竞争,就像传统品牌为争取有利可图的客户,在私人经济和金融投资市场上、各种原材料和农业市场上、旅游市场上和移民市场上竞争。

建立品牌需要的不仅仅是品牌化

虽然沟通是创建品牌所必需的,但远远不够。当然,一个品牌在其名称和视觉符号中包含了客户或潜在客户对组织、产品、渠道、商店、沟通和人员的积极体验所产生的所有善意。但是,这也意味着有必要以集成和集中的方式管理这些联系点(从产品或服务到渠道管理,到广告,到互联网站点,到口口相传,到组织的道德规范等)。这是建立品牌所需的核心技能。这也是为什么在本书中,当我们深入研究品牌化决策时,仍要坚持"创建品牌的非品牌方面"。建立一个品牌需要的不仅仅是品牌化。

赋予客户权力

如今,通过Web 2.0和社交媒体,客户能够获得前所未有的权力。他们可以通过网络访问获得各类信息、进行免费咨询并获得秘密信息。他们能够轻松地与其他客户交谈,这是普通品牌的终结。不管普通品牌提供多低的价格还是多么有益的体验、服务,只有那些能最大限度带来愉悦的品牌才能生存。这也是空心品牌的终结,因为缺乏个性难以持久生存。零售商比它们分销的许多品牌更加强大:所有不掌握渠道的品牌现在处于B2B2C的状态,这一点我们绝不能忘记。

同时建立业务和品牌

本书将品牌与商业模式联系起来,因为两者密切相关。我们经常展示品牌化决策是如何由商业模式决定的,如果没有这种观点,第5版所展示的内容就无法理解。事实上,在越来越多的先进公司中,高层管理人员的薪水基于三个关键标准:销售额、盈利能力和品牌资产,部分取决于管理者建立这些被称为品牌的战略竞争资产的速度。战略性目标是在竞争中建立可持续的优势,品牌是实现这一目标的极少数方式之一,而商业模式是另一种方式。这就是跟踪品牌、产品或企业如此重要的原因。

将品牌视为战略资产

几十年来，公司的价值是根据其建筑、土地及有形资产（工厂和设备）来衡量的。直到近年，我们才意识到其真正的价值是在潜在客户的心中。1990年7月，购买阿迪达斯公司的人用一句话概括了他的理由：在可口可乐和万宝路之后，阿迪达斯是世界上最知名的品牌。

1985年以来，许多观察家所说的逐渐成为事实。在并购浪潮中，市场交易的价格高于预期。例如，雀巢收购Rowntree的价格是后者股票市值的近3倍，是其收益的26倍。Buitoni集团的售价则是其收益的35倍（在此之前，售价一直是被收购公司收益的8～10倍）。

矛盾的是，对这些价格和新标准的合理性判断是无形的，在公司的资产负债表中并没有体现。公司资产负债表上显示的唯一资产是固定的有形资产，如机器和库存，且没有提到买家支付的金额远高于资产净值的那些品牌。

为拥有品牌的公司支付高价，实际上是买家在购买其在潜在消费者心中的分量。公司知道多年来苦心经营的品牌知名度、形象、信任和声誉是未来收益的最佳保证，从而也证明了买家支付的价格。品牌的价值在于其长期产生这种现金流的能力。

现在是时候质疑我们迄今为止使用的许多工具和概念了，国际上的低成本参与者和自有品牌的激烈竞争需要更严格的品牌管理，这就是新的战略品牌管理。

目 录

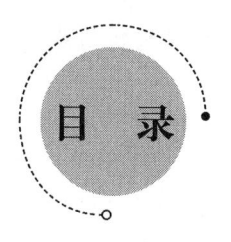

第Ⅰ篇 品牌战略为何如此重要

第1章 品牌资产问题 … 003
- 何为品牌 … 003
- 品牌的定义是如何演变的 … 007
- 品牌概念的扩展 … 009
- 区分品牌资产、强度与价值 … 010
- 追踪品牌资产 … 012
- 比较品牌资产轮廓 … 014
- 商誉：财务和营销的结合 … 015
- 品牌如何为顾客创造价值 … 017
- 品牌如何为企业创造价值 … 020
- 企业声誉和品牌 … 023
- 声誉聚焦与品牌聚焦 … 025
- 从管理品牌到品牌引导管理 … 025

第2章 品牌化的战略意义 … 027
- 品牌化到底意味着什么 … 027
- 永久性地培育差异 … 030
- 品牌类似遗传程序 … 031
- 尊重品牌"契约"：说"不"的权利！ … 033
- 产品和品牌 … 034
- 晕轮效应：核心价值和外围价值 … 036
- 每个品牌都需要一个旗舰产品 … 040
- 通过品牌棱镜宣传产品 … 041
- 品牌和其他质量标志 … 042
- 品牌化实施中的障碍 … 043
- 亚洲的品牌化文化 … 045

第3章 品牌和商业模式 … 048
- 品牌适用于所有企业 … 048
- 成为品牌的益处：杂志作为品牌 … 048
- 通过品牌实现商品差异化 … 050

不借助广告成为市场领导者：杰卡斯红酒 ·············· 052
　　品牌建立：从产品到价值，从价值到产品 ·············· 055
　　领导品牌是否拥有最好的产品和最佳的价值曲线 ·········· 057
　　了解目标市场的价值曲线 ·························· 058
　　打破规则快速行动 ································ 058
　　用商业模式支持品牌 ······························ 059

第 4 章　品牌多样性：不同的行业有区别吗 ················ 064
　　奢侈品牌是独特的 ································ 065
　　服务品牌 ·· 071
　　自然世界的品牌化 ································ 074
　　制药品牌 ·· 075
　　B2B 品牌 ·· 080
　　互联网品牌 ······································ 085
　　国家品牌 ·· 087
　　将城镇视作品牌 ·································· 090
　　大学和商学院是品牌 ······························ 090
　　将明星视作品牌 ·································· 092

第 5 章　管理零售品牌 ································ 095
　　分销商品牌的演变 ································ 095
　　分销商品牌跟其他品牌一样吗 ······················ 098
　　为什么销售分销商品牌 ···························· 101
　　制造商应该生产分销商自有品牌产品吗 ·············· 103
　　分销商品牌的财务方程式 ·························· 104
　　分销商品牌发展的三个阶段 ························ 105
　　迪卡侬的案例 ···································· 106
　　分销商品牌的成功因素 ···························· 109
　　推出商店品牌的八个步骤 ·························· 110
　　优化商店品牌的营销组合 ·························· 113
　　贸易品牌如何成为真正的品牌 ······················ 114
　　零售商品牌的数量何时合适 ························ 115

第 II 篇　现代市场的挑战

第 6 章　新品牌管理 ·································· 121
　　一种特定营销模式的局限性 ························ 122
　　传统定义下品牌的终点 ···························· 123
　　未来世界将会怎样 ································ 124
　　未来品牌会如何 ·································· 126
　　战略品牌管理的新关键词 ·························· 128
　　新战略品牌管理的目标市场选择 ···················· 131
　　从品牌激活到品牌激进 ···························· 132

适应新的市场现实 …………………………………………………… 134
　　我们已经进入 B2B2C 营销时代 ……………………………………… 137
　　商业模式的力量 ……………………………………………………… 138
　　在接触点建立品牌 …………………………………………………… 139
　　将零售作为体验 ……………………………………………………… 140
　　扩大品牌管理范围 …………………………………………………… 141
　　品牌需要品牌内容 …………………………………………………… 143
　　品牌联合如何提升业绩 ……………………………………………… 146

第 7 章　品牌识别和定位 …………………………………………………… 151
　　品牌识别：一个必要概念 …………………………………………… 151
　　识别和定位 …………………………………………………………… 155
　　为什么品牌需要识别和定位 ………………………………………… 157
　　品牌识别的六个维度 ………………………………………………… 161
　　识别的来源：品牌 DNA ……………………………………………… 167
　　创建一个鼓舞人心的品牌平台 ……………………………………… 175
　　当前的品牌平台有什么问题 ………………………………………… 176
　　人们应该对品牌平台有何期望 ……………………………………… 178
　　如果品牌覆盖多个品类，品牌平台应是什么样的 ………………… 180
　　从品牌平台到产品线 ………………………………………………… 181

第Ⅲ篇　创造和维持品牌资产

第 8 章　推出新品牌 ………………………………………………………… 185
　　推出新品牌不等同于推出新产品 …………………………………… 185
　　定义品牌平台 ………………………………………………………… 186
　　品牌定位经济学 ……………………………………………………… 186
　　实施品牌战略：什么是拳头产品 …………………………………… 189
　　为强势品牌命名 ……………………………………………………… 189
　　树立品牌意识 ………………………………………………………… 192
　　品牌推广还是产品推广 ……………………………………………… 195
　　品牌语言与传播范围 ………………………………………………… 196
　　在所有品牌接触点上开展 360 度全方位的创造性传播 …………… 196
　　通过意见领袖和社群建立品牌权威 ………………………………… 197

第 9 章　品牌成长 …………………………………………………………… 200
　　通过现有顾客实现品牌成长 ………………………………………… 200
　　产品线延伸：必要性和局限性 ……………………………………… 204
　　通过创新实现品牌成长 ……………………………………………… 207
　　如今创新成功的因素有哪些 ………………………………………… 208
　　新产品线和旧产品线：良性循环 …………………………………… 210
　　通过价值创新破坏市场：蓝海战略 ………………………………… 211
　　蓝海创新真的有效吗 ………………………………………………… 213

管理细分市场 215
　　从技术创新到文化创新 216
　　通过品牌间的交叉销售实现品牌成长 216
　　通过国际化实现品牌成长 217

第10章　长期品牌维护 219
　　品牌有生命周期吗 220
　　抵御低成本变革 221
　　培育感知差异 223
　　投资媒体传播 226
　　应对折扣店的竞争 228
　　控制不必要成本 230
　　通过教育和创新来应对价值破坏 231
　　建立进入壁垒 233
　　如何在消费升级中获得成功 235
　　揭开超溢价品牌的秘密 239
　　品牌资产与顾客资产：相互依存 242
　　紧随潮流的步伐 245
　　品牌应该追随它们的顾客吗 247

第11章　品牌和产品：识别与变化 249
　　做更大还是更好的品牌 250
　　从使顾客安心到刺激欲望 250
　　一致性不仅是重复 252
　　品牌和产品：整合与分化 253
　　专家品牌和通用品牌 255
　　通过一致性构建品牌 258
　　品牌的三个层次：核心、准则和承诺 268
　　每个产品如何建立主品牌 269

第12章　通过品牌延伸实现增长 272
　　品牌延伸的新观点 273
　　品牌延伸还是产品线延伸 274
　　经典品牌概念的局限性 276
　　为何品牌延伸是有必要的 278
　　通过系统的延伸创建品牌：妮维雅 280
　　识别潜在的延伸 283
　　品牌延伸经济学 285
　　品牌延伸新进展 289
　　该研究揭示了什么 295
　　延伸如何影响品牌：对效果的分类 296
　　规避品牌稀释的风险 297
　　平衡识别与适合延伸的细分市场 300
　　为品牌远延伸做准备 301

评估延伸的实践框架 …… 304
　　品牌延伸成功的关键 …… 306
　　纵向品牌延伸的成功 …… 309
　　市场真的富有魅力吗 …… 311
　　合伙经营与许可经营应只选其一吗 …… 312
　　基于延伸的商业模式：维珍 …… 315
　　执行过程如何抹杀一个好想法：易捷租车 …… 318

第13章　品牌架构 …… 320
　　品牌架构中的关键问题 …… 320
　　品牌化的类型 …… 322
　　品牌架构的主要类型 …… 328
　　选择合适的品牌化战略 …… 343
　　品牌化战略的新趋势 …… 347
　　品牌架构的国际化 …… 349
　　几种典型的品牌混乱问题 …… 350
　　新产品叫什么 …… 351
　　B2B混合组织、子公司和品牌 …… 355
　　公司品牌 …… 357
　　公司品牌和产品品牌 …… 359

第14章　多品牌组合 …… 362
　　为什么要合理化品牌组合 …… 363
　　从单一品牌到多品牌：米其林 …… 364
　　多角度进入市场的优势 …… 365
　　品牌组合与市场细分 …… 367
　　全球品牌组合战略 …… 371
　　工业品牌组合 …… 372
　　品牌组合和企业战略 …… 374
　　管理多品牌组合的关键准则 …… 376
　　设计对于管理品牌组合越来越重要 …… 379
　　企业组织结构与品牌组合匹配吗 …… 379
　　品牌组合战略审计 …… 381
　　品牌组合管理：依据品牌发展潜能分配投资 …… 382
　　地方及全球品牌组合：雀巢 …… 383
　　品牌取消和业务保护 …… 384

第15章　处理名称变更和品牌转化 …… 385
　　品牌转化不仅仅是名称变更 …… 385
　　品牌转化的理由 …… 386
　　品牌转化的挑战 …… 388
　　不应进行品牌转化的情形 …… 389
　　品牌转化的失败案例 …… 390
　　最佳案例分析 …… 391

转化服务品牌 ………………………………………………………………… 395
　　收购后多久可以进行品牌更名 ……………………………………………… 398
　　品牌变更在管理上的阻力 …………………………………………………… 400
　　品牌成功转化的要素 ………………………………………………………… 402
　　变更公司品牌 ………………………………………………………………… 404

第 16 章　品牌蜕变与品牌复兴 ……………………………………………… 407
　　品牌资产贬值 ………………………………………………………………… 408
　　衰落与消亡的因素 …………………………………………………………… 409
　　当品牌成为通用名称 ………………………………………………………… 413
　　防止品牌老化与消亡 ………………………………………………………… 413
　　复兴老品牌 …………………………………………………………………… 416
　　身老心不老 …………………………………………………………………… 422

第 17 章　管理全球品牌 ………………………………………………………… 426
　　从全球化到后全球化 ………………………………………………………… 426
　　重心已回归本土 ……………………………………………………………… 429
　　面对假冒产品和标志 ………………………………………………………… 430
　　品牌全球化的模式 …………………………………………………………… 431
　　为什么全球化 ………………………………………………………………… 434
　　全球形象的好处 ……………………………………………………………… 437
　　有利于全球品牌的条件 ……………………………………………………… 439
　　全球化的障碍 ………………………………………………………………… 441
　　应对服务本土化 ……………………………………………………………… 443
　　命名问题 ……………………………………………………………………… 444
　　巧妙实现本土化与全球化之间的平衡 ……………………………………… 445
　　本土品牌会卷土重来 ………………………………………………………… 448
　　品牌全球化的进程 …………………………………………………………… 450
　　全球化传播：进程和问题 …………………………………………………… 455
　　聚集本土品牌 ………………………………………………………………… 458

第 Ⅳ 篇　品牌评估

第 18 章　品牌的财务评估与会计核算 ……………………………………… 463
　　品牌会计核算的争议 ………………………………………………………… 464
　　什么是财务性品牌资产 ……………………………………………………… 467
　　评价不同的品牌估值方法 …………………………………………………… 473
　　实践中的品牌估值 …………………………………………………………… 484
　　品牌估值中的复杂情况 ……………………………………………………… 487
　　关于媒体公布的年度品牌价值榜 …………………………………………… 488
　　国际财务报告准则对品牌估值产生的意外影响 …………………………… 489
　　评估形象侵害的财务成本 …………………………………………………… 490

第Ⅰ篇 品牌战略为何如此重要

第1章 品牌资产问题
第2章 品牌化的战略意义
第3章 品牌和商业模式
第4章 品牌多样性：不同的行业有区别吗
第5章 管理零售品牌

第1章 品牌资产问题

品牌在现代社会中起着越来越重要的作用。品牌早已渗透到我们生活的各个方面，包括经济、社会、文化、体育甚至宗教。正因为其无处不在，越来越多的人开始对品牌这一概念进行评述（Klein，1999）。作为经济社会和后现代社会的主要标志，我们可以也应该从不同的角度如宏观经济、微观经济、社会学、心理学、人类学、历史学、符号学、哲学等分析品牌。连神经科学都告诉我们，人们驾驶的不是简单的一辆车，而是一个汽车品牌；喝的不是简单的可乐，而是可口可乐或者百事可乐。

本书着重从管理的角度分析问题：如何最好地管理品牌以增加利润。品牌已被视为公司资本的一部分（进而产生了品牌资产这个概念），所以公司应该努力发展品牌。品牌是无形资产，能为企业带来更多附加值。据此，战略品牌管理的主旨为：如何利用合理的品牌管理创造价值。在深入讨论之前，我们先要弄清品牌的概念。

何为品牌

令人好奇的是，专家争论的焦点在于品牌的概念。专家们都有自己的定义，这些定义存在差异。在考虑测量时这些差异变得更为明显。我们该如何量化品牌强度？应该用哪些指标评估品牌资产（brand equity）？另外，还有两种不同的范式。其中一种是基于顾客的，强调顾客与品牌的关系（从总体的漠不关心，到依恋、忠诚，再到基于品牌优越性的信念和唤起的情感而产生购买和重复购买的意愿）。另外一种范式试图用美元、欧元和日元这些货币价值来测量。两种范式各有优势。本书就是以结合这两种范式进行研究为目标的。

基于顾客的定义

财务的方法是将品牌带来的净额外现金流作为品牌价值。额外的现金流是指即便竞争品牌的价格更低，顾客仍表现出愿意购买公司品牌的意愿。那么为什么顾客愿意花更多的钱？这是由于长期的品牌运营形成的顾客对品牌的信念和联结。简单地说，顾客资产（customer equity）是财务权益（financial equity）的先导。品牌拥有财务价值是因为它们在顾客、分销商、建议者和意见领袖心中创造了资产。这些资产包括品牌知名度、顾客对其视为利益的具有排他性和优势性的信念,以及情感纽带。品牌的传统定义为:品牌是消费者持有的一系列相关的心智联想,这些联想增加了他们对产品或服务的感知价值(Keller,1998)。这种联想应该是独特的(排他性)、强烈的(突出性)和积极正面的(渴望的)。

这个定义有两个问题。第一个问题是定义强调品牌带来的感知价值。如果一辆汽车的品牌是大众、标致或者丰田,消费者对汽车的评价将会如何变化?这个定义把产品排除在品牌的范围之外:品牌只是一系列附加的感知。因此品牌管理会被认为主要是传播方面的任务。这是不正确的。因为品牌以产品和服务为出发点和主要载体,而传播是为了构建、形成有形的感知,进而增加无形的感知。

第二个问题是凯勒(Keller)的定义聚焦在认知(cognitions),这是不够的。强大的品牌还具有强烈的情感成分。神经科学已经证实了这一点。

品牌是有条件限制的资产

金融家和会计师已经意识到品牌的价值(参见第18章)。财务的视角如何帮助我们定义品牌和品牌资产?

- 品牌是无形资产,与专利、数据库等同类型资产一样记录在公司的资产负债表中。
- 品牌是有条件限制的资产。到目前为止我们都忽略了这个要点。资产能够长时间带来利益。为什么品牌是有条件限制的资产?因为品牌要与其他物质资产如生产设施等结合才能发挥作用。品牌如果不附着在产品和服务上就没有意义。此外,品牌需要一个有利可图的商业模式。虽然很多人认为品牌就是全部,但事实是品牌缺少了支撑(产品或服务)就不复存在。产品和服务实际上就是品牌的化身,品牌据此得以真实存在。因此这才是品牌评价的一个重要部分。顾客满意度高还是低?品牌管理从创造体现品牌的产品、服务或地点开始。有趣的是,处理商标和品牌问题的法律途径也强调了条件性。注册商标在注册五年之内在商业中得到使用才是有效的。

法律的观点

国际上对品牌有一个公认的法定定义:"一个或是一系列证明产品或服务出处并且区别于竞争对手的符号。"历史上,品牌的产生是为了在发生盗窃的时候保护生产者。奶牛的品牌就是在动物的皮上烙上印记,用来识别其主人,如果被偷就很容易发现。"品牌"或者商标也可以用来确定希腊双耳罐中橄榄油或红酒的来源,通过为橄榄油或红酒生产者或分销商建立声誉,在购买者心中产生了价值。

法定定义中的重要一点是商标是有"生日"的,生日是指注册的日期。从那天开始商标成为财产,在受到侵犯和被伪造的时候得到保护。在没有被适当保护或者注册没有更新的时候,品牌的权利就消失了。权利丧失的一个原因是退化,这在企业将一个独特的品牌变为一个通用术语时会发生。

虽然法律的观点在保护企业产品的时候十分有用,但是这不能成为品牌管理的基础。与法定定义相反,品牌不是天生的而是创造出来的。虽然我们经常说将品牌导入市场,但创造品牌是需要时间的,这实际上是指将产品或服务导入市场,最终可能成为品牌也可能中途停止。是什么使得品牌被广泛认可?什么时候我们能确定品牌已经形成？本质上，品牌是一个影响购买者的产品名称，而且正在成为影响购买决策的重要因素。

品牌是具有影响力的名称

这个定义抓住了品牌的本质。当然，重要的不是如何选名。一个好名称会带来好处，能被世界各地的人很容易地读出来，同时能够激发期望的联想。其实名称成为品牌的重要因素是由于这个名称代表的信誉、尊重、激情甚至约定。如今，如果品牌无法形成一个社群，它还是一个真实存在的品牌吗？

我们生活在注意力经济的时代，面对这么多的选择，我们不可能都先进行对比再做决定。我们没有这么多时间，就算有，也无法确定我们选择的产品和服务是否最适合。品牌必须传达确定性、信任和情感，可以降低风险。事实上，如果没有风险就没有品牌。我们讨论过这个问题（Kapferer and Laurent，1995）。我们感知的风险可能是经济上的（与价格相关）、功能上的（与性能相关）、经验上的、心理上的（与自我概念相关）或是社会上的（和我们的社会形象相关）。所以建立品牌知名度、信任（对品牌独特利益可信赖的信念）和情感联系都是需要时间的。

品牌影响购买者的能力依赖于表征和联系。表征是指心智联想的系统。我们强调"系统"是因为这些联想都是相关的，像是一个网络，一部分改变了，其他的都会受到影响。这些联想（也称为品牌形象）包括以下方面：

- 品牌属于什么领域（感知的能力、典型的产品或服务、特定的专业技术）？
- 质量水平如何（低、中、高或是奢华）？
- 品质如何？
- 最能区别于其他产品的品质或利益（也称为感知定位）是什么？
- 品牌吸引哪类最典型的顾客？品牌的个性和形象是怎样的？

除了心智联想，品牌名称的影响力也是由其引发的情感联系的特质决定的。可以说，一个品牌是顾客心中的非冷漠的态度。这种态度可以从情感的共鸣，到喜爱，到唤起集合或考虑集，到偏好、依恋、拥护，甚至狂热。设计、专利和权利当然也都是重要的资产：它们在一段时间内带来竞争优势。

简言之，品牌在其具有市场影响力的时候存在。但要具有这种能力是需要时间的。对于线上品牌、时尚品牌和针对青少年的品牌而言，所需时间较短。对于其他类型品牌，例如汽车品牌和公司品牌，则需要更长的时间。如果相对于竞争对手而言，自身品牌管理不善，这种能力可能会消失。即使品牌还具有知名度、形象和市场份额，这个品牌可能再也不具有市场影响力了。顾客和分销商作出购买决定可能单纯因为价格因素，而不是因为品牌的独特利益。

要使一个名称具有品牌力，需要有产品或服务、与市场各个接触点有关的人员、价格、渠道以及传播，这些都是累积的品牌体验的来源。因此可以说品牌是由三极构成的生命系统：产品或服务、名称和概念（见图1-1）。

说到品牌，我们有的时候可能是指品牌的名称或者标志，正如知识产权律师所说。然而，在品牌管理中，我们谈到的是整个系统，将一个具有内在价值的概念与产品和服务联系起来，这些产品和服务是以一个名称和一组专有标志（即标识或其他象征）来识别的。这个系统提醒我们品牌资产的条件性本质：只有产品和服务存在它才存在。品牌概念概括了品牌的差异性，它是一系列属性（有形和无形）的组

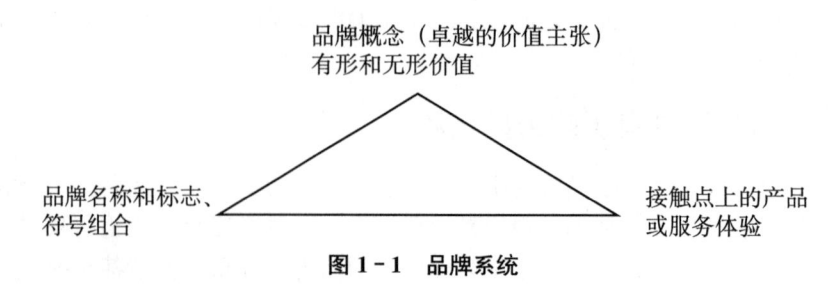

```
                    品牌概念（卓越的价值主张）
                      有形和无形价值

  品牌名称和标志、                          接触点上的产品
  符号组合                                  或服务体验
```

图 1-1　品牌系统

合，构成了品牌卓越的价值主张。

为了取得市场份额和领导地位，品牌必须：
- 有一个独特、有吸引力的大创意；
- 在接触点上为人们所体验；
- 被行动和行为激活；
- 被传播；
- 被分销。

一个很好的品牌案例是 MINI。这款车的功能价值为 20 000 美元，其实际售价却达到了 30 000 美元。这是少数几个不给潜在顾客任何折扣的汽车品牌之一，但顾客还是会排队去买。MINI 的例子很好地解释了无形和有形属性在品牌成功中的巨大作用。MINI 由宝马生产，这确保了可靠性、动力和路面控制性能。但是这个品牌之所以如此受欢迎，是因为它使顾客想起了"摇摆六十年代"（Swinging Sixties）。新 MINI 中采用了经典、标志性的设计，每一辆 MINI 都像是拥有者的私人配饰一样（每一辆车都是定制的）。

品牌系统图（见图 1-1）能帮助我们认识品牌管理中的一些重要问题：
- 应该选择什么样的品牌概念？如何平衡有形和无形的利益？这涉及品牌识别和定位问题。这个概念是否随着时间而变化？或随着地域变化（全球化问题）？
- 品牌概念如何在产品和服务以及相关的领域中体现？一个品牌的产品或服务怎样才能与众不同？这一品牌概念能包括哪些产品？这与品牌延伸或品牌扩展有关。
- 产品和服务怎样被识别？在哪里被识别？是只依据名称来识别，还是像耐克一样只依据标识来识别？组织应该设计不同的标识和名称，作为区分产品线或服务线的手段吗？哪些符号又该是不变的？
- 应该选用什么名称或符号向世界传播品牌概念？
- 应该多久改变、更新或调整品牌象征符号？
- 品牌的名称是否需要改变（参见第 15 章）？
- 在国际化问题上，是将名称全球化（即在全球都用同样的名称），还是将标识、产品全球化（标准化 vs. 定制化），抑或是将设想全球化（以同样的全球定位为目标）？是使用品牌系统的三个支柱，还是其中两个？

品牌是一个能够影响市场的名称，越多的人了解它，对它深信不疑并且成为它的支持者，品牌的力量就越大。品牌管理的目的是使品牌能为更多的人所熟知、购买，具有持久的吸引力，以增强这种力量。

总而言之，品牌是一种体现在产品、服务、地点和/或经历中共享的令人期望的专有概念。如果这个概念为更多人所共享，品牌的力量就更强大。例如，每个人都知道宝马和这个品牌的内涵——即使是没有购买过宝马汽车的人，所以说宝马具有强大的品牌力量。

"创意"（idea）这个词非常重要。我们销售的是产品、服务还是价值？答案当然是价值。例如，沃尔沃（Volvo）代表着安全系数最高的汽车；Absolut 代表了另外一个概念，即创新的伏特加；李维斯（Levi's）一直被视为叛逆者的牛仔裤。

品牌的定义是如何演变的

定义会随着时间有所改变，每个定义反映了特定时刻的愿景。

分析品牌定义的演变很有意思。我们可以从中了解时代的变迁和新竞争者的出现，所以管理思想也要跟着改变。

早期的品牌定义受法律的影响，当时唯有法律涉及品牌。品牌的出现可以追溯到美国的西部，当时人们在奶牛上做记号以防被盗。品牌确保了奶牛的所有权，并且将不同牧场的奶牛区分开来。当然品牌的作用也不止于此，在人们重视质量的情况下用于区分供应者：品牌不仅是来源的证明，也是高品质的标志。传统的品牌定义就受到这一影响。阿克（Aaker，1991）认为："品牌是一个有差异性的名称和/或符号，试图把一个卖主的产品或服务同其竞争对手区分开来。"

之后，认知心理学成为营销领域的主导理论，品牌化与获得人们的"心智份额"（Trout and Ries，1981）联系起来。品牌的建立意味着将名称和消费者的利益相关联，因此需要反复地做广告。品牌化与商业广告紧密相关。商业广告通常只有30秒，因此只能强调一个概念，这就是著名的独特销售主张（unique selling proposition，USP）。宝洁就是当时品牌化的象征。它有很多品牌如汰渍、达诗（Dash）、帮宝适等，每一个品牌具备一种功能。这就是品牌延伸如此令人惊奇的原因，引发了人们很大的热情，也激发起美国学术界的众多研究。然而，这主要与当地的民族中心主义有关。在其他地区，比如亚洲和欧洲，品牌覆盖了许多产品品类（例如，世界最大食品生产商雀巢，还有三星、东芝、丰田和通用电气均是如此）。如今，苹果的产品范围包括从电脑到iTunes音乐服务。

接着，品牌的定义受到了洗涤剂市场的影响。当时，一个品牌代表一种产品。玛氏（Mars）代表巧克力棒，人们很难将品牌和产品分开。传统的品牌定义仍暗含这一点。凯勒（1998）给出的定义为："品牌就是一个添加了其他维度的产品，以某种方式将其和满足相同需求的其他产品区分开来。"这个非常传统的定义没有将产品和品牌分开对待。

后来，品牌被概念化为增加产品价值的一系列心智联想。我们都知道，在盲测中，人们偏爱百事可乐，但是在现实中，人们看到品牌名称，更喜欢可口可乐。如果品牌并不是通过产品体现，那么它一定在人们头脑中产生了作用。因此，另一种经典的定义将品牌描述成一系列心智联想：在已形成的产品的基础上增加了产品的价值。这个定义相比之前有所进步，但仍存在凯勒（1998）传统定义的局限性。第一，这个定义太关注传播，试图将产品置于品牌的范围之外。事实上，品牌的首要作用是将价值注入产品。例如，即使是在盲测中，丰田汽车自身也体现了品牌的价值。丰田品牌的首要目标群就是丰田的工程师。第二，这个定义单纯是认知上的。与认知网络不同，品牌是一种情感的联结。如果它们不能影响情感，那就只是产品的名称，而不是神经科学意义上的品牌。

随着社会的发展，同族品牌大量涌现，贸易品牌不断兴起，这深深震撼了营销圈。即使是对宝洁公司，人们也非常戒备。其结果就是，品牌定义和品牌资产的测量手段使顾客忠诚度和重复购买变得尤其重要。没有忠诚度的品牌并不是强有力的，但忠诚度可以是强加的或者通过惯性形成的。在这之后，品牌需要的是一种约定的忠诚，即基于情感联系和消费者承诺。最后，最新的品牌定义强调社群的作用，Web 2.0 使之变得可能。品牌不能只带来一种利益，而必须形成一个社群。没有粉丝，就没有品牌。社交网络的主导作用在这里得到很好的体现。要存在于网络上，品牌必须拥有朋友、追随者、老顾客和皈依者。

矛盾的是，现在越来越多的品牌受到了商店品牌和自有品牌（大多数是快速消费品品牌）的挑战，市场份额受到威胁。与此同时，越来越多的理论强调情感、爱、激情和情绪在品牌建立中的主导作用。一些人甚至认为，品牌想要生存，就需要积极推动其成为"传奇品牌"（legendary brand）或是"标志性品牌"（iconic brand）。仿佛我们希望通过提高门槛或掌握魔法来使市场中的许多品牌避免不幸命运。

但为什么要让所有品牌都幸存下来呢？一些新品牌不是更适合如今的竞争环境吗？贸易品牌也是品牌（参见第5章），它们也许比传统品牌更能满足后现代消费者的需求。新一代人需要新的品牌。世代的概念也在更新，以前年轻人被视作未来的成年人，儿子会效仿父亲，女儿会效仿母亲。"世代"是战后的现象和概念，一个年龄层的人希望以其独特的文化、语言和品位与其他年龄层的人区分开。年轻一代希望和成年人不同，所以他们必须拥有自己的品牌。

"激情"、"传奇"和"标志"这些词语说明传统意义上对品牌的概念化已经不再适用。以前可能还适用，毕竟当时竞争的环境有所不同，竞争也没有这么激烈。然而，如今无品牌（比如优衣库）、贸易品牌和高折扣商店（比如阿尔迪（Aldi）和历德（Lidl）等）的成功并没有受到影响。可口可乐前任首席营销官塞尔希奥·齐曼（Sergio Zyman）的著作《传统营销的终结》（The End of Marketing as We Know It）就暗示了这一点。

新时代需要新的战略品牌管理。这就是为什么所有的组织都应该把品牌理解为一个象征着长期融入或对一套独特价值观的承诺和守护的名称，这些价值观嵌入产品、服务和行为，使组织、个人或产品脱颖而出。

新的战略品牌管理的目标就是使这个品牌成为同类产品中的参照（对标）。

如果人们觉得一个品牌能带来最高的价值，那么这个品牌就是强大的（换言之，拥有权威而不只是力量）。

表1-1 品牌定义的历史性演变

- 保证产品来源和正宗性的名称和/或符号
- 不同的和更优质的产品的名称
- 赋予产品身份，使其独特和优越

- 在消费者心中占有一定的位置
- 代表可信赖的承诺的名称
- 在人们心中代表利益或价值集合的名称
- 带来除产品效用之外的价值的名称
- 能影响市场的名称
- 创造渴望和忠诚度的名称
- 让人们忘记价格的名称
- 反映卓越价值主张的名称
- 能引起尊重、赞赏、爱和激情的名称
- 能围绕价值创造社群的名称

品牌概念的扩展

传统概念的另一个缺陷是，品牌总是被当作产品来感知。学术研究太过偏重快速消费品。消费者为什么购买冲浪（Surf）而不是碧浪（Ariel）？为什么选择多芬而不是力士？品牌化意味着要建立品牌和产品类别之间的单一联系。多年前的品牌概念会造就汰渍、帮宝适、吉列（Gillette）这类快速消费品，但是现在情况不同了。不仅伞状品牌（在多品类中销售）在西方很多，在亚洲更多，而且任何东西都能成为品牌。足球俱乐部可以是品牌，大卫·贝克汉姆是价值5亿欧元的品牌，博物馆也从一个地点成为品牌，人们把小镇当作品牌来谈论（Dinnie，2011），甚至有国家品牌，伦敦市还雇用了一个品牌总监。

这样的改变实属正常。在全球化的世界，很多情况下我们不是直接地感受而是通过道听途说、网络等手段获取信息。它们成为最主要的情感象征，并促进追随者或粉丝形成价值观。

另外，纯消费是不够的，还必须饱含意义。消费者一直在寻找。品牌因此成为文化的胜利者，我们也希望它们能为生活增加价值。

最后一个因素加速了一切都可以成为品牌的趋势：品牌理论中不断增长的拟人化主张。品牌具有个性（Azoulay and Kapferer，2003），可以通过名人代言来强调这种感知。如果品牌是人，那么人也可以被视作品牌，即一个始终如一的价值主张，这可能变为一笔生意，因为它在一群人中创造了欲望。

当一个产品或一个人已经不只是产品或个人的时候，就成了品牌。大卫·贝克汉姆不仅仅是一位优秀的足球运动员，他身上有一种全新的男子气概，刚柔并济，是成功人士的典范。因此，人们想模仿自己的偶像，希望能拥有贝克汉姆的个人魅力。大卫·贝克汉姆将自己作为品牌来管理，这意味着要知道何时说不。

大卫·贝克汉姆会选择可以代言并获得赞助的合作品牌。但他不会只看重利益而接受所有邀约，而是更加关注长期的发展和选择的一致性，他的决定是由他认同的价值观引导的。这些都是品牌管理的重要方面：界定所代表的价值观，并且不接受有违价值观的承诺，关注长期而不是短期的利益，重视一致性。

不是任何事物都是品牌

虽然品牌的概念已经延伸到快速消费品以外，但是它应该限制在营销和公司的范围内使用。

如今，"品牌"一词被广泛使用。一些人在公司的各个层次上都使用该词，他们会谈论"公司品牌""分公司品牌""部门品牌""子公司品牌"等，这是错误的。品牌只有一个，其他的都属于组织的范畴。另外一个趋势是在整个产品线上都使用品牌一词。在这里我们要仔细区分产品和品牌，产品不会因为有了一个名称就成了品牌。想一想宜家（Ikea）产品目录中家具的名称，它们并不是品牌。公司只有拥有越少的品牌，才有可能使品牌越强大，从而证明品牌的定义（有影响力的名称）。在有了品牌之后才有产品范围、产品品种、产品线等，它们具有某种方式的指示性作用，但品牌并不是指示物。副品牌是一个例外。副品牌是一种产品，与母品牌有不同的故事，比如福特的野马和雪佛兰的科尔维特。如果有独特的作用和消费群体，就算是母品牌的产品系列也可以称为副品牌。

图1-2中列出了相关的专业术语。

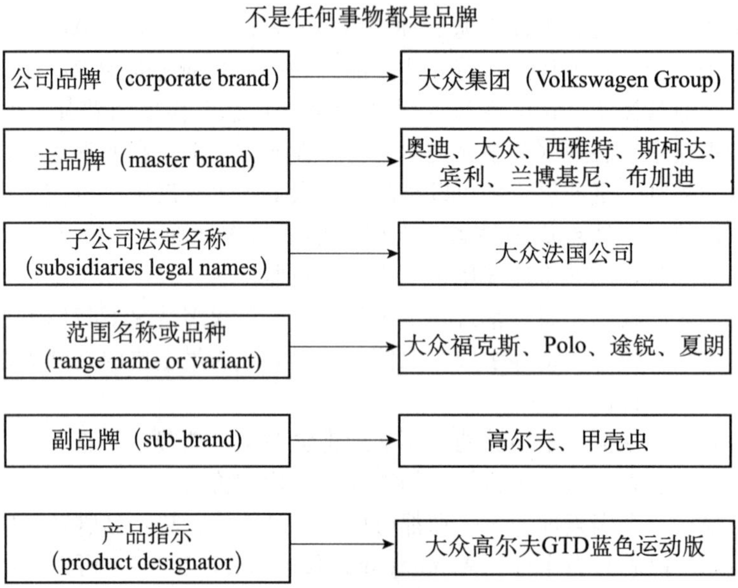

不是任何事物都是品牌

公司品牌（corporate brand）	大众集团（Volkswagen Group）
主品牌（master brand）	奥迪、大众、西雅特、斯柯达、宾利、兰博基尼、布加迪
子公司法定名称（subsidiaries legal names）	大众法国公司
范围名称或品种（range name or variant）	大众福克斯、Polo、途锐、夏朗
副品牌（sub-brand）	高尔夫、甲壳虫
产品指示（product designator）	大众高尔夫GTD蓝色运动版

图1-2 品牌术语

区分品牌资产、强度与价值

现在我们总结一下与品牌、品牌强度和品牌资产测量相关的术语。美国官方的营销科学研究所对品牌资产的定义是："一个品牌的客户、渠道成员和母公司的一系列联想和行为，它们使产品比无品牌名称时获得更大的销量或更多的利润"（Leuthesser，1988）。

这是个有趣的定义，但是很快就被遗忘了。这个定义很全面，它提醒我们渠道的各个组成部分对于品牌资产都非常重要。它将利润、品牌联想和消费者行为联系起来。这是否意味着如果销量和利润没有增加，品牌价值就不存在了？这个问题的答案并不明确，因为这里的"利润"（margin）似乎只是指毛利，而一个品牌财务上的价值是由税息前利润（earnings before interest and tax，EBIT）决定的。

专家们对品牌资产给出了不同的定义和测量方法，因此会产生混淆，若要避免，就要明白消费者和财务途径是如何相关联的，并且在有限的范围内使用明确的术语（见图1-2）。

● 品牌资产（brand assets）。它是品牌影响力（品牌知名度/突出性、情感、形象，与消费者的关系强度）以及专利权的来源。

● 品牌强度（brand strength）。在特定的市场、竞争环境和商业模式下，这些品牌资产在某个特定时间点上会形成品牌强度。品牌强度由竞争性行为指标如市场份额、市场领导地位、忠诚度和价格溢价（如果采用溢价策略）等决定。

● 品牌价值（brand value）。这是指品牌获取利润的能力。品牌只有能够产生利润才有财务上的价值。认为利润较低不是品牌问题而是业务问题的观点实际上将品牌跟业务分割开来，是一种误导。当然，可以从社会学、心理学、符号学、人类学、哲学和神经科学的角度来分析品牌，但是历史上它们都是因商业目的而产生，以创造利润为主导。

只有将品牌资产、品牌强度和品牌价值分开来看，对于品牌资产领域的概念才不会混淆（Feldwick（1996）有类似的看法）。品牌价值是品牌资产的盈利潜力，二者之间的中介是品牌强度。

在表1-2中，箭头代表有条件的结果，而不是直接结果。同样的品牌资产随着时间可能会产生不同的品牌强度，这是竞争压力和分销压力导致的结果。根据定义，如果有足够的市场份额和价格溢价，但是没有业务能成功地获得利润，那么这样的资产也许没有任何价值。比如，要保持市场份额和溢价，需要投入的营销费用很高，如果没有剩余利润，品牌就没有价值。因此，在可乐市场中，尽管维珍（Virgin）拥有品牌资产，但品牌价值极低，这是因为当初在许多国家尝试销售维珍可乐的时候，没有建立一个长期有利可图的商业模式。Mini也是在被宝马买下后，以这个名称上市并且产生利润的。

表1-2 从知名度到财务价值

品牌资产 ⟶	品牌强度 ⟶	品牌价值（特指财务资产）
品牌意识 品牌声誉（属性、利益、能力、技术机密等）及情感 感知的品牌个性 感知的品牌价值 反映的顾客形象 品牌偏好或依赖 专利和权利	市场份额 市场领导力 市场渗透 需求份额 增长率 忠诚度 价格溢价 在交易中不能退货的产品占比	品牌折现后的净现金流量，已支付用于生产的资本成本、业务成本和营销成本

表1-2也说明了这三个概念背后的时间维度。品牌资产是慢慢形成的心智联

想和情感，因此需要一段时间，通过直接的或间接的以及实质上的或象征性的品牌互动才能形成。品牌强度测量品牌当前的地位，大多是行为上的（市场份额、市场领导力、忠诚度和价格溢价）。不是所有的品牌声誉都是由品牌资产建立的。有些品牌拥有很大的市场份额，却没有较高的品牌知名度，这是因为顾客看重价格。还有些品牌的资产优于品牌强度，也就是说品牌形象明显优于其市场地位（比如米其林）。相反的情况也成立，比如零售商的自有品牌被称作推式品牌。

品牌价值是对未来的预测。品牌财务评估的目的是估计品牌值多少钱，也就是说，在未来能产生多少利润。品牌在未来能产生经济附加值（economic value added，EVA）才有价值，而且必须有一部分经济附加值属于品牌本身而不是其他无形资产（比如专利、技术机密或数据库）。这主要取决于商业模式面对未来的能力。比如，2010年诺基亚股价下跌，市场认为世界第一移动电话品牌的未来非常黯淡。在发达国家，消费者都购买智能手机，诺基亚已经落伍了。诺基亚的品牌知名度也许很高，但是它的品牌价值呢？

接下来，我们讨论以管理为目标追踪品牌资产，管理人员应该定期测量哪些方面。

追踪品牌资产

什么是品牌？品牌是能够影响购买者的一个名称。影响的来源是什么？是一系列在顾客和分销商中随时间的推移建立起来的心智联想和情感联系。品牌追踪应该集中在测量这些品牌力量的来源上。管理人员负责创立品牌，也负责拓展业务，不管是品牌经理还是本地经理或区域经理，都是如此。因此，企业如今不仅将可变薪酬与增加的销售额和利润相联系，也与品牌资产联系起来。然而，这种制度假定品牌资产是有办法追踪测量的，即多年后品牌资产的发展可以被评估。这个制度必须是有效的、可靠的，还不能特别复杂，成本也不能太高。那么，要评估品牌资产，我们至少应该测量什么？

代理商DDB开展了一项有趣的调查，询问营销总监：作为企业的重要资产，强势品牌有哪些特征？以下是按重要性排列的结果：

- 品牌知名度（65%）；
- 品牌定位、概念、个性的优势，品牌是否有清晰、独特的形象（39%）；
- 能被消费者识别的品牌符号的优势（标识、代码、包装）（36%）；
- 消费者心中的品牌权威度、品牌尊重度、感知的品牌地位和顾客忠诚度（24%）。

品牌价值（品牌资产）的测量有多种方法。这些方法通常只是基于品牌资产的一个组成要素提供一个全国性或国际性的评价结果，比如品牌知名度（不同研究机构的方法不同，可能是要求被测者在提示或无提示的条件下说出第一个想到的品牌）、品牌偏好、品质形象、品牌声誉，当得不到喜爱的品牌或不喜欢某个品牌时，首选的和次之的品牌是什么。有一些机构可能会结合其中两个组成要素，比如，朗涛品牌咨询公司（Landor）发布了一个品牌力指标，将提示的品牌知名度和品牌尊重度结合在一起。扬·罗必凯广告公司（Young & Rubicam）进行了一项名为"品牌资产监控"（Brand Asset Monitor）的研究，两个指标决定了品牌在坐标上的位置：代表认知的轴将消费者心目中品牌的突出性与感知差异性相结合，反映情感的轴将品牌的熟悉度和尊重度相结合。TNS公司在"大品牌系统"（Megabrand System）的研究中，为比较不同的品牌使用了五个参数：品牌知名度、购买倾向、感知质量、试用，以及一个测量品牌形象强度的项目。

学术研究者在这个问题上各持己见。萨特勒（Sattler，1994）分析了美国和欧洲有关品牌资产的49项研究，列出了至少26种测量方法。这些方法在以下几个维度上有所不同：

- 是否测量金钱？很多方法并非基于金钱而是基于品牌知名度、态度、偏好等。
- 是否考虑时间因素，即品牌在市场上的未来？
- 是否考虑竞争因素，即相对于市场上其他产品的感知价值？大多数方法不考虑这一点。
- 是否包括品牌的营销组合？是否只考虑依附在品牌名称上的价值？大多数方法不会考虑营销组合（以前的广告费用、分销水平，等等）。
- 在估算品牌价值时，是否包括购买者或使用者因协同作用而产生的利润？这些协同作用（分销、生产、物流等方面的协同作用）存在于现有品牌组合中。虽然这一点很重要，但是大多数方法都不考虑。
- 是否考虑品牌由原有市场向外进行品牌延伸的可能性？通常都不会考虑。
- 是否考虑地域扩张和全球化的可能性？大多数情况下也不会包括这一点。

我们建议至少使用品牌资产的四个指标：

- 提示品牌知名度。测量品牌是否有最小的反响。
- 非提示品牌知名度。在有产品线索的情况下测量品牌的突出性和心智份额。
- 唤起集，也称考虑集。品牌是否属于消费者肯定会购买的两三个品牌？
- 品牌被消费的情况？

一些企业会增加其他指标，比如消费者最偏爱的品牌。实证研究表明，这与自发品牌知名度有很大的关系，后者不只是认知上的测量方法，还体现了与人的接近程度。其他的企业会加入最常被消费的品牌作为一个指标。当然这在快速消费品中很常见，但对于耐用品不适用。另外，在实证研究中，这与考虑集也有关。同时，我们要注意追踪研究还与顾客的记忆有关。这种记忆本身是非常具有推理性的。人们真的知道他们最后一次购买的是什么品牌吗？或许他们只是根据自身喜好推断或根据逻辑推理，得出答案是品牌X或Y。

表1-3是一个品牌在两个国家追踪研究的典型结果。

表1-3　一项品牌追踪调查结果

	品牌X	
	日本	墨西哥
提示品牌知名度	99%	97%
非提示品牌知名度	48%	85%
唤起集	24%	74%
被消费	5%	40%

解读表中品牌资产的数字有两种方法。第一种方法是根据国家横向比较，该品

牌在两个国家的知名度差不多，但在两个国家的地位很不一样。另一种方法是纵向比较，关注转化率。我们可以发现，在日本唤起集是非提示品牌知名度的50%，而在墨西哥是87%。

虽然这些数字自上而下通常是递减的，但也不是绝对的。比如在欧洲，百事可乐并不是一个强势品牌，市场份额主要依靠推式营销和贸易订单。因此，我们说百事可乐的业务在发展，自身的吸引力却没有增加。在追踪调查中，百事可乐的试用率比偏好率（唤起集）高很多。而有些品牌的资产比消费高很多。在欧洲，米其林在品牌形象上比其他轮胎品牌有明显的优势。然而，品牌形象好并不一定带来高市场份额，事实上，人们虽然喜欢米其林这个品牌，但觉得自己没必要购买这种质量和价格的轮胎。

追踪研究不仅仅是控制的工具，也是诊断和行动的根据。转化率告诉我们应该在哪些方面做出改变。

比较品牌资产轮廓

比较不同类别品牌的拉动力是很有趣的。表1-4是知名品牌的典型情况（提示品牌知名度都超过了90%）。它们以渗透率（试用的百分比）递减排列。比较这些品牌资产的两个支柱为知名度和感知高质量。我们对全球领先品牌的期望不只是质量，而是卓越的质量。最后的两个问题是行为方面的：第一个测量品牌的过去（被访者是否体验过该品牌）；第二个测量品牌的未来（消费者未来是否会考虑购买）。所有数据来源于大范围、全国性的样本，出于保密原因有所修改。但是，这些数据仍能让我们比较不同的品牌。

表1-4 品牌资产：不同类别的品牌带来的附加值（%）

	品牌知名度	感知高质量	试用	未来会考虑购买
三星	99	75	42	28
索尼	99	86	42	33
LG	93	60	22	16
奈斯派索	99	66	18	18
迪奥	98	77	14	16
苹果	98	65	12	15
宝马	99	77	5	14

资料来源：Adapted from TNS, France, 2010.

前三个品牌在全球高技术设备市场展开全面竞争。有趣的是，在欧洲，论市场份额，三星在大多数细分市场（手机、电视机、家用设备等）中成为领先者。从"试用"这一列能看出：三星相比索尼进入欧洲市场较晚，但知名度、试用和购买的水平已经接近索尼。这是因为三星在智能手机和3D电视机领域都有系统性的创新，加上营销投入较大、物美价廉，在大众市场渠道保持了良好的贸易关系。在短时间内有这样的成果是很引人注目的。然而，通过索尼，我们能看到强势品牌的力量。专家认为如今的索尼与过去的索尼是不同的。在20世纪80年代，索尼走在技术创新的最前沿，吸引了当时的文化名流和创意者作为意见领袖，索尼的价格引发了高质量的感知。它成为一个代表优秀、卓越的高价品牌，因为在随身听、摄影机、PSP等方面的大胆创新而备受消费者喜爱。如今，其他品牌站在了创新的最前沿，比如苹果、三星、任天堂（Nintendo）等，索尼在互联网革命中未能占有一席之地。

虽然这些都是事实，但索尼依旧拥有惊人的品牌资产。消费者对三星的感知质量很高，却比不上索尼。两个品牌以前的销售情况基本一样，虽然这种衡量方法更适合已经在市场占有一席之地的老品牌。不过，索尼依旧能够留住自己的客户并且鼓励他们再次购买。这说明了在品牌上投资的价值：虽然品牌的创新少了，但是仍保留了固有的渴望价值。索尼也得益于其无形的核心价值：品牌与艺术的联系（比如索尼音乐和索尼摄像机）。相比之下，三星没有类似的渴望价值，因为三星向人们传达的信息是这个品牌注重最新的科技创新，却没有在人们心中留下印记，而每个创新都会被新的创新淘汰。而且三星的广告没有告诉我们这个品牌到底是怎样的，品牌的愿景如何。值得注意的是，产品或者副品牌的名称例如Galaxy比品牌名称三星写得还要大。

奈斯派索（Nespresso）是利基品牌。它的知名度很高，但是只有很少人使用过（18%），在未来会考虑购买的人也不多（18%）。未来的增长主要靠向现有客户销售更多昂贵的咖啡胶囊和提供优质的服务。苹果的品牌概况也相差无几，但苹果在"未来会考虑购买"上的得分比渗透率稍高。因此，尽管苹果产品的价格很高，但是它可以通过将原有核心业务（个人电脑）拓展到音乐、iPad、iPhone等方面，获得新客户群体以实现增长。

迪奥也是如此，该品牌正逐渐复苏。而对于宝马，只有少数有能力并且想要购买昂贵汽车的人才会考虑这个品牌。同时，我们应该注意到人们对奢侈品的追求，想在未来购买宝马汽车的人是试用者近3倍。

商誉：财务和营销的结合

以前企业认为只有有形资产才是有价值的，而现在企业却将无形资产视为最重要的资产。在无形资产中，品牌和专利被视为最重要的两个。企业的成功在于有技术创新支持的品牌，创新和品牌都是无形资产（见表1-5和表18-2）。无形资产占家乐氏（Kellogg）价值的61%，莎莉（Sara Lee）57%，通用磨坊（General Mills）的52%。这就解释了一个悖论：即使一家企业亏损，也能因为拥有知名品牌而被高价收购。

值得注意的是，在会计和财务中，商誉等于收购价与公司账面价值的差额。这个差额是由消费者、分销商和渠道成员带来的心理性商誉所形成的，也就是赞誉性的态度和倾向。因此，财务和营销上对品牌的分析有紧密的联系。会计上的商誉是心理性商誉的货币价值，它是通过企业长期在传播方面的投资以及始终聚焦于产品的满意度而产生的，两者都有助于建立品牌声誉。

表1-5 品牌财务估价（2011年）

排名	品牌	价值（10亿美元）
1	苹果	153 285
2	谷歌	111 498
3	IBM	100 849
4	麦当劳	81 016
5	微软	78 243
6	可口可乐	73 752
7	AT&T	69 916
8	万宝路	67 522
9	中国移动	57 326
10	通用电气	50 318
11	中国工商银行	44 440
12	沃达丰	43 647
13	威瑞森	42 828
14	亚马逊	37 628
15	沃尔玛	37 277
16	富国银行	36 876
17	UPS	35 737

资料来源：Brand Z，Millward Brown.

顾客和分销商的商誉究竟有什么影响？

- 分销商的赞誉性态度。由于轮换制度，分销商陈列某品牌的一些产品。事实上，零售商可能因为没有知名品牌产品的存货而失去顾客，知名品牌几乎哪里都能买到。也就是说，一些顾客会去其他地方寻找这个品牌。商誉确保了在销售点有该品牌的产品。
- 滞销商品和工业品市场中批发商和中间商的支持。如果产品被视作独家品牌，并且能够被顾客联系在一起，就更能发挥作用。
- 消费者或终端用户的购买愿望。这是他们的赞誉性态度，在某种情况下对品牌的依恋或忠诚是未来销售的关键。当品牌与竞争对手间的价格差异缩小，竞争越发激烈时，品牌忠诚度可能会降到最低，但是品牌依恋不会很快消失，会延续一段时间。

消费者在接触品牌的产品、分销渠道、工作人员和传播的过程中，会对品牌产生各种正面或负面的印象，在这个过程中品牌始终是中心点。最重要的是，将所有的营销力量都集中在一个名称上，那么这个名称会带有一种排他性的气场。即使专利权已经过期，至少在短期内品牌仍然是品质的象征。专利的寿命因为品牌而延长了。

品牌存在于顾客的记忆中，因此有长久的影响。正因为如此，以会计的观点看，品牌被视作一种资产：品牌的经济作用并不局限于对产品的消费。此外，这种资产是不需要摊销的。

要理解为什么强势品牌（拥有分销网络、知名度和形象）能够带来增长且获利能力强，首先需要理解品牌对消费者产生的作用，这些作用就是有价值的商誉的来源。

品牌如何为顾客创造价值

虽然本书主要讨论品牌及其最优化，但有必要指出品牌并不是在所有市场里都必须存在。即使品牌在法律上是存在的，也不一定总在消费者的购买决定中起作用，其他因素也许更为重要。例如，有关品牌敏感度（Kapferer and Laurent，1988）的研究显示，在一些产品类别中，消费者购买时并不考虑品牌。比如购买便笺簿、橡皮、记号笔或是复印纸，有谁会在意品牌呢？个人或者企业都不会。在诸如白糖、男士袜子等市场中，并没有强势品牌。在德国没有全国性的面粉品牌，啤酒品牌大多也是区域性的。而对于银行的选择，地点很重要。

品牌信任

品牌能减少感知风险，如果存在感知风险就会有品牌。品牌能带来信任，如果消费者不再面对风险，品牌的价值也就消失了。此时，品牌只是商品上的一个名称，不再是选择的线索、指示或是附加值的来源。如果单价高或者选择不当的后果更严重，那么风险就更大。因此，购买耐用品是长期的承诺。此外，人类是社会性的动物，我们会根据选择审视自己，因此我们的社会身份很大程度上是由我们穿戴的品牌决定的。说到食物，当我们食用时是带有一定风险的，品牌的作用就是令我们克服这些焦虑。这就解释了在伏特加、杜松子酒这类烈性酒市场上品牌为什么如此重要。

消费者所感知的风险是形成品牌合法性的重要因素，这一点在分销商自有品牌主导的产品类别（也有可能是未来的折扣商品）中尤为突出，如罐头蔬菜、牛奶、橙汁、冷冻比萨、瓶装水、厨房用纸、卫生纸和汽油。与此同时，生产商的品牌在以下类别中依然占据主导：咖啡、茶、谷物、牙刷、除臭剂、冷酱、意大利通心粉、婴儿食品、美容产品、洗衣粉等。对于这些产品，消费者的参与程度很高并且不愿意冒风险，不论是身体上的还是心理上的。

没有什么是一成不变的，感知风险随着时间而变化。在一些领域，当新的科技变得司空见惯，所有产品都能符合质量标准。以前，可能有些产品合格，有些不合格，而现在竞争者的产品都很优质，当然一些产品还是会比另一些产品更优质。根据情况不同，风险的大小也会改变。例如，用朗姆酒或者伏特加自制鸡尾酒要比买朗姆酒、伏特加直接加冰块喝的风险要小。此外，每个消费者的涉入度都不一样。涉入度高的消费者会关心产品的细微区别，或者想最优化自己的选择：他们会就一台电脑或者一个品牌的咖啡谈论很久，阐述它们的优点。涉入度较低的消费者满足于购买一款基本的、价格不太高的产品，他们可能会在当地的商店里买一瓶杜松子酒或者威士忌，商品并不是知名品牌，只要物有所值就行。消费者会感受到风险并且害怕做出错误的选择是因为很多产品是不透明的，只有购买并使用之后才能发现真正的内在质量。然而，很多消费者不愿意走出这一步。因此，这些不透明产品的外观标志必须突出内在的质量。声誉好的品牌在外在的方面都做得很好，包括价格、质量标志、零售陈列和产品担保、包装设计和风格。

从信任到刺激

除了增进信任，品牌还可以带来激动、喜悦、移情和刺激。这是品牌的第二个作用：使类别具有生命，带来刺激。因此，品牌变得富有激情、不可替代。对于软饮料，消费者涉入度低，品类的风险小，但是可乐和芬达都是强势品牌，因为它们从零风险发展出能够刺激消费的功能，即享受。

品牌知名度如何创造价值：晕轮效应

最新的营销研究显示品牌知名度不仅仅是一种认知测度，它与很多有价值的形象方面的因素相关。知名度传递一个可靠的信息：虽然品牌知名度是在个体层面上被测量的，但它其实是一个集体现象。如果一个品牌很有名，那么每个人都知道它有名，这就导致了自发的推断。从表1-6可以看出，品牌知名度与高品质、信任、可靠性、与人们关系的紧密性、高性价比、可获得性和传统风格有很大的联系，却与创新性、优越性、风格、魅力没有关系。如果这些是区分品牌的关键因素，那就应该依靠产品自身的优点来获得。

表1-6 品牌知名度如何通过晕轮效应创造价值（知名度和形象的相关性）

高性价比	0.52	独特的	0.31
信任	0.46	领导者	0.29
可靠的	0.44	受欢迎的	0.29
质量	0.43	有趣的	0.29
传统的	0.43	原创的	0.27
最佳的	0.40	有活力的	0.25
务实的	0.37	履行的	0.22
客户导向	0.37	吸引人的	0.08
友好的	0.35	创新的	0.02
可获得的	0.32		

资料来源：Schuiling and Kapferer, 2004.

透明和非透明产品

在这个阶段，我们可考虑纳尔逊（Nelson, 1970）、达比和卡米（Darby and Kami, 1973）提出的分类。他们将产品特征分为三种类型：
- 在购买之前，通过接触被注意的品质；
- 在购买之后，通过体验被注意的品质；
- 可信任品质，即使购买使用后也很难评估，只能依靠消费者信任。

第一种品质可以从购买男士袜子的决策中看出。消费者往往根据以下可见的特征做出选择：图案、样式、材质、手感、弹性和价格。这个市场甚至不需要品牌。即使存在品牌，它的市场份额也很低，并且主要面向对耐穿性（买之前很难知道）或者时尚感有要求的顾客。例如Burlington牌的袜子代表着最新潮的款式。生产商品牌虽然存在，但是它们的区分度不及分销商品牌（例如玛莎百货（Marks & Spencer）和C&A），特别是分销商品牌不仅有好的款式，还有具有竞争力的价格。

关于第二种品质，我们可以以汽车市场为例来分析。当然，性能、耗油量和款式在购买前都能评定,因为这些选项和车内空间的信息是可获得的。但是,行驶稳定性、驾驶的乐趣、可靠性和质量在试驾时是无法全面了解的。消费者的选择取决于品牌形象,这是长久以来形成的集合性表征,来自自己或亲友的经验、口口相传或者广告。

关于第三种品质可以以高档车市场为例来分析。拥有一辆宝马汽车带来的成就感和满足感完全来自信任。这是从购买前的试驾中无法得到的,是一种集体性的信念,在购买者和非购买者中都存在。

通过区分这些广受关注的品质,品牌的作用就更清晰了。品牌是一个符号(因此是外在的),其作用是把无法通过接触(看、触摸、听、闻)感受到的产品品质凸显出来,这些品质也许能通过体验感受到,但消费者不愿意冒险去尝试。如果一个品牌很有名,顾客在消费时就会信以为真,比如李维斯所代表的美国叛逆青年的特征,登喜路(Dunhill)代表着英伦风格,苹果代表着加州神话。

一方面,品牌的信息作用根据产品或服务、消费情境和个体的情况而不同。因此,品牌不是任何时候都有用。另一方面,如果消费者失去了传统的参考点,品牌就是必要的。这就是如今对品牌葡萄酒的需求增加的原因:消费者已经厌倦了各种小酒庄,这些酒庄的产量有限、质量不一,有时还会带来一些令人不愉快的经历。这才造就了诸如杰卡斯(Jacob's Creek)和Gallo等葡萄酒品牌。

品牌不仅是信息的来源(揭示它的价值),而且具有其他功能,以在品牌被购买者评估时证明其吸引力和货币回报。这些功能是什么?品牌如何在消费者眼中建立价值?表1-7列出了品牌的八种功能。前两种是机械的,有关品牌的本质,作为能被识别的符号来帮助决策和节省时间;中间三种可以降低消费者的感知风险;最后三种有更令人愉快的一面,伦理性表明购买者希望品牌有更加负责任的行为。很多瑞典消费者仍抵制雀巢的产品,因为雀巢曾经向非洲的贫穷母亲销售奶粉。

表1-7 品牌对于消费者的功能

功能	消费者利益
识别	被清楚地看到,快速识别各种产品,形成货架感知
实用性	通过再次购买同样的商品以及忠诚度节省时间和精力
保证	不管什么时候在哪里购买都能保证质量一致
最优化	确定购买的是同一类别中最好的产品,对于特定目标是最好的选择
象征	对自我形象和呈现给他人的社会形象的证明
持续性	多年购买同一品牌带来的熟悉感和亲密感而产生的满意度
享乐性刺激	与品牌吸引力、标志、传播和体验性回报相关的魅力
伦理性	对品牌在社会关系方面的负责任行为感到满意(可持续发展、企业社会责任、雇佣、公民身份、不令人震惊的广告)

品牌的这些作用并不是法律规定的或者强制的,也不是自发形成的,必须随时维护。之所以只有少部分品牌能在相应的市场中成功,是因为企业在质量、研发、生产、传播方面都投入资金,以更好地了解市场需求的变化。当然,这些功能并不局限于生产商品牌。相反,一些生产商品牌并不具备这些功能。在英国,玛莎百货自有品牌圣米高(St Michael)被视作一个重要的品牌,它执行了这些功能,瑞士的米格罗斯(Migros)、Gap、Zara和宜家等也是如此。

这些功能是否有效取决于产品类别。如果产品信息很透明（通过接触很容易了解内在质量），那么使用参照物和降低风险的必要性就小。如果消费者的涉入度很低，购买被视作日常事务，那么价格溢价的能力就比较弱，试用的成本也很低，比如，尝试一种新的更便宜的厨房用纸或者锡箔纸。一些商店主要在这些方面做文章，比如高折扣商店有 650 个产品线却没有品牌，针对每一种需要都有相应的产品，价格最低，性价比高（和供应商合作降低了成本，不产生附加值）。这种方式提供了表 1-7 中品牌的前几个功能：在货架上容易识别、实用性、保证、所选价格水平和性能最优化（不被营销所操纵）。其他功能的缺失都由低廉的价格来弥补。

品牌的功能分析能够帮助我们解释分销商自有品牌的发展。如果品牌只是商标，只是便于识别的信号或者质量的保证，那么分销商的品牌也能发挥这些功能并且价格更低。

表 1-8 总结了品牌功能和分销商自有品牌市场份额之间的关系。

表 1-8 品牌功能和分销商/制造商力量平衡

品牌主要功能	品牌的典型产品品类	制造商品牌的力量
识别信号	牛奶、盐、面粉	很弱
选择的实用性	袜子	弱
质量保证	食物、订书钉	弱
选择的最优化，高质量、高性能的标志	汽车、化妆品、电器、油漆、服务	强
选择的个性化	香水、服装	强
持久性、联结、熟悉度	老品牌	强但受到挑战
乐趣和激情	多感官享受的品牌，奢侈品牌	强
伦理和社会责任	信任品牌，公司品牌	强但受到挑战

品牌如何为企业创造价值

为什么金融分析师偏爱拥有强大品牌的企业？因为这些企业的风险更低。因此，品牌对于金融分析师和消费者有同样的作用：品牌可以降低风险。确定性、保证和风险降低都包含在价格中。以高价购买拥有品牌的企业，分析师基本能确保在未来获取现金流。

如果品牌强大，就可以从高顾客忠诚度和未来销售的稳定性中获益。富维克（Volvic）矿泉水的顾客中有 10% 是忠实的常客，他们贡献了一半的销售额。品牌的声誉是需求、持久吸引力的来源，高质量和高附加值使得价格溢价具有正当的理由。一个市场中的主导品牌是其他竞争者的进入壁垒，因为这个品牌是该品类的参照标准。如果一个品牌声誉卓著或是潮流的领导者，那么可以通过授予许可获得可观的使用费。例如，NafNaf 是一个设计师品牌，在最成功的时候获得了 600 万英镑的净使用费。如果品牌很有名，是品质的象征，则被市场认为代表着一种特定承诺，那么这个品牌就可以进入其他市场。棕榄（Palmolive）象征着温和，该品牌已经扩展到香皂以外的许多市场，例如洗发水、剃须膏和洗洁精，这就是品牌延伸（参见第 12 章）。如果在这些市场中要投放新的产品，就不必再建立知名度。

要确定品牌的财务价值,专家必须考虑强大品牌所带来其他收益的来源。因为更多购买者可能会被拥有强大品牌声誉的产品吸引,即使该产品和其他产品看上去几乎一样。如果企业采用这样的战略,除了规模经济和市场主导权可以增加利润,品牌也可以获得溢价。品牌延伸到新的市场可以产生品牌专有权的收益,发挥重要的杠杆效应。要计算这个价值,需要减去与品牌管理相关的费用,比如质量控制成本、研发投资、雇用全国性和国际性销售团队的成本、广告成本、法律登记成本、投资资本的成本等。品牌的财务价值是品牌产生的额外收益和今后几年相关成本折现后的差值。至于折现几年的数据,是由估价者(潜在买家、审计人员)的商业计划决定的,用于权衡未来现金流的折现率取决于投资者对未来预期是否有信心。但一个重要的事实是品牌越强大,风险就越小。因此,如果品牌强大,未来的净现金流就更有确定性。

图1-3显示了品牌利润的三个来源:价格溢价、更强的吸引力和更高的忠诚度,以及更高的利润率。这些效应来自品牌原来的市场,但是它们随后也能够扩展到其他市场和产品品类,可以通过直接的品牌延伸(比如比克(Bic)一开始生产圆珠笔,后来也制造打火机和一次性剃须刀,最近延伸到了帆板),也可以通过特许授权方式,制造商收取使用费(比如所有奢侈品牌和卡特彼勒公司(Caterpillar))。

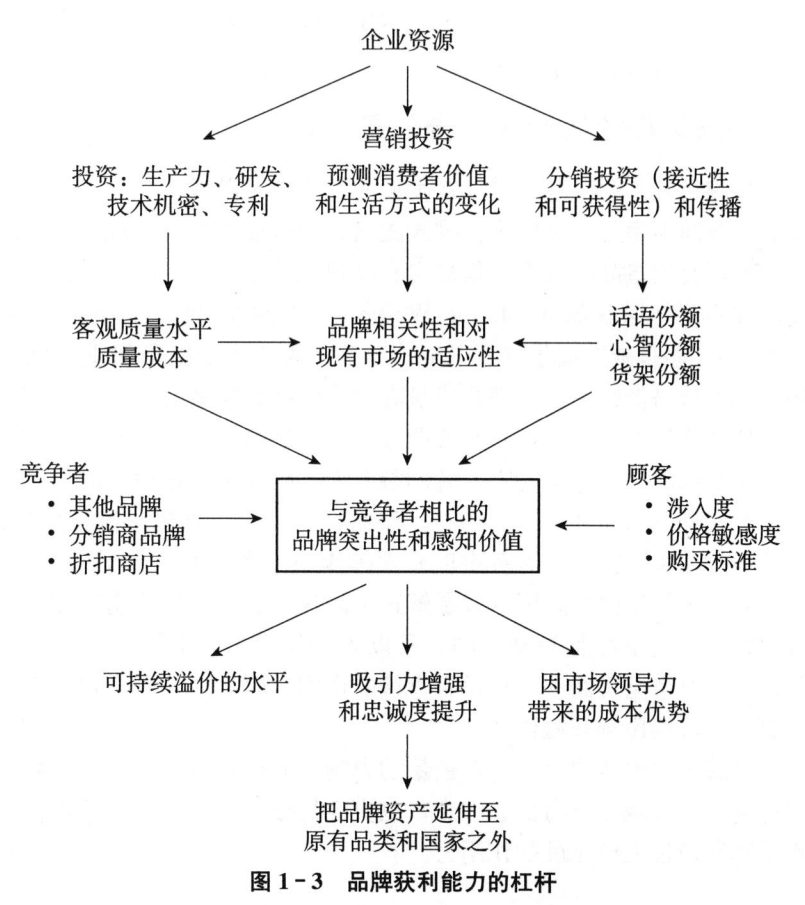

图1-3 品牌获利能力的杠杆

当这些杠杆的价值以欧元、美元或者其他货币计算之后，可以帮助我们估算品牌带来的边际利润。当企业要在战略上使产品实现差异化时，这些杠杆才会产生，可以通过三种投资达到目的。

● 投资于生产、生产力和研发。通过这些投资，企业可以获得特定的技术机密，别人不能模仿，这在会计上属于无形资产。有时企业通过注册专利来暂时性地防范新的竞争者，这是制药行业市场营销的基础（一个专利一个品牌），像Ferrero这样的公司产品很成功但是也很难被效仿。专利自身就是一种无形资产，公司的经营活动可以持续地从中获利。

● 投资于营销调查研究以得到新的见解，预测消费者品位和生活方式的变化，根据这些变化来决定企业的重要创新方向。克莱斯勒（Chrysler）研发Minivan就是因为预测到婴儿潮一代的需求。此外，了解分销商的期望也很重要，因为它们决定了品牌的实物是否贴近消费者。如今品牌成功的一个重点就是了解、适应分销商的逻辑，与渠道的各个环节都保持良好关系（虽然在计算品牌价值的时候还应区分哪一部分销售额来自企业的力量，哪一部分来自品牌本身）。

● 投资于项目、销售团队、采购、贸易营销、大众传播，以增加品牌的独特性，使之具有突出性（知名度）、感知差异性和尊重度。如果没有品牌广告，消费者就不可能知道品牌内在的品质或无形价值。

品牌的价值以及相应的品牌政策执行的合法性，取决于与品牌管理相关的边际收益和必要的边际成本的差额。

品牌声誉如何影响广告效果

品牌是资本的一种，可以在发展业务的同时慢慢建立起来。当然，也有可能只发展业务却不建立这种资本：推式战略和价格战略可以实现较高的销售额和市场份额，但不会创造品牌资产。很多自有品牌就是这样。在法国，苏格兰威士忌销量最高的并不是尊尼获加（Johnnie Walker）、百龄坛（Ballantines）或威雀（Famous Grouse），而是威廉彼乐（William Peel）。威廉彼乐将全部重心放在贸易（超级市场）上，价格低廉。该品牌几乎没有自发的品牌知名度。

如今管理人员需要同时开展业务和建立品牌价值。他们的薪酬由销量和品牌声誉这两个标准决定，不能将二者割裂开来。相关研究告诉我们：广告和营销是销量的两大杠杆（Chaudhuri, 2002）。然而，它们不能直接影响市场份额和溢价能力，而是通过品牌声誉（或者尊重度）发挥作用。事实上，如图1-4中的路径系数所示，品牌声誉是由熟悉度（我了解这个品牌，所以经常使用）和消费者感知到的品牌独特性（这个品牌与众不同，所以无法替代）产生的。广告能够提高产品的销量，但是对市场份额和溢价没有直接的作用。简言之，只有建立声誉，资本才能获得更高的市场份额和溢价。

品牌声誉也能加大广告对销量的影响。分析以前的广告战，我们知道如果品牌更有名，广告就更容易引起注意，也更容易被记住。因此，从现在开始，我们不能将品牌和销售视作相反的作用力。

图 1-4 品牌化与销量

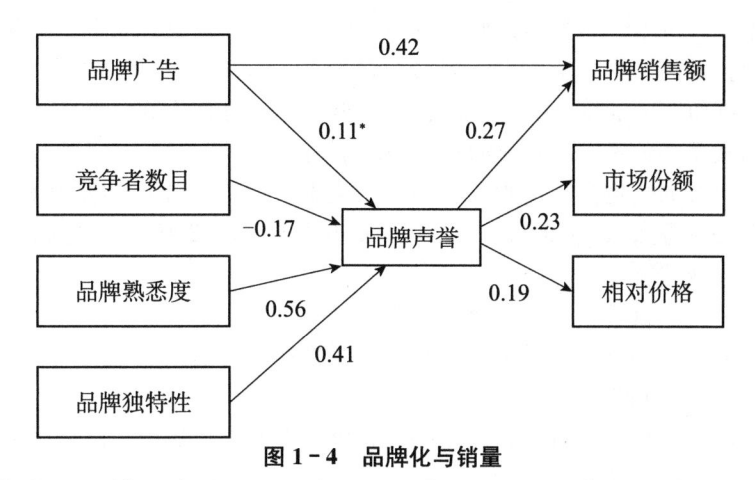

资料来源：Reprinted from the *Journal of Advertising Research*, copyright 2002, by the Advertising Research Foundation.

注：* $p<0.10$；其他路径都是 $p<0.5$。

企业声誉和品牌

索尼既是一个品牌，也是一个公司。可口可乐或大众也是如此。公司品牌（corporate brand）指的是公司希望在不同受众群体中推广的形象。企业赋予商业品牌以深度和人性化。对于新品牌来说，企业风格和文化往往是它们最好的代言人。

威卢克斯（Velux）是世界第一的屋顶天窗品牌，2003 年它才意识到创立公司品牌的必要性。威卢克斯觉得只凭借产品品牌与越来越多的效仿者竞争十分困难，此外，它的品牌资产也未增加。当一个品牌在其品类中的第一提及知名度达到 80% 时，发展的停滞一定程度上是天花板效应所致，改善的空间很小。然而，这家公司觉得消费者与品牌的情感联系不够紧密。单纯的产品品牌能够改善这种联系吗？诊断结果显示亟须揭示"品牌背后的品牌"（Kapferer，2000），于是威卢克斯开始建立公司品牌。

事实上，很多依靠产品品牌成功的企业现在都决定通过建立公司品牌来凸显公司的行为、价值观和使命，并且扩展这些特定的附加值。联合利华（Unilever）应该尽快提升企业知名度，就像宝洁在亚洲所做的，将之扩大到世界各地。

公司品牌成为管理层的讨论话题还有一个原因：保护公司的声誉。现在企业对自己的声誉非常敏感，而之前它们对形象特别敏感。为什么有这样的改变？形象（感知）难道不是全球性评价的基础（因此关系到声誉）？人们似乎不再关心"形象"这个词了。正因为关于形象创建者的宣传报道太多，"形象"才沾上了不好的名声，似乎形象是人为打造的。而声誉内涵更深刻，并且涉及面更大：它是来自市场的评判，应该得到维护。声誉已经成了一个热门词，每年在世界各地所做的最受人尊敬的公司的调查可证明，《财富》（*Fortune*）发布的"美国最受尊崇的公司"

榜单就是范本。声誉向人们传递一个信息，尽管企业有众多利益相关者，每一个都反映企业的一个特定方面（雇员、供应商、金融投资者、客户），事实上他们对企业达到所期望的综合能力都很敏感。声誉是针对企业这个整体的，它重新统一了所有的利益相关者以及企业的各个职能部门。

声誉的变化会影响所有的利益相关者，所以企业密切监测和管理它们的声誉。福诺布龙等人（Fombrun, Gardberg and Sever, 2000）认为综合声誉基于以下六大因素或"支柱"：

- 情感诉求（信任、尊崇和尊敬）；
- 产品和服务（质量、创新、是否物有所值等）；
- 愿景和领导力；
- 工作场所质量（管理良好、有吸引力的工作场所、高素质员工）；
- 财务绩效；
- 社会责任感。

企业的发展离不开利益相关者的拥护和支持，因此企业声誉资本应该建立在所有利益相关者的基础之上。而且这个声誉必须是综合的，因为即使是特定的利益相关者也希望公司对所有利益相关者负责。声誉和股票的表现是有关联的。

随着声誉这个概念的发展，企业意识到自己不能沉默，不能被人忽视，不能难以让人了解。企业要将声誉资本最大化，必须管理其知名度和行为，用财务人员的话来说就是商誉（goodwill）。通过艺术赞助、基金会、慈善、广告，公司品牌会越来越广为人知，这样就覆盖了全球的目标群体。公司品牌代表企业本身，提醒人们企业的存在。现在企业也在发展专门的公司品牌，比如"You"（联合利华的招聘品牌），或者开展专项活动（比如半年度的金融路演）。

消费者不再看重公司总部和工厂在何处，因为企业不受地域的限制，主要通过出版物、宣传、公关、广告、财务报告、贸易团体报告以及其他各种传播形式，当然也包括它们的产品和服务，出现在公众的视野中。管理公司品牌及其传播就是要管理所有这些方面。

企业和产品品牌的关系是怎样的？后者是为了创造客户商誉、促进成长和增加利润而存在的。在现代成熟市场中，消费者不会将产品品牌和企业分割开：企业的行为会影响他们对品牌的态度，特别是品牌和企业共享一个名称，或者在产品上可见企业背书的名称的情况下。在第13章中，我们会探讨品牌化架构的四种结构性关系类型（独立、伞状、背书、来源或品牌屋）。它具有战略意义：一是根据溢出效应（Sullivan, 1988），企业可能会或不会利用之；二是根据对产品的支持性信心（Brown and Dacin, 1997），虽然这是必要的，但事实往往不是这样。比如路易威登集团（LVMH）是国际领先的奢侈品集团，其旗下50个品牌的传播和营销仍是分开的：看上去是独立的。通用汽车公司为旗下的品牌背书：表明这些不同型号的汽车背后是强大的、受人尊敬的公司。通用电气公司使用的是伞状品牌战略：分为GE资本投资和GE医疗服务。在全球化传播和协同作用的世界中，一种经典的战略是公司和旗下最好的品牌同名。这就是BSN更名为达能（Danone）的原因——就像50年前Tokyo Tsuhin Kogyo更名为索尼。正如我们看到的，这样做有很大的好处。

当我们提到佳能、耐克、索尼或者花旗银行，会产生一个概念上的问题：它们是公司品牌还是商业品牌？因为企业和品牌同名，这个问题很难回答，取决于具体情况及传播的目标和对象。娜奥米·克莱恩（Naomi Klein）在《拒绝名牌》（No Logo）一书中批评耐克公司，因为在公司光鲜的形象和体育明星代言的商业品牌背后有不为人知的一面：在亚洲建血汗工厂，将生产线移至发展中国家，面对批评缺乏回应。为了区分代表企业还是品牌，一些企业在不同的传播途径中使用不同的标识，比如雀巢作为企业的标识和作为商业品牌（根据产品品类又有不同）的标识是不一样的。

对于服务性企业，这个问题就更突出了。人们能将巴克莱银行（Barclay's Bank）或者法国电信运营商Orange的商业品牌和公司品牌区分开吗？因为商业品牌与公司品牌共享一样的雇员，更难区分开。也许了解传播的目标和受众会有所帮助。这就是为什么品牌校准（brand alignment）（Ind，2001）变得如此重要：公司一定要根据它的品牌价值观进行校准。整个公司业务都应该由品牌驱动。

声誉聚焦与品牌聚焦

在企业范围内，"声誉"一度比"品牌"更受关注。后者与产品名称相联系，所以似乎没有企业本身这么高贵。首席执行官（CEO）经常谈论声誉，对它非常重视。现在这个状况正在改变：很多CEO鼓励管理层将企业作为品牌来宣传。

是什么导致了这种转变？声誉是防御性的，而品牌是进攻性的。学术界（Fombrun and Van Riel，2008）认为，声誉是所有主要利益相关者（雇员、意见领袖、记者、银行家、政客和未来可能成为雇员的学生）的意见的集合。公司的传播总监通常负责声誉管理。他们在做任何决定之前都会考虑一个问题：这会有损公司的声誉吗？这就导致决策时过于谨慎，因为管理声誉的经理们害怕制造风波。2009年丰田的产品召回事件就是典型的例子。由于担心有损其高质量的声誉，丰田并没有马上回应以表达同情，也没有任何作为。这样做使丰田显得冷漠、疏远甚至高傲。

品牌是其所倡导的价值观的拥护者。品牌希望在所有竞争者中脱颖而出，成为该品类的参照标准。因为它不断地设定新的标准，所以大家都想效仿。企业制造品牌神秘感，是为了成为提供价值和带来利益的佼佼者，不只是为了受到普遍的好评。在比赛中，只有金牌获得者才会被大家记住。

声誉是以企业为中心的、内敛的，而品牌是以市场和价值为导向的，同时考虑竞争因素。企业应该成为品牌，成为有愿景的冠军。

从管理品牌到品牌引导管理

以前生产非快速消费品的企业从来不重视品牌的建立，如今情况发生了变化。在管理界，效率成为成功的重要因素已有30年之久。管理的发展进步源于不断出现新的概念，比如质量圈、看板管理（Kanban）、生产全球化、供应链最优化等。

如今这些重要的方法和管理概念已经传播到全球，为众多企业所使用，还有什么很重要？企业面对两个主要挑战：（1）调动劳动力或员工；（2）重新激发渴望以保持需求。

在企业界有一个悖论：企业希望消费者对自己的品牌很忠诚，然而在经济萧条时期，数百万人失去了工作。即便是在员工通常终生为同一个雇主工作的日本，公司也越来越像西方企业了。愤世嫉俗的情绪不断增加，人们意识到自己只是公司员工中的一个，越来越少参与公司的发展。因此，当前的一大挑战就是如何重新调动他们。

从消费者的视角来看，在生产、分销成本都降到最低，产品不再花哨，新竞争者出现并持续降低成本和价格的情况下，企业应该如何创造渴望和价值？

通过品牌实现管理可以解决第一个问题。在企业里，人们对于使命陈述和其他夸夸其谈的宣传持冷嘲热讽的态度，认为那些只是纸上谈兵。我们都应该看一看安然（Enron）的使命和价值观陈述。

品牌拥有调动人员的能力，因为品牌是极少数能从内在和外在都带来自豪感的有价值的事物。只要品牌能保持其吸引力，就会激励人们为这个品牌努力工作。企业中的每个人都保持这种吸引力才能维持市场的需求。这就是企业的重心应从声誉转移到品牌上的原因。

声誉是所有利益相关者对于企业看法的集合。传播总监非常在乎企业的声誉，每做一个决定都要首先确定这个决定是否会有损声誉。

声誉代表别人对企业的说法或看法的持续关注。品牌意味着领导力。品牌的观点是要成为某一方面的冠军。竞争就像体育运动，会有胜利者和失败者，即有第一名和第二名。

体育运动吸引着人们参与。在现实中，企业要吸引人就必须成为品牌。企业的名称必须成为市场中的第一选择。就像人们会选择可口可乐，会选择通用电气、IBM、西门子和拉法基（Lafarge）。

在由注重企业声誉转向注重企业品牌的过程中，企业要让自己的员工参与进来。品牌平台不能只由技术人员决定，即使他们也是营销专家。品牌不属于营销范畴。事实上，品牌是由人创造的，每个人都关心最后的产出。所以丰田花了大量时间（一个多星期）和新员工讨论丰田的品牌价值观，这也是他们所关注的。员工不仅在为企业工作，也为品牌工作。

在了解了品牌价值观之后，人们就会规范自己和周围同事的行为：这些行为是否与品牌相符？

因此，认真对待品牌并不只是嘴上说说，还需要员工参与互动。Orange 公司的业务遍布 220 个国家，共有 180 000 个雇员。Orange 实施了为期一年的品牌感受计划，有几百个互动小组会议，由公司从上到下组织。每个小组的学习过程都会得到组织的上一级人员的支持和鼓励。最终，Orange 的六个核心价值被大多数人清楚地了解。除此之外，在这些会议中，参与者讨论了在他们的工作中这些核心价值所反映出的实际含义：他们明天应该开始做什么，停止做什么，或者继续做什么。

第2章 品牌化的战略意义

许多企业将注意力集中在营销活动本身（包括设计师、平面设计人员、包装和广告代理），却忘记了其品牌最基本的目标。这些营销活动以自身存在为目标，获得了大量关注。在这种情况下，我们忘记了营销只是一种手段。品牌化被视为营销和传播人员的特权，这低估了企业其他部门人员在品牌化政策和业务增长方面所做的努力。企业只有把能创造附加值的内部资源都调动起来，才能与竞争对手拉开距离。

品牌化到底意味着什么

品牌化远胜于给品牌赋予名称，告诉外部世界这个产品或服务已经被烙上了某个企业的标志或印记。品牌化需要企业长期投入大量的资源并运用一些技巧。

品牌化在于改造产品品类

品牌是市场细分和产品差异化战略的直接结果。当企业想要更好地满足特定顾客的期望时，会在可行的经济条件下专注于始终如一、持续不断地为顾客提供理想的属性组合——包括有形和无形的、功能性和享乐性的、可见的和不可见的。企业想要在不同的领域和产品上留下它们的印记。难怪"品牌"这个词也指在动物身上烙下印记以宣示所有权。品牌分析的首要任务是明确品牌注入产品（或服务）的一切，以及品牌是如何改变产品的：

- 哪些属性具体化了？
- 创造了哪些优势？
- 产生了哪些益处？
- 它代表了什么典范？

品牌概念的深层含义经常被遗忘或是被故意忽略。品牌化并不是指品牌凌驾于什么之上，而是融入什么之中。去掉了标签的品牌产品要比普通产品价值更高就证实了这一点。品牌已经从根本上改变了产品：就像没有"Lacoste"品牌标志的鳄鱼（Lacoste）产品，没有"Adidas"品牌标志的阿迪达斯（Adidas）产品，比仿制品更值钱——品牌虽然看不见但是仍然占优势。相反，仿制品上虽然也有品牌标志，实际上是没有意义的。这就解释了为什么仿制品的价格低廉。

一些品牌成功地用其口号证明，它们知道并理解自己的基本任务：改变产品品类。品牌不仅在市场上起作用，还在愿景、召唤以及清晰的概念驱动下组织市场。太多的品牌想与产品品类完全一致从而控制它。事实上，它们通常一起消失了，例如宝丽莱（Polaroid）、施乐（Xerox）、开迪（Caddy）、思高（Scotch）、舒洁（Kleenex）都成了通用名称。

品牌根据目标进行自我定位，改造品类意味着赋予产品独有的身份。具体而言，如果产品是"可见"的，那么品牌就很弱。例如，"初级冷榨的希腊橄榄油"通过这些唯一的属性来定义产品，使产品特点变得清晰。有几十个品牌销售这种橄榄油，从散装的到有包装的。新鲜真空包装食物的缺点在一定程度上源于其包装，虽然设计的目的是使购买者放心，比如用薄膜包装德国泡菜，但只重视了透明度。更明显的是，芬达斯（Findus）、L'Eggs或Hoses等长筒袜品牌不只是展示产品，更是炫耀产品。这就是依视路（Essilor）品牌存在缺陷的原因，顾客并不知道依视路作为世界光学玻璃的领导者如何改进了产品，也不知道产品的投入和附加值。对于顾客而言，玻璃就是玻璃，有不同选择而已（防反射、不易碎等）。附加值似乎仅由镶边的样式（因而特许经营很繁荣）或服务创造，两者都是显而易见的且发生在店里。看不见的东西是不会被感知的，因此在顾客眼中也就不存在。然而，依云（Evian）的例子告诉我们，透明的产品也可能变得不透明。知名的矿泉水品牌之所以能存在、发展、繁荣，靠的就是让顾客看见隐性的东西。人们现在不会随意地挑选饮用水：依云矿泉水代表健康和纯净，康婷（Contrex）矿泉水代表瘦身，伟图（Vittel）矿泉水代表活力。这些不同的定位是由水中看不见的不同成分支撑的。一般说来，任何使产品成分更复杂的东西都会令产品与众不同。在这方面，可口可乐对配方保密的做法是正确的。达能前首席执行官安托万·里布（Antoine Riboud）也表达了类似的观点，他声称："我做的不是酸奶，而是达能。"

品牌是长期的愿景

品牌应该对产品品类有自己独特的见解。主力品牌不仅仅在市场上有独特的或统治性的地位，它们在产品品类中也占据特定的地位。这种定位和理念既为品牌注入活力，也为品牌产品与理想产品的匹配提供了能量。正是这种理念使品牌的存在变得合理，是其在市场上存在的理由，为其生命周期提供了指引。如今有几个品牌能够回答这个关键问题："如果我们不存在，市场上会缺少什么？"企业的最终目标当然是赚取利润和创造工作机会，但品牌宗旨又是另外一回事。品牌战略经常被误认为企业战略，而后者总是引发"提高顾客满意度"这类老生常谈。明确品牌宗旨在于（重新）定义其存在的理由，也就是其存在的绝对必要性。品牌宗旨是最近出现的一个概念，绝大多数市场营销教材中未提及这一概念，它表达了品牌的新观念，能在既定的市场上发挥创造性和强有力的影响。有能力，就会有活力。品牌理应通过企业的财务和人力获得优势，但是品牌的活力来自其特定的市场定位、愿景和理想。如果品牌不能被强烈的内部需求驱动，就不会有成为领导者的潜力。品牌形象的分析理念并不能捕捉到现代品牌管理所要求的这一动态维度。

因此，很多银行都为自己塑造这样的形象：贴近客户、现代、提供高品质的产品和售后服务。对于负责测量市场感知反馈和顾客满意度水平的研究者来说，这些特征当然是有用的，但是它们从哪个动态计划中产生，又蕴含了怎样的愿景？

一些银行明确地表达了它们的宗旨，有的想"改变人们和钱的关系"，有的则提醒人们金钱"只是个人发展的工具"。几家银行重新定义了它们存在的唯一理由。所有的银行在未来都需要这么做。美国运通（Amex）对于金钱的愿景和维萨（Visa）是不一样的。

多目标市场品牌（又称为综合品牌）更需要重新确定它们的宗旨。汽车是个典型的例子。多目标市场品牌希望覆盖各个细分市场。每一款汽车都有不同的配置：使用柴油或者汽油，三门或五门，旅行车、轿跑车或敞篷车，等等，从理论上使潜在购买者的数量最大化。问题是要不断地满足每个细分市场（底部、中下、中上和顶端的顾客）的要求，也就是说生产出不同的型号并且避免为了取悦所有人而过分典型化某个型号，因此企业通常会创造变色龙品牌（chameleon brand）。除了引擎盖上的标志或者类似的汽车设计，我们看不到指导公司设计这些汽车时体现创造力和生产力的整体计划。因此，竞争者之间的争夺集中在价格上或同一价格的不同选择上。它们不再是品牌，而仅仅是车盖上还有分销商门前的名称，因此这些名称失去了绝大部分意义。欧宝（Opel）和福特（Ford）有何含义？

将一个品牌的产品统一起来的不是它们的型号或相同的外部标志，而是这些产品所体现的共同的精神、愿景和理想。

主力品牌好比一个金字塔（见图2-1）。顶端是品牌的愿景和宗旨，例如汽车的设计理念——品牌一直所宣传的汽车类型概念，以及品牌独特的价值，不管能否被品牌口号表达。接下来一层代表品牌沟通的总体风格。与语言表达相比，品牌个性和风格更多地从存在和沟通的方式中体现。这些准则不应该单独地服从于创意团队不断变化的灵感：它们应该明确反映品牌的独特个性。下一层是品牌的战略形象

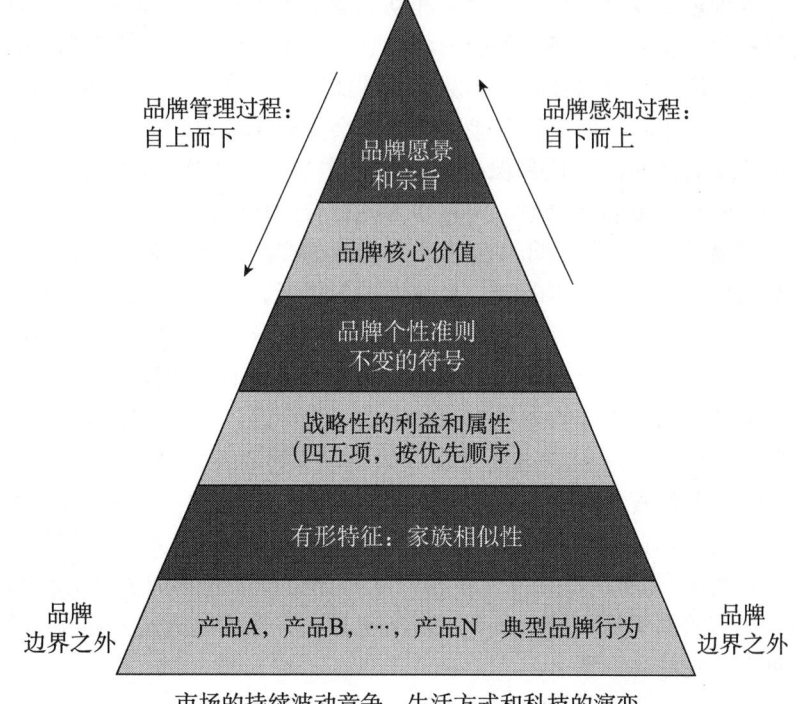

品牌管理过程：
自上而下

品牌感知过程：
自下而上

- 品牌愿景和宗旨
- 品牌核心价值
- 品牌个性准则 不变的符号
- 战略性的利益和属性（四五项，按优先顺序）
- 有形特征：家族相似性
- 产品A，产品B，…，产品N 典型品牌行为

品牌边界之外　　　　　　　　　　　　　　品牌边界之外

市场的持续波动竞争、生活方式和科技的演变

图2-1　品牌系统

特征：一共四项或五项，它们体现了总体愿景，并通过品牌的产品、沟通和行为得以具体化。例如，沃尔沃的品牌定位是安全、可靠和强健，宝马则是充满活力、气派且有声望。最底部的产品层由各细分市场的每个型号定位构成。

金字塔存在的问题是消费者是自下而上看待这个金字塔的：他们从真实、有形的东西开始。金字塔的基座越大，顾客就越怀疑这些不同的汽车是否源于相同的汽车概念，它们是否承载了相同的品牌精髓，是否有相同的汽车项目的标记。品牌管理要从顶端开始，定义汽车的品牌设计方式，以便准确地确定一辆汽车何时值得使用这个品牌的名称或是何时不再值得——如果是这样，汽车就不应该再使用这个品牌的名称，因为它随后会从其品牌领域中消失。

在寻找口号的时候经常会显露对品牌识别的犹豫。非常明显和无意义的口号已经不再流行，比如"汽车精神"，它既不表明任何有关品牌汽车的理念，也不会引导工程师、创造者、开发者或者生产者在相互排斥的特征（如舒适与道路附着力、空气动力装置与坚固感等）中做出具体的选择。

永久性地培育差异

我们生活的时代是暂时的优势之一。有人认为不同品牌的某些产品是一样的。一些研究人员因此推断，在这种情况下，品牌只是虚张声势，试图在几乎没有差别的产品中突出自己而已。

这种观点没有考虑时间因素和动态竞争的规则。品牌通过向市场投放新产品来吸引人们的注意。任何品牌创新都必然会引来模仿，任何进步很快成为购买者习以为常的标准：竞争品牌必须不断创新才能满足市场期望。创新品牌能在一段时间内享受短暂的垄断，但是这种垄断很快就会受到挑战，除非已申请或能够申请专利保护。品牌名称的作用就是保护创新：它作为一种心智专利（mental patent），成为新建立的细分市场的原型，拥有作为先行者的优势。

如果对既定市场的印象经常是有相似的产品，那么从动态的角度看，它揭示了谁是创新者，谁又是追随者：品牌保护创新者，给它们暂时的排他性权利，并奖励它们的冒险态度。因此，这些暂时性差异的不断累积有利于表明品牌的意义和宗旨，并证明了经济上的作用，因而也表明了溢价的合理性。

因此，品牌不能被弱化为产品上的一个标志，或是一个纯粹的修饰性图案：品牌引导了创新的过程，这个过程今天创造了产品 A，明天创造了产品 B 和 C，等等。麦当劳的餐厅不断地增加新的利益和价值，例如：保证食品安全，使用本地生产的肉制品，百分之百地使用可再生能源，为重病儿童的父母提供资助。

如图 2-2 所示，品牌管理在产品差异化和品牌形象差异化的各个阶段交替出现。典型的例子是索尼，当有创新出现时，广告就强调这些创新，在其他时间广告的重点放在品牌形象上。

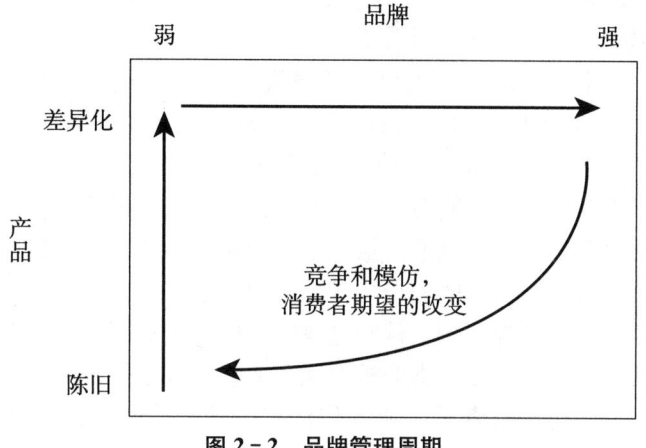

图 2-2 品牌管理周期

品牌类似遗传程序

品牌实际上很像一个遗传程序。最初建立的东西会对市场的感知有长期的作用。振兴一个品牌经常始于重新识别已被忘却的遗传程序（见第 16 章）。

表 2-1 表明了品牌是如何建立并且对顾客的记忆产生长期影响的，这些影响反过来又影响顾客的期望、态度和满意度，就像 DNA 一样。

表 2-1 类似遗传程序的品牌

早期行为（过去）	记忆（现在）	期望（未来）
第一个销量最佳产品	品牌原型	未来的合理扩张（新产品的其他区域）
第一个分销渠道	相关利益	
第一个定位	品牌形象	
第一个广告活动	品牌能力和技术秘密	
第一个事件		
第一位 CEO		
企业愿景和价值观		

在品牌的生命周期中，虽然它们可能已经被遗忘，但是早期的行为会有结构性的影响。事实上，它们塑造了品牌 X 或品牌 Y 最早的和持久的意义。一旦被理解，该意义会在长期记忆中得到加强和存储，之后一些选择性的过程（例如，选择性注意、选择性感知和选择性记忆）会强化该意义。

这就是为什么品牌形象很难改变：它们就像快速凝固的混凝土。

以上过程对品牌管理有重要影响。为了实现国际化，每个国家都会复制该过程。界定即将投放的产品与想要建立的长期形象之间的关系非常重要。通常当地的代理商选择某个产品只是因为它销量高，但它们必须同时做到拓展业务并建立品牌。品牌管理引入长期影响作为评估短期决策是否恰当的标准。

新世代的人在不同的时间点认识品牌。有些人认识福特是因为 T 型车，有些人则是通过野马（Mustang）、蒙迪欧（Mondeo）或福克斯（Focus）。因此，品牌形象随着世代变化也就不足为奇了。

记忆因素在一定程度上可以解释为什么个人偏好是持久的：对于特定的一代人，他们在20年后依旧喜欢自己在7～18岁时喜欢的品牌（Guest，1964；Fry et al.，1973；Jacoby and Chestnut，1978）。

这是因为品牌是人们对于产品的记忆，而这种记忆是持久的、稳定的参考。在广告中，最后出现的信息通常给人留下最深的印象，但与广告不同的是，一个品牌最先做出的行为和传递的信息才是令人印象最深刻的，也因此决定了人们的长期感知。在这方面，品牌起到了认知过滤的作用：不协调和不具有典型性的产品被认为是没有代表性的，因此通常会被忽视和遗忘。这也就是为什么非典型产品的品牌延伸失败了，即使投资者对企业的信任有所动摇，最终也不会对品牌产生不利影响（Loken and Roedder John，1993）。比克香水的失败就是一个很好的例子，比克公司的圆珠笔、打火机和剃须刀的销量持续增加，而制造香水并不被消费者视为其技术专长。

一个品牌摆脱了非典型性的、不协调的元素，成为一种选择性记忆，从而赋予人们一种持久的和连贯的错觉。这就使得品牌比产品的灵活性低。品牌一旦建立起来，就像快速凝固的混凝土一样很难再改变，因此明确品牌平台十分重要。我们想要建立怎样的品牌意义？

品牌既是对产品的记忆，也是产品的未来。将品牌与遗传程序类比，是理解和管理品牌功能的核心。实际上，品牌记忆蕴含了所有未来演进的程序、未来模式的特征与共同特质，以及系列产品中超越不同个性的相似之处。通过理解品牌的程序，我们不仅可以追踪其合理的范围，也可以明确超过原有产品范围的新区域。品牌的潜在程序指出了原有和未来的产品的意义和宗旨，那么我们如何定义这个程序以及这个品牌的DNA呢？

如果这种程序存在，那么通过分析品牌的基础行为如产品生产、沟通和创立以来最重要的行为就可以发现。如果有指导方针或是内在的持久性，那么一定会在这个过程中显露出来。对于品牌识别的研究有两个目的：一个是分析品牌最典型的产出；另一个是分析市场所反馈的形象。这个形象本身也是一种记忆，因此非常稳定，并且在短时间内难以改变。这种稳定性就是前面提到的选择性感知的结果，它有在充足的消费品供应中建立持久的参考以引导消费者的作用。一个企业不能放弃品牌身份，就是因为只有它才能吸引消费者。顾客忠诚度就是通过重视最早吸引购买者的品牌特色而产生的。如果产品滞销、变弱或者缺少投资而无法满足顾客的期望，那么最好尝试重新满足他们的期望而不是改变他们的期望。要建立顾客忠诚度并且从中获利，品牌必须忠于自己。这被称为回到未来，回归DNA。

追问过去，试图发现品牌的潜在程序，并不意味着忽视未来。相反，这是通过找到根源、合理性和一致性来更好地为未来做准备。保持品牌现状，在今天仅重复昨天是错误的，比如新的大众甲壳虫（VW Beetle）和其他品牌。要打败竞争对手，一个品牌的产品必须以自己的方式真正地属于所处的时代。要使博柏利（Burberrys）或赫莲娜（Helena Rubinstein）复兴，就应将它们与现代性结合，而不是固守旧思想，寄希望于从过去的辉煌中得到重生。

尊重品牌"契约":说"不"的权利!

品牌只有持续不断地重复其价值主张才能赢得信赖。宝马汽车从1959年开始就一直有同样的承诺。这种承诺经过一段时间后成为准契约,虽然不成文但最有效。这个契约约束了双方。品牌必须保持其品牌身份,但要不断地提高关联性。品牌必须忠于自己,忠于其使命和顾客。每个品牌都能自由地选择其价值和定位,一旦确定并广而告之,就成了顾客满意度的基准。我们都知道顾客满意度的主要决定因素是顾客的期望和他们的体验之间的差距。品牌定位设定了这些期望。

其结果是,顾客忠于这样的品牌。

这种相互的承诺解释了为什么产品可能暂时不流行,品牌却不一定会消失。人们对品牌的看法是长期的,当然也有不足。品牌信任给了产品活化的机会。如果不是这样,捷豹(Jaguar)可能早就消失了,没有其他品牌能够承受20世纪70年代汽车质量下滑带来的不利影响。这很好地说明了品牌给企业带来的好处。

品牌契约是经济上的,不是法律上的。从这点来说,品牌跟优质认证计划和证书是不一样的。优质认证计划官方地、合法地证明了产品符合特定的特征,这些特征是事先与公共机构、生产/制造商和消费者联合确定的,以便保证更高的质量标准,并区别于相似的产品。优质认证计划是一个由认证机构控制的集体品牌,只有满足了特定标准才能给予证明。这类证明没有限制,也可以被收回(比如ISO)。

品牌不能在法律上证明产品符合一系列特征,然而,通过对这些特征的持续和反复体验,品牌就有类似的作用。

契约意味着约束。品牌契约首先假定组织的研发、生产、销售、物流、营销、财务等各个职能都汇聚到一起。对于服务品牌也是一样,尽管不涉及研发和生产,但是确保品牌连续性和凝聚力的责任在管理层和员工的身上,他们在客户关系中扮演着重要角色。

与外部营销一样,品牌契约需要内部营销。跟优质认证计划不同,品牌制定了不断进行自我提升的标准。因此,品牌不仅要持续达到这些标准,也要尽力改进所有产品,甚至是基础产品(特别是当它们占据了很大一部分销售额时),从而成为品牌形象的主要载体。这样一来,就可以满足那些希望产品跟上技术革新的顾客的期望。为了使品牌成为能代表一个细分市场、一种价值或利益的原型,必须通过传播让外部世界知道。这是品牌特有的任务,它们必须这样做才能获得所需的独特性和无可替代性。品牌必须自己承担内外部的各种开销。品牌需求包括以下方面:

- 密切预测潜在购买者的需求和期望。市场调查的目的是最优化现有产品,同时发掘还没有被满足的需求和期望。
- 尽快对技术和工艺的进步作出回应,以建立基于成本和性能的竞争优势。
- 同时保证产品(或服务)的数量和质量,只有这样才能确保重复购买。
- 控制供给的数量和质量。

- 坚持按中间商（分销商）对配送、包装和总体条件的要求始终一致地提供产品或服务。
- 赋予品牌意义并传递给目标市场，将品牌作为产品（或服务）身份和独特性的标志和参考。广告预算的目的也是如此。
- 增加消费和互动的体验性回报。
- 保持伦理和生态意识。

强势品牌既能调动内部资源，又能与外部结盟，它们创造了企业的魅力与动力。因此一些公司把名称换成了旗下明星品牌的名称：BSN换成了达能，CGE变成了阿尔卡特。从某种意义上说，强势品牌的力量延伸到了企业战略之外。但这只在品牌成为强势品牌的过程中起作用，之后强势品牌的力量要么消失，要么成为墙上张贴的浮夸词句（如"追求卓越的激情"）。在任何情况下，公司品牌都是组织对外的声音，要有持续不断超越自己的决心，瞄准更高的目标。

意识到品牌是一种契约意味着担负起经常被忽略的责任。在时装市场，创造者在一段时间之后希望有所改变，但他们不能完全忘记品牌契约，品牌契约帮助他们被人所知，得到认可，最终被推崇。

理论上，品牌的口号和印记都应该体现品牌契约。一句好的口号之所以经常被管理总监否定，是因为对企业来说它意味着太多的承诺，如果产品和服务无法与品牌已经建立的期望相匹配，很容易适得其反。在很多情况下，品牌只被视为一个纯粹的名称：这在一些创新委员会的会议上十分明显，在同一会议上很多新产品被多次分配到整个组合中的不同品牌旗下。品牌名称不是这个就是另外一个，并不会有任何区别。认真对待品牌，就像对待契约一样，因为它有更多的要求。它能提供更高的回报，它也需要向权威说"不"！

产品和品牌

在品牌理论化的早期，就有很多关于品牌与产品关系的讨论。这两个概念有什么区别？它们是如何相互联系的？一方面，很多首席执行官不断向员工重复没有好的产品（或服务）就没有品牌，目的是激发他们的创新精神并且让他们意识到产品是品牌竞争力的主要杠杆。另一方面，大量证据显示市场领导者通常不是市场中最好的产品。在一个品类中成为最好的产品意味着要在溢价层面竞争，这通常都不是一个很大的细分市场。在洗衣液市场，市场领导者比如汰渍、碧浪和Skip，在洗大量衣物时效果最好。但是在其他情况下，拥有最好性价比的品牌才是市场领导者。戴尔（Dell）就是一个例子。戴尔的电脑是不是最好的？当然不是，但谁真正需要一台最好的电脑呢？评价的标准是什么？"最好"是一个相对的概念，要根据比较和识别"最好"的价值标准而定。事实上，市场被细分：在绝大部分大众市场，甚至大部分B2B市场，顾客想要一台现代、可靠、便宜的电脑。得益于按需生产的（build-to-order）商业模式，戴尔不断创新，成为细分市场的领导者。联合品牌"Intel inside"让顾客能够安心购买，惊人的低价和定制化服务给顾客带来惊喜：每个人都能拥有属于自己的电脑。斯沃琪（Swatch）是最好的手表吗？当然也不是。但在任何情况下这都不是斯沃琪购买者会问的问题，他们看重的是方便和风格，而不是持久优越的性能，不管这意味着什么。

现在应该从更深层次看待品牌和产品的关系。回顾历史，大多数品牌是凭借优于竞争对手的产品或服务立足的，优越的产品或服务是其进入市场的决定性因素。之后，当产品名称演变成品牌，顾客购买的原因可能还是品牌"优越的性能"，虽然实际上这样的性能已经被竞争者赶上了。大众汽车的领导地位和价格溢价的基础是大多数消费者一直相信大众汽车是最可靠的。大众在2012年推出的高尔夫7距首款高尔夫推出已40年，它的价格比欧洲竞争者——雪铁龙C4和雷诺Mégane高10%。大众的品质声誉对于高尔夫和企业自身都十分重要：高尔夫的销售额曾占企业总销售额的28%，营业利润占到近50%。

图2-3总结了产品与品牌的关系。

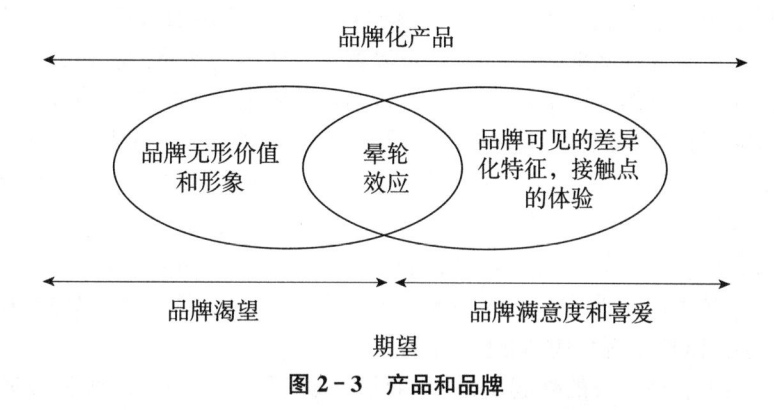

```
            品牌化产品
    ┌─────────────────────────┐
         品牌无形价值    晕轮    品牌可见的差异
          和形象        效应    化特征，接触点
                                的体验
    └──────品牌渴望──────┘└──品牌满意度和喜爱──┘
                    期望
```

图2-3 产品和品牌

假设一位消费者因第四个孩子即将出生想买一辆新车，这个重要事件创造了新的期望，其中一些是有形的，一些是无形的。这位消费者想要购买一辆厢式旅行车，两侧有滑门，车内空间灵活，当然该品牌必须是可靠的、安全的，还要有资历和一定的地位。通过查看网站和杂志、访问零售商，可以甄选一些符合可见属性要求（大小、灵活度、滑门）的款式。那么对于不可见的特征，比如体验方面的特征（驾驶乐趣）或是基于信任的特征（可靠性）呢？显然，这些特征可能属于也可能不属于品牌的声誉资本，并且无法被观察到。品牌的一个关键作用是保证顾客的利益从而使他们放心，这些利益构成了品牌独特的优势，这也叫作品牌定位。

心理学家发现晕轮效应是品牌创造价值的一个主要来源：知道品牌的名称确实会影响消费者对产品优势的感知，更不用说不可见的优势了。

最后，伴随品牌的纯粹的无形联想，源于品牌的价值观、愿景、理念、典型购买者、品牌个性等，这些都是产品满意度之外的情感联系的来源。事实上，在汽车市场，它们是消费者想要拥有一个品牌的核心。一些品牌以合适的价格销售好的产品，但是缺少激情或欲望，它们无法在细分市场里要求溢价，为此分销商必须提供更多的折扣（这削弱了品牌价值和业务盈利能力）。

图2-3提醒我们关注品牌的双重性质。人们购买品牌化的产品或服务，但品牌化不是营销的替代品，二者不可或缺。营销的主要目的是预测特定消费者在细分市场中的需求，使企业的产品和服务能够贴合这些需求。这是一种技巧，一些汽车

品牌提供厢式旅行车，另一些则不提供。然而，支付意愿部分建立在品牌与个人的联系之上。与品牌没有这种联系的消费者会讨价还价，与品牌有联系的消费者则较少讨价还价。品牌形象与盈利能力直接相关。事实上，在欧睿汽车品牌跟踪调查中，测试所有在欧洲运营的汽车品牌形象，全球意见量表中每一单位的积极转变意味着讨价还价的消费者会减少1%。

晕轮效应：核心价值和外围价值

  品牌是具有影响力的名称，这个名称怎样发挥作用呢？通过在消费者头脑中激发形象与情感。由此来看，新品牌只能靠其名称的自发性（其发声和内涵）被唤起，这就是为什么取一个好名称非常重要。能唤起情感的标志同样重要，特别是对不懂西方国家语言的消费者而言。名称是品牌最持久的单一身份标志，因此需要花很多时间选择。但是，这些唤起主要源于消费者学习：随着时间的推移，品牌能够提供一致的信息和体验，建立起连贯的品牌形象和定位。这个形象来自品牌"原型"（品牌最具代表性的产品或服务线）。在认知心理学上，原型是能概括和代表一个概念所有含义的实例。如果我们用"品牌"一词取代"概念"，很显然一个品牌最初的畅销产品承载了品牌的大部分含义。这就是单一产品品牌（比如可口可乐）在一段时间之后就不能向外延伸的原因。

  品牌名称引发的唤起不是影响顾客（在B2B市场中）或消费者（在B2C市场中）的唯一来源。视觉、触觉、嗅觉、听觉或试用以及口口相传都会带来直接的产品体验，不管是通过网络还是直接传播。产品的确会产生信息帮助消费者决定购买什么以及使用后的期待。这些信息被称为"线索"，包括以下三类：

- 搜寻型线索（search cues）。这类线索很容易通过感官获取，我们通过观察就能在商店里选择一个苹果或者一瓶酒（所有信息都显示在标签上）。价格也是搜寻型线索，与内在的质量相关联。
- 体验型线索（experience cues）。假定消费者在购买之前可以试用产品或服务。免税店或者百货商店的肌肤护理体验让女性试用新的化妆品。汽车经销商可以让顾客试驾甚至试用。
- 信任型线索（credence cues）。这类线索是指透露不易获得的好处的信号：汽车的可靠性和提供驾驶者个性信息的能力，也称"信念线索"（belief cues），它们建立在信任之上。可见，品牌的首要资产是信任。长期信任是通过在不妥协的情况下履行承诺而建立起来的。因此政治家与品牌不同，并不被人们信任，因为他们大多未兑现在竞选中做出的承诺。而品牌的竞争每天都在进行，品牌别无选择，只能忠于自己的承诺，通过产品线、服务、商店体验、售后服务、传播和网络关系等兑现承诺。

  品牌唤起对买家有以下影响：

- 品牌在消费者头脑中立刻出现（突出性）；
- 品牌被坚定地相信（没有疑虑，不会想到在品牌传播中有任何变动）；
- 带来高价值（承诺给目标消费群带来高效用的收益）；

- 高度区分：没有竞争对手能与之匹敌。

度量品牌的"拉力"或者影响力，要用到两种测量方法。其一，品牌资产监控（brand equity monitor，BEM），它涉及类似的简单问题：只通过名称，你能识别这个品牌吗？下一次是否会考虑选择这个品牌？你是否已经尝试或者购买过？等等。其二，品牌形象研究，消费者被要求评价一个承诺（有形属性、消费者利益或价值）在多大程度上归因于品牌，并且超出其他竞争者多少。一个品牌如果看起来无可比拟，它就是成功的。吸引力源于这样的能力：通过重要的创新和出色的客户关系和关怀，在（所知道的）众多品牌中脱颖而出，以及带来相较于竞争对手的独特优势。苹果是个典型的例子，它在这两个方面的表现使得它深受消费者喜爱。

但是，要做到严格意义上的品牌管理，应该走得更远。与品牌管理最相关的理论是社会表征理论。虽然营销的"盎格鲁-撒克逊"（Anglo-Saxon）共同体受神经科学发展的影响很深，即将品牌形象视为人类记忆中一系列的节点和连接，但事实是品牌先于一切社会建构。因此，社会表征理论最为相关。该理论的鼻祖是所罗门·阿施（Solomon Asch，1946），他主要研究个性印象的形成以及对社会刻板印象的感知。他发现个人的某些特质在印象的形成中起到重要作用，其他因素则较为次要。后来该理论被大力发展（Abric，1994；Flament，1995；Moliner，1998；Michel，1999；Kapferer，2000）。

品牌管理中最重要的概念不是品牌形象或品牌联想，而是品牌识别（brand identity）。品牌识别回答了一个简单且非常基础的问题：是什么造就了品牌？什么使得宝马成为宝马？品牌形象调查无法回答这个问题，它们测量属性、收益或者价值在多大程度上归因于品牌，但是无法告诉我们对品牌的认同有多重要。

追随阿施和德国格式塔心理学的开创性研究，就品牌而言，核心理论（kernel theory）提出了以下基本论述，但被营销学术界忽视。

- 品牌是由核心特质和次要特质组成的系统。
- 核心特质是非条件性的，如果缺失就不再是真正的品牌。
- 次要特质是条件性的，根据产品范围或细分市场（对于覆盖多个门类的伞状品牌）中的不同产品可能存在或不存在。三星有核心特质和次要特质，后者取决于我们是否考虑三星智能手机、三星电视机、三星电脑、三星平板电脑、三星冰箱、三星汽车等。
- 从长远看，次要特质可能会变成核心特质。我们可以说设计曾经仅是 iMac 的一个特质，现在成为苹果社会表征的核心特质。次要特质能使品牌适应不同细分市场的要求。
- 要确定核心特质，我们不应该通过直接问答或者经典的形象问卷（它们只衡量归因而非必要性）。我们应该这样提问：如果品牌没有特质 X 或 Y，它还是这个品牌吗？

表 2-2 为 2009 年对丰田汽车所做研究的结论。第二列显示了受访者中认为丰田如果不安全（88%）、不坚固（87%）等就不再是丰田的人数百分比。有趣的是，前三项特质和第四项特质间相差 12% 以上。前三项是核心特质，后一项是次要特质。最新的理论指出次要特质可继续细分为主要的和次要的（Flament，1995）。

表 2-2 丰田对于三种非品牌概念车的晕轮效应（品牌与非品牌感知间的差异）

		入门级	中级	高级
品牌核心价值				
安全	88%	+0.56	+0.71	+0.87
坚固	87%	+1.16	+0.81	+0.56
可靠	80%	+0.75	+0.90	+0.78
品牌次要价值				
设备	68%	+0.59	NS	NS
动力	67%	NS	NS	−0.72
细节	66%	NS	+0.63	+0.75
质量/价格	65%	+1.56	NS	NS
舒适度	61%	NS	+0.68	+0.56
美学	59%	NS	NS	NS
风格	58%	NS	NS	NS
地位	58%	NS	NS	NS

资料来源：Tafani，Michel and Rosa（2009）。

该理论与品牌影响选择的方式有何联系？表 2-2 给出了消费者对三种概念车的评价。这些概念车（未来汽车外部和内部的照片）定位于三种被明确界定的细分市场：入门级（价格适中的小型车）、中级和高级。这是一个通用的汽车型号所涵盖的典型范围：从低端到高端。汽车品牌通过垂直延伸从消费者整个家庭生命周期的忠诚度中获利，从而提升品牌形象。

在该范例式实验（Tafani，Michel and Rosa，2009）中，消费者被要求以 1~5 的量表给这些概念车打两次分：第一次是未品牌化的，给表 2-2 中的 11 个项目打分；三天之后，给出明确的品牌——消费者知道是什么品牌。

表 2-2 列出了消费者在品牌已知与未知情况下感知的差值。我们可以从中了解到什么？

- 核心特质在从低端到高端的所有范围中都发挥了晕轮效应。晕轮效应是品牌名称影响人们感知的能力，在这种情况下是指产品（汽车本身）和它们看起来拥有的质量。对于核心特质，所有的差值都很大而且是正的。也就是说，一旦被认同，丰田品牌的三项核心特质使消费者对产品做出了更高的评价。
- 次要特质也有晕轮效应，但是有条件，取决于垂直延伸的细分市场。以第四项（次要特质的第一项）为例，只对入门级概念车的感知有晕轮效应。动力只对高级概念车有这种作用，而且是一种负晕轮效应；当消费者知道了概念车是丰田后，消费者的感知降低了。舒适度只对中级和高级两个细分市场有晕轮效应，对入门级的则没有。
- 丰田的某些次要特质对于感知没有显著影响，比如美学。这很正常，美学是搜寻型线索，通过观察就能做出判断。如果一辆车的设计不好，那么不管消费者是否知道品牌都不会喜欢。

可见，品牌管理十分重要。品牌经理必须明确品牌的核心价值是什么，发挥聪明才智，在时间、产品、消费者关系和关怀、实体店和网络体验与定价上下功夫，始终如一地创造这些价值。第一步是要确定几个核心价值，并且让公司内外都知道，这被称作品牌平台（见第 8 章）。品牌核心价值不能是这个品类中通用的，除非这个品牌创造了这个品类，在这种情况下品牌本身就是这个品类的原型（比如苹果手机在智能手机中的情况）。

图 2-4 总结了品牌如何影响选择:

1. 核心价值必然有两种:有形和无形的。如果没有无形价值,品牌只是优质产品的一个名称,不太可能形成消费者认同和消费者社群,因而也不可能形成情感上的忠诚度和涉入度。
2. 核心有形价值无条件地在全部产品(从低端到高端)中均产生了晕轮效应。
3. 核心无形价值(比如时尚、等级、冷酷、地位、男子气概等)在所有产品范围内都增加了对产品效用的感知(一旦消费者知道品牌)。
4. 次要价值也可以是无形或有形的。它们是有条件的,取决于消费者或者产品的细分市场。
5. 次要价值可能会增加效用,但是是有条件的,取决于产品线是低端、中端还是高端。这个效用也可能是负的,比如动力对于高端丰田车(见表 2-2)。
6. 偏好(与竞争相对)是将有形和无形效用联系在一起的产物。通过将无形效用(象征)加入有形效用(比如类似坚固和可靠之类的信任特质),品牌得以发展。

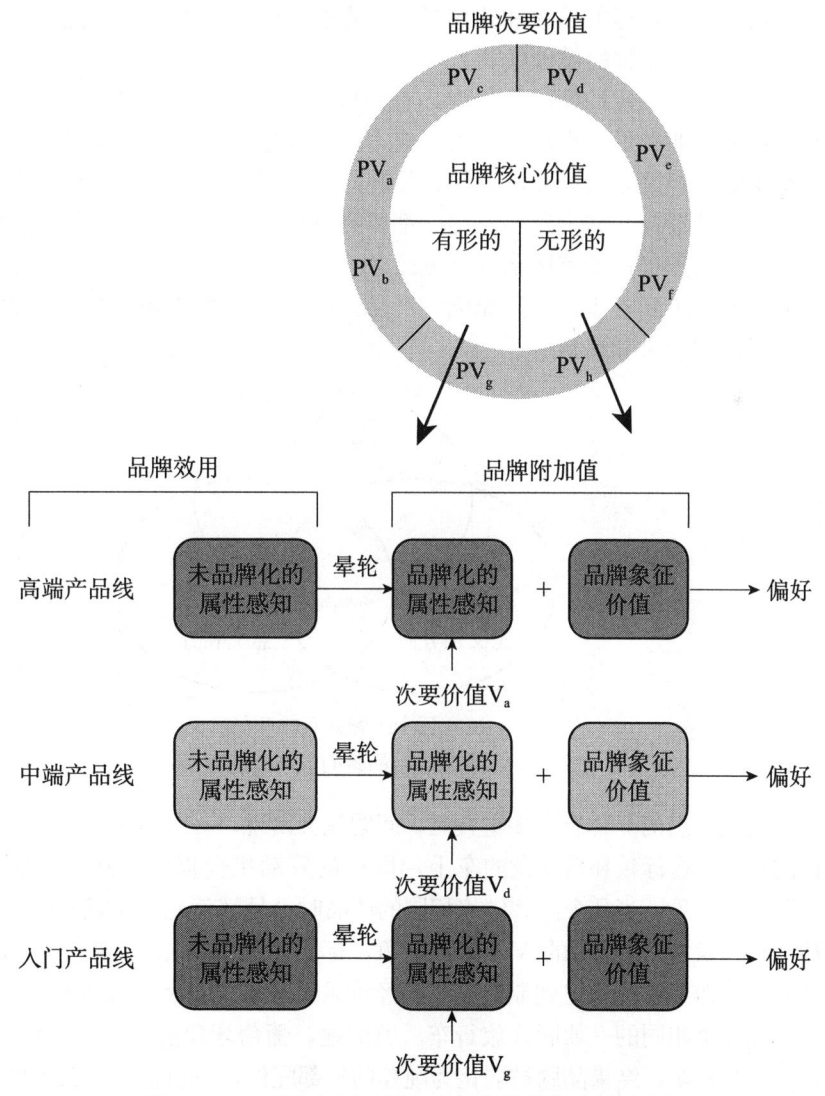

图 2-4 品牌如何通过增加价值和晕轮效应影响选择

在评估品牌名称的价值（也称品牌财务资产）（见第 18 章）时，估值方法试图衡量"品牌附加值"，即对品牌的了解如何增强对产品本身的感知（晕轮效应）以及品牌象征的拉力（对于购买者来说）。品牌价值是一个差异化的概念。

每个品牌都需要一个旗舰产品

一个品牌不会受到提供类似产品的竞争对手的影响，除非有大量的同类产品。实际上，一个特定型号被不同品牌的产品线模仿是很难避免的。假设品牌 A 追求耐用性，品牌 B 追求实用性，品牌 C 追求创新，每个品牌的精髓会在特定的产品中显现，即那些成为品牌最具代表性或典型性的产品，往往是品牌的"原型"产品。因此，每个产品系列必须包含代表品牌指导性价值和观念以及品牌意义和宗旨的旗舰性因素。比如雷诺的顶级厢式旅行车，香奈儿的 5 号香水，鳄鱼的衬衫以及苹果的 iPhone，都是品牌的最佳代表。

然而，在给定的产品系列中，有一些产品无法清楚地表达品牌的意图和属性。在电视机产业的低端市场中，由于成本约束，想要制造与竞争对手截然不同的型号是很难的。但是，由于经济原因，品牌有时被迫在竞争激烈的市场上投入资金。同样，与其他银行一样，每一家银行都要提供自己的储蓄计划。所有这些相似的产品只能代表品牌提供的有限部分（见图 2-5）。总而言之，每个品牌都应该专注于自己的方向，不断进步，生产原创性产品。产品的传播之所以十分重要，是因为它们展示了品牌意义和宗旨。

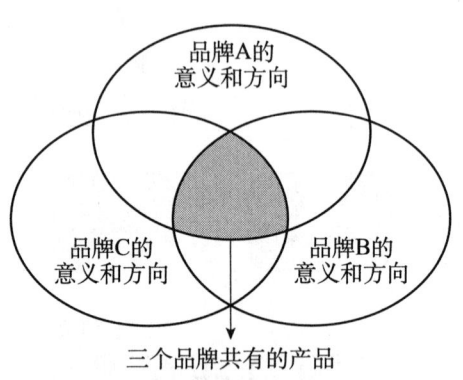

图 2-5 品牌间的产品线重叠

当同一组的品牌有太多重叠时，问题就会出现，一个品牌会阻碍其他品牌彰显自己的身份。在标致和雪铁龙的车上用同样的发动机会损害标致建立的"有活力的汽车"这一形象。当几个品牌销售相同的产品时，品牌就充满讽刺意味。为了与雷诺的 Espace 以及克莱斯勒的 Voyager 竞争，标致、雪铁龙、菲亚特（Fiat）和蓝旗亚（Lancia）难以承受自己建制造工厂的经济风险，福特和大众同样不能。于是，前四个品牌设计了相同的一款厢式旅行车。类似地，葡萄牙建造了一个福特-大众工厂，生产同一款汽车，结果品牌被弱化为纯粹的外部配件，身份信息仅仅反映在外壳上，各个品牌不得不通过夸张的外观设计获得消费者认同。

通过品牌棱镜宣传产品

产品是无声的,品牌赋予了它们意义和宗旨,告诉我们怎么解读。品牌既是棱镜也是放大镜,它能解译产品。宝马让我们感知到它是"满足男人乐趣之车"的典范。一方面,品牌引导我们感知产品;另一方面,产品反馈一个信号,以此建立品牌识别。汽车行业正是这样一个例子,因为大多数技术创新在所有品牌中迅速传播。因此,沃尔沃和宝马一样,都提供防抱死制动系统(ABS),但是不能说这两个品牌有相同的识别。这是不是品牌不一致的一个例子?绝对不是:ABS系统已经成为所有品牌的必需配置。

但是,品牌只能通过长期的一致性建立,这是品牌识别的来源和反映,因此同样的ABS对于两个不同的汽车制造商意义也不同。对于代表着完全安全的沃尔沃来说,ABS是有利于品牌价值且有吸引力的绝对必需品,体现了品牌的实质。对于代表着高性能的宝马,这么认为就等于否定宝马的价值体系,因为正是该价值体系鼓舞着整个组织并促使诸多著名车型开发出来。宝马引入ABS来提高车速。注重安全的沃尔沃品牌如何解释参加欧洲休闲车锦标赛?它的答案是:"我们实际上在测试产品,以使它们更耐用。"

标致、雪铁龙、菲亚特和蓝旗亚的厢式旅行车在同样的平台上制造。那么各品牌扮演什么角色呢?各品牌用固有的价值塑造自己的车型——雪铁龙的想象力和天分,标致的性能和可靠性,蓝旗亚的高档和坚固,菲亚特的实用性(见图2-6)。

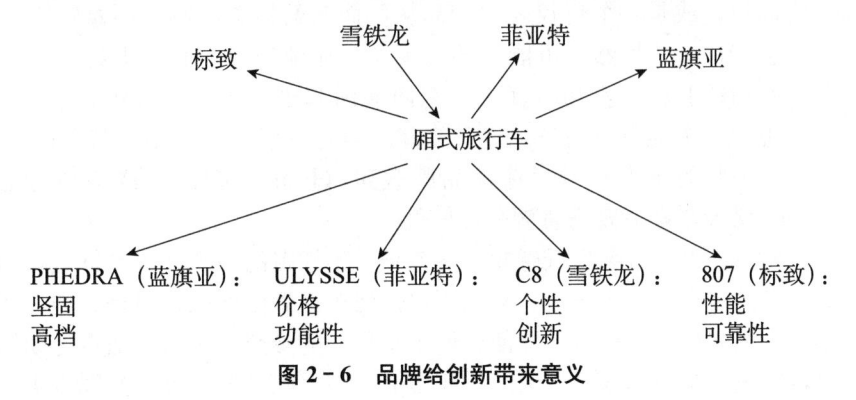

```
        雪铁龙    菲亚特
标致 ←     ↓    ↓      → 蓝旗亚
            厢式旅行车
         ↙    ↓    ↓    ↘
PHEDRA(蓝旗亚):  ULYSSE(菲亚特):  C8(雪铁龙):  807(标致):
坚固              价格             个性          性能
高档              功能性           创新          可靠性
```

图2-6 品牌给创新带来意义

品牌识别从来不是由细节决定的,但细节一旦被解读,就有助于制定更广泛的策略。细节只有与品牌识别产生协同效应,并重复和放大品牌价值,才能对其产生影响。这就是弱势品牌不能成功利用创新的原因,它们既不设法丰富品牌的意义,也不设法创造极为重要的共鸣。

因此,品牌是一个棱镜,帮助我们解读产品,定义了我们对冠以这个品牌名称的产品有什么期待、有多大期待。例如,被菲亚特认为独创的创新对福特来说会很普通。发动机动力不足也许对于很多汽车制造商来说不是什么问题,对于标致却是一个主要问题,它否定了消费者对标致根深蒂固的识别,破坏了已经建立起来的期望,即与标致的品牌宗旨相悖。

事实上，消费者很少孤立地评价创新，而是会和特定的品牌联系起来。一旦品牌选择了特定的定位和意义，就必须设想其可能出现的结果并履行诺言。品牌应该尊重契约，契约使它们吸引顾客并获得成功。

品牌和其他质量标志

在很多行业，品牌和其他质量标志共存。比如，食品行业有优质认证计划、合规证书、控制产地证书和保证书。这些标志的增多源于促销和保护双重目的。

原产地证书（certification of origin）（如真正的苏格兰威士忌）是为了保护根植于特定地点或技术的农业和产品。控制产地保证（controlled origin guarantee）利用了对质量主观上、文化上的观念，以及该地区的神秘感和独特性。不是在特定地区生产或者没有用传统方法培育的产品，都得不到原产地证书，市场因此被细分。在欧洲市场，自 2003 年起，菲达（Feta）奶酪与希腊原产联系在一起，丹麦或者法国奶酪生产商想要在其他地方生产菲达奶酪，即使购买者无法将它们跟用传统方法在希腊生产的菲达奶酪区别开，这些产品也不能称为"菲达"。

优质认证计划是促销工具，传递了更产业化和更科学的质量概念。在这方面，生产一种特定的奶酪涉及客观的技术秘密，要用到一种含有特定菌种的混合牛奶。优质认证计划创造了包括不同质量水平的垂直细分，这里的问题不是表现出典型的特征，而是满足一组严格的客观标准。

"认证原产地"（certified origin）印章所带来的法律保证不只是一个简单的原产地标识，或是一个仅仅表明产品从何而来的标签，后者不意味着任何自然特征或社会特征——虽然它可能误导购买者，让他们以为有这类特征。此外，有的奶酪生产商故意将真实和不真实的东西混淆起来，为新产品编造出一个外国名字，让人想起一个地方或村庄，以此来建立自己纯朴、具有地方特色的表象。

从企业的观点来看，选择品牌政策（brand policy）或集体标志（collective signs）涉及战略和现有资源分配问题。

质量证书通常会降低感知到的差异，不知名的小品牌也能够获得质量证书。品牌定义的标准为：法律上，它们不对任何东西做出保证，但是它们在实际生活中传递了一系列属性和价值。即便它们不是唯一的参照（比如百加得是朗姆酒的象征），也希望成为自身的参照。因此，实质上品牌之间差异较大，共同点很少。品牌使得其产品与众不同。强势品牌可以传播价值并能用自己的方法细分市场。

在应对"疯牛病"危机时，麦当劳想知道是应该只依靠自己的品牌，还是也依靠集体标志和原产地证明。

在运营层面，我们再次强调这个事实：建立品牌并不只是一种广告行为，它们包含带有其名称的产品的长期特性的建议，如吸引人的价格、高效的分销网络、陈列及通过广告建立认同。创造一个品牌是个艰辛的任务，需要财务、人力、技术和商业等各种资源。对于小型公司来说，比起承担这个任务，在产品质量上严格把控从而获得优质认证计划更加简单。即使没有品牌，小型企业也可以在一定程度上依靠质量的法律指标变得不普通。

品牌化实施中的障碍

在同一个公司里,品牌政策和其他政策经常冲突。有些政策是不成文的、隐含的,看上去可能是无害的,实际上是品牌政策的阻碍。

如今企业的会计政策不利于品牌发展。会计由审慎性原则所规范,因此,任何不确定收益的支出都会算作费用而不是资产。比如,传播方面的投资是为了增强公众的品牌认同。因为无法准确衡量年度传播预算中有多少会立即或在规定的几年内产生回报,所以整笔预算都作为运营费用从该财政年度的利润中减去。但是对广告的投入恰如对设备、有才能的员工和研发的投入,也有助于建立品牌资产。因此会计活动中产生的偏见阻碍了品牌企业的发展,因为它低估了公司形象的价值。比如企业A在提高品牌知名度和声誉上大量投入,将这笔投入算作费用会导致年度利润及资产负债表上的资产价值降低。这种情况通常会在企业成长的关键时期出现,这时企业实际上可以从外部投资者和银行获得帮助。现在比较企业A和企业B,企业B在设备、生产上的投入和企业A一样,但是在品牌名称、形象和声誉上没有任何投入。这些有形投入可以被评估为固定资产,在几年里会不断贬值,因此企业B可以宣布更高的利润,它的资产负债表上显示的资产也更高,将传递更好的形象。因此从会计上看,企业B会比企业A更好,而实际上企业A在其产品所属的细分市场中处于更好的位置。

年度结算的准则也会阻碍品牌政策的制定。对每个产品经理都会根据年度业绩和产品的净贡献做出评价,这会导致决策时的"短视":相比见效缓慢但是长期来看更加可靠的建立品牌资产的决策,能够产生快速且可测量的成果的决策更受青睐。而且,基于产品的会计结算方法不鼓励产品经理在广告方面做出额外的努力,以使品牌作为保护伞和其他产品的标志时形成一个整体。因此经理们只关心一件事:任何为了整体利益的新支出都会计入自己的财务报表。例如,棕榄这个品牌旗下的产品包括洗衣液、洗发水、剃须膏等。这个品牌可以决定选取其中一个产品作为形象领导者来推广,利用产生的形象溢出互惠效应(Balachander,2003)带动其他产品。但是其投资肯定要比该产品单一的销售预测所给出的合理数字大,实际上这笔支出一直会被算在这个特定的产品上,即使它的最终目的是使伞状品牌下的所有产品获益。

为了应对这种由会计实践和资产负债表中对(企业)价值的低估而引起的短期偏见,一些英国公司已经将它们的品牌列入资产。这触发了关于会计实践的基本有效性的争论,这个争论从"商品时代"就出现了,当时不动产和设备构成了资本的必要部分。如今正相反,从长期看,无形资产(技术秘密、专利、声誉)才是关键,除了在欧洲和美国进行如何使品牌资本化的公开辩论,找到一种让公司将短期品牌决策的长期利弊列入预算的方法同样重要。品牌决策者通常会频繁地轮换岗位,因此这样做就更有必要了。

各种类型的传播机构的组织方式也不符合品牌政策的要求。即使一个广告公司已经有了自己的合作公司网络,负责邻近营销(proximity marketing)、客户关系管理（CRM）、电子商务（e-business）等，并且能作为一个综合的传播团队宣传自己，它仍是网络的关键。此外，广告公司只考虑短期（一年内）的运营活动。品牌政策则不同，它是在很长一段时间内发展起来的，需要以高度综合的方式考虑所有方法。

很明显，企业很少能够在传播团队内找到实际负责战略思考和提供总体规划而不是只重视广告和销售活动的联系人。此外，广告公司也有责任解决战略问题，比如一个系列中最优品牌的数量是多少。因为这些问题牵涉到它们负责推广的品牌的生存，所以广告公司发现它们处于一个尴尬的境地——既是法官也是陪审团。因此一个新的职业诞生了：战略品牌管理顾问（strategic brand management consulting）。现在是公司与具有中期愿景的专业人士会面的时候了，他们可以为品牌组合的发展提供一致、综合的指导方针，而不是只强调某种单一的技巧。

员工流动性大会破坏品牌的持续性，但是如今的企业却安排员工在不同品牌轮岗。因此，品牌经常被托付给年轻的毕业生，他们有令人佩服的学位，但是几乎没有经验，他们所希望的晋升往往包括被指派负责另外一个品牌。因此，品牌经理必须在短期内就取得看得见的成效。这就解释了为什么广告策略及其实施以及品牌延伸、推广等决策经常发生变化。这实际上是人事变动造成的。

品牌决策者的稳定对于品牌保持统一、稳定的形象是十分重要的。奢侈品牌就是这样，创造者或者创始人的长期存在使健全而长期的管理变得可能。同样，主要零售商让高级经理亲自处理传播事宜或者至少让他们做最终决策。为了缓解品牌经理频繁轮岗带来的负面影响，公司不仅将品牌价值列入财务报表，而且建立了长期的品牌形象章程（brand image charter），对品牌给予持续的保护。

另外一个典型表现涉及生产和销售的关系。比如在伊莱克斯集团（Electrolux group），生产部门根据产品实现专业化。对于单一产品和多市场产品，销售人员把它们卖给相反的单一市场和多产品市场（聚集在伞状品牌之下）。问题是这些自主的销售部门均有自己的品牌，都希望从产品创新中获利，从而将部门的营业额最大化。其中缺少一个根据品牌组合一贯的全球愿景来管理、分配创新资源的结构。如我们之后会看到的，将强势的创新托付给弱势品牌毫无意义。此外，这会破坏品牌概念的基础——差异化。

最后，如果语言有任何意义的话，传播经理应该有权防止有损品牌利益的行为发生。飞利浦（Philips）从未成功充分利用其以前的品牌基线（brand baseline）："飞利浦，明天已经来到。"为了改变现状，它可能需要停止投放所有电池或电灯泡的广告，这些广告要么无足轻重，要么相矛盾，要么可简化；有的广告只宣传了未来的灯泡品种，而未宣传当下销售最好的灯泡。不幸的是，组织中没有人有权力（或愿望）去施加这种约束。然而，当惠而浦（Whirlpool）品牌出现时，飞利浦的经理们真正创造了一个他们需要的、能够实施品牌政策的组织，因为和综合管理部门直接联系，传播部门可以通过三年内不宣传任何普通产品甚至是畅销产品，确保推出惠而浦品牌的最佳时机。

做不好创新管理会对品牌资产产生十分不利的影响。即使销售人员没有承担重大创新的责任，但是将这种创新分配给弱势品牌是错误的，特别是多品牌集团下的弱势品牌。对于弱势品牌，必须提供给分销商具有吸引力的价格，以鼓励它们将其纳入候选列表。但是，由于该品牌的消费者并不期待这种创新（即每个品牌定义了消费者期望的类型和水平），产品的销售额并不高。对于非购买者而言，这样的品牌并不可靠。如果这一创新在几个星期之后通过领导品牌推向市场，分销商会拒绝支付溢价的部分，因为它们刚从同一公司以更低的价格购买过该产品。因此，就算是强势品牌，销售价格最终也必须降低。

欧莱雅培育了众多强势品牌，它根据产品功能将其配方分配到不同的业务中。因此创新最先被托付给有声望的品牌，这些品牌在选定的渠道销售，因为这些产品的高昂售价可以抵销高昂的研发成本。所以，微脂囊最先通过兰蔻（Lancôme）商品化，而最新的防晒成分 Mexoryl SX 最先通过薇姿（Vichy）商品化。于是，创新扩散到其他渠道，最终到达大型零售商。在此之前，所选品牌很可能已经推出了另一个差异化的新发明。

但是，创新并非由任何一家公司所独有，而是会迅速传播到竞争者那里，所以需要即时做出反应。

按照同样的思路，当生产者给分销商提供自己品牌旗下相同的产品时，最终会侵蚀自己的品牌资产，也就是说会侵蚀品牌的声望。这意味着顾客多付钱是为了品牌的名称，别无其他。当品牌与其代表和强化的产品分离，就会变得肤浅而虚无，缺乏任何合理性。最终，公司会为此付出代价，销售额下降，分销商趁机在广告中宣称全国性品牌疏远了消费者，消费者可以通过购买分销商自己的品牌来进行抵制。这也解释了为什么政府在面对分销商自有品牌中不断增加的伪造品时行动迟缓。最终，这些行为造成了大众对品牌概念的错误理解，即使意见领袖也是如此，进而形成了如今所有产品都一样的谣言。

亚洲的品牌化文化

关于亚洲品牌存在一个悖论。如今，亚洲已经成为世界工厂，亚洲品牌也开始向全球化方向发展。尽管这些品牌在市场占有率和市场主导地位方面取得了成功，但是这些品牌仍缺乏内聚力和吸引力。消费者是不是像梦想拥有苹果手机一样梦想着拥有三星 Galaxy S？

另一个悖论是亚洲人对品牌有强烈的偏好，但大多是对西方品牌（至少在时尚界和奢侈品界）如此。

实际上，我们不应该用西方的眼光看待亚洲，而必须充分了解亚洲的文化和经济环境。中国、韩国、日本和印度的教学管理研讨会在分析形势的时候避免夸大其词是十分重要的。我们可以把这四个国家归入"亚洲之一"吗？至少对于日本和韩国的优势，大家都很熟悉：

- 年轻一代对未来有着美好的信念。
- 通过教育和卓越的复制能力，达到"大师"的水平并且很快超越。
- 一旦做出决策马上行动。
- 采用集体决策，确保凝聚力。

然而，亚洲品牌的一个典型方面是它们倾向于成为企业品牌或至少成为伞状品牌。在亚洲，企业规模是受到重视的一个因素，并与经济的寡头性质相关。而这个性质本身是从政治结构中遗留下来的。因此，企业会在众多门类中都使用自己的名称，如同多元化企业集团。日本和韩国也执着于质量和细节。中国企业经常被视为西方品牌降低成本的工厂，对高质量的关注还不够。

如今，优势也有可能变为劣势。学习榜样从小学的时候就被视作重要的美德，但它不鼓励管理的创造性和差异性。然而，这造就了雷克萨斯（Lexus）的成功，当然这得益于混合发动机的发展。在韩国，这也造就了当地品牌滨波（Bean Pole）的成功，它已经成为拉夫劳伦（Ralph Lauren）的主要竞争者。害怕在公共场合丢脸会导致在公司内外的盲从，这就是在东京有那么多路易威登包的原因。对一致意见的重视妨碍了快速决策和适当的品牌管理。由于品牌管理意味着拥有说"不"的权力，所有试图避免冲突的文化都不愿提出反对意见（如当决策和品牌价值相冲突时）。

最后，我们发现亚洲品牌的品牌平台通常不够清晰鲜明，而是被包裹在全球认同条款之中。品牌平台是品牌管理的基石：长达一页的声明表达了品牌想要代表什么。大多数情况下，这份文件的撰写非常谨慎，注重正式的内在连贯性，但并不真正鼓舞人心。"品牌精髓"的提出能在公司内部增强自信，但是在外部看来只是被滥用的词句（比如"不断激发生命的热情"或是"生活的最高质量"）。

尽管有这些所谓的不足，亚洲公司已经打造了很多强大的品牌：尼康、佳能、理光、索尼、雅马哈、雷克萨斯、丰田、东芝、三星、LG、资生堂、植村秀（Sue Uemura）、雪花秀（Sulwhasoo）、兰芝、SK-II、Wills、米塔尔（Mittal）等。新兴的汽车品牌如起亚及现代利用自己的主要资产——质量和物有所值正在崛起。

三星是一个值得分析的案例，它经历了惊人的品牌转变。大约20年前，几乎没人想购买这个品牌的产品，而2010年在欧洲的大多数消费类电子产品中，这个品牌已经跃居前列。三星不是低成本品牌，但是因其物有所值和技术创新而广受喜爱，它以吸引人的价格提供最新的科技，因此在整合分销上取得成功。此外，三星在贸易关系方面的表现也很优秀。

但人们仍旧不会梦想拥有三星，为什么？

- 首先三星的商业成功来得太快，而品牌建立需要更多时间。三星之前的目标是获得市场占有率，而现在希望卖价格更高的产品，但它最初是一个大众品牌。相反，佳能和尼康最开始卖给精英阶层，之后才降低售价以增加销量。
- 三星的管理层和大多数亚洲公司一样是高度集中的，虽然其目标是放眼世界，但管理层全部是韩国人。董事会和重要的战略职位中没有西方人，这与索尼不同，因此造成了距离感：三星的产品会让人感觉来自很远的地方。
- 地方子公司是分销公司。它们具有创新性的工作是通过媒体广告在分销渠道中推广，时间长达一年之久。但是，由于今年的创新代替了上一年的，因此没有资本化。
- 三星重视产品而不是品牌，其产品年复一年不断变化。在针对苹果手机推广三星Galaxy的活动中，"Galaxy"字号大而"Samsung"字号小，这跟苹果的做法恰恰相反。
- 三星的创新并不是颠覆性的，Galaxy看上去非常像苹果手机。
- 传播集中在首尔，这就是为什么在当地三星的传播活动并没有产生更多情感联结。在国家层面，当地没有建立情感联结这一无形资产的自由和预算。

未来会怎么样？我们知道一些卓越的亚洲公司已非常关注上述问题，其中一些甚至决定学习西方的做法（Osborne，1963），开展创造性活动。只有适应环境才能生存，我们可以预测，一种模式一旦达到极限，一些亚洲公司会比其他公司更快地改变。例如中国拥有良好的资产——人口规模和教育制度，一些公司拥有的博士数量是欧莱雅的十倍多。在研发中，规模很重要。规模大，实现突破性创新的可能性也大。中国的低成本结构使得它很适合金字塔底层的市场，那里有巨大的成长机会。我们都知道在金字塔底层的品牌不如顶端的品牌能创造更多的梦想，但那又怎样呢？

一些公司已经通过在组织中设立新职位来应对，并将其作为一群独立的个体来管理：品牌副总。东芝直到2001年都没有管理部门，公司建立在分公司的基础上，因此没有人负责跨公司资源即品牌。医疗分公司对东芝品牌有看法，个人电脑部门和其他部门也有其他看法。没有建立协调机制或者全球性的品牌平台，也没有提供全球统一术语的次要平台。它的根本目标是售出尽量多的进口产品，而不是建立品牌。也许人们以为品牌的成长是高市场占有率的附带利益。地区经理的薪酬根据销售额计算，而不是基于品牌资产的增加。

那么第一个问题是：亚洲品牌应该像西方品牌吗？我们经常说高资产的品牌一定是全球性的，但是美国大多数所谓的高资产品牌在之前几十年都是地方性的。麦当劳是美国人为自己创造的，沃尔玛也是如此。这些品牌以前在美国之外没有商店，但是因为美国本土市场的规模已经是世界第一了，它们只是在世界范围推行美国的营销组合。

亚洲品牌也是如此，西方人不了解亚洲品牌，但它在本地发展得很好。

第二个是扩张的问题：亚洲品牌应该试图进入西方市场还是先着眼于和自己有紧密文化联系的邻国？韩国护肤品牌雪花秀推广的是韩国医药，离中国比美国更近。

最后，许多传统品牌理论建立在产品-品牌的案例上，比如洗衣液品牌汰渍、碧浪、宝莹（Persil）和达诗（每个品牌对应一种产品）。这个早期的理论让品牌成为单一命题：承诺或者利益的代名词。与其文化相一致，亚洲品牌看起来是推广更多的价值而不是产品类别的情感联系。大多数西方品牌也是一样，比如雀巢、亨氏和妮维雅。

第3章 品牌和商业模式

企业如何同时发展品牌和业务？建立品牌需要付出什么？有哪些必要的步骤和阶段？在本章中我们会回答这些问题，并着重强调整合各方的努力。品牌的建立并不是独立完成的，而是一个清晰的战略，是在产品、价格、地点、人员和传播层面卓越实施的结果。品牌的建立是有先决条件的，我们必须了解。

品牌适用于所有企业

品牌的建立并不是目的。品牌需要根据自身意义进行管理，它是企业成长和盈利的手段，也是一个商业工具。品牌化影响所有企业吗？是的。所有企业都意识到这点了吗？并不是。对于很多工业公司或商品卖家来说，品牌的概念只适用于大众市场、高档消费产品和快速消费品门类（FMCG）。这是一种错误的想法。品牌是一个名称，它影响着购买者和创造者。工业品牌有自己的市场：液化空气集团（Air Liquide）面向工业界，尚飞（Somfy）把管状电机卖给百叶窗安装者和装配者，圣戈班（Saint Gobain）和拉法基面向公司、公共工程部和工匠，塞诺布勒（Senoble）因为其良好的贸易关系在零售商中非常有名（只为零售品牌生产产品）。

成为品牌的益处：杂志作为品牌

为什么要成为品牌？每个人、每样东西现在都希望被视作品牌，如城镇、国家、名人、大学、体育俱乐部、博物馆等。品牌的意义显然已经发生了改变，它曾经意味着宝莹或汰渍、玛氏或碧悠（Activia），也就是产品品牌。如今，品牌意味着有个性和影响力、由价值驱动是能创造社群的创新来源。因此，企业是在很多方面超越其市场的品牌；它们成为履行企业社会责任的典范，年轻毕业生希望被它们录用，以便获得职业成功和成就。

阐述成为品牌的益处的最好办法是举例。杂志可以成为品牌，当然并不是所有的杂志都是，一些杂志仅仅是产品。比如，有的杂志提供电视节目的播出时间表，可能刊载两周的节目信息。这本杂志可能销量很好，有很高的忠诚度。但是，这并不能使之成为品牌，这是一个独特的、具有差异化的产品，但是它没有与公众建立特定的情感联系。

那什么时候一本杂志算是一个品牌？当它不仅仅是一本杂志的时候，它就是品牌。*Vogue* 在时尚界是世界权威，年轻女性会穿印有"Vogue"的 T 恤。*Elle* 也是一样，它象征着巴黎女性，*Elle* 在全球有不同版本，并拥有很多经营许可权。在亚洲，有 Elle Baby，Elle Petite，Elle for Man，Elle Active Wear，Elle Sport，Elle Home，Elle Decoration 和 Elle à Table（美食和餐厅），加上高端许可 Elle Paris。*Elle* 管理着 250 个经营许可权，一年能得到 2 000 万欧元的使用费（相当于批发业 4 亿欧元的销售额）。

GEO 是知名杂志，也是一个品牌。它是一个全球品牌，在很多国家都有出版物。第一本 *GEO* 于 1976 年由 Prisma 出版社出版。它崇尚在旅行中发现自我，同时强调发现他人，而不仅仅是风景。因此，*GEO* 杂志上不仅有明信片般的风景照片，而且它的内容跟图片一样重要。年复一年，*GEO* 在非读者中获得了品牌知名度、品牌尊重和品牌权威，而且成为精神追求。它远不止是一个好的产品，它还是一种世界观（不是对世界的看法）。

在所有国家，*GEO* 都用一样的名字和拼写。在任何地方，杂志封面都是绿色的，版面设计也都一样。品牌的特征在全球、在任何时间都一致。*GEO* 对于能体现杂志特定价值的人，如广告撰稿人、摄影师和作者都制定了许多严格的准则。

对于一本杂志来说，成为品牌的好处是什么？首先，它增强了读者对于品牌独有性的感知，使读者认识到这是无法替代的产品。其次，这是多元化经营的跳板（产品线延伸和品牌延伸），多元化的业务常常比核心业务更有利可图。

因此，*GEO* 是有价值的，并且可以利用它的名声扩大产品范围。该品牌的产品线延伸（line extension）有哪些？

- *GEO* 旅游指南；
- *GEO* 插画本；
- *GEO* 历史；
- 专注于区域的 *GEO*；
- *GEO* 青少年（特许经营）。

如今 *GEO* 将品牌名称授权以开发旅游探索、文具、日历和日记本。在联合品牌中，赞助是一项专职活动。品牌往往超越一本杂志，它有能力为活动和电影做广告。这很好地将 *GEO* 与其他众多摄影和旅游杂志区分开来，同时产生反馈效应，能够强化 *GEO* 的特殊地位。

在同一门类中，《国家地理》杂志（*National Geographic*）扮演着奢侈品牌的角色（Kapferer and Bastien，2009）。这是一个罕见的产品，有 120 年的历史，代表着没有极限的探索。读者是少数精英群体（虽然杂志售价不高），杂志对文章有着完全的控制权（80％为内部人撰写），杂志里的摄影作品成为艺术典范。它如今扩展到游轮业务：国家地理探索者号带领人们参观地球上一些鲜为人知的地方。作为备受尊敬的品牌，《国家地理》的联合品牌也很受追捧。

通过品牌实现商品差异化

品牌是产生于工业革命的一个经济学概念，多数市场都是商品市场。事实上，经济理论讨论的只是商品、达到均衡条件的最优价格和供应商之间实现长期差异化的困难。品牌化是脱离商品市场的唯一策略，这就是经济理论并不看好品牌的原因。

通常，人们倾向于认为在商品市场中实现差异化是不可能的。市场只由价格或企业声誉驱动，以吸引购买者。残酷的事实是，在商品市场中没有一个参与者在差异化方面进行了足够的投资，这是一个疲软的市场。这里我们并不是说没有人做过广告——经常有人这么理解，但事实上没有人想过要为特定的目标创造一条新的"价值曲线"。"价值曲线"是一个品牌为特征分明的目标群体提供的一系列效用。市场差异化不是一下子完成的，而是逐步完成的。主要的全球品牌都是最先将它们的市场去商品化的。

- 可口可乐无非就是一种把二氧化碳加进水里的糖浆。这样一种产品是商品。虽然可乐的配方据说是保密的，但是可以被模仿。在与百事可乐的盲测中，百事可乐的评分更高，这甚至导致可口可乐犯下了世纪性的营销错误（推出"新可口可乐"）。可口可乐如何实现商品差异化？通过品牌和分销，两者缺一不可。可口可乐的商业模式是通过地方垄断控制消费者行为，这一点经常被忽视。在大多数酒吧里，你会找到可口可乐，而不是百事可乐，这是典型的B2B营销。这个行业（酒吧、餐厅等）不想给消费者提供选择，而是简化他们的选择。可口可乐公司或它的当地装瓶公司提供了他们需要的各种软饮料，由此建立了竞争壁垒，即使竞争者有"更好"的产品。因此，销售量有了保证，当地装瓶公司只为可口可乐公司工作，在与大众消费者的沟通上加大投入，使品牌深受喜爱，在人们心中占据第一位。它的品牌承诺是无形的："一起享受快乐。"

- 依云水是全球第一的高端水。在一开始被自来水统治的市场中，依云只是一个不起眼的公司。水只是水，但依云深入了解后发现：母亲担心新生婴儿的健康，她们不放心有味道的自来水（为净化自来水进行了特殊的物理和化学处理），也不喜欢医用温泉水（矿物质成分不平衡）。依云的差异化因素正是它本身没有内在差异。水中的矿物质是平衡的，没有承诺特定的效果（不像康婷水承诺有瘦身效果，或是Hepar宣传对肝脏有益）。依云利用了人们对非纯净水的担心，但不是只卖纯净水，比如在美国和英国，依云补充了对婴儿有益的"矿物质"。它主要利用了两个标志性的要素：

—— 几个世纪以来，阿尔卑斯山脉都是神奇的水质净化器；
—— 矿物质有助于新生儿健康成长。

依云水的矿物质成分很温和，妈妈们不用担心。这就是依云发展的起点：唯一针对婴儿的水。之后，依云并没有停留在这个利基市场，而是跟随儿童的成长扩展到成年人市场。如今，依云利用了其早期的品牌身份，定位为年轻的源泉。

- 服务是B2B市场中实现商品差异化的经典方法。为了应对缩减各种服务以达到最低成本和提出降价主张的供应商，除了投资无形资产如服务与形象声誉外别无他法。商务信用卡为了应对竞争提出自己的产品不只是一张卡，而是成本控制、会计、资金和流程管理等方面的伙伴。液化空气集团和林德（Linde）或空气产品公司（Air Products）一样，从20%的销售量中获得80%的利润。销售量的80%都是普通商品（例如医院的瓶装氧气），但企业为被视为主流细分市场的利基市场提供定制的特殊气体。这些利基市场对价格并不敏感，生鲜食品行业需要一种特殊的气体来使袋装蔬菜沙拉一个多星期都保持爽脆，零售商也同样需要。

最后一个例子与公用事业比如电力有关。现在所有企业都想实现低成本，新进入者想尽可能降低成本。但是，德国Yello公司从不同的角度思考和行动来避免价格竞争。这很好地说明了体验型品牌应该是怎样的：它不谈论价值，而是创造价值，让消费者去体验这些价值。

借助体验型品牌去商品化：Yello

电是什么颜色的？Yello说是黄色的。这个德国公司品牌现在拥有130万客户。它是低成本经营者吗？不是。它是绿色经营者吗？也不是。

Yello是极少数去商品化成功的案例之一。它是巴登-符腾堡州能源集团（EnBW）的一个子公司，是德国巴登-符腾堡州当地的一家供电公司。电是人们口中典型的商品。在全国或地区性垄断的时代结束之后，出现了提供低成本商品的低成本经营者。

与之不同的是，Yello Storm公司决定利用消费者体验进行发展，背后有微软的技术和Yello这个品牌的支持。Yello已经成为体验型品牌的原型，也就是说这个品牌在各个接触点都能创造出使消费者高兴和满意的感觉，这些加在一起能够构成一个连贯的整体，使人们在某种程度上忘记价格。

它的战略视野很简单：消费者一年收到四次账单，他们先会查看要付的费用，然后花十分钟来阅读账单。这意味着Yello一年有四次机会能实现突破。这是关键时刻，是消费者体验新品牌的最佳时机。

Yello没有和低成本经营者打价格战，而是创造了价值，提供了令人愉快的账单阅读体验。首先，Yello是黄色的，所有建筑、办公室、汽车、账单、信件等都是黄色的，网站上的虚拟服务人员Eve的着装也是黄色的。光凭颜色并不能说服100多万德国人转用Yello。其次，Yello和微软合作，最先安装了智能仪表，它们的颜色使其在地下室也清晰可见。最重要的是，这些仪表使人们能够通过网络查询每一个房间的用电情况，还能获得一段时间内用电量的时间序列。账单将历史数据以易读且令人愉快的方式呈现出来，消费者收到的智能账单会显示哪些用途和哪个插头最耗电，Yello所做的努力能帮助消费者在未来节省费用。简单来说，Yello并不便宜，但是它通过给消费者提供每一间房、每一个季度的电量消耗，为他们提供所有节能信息。如图3-1所示，Yello并不将产品本身（电）差异化，而是将服务和消费者体验（智能账单、呼叫中心、沟通、货车、工作人员的态度、颜色等）差异化。

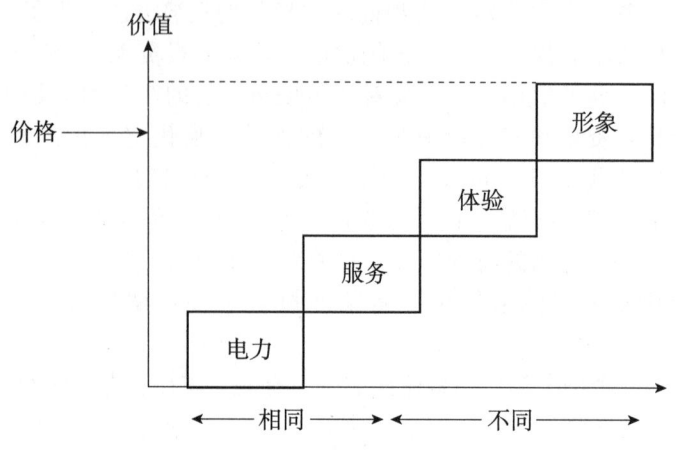

图 3-1 Yello 如何建立电力品牌

我们生活在体验社会之中。星巴克的成功就是源于消费者体验。每天，星巴克的工作人员创造独特的体验并传递给消费者，这就是星巴克从来不做广告的原因：广告费用被用来培训员工。员工并不是天生善于创造星巴克的体验的，所以需要很多培训，而不是广告。如何让消费者感到愉快？相比在奶油或者咖啡上下功夫，对客户的服务态度更重要。正如星巴克 CEO 霍华德·舒尔茨（Howard Schultz）所说："我并非做咖啡生意，而是服务于人。我通过提供咖啡，做人的生意。"

不借助广告成为市场领导者：杰卡斯红酒

建立品牌需要什么？品牌有数不清的定义，这个领域里几乎每一个人都有自己的定义。虽然这些定义可能是有用的，但它们很少告诉我们如何建立品牌。定义是静止的，认为建立品牌是理所当然的，但建立品牌是动态的。

一般而言，在行政研讨会中，当我们询问出席者如何建立市场领导品牌时，典型的答案包括做广告、建立品牌形象和提升知名度。这些回答大多聚焦在沟通方式上。

与其直接回答这个问题，不如看一个有趣的例子：不知名的澳大利亚公司奥兰多温德姆（Orlando Wyndham）是如何建立英国领先的瓶装葡萄酒品牌杰卡斯的？这个品牌现在在销量和自发性品牌知名度上都是领导者，有强大的品牌形象。2000年之前，杰卡斯没有在大众市场做广告就取得了这样的成绩。还有一件有趣的事值得注意，1984—2000 年，英国的葡萄酒市场规模翻了一番。在英国的大众市场建立成功的葡萄酒品牌需要注意什么？

- 第一个条件是拥有足够的产量。满足大众市场意味着能够满足贸易期望。多数零售商不喜欢跟无法提供充足供应量的企业做生意，即使产品很成功。对于葡萄酒生产商而言，这意味着需要有巨大的供应量。
- 第二个条件是保证稳定的质量。任何一个品牌的首要任务是降低感知风险，不管产品在什么时候、在哪里被购买，消费者体验必须是一致的（这就是品牌化服务比品牌化有形产品更难的原因：人们行为的变化会减弱稳定性）。对于葡萄酒生产商来说，这意味着要掌握调配的艺术，确保没有辜负消费者的期望。一旦消费者发现他们喜欢一种特定的葡萄酒口味，再次购买表明他们愿意降低购买风险，找到同样的口味、同样的愉悦。

- 对于大众市场品牌来说，价格是关键：它必须成为主流。在后勤层面上，必须把所有工作做好，以确保更高的产量，降低生产成本，同时不改变质量和口味。
- 由终端用户来驱动、为特定的市场找到合适的口味至关重要。很多英国消费者并不是长期喝葡萄酒，他们的口味是由冷饮和啤酒塑造的。这意味着他们喜欢带有特殊口味和口感的葡萄酒。另外，如果一个组织能够抓住当地人期待的口味，就可以获得很好的宣传和新闻报道，荣获奖项，从而增强贸易支持。
- 品牌也应该建立进入壁垒。成功会激发模仿，企业可以通过以下两种方法建立壁垒：

——使用"蓝海战略"，选出一系列法国葡萄酒不能模仿之处（这里指适应当地新饮用者的口味）。

——快速行动以成为所建立的子类别里的标杆品牌（这里指新世界（New World）葡萄酒）。

- 另外一个要求是有全国性的销售团队。人们往往在购买的时候选择葡萄酒品牌。在货架上的可见性以及购买点的广告是成功的关键因素。要实现这一点，和主要的几个零售商拟定全国性的协议是很重要的，这类零售商包括英百瑞（Sainsbury）、阿斯达（Asda）、乐购（Tesco）等。但即使这些都做到位了，也需要对每个商店进行日常检查，确保一切按部就班。只有全国性的销售团队才能做到这一点。另外，也需要安排试喝，鼓励顾客在经过商店过道时停下来品尝一下产品。

在市场中建立品牌的这六个步骤也许看起来简单并且很容易执行，实际上并非如此。法国葡萄酒无法达到这些条件，但是新世界葡萄酒，特别是澳大利亚葡萄酒能够做到。我们就每个条件来解释一下其中的原因。

旧世界（Old World）葡萄酒品牌的建立基于一个原则，即葡萄酒的质量完全依赖于自然条件：特定的土壤、阳光、气候和空气。因此，有几百种葡萄酒被酿造出来，它们通过葡萄酒产区甚至特定的葡萄园和独有的特点实现差异化。例如，每个葡萄园都声称它的土壤比竞争者更好，结果产品五花八门，比如，波尔多产区5 000多种葡萄酒产自不同的葡萄种植园，通常规模都很小。这影响了供应商建立品牌的第一个条件：足够的产量。

旧世界葡萄酒已经尝试通过将其葡萄酒生产实践转化为法规来确保市场领导地位。生产勃艮第或者波尔多葡萄酒需要遵守这些法规。这一旨在控制质量的行为已经成为应对新兴产区竞争而进行创新的主要障碍。

如果要将葡萄酒命名为波亚克、格拉夫（这些都是波尔多的子产区）或其他名称，它们的生产者将不被允许把这个地区的葡萄跟其他地方生长的葡萄混在一起，或是只能混合很少的量。如果有一个季度很干燥，不能进行灌溉，也不能加入化学物质来调节因每年气候不同所导致的质量差别。因为生产者尊重这些法规，旧世界葡萄酒有与生俱来的多变性，它们是真正的天然产物，而不是人工产品。在欧洲，每年土壤和气候的变化要比澳大利亚、美国加利福尼亚州或阿根廷更大，这同样导致了旧世界葡萄酒和其他葡萄酒的不同。

品牌化意味着要抑制这种变化：确保每年的口味都一样。如果一个地区的葡萄产量不足，人们必须掌握将来自不同产区的葡萄混合在一起的技术。澳大利亚没有悠久的葡萄种植传统，几乎没有管理葡萄酒生产的法规，其葡萄酒生产商可以这么做，但波尔多或勃艮第的葡萄酒生产商就不能效仿。

在以低生产成本获得良好质量方面，情况也是一样。法国葡萄酒生产商不能使用机械化收割方式，必须人工采摘。它们不能通过灌溉来增加土壤的生产能力，也不能使用化学添加剂。在法国，根据规定，葡萄酒是储存在木桶里的。而在澳大利亚葡萄酒放在巨大的铝制容器里，酒里面还会放木头切片，这样酒与木头更多地接触，以加速葡萄酒中融入木香味的过程。时间就是金钱，这样做可以降低生产成本。

第四点是关于为目标市场找到合适的口味。新世界葡萄酒没有什么传统要遵循，它们从顾客出发，调整产品以适应新兴市场的消费者的口味，这些消费者之前习惯喝软饮料和啤酒。因此，它们的葡萄酒必须以果香为主导，柔和、顺滑，适合各种场合饮用。一些葡萄品种比如霞多丽和赛美蓉霞多丽可以产生这样的口感。这些并不是成就了波尔多或勃艮第葡萄酒声望的品种。

由客户驱动的另一个方面是语言。市场调研显示，广泛来讲，英国人仍是一个"岛屿民族"，很多人都不精通欧洲的语言和欧洲大陆的文化传统。与令人困惑的欧洲几千种极难发音的葡萄酒名字不同，杰卡斯是英文名字，商标上的拼写也是英文。法国酒极少用英文提供商标信息，直到最近才有所改变。另外，澳大利亚是英联邦的一部分，英国人对它的认同程度比法国人更高。

另外，每个国家只跟极少的葡萄种类联系在一起。比起法国酒，消费者发现更易品出澳大利亚葡萄酒的味道。葡萄酒的原产国起到了降低品牌风险的作用。

最后，同样重要的是，旧世界葡萄酒产业中的组织过于分散。个体葡萄种植者在本国也很难负担一个专用的销售团队。即使葡萄酒是由种植者合作生产的，他们也希望保持独立，拒绝加入更大的组织，但这是达到创造品牌所需规模的唯一可行的方法。

因此，截至2001年的16年中，由杰卡斯领导的澳大利亚葡萄酒在英国市场上的产量份额从无至有，升到16.9%，销售份额达到20.1%。与此同时，市场规模也翻了一番。有趣的是，从销售份额比产量份额更高这一数据来看，价格并不是消费者选择澳大利亚葡萄酒的主要原因。新世界通过更高质量的品牌延伸已经成功说服消费者购买更高端的产品，这些延伸是为了吸引之前试喝葡萄酒的新手，他们现在则想尝试一些更复杂的葡萄酒。

旧世界葡萄酒能卷土重来以防止销量急剧下滑吗？只要它们不废除内部的规定——它们的生产法规，不鼓励供应商集中，就无法满足建立品牌的六个条件。波尔多和勃艮第不能做到。但是，朗格多克是世界上最大的葡萄酒产区，因此满足了第一个条件。在这个地区，历史上生产了比波尔多和勃艮第的葡萄酒低端的葡萄酒，要遵守的生产规定非常少。如果朗格多克种植者能集中起来，并满足除英国市场之外包括日本、韩国和其他正在成长的葡萄酒市场中的客户需求的话，未来就在朗格多克的手中了。它们也可以出口自己的专有技术以及在未来市场的所在地中国建立品牌。这就是很多企业开始在中国建立合资企业的原因，它们想在中国种植葡萄，建立没有旧世界葡萄酒产业自身限制的品牌。

从这里能吸取和总结什么经验呢？新世界葡萄酒的品牌成功源于创新，它们为消费者利益打破了竞争者的传统惯例，而且它们没有停止创新和打破传统。在澳大利亚，杰卡斯最近在雷司令的品种上引入了螺帽类的瓶盖，打破了神圣不可侵犯的惯例：软木塞。雷司令比起其他葡萄酒更容易受软木塞质量问题的影响，如果酒瓶只有一半的酒则更明显。消费者和同行对这个很小但具有革命性的创新反应积极。

第二个经验是杰卡斯的部分吸引力是基于一个持久的竞争弱点：这不是一个精英品牌，没有虚荣的价值。这是每个人都能接近的品牌，它创造了蓝海。

杰卡斯产品的性价比很高，得到了专家和品味制造者的好评。这是一个无尽的赛跑，这个品牌每年都在不断改善质量，以赢得持续的关注。杰卡斯是第一个主要的澳大利亚葡萄酒出口品牌，得益于"先驱优势"，杰卡斯成为澳大利亚葡萄酒的代表。有趣的是，杰卡斯品牌所属公司奥兰多温德姆的规模比一些本地竞争者比如夏迪（Hardy's）小很多，但是它把所有的精力和努力都集中在这一个品牌上了。

很多品牌不做广告而是通过合同和零售取得发展：如谷歌、Zara、亚马逊。但这不是建立品牌的唯一途径，黄尾袋鼠（Yellow Tail）在美国成为第一葡萄酒品牌得益于大量的广告活动、有趣的个性和激励主要分销商的价格。另外，黄尾袋鼠针对的是非专业葡萄酒饮用者的广大市场。

品牌建立：从产品到价值，从价值到产品

建立真正的强势品牌需要时间。有两种路径、两种模式可以建立强势品牌：从产品优势到无形价值，或是从价值到产品。然而，随着时间的推移，这种双向的变动成为品牌管理的本质：品牌有"两条腿"。

大多数品牌不是这样建立起来的，它们的创立者只想基于一个特定的产品或服务创建一项业务：一种创新，或是一个能够开创业务、开启分销商大门的好主意。一段时间后，它们的名称或是产品的名称成为品牌：有知名度并且具有市场力（影响购买者的能力）。品牌并不一定指向一个产品或人，但是逐渐地与形象、无形利益、品牌个性等联系起来。对品牌的感知从物体上升到利益，从有形价值上升到无形价值。

如图 3-2 中向上的箭头（A）所示，大多数品牌开始发展时不是品牌，而只是创新产品和服务的名称。耐克最初只是一双创新性跑鞋上一个没有意义的名称，如果它没有创新性，那么起初不会有分销商关注菲尔·奈特（Phil Knight）。随着时间的推移，这个名称获得了知名度、地位和信任，受到尊重或喜爱。这是业务建立过程中加强沟通和明星宣传的结果。渐渐的这个过程发生了逆转，并不是产品建立了知名度和声誉（从下向上的箭头），而是品牌实现了差异化，并且给产品或服务赋予了独特的价值（从上向下的箭头）。事实上，在这个时候品牌决定了哪个新产品符合所追求的形象。耐克如今处在品牌延伸阶段：耐克品牌从跑鞋扩展到了运动装和高尔夫俱乐部。

随着时间的推移，品牌联想通常向更高水平（图 3-2 中的纵坐标）发展，从

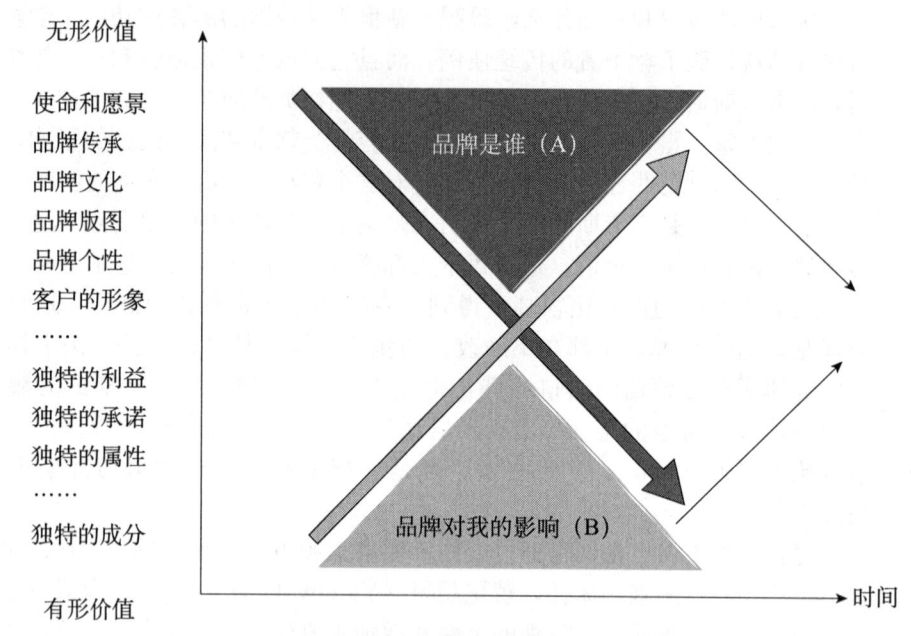

```
无形价值

使命和愿景
品牌传承
品牌文化
品牌版图
品牌个性
客户的形象
……
独特的利益
独特的承诺
独特的属性
……
独特的成分

有形价值
```

品牌是谁（A）

品牌对我的影响（B）

时间

图 3-2　随着时间建立品牌阶梯的两种路径

成分（多芬的保湿霜）到属性（软化）、利益（保护）、品牌个性、品牌价值，甚至达到无形价值的最高点——使命（苹果或者维珍都有品牌使命）。

这不意味随着时间的推移品牌管理不再关心物质问题和差异化了。品牌有"两条腿"。即使是奢侈品牌，也必须让购买者觉得他们买了一个很好的产品，并且价格差异是合理的。但物质上的差异化是一场没有终点的赛跑：竞争者总会复制你最好的点子。为品牌加上无形价值能够增加价值并且防止被替代。梅赛德斯（Mercedes）的溢价永远可以用基于产品的广告文案来解释，但另一个原因是公共关系的运作强调了品牌的独特地位。

品牌建立的第一种模式涉及从产品起家的品牌。还有第二种模式：很多品牌从一个概念或点子开始。所有特许品牌如毕加索（Paloma Picasso）香水、哈利·波特（Harry Potter）产品等都是这样，很多时尚品牌、烈性酒或香烟品牌也是如此。艾科/凌仕（Axe/Lynx）男士护理系列一开始也是由一个洞察出发：青少年对于自己对异性的吸引力没有信心。

第二个模式（B）也提醒我们，在发布产品品牌（即建立在产品优势上的品牌）时，从一开始就要融入更高层次的含义，这一点很重要，因为这些意义都可以长期依附于品牌。品牌不应该简单地通过积累或者沉淀获取意义，一开始就应该进行规划并把它们融入品牌，这样可以加快产品成为品牌的过程。这就是产品发布和品牌发布有所不同的原因。

这也解释了为什么品牌的名称绝不应该是对产品的描述。第一个原因是当竞争者以同样的产品进入市场时，描述性语句很快就会成为通用语。第二个原因是客户很快就会知道该业务是关于什么的。品牌名称最好能够讲述一个无形的故事。亚马逊这个名称表达了新奇、力量和丰沛（就像亚马孙河一样），法国电信公司Orange则声称"绝对不是技术制胜"，就像苹果电脑35年前一样。

最后，如图3-2中的箭头所示，品牌管理需要持续不断地管理有形和无形价值。品牌是有"两条腿"的价值生成系统，这意味着在现代竞争中拥有优秀的产品是不够的。然而，奢侈品牌和形象品牌都不能忽视产品的功能性。

领导品牌是否拥有最好的产品和最佳的价值曲线

建立品牌不只是简单地给产品或服务印上商标，品牌差异化是必要的第一步。建立品牌要拥有一个卓越的价值主张。

排名第一的品牌通常不是最好的产品，这被视为一个悖论。最初的 IBM 个人电脑是当时能买到的最好的吗？不是。奔腾是最好的芯片吗？谁知道呢。戴尔的电脑是最好的吗？不是。

这个悖论源自"最好"这个词：对谁是最好的？在什么方面最好？我们用学校课程来做类比。学术的评分是根据人们熟知的标准来确定的，学习好的同学会显示出一些品质，比如极强的记忆力、快速解决问题的能力、工作准确度高并且能够很好地展示他们的成果，这是在学校里的价值。同样，每个市场都有价值。在任何市场中想成为第一，必须了解该市场的价值是什么。当然，没有好的产品或服务也是不能成功的。尝试产品的人只有喜欢它到一定程度才可能再次购买，或是推荐给他人。产品必须建立品牌忠诚度。在卡车轮胎市场，米其林（Michelin）当然是第一：米其林占据了 66% 的原始轮胎（也就是指卡车生产商给卡车提供的轮胎）市场份额。但是在轮胎替换市场，也就是所谓的零件市场，虽然米其林仍然是市场领导者，它的市场份额却降到了 29%。米其林似乎没有弄清楚零件市场的购买者、车队的所有者和保养卡车的人的价值。

在烈性酒市场，百加得（Bacardi）是世界第一，但它是最好的烈性酒吗？人们可能认为百加得绝对不是最好的，它没有味道，而且在很多盲测中的结果也非常差。那么为什么它能够有如此高的销量呢？它的顾客来源并不是对味道有很高要求的专业人士，而是随意的饮用者和参加派对的人。这些人通常需要适合调制鸡尾酒的烈性酒，而理想的调酒用酒应该有很中性的味道。百加得的白朗姆酒（Carta Blanca）正适合，它为百加得贡献了 90% 的销售额，也唤起了很多热情的派对。

品牌化从顾客开始，关注顾客重视什么。百加得的关键无形附加值之一是品牌的个性，体现在它的标志——蝙蝠上。百加得在古巴的第一个工厂里满是蝙蝠，这成为品牌的标志，为品牌带来了持久的神秘光环。

另一个例子是关于教育市场的。工商管理硕士（MBA）学位是通往成功的通行证。该学位最先在美国的大学被引入。为了拿到 MBA 学位，美国的大学生需要经历两年的紧张学习：一年学习基础知识，另一年专门学习一个主修领域的知识。

现在，欧洲工商管理学院（Insead）在 MBA 市场是一个受尊敬的品牌，也是欧洲最著名的 MBA 项目。

然而，英国《金融时报》（*Financial Times*）从 2008 年开始就将巴黎高等商学院（HEC Paris）列为欧洲最佳 MBA 学院。很少有人知道欧洲工商管理学院的 MBA 课程用时不到一年。巴黎高等商学院的 MBA 课程用时两年，跟哈佛大学的 MBA 课程一样。这就是品牌化的力量，在这个例子中，强大的品牌知名度足以捕获了解具体区别的攻读学位者和企业雇主的需求。欧洲工商管理学院开创了欧洲的MBA市场，很快就得益于先驱优势：它的名字因为缺少竞争成为地方标准。

了解目标市场的价值曲线

欧洲工商管理学院通过了解那些雇用年轻高管的欧洲人力资源总监们的价值曲线，成为欧洲最知名的 MBA 项目。在教授基于美国模式的 MBA 课程方面，诸如巴黎高等商学院等高端商学院并不了解当地的价值曲线。在欧洲，招聘人员并不关心学生在校园里学习了多长时间，在哈佛大学、斯坦福大学或者巴黎高等商学院学习两年获得的工资不比在欧洲工商管理学院学习不到一年的工资多多少，招聘人员真正关心的是学生在一个足够国际化的项目中受到了专业化的教育，从而学习如何跟不同国籍的人共事。

MBA 原来特指一个典型的产品。现在 MBA 是一个扮演神奇的通行证角色的"集体品牌"，产品中隐藏了巨大的差异。市场竞争中比的就是品牌。

客户是不同的，不同的品牌能够在同一个门类共存，是因为这些品牌针对的是不同细分市场的价值曲线。这就是企业建立品牌组合的原因。通用汽车有各种汽车型号，大众集团也是，路易威登也有品牌组合。

打破规则快速行动

MBA 的例子也说明了另外一点，想要建立品牌，必须快速达到临界规模以形成进入壁垒（比如占领制高点）。通过打破两年课程的传统，欧洲工商管理学院比其他同等规模的美国商学院的毕业生多出了一倍，一年内能在公司担任介绍人的校友数量也达到了临界值。最近欧洲工商管理学院采取了一个战略举动，将每年的毕业生数量翻番，以提高市场占有率并增加生产力（每个教授所教的平均学生数）。它还决定利用其品牌知名度在亚洲设一个分校区，进一步增加毕业生数量。

从以上例子能获得很多经验：

第一，所有品牌一开始都是非品牌，没有知名度和形象。但是，它们建立在成功创新的基础上。开创品牌意味着进行破坏性创新。

第二，开创新市场是领导市场的最佳方法，这是广为人知的先驱优势。但是，想要开创新市场必须打破在市场中创建群体主义的传统和准则。

第三，时间也是成功的重要因素之一。成功者最先启动并且快速行动以拉开和竞争者之间的距离。

第四，快速达到临界规模很重要，以和竞争者拉开距离，这样就可以为广告、传播和激活口碑创造更多资源。

第五，品牌不只是生产商或零售商的，而是如在营销界经常听到的：是顾客的品牌。品牌集中体现了价值，但是如我们所知，价值存在于旁观者也就是顾客的眼里。重点聚焦于市场很重要，还要问一个问题：目标市场的价值曲线是怎样的？接下来的问题是如何比现有竞争者更好地实现这些价值曲线，最好的方法是破坏（Dru，2002），即打破市场的传统。

用商业模式支持品牌

品牌间的竞争通常是商业模式间的竞争：比如易捷航空（easyJet）对英国航空（British Airways），戴尔对惠普，或是亚马逊对巴诺书店（Barnes & Noble）。

软饮料是什么？从物质层面上来说，软饮料由水、调味品和碳酸盐组成。在果汁市场，品牌正经历一段艰难的时期，在德国，硬折扣品牌的占有率超过了50%。同样的状况存在于英国乃至整个欧洲，这些地区和美国不同，分销十分集中，折扣品牌并不意味着是低劣质量的产品。这些品牌面临的问题是如何将普通的橙汁差异化。另外，橙汁的原料成本很高，这给利润带来了压力，也给能承受的广告预算带来了压力。与此同时，零售商的自有品牌和无品牌的普通产品也给销售价格带来了压力（见表3-1）。

表3-1 欧洲不同橙汁饮料的价格（欧元/升）

品牌	价格
硬折扣产品	0.25
家乐福标准橙汁	0.70
全国性品牌	0.84
阳光心情	1.08
纯果乐	2.45
乐购精选	2.50

在果汁市场，找到有利可图的盈利模式的方法并不是很多。纯果乐（Tropicana）采取的是溢价策略，这建立在持久的产品创新（比如采摘新鲜的橙子）和高端的品牌形象上。这些是能提高价格的创新，能增加消费者为每升饮料所付的价格。纯果乐是高端市场的领导者，也是全球性的品牌，但是具体到每个国家，论销量它都只是一个小品牌。

宝洁一直通过高科技手段对产品进行差异化，它在果汁市场推出了阳光心情（Sunny Delight）品牌，虽然阳光心情的原料几乎都是人工的（橙子只占5%，这是法律规定的），但这使得阳光心情的味道和口感胜过所有使用天然果汁的竞争者，它还加入了维生素以吸引妈妈们。因为它的名字、颜色（橙色，根据不同的口味有改变）和标志（圆形的太阳），宝洁创造出了一个新产品，人们一看到它就联想到橙汁，一部分消费者必定认为它是用橙子做的。它的人工化学配方取得了专利，建立了进入壁垒以防止被抄袭。最重要的是，阳光心情的定价很高，而它的原材料成本比天然橙汁低得多。

可口可乐是不透明产品：几乎是黑色的，有秘密配方，十分神秘，它从一开始就在实质上和心理上满足了成为不能被完全替代的产品的条件。在可乐市场，可口可乐不止是一个品牌,还是一个杰出的商业模式。一个多世纪以来,可口可乐品牌一直在追求同一个目标,即在全世界范围内不断发展可乐这个产品品类。它最先是在美国与苏打水竞争,后来与其他软饮料竞争,现在几乎与所有种类的饮料竞争,包括欧洲的水、亚洲的茶。

在将这个品牌打造成世界第一饮料的过程中,可口可乐得益于糖浆易于运输、成本低、高度浓缩(一升浓缩糖浆可以生产好几升可口可乐),并且耐高温、保存时间长(可以在任何地方长时间储存,不像大多数由水果制成的软饮料)。这绝对是一个伟大的有形产品。另外,酸甜度被调整到最佳,消费者一连喝好几瓶或好几罐都不会感到腻。可乐糖浆的生产成本低,利润很高,因此有很高的营销预算来加强可口可乐在人们心目中首选品牌的地位(在由于冲动作出购买决定的低卷入度的产品品类中,这是很重要的竞争优势)。卖给装瓶公司的产品价格是生产成本的五倍,因此利润归可口可乐公司所有,而压力施加给了装瓶公司/经销商,它们想要赚钱就要追求高销量。

通过产品品类的扩展增加业务的策略取决于可获得性、可接近性和吸引力这三个方面,而且一直是这个顺序。多数人看重传播,但是可口可乐占据主导地位的关键在于这三个杠杆。

● 可获得性是最先要考虑的分销杠杆。"让可口可乐唾手可得",目的是让人们在任何地方如酒吧、快餐厅、食堂、零售店、街角和公共场所的自动贩卖机、办公室里的冰箱、教室等都能找到可口可乐。很重要的一点是,建立业务和品牌形象都和活跃的本地顾客相关,这创造了饮料的地位和消费习惯。另外,和一些不单独销售单个品牌的多品牌零售商(比如沃尔玛、阿斯达、宜家、家乐福、阿尔迪和其他类似零售商)的客户有多个选择不同,本地顾客只有一个选择,这使得品牌在当地形成了垄断。这就是为什么可口可乐和麦当劳及其他合作组织形成全球联盟。这类独家合作的一个条件是,供应商提供、分销商也同意储存软饮料品牌的所有产品组合,目的是给所有软饮料竞争对手制造进入壁垒。

作为竞争可获得性的一部分,品牌不应该忽略装瓶公司,在很多国家,好的装瓶公司数目很少,可能最终只剩一家。控制这个装瓶公司就可以防止竞争者进入这个国家。这是一个挤走竞争者的方法,比如百事可乐原来在委内瑞拉的装瓶公司后来决定为可口可乐工作,在一天之内,百事可乐在委内瑞拉的运营就停止了。

● 可接近性是价格因素。"在中国和印度,以茶的价格卖可口可乐",糖浆生产的低成本、运输的方便性和以销量为基础的策略使之成为可能。即便不是进入壁垒,规模经济给竞争者制造了另一种压力。将利润归于公司层面后(就像迪士尼公司通过特许使用费盈利,而它的一些国外的游乐园并不赚钱),可口可乐公司可以承受其本土公司为了快速增长的高人均消费率而遭受的损失。另外,为了将竞争者挤出市场(不管竞争者被定义为可乐饮料还是其他饮料种类),可口可乐公司给整个市场都施加了高价压力。例如,如果分销商优先考虑公司的其他品牌,如芬达、美汁源和水动乐,它们就可以获得可口可乐的特定价格。为此,可口可乐公司因反竞争策略被欧洲当局起诉。

● 吸引力是第三个因素。这是一个沟通问题。虽然可口可乐的广告非常引人注目,但非媒体沟通方式(关系、接近、音乐和体育赞助以及本地沟通)占预算的主要部分。事实上,心智份额的支配地位因为低生产成本而成为可能。最后一点同样重要，可口可乐的形象不是体现在产品上，而是体现在关系纽带上，它传递有形的承诺（提神）和无形的承诺（现代感、活力、能量、美国化、成为世界一部分的感觉），这些承诺使可口可乐如此独特，比它的秘密配方更独特。

可口可乐全球范围内的主要挑战者——百事可乐——也追随着一模一样的品牌商业模式。不同之处在于，百事可乐比可口可乐进入市场的时间更晚，并且没有创造新的类别。作为挑战者，百事可乐的品牌形象和市场控制都较弱。百事可乐可以通过价格、产品和形象三个方面挑战领导者。

- 价格。在消费者层面，比可口可乐的价格低 10 美分，但这对于获利能力来说是更大的压力。
- 产品。百事可乐并不是市场中的参照品牌，因此它能够更大胆并且一直在产品上下功夫，从而在可口度和味觉上打败可口可乐（所谓的"百事挑战"）。在大多数的盲测中，百事可乐的口味其实比可口可乐更受喜爱。这迫使可口可乐公司犯下了"世纪性的营销错误"，在 1985 年推出新可口可乐来代替有着"美国之水"之称的经典可口可乐。百事可乐进行更多的创新是有必要的，它先于可口可乐进行产品线扩展，如推出无糖百事可乐。
- 形象。百事可乐比可口可乐更年轻。它利用了可口可乐的唯一劣势即持久，通过恰当的广告定位使自己成为年轻一代的选择。百事可乐的精髓是"符合如今口味和体验的软饮料"。

为了确保百事可乐在本地存在和避免可口可乐制造的进入壁垒，百事公司尝试多元化经营，进入餐厅和快餐连锁店。

可口可乐的其他竞争对手的境遇则更加困难。2000 年 2 月，维珍品牌创始人理查德·布兰森（Richard Branson）承认维珍在美国输给了可口可乐和百事可乐，这距离他在时代广场宣布挑战不到两年。研究可口可乐和百事可乐所共通的品牌和商业模式后，我们很容易理解为什么维珍可乐除了大本营英国之外，在其他地方都失败了。即使在英国它的占有率也不到 5%，说明仅有品牌还不够。

维珍可乐收购了加拿大公司考特（Cott），考特能够生产很好的糖浆，它为罗布劳（Loblaw）旗下自有品牌总统之选（President's Choice）制造可乐。维珍可乐的价格低于可口可乐和百事可乐，但是维珍可乐从来没有分销渠道，所以从来没能接近消费者。布兰森的观念是节省广告费用，采用维珍的伞状品牌战略将价格尽可能地降低。与世界两大碳酸软饮料品牌都遵循产品品牌战略（一种口味一个品牌）不同，维珍唯一的品牌权益是其核心品牌，该核心品牌扩展到各个品类中（见第 12 章），它在这个过程中获得了很高的知名度。除了广告少、大量促销之外，维珍的销售队伍也很小，这必然会妨碍商业营销和每家商店间的直接关系。最后，维珍可乐如果没有一个完整的软饮料品牌组合，则无法在市场上生存。这对于进入本地消费门类是必要的，也是唯一建立起真正的全国性销售团队的方法。

一般来说，延伸失败可以归因于形象方面的问题，使得品牌不能延伸到一个新的门类中。从品牌和业务的角度看，这个解释是表面化的。失败的原因并不是维珍的品牌，而是维珍无法用和两个竞争对手一样的商业模式进行竞争。童话故事中大卫杀死了巨人歌利亚，但是现实中大多数时候主人公大卫被杀死了。

维珍可乐没有足够的分销渠道，比如在欧洲，它从没有进入主要的大型零售商店之列，在时尚酒吧和餐厅的销售也不多。为了在分销方面做得更好，它需要一个真正的销售团队与一个真正的品牌和产品组合。维珍也许可以与一个正在寻找品牌可乐的软饮料制造商建立品牌联盟。

因为没有广告宣传，维珍可乐几乎都是通过促销进行销售。这样做能否保持顾客长期的喜爱是有疑问的。另外，维珍希望被视为是反可口可乐的，但是在全球市场中，这个角色属于百事可乐。维珍的品牌形象在英国以外的年轻一代心中真的这么强大吗？

还有哪些品牌和商业模式能在这个品类里生存呢？如今，还有两个不同的模式：民族可乐和致力于贸易的可乐。2003年1月12日星期天，《纽约时报》上刊登了一篇文章《对于美国的愤怒帮助创造了反可乐产品》。这篇文章宣布了麦加可乐（Mecca Cola）的诞生，麦加可乐由一位生于突尼斯的年轻企业家创造。他的目标群体是在法国的穆斯林，不久后扩展到其他国家。这个品牌有两个优势：第一个优势是该品牌在穆斯林中立即形成了商誉；第二个优势是在该群体中有特定分销渠道，即很多营业时间很长的小便利店。

现在认为它取得成功还为时过早，要依据其持久性作出评判。不过，它的销售量已迅速增长。有趣的是，其他可乐品牌也以此方式开始萌芽，它们利用了基于社群精神和认同感的宗教、民族或者地理因素。比如科西嘉可乐（Corsica Cola）和布雷兹可乐（Breiz'h Cola）（在法国布列塔尼地区销售），面向的是两个具有强烈身份认同感的地区。这个模式可以在其他地方复制吗，比如推出爱尔兰可乐、苏格兰可乐？在全球化时代，地区认同又复兴了。可以在当地分销渠道和全国性多品牌零售商店的当地分店进行类似的尝试，没有哪个店主或经理会想冒伤害商店附近社区群体感情的风险。

帝王饮料公司（Monarch Beverage Company）创造了另一种有趣的品牌和商业模式。它完全由贸易主导，因此可以保证进入全球化的现代分销渠道。然而，它也不纯粹为零售商的自有品牌提供可乐。这是一个真正的品牌化方法。

多品牌零售商面对的问题是如何摆脱可口可乐和百事可乐的控制。遗憾的是，除了一些例外，如英国的英百瑞可乐和加拿大的总统之选可乐，自有品牌的市场占有率依旧很低。这可能是因为比起真正的可乐，自有品牌的可乐看起来像是伪造的。父母为了省钱而购买自有品牌的可乐，很有可能被孩子指责。在已经被品牌形象去商品化的门类中，自有品牌没有品牌形象。可口可乐代表着美国梦、真实和愉悦。百事可乐也令人有类似的联想，只不过程度更低一些，百事可乐还代表着年轻。自有品牌在年轻的消费者群体心中并没有创造价值，而是创造了负面的商誉。

帝王饮料公司由可口可乐的两位前营销副总裁于美国亚特兰大创立。在可口可乐前配方师的帮助下，他们知道如何生产高质量的可乐糖浆。最重要的是，他们不注重末端消费者（维珍的错误），而是冒着无法进入大众分销渠道的风险去关注顾客问题：在获利的情况下扩大自有品牌的市场份额。即使免费发放，消费者也可能不会尝试自有品牌，因为它们缺乏真实性：既无对质量和口味的保证，也未传递合适的无形价值。帝王建立了一个品牌组合，看起来都很美国化（就像"美国可乐"一样），并且来自一个真正的美国公司，总部位于可乐圣地亚特兰大，离可口可乐的总部很近。帝王拥有的品牌被特许授予一些多品牌零售商。每个大型多品牌零售商因此在全球范围内拥有了自有的、与竞争者不同的品牌，例如家乐福拥有美国可乐。糖浆由帝王公司生产，迎合了每个零售商的特殊需求。公司提供品牌和产品，其客户能够完全自主地管理自己的装瓶、价格和促销。不需要全国性的销售团队，谈判都在企业层面由品类的全球经理进行。

对品牌和商业模式的深度比较反映了扩大竞争策略的益处，不仅限于沟通和塑造品牌形象。品牌领导力是通过在可行的经济模式中多个杠杆的协同作用而获得的。所以这是品牌资产的真实情况。

第4章 品牌多样性：不同的行业有区别吗

在特定的市场中形成了什么样的品牌原则？这是一个值得思考的问题，因为既有工业、B2B、医药处方等各种市场，又有服务和奢侈品等市场，差异很大。互联网品牌也用同样的杠杆控制吗？我们应该如何看待品牌在生鲜产品门类、传统的通用产品范畴或者由自然和地域趋势导致的领域出现？最后，我们应该分析一下品牌领域的新扩展：国家、城镇、教育机构，以及电视节目和体育明星。

关于品牌原则适用于特定行业的问题，是由行业管理者自己提出的，因为他们都认识到品牌逻辑的跨部门有效性、其应用点和品牌激活模式，这些都会因市场的不同而有所不同。本章要讨论的就是这些不同。

品牌如何救助生命：红十字会

虽然在红十字会这个组织中"品牌"一词被禁用，但是每个在红十字会工作的人都意识到了这一名称和标志的价值。如果他们不能得到当地人的支持，急救车就无法到战区营救伤者，这无关阵营和宗教信仰等，而是生死攸关的问题。如今，红十字会66%的活动都是在伊斯兰国家开展的。然而，在巴基斯坦或阿富汗的两个相连的山谷中，红十字会得到的回应可能不同：在一种情况下，救护车可能可以自由行驶，而在另一种情况下可能会受限制。如果其标志出现在医院，就意味着这个医院是被保护的：它的光环让它甚至在战时也受尊重。

组织是不是使用"品牌"这个词并不重要，这是企业文化。所有组织都会定义它们认为正常的和不正常的东西。在我们和国际奥林匹克委员会的交流中，也不能使用"品牌"这个词。事实上，奥林匹克五环不是一个品牌：它们有国际旗帜般的地位，也因此受《内罗毕条约》而不是知识产权的保护。

红十字会拥有品牌的形态和内容：

- 它拥有自己的标志，因为简洁、可见和富有意义而引人注目。
- 它基于一个伟大的想法、一个坚定的信念或者信仰：即便是你的敌人也需要帮助。
- 它被转化为实际行动（当地的、全国的和全球的）：所有工作人员都秉持着红十字会的理念并付诸行动。
- 这些行动是由中立、公正和人道主义等基本的价值观所驱使。

- 组织是根据特定的工作原则管理的。
- 红十字会的品牌资产很高：它的标志有98%的辨识度。红十字会背后的理念拥有强大的支持，虽然它的服务不总是如此，这取决于具体国家。红十字会品牌的属性有：医疗、紧急和可靠。

这是一个独特的品牌：传播主管并不拥有品牌，而是由成千上万个当地红十字会机构所拥有。它们在当地建立品牌的声誉，也可能长期损害红十字会的名声。红十字标志受国际法律保护。

国际奥林匹克委员会或联合国的领导者都是明确的，红十字会与之不同，不会凸显它的领导者。当遇到问题的时候，出面的都是当地的领导者。红十字会最接近的是正在接受其帮助的那些人。所以，普通民众更多的是从间接或虚拟体验（通过媒体或社交媒体），而不是直接体验中形成对红十字会面对的印象。

和所有品牌一样，红十字会面对的挑战是和竞争者区分开来，争取同样的利益相关者。红十字会的竞争者是谁？不仅有其他非营利组织，还有质疑红十字会或干预战争地区的国家和军队。红十字会需要资金，也需要支持。

红十字会也需要与人道主义组织区分开，一些著名的人道主义组织缺少清晰的目标。让当地红十字会觉得受到会徽的保护，这点非常重要。红十字会也应该注意，不要被视作单方面的、不公正的行动者。

奢侈品牌是独特的

近来人们对奢侈品牌的兴趣激增。奢侈品牌产品的价格绝对不低：企业可以完全自由地设定价格——尽可能高。在上海舞厅里一瓶皇家礼炮（Royal Salute）卖多少钱？1 000欧元。正因为如此，金融集团一成立就重新推出世界第一的奢侈品牌——路易威登，它的创始人伯纳德·阿诺特（Bernard Arnault）以低价收购了一颗衰落的明星迪奥。然后，他得到了威登（Vuitton）的帮助，从财务价值来看，路易威登现在是全球领先的奢侈品牌。

究竟什么是奢侈品？与蔻驰、维多利亚的秘密（Victoria's Secret）内衣、卡拉威（Callaway）高尔夫球棒、雪树（Belvedere）伏特加或是奈斯派索咖啡这类高端品牌有什么不同？这些都是典型的销量不断上升的品牌，因为消费者的范围不断扩大。不可否认，这些品牌有一点奢侈成分（更高的质量、选择性分销、情感价值），但是奢侈表现在其他方面。让我们回到它的词源，"luxury"源于拉丁语"Luxatio"，意思是距离：奢侈是巨大的距离。高端和奢侈之间存在不连续性。

奢侈不是更加高端

很多人用"奢侈"这个词描述任何物品的定价高于其物理属性效用的情况。这个定义对于时尚产品和高端产品也适用：一条李维斯牛仔裤的售价超过生产成本的十倍；奥迪的售价比同类型的大众要高，而大众比同类型的斯柯达要贵；等等。大多数人将"高端"和"奢侈"混用。为此，大众水晶珠宝施华洛世奇（Swarovski）被称为奢侈品，时尚高端皮具品牌蔻驰和珑骧（Longchamp）也是如此。这种认识是错误的,奢侈品是特殊的。人们不是通过询问消费者来识别这些概念间的区别,而是借此了解奢侈品在社会中的作用。

与贵族时代贵族们的阶级和头衔类似,如今奢侈品牌对于平民百姓就好比勋章之于军官。它们代表个人奖赏、极大的快乐,是传达一个人在社会阶层中的地位的信息。社会重新建立等级,使用微妙的标志来定位人们(比如有声望的大学名称、高尔夫俱乐部或者居住区域)。在中国,奢侈品行业正繁荣发展,因为如今没有人愿意被视作金字塔的底端。在新兴国家,社会流动性很大:判断一个人的社会地位,往往依据其所拥有的带有文化印记的东西,不仅是钻石项链,还要是蒂凡尼(Tiffany)或是卡地亚(Cartier)品牌。买奢侈品包会让人们感觉到身份的提升。奢侈品与身份提升有关(Kapferer and Bastien,2009)。显著的标志令消费者沉溺于奇妙的行为之中。他们希望魅力非凡的奢侈品创造者的光环能延伸到自己身上,使得他们与众不同,比别人更好。他们是奢侈品创造者群体象征性的一部分。

从图4-1中的三角形可以清楚地看出奢侈品策略旨在基于原本就质量超常的产品,形成最高的无形附加值。高端产品的质量也很好,但是它们缺少奢侈品牌的神奇魔力。这种魔力是通过以下几点形成的:

- 由具有超凡魅力的创造者创造;
- 与叛逆的艺术家交流;
- 仪式;
- 零售的戏剧化,光环从创造者转移到消费者;
- 崇拜传统和历史;
- 生产过剩;
- 通过奢华的传播建立非凡的世界。

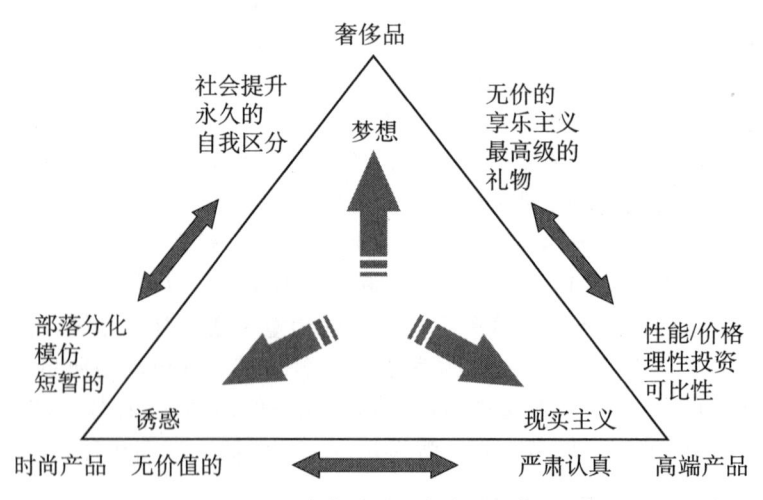

图4-1 区分奢侈品、时尚产品和高端产品

奢侈品是由创造者驱动的,而不是以消费者为中心。其管理方法也与普通品牌截然不同。传统的营销会扼杀奢侈品牌。而高端产品多采用传统方法管理,遵循传统的营销原则。

时尚产品与奢侈品区别很大,它痴迷于过时的元素。一旦成为时尚,价格就必须降低50%,利润就消失了。因此,时尚无法创造出高质量的产品:不值得这么做。由于大多数服装不用穿到下一季,因此,时尚是短暂的,而奢侈品是持久的,如保时捷 9 11、香奈儿 5 号香水。为了降低成本,时尚界都在中国生产产品,然而真正的奢侈品从来不会离开原产地(Kapferer and Bastien,2009)。

奢侈品策略是由痴迷所驱动的:它是无与伦比的。这就是为什么奢侈品牌从来不把自己跟别人相比。相反,高端或超高端品牌却很喜欢做比较,比如"灰雁(Grey Goose),世界上味道最好的伏特加"。在韩国,雷克萨斯汽车的广告强调和奔驰 E 级车的不同。高端车需要证明为什么它的价格是正常的;奢侈品的价格却高于正常水平:必须在价格上显示出差距。奢侈品是另一个世界——一个看似遥不可及但又能到达的世界。

为什么要购买奢侈品?身份和享乐主义

奢侈品的实质是消费者想要显示自己与众不同。第一个奢侈品管理者是法国国王路易十四。贵族制已经消亡了,但是它已被金钱的力量所取代。如今财富不仅能带来购买力,也能带来权力。这是奢侈品的实质:给一些男人和女人带来特权,这些权力必须要炫耀出来。曾经,单是贵族的名字就显示了与普通人之间不可逾越的距离。如今,这样的界限依旧存在,而且必须表现出来。

华尔街的贵公子不会给他们的合伙人买蔻驰的包或是拉夫劳伦的服饰,他们要的是迪奥、路易威登或卡地亚。

奢侈品商业模式的目的在于比这个小众市场发展得更快,以此探索吉拉德(R. Girard)提出的根本机制:一种复制一个模式的欲望,一种自我提升的手段。奢侈品牌知道如何创造产品来吸引那些想要在生活中加入一点奢侈、时不时为日常生活注入活力的人。这些是奢侈品的"拾光旅人"。这造就了奢侈品行业。

四种奢侈类型

奢侈品在东西方有着千差万别。它不停地变化,但每个人能看到它在哪里。奢侈是相对的:对于一个质朴的人,奢侈是一年在高档餐厅用餐一次;对于城市中的贵公子,奢侈意味着用年终分红买一辆法拉利跑车;对于比尔·盖茨,奢侈意味着和网球冠军打网球或是买一幅毕加索的作品。

我们更深入地研究了消费者眼中奢侈的含义,受访者对于奢侈的理解有很大的不同。根据他们对奢侈的定义,我们总结出四种奢侈类型,每一种都有最具代表性的品牌(也就是受访者认为最奢侈的例子)(Kapferer,1998)(见表 4-1)。

表 4-1 四种奢侈类型

消费者群体	第一类 定制、 正宗的	第二类 现代的、 创新的	第三类 循规蹈矩、 寻求认可	第四类 光鲜的、 突出的
什么决定了奢侈(各答案的百分比)				
物品的美感	97	63	86	44
产品的优越性	88	3	9	38
魔力	76	50	88	75

续表

消费者群体	第一类 定制、正宗的	第二类 现代的、创新的	第三类 循规蹈矩、寻求认可	第四类 光鲜的、突出的
独特性	59	10	3	6
传统和品位	26	40	40	38
创造力	35	100	38	6
产品的感官享受	26	83	21	6
感觉特殊	23	23	31	31
永不过时	21	27	78	19
国际声誉	15	27	78	19
由工匠制作	12	30	9	3
历史悠久	6	7	16	13
令人喜爱的创始人	6	7	10	13
属于少数人	6	3	2	63
极少的购买者	0	3	2	69
时尚最前沿	0	17	36	31
受访者认为这一类型的典型奢侈品牌	劳斯莱斯 卡地亚 爱马仕	古驰 Boss 高缇耶	路易威登 保时捷 登喜路	芝华士 奔驰

资料来源：Kapferer (1998b).

针对各国富裕、购买力强的年轻管理人员的调查结果显示，第一种奢侈类型最接近常规，也是此次研究的平均值。比起其他类别，这种奢侈更注重物品的美感以及产品的优越性和独特性。这个类型最有代表性的是劳斯莱斯、卡地亚和爱马仕。第二种奢侈类型注重产品的创造力和感官享受，代表品牌有古驰（Gucci）、Boss 和高缇耶（J-P Gaultier）。第三种奢侈类型更注重永不过时和国际声誉，代表品牌有保时捷（它的设计永久不变），还有路易威登和登喜路。第四种注重极少数拥有这个品牌的人的感受，在受访者眼中，这一类型的奢侈品牌有芝华士皇家礼炮（Chivas Royal Salute）。

我们在表 4-1 中看到了奔驰：这似乎很有趣，近年来奔驰的业务有所扩张，每年在全世界售出 130 万辆汽车。但是我们的研究要追溯到 1998 年，当时奔驰每年只生产 70 万辆汽车，品牌的活力和产品的吸引力受到质疑，这引发了之后著名的改革（车型增加；引入美学，如推出 A 级车、M 级车；等等）。奔驰作为第四种类型的象征也证明了这个品牌所面临的问题。几年前，奔驰的唯一潜在市场是寻求地位而不是感官享受的人，这种奢侈是富有阶层的标志和炫耀的欲望。在中国、印度、巴西和俄罗斯，价格极贵、彰显身份的奔驰 S 级卖得最好。在这些国家，奔驰仍是价格高昂的汽车。

奢侈品商业模式

唯一真正的成功是商业上的，要达到这一目的有很多途径。对诸如拉夫劳伦、Calvin Klein 和蔻驰这类的新晋奢侈品牌的研究证明，没有像迪奥、香奈儿和纪梵希这样悠久的谱系传承,也可以在中产阶层市场上一夜之间取得成功。虽然这些新晋品牌还没有显示出提高卖价、在创始人去世之后继续生存的能力,但是它们的商业成功证明了其对中产阶层顾客的吸引力。我们需要分清品牌的两种商业模式。第一种包括背后有"历史"的品牌;第二种则包括由于缺少历史而给自己创造了一个"故事"的品牌。毫不惊奇,第二种企业都是美国的:这个年轻、现代的国家是用故事编织梦想的老手。毕竟,好莱坞和迪士尼都是美国创造的。

此外,欧洲的奢侈品牌根植于以稀有、独特的作品为前提的手工制造传统,这些品牌强调产品才是成功的关键。而美国品牌在顾客接触和分销方面更注重商店的陈列以及创造的气氛和品牌形象。因此,我们看到的是两个分支,一个是传统、技术性的工作和产品,另一个是"故事"和分销。下面我们将更仔细地研究和比较这两种类型的品牌和商业模式。

第一种品牌和商业模式可以用奢侈品金字塔(见图 4-2)来表示。金字塔的最上端是顶尖品牌——创造者的鲜明特征被刻在独特的作品上,这解释了它最怕的东西:模仿。品牌尤其害怕假货和仿造。金字塔的第二层是奢侈品牌在工作室中创作的小众系列,被视为精良制作的证明。这一类品牌有爱马仕、劳斯莱斯和卡地亚。第三层是流水线大批量生产的,比如迪奥和圣罗兰。在这个工业化水平上,品牌的名气产生光环,给昂贵、高质量的产品增加了无形的附加值,但是,这也会使产品越来越像市场中的普通产品,拥有大众声望。

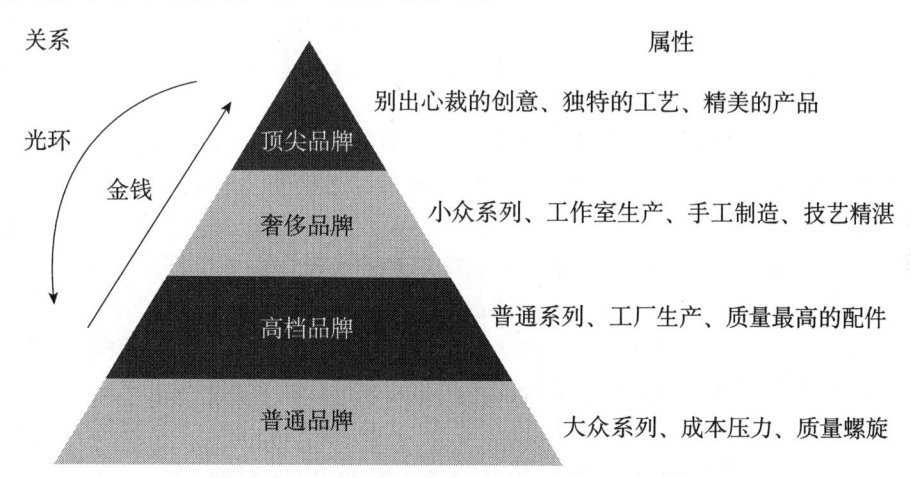

关系　　　　　　　　　　　　　　　　　　　　　　属性

光环　　　　　　顶尖品牌　　别出心裁的创意、独特的工艺、精美的产品

　　金钱　　　　奢侈品牌　　小众系列、工作室生产、手工制造、技艺精湛

　　　　　　　　高档品牌　　普通系列、工厂生产、质量最高的配件

　　　　　　　　普通品牌　　大众系列、成本压力、质量螺旋

图 4-2　奢侈品市场的金字塔型品牌和商业模式

在这个模式中,奢侈品管理建立在三个层次的互动上。顶尖品牌的不朽取决于它们在金融集团中的整合能否为第一个层次提供所需的资源,还取决于授权的产业集团能否在第三个层次上在全球范围内创造、推广和分销产品(比如宝洁、联合利华和欧莱雅)。利润是在这个层次上产生的,也是唯一在顶尖品牌上赚回巨额投资的方法。为了能够重新创造围绕该品牌的梦想,这些投资是必要的。但是现实会吞噬梦想:当我们购买更多奢侈品时,对它们的梦想就会减少。因此,自相矛盾的是,对奢侈品的购买增多,其品牌的光环则需要不断重新建立。

路易威登就是这么经营的。这个模式可以用其执行总裁伯纳德·阿诺特的原话解释。路易威登是世界领先的奢侈品集团,拥有 50 个奢侈品牌,其旗下品牌成功的关键是什么?阿诺特(Arnault,2000)认为有以下几个方面:

- 产品质量；
- 创造力；
- 形象；
- 企业精神；
- 改造自身、做到最好的动力。

我们可以看出，在这个金字塔中，底部才是形成品牌主要现金流的部分（通过授权、扩张和选择性较少的分销系统），而顶端能不断产生价值，这里有创造性、鲜明的特征和创造者，给品牌注入艺术创造力。这不是单纯的设计领域，而是艺术领域，每一次展示都是一次纯粹的艺术活动。与第二种品牌和商业模式不同，它不是要呈现一件可以穿一年的衣服，如阿诺特所说，"邀请一千个客人来并不是为了让他们看一系列能在衣架和展示厅看到的衣服""大多数竞争者喜欢在T台上展示他们大规模生产的服装或是美国式的营销手段，我们没有兴趣这么做""马克·雅可布（Marc Jacobs）、约翰·加利亚诺（John Galliano）和亚历山大·麦昆（Alexander McQueen）是创新者、时尚发明家和创作艺术家"。

在金字塔顶端，签名标签的创造力是商业模式的核心：在魅力非凡的约翰·加利亚诺来到迪奥的几年时间里，迪奥的销售额翻了四番。迪奥在全世界的关注度从来没有这么高。迪奥回到了女性世界艺术创造的中心。

每个模式都有缺点，而这个模式的缺点是，如果将容易接近的第二层次产品线越来越多地委托给其他设计师，就会离金字塔的顶端越来越远，创造力也就更少了。在这个模式中，品牌延伸有丧失品牌本身创造力的风险：它们只是依靠品牌的名称而已。

第二种品牌和商业模式源于美国，但是像阿玛尼（Armani）和Boss这样的品牌也可以归为这一类。其核心是品牌理想，品牌的所有表现（比如延伸、授权等）都在边缘围绕着它，与中心的距离差不多相等。因此，这些延伸都同样受重视，因为每一个都给目标市场带来了对品牌理想的表现，每一个都同等重要地刻画了这个品牌，并且发挥自身的作用塑造品牌。例如，拉夫劳伦的家纺产品延伸线（床单、毯子、桌布、浴巾等）充分表达了上流社会的东海岸理想和价值观：确实，在商场的角落陈列这一系列产品的目的在于重建家庭中的理想房间形态。

第二种模式可包括品牌的"地点"，比如拉夫劳伦之家这样的超级商店，不仅销售该品牌旗下的所有产品（包括不同系列和延伸产品），而且经过专门的设计，给品牌理想带来实质内容、结构和意义。拉夫劳伦的创始人拉尔夫·里夫施茨（Ralph Lifshitz）将这个品牌建立在他自己的理想之上：看起来像美国贵族的理想，以波士顿上流社会为象征。拉夫劳伦的旗舰店是这种幻想的三维重现（见图4-3）。

为了避免品牌流于大众化，拉夫劳伦致力于提升价格和授权：历峰集团（Richemont）/卡地亚生产售价1万美元的拉夫劳伦手表；拉夫劳伦的Purple系列主打意大利制造、使用高质量材料的服装，每一套的价格高达3 000欧元。

这样的品牌延伸政策让分销商轻松了，它们发现商店销售区域扩大之后投资回报率会上升。每家商店现在都可以提供各种产品，不再仅仅是配饰，这是品牌延伸的权利，同时可以增加顾客购物的平均价值。

我们必须注意到基于金字塔的品牌面临一个反常的问题。如果它们创造了太多

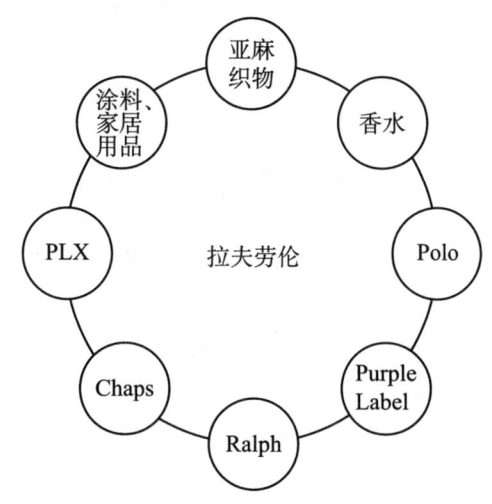

图 4-3　奢侈品牌的星座模型

常规价格的延伸产品，销售网点的盈利能力就会降低。在香奈儿精品店，花十分钟向消费者销售一款利润更高的香奈儿包比卖香水或者 Precision 系列的产品更合适。显然，延伸策略跟分销策略是分不开的。

服务品牌

产品、贸易或服务品牌在经济上有差别，而在法律上没有。法律只强调品牌本身，也就是单纯的标志，它既不能帮助我们理解品牌和品牌化过程是如何运作的，也不能帮助我们理解不同参与者的特点。

服务品牌确实存在，如 Europcar、赫兹（Hertz）、美国万宝盛华公司（Manpower）、维萨、地中海俱乐部（Club Med）、万豪（Marriott's）、Méridien、巴黎高等商学院、哈佛、BT 等。每一个都代表着一系列特定的属性，体现在无形却又具体的一类服务中：汽车租赁、临时工作、电脑服务、休闲活动、酒店服务或是高等教育。然而，一些服务门类似乎开始进入品牌时代。它们也许还没有意识到自己是其中的一部分，或者刚刚意识到。这样的演变是吸引人的，因为它强调了品牌化所包含的所有内容，揭示了无形服务品牌化的特殊性。

银行业是一个很好的例子。如果银行的顾客被问到银行的品牌是什么，他们可能不理解或者不知道应该怎么回答。他们知道银行的名称，却不知道银行的品牌。这是很重要的：对于公众来说，银行的名称并不是用于识别特定服务的品牌，但是企业的名称或商业标志是和一个特定地点相关联的。

一些银行的名称表明托管顾客资金的企业的所有者如摩根（Morgan）、罗斯柴尔德（Rothschild），特定的地方（花旗银行）或者特定的顾客群。名称的缩短经常意味着品牌概念的形成。因此，巴黎银行的名称"Banque Nationale de Paris"演变成"BNP"。一些观察者认为这纯粹是为了简化名称，正如广告原则所说，"容易念的就是容易记的"，简短的名称更容易识别。这样的缩写确实产生了一定影响。不过，它们似乎将整个品牌化的概念简化为传播领域中简单的书写和印刷流程的一部分。

被简化之后，这些银行的名称超越了一个人或地点成为某种契约。为了使其变得可见，契约可能是以某种"银行产品"的形式（或是在保险业以标准保单的形式）出现。但是这些可见的、能被轻易模仿的产品无法解释它们为何决定建立一个真正的品牌。它们只是品牌的外在表现。银行和保险公司知道让自己与众不同的关键：在品牌保护下顾客和银行家不断发展的关系。

最后，服务品牌和产品品牌的不同点是，服务是无形的（Levitt, 1981; Eiglier and Langeard, 1990）。除了顾客和咨询师之外，银行还应该展示什么？服务品牌的一个缺陷是它们不容易阐释。因此服务品牌只好使用宣传语。宣传语是有声的，是品牌的职责和使命。它是针对内部和外部关系的戒律。通过宣传语，品牌界定了自身的行为准则，如果违反了这些准则，顾客有权表示不满。只声称自己是微笑银行或者关心顾客的银行是不够的，这些属性必须被提供服务的人内化。事实是，人是多变的，这必定是服务行业的品牌化面临的一个挑战。

品牌校准变得非常重要，如果组织想要"活在品牌中"的话（Ind, 2001）。品牌校准就是组织将自己视为品牌的过程。在服务行业，品牌体验完全取决于接触点，即顾客和公司员工、销售人员见面时发生了什么。对于星巴克、花旗银行或者汇丰银行而言就是如此。对于戴尔而言，这也十分重要。戴尔其实不是电脑生产商，而是服务公司，戴尔先识别每个客户的需求，然后组装满足他们需求的产品。戴尔几乎没有任何研发投资，所有的精力都集中在顾客上，它按客户群体组织公司，以更好地倾听和应对。在这个过程中最重要的是人，而不是机器。

服务品牌如何创造价值

和所有品牌一样，服务品牌必须在时间和空间上提供稳定一致的服务。每个地点（餐厅、办公室、飞机等）都是一个分散的"*servuction*"（这个词故意将 service 和 produciton 组合）中心（Eiglier and Langeard, 1990），为此需要制定通用流程以保证一致性，从而保证客户的满意度。这些流程有时是基于机器的（比如麦当劳里的机器），有时是完全无形的（比如差异化咨询机构或者审计、会计机构的程序）。当同样的流程不能或不应该被应用的时候，就需要另外一个品牌名称。所以德勤会计师事务所建立了一个副品牌"In Extenso"，为"Soho"（小型办公室、家庭办公室）市场提供会计服务。事实上，对待客户的程序的确有所不同。服务品牌是由人实现的。因此，招聘风格也是价值创造的一部分。

在服务行业进行品牌推广需要双重认可。在企业内部，员工必须认可品牌价值，并将其视为自己的价值。因此，内化的过程十分重要，这意味着要向企业的每一分子解释和证明这些价值，这也意味着激励自我探索，发现这些价值如何能够改变日常行为。在客户层面，客户认可这些价值，认为这些价值具有吸引力。

有一点不能忽略，服务行业的品牌管理不仅仅意味着提供差异化的体验，也意味着带来较高的满意度。因此所有接触点的设计和品牌化都十分重要。营业点、客户服务中心、网站等都必须传递品牌观念。只把商标挂在门口是不够的。

服务品牌中人的要素

在服务业中，没有内部和外部之分。换句话说，品牌背后的东西造就了品牌本身。在从东京到巴黎的班机上，航空公司的工作人员与顾客有 14 个小时的接触。是体贴的工作人员而不是几秒钟的隐性广告传递了品牌形象。这使得乘客忘记了航班延误所带来的失望、因破坏了完美计划而产生的不满。是什么造就了星巴克的国际声誉，不就是员工的礼貌吗？产品则不同：依云的矿泉水在瓶子里、商店里和广告中是可见的，而我们从来不会看到它的工厂或员工。

第一个结论是服务品牌要从内部建立。Orange 按照其准则和价值观不断地培训员工如何以 Orange 的方式工作，从而建立起品牌。这涉及与顾客的所有接触点，如商店、客户服务中心或者网络。第二个结论是如果员工自己不开心，就不可能友善地服务顾客。为了营造星巴克独有的放松、温馨的氛围，创始人霍华德·舒尔茨对很多兼职员工的担忧做出了回应，比如给他们提供良好的健康保险。

服务和产品的另外一个本质不同是"工厂"就在商店内。服务的生产与消费在同一个地方，如邮局、医院或餐厅。因此，关注细节非常重要，因为它们会带来期望和感受。建筑设计和室内设计的崛起表明环境能对顾客体验和顾客满意产生更明显的影响。

服务是由人提供的，因此，人的易变性是品牌的风险。品牌要承诺合格、可靠的质量，因此严格的行为规范很重要，这需要有全面的培训作为支撑（麦当劳和迪士尼是典型的例子）。还有一种方法是在顾客和员工相互认可的基础上建立个性化的关系，这样的关系才能长久。然而，这种方法与人员变动会产生矛盾。

服务、流程和雇主品牌

在服务行业，为了发挥主要品牌的核心作用（保证服务质量相同），品牌需要建立内部的和面向顾客的流程。以会计和审计咨询公司为例，要想与四大会计师事务所区分开来，就要有不一样的文化，但是必须有统一的内部流程，提供更多的规律性和客户体验。品牌不只是一个将独立机构连接起来以显示规模的通用标志，而是代表着共享专业化理念。在服务中，化无形为有形很重要，因此通用流程十分关键（见图 4-4）。

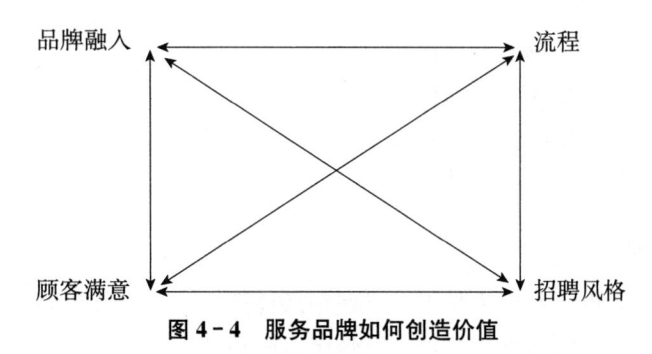

图 4-4 服务品牌如何创造价值

这自然对众所周知的雇主品牌有所影响，因为服务的原材料是员工的性格和能力。对于雇主品牌而言，任务是在管理人员和顶尖大学的学生中建立声誉，但不是基于更高的薪水，而是基于共同的价值观。

自然世界的品牌化

许多大众消费食品品牌是伴随着大量生鲜产品的消失而出现的。甜玉米、豌豆和小黄瓜都成了罐装的，造就了绿巨人（Green Giant）、百蔬乐（Bonduelle）之类的品牌。芬达斯是第一个冷冻蔬菜品牌。这些大品牌旨在带来先进、实用的食品，消除生鲜产品的不确定性和易变质等缺点。

生鲜产品创新

随着生鲜产品品牌的出现，时代在改变。生鲜产品具有易腐性，而一些顾客希望质量更高、更稳定。于是我们发现了品牌的本质：抑制感知风险，这里指情感和口味发生变化的品质风险。

Saveol番茄品牌、来自瓜德罗普岛的Philibon瓜类品牌、吉拉多（Gillardeau）牡蛎品牌就是这么做的（还有一些知名的品牌就不必提了）：这是真正的品牌策略。如果认为这些品牌是传播的产物就错了，它们都源于与产品相关的创新，基于口味以及使食物更加实用或有趣的外观。

Saveol品牌让几十个番茄生产者为了一个愿望联合起来：创造优良的、与众不同的产品，使用相同的、创新的生产流程，拒绝杀虫剂（由瓢虫代替），开发一系列前所未有的美味产品以适应不同的消费需求（樱桃番茄、橄榄番茄等）。这样的创新政策伴随着大众媒体传播：Saveol的目标是到2010年成为一半人口自发想起的番茄品牌。

Philibon是来自瓜德罗普岛的瓜类品牌，全年保证超凡美味。

吉拉多先生是同名品牌的创始人，该品牌在几年之内就在餐饮业声名鹊起。其品牌保证全年在世界各地提供新鲜美味的牡蛎。吉拉多通过和餐厅合作建立起品牌，在牡蛎消费者中建立起声誉。该品牌建立的基础是市场洞察，即对餐厅经营者所面临的问题进行分析，以保证顾客获得良好的、无风险的体验。高档餐厅造就了吉拉多的成功，因为这些餐厅想避免牡蛎带来的任何问题和失望：它们致力于追求完美。但是，这个市场中也包括小酒馆，它们只提供吉拉多的牡蛎，以此向习惯性怀疑牡蛎来源的顾客保证质量。

此外，吉拉多执行选择性的、经过控制的分销政策，保证批发商的专属权，可以准确地知道产品被销售到哪里，以及没有销售到哪里。控制自己的分销渠道是成为优质品牌的第一个条件。

建立葡萄酒品牌

葡萄酒也可被视为品牌在实践中的应用。法国大部分新的葡萄酒消费者自然不想在品尝葡萄酒时感到意外，其他国家的消费者更是如此：他们希望每一次尝到相同的口味，就像可口可乐一样。美国的黄尾袋鼠和两美元恰克（Two Bucks Chuck）（如名字显示的一样价格为两美元）以及澳大利亚杰卡斯的成功都回应了消费者的这个期待。

这些葡萄酒品牌无视传统葡萄酒，因为它们完全是基于现代顾客和分销商的期望设计的。它们是对我们所生活的 B2B2C 世界的回应。它们成功的关键因素如下。

- 在数量上能够满足大规模分销（因此在生产方面能达到临界值：小型独立合作社消亡，大型资本集团出现）。
- 设计果味的、容易上口的味道，来取悦通常饮用啤酒和软饮料的消费者，他们优先选择经过冷藏的白葡萄酒。
- 混合不同来源的葡萄，始终保持葡萄酒的口感。
- 合理的创新使生产成本降到最低，获取更高的利润，从而能够大力资助分销商。
- 在品牌上投资而不是地区上投资，从而不受原料供应的限制，最重要的是能够产生对品牌的忠诚度。
- 合理的葡萄品种：现代消费者并不是一直喝葡萄酒。
- 有能力建立全国性销售团队，销售团队走访所有购买点并且在购买点进行促销（产品的可见度意味着产品可能被选择）。
- 在传播方面投资以建立品牌的自发性认知，以和其他几千种小型葡萄酒品牌区别开来。
- 定期创新从而引起轰动，得到品酒师或者葡萄酒杂志的好评。
- 商标上使用英文，因为葡萄酒来自加利福尼亚州、澳大利亚、新西兰甚至南非。

可以肯定，除了经典的特级葡萄园，我们不会再关注其他国际品牌的法国葡萄酒。成为国际知名佐餐葡萄酒品牌的第一个条件是拥有足够的生产能力，以满足大规模分销的需要：在这点上，Languedoc-Roussillon 作为世界最大的葡萄庄园，提供了真正的机会和必要的灵活性，使得供给匹配需求，而不是反过来。

制药品牌

一些人听到讨论制药品牌会很惊讶，因为药物成分和药品的成功关系密切，似乎超过其他任何因素。然而，在没有通用产品的地方，医生开的处方药并不是产品，而是品牌。我们了解药品并不是通过化合物的国际科学名称，而是通过品牌名称，如善胃得（Zantac）、泰胃美（Tagamet）、阿莫西林（Clamoxyl）、百忧解（Prozac）、伟哥（Viagra）等，更不用说经典的非处方药了，如 Malox、Aspro、多利潘（Doliprane）等。

以下因素概括了医药环境中应如何建立品牌以及这样做的原因。

- 所有开处方的人都是已知的，形成文档并存储在数据库中，其中一些人一年中会被访问几次（如果这个群体很大的话）。每个国家拥有的医生、专家等的人数是有限的，因此这是封闭的环境。每个实验室拥有一个或多个销售团队，也就是我们熟知的医药代表，他们与医生见面，告知他们所负责促销药品的最新进展。
- 可用的信息几乎是完整的。通过医生小组和药剂师，可以知道哪个医生在什么情况下开了什么药，数量是多少，同时开了其他什么药，等等。

- 在这个市场上，由于信息完善，可以运用经济计量学的方法来模拟需求。每个实验室都意识到施加给每个医生的压力（通过访问次数、访问时间、通话次数和上网时间等来衡量）。他们都知道医药处方对销量的影响，因此建立数学函数，将输入和输出、原因和结果联系起来是可能的。

- 这个主题是极具科学性的。即使在特定的严格条件下有时允许企业与客户沟通，终端客户在最终的处方决策中几乎没有发言权，但这并不意味着没有任何发言权。事实上，在这个老龄化严重、信息过剩的社会，大众医疗文化已经形成：大众传媒杂志会定期谈论关于某种疾病的治疗方法的最新发展。这些杂志通常不会直接指出药物的名字，而是会提到有效成分。网络也大大提升了大众的认知水平，如今人们虽然尊重医生，但也有自己的想法。此外，普通医师希望客户建立忠诚度，他们会倾听客户的想法。

- 处方越来越受终端客户的影响，非专利药尤其如此。政府已经意识到医疗开销是个巨大且不断增大的黑洞，于是在允许的情况下施加压力，强制使用非专利药。如果有非专利药，药剂师有权用非专利药替代医生所开的品牌药物。如果患者拒绝，他会从公共基金获得较小的补偿。

- 在药品市场中专利的时限只有 20 年，所以非专利药的推出可以预测。于是，品牌药物试图延长时间，因为到期意味着销售量下滑。国家不同，这个过程可能会不同：

  —— 例如，原始药物取得专利。
  —— 不断改进产品以延长专利的保护期。
  —— 根据范围和用量进行超级市场细分，降低非专利药物的利润。
  —— 在产品生命周期的最后降低价格，使得向非专利药物的转换不那么有吸引力。

  然而，政府倾向于反对这些策略，因为公共卫生财政压力较大。

  我们也应该注意，一些国家比如泰国，在 2007 年 2 月决定绕过知识产权，允许两种著名的抗艾滋病药物的仿制药的生产和储存，而这两种药还在专利保护期内。泰国政府的解释是为了保护泰国人民：这两种药太昂贵，一般人难以承受，而艾滋病给泰国带来了毁灭性的灾难。法国为了防范生化恐怖袭击所带来的炭疽病的风险，曾采取了同样的做法。

- 这是一个越来越规范的市场。由于利润低，如果太多非专利药生产者提供同样的产品，会很难获利。因此，在一些国家，政府甚至会在专利过期之前允许一家主要的非专利产品的生产者进行营销，或者短期垄断经营。

- 这是一个仿制品繁荣的市场。事实上，药物中的有效成分能够以很低的价格在印度或中国买到。因此，制造仿制品很简单。这些药通过网络销售，网络用户自己承担风险。然而，这些药物现在已经开始进入制药渠道。

品牌个性如何影响医药处方

很少有哪个行业像制药行业一样能够体现品牌化的价值。这个行业被科学的观念所主导。处方药是合理的，是医生推荐给患者的最好的药物。通常，这个市场是由产品主导的，而品牌这个词是被禁用的。

然而，我们的研究表明药物也是有个性的，就像所有品牌一样。有"个性"的意思是指全科医生和专家都认为赋予药物以人的个性是可能的。他们不仅不会回绝关于品牌个性的问题，而且统计数据表明他们赋予药物的一部分个性特点与处方水平是相关联的（Kapferer，1998）。

从表4-2中我们可以看出，使用最多的抗溃疡药物被描述为比其他药物更加"有活力"和"亲近"。产品或者有效成分不可能是有活力的或亲近的，但品牌可以。因此医药品牌在开药者心中是一种精神存在，并产生了一定的影响。

表4-2 品牌个性与处方水平相关

高处方水平和低处方水平药物品牌的个性分数（1~3）

	降血压药		抗生素		抗溃疡药	
	低处方水平	高处方水平	低处方水平	高处方水平	低处方水平	高处方水平
有活力的	2.01	2.20+++	2.17	2.37+++	2.10	2.46+++
创新的	1.87	1.92	1.81	1.93+	2.03	2.22+++
乐观的	2.02	2.21+++	2.00	2.23+++	2.22	2.31
谨慎的	2.13	2.11	2.08	1.98	2.08+++	1.90
严厉的	1.58+++	1.39	1.70+++	1.45	1.56+++	1.31
冷淡的	1.67+++	1.45	1.72+++	1.40	1.60+++	1.33
关心的	2.04	2.11	2.01	2.09	2.03	2.09
理性的	2.28	2.23	2.38	2.27	2.23	2.15
慷慨的	1.85	1.95	1.87	2.02+++	1.93	2.02
感同身受的	1.88	2.09+++	1.90	2.02++	1.99	2.01
亲近的	2.06	2.09	2.16	2.25	2.08	2.13
优雅的	1.97	1.97	1.99	2.04	1.92	2.03
出色的	2.01	2.04	1.87	1.94	1.93	2.20+++
平静的	2.10	2.12	2.12	2.25+	2.20	2.11
冷静的	2.15	2.07	2.16+	2.04	2.12+++	1.90

资料来源：Kapferer（1998）.
+++ 表示统计显著性水平。

品牌如何创造偏好

有趣的是，表4-3表明，虽然人们认同产品本身是完全一样的，两个品牌有相似的功效，但受访者开一种药的频率比另一种高三倍。然而，被选中的药物明显被赋予更高的"地位"。地位是由领导力、存在感、与医生的接近程度、传播力度方面的印象构成的无形层面。一旦形成，就能产生对抗模仿者的竞争优势，至少在新药取代现有药物成为市场领导者之前如此。

表4-3 品牌对医药处方的影响

	类别：抗溃疡	
	A品牌	仿制药
产品形象		
高效的	2.9	2.9
迅速的	2.7	2.7

续表

| | 类别：抗溃疡 ||
	A 品牌	仿制药
预防复发	2.7	2.7
没有副作用	2.7	2.6
没有抗酸性	2.6	2.6
低成本	1.4	1.4
品牌地位		
参考产品	3.7+++++	3.1-----
声望高	3.8+++++	3.3----
高质量	3.3	3.1
主要产品	3.7+	3.6-
处方	6.7+++++	3.3-----

资料来源：Kapferer (1998).

这个例子说明了一个事实，即使在高科技行业，品牌是心理现实，对倾向于做最佳选择的理性决策者也会产生影响。选择总是有风险的：产品扩大了选择的范围，也就扩大了感知风险的范围。品牌通过减少替代物的数量使选择变得更容易。

因此，医药处方通常遵循"两步走"的影响模式。和领导者的沟通建立了地位和声望，于是人们想要了解这个所有人都在讨论的品牌：产品熟悉度随着声望的产生而产生（见图4-5）。

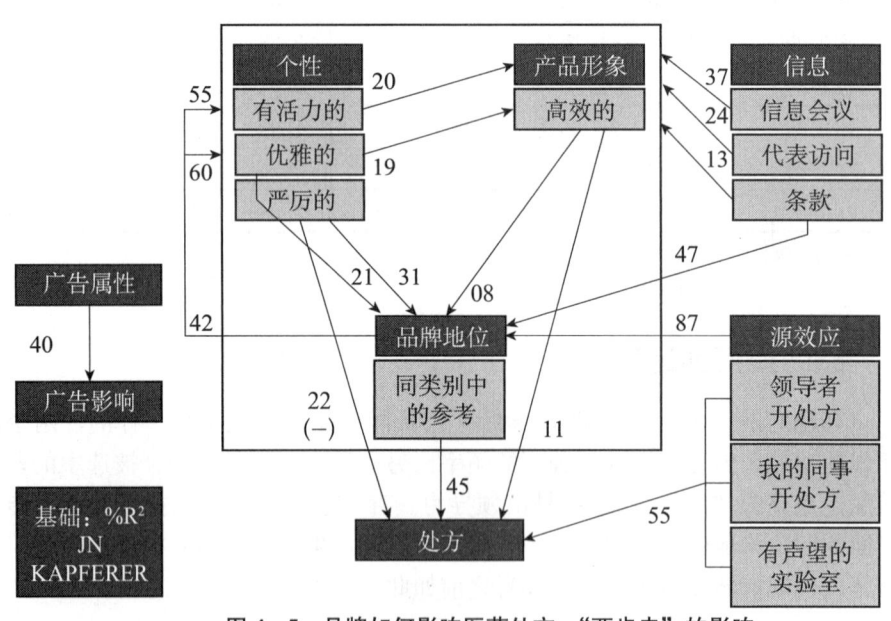

抗生素+抗溃疡+降血压（非专利药样本）

图4-5 品牌如何影响医药处方："两步走"的影响

资料来源：Kapferer (1998).
注：数据为平方后的相关系数。

在未来，对于一些特定的慢性疾病，面向消费者（direct to consumer，DTC）推出信息广告会更加容易，提及研究药物的实验室和有效成分，却不提及品牌。

如今，网络在给患者传递信息方面的作用正被测量，患者可能比普通医师更了解这一点，会询问医师关于新品牌和化合物的信息。新的研究发现，患者自己的观点也应该被考虑，成为医药处方的一个新杠杆。由于网络的出现，患者在求医前已经了解很多信息：他们从博客、论坛、网站、女性杂志等知晓某种疗法或某种药物。医生需要提高客户的忠诚度，往往不愿意违背患者的心愿。慢性疾病的患者在治疗中不愉快的感受也会起作用。价格也应该被视为一个新杠杆：事实上，现在医生也将降低医疗支出视作当务之急。

在另一项研究中，我们说明了实验室的形象会如何直接影响医药处方。因此在如今全球化的药物营销中，首先要在各国建立和提高实验室的可信度。这样，实验室就能够享受到来源国效应。

意识到无形因素

上述研究说明医药品牌中也存在无形的因素，正因如此，它们是完全意义上的品牌。大品牌能激起自信，拥有吸引人的个性。然而，大品牌有时拥有脱离于实验室的无形维度：由于理性主义文化的存在，它没有意识到这一点，也就无法控制。

百忧解是一个重要品牌。它的名声在许多方面已经超越了医药背景。事实上，它已不仅仅是一种药物，而且是一场文化变革。推出百忧解，对礼来公司（Lilly）而言不只是推出一种新的抗抑郁药：它没有意识到它颠覆了犹太教与基督教的意识形态。百忧解的普及是为了消除真正的抑郁，现在我们可以借此缓和情绪创伤（离婚、分手等）。

实验室品牌的影响

在研究中，我们调查了实验室自身的形象在医药处方中的重要性。当然，品牌药的特性比其他任何方面都重要，但是实验室的形象排在第五位，尤其是实验室在领域中的感知能力，以及倾听、回应医生所提供信息的能力（高响应性的服务和客服中心、咨询、医药代表的类型等）也很重要。它们希望了解"品牌背后的品牌"。这意味着在全球推出新药的同时，需要在每个国家的意见领袖和开药者中树立对实验室的信心。

对抗非专利药

如今，医药品牌的力量正受到威胁。一旦保护品牌的专利过期，非专利药就会被推出，加速品牌药销售量的下降。这并不是由于品牌的吸引力在减弱，或是来自医生甚至终端使用者的需求减小，而是源于为这些药物买单的保险公司和社会保障体系的要求。在老龄化加剧的国家，医疗支出急剧增长。为了控制支出，偏向非专利药的积极政策正在各个地方实施。在很多国家，药房拥有所谓的"替换权利"，它们可以提出用非专利药替代处方中的某些品牌药。在一些国家，客户不能拒绝。在另一些国家，他们可以拒绝，但是只能得到非专利药价格的补贴，差价要由自己承担。

因此，要在品牌的生命周期中加强保护，而不是在专利过期之后。如图 4-6 所示，有三种对抗非专利药的策略，都与产品的生命周期有关。

第一种策略是在产品推出时快速提高渗透率，补充销售人员，开展更多促销活动。

第二种策略的目的是提高销售量的峰值。这可以通过产品线扩展、有效成分的新应用，甚至转向非处方药来实现。

第三种策略是一种典型的防御策略，主要是利用法律延长专利的时效或是在短期内增加品牌的仿制难度。

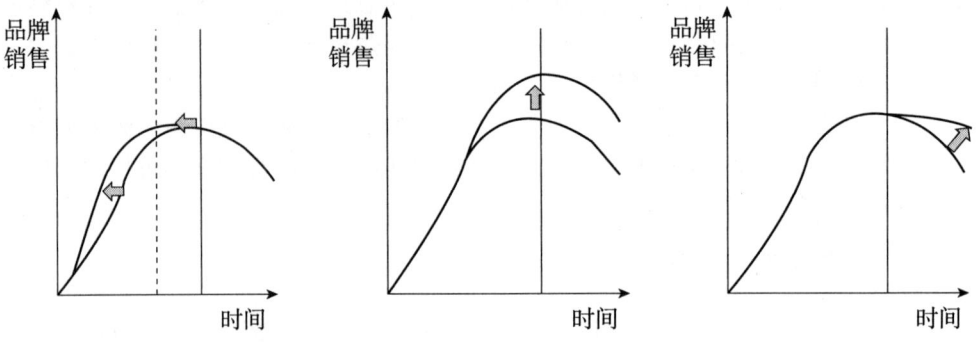

图 4-6　实验室如何在处方药市场对抗非专利药

B2B 品牌

在 B2B 领域工作的管理人员经常抱怨 B2B 品牌缺少理论支撑，在有关品牌的学术著作中很少见，学术著作的案例大多来自大众消费品牌，通常都是低涉入度的食品品牌（酸奶、软饮料等）。为此，我们特意选择了不同的例子，引入了多种品牌门类，以建立各种决策模型的相关性。

品牌背后的公司

B2B 的一个关键方面是购买者不仅仅参与交易，也参与到关系之中。大多数 B2B 购买是有风险的：涉及产品或服务。它们的成本决定了产品或服务的最终价格，但是它们的可靠度会影响与终端客户接触的品牌的声誉。

这就是为什么公司品牌在 B2B 市场比在消费品市场发挥着更重要的作用。在决定选用汽车的材料 A 或 B、零件 C 或 D 之前，采购人员必须事先确定五年之内销售这些材料或零件的公司仍在经营。在 B2B 领域，人们购买的不是产品而是信任，公司品牌是信任的来源。产品品牌的存在是为了表明其传递乐趣的独特性。

图 4-7 描绘了每个品牌种类的特定领域、目标和承诺。

B2B 与众不同吗

有一点可以肯定：确实存在 B2B 品牌。如果我们将品牌定义为一个拥有力量的名称，一个被工业企业认为是与特定需求相结合的不可或缺的参考名称，就有很多例子，如思科（Cisco）、IBM、源讯（Atos）等。

B2B 世界拥有自己的产品品牌：比如建筑业购买 Giproc 或 Pregipan 的石膏板、Sikkens 或 Levis 的涂料、Agilia 的水泥、Daikin 的空调、罗格朗（Legrand）或海格（Hager）的电气设备、特科纳（Technal）或威克纳（Wicona）的铝，等等。汽车行业一直面临价格压力，却也意识到设备品牌的重要性，比如负责工业生产

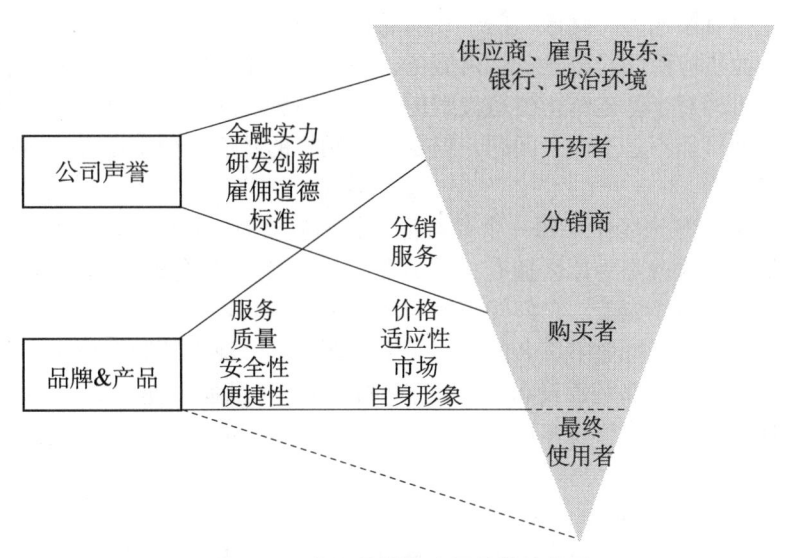

```
                        供应商、雇员、股东、
                        银行、政治环境
        金融实力
        研发创新         开药者
 公司声誉  雇佣道德
        标准
                分销
                服务    分销商

        服务   价格
 品牌&产品 质量   适应性   购买者
        安全性  市场
        便捷性  自身形象
                        最终
                        使用者
```

图 4-7 公司品牌和产品品牌的范围

供应链上游和下游的物流公司 Gefco 意识到挡风玻璃品牌 Sekurit 的重要性。要注意的是，这些产品品牌的名称通常是之前公司的名称，这些公司被集团收购后，成为产品目录中的品牌。Giproc 就是这样，现在由圣戈班拥有，施耐德电气（Schneider Electric）旗下的梅兰日兰（Merlin Gerin）也是如此。当然这些单独的名称并不能保证销量和忠诚度，但是它们做出了很大的贡献。

B2B 研究也显示了公司声誉的影响，公司声誉由知名度、权力形象、商业活力、创新和道德标准组成。它在公司重大决策中对选择产生影响，重大指的是总投资巨大且周期较长。公司的知名度和形象与在未来的竞标中被重点考虑或者被拒绝有很高的关联度，当然这并不是影响决策的唯一因素。事实上，在产业环境中，考虑不等同于选择，投标和价格等有形因素也很重要。但是，这确实证明公司可通过专业技术和沟通技能建立起声誉，由此获得品牌的力量。受到重视甚至入围官方的"候选名单"是品牌带来的主要好处之一，即附加在品牌上的声誉。当品牌失去这种力量时，整个行业便遵循最低竞价者中标的原则，价格成为决定因素。品牌策略的作用正是避免这种情况的发生。

那么 B2B 品牌和 B2B2C 品牌是否就不存在差异了？我们认为成本压力是造成差异的根本原因。B2B 采购通常构成另外一种产品成本价格的一部分。拖车的一组轮胎或者一辆卡车是运输价格的一部分，这最终会影响所运输产品的价格。事实上，承运人向运输者要求的价格越来越低，运输者越来越倾向于从会计甚至财务的角度来看待卡车或者轮胎的购买。这给 B2B 商品化带来了持续的压力。这种差异对品牌功能、品牌影响力和品牌应用有主要影响。

工业品牌的功能

我们和劳伦特教授（Kapferer and Laurent，1995）对品牌敏感性的研究发现，品牌在降低风险方面具有显著作用。但是，在很多大众消费市场上仅发挥该作用是不够的，因为消费者不认为有什么风险。在 B2B 市场中，产品和服务在所出售的产品组合中起到了一定的作用，使顾客满意度和公司声誉得到提升。拉法基在混凝土行业很有影响力，就像西门子在涡轮机行业很有影响力一样。混凝土可以被视为商品，而供应商已经将竞争转向服务。在选择混凝土的过程中，发出投标邀请的工程咨询机构对于基础结构建造失败的风险很敏感。这对于印度加尔各答郊区的一幢私人住宅可能不是一个大问题，但是对于柏林的政府办公室或者规划中的新摩天大楼却很重要。

在 B2B 市场中，每一个要素都会影响公司对客户的报价。公司的声誉依赖于这些要素。这就是为什么拥有机械背景的汽车制造商会买下博世（Bosch）——电气设备领域的领先者。它们知道如今汽车上的薄弱环节不是机械方面的，而是电子方面的。企业将行业中著名的公司买下，给自己"穿上新装"以为下游客户服务。此外，如今创新都是由设备生产商提供的，汽车品牌既是设计者也是制造者，因此 B2B 品牌一定要想到客户的客户。这就体现出大品牌作为质量担保人的作用。

当感知风险提高时，品牌就在 B2B 市场发挥首要的也是最主要的作用。然而，这不是 B2B 品牌唯一的作用，它也是令人自豪的工具。它可以增加一个无形的维度，以增加品牌吸引力并提高忠诚度。例如，美国伊利诺伊工具制造公司（ITW）已经放弃了伞状、多门类品牌，而向木匠、电工和管道工出售设备和工具，为每一笔生意贴心地提供一个品牌。Spit 这个品牌就是专门针对木匠的。这种差异化能够利用每个职业的信念，即认为自己与众不同并希望彰显这种不同：工具品牌起到帮助或者阻碍的作用。

百得（Black & Decker）是一个多市场伞状品牌，其销售下滑的一个原因是：它通过主要的商店，既销售给普通大众，又卖给专业人士。百得忘记了品牌的一个无形作用，那就是令专业人士彰显自我。百得试图推出一个只面向专业人士的新品牌 De Walt 来挽救，但为时已晚。

当 IBM 的个人电脑最畅销时，大家认为 IBM 的产品一般，至少谈不上是最好的。然而在 1981 年，这让那些对个人电脑这个新市场感到不适应的公司 IT 主管觉得放心，因为产品来自大型系统供应商：巨人 IBM。对于用户来说，IBM 的标志给他们带来了满足感，这种满足感来自他们与自己对话或是与他人沟通，他们一定是重要的管理人员，因为他们拥有一台 IBM。IBM 对联想的业务转让体现了个人电脑市场的商业化程度。购买中的感知风险从个人电脑的组装者转移到了组件本身（英特尔和 AMD），这些组件如今成为选择的参数，还包括操作系统（Windows Vista）。因此组件生产商正努力将自身打造成品牌，也就是说，成为主要的选择标准。它们通过联合品牌或是增加合作的组装品牌的沟通预算来达成这一点。

工业品牌的重要性

一直以来，对品牌在工业决策中重要性的怀疑与这个行业的调查方式（通常采用直接询问的问卷调查方式）有关。因此，在一个影响托运人（比如圣戈班玻璃和米其林轮胎）选择海运公司决策因素的研究中，物流总监给出的主要标准是：价格、日期和时间、可靠性、临时运送的能力和运输中信息的可得性，品牌是其提及的最后一个标准。相比之下，当使用间接询问方式时，通过改变海运公司报价的参数，研究影响托运人决策的因素，我们发现声誉（换言之就是品牌）即使不是主要因素也是关键因素。

正如很多工业门类从业者所体验或提到的，这里没有任何不理性的因素。那么我们怎么可以提前知道在海运之前以及过程中是否会一切顺利？我们不是预言家。因此我们必须做出假设：一个知名品牌不是意外出名的，它自身带有确定性——虽然主观但是建立在经验之上——任何事情都会顺利，或是比不这么做要好。

说声誉（即品牌的力量）在所有 B2B 销售中是第一重要的标准是错误的。办公用品经销商欧迪办公（Office Depot）直接向各个公司送货，欧迪办公的利润源于产品策略。欧迪办公首先销售的是卓越的服务，然后才是产品。欧迪办公正尝试用自己的产品替代品牌产品，事实上，如今品牌产品只占少数。比如，欧迪办公现在只销售一部分思高产品，而提供自有品牌 Niceday 的胶布。当然，欧迪办公有时仍不得不提供 Stabilo Boss、Bic Crystal、便利贴（Post-It）以及 Dymo 打印机，但也只有这些。它从产品目录中去掉的都是著名的品牌。但如今这样做还不够，终端用户（比如秘书、经理或雇员）甚至没有意识到他们桌上的产品已经不是便利贴，而是便宜的分销商品牌的模仿品。强势品牌拥有不可或缺的产品或强大的无形附加值（保证和自豪感）。

这告诉我们在工业经销以及如今的 B2B 中，大家都执着于替换品牌，就如同家乐福从 1967 年就开始在大众市场所做的。对电热设备批发商的研究表明，它们储备三种电热水器：储备第一种是因为"每个人都会询问"，储备第二种是因为"人们会询问"，储备第三种是因为价格。"人们会询问"清楚地说明在工业门类中品牌具有"指示"作用。品牌所有的 B2B 营销都应该集中于分销商的客户，或是专业买家的客户。如果这不是通过一个专门的销售团队实现的，品牌就会通过分销商和买家进入一个螺旋式下降过程，而买家只考虑价格。罗格朗的优势在于理解了这一点：罗格朗已经使其品牌产品成为电工的必备，以至于批发商只是存货者，罗格朗需要它们只是因为其存货功能。

企业和品牌的平衡

B2B 品牌的一大特点是它的双重性。它可能是公司本身，或是产品和产品范畴，或是两者的结合。然而，其风险如此之高，以至于公司和产品的声誉最常发挥作用。

在液化空气集团，品牌就是销售几乎没有差异的商品的企业名称，领导企业的声望也无法克服价格障碍，但在价格相同的情况下，它可以保证供应，这足以弥补较小的价格差异。为了远离"商品化的"市场，液化空气集团为客户开发了专门的产品线，比如用于将新鲜产品保存在塑料袋中的气体品牌 Aligal。这些创新产品都有来自企业名称的前缀（Al），并且明确了目标市场。在 Gaz de France，价格范围和相关的服务都在 Provalis 的名义下推广，为的是去商品化。

B2B 工业企业经常觉得它们没有公司品牌的声誉也可以成功，只有产品声誉才是重要的。这个问题直到金融分析师预测缺少品牌会引起股票贬值才被发现。赛捷（Sage）就是这样。赛捷和欧盟很像：经济上的强者，政策上的侏儒。赛捷是提供公司管理软件的巨头之一，但是人们并不认可它。企业的确通过外部增长得到了发展，它收购的公司成为其产品组合（管理软件）中的产品名称，营业额达到 20 亿欧元。赛捷在营销方面是专家，并且在销售上取得了巨大的成功。赛捷在这个市场的竞争者思爱普（SAP）的营业额达到 100 亿欧元，甲骨文（Oracle）的营业额为 60 亿欧元，微软的营业额虽然只有 10 亿欧元，但在中小型企业软件市场中的增长率是最高的。这些数字暗示兼并很可能即将发生，股票市场在等待赛捷的收购报价，因为赛捷在这个行业中作为关键参与者的认可度很低，缺乏活力。股票市场希望赛捷展现出自己有机增长的能力。

根据市场划分，赛捷允许各部门负责自己的传播工作，因此最大的部门的传播力度最大。这些部门活跃在历来最有名的主要市场（会计、薪酬和人力资源）中，拉低了赛捷的形象，这不利于新市场，新市场未来有增长的希望，但目前销售额还很小。赛捷没有考虑母品牌本身对于声誉的需要，成为一个弱势品牌。它只是一个产品和客户的组合。基于与中小型企业相关的法律法规，政府会使用微软或思爱普，而不是赛捷，赛捷并不被视为这个行业真正的参与者。

赛捷的声誉比其产品的声誉还要低。重要的是，在网络上只有200个赛捷网站的链接，而它有300多个特许经销商，这意味着对于这些经销商来说，赛捷并不是必需的。

看来，企业如果忽视了自身建设，忽视了为创建有声誉、被认可的跨界品牌进行投资，就会在发展的特定时期出现严重的后果。通过开发产品和市场可提高销售业绩，但是也会形成"孤岛"：因为担心年度评估中的销售业绩，没有人为集体的声誉而努力，集体声誉既费钱又不能带来短期的益处。

B2B品牌的触发点不同

B2B品牌是关系品牌。它不同于产品市场，人们购买的不是产品，而是供应商，并着眼于持久的联合发展。批发商不仅仅是将一个品牌放入仓库，而且代表了这个品牌，致力于这个品牌的发展。人们希望它能表现得像一个品牌一样，拥有承诺、创新、附加值服务，并通过传播实现市场发展以及网络激活。品牌的载体是产品和商业代表的咨询、它们的反应以及后续跟进和服务的质量。

法康姆（Facom）的声誉建立在一支拜访汽车修理厂的卡车团队上，他们不销售产品，而是从早上七点车间一开门，就向修理厂技工介绍产品并且倾听他们的评论和要求。因此，法康姆可以避免以最低价中标，在这种情况下只有价格和有序供给是重要的。

B2B品牌是"处方"

B2B品牌注重"开处方者"。在企业中，是否购买通常不是由一个人而是几个人共同决定的。因此，品牌是通过识别关键的建议者，如建筑师、研究办公室、咨询公司、技术部门乃至最终客户建立的。因此，罗格朗除了物流均不依靠批发商，它面向电工和大众开展促销活动，让他们了解创新产品从而购买。莱卡（Lycra）将通用的弹性纤维去商品化，它的成功源于率先跟纺织品行业的指导者和意见领袖（奢侈和高端品牌）合作。当它们开发出最常见的用途，整个行业都意识到它们的创新。这让莱卡有理由制定比通用纤维制品更高的价格。Tactel品牌的建立也遵循了同样的方法，注重共同创造，以拥有强大影响力的领导者为目标。

多品牌集团根据自己的商业模式将品牌专门化，也与建议有关。挪威的海德鲁公司（Norsk Hydro）是铝材料应用的领导者，在欧洲有三个为建筑行业提供铝型材的品牌：威克纳、特科纳和Domal。威克纳针对大型项目，因此主要关注建筑师、设计师和工程顾问的建议，特科纳听取最终客户的建议，Domal直接针对小型公司。

远离商品化市场

商品化的风险对于 B2B 是达摩克利斯之剑。当然在利基市场中,感知风险水平可确保收入,正如专业做航空燃料质量分析的公司那样,但这些是例外。对于世界领先的工业涂料生产商阿克苏诺贝尔(Akzo Nobel)来说,品牌只有一个目标,即给客户带来价值以避免价格竞争。因此它追求全球品牌策略,基于油漆工的期望进行市场细分,每个品牌针对一个目标。

若一个市场的参与者不够努力,这个市场就会被商品化。品牌并不是一个万能的答案,为特定目标创造价值的营销方法才是,所以分析客户、理解客户很重要,不要停留在结论为"客户只重视价格"的密集调查上。所有的市场都是细分的,低成本市场也是如此。一切都取决于公司给出价格的同时提供了什么。

任何化学公司都声称硅市场是个纯商品化的市场,事实上,和很多其他工业市场一样,硅市场有四个细分市场:
- 需要创新以便为自己的客户提供创新的客户;
- 需要提高效率和生产力的客户;
- 需要降低总生产成本的客户;
- 需要最低价的客户。

其中三个细分市场对价格敏感,这些市场可能会在以直接提问方式进行的意见调查中将价格标准排在第一位。但是,更深入的调查可能会显示客户与其下游客户间的问题,在此我们发现了必须建立附加值的沃土。如果我们认为失去了第四个细分市场,就有必要重视第二个和第三个。

陶氏(Dow)就是这么做的,它创立了 Xiameter 业务——与陶氏的核心业务相区分并且针对以成本为导向的细分市场,之后开始有关 Xiameter 价值曲线的工作。实际上没有必要谈论产品,应将硅材料的交付视作为客户创造价值。如果你想提供低价,也想提供它带来的价值,那么分析客户可能忽略的方面(将之降为零)很重要,从而可以将客户最期待的方面最大化。这个创新被称为"价值创新",因为它重新定义了之前在这个行业中被忽略的吸引人的价值曲线,使得创新在价格细分市场成为可能(见第 9 章)。当然,在 Xiameter 的例子中,一切都是通过互联网实现的,这使根据存货水平制定价格成为可能,与航空和高速列车旅行中对于价格的收益管理相似。

互联网品牌

诸如脸书、谷歌、eBay 和亚马逊之类的纯互联网品牌是如何运作的?它们发展得如此之快,有什么特定的机制?可以利用距离优势来引导我们的分析。

简而言之,互联网品牌有以下几个主要特点:
- 它们没有客户,而是靠用户间的口口相传;
- 它们承诺价格优势;
- 它们通过体验来证明;

- 它们永远都在适应和更新；
- 它们易于全球化。

互联网品牌是体验性的，也是关系性的。它是体验性的，因为每个人都通过自己访问的网站和自己的体验形成想法。人们只要访问谷歌，就会被一个简单的点击所带来的内容一次次震撼。这是典型的通过用户满意的体验来建立忠诚度的过程。

它也是关系性的，因为互联网的一大优势就是向每一个个体学习，并向该个体展示所学习的内容。亚马逊是一个很好的例子：用户只要上网就能发现他们被识别，网站用良好的、个性化的新闻（基于顾客最近的购买记录为其推荐新书）来欢迎他们。和亚马逊打交道的用户会觉得它比许多书店更加合意。

在这个基础上又增加了网络外部性的正面作用。eBay 和脸书都从这一点上受益：一个拍卖网站的访问者越多，卖家就越有可能找到出价更高的买家，同样，买家也更有可能找到一个拥有他心仪已久但一直没有找到的产品的卖家。这好比是一个虚拟的、巨大的跳蚤市场，像巴黎的跳蚤市场或者伦敦的 Portobello 市场一样，不同之处是它是透明的：用户可以马上知道谁在提供哪些产品。eBay 在不断发展，其访问者更有可能再次访问该网站，而且不再需要学习怎么使用。他们已经建立了关系，即使他们没有像亲密的朋友一样认识、被认出和问候。即使这些因素没有形成访问竞争网站的壁垒，至少也催生了再次访问的意向。当然服务应是高质量的，并且不断提升，以适应越来越富有经验的客户及其不断发展的需求。和任何品牌一样，互联网品牌必须不断地甚至逐个地为客户创造价值。

互联网也是一个帮助大众保持密切关系的媒介，用户可以马上和朋友、社群交流，告诉他们对某个网站有多满意，在那里能找到并体验到什么。网络上的口口相传或者"点击相传"（点击鼠标）有着通常的口口相传无法匹敌的速度，因此出现了"病毒性谣言"的说法。

虚拟亲密度和心理亲密度

品牌是什么？从根本上说，品牌是对于购买行为有持久影响力的一个名称（和相关联的标志）。大品牌是什么？和一大群潜在购买者的情感相连的一个名称。没有建立情感关系的大品牌不起作用。正是这种联系或者承诺产生了从顾客角度来追求这种关系的愿望，这会转化成品牌忠诚度。品牌的价值是由它和消费者在某个价格水平上建立忠诚度的能力衡量的。

纯互联网品牌和其他品牌一样吗？研究显示很多品牌还缺乏亲密度。当互联网体现出个性化时，这看上去有些矛盾，但都是事实。当消费者被询问时，他们似乎不会说互联网品牌是"我感到亲密的品牌"，这种重复访问的行为并没有转化为真正的亲密度和同盟感。我们访问价格搜索引擎 Price Minister 是因为我们喜欢 Price Minister，还是仅仅因为这是我们脑海中跳出的唯一一个名称，所以我们才点击它，然后放在收藏夹列表中以方便再次点击？

在一些分析师看来，缺乏亲密度是结构性问题：纯互联网品牌一直缺少感官的、物理的和可感知的属性，因而不可能有真正的亲密度。那么，电脑屏幕关闭之后这些品牌还剩下什么？

诸如 eBay 这样的品牌花费四年时间默默努力才逐渐完善自己的理念和服务：它们很少做广告，而是更多地利用对网站感到满意的先锋者、早期使用者以及顾客大使的口口相传。它们的声誉是通过和热心的浏览者互动，让他们觉得有人聆听他们的意见而建立起来的。除了得到这些用户的推荐，这么做还起到了给这些品牌增强情感联系和亲密度的作用。

亲密度和同盟感来源于共同的价值观和情感，脸书和YouTube等网站因此取得了巨大成功。亚马逊是一个真正的品牌，因为它所带来的价值延伸到了产品之外。亚马逊在网站上提供一种全新的通过书籍或其他产品与他人互动的方式超越了市场，它不仅是新经济的象征，更预示着新社会和新时代的到来。

还有一系列问题：人们是否建立了长期的忠诚度？人们使用推特和脸书是因为它们非常出众吗？如果明天有其他创新出现，它们是否会马上被抛弃？谁现在仍在使用AltaVista或雅虎（Yahoo!）？

国家品牌

品牌这一概念最引人瞩目的拓展是国家。这样的例子并不少：在新德里，100多位全职员工为"印度"这个品牌以及为执行全球传播计划"神奇的印度"而工作，其目标是通过塑造人们对印度的感知甚至定位来改变人们对这个极其多元化的国家的看法。《重建美国品牌》（*Rebuilding Brand America*）（Martin, 2007）或《国家营销》（*The Marketing of Nations*）（Kotler, 1997）之类的图书表明，如今的国家已经成为标志，是具有情感的文字，而且影响了从来没有拜访过这些国家的人的行为。事实上，国家是与或近或远的历史、想象的成分以及当地居民的性格特点、关键能力和成就联系在一起的。一些国家的声誉主要基于历史，一些国家的声誉则更多地基于成就。因此，企业及其商业品牌通过自身的成功塑造了国家品牌，并且概括了其关键竞争力的国际模式。一个国家大学的声誉也会创造国家品牌。

国家的唤起力

国家也是具有品牌力量的名称，它们通过唤起的好的或不好的自发联想和所激起的情感产生影响力。然而这种品牌影响力是跟特定的产品相连的。比如意大利是一个强大的文化品牌，在时尚市场中是质量和创造力的象征。美国的作用更大：我们自愿"消费"美国这个品牌，具体体现在我们购买可口可乐（美国之水）、牛仔裤（美国的服饰）、美国汉堡包，观看好莱坞影片时。尽管美国的债务巨大，但全球都接受美元。但是，我们不会再买美国汽车，如今汽油价格高昂。

和强大的全球品牌一样，国家品牌有一个神话，以通过情感共鸣增加自身吸引力。美国是一个移民国家，拥有全世界关于自由（因此有了自由女神像）、关于白手起家和依靠努力取得成功的神话。事实上，从美国人身上我们能看到那些远离故土的移民对在这块新的土地上开启自己的生活的向往。

国家品牌结合了从政治、社会、文化、经济到旅游各个层面的信息，从过去到现在，真实的和想象的，都融合在一起。管理国家品牌意味着要在这些不同的方面做出特别的努力，掩盖一些方面（不提起它们），让其他方面更加显而易见。

"××制造"的典型观念

长久以来，我们都知道"德国制造"这几个字在全球汽车和工业设备行业中所创造的价值。在短短十年中，"澳大利亚制造"在葡萄酒市场凭借日常轻松的饮用成为价值的象征。2000—2012年，"韩国制造"从并不好的形象（二流模仿）发展为高质量的标志。如今最大的疑问在于，"中国制造"是否能够在短期内以同样积极的轨迹发展。

营销研究将"原产国"视为特定的、内容丰富的领域，这显示了国家和属性、能力、真实或想象的表现间的联系，这些方面一起创造（或没有创造）相关价值。这个研究告诉我们"原产国效应"并不是一成不变的，它也有变化：

- 根据品类而不同（法国的香水、德国的机械工具）；
- 根据消费者而不同（从为公司寻找合作者和新供应商这个角度来说，国家观念对新手和外行影响力更大，职业购买者和专家并不受影响）；
- 根据决策感知风险的水平而不同，决策可能由个人做出，也可能由群体做出（需要说服他人这个决策是合理的）。

将研究的范例归纳为一种信念（Kapferer, 1990），"××制造"成为特定质量和缺点的标志。但和任何一种传播方式相似，如果这是一个可信的信息来源，接受者就不需要进行深入研究，对这种信念不会太抵制。如果这个来源不可信，就会直接被拒绝。

为什么将国家视为品牌

一个良好的国家形象有助于商业发展。我们可以并且应该估算国家品牌的财务价值。一些学者将传统的品牌估值方法扩展到将法国作为品牌进行估量（Bastien, Dubourdeau and Leclere, 2011）。品牌估值方法有两个步骤：第一步是确定品牌名称在各个经济部门所带来的附加值；第二步是使用贴现率计算品牌在未来所带来的附加利润的现值。

在一个经济部门中国家名称带来的附加值首先是指出口："××制造"（原产国）、"××设计"（设计国）对于外国消费者的拉力有多大？国家用它的名称吸引源源不断的外来工作者、游客、公司总部、商业会议和论坛、学生、研究者、金融投资者、工厂等，以创造价值。

原产国和设计国附加值根据部门和国家的不同而有较大差异（Steenkamp et al., 1999）。在美国，没有人知道比克是法国企业。鳄鱼也不强调它的法国国籍。石油巨头道达尔（Total）将自己视为有法国根源的欧洲公司。在这些例子中，法国并没有令品牌偏好加大。

三星、LG或现代也一样，它们被视作韩国品牌，但是并没有树立韩国的形象。韩国的形象很可能来源于在国外获得成功的跨国品牌。

还有什么原因能解释将国家视为品牌很有用

将国家视为品牌可以平衡国内缺乏远见的看法。这在政客中是个典型的问题，他们把自己的国家放在世界的中央。将国家视为品牌的观点引出了另一个令人烦恼的问题：国家名称在影响外国人对产品或服务的选择方面是否起了作用？政客因为就业率而力推本国产业，但不能确定外国市场是否也这么看。

例如，在英国，过去每个人都经常谈论协和式飞机，它作为英国产品，是当时唯一能以2马赫的速度飞行的民用飞机，但它其实是由法国和英国共同制造的。空中客车（Airbus）也是如此，由于最终的组装是在法国西南部的图卢兹完成的，大多数政客都把空中客车当作法国产品。实际上，空中客车是好几个欧洲国家合作的产品，根本不是单个国家的成果。

从品牌化概念方面看待一个国家也给局势带来了曙光。品牌架构描述了品牌与消费者接触的方式，或是直接接触，或是通过子品牌接触。在后一种情况下，母品牌可能具有背书或者来源的作用（见第13章）。

有趣的是，法国这个品牌依靠活跃的部门形成了一系列架构（见图4-8）。

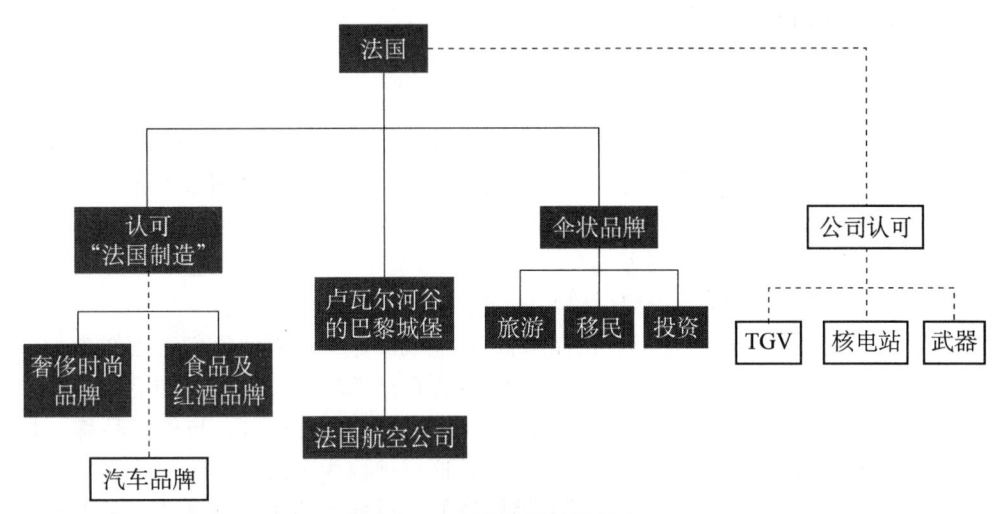

图4-8 法国品牌的架构

- 法国作为一个单一品牌，吸引人们因为生活质量、基础建设、教育系统和社会保障而来。这个伞状品牌对于旅游业、商业展览、企业总部的本地化、劳动力移民和外国投资有直接的影响。法国的"明星产品"是巴黎。法国航空公司是全球倡导享乐主义生活方式的典型代表。法国发生的主要的全国性罢工也向世界传递了法国人民不惜一切代价维护享乐主义生活方式的意愿。在南非世界杯上，法国足球队的失败既不会创造有意志力的形象，也不会创造拒绝努力的形象。

- 法国通过路易威登或香奈儿、法国鹅肝酱、香槟或白兰地这些品牌上的原产国标志起到了为奢侈品行业的品牌背书的作用。

- 法国是那些没有明确原产国的企业品牌的影子代言人。所有德国汽车品牌都有自己的国籍。大众汽车在全球的宣传语是"das Auto"，并不是从德语翻译而来。雷诺、标致和雪铁龙也没有明确使用国籍。

- 法国为主要的出口产品，比如TGV高速列车、核电厂和公共设施（比如城市和城镇的给水处理、污水处理）进行品牌背书。我们强调"企业"的概念，事实上是一个国家向另一个国家销售产品。决策并不是由市场偏好驱使的，而是由政治对手做出的。因此，这些出口无法建立公共形象（品牌），只在内部人员的小圈子里形成了私人形象（B2B）。

- 对于很多隐藏国籍或至少不宣传国籍的企业，法国起到了非背书者的作用。

这样的结果是恶性循环。冰山一角（法国品牌）中，唯一可见的部分是强烈的享乐主义和体验性，这使得法国成为全世界排名第一的旅游目的地。这是通过奢侈品牌形成的，奢侈品牌从定义上来说就是将它们的根源和历史作为附加值的来源。这也是通过巴黎形成的，巴黎是首都，也是法国最具标志性的产品。巴黎是有名的浪漫之都，这与伦敦（多元文化）、柏林或纽约的形象截然不同。这样的形象和法国出口产品中的另一个组成部分（基础设施、高科技高速列车、核电厂、军用飞机和武器）相矛盾，这个部分的品牌都不为大众所熟知。可见，法国的形象对于设备市场或汽车市场都没有帮助。

将城镇视作品牌

如今，所有的市政府为了更有效地管理城镇并使其得到发展，都必须转而重视品牌概念。两个结构性的因素把它们导向了这里：第一个因素是大型跨国公司越来越多，它们拥有大量资金用于当地再生产。这些城镇必须说服的参与者包括世界银行、欧盟或者地区发展基金等。第二个因素是地方分权和地方层面权力委托的趋势。现在已经不是政府游说巴黎的问题了，它要自给自足。

市长们知道他们在不同的市场和其他城镇竞争，因此他们必须知道如何推销自己。通过为城镇建立良好的声誉，他们为自己争取到发言权。和品牌一样，城镇也需要发展，因此需要吸引新的资源（人、企业、资金等）。与任何品牌一样，城镇也必须确定它们独特的吸引力在哪里，这也被称为定位。

另外，城镇首先是一个供人类居住的不可移动的实体（这并不是说城镇不会改变），它有自己的历史、文化和生态系统。城镇能够也应该改变以适应经济和社会发展。品牌的建设离不开它，必须重视。品牌建设的第一步是城镇关键参与者的意见必须一致。

定位是长期的、变化的、吸引人的差异化策略，城镇通过深入剖析自己的身份来定位。城镇是生动、复杂的社会体，有自己的血统。任何东西都需要自己去努力争取，不是通过复制曾经的样子，而是在提升自己的价值、能力和理想的基础上重新打造。因此应该深入挖掘城镇的土壤，超越近期的历史变迁来识别自己，以定义自己身份的核心。这样的回顾研究是将品牌带入未来定位的必要前提。另外，能够承载品牌并且成为最好范本的"产品"（足球队、博物馆、公司总部、场所等）必须被激活。

大学和商学院是品牌

如今，一个国家的活力不是由它的历史、纪念馆或者美食决定的，而是由这个国家的品牌，特别是那些具有吸引力、现代感和智慧力量的品牌决定的。

高等教育学府如今也加入了品牌战。我们可以看到，现在对于大学和商学院的质量有全球性的排名，这标志着这个市场是全球化的。在欧洲，《金融时报》对55

所欧洲商学院进行排名。2010 年的排名如表 4-4 所示。

表 4-4 欧洲排名前十的商学院

1. 巴黎高等商学院（法国）
2. 伦敦商学院（英国）
3. 欧洲工商管理学院（法国）
4. 洛桑国际管理学院（瑞士）
5. 西班牙企业学院（西班牙）
6. 鹿特丹管理学院（荷兰）
7. 欧洲管理学院（法国/德国/西班牙/意大利）
8. 西班牙高等管理学院（西班牙）
9. IESE 商学院（西班牙）
10. 里昂商学院（法国）

资料来源：Financial Times，2010.

欧洲大学面临的挑战巨大。它们拥有较少的资源，以至于在全球范围的评估中难以崭露头角。和牛津大学一样，索邦大学是一个真正的品牌，索邦大学的声誉是几个世纪以来在全球范围内建立起来的。它在文学研究方面的成就相当有名，这些研究由优秀的教授负责。但是，对每个学生得到的服务的客观分析显示，在教学方面，和任何品牌一样，无形的成分是不够的。要让教学水平达到国际优秀的水准，需要财务资源的支撑。这将是欧洲品牌的重大挑战：给予大学资金上的支持，使它们可以在国际上大放异彩。如果国家做不到这一点，那么企业必须做到，这就需要改变企业和大学之间的关系。这也是世界各地知名商学院已经取得全球品牌地位的原因。

每个国家都有自己的明星产品，比如美国有哈佛大学和麻省理工学院，英国有牛津大学和剑桥大学，中国有清华大学，法国有巴黎高等商学院和欧洲工商管理学院。当然美国还有其他优秀的商学院，全球排名说明了这一点。但是，只有一部分大学拥有与无形成分相关联的附加感情价值，这令人觉得进入的不仅仅是一所大学，而是一个非常独特和全球化的俱乐部。

我们非常吃惊地看到全球化如何给教育机构带来新问题，而教育机构之前是在其庇护之下发展的。不管喜欢与否，这些教育机构如今必须像一个全球品牌一样思考，并且获取资源来这样做。品牌如果不是一个具有强大影响力和吸引力的名称——它所在的市场至少是全球性的，那么什么是品牌？声誉是必不可少的吸引力载体，是依附在名称上的一种光环，能够吸引全世界的学生和重要的管理人员到欧洲，并且以巨额的花费来完成学业。

因此，如果欧洲各国还想继续保持其地位，就需要知道如何出口自身的优势。但是，全球化需要我们完全改变自己确定的事情、做法和习惯。要保持第一位就必须以全球化的眼光来思考问题。

这个全球化的市场也通过全球裁判展现出来，这些裁判以客观排名的形式做出评估。《金融时报》所作的国际评估被认为是对全世界商学院排名的参考（见表 4-4），巴黎高等商学院在欧洲商学院中排名最高，排在伦敦商学院、欧洲工商管理学院、洛桑国际管理学院和三所西班牙的商学院之前。在全球范围内，巴黎高等商学院名列第 18 位，排在美国西北大学凯洛格商学院之前。《金融时报》的这个评估建立在多标准分析之上，对各商学院绩效的参数、在所有课程中为学生提供附加值的能力,以及为提高自身能力而求学的高管等方面进行客观分析。

这些新的评估权威决定了他们评判的客观标准:他们衡量每个商学院真正的附加值。在这个过程中,他们也影响了产品和流程。

巴黎高等商学院在国际舞台上谨慎有序的上升趋势比很多管理人员所希望的要慢。大学或学院的品牌是通过它的产品建立起来的,它并不会在媒体上大肆宣传。这些学校的声誉依靠的是学生的素质和成功,因此学生的选择和人数、教授在顶级科学管理期刊上发表文章的数量都是相当重要的,这长期影响管理思想。菲利普·科特勒教授使西北大学成为全球营销领域的圣地,迈克尔·波特巩固了哈佛商学院的地位。另一项贡献来自各大集团的国际教育工程的声誉,以及世界各地正在进行的管理人员培训。

将明星视作品牌

像谈论他人一样谈论品牌是很平常的。此外,我们将看到组成品牌独特性和身份的一个方面是这个品牌的个性,即它的性格。这源于如今对品牌越来越多的拟人化概念。这是追求关系营销的结果之一,也就是说,比起即将发生的销售,更值得关心的是在顾客和品牌间建立持久的关系。我们和人而不是产品建立关系,因此有了品牌个性的概念,仿佛我们描述一个朋友的个性。为了传递这一点,品牌有时可能会将自己和一个真正的人联系在一起,这个人有一定的吸引力并且能够体现品牌价值。迈克尔·乔丹和泰格·伍兹是这种实践的典型:如果耐克没有他们会怎样?巴黎欧莱雅的个性是具有魅力,这是由一个"梦想团队"所呈现的,这个团队由一些好莱坞明星和世界超模组成,他们出现在欧莱雅的广告中。

反过来说,一些明星成了真正的品牌,并且像品牌一样被管理。我们所说的品牌只是一个有能力产生热情、追随者和顾客的名称。想一下詹姆斯·邦德还有哈利·波特的例子,这些虚构明星的衍生产品创造了真正的、盈利的并且持久的业务。走下坡路的香水生产商科蒂(Coty)通过发展新的业务模式重整旗鼓:为明星(比如阿兰·德龙和席琳·迪翁)设计香水。和其他人一样,在离开巴黎高等商学院之际,科蒂想到了一个绝妙的点子——为萨尔瓦多·达利(Salvador Dali)设计香水(出乎意料,达利同意了,如今这是日本销售量最高的香水之一)。

毕加索不仅仅是一位著名画家的名字,也是一个品牌。该公司由毕加索的后代设立,总部在巴黎的旺多姆广场,公司努力防止这个名字进入公共领域。为了做到这一点,毕加索的名字一定要用在可信和有意义的业务之中。为此,十年之前,公司开始接触不同的汽车生产商,特许它们使用毕加索这个名字。雪铁龙接受了:毕加索这个名字令人对新车型新颖性和创造性的感知增强,进而在细分市场上成功挑战了雷诺 Scenic。

体育明星也在成为品牌。并不是所有体育明星都是如此,但是其中一部分成了品牌。足球名将乔治·贝斯特和网坛名将罗杰·费德勒都没有成为品牌。感情丰富的诗人足球运动员埃里克·坎通纳因为几次出现在电影中而成为品牌。

在伟大的足球运动员中,也许前曼联和皇马球星贝克汉姆诠释了明星成为品牌的概念（Milligan，2004）。众所周知，球星为他们所在的俱乐部带来了利润。如果曼联在亚洲拥有1 700万球迷，可以想象有多少衍生商品会被售出。

贝克汉姆、齐达内和普拉蒂尼之间的区别是什么呢？这三个人在全世界最受欢迎的运动足球中都是非常有天赋的职业球员。

他们是品牌吗？这个问题意味着"他们能成为品牌吗"？我们现在知道这个问题意味着："他们的名字除了代表伟大的足球运动员，还有其他力量吗？如果他们不再踢足球了，还能持久吸引消费者吗？还有球迷愿意购买任何和他们接触过的产品，从而希望偶像的光环能够神奇地出现在自己身上吗？"

在谈到品牌问题的时候，我们不是在谈论赞助，比如吉列邀请蒂埃里·亨利、罗杰·费德勒和泰格·伍兹担任代言人，劳力士也请费德勒代言其产品。类似的合作品牌策略已经不足为奇：高端品牌喜欢请和品牌价值观契合的当红偶像来做代言（劳力士是规范和精准的典范，费德勒也是，而且两者都来自瑞士）。由于吉列代表的是"一个男人可能拥有的最好的"，因此它请最成功的男士来向世界证明这一点。

为什么纳达尔或者费德勒现在还没有自己的香水？世界第一的香水公司科蒂开创了为明星设计香水的商业模式。将个人转化为一瓶香水是对明星是否有能力成为产品的终极考验。香水代表个人精神，即他的精髓。科蒂提出的问题关乎品牌潜力和分销渠道。席琳·迪翁拥有自己的香水品牌，在所有超市都有销售。珍妮佛·安妮斯顿（Jennifer Aniston）虽然是影视巨星，却没有自己的香水。在做这样的决定时一定要进行准确的判断，因为失败的代价巨大。

我们最新的研究（Denier and Kapferer，2012）提出用五个因素来预测体育明星是否具备成为可盈利品牌的能力，这五个因素是产品潜力、品牌知名度和形象、品牌深度、品牌维护和业务规模（见表4-5）。

表4-5 一个体育明星能否成为品牌的决策表

	0	1	2
产品潜力			
是否英俊或者具有有趣的特点？			
是否在他/她所在的体育领域很优秀？			
是否具有有趣的个性？			
品牌知名度和形象			
在公众和媒体中是否已经是标志性人物？			
从事的体育项目是否在媒体上频繁出现？			
品牌深度			
是否代表很高的人类集体价值？			
品牌维护			
是否获得很好的指导？（俱乐部、教练、经纪人）			
赞助商是否知名、实力强？			
是否懂得拒绝？			
是否保护自己的形象？			
退役后能否不卷入丑闻？			
业务规模			
在体育领域之外有没有追随者？			
会持久火热还是一时炒作？			

资料来源：Denier and Kapferer（2012）.

这些因素解释了为什么纳达尔不是一个良好的品牌，无论他是一个多么优秀的网球选手。纳达尔不知道什么时候该拒绝，个人形象因此受损。他接受各种赞助，没有任何一致性，只是为了钱，曾代言秘鲁饼干、高乐高巧克力、银行、西亚特汽车、朗雯服装等。费德勒也不具有良好的品牌潜力：他待人接物十分和蔼友好，因此缺少代表世界香水的无形品质和性格特点。

现在让我们回到之前关于贝克汉姆、普拉蒂尼和齐达内的问题。他们能否通过表格中的各项评估？他们能，但是这里我们需要引入一个基础的概念，这会影响到表格中每个因素的权重：

- 贝克汉姆是商业品牌，可以合法地销售实物商品（比如香水、男士西装、时尚配饰等）。他的品位是原创的，有一些男子气概。
- 普拉蒂尼是一个公司品牌，一个B2B品牌：在足球界，他给人的印象十分深刻。他以严肃和正直著名，曾任国际足联主席。
- 齐达内是一个机构品牌：他代表着价值，出售的是声誉。达能公司请齐达内担任公司和品牌的国际大使，并且代言为年轻人组织的达能国家杯比赛。

从管理的角度看，这些人知道自己是品牌，就会像管理品牌一样经营自己，甚至聘请更有能力的经纪人。最重要的要求是保留品牌价值，不做出任何影响品牌吸引力的行为。目的是让品牌比运动员更长久，因为所有的冠军都有退役的一天。因此，体育明星不应该为了利益接受所有的商业合同，重要的是知道如何拒绝，知道在他们的名义下应该生产香水、服装还是其他产品。

第5章 管理零售品牌

如今，欧洲的超市货架上50%的快速消费品都是零售品牌，甚至没有品牌。品牌管理意味着只有碧浪、帮宝适、吉列、玛氏这样的大品牌的时代已经过去了。新的战略品牌管理必须扩展范围。此外，如今零售品牌已经涵盖了耐用消费品、银行和旅游服务、通信、公用事业、汽油、制药甚至B2B领域。

分销商品牌在很长一段时间内都被限制在大众消费门类，如今大众名店（如丝芙兰（Sephora））、汽车配件（如轮胎零售品牌Norauto）、农业合作社、制药集团等都参与竞争。分销商品牌以前提供最便宜的产品，如今已经成为创新者，能够迅速地给消费者提供紧跟潮流（有机农业、公平贸易、异国风情、美食等）的产品。在很多情况下，这些品牌已经离不开商店。皮卡德（Picard）冷冻食品商店只销售其分销商的品牌。美体小铺（The Body Shop）如今是欧莱雅大家庭的一员，只销售自己分销商的品牌。Gap一开始是李维斯的独家零售商，储存所有尺寸的牛仔裤，但是当折价品牌来到美国后，它改变了策略，如今只销售自有品牌产品。其他的例子包括宜家、Habitat、罗奇堡（Roche and Bobois）、Crate & Barrel和威廉·索拿马（William Sonoma），玛莎百货从一开始就是这么做的。

在B2B门类中，也存在分销商品牌和低成本产品，亚洲企业都争相成为它们的供应商。机修工的一个关键工具需要10欧元，但如果是台湾生产的就只要3欧元。在办公用品市场，欧迪办公的成功就建立在分销商品牌之上：除了一些必需的产品（某些派通（Pentel）、Stabilo Boss、便利贴、施德楼（Staedtler）、Dymo、比克的产品），它只销售自有品牌产品。一些大公司一边抱怨分销商品牌，一边又从欧迪办公购买Niceday品牌而非主流品牌的产品，这是不是自相矛盾？简单来讲，它们指责顾客所采取的行为，而它们自己也在管理支出。

分销商品牌的演变

直到最近，学术研究才开始对分销商品牌给予足够的关注（见图5-1）。制造商品牌被视为唯一的参考依据，分销商品牌以前被视作非品牌，只吸引价格敏感型顾客。此外，比起欧洲，分销商品牌在美国并不多。事实上，在美国除了沃尔玛，没有分销商可以占据优势，分销是区域性的，全国性品牌在分销渠道中仍然具有影响力。因此，在美国，分销商品牌一直被视作低成本、低质量的替代品，但是这一评价不够客观。

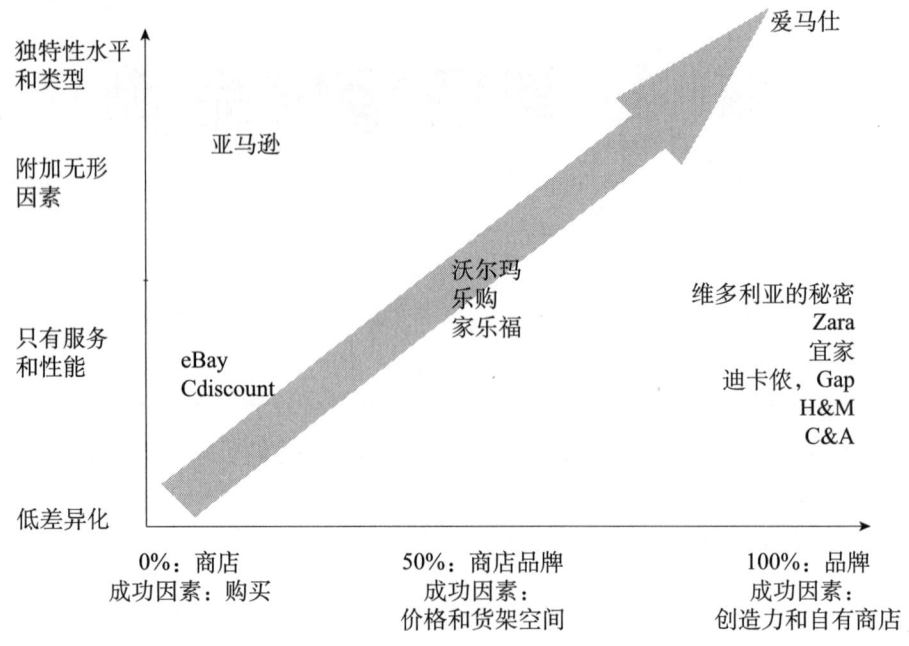

```
独特性水平
和类型
                                              爱马仕

附加无形
因素        亚马逊

                      沃尔玛
                      乐购              维多利亚的秘密
只有服务                家乐福            Zara
和性能     eBay                         宜家
         Cdiscount                    迪卡侬，Gap
                                      H&M
                                      C&A
低差异化

         0%：商店      50%：商店品牌       100%：品牌
         成功因素：购买   成功因素：          成功因素：
                      价格和货架空间       创造力和自有商店
```

图 5-1 消除混淆：商店、商店品牌和品牌

不过，美国出版的关于分销商品牌的书籍（Kumar and Steenkamp，2007）采用了"自有商标"而不是"贸易品牌"："自有商标"将分销商品牌归为不同的类别，没有使用"品牌"一词，因此也没有考虑到分销商品牌的范围。在消费者眼中，这些的确是品牌，并忠于它们，即使它们和其他品牌不同。

英国第一分销商乐购有一项关于果汁产品的调查很有启发性：分销商品牌不只是一种产品，事实上是一个细分的范围，产品价格从最便宜的 0.33 英镑/升（乐购超值）到最贵的 1.84 英镑/升（乐购精选）。另外，纯果乐的产品卖 1.62 英镑/升。

事实上，分销商对于分销商品牌有很深的了解。

● 它们将大部分货架空间留给分销商品牌，淘汰所有较弱的品牌；
● 将分销商品牌组合进行细分以满足客户的不同需求，不需要客户将这些品牌与商店名称等同起来（沃尔玛将其男士服装系列命名为 George）；
● 细分产品范围，不仅在货架上陈列不同价格水平的产品，而且陈列满足被称为"趋势"的新兴需求（比如乐购公平贸易、乐购有机、健康饮食）的产品。

分销商品牌利用优势进行品牌管理是有战略意义的。其目标不仅是提高货架上商品的利润率，还要使商店实现差异化。

在世界范围内，分销商品牌正成为制造商品牌唯一的、真正的竞争对手，尽管它在销量上并不是领先者。很多品牌经理还没有接受这个事实：只有少数群体购买他们的品牌，他们的劲敌不是其他"大"品牌，而是分销商提供的价格更低、质量相对更高的产品。更糟的是，在大型超市和普通超市的货架上我们能找到制造商品牌和分销商品牌，而分销商品牌已经成为最便宜的产品，便宜 60%。这使制造商品牌加紧采取行动（Quelch and Harding，1996），实现定位差异化。制造商品牌定位差异化的支柱一是创新和质量，二是情感附加值。

分销商品牌并不是与低收入相关联的。瑞士是全世界人均收入最高的国家之一，在那里领先的食物品牌是米格罗斯，远远超过雀巢。这并不意外，因为米格罗斯是当地占主导地位的分销商，每个村子里都有米格罗斯的商店，每家商店都只销售米格罗斯的产品。德国是欧洲最强大的国家之一，德国人开着豪华汽车，但是他们大部分的食物都是从阿尔迪和历德这样的折扣商店购买的，这些商店只销售非品牌产品。罗布劳是加拿大连锁商店，其声誉建立在旗下的"总统之选"这个品牌上。家乐福、荷兰的阿尔伯特·海恩（Albert Heijn），还有斯堪的纳维亚的伊卡（Ika）也有相同的故事。

如今分销商将管理自己的品牌组合作为有关产品类别和商店发展愿景的一部分。对于每个产品细分类别，它们都需要选择品牌组合，决定提供哪种类型的品牌：是制造商品牌还是分销商品牌？后者可以提供一系列经济型产品、物有所值的产品（通常使用分销商自己的名称）或自有品牌（自有商标）产品，而且在定位方面提供更大的灵活性——甚至可能是真正的高端定位。

在不同的情况下，笼统的"分销商品牌"概念也有差别。我们可以用两条坐标轴来表示所有的分销商产品和品牌，横轴是附加值的水平，纵轴是与商店的关系（见图 5-2）。

与商店的关系 强	乐购超值	乐购 Leader Price 丝芙兰	馥颂 乐购精选 乐购健康之选
		George（沃尔玛） 圣米高（玛莎百货）	
无	Eco Products No.1	阿尔迪（无品牌） 历德（无品牌）	总统之选
	0%	附加价值的水平	高

图 5-2 不同分销商品牌的定位

关于附加值，在最底端的是低成本产品，它们是大众分销渠道的多品牌零售商为了抵御德国折扣商店（阿尔迪和历德）的突围而匆忙设计的。这些产品的质量较差，低成本的沙丁鱼来源于世界各地鱼类拍卖，是最便宜的沙丁鱼。低价的姜饼里一点蜂蜜也没有。这不应该和阿尔迪、历德等折扣商店的低成本商业模式相混淆，这些折扣商店制定了明确的质量标准，目的是在保证质量的同时制定较低的价格。这是通过将规模经济发挥到极致实现的：生产商只以极大的数量生产一种产品。在附加值的另一端，我们可以看到诸如乐购精选这样的产品，比如三天之内生产的保质期很短（没有防腐剂）的新鲜果汁。又比如提供奢侈产品的馥颂（Fauchon）。在美国和加拿大，罗布劳旗下的总统之选产品线追求的是高质量，如它的名称所暗示的。

在与商店的关系方面，分销商品牌可能使用商店的名称或者拥有自己的名称，非此即彼。因此，在家乐福有"家乐福产品"、特克斯（Tex，纺织品）和蓝天（BlueSky，电视机）。当然，还有一种情况，商店为自己的产品背书：所有玛莎的产品都叫作圣米高。

我们再来看图5-2中的最底部一行。在以下情况下，商店不直接在产品上加自己的名称：

- 当自身名气不够大，阻碍产品销售时；
- 当品牌名称起标识作用时（比如葡萄酒或服装）；
- 当产品的附加值水平太低，会对商店名称有负面影响时：比如，家乐福的低成本产品叫 No.1 或 Eco，完全没有提到家乐福。

还有一些术语被用来表示分销商品牌的形式。

- 自有品牌或者自有商标：指拥有自己名称的分销商品牌，通常不会提及企业的名称。
- 仿冒品牌：通常是分销商品牌，有自有商标，其创立是为了将客户从一个特定的大品牌分流出去，通过在包装上模仿大品牌，利用客户的困惑以及看起来像的东西实际上也很相似的心理原则，来转移客户的注意力。
- 定位品牌：这些品牌不满足于只提供最高的性价比，还将自己定位在潮流前沿或高端市场，比如乐购健康之选。

一些商店会在各个细分市场使用自己的名称。英国零售品牌乐购将自己的名称同时用在低成本产品（乐购超值）、高端产品（乐购精选）、潮流和利基市场（乐购健康饮食）中。使用同一个名称使消费者选择更方便，也为商店带来利润，但这也意味着每个细分市场都要保持高水准，即使是低价市场。其他零售商为了避免损害自己的声誉，一般不在最便宜的产品上使用自己的名称。

分销商品牌跟其他品牌一样吗

长期以来，各大品牌对分销商品牌一直持有一种傲慢的态度，不给它们的新产品冠以"品牌"，以免自己的领导地位受到质疑。直到现在，大品牌一直引领和主导着这个领域。对于它们而言，商店是分销商，这个术语很有意味，因为它更多地带有物流和运输的含义，而不具备形成整体报价或管理货架的能力。这就是商店坚持希望被称作零售商的原因。分销商自有品牌（distributor's own brand，DOB）的崛起让人难以接受，因为这意味着某种特定营销类型的终结。

分销商品牌和制造商品牌管理方式一样吗

从管理视角来看，广义上，分销商品牌和其他品牌一样。它们有品牌的全部特点（锁定某个目标群体，选择一个试图转移客户的主要竞争者，制定报价和价格，选择包装和传播方式），除此之外，分销商品牌必须同时对两个不同的约束条件做出反应。它们必须找到自己在分销商营销组合中的位置，在营销组合中它们代表着身份、差异化和忠诚度（虽然关于顾客对商店忠诚度的影响尚未得到证实，

Corstjens and Lal（2000））。它们通常将价格作为自身营销组合背后的推动力，即便是在定位于高端细分市场的特殊情况下。

因此，这些品牌的管理者与制造商品牌有不同的自主权。分销商品牌的形象定位是建立在企业定位之上的。以价格定位为例，它们的价格定位通常是相对的，居于大品牌价格和折扣商品价格之间。

正常情况下，分销商品牌通常会采用伞状品牌战略：如家乐福的产品或者乐购的产品。一些自有商标不提及商店，以单独的、主题性的品牌呈现自己。大型连锁超市英特马诗（Intermarché）拥有自己的船只和工厂，通过库克船长（Captain Cook）品牌销售海鲜，通过 Monique Ranoux 销售加工肉类。家乐福通过法国之光（Reflets de France）这个品牌销售100多种区域性产品。

商店品牌也被称为旗帜品牌，因为它利用了商店的声誉。商店品牌通常覆盖很多产品，甚至货架：通过自身的延伸，给顾客带来了实用性的服务，使他们可以从货架上找到相应的产品。商店品牌在商店发挥着决策性标记的作用。

制造商品牌代表着竞争力，因此它的延伸必然更受局限（第13章）。Fleury Michon 是法国加工肉类和新鲜熟食方面的专家，它不会去卖果酱。该品牌拥有系统的专业知识和技巧，通过创新实现进步。

这并不意味着分销商品牌对于任何产品都充当保护伞。把所有产品都放在同一个品牌名称之下并不是目的，品牌存在的目的不是省钱，而是为顾客创造价值。从这个观点来看，大型超市发展伞状品牌组合的做法是有启发性的，这是为了在覆盖全面的产品同时确定客户参与的程度和类型（Kapferer and Laurent，1988）。在法国不二价商店（Monoprix）中，Miss Helen 是女性美容和卫生用品品牌，就像在沃尔玛，George 是男性服装品牌一样。相比之下，不二价商店的目标是将自己的名称与新兴的消费潮流（有机、可持续发展、美食、对世界开放、健康饮食等）联系在一起，乐购也是如此（健康之选、有机、可持续发展等）。

零售品牌如何创新

谈到品牌不能不提及创新问题。事实上，全国性品牌、大品牌的作用是通过创新、改变、潮流和设计等来实现发展。这需要营销方面的专业知识——长期关注未来客户所表现的、暗示的和无意识的期待。客户也有主流实业家的专业知识。因此在2006年，Fleury Michon 按照品牌管理章程推出了不添加防腐剂的火腿，因为这就是未来的发展趋势，即使如今的顾客还没有意识到这一点。品牌要成为领导者，需要看到客户的未来需求。为弃用化学防腐剂，Fleury Michon 用了三年的时间才研制出能够防腐的肉汤。疯牛病危机中，Fleury Michon 创新性地推出火腿排，该品牌还拥有火鸡火腿和其他不常见的产品。

分销商品牌也能创新吗？分销商品牌采用微营销的商业模式，以降低和众多产品经理相关的成本。事实是分销商品牌通过复制一些细节，快速效仿已经成功的产品，即成功的制造商的创新。事实上，负责生产分销商品牌产品的分包商有80％的产品都源于模仿。如果汉高（Henkel）开发了片剂来代替洗衣粉，那么分销商自有品牌必定会生产一样的片剂。剩下的20％的产品将由商店以差异化的方式提供，与商店的自身价值有关。然而，为了能够以低30％的价格让相同的产品迅速出现在货架上，需要在营销和研发上节约开支。分销商品牌的商业模式是复制，是将模仿发挥到极致。

对此的反驳通常是，分销商品牌是最早在包装上创新的品牌，比如，将洗发水的瓶子倒过来，与它在浴室中的实际摆放一致。但是，分销商品牌在一开始建立经济模式时并没有寻求创新，它的价格是通过将制造商品牌的努力和投入转化为自身优势而实现的，得益于其在关联关系中的强大地位，这意味着制造商对商店的需求远远超过了商店对制造商的需求。在有新的食品、卫生用品和保养产品推出时，商店立即要求自己的品牌进行同样的创新。

证明分销商品牌也能创新的最常用例子是法国之光和 Escapades Gourmandes。这个革命性的概念包括复兴 100 种当地食谱，由当地的中小型企业生产后集中到一个品牌之下，并在家乐福集团的所有商店出售。自有商标在增值创新上很出色，因此，自有商标产品在英国食品和饮料市场的 4 600 个新产品中占到 62%。

当分销商表现得像真正的品牌时，就会选择自己的品牌，成为品牌的商店而不是商店的品牌。比如，Gap 之前是李维斯的独家销售商，后来开始引入自有品牌，逐渐停止出售其他品牌，只销售自己的品牌。然而，当商店成为表达和体验品牌的地方时，就有必要清晰地定义品牌的概念。Gap 将这种概念定义为反时尚，迪卡侬也是这么做的。迪卡侬为了在自己的商店内强调作为设计者和制造者的身份，放弃了商店品牌（不再会有迪卡侬产品），为的是将所有产品都集中在它所称的"激情"品牌之下，这是自有商标的产品组合。我们后面会讨论这个分销商转型为创造者的有趣例子（见图 5-1）。

分销商品牌的消费者关系

现在让我们从消费者自身的角度来探讨这个问题（分销商品牌是真正的品牌吗?）。对于发达国家的消费者来说，分销商品牌被视作真正的品牌，它们的知名度和形象等属性通常和有吸引力的价格联系在一起。

当被问到一个经典的问题时（你知道的酸奶和自行车品牌是什么，即使只知道名字?），消费者说出了阿斯达或迪卡侬。当被问到是否倾向于购买或者再次购买时，两者的得分都很高。在大众消费品的大部分货架上，最低价产品和分销商品牌占据了市场份额，这并不是偶然的。随着时间的推移，一些分销商品牌能够实现典型的品牌效应，正如表 5-1 所示，英国在这个领域里是多年的领导者。根据 Brandz 的研究，消费者跟品牌的亲近度是从存在感（意识和认可）到相关感（这是适合我的），再到对性能和明显优势的感知，最终达到真正的情感依附。有趣的是，玛莎和博姿（Boots）这两个分销商品牌已经挤进了 Brandz 排行榜的英国十大品牌。

表 5-1　品牌依恋：英国十大品牌

1	吉列	57	7	雀巢	39
2	BT	56	8	亨氏	39
3	帮宝适	53	9	家乐氏	39
4	玛莎百货	42	10	博姿	37
5	麦当劳	42	11	高露洁	32
6	BBC	40	12	皇家邮政	32

资料来源：Brandz (UK).

泰拉斯（Terrasse and Kapferer，2006）研究了四个产品类别，比较了家乐福品牌与同一类别中大品牌的融入度，品牌融入不仅仅意味着重复购买。

品牌融入即消费者对于品牌的参与程度，它衡量了消费者与品牌的牢固关系，如果这个品牌不存在了，消费者会选择等待而不是购买替代品。对于消费者来说，这个品牌没有可替代性。与融入相反的是冷漠，或是对价格的些许上调都很敏感。融入有两个来源：一是对亲近感的强烈感知（消费者对品牌感到亲密）；二是与产品性能的差异化感知相联系的满意度。

正如表5-2所示，对商店品牌的融入度是由亲近感驱使的，这两者是相关的。相比之下，对于制造商品牌来说，其追随者对产品优越性有强烈的体验。

表5-2 对分销商品牌和制造商品牌的依恋的差异

	家乐福品牌	大品牌
与感知产品优越性相关的满意度	0.161	0.539
对品牌或商店的感知亲近度	0.601	0.236

资料来源：C Terrasse/J-N Kapferer，2006.

泰拉斯也检验了品牌融入度的一些结果。理论上，消费者对生产商或分销商品牌的融入度越高，在选购产品时越会减少对多样性的追求，并且降低价格敏感度。在大品牌情况下，消费者重复购买行为源于客户对品牌的融入度以及不存在降低忠诚度的两个关键因素（喜欢多样性和价格敏感）。就商店品牌而言，对家乐福的融入度显然会影响重复购买行为，并且降低多样性对消费者的吸引力，但是不会使消费者对价格失去敏感性。这意味着对分销商品牌的重复购买行为总是取决于价格：这是有条件的。如今货架上出现了最低价产品，如果顾客总是留意货架上产品的价格差异，那么该产品就不是绝对的品牌。

这就是分销商品牌在建立对商店的忠诚度方面遇到困难的原因，在研究中经常可以观察到。不可否认，分销商品牌确实拥有重复购买者，但是它们似乎不能解释顾客去不同的商店有什么区别。因此，分销商品牌相比制造商品牌在竞争中实现差异化的程度较低。一些研究分析也表明了这一点（Szymanowski，2007）。

这并不意味着所有分销商品牌在消费者心中都是一样的，商店的形象（质量、整洁度、受欢迎程度和精英的特质等）会体现在所有带有它名称的东西上，且首先体现在分销商品牌上。

为什么销售分销商品牌

2010年，世界排名第一的分销商沃尔玛的营业额达到了4 000亿美元，其中40%来自分销商品牌。这个百分比在世界排名第四的分销商乐购是60%，在麦德龙（Metro）是35%，在折扣店阿尔迪是90%，在运动领域的迪卡侬是51%。分销商为什么要建立自己的品牌，并且最终像Gap和宜家一样达到不卖其他产品的程度？

要回答这个问题，我们不应该关注消费者，他们只会对最终找到更便宜的产品欣喜若狂。实际上,分销商品牌不断成长的真正的经济动力来自行业——分销商和制造商本身。

在大众消费品门类中,早期的分销商品牌大多数都是因为分销商和制造商的冲突而诞生的。分销商因为不满自己遭受的糟糕待遇,在其他地方生产产品以填补缺口,并且在自己名义或者自有商标下出售。冲突一直存在,尤其是在欧洲,例如,品牌现在通常依靠极少数的分销商(4个)来实现60%的销售额。宝洁全球营业额(800亿美元)的16%来自沃尔玛。迪卡侬在欧洲的销售额超过耐克10%以上。此外,分销商品牌帮助分销商在世界范围内发展,引领它们以更低的价格符合新兴国家(巴西、东欧部分国家、俄罗斯、印度等)消费者对优质产品的期望。

消费者会精挑细选。他们决定了品类中最有兴趣购买的分销商品牌:那些涉入度较低的品类(Kapferer and Laurent,1995)。我们要记住品牌存在于顾客感知到高购买风险的任何地方。相反,在他们认为没有风险的地方,他们就会受到分销商品牌的吸引,特别是当他们认为分销商有良好的声誉和高质量的形象时。例如,黄油这个品类现在由分销商品牌主导。在法国的自助商店,3/4的加工肉类都是低成本的或是分销商品牌产品,新的食品比如低脂黄油和无盐火腿则不同,这说明产品开发是一个令人担忧的问题,消费者选择知名品牌更放心。在消费者期待产品(比如化妆品)高效用的情况下,制造商品牌领先。在产品具有象征意义的情况下也是如此。分销商的品牌无法给人留下印象,除非它能够自我代言(Gap代表反时尚)。

如今,因为过去满意的购物体验,消费者会更大胆地尝试诸如个人电脑、120欧元的自行车、高保真音响和家用电器等分销商品牌的产品。消费者也许想购买索尼或者三星的电视机,但是电视机在厨房和孩子的房间使用率不高,所以消费者很可能会被家乐福的低价品牌蓝天吸引。对于家用电脑也是一样,戴尔是产品组装者,通过分销商品牌销售,但是,戴尔的产品保证用的是英特尔处理器。

事实上,分销商品牌建立在供给而非需求上。当分销十分集中并且国内市场的规模使其在经济上可行时,零售商就没有其他方法来提高投资回报率。

要知道,分销商品牌的发展是需要时间的,通过减少竞争渠道或其他形式的商业活动,将竞争对手甩在后面。这种方式下,欧洲很多小型贸易商难以招架超市和折扣商店的竞争而消失了,这就是分销商品牌发展的起点。当这条路走到尽头时,分销商转向国际市场并降低了成本,削减成本的方法比如有效消费者反应(efficient consumer response,ECR)模式和通路营销(trade marketing)开始流行,最终分销商品牌成为提高投资回报率的手段。

最后,我们不能忽略被主流分销商称为上游营销的手段。分销商品牌可以使大型商店把自己塑造为本地和区域性中小企业的同盟,以抗衡跨国公司,因为制造分销商品牌产品的是中小企业。

我们都知道大规模分销不一定总有好结果。它击垮了小型企业,造成城镇中心和郊区地带的荒废,整个社会为此付出了巨大的代价。出于将自己定位为定价最便宜的供应商的渴望,主流的分销商和大量的大宗采购商只有一个想法:找到更便宜的产品并尽快进口。这种追求得到非常乐意在短期内省钱的消费者的认可,但导致企业、整个行业和城镇的衰败,以及数以千计的当地工人失业。社会成本很大程度上被忽视了。在大规模分销下,人工工资水平在国内处于最低水平,商店所有者十分富裕,但是收银员在十年内增加收入的希望渺茫,这是由价格战造成的。

分销商之间狂热的竞争给社会带来了什么影响？在意识到给社会带来间接伤害的情况下，大规模分销商利用两种方法让自己问心无愧。一种方法是像家乐福一样宣扬民族自豪感，因为家乐福把自己的产品出口到世界各地（虽然这不会在法国创造更多的就业机会）。另一种方法是像勒克莱克（Leclerc）一样塑造自己中小企业保护者的形象，它们是分销商品牌产品的主要供应商。中小型企业被跨国企业摧毁，但将被大规模分销商拯救。我们知道这是暂时的，因为选择中小型企业是由于主流工业集团拒绝生产分销商自有品牌产品。如果工业集团同意生产，就不会选择中小企业。现在要问主流工业集团董事会：为什么要把这个市场留给中小企业？

制造商应该生产分销商自有品牌产品吗

所有公司经理都会问的问题与为分销商品牌带来的工作机会有关。如今，这个问题更加紧迫，因为分配给品牌实业家的货架空间正在缩小，他们的经济模式正受到威胁。他们应该如何维持创造利润的销量呢？

赞成生产分销商自有品牌产品的实业家提出了以下理由：
- 减轻固定成本的负担。
- 能够得益于规模经济。
- 本质上可能是有利可图的，因为不需要营销、沟通和销售团队。
- 如果他们不生产，竞争者就会生产。

相比之下，反对的人也提出了恰当的理由：这会有损企业自己的品牌，因为实业家不会生产劣质的产品。例如，奥林匹亚（Olympia）为家乐福生产的产品优于自身的同类产品。对奶酪市场的数据分析显示，利润最高的奶酪生产商是贝勒（Bel），它只销售有品牌的产品（乐芝牛（Laughing Cow）、小贝勒（Mini Babybel）、雷达美（Leerdammer）等）。

与其对编制毫无意义的资产负债表表示支持或反对，不如转向具体的研究。巴黎高等商学院在桑蒂（Santi, 1996）的带领下，就这个重要的主题对所有行业的企业进行了专项研究。所选择的标准是盈利能力与营业额之比，样本包括从众多大众消费部门抽取的 167 个案例。这项研究告诉我们什么？

- 当公司的政策是自发策略（9%）的结果，而不是对于短期需求的投机回应（5.19%）或者生存策略（6.53%）时，盈利能力是最强的。
- 盈利能力也取决于潜在的动机，当企业寻求与分销商建立真正的合作关系以保护自己的强势品牌时，盈利能力是最强的（7.90%）。如果品牌处于弱势，生产分销商自有品牌产品是为了拯救这些品牌，样本的盈利能力较弱（3.50%）。
- 当这是由实业家主导甚至是独家的活动时，盈利能力是最强的（7.51%）。
- 如果市场不是商品市场，盈利能力最强（7.64%）。
- 如果实业家没有区分自己的品牌和负责生产的分销商品牌，盈利能力会下降。这点很重要，因为很多实业家只通过包装来区分两者，以最大限度地利用规模经济实现长期生产运行。
- 当制造商和积极提升质量的分销商合作时，盈利能力更强。

我们从巴黎高等商学院的研究数据中能得出什么结论？不管生产分销商品牌产品是不是一个战略选择，都应该像做战略选择一样分析。

它们应该这样做吗？拒绝这样做显然是因为长期愿景，宝洁、吉列和欧莱雅都在研发上有大量投入，因此不会愿意和别的品牌分享自己从中获得的利益。它们在结构化的投资组合中为自己的品牌保留了最重要的成果。

哪些企业应该这么做？任何经典的公司描述与分销商自有品牌生产的盈利能力之间都没有相关性，而盈利能力与其实施方式有关。

它们应该在哪个细分市场运营？在商品化程度最低的领域，因为这里仍存在创新的空间。

它们应该和哪些分销商合作？仍在这里，根据盈利能力与营业额之比，仔细选择分销商被证明是值得的。

分销商品牌的财务方程式

在竞争激烈的市场中，创建分销商品牌是分销商成长过程中的一个必然阶段。它可以满足保持投资回报率（ROI）的需求。也许从一开始，它可能就是关键的区分因素（如宜家、星巴克、美体小铺等）。

我们可以看一下投资回报率的原理，从而理解为什么在分销商成长的某个阶段发展分销商品牌是一个明智的做法。

净利润＝毛利－成本

存货周转率＝每平方米销售额/每平方米投资额

投资回报率＝净利润×存货周转率

分销商如果想要将投资回报率从20%提升到22%（现有投资回报率提升2个百分点），要如何做？假设这是一个净利润率达2%、存货周转率为10%的主流分销商，有以下选择：将每平方米销售额增加10%（周转率为11%）；或者通过销售自有品牌并要求品牌生产商给予更多的价格优惠，将净利润率从2%提高到2.2%；或者从广告/促销活动中获取一部分利润（最终结果相同）。

还有一个选择是增加净利润，这能更容易地提高投资回报率。我们都知道在成熟的市场上增加每平方米的营业额很难，这就是分销商都在选择或将选择分销商品牌以获得最佳利润的原因。事实上，提升投资回报率的第一个原因是分销商自有品牌的利润高于全国性品牌（Ailawadi and Harlam，2004）。

引入分销商品牌的第二个原因与同制造商谈判的能力提高有关。分销商不但能够增加分销商自有品牌的利润，而且可以从全国性品牌的制造商那里得到更高的利润，而全国性品牌希望说服它们不要再进一步。

引入分销商自有品牌对分销商盈利能力的第三个影响与制造商推出的创新产品数量的增加有关。分销商从这些产品中收取上市费。更重要的是，这些产品很少是低价创新的（Pauwels and Srinivasan，2004）。

最后，分销商希望它们的品牌有助于提高消费者对商店的忠诚度。理论上讲，这些产品只能在分销商的商店找到。巴黎高等商学院的研究显示，这个作用还没有被证明。在对商店产生忠诚度的原因中,几乎没有提及分销商品牌,除了那些开发了具有附加值的分销商品牌并获得了声誉的商店(不二价商店、乐购)。

分销商品牌发展的三个阶段

历史表明分销商品牌的业务成长有三个阶段:反应、模仿和身份。

第一个阶段是反应。从历史角度说,这是主流的实业家拒绝销售的结果。很多自有品牌产品就是这么诞生的。这也通过识别主流制造商的产品缺口得到加强。品类管理的方法可以快速识别出那些应该向客户提供产品但主流品牌没有做到的细分市场,因为这不是主流品牌的策略,这些缺口需要填补。

第二个阶段是模仿。分销商分析竞争对手的品牌范围,并开始模仿,生产由竞争对手供应的相同产品。通过这种方式,分销商品牌的核心能力得以构建,这是参考所有分销商品牌的共同经验实现的。需要指出的是,在这个阶段,分销商通常因为对自己品牌身份的投入不足而选择模仿目标品牌产品(通常是该品类的领导者)包装的每一个特点。这种模仿的目的很明显,就是通过给自己的分销商品牌(类似的产品)分配更多的空间,提高大品牌的平均价格,以吸引客户购买分销商品牌,从而夺取大品牌的市场份额(Pauwels and Srinivasan,2002)。

这种模仿或者说"抄袭"的方法存在商标侵权的可能,因此有时候会引起争端,愤怒而委屈的生产商会向法院提出诉讼,抱怨它们的品牌权利受到侵犯,或者存在不公平竞争和经济依附现象。看看商店的过道就会发现,模仿者与品牌产品在包装上有惊人的相似之处。但在多数情况下,这些争端基本都会和解。此外,分销商还以这是一个品类准则问题而不是品牌准则问题来回避。这种方式(模仿品牌产品包装的基本特点)的真正目的是造成混淆,利用购物者的平均注意力范围获利。消费者不经意间可能会拿起分销商品牌产品而不是主流品牌产品。

事实上,南极星公司(InVivo)已经计算出,消费者对于大型超市中大众消费品的每一次购买决策只花 7 秒钟,速度对他们而言很重要。如果不同产品的包装有相似之处,匆忙购物的消费者会混淆。

我们对分销商品牌的包装(商业包装)模仿的研究(Kapferer,1997;Kapferer and Thoenig,1992)显示,消费者在商店过道中的潜意识识别因素有以下几种,按重要性从高到低排序为:

- 颜色;
- 包装形状;
- 关键设计;
- 名称、印刷设计等。

这些就是分销商品牌可以模仿的地方:Ricoré(雀巢的产品)的包装是黄色的,Calicoré(欧尚的产品)的包装也是黄色的。

正如研究结果(见表 5-3)所示,如果自有商标的模仿品和原型按相似度递减的顺序来摆放,则消费者感知的商业包装上的相似度越大,消费者就越可能推断两个产品的生产商是同一家,从而使模仿者更有信心。

表5-3 模仿品的相似度如何影响消费者感知

包装相似度排名	它们是同一个生产商生产的（%）			我信任自有商标（%）
	完全是	可能是	总计	是
1. Panzani/Padori（意大利面）	39	41	80	78
2. Martini/Fortini（烈性酒）	30	31	61	56
3. Amora/Mama（番茄酱）	21	46	67	62
4. Ricore/Incore（咖啡）	16	17	33	38

另一项研究显示，消费者如果发现分销商品牌质量好，对领导品牌的好感就会降低。有研究者对罗拉可乐（Lora Cola）进行了消费者试验（J. Zaichowsky and R. Simpson, 1996）。罗拉可乐是一个模仿可口可乐罐子外形的分销商品牌。这个产品的味道经过了巧妙的处理，有人喜欢，有人不喜欢。在不喜欢的那组中，人们对可口可乐味道的两次评价（在尝试罗拉可乐之前和之后）没有发生明显变化（5.41 vs.5.71）。但是，在喜欢模仿品味道的那组消费者中，评价则下降了很多（从5.67到5.22，下降0.45）。

第三个阶段是身份。分销商品牌是用来与竞争者抢占市场份额的。它成为实现差异化的一种战略手段，体现了商店本身的身份、价值和定位。它不应仅仅为品牌本身创造忠诚度（通过它对需求份额的影响），也应为商店创造忠诚度，这点更具挑战性。

在这个阶段，分销商品牌的管理不再只掌握在购买者手中。购买者追求购买和转售条件的最佳组合。品牌成为塑造身份和定位的手段，是以真正的营销策略和品牌传递分销商价值和身份的能力的建立为前提的。这个阶段的目标是实现由困惑驱动的购买行为转变为由偏好驱动的购买行为。

在这种情况下，分销商品牌对于定位具有重要意义，因为其内容和产品传递了（分销商）商店的价值。为此，它提供了附加值的一个或多个组成部分，建立在原料、包装、可追溯性、理念等之上。

这通常是贸易品牌出现的时机，因为销售的主要关注点不再是价格，而是真正的理念。诚然，它们在品牌生产商中往往没有同等的产品，原因很简单，这些生产商都有自己专攻的品类、产品和交易。例如，哪个生产商可以围绕"昨日乐趣"的概念构建一个伞状品牌，将全国各地超过100种最好的产品以及重新发现的配方和制造方法汇集在一起？雀巢做不到，因为它不生产油、果酱、饼干等。联合利华、菲利普·莫里斯（Philip Morris）和达能也做不到。但是家乐福可以，它所要做的就是在其开展业务的各个国家的区域性小企业中推广这个理念。

迪卡侬的案例

极少的商店能像迪卡侬一样充分展现现代分销和自有品牌在其发展过程中的重要作用。一项研究指出，美国分销商分给分销商品牌的货架空间要小于欧洲分销商

(Corstjens et al., 2006)。美国的分销商是按照一个简单的短期利润方程式来分配货架空间的。在美国,分销商品牌的声誉较差,不允许进行商店的定位,也不允许通过对商店的依恋来建立忠诚度。在欧洲和加拿大则不同,分销商品牌在创立的早期就有相应的职责:不是打价格战,而是为消费者提供真正的价值。比如瑞士主流连锁商米格罗斯不销售雀巢的产品,而是销售自己的产品。在这个例子中,在货架空间分配上优先考虑的是长期战略因素,这是让消费者试用产品的最佳方式,因此也是开始建立忠诚度的最佳方式。

在我们看来,美国分销商和欧洲分销商采取的方法的主要不同之处在于:美国是在出售大品牌产品的同时出售分销商品牌,欧洲则是将其作为品牌商店,同时有一些其他品牌。迪卡侬现在是品牌的设计者,控制着自己的分销渠道。这是它和沃尔玛的运动部门或者无限运动(Sports Unlimited)不同的地方。即使是最低价的产品也标着"最佳价格、技术产品",来表明不会为了钱而牺牲一切的体育道德:在质量和安全方面,低于标准的足球不再是真正的足球。其他商店可能还会销售此类产品以保持永远提供最低价的形象,但迪卡侬不会。

这个将商店转化为品牌的过程也可以 Gap 为例来解释(见图 5-1)。迪卡侬的理念和 Gap 是一样的,在跑步产品部门将主流的制造商品牌(此处指耐克)的销售份额降至 10%。这在户外露营产品部门已经做到了,所有帆布背包、睡袋和帐篷都是自有商标产品。为了成功,迪卡侬需要做的不仅仅是销售和购买,还需要创新、设计、制定自己的生产计划和选择自己的合作伙伴。因此,迪卡侬现在是世界第五大体育用品生产商,其商业模式是将设计、生产和分销加以整合。

迪卡侬的市值达 55 亿欧元,其中一半来自国外。1976 年,迪卡侬从一家折扣店起步。当时迪卡侬只销售品牌产品,涵盖所有运动种类。如今,超过 55% 的营业额来自其自有品牌。为了符合企业文化,迪卡侬从来不提及自有品牌,只会提及"激情品牌"。"激情"一词在这里不是口号,而是对这个运动品牌的真正理解。这个运动品牌最先是在内部建立的,是一种真正的文化,然后由对此有热情的人向外扩散。

此外,很少有商店像迪卡侬一样这么重视自己的品牌。迪卡侬展示了组织是如何适应品牌,而不是品牌适应组织的。最终,迪卡侬在全球范围内制定了品牌策略,这更具挑战性,因为它虽然在法国市场占主导地位,但在产品生产地中国才刚刚登场,另外它已经退出了美国市场。迪卡侬现在有 340 家商店。

迪卡侬的使命是给尽可能多的人带来运动的乐趣。它的关键价值是活力、真实、友爱和责任。迪卡侬是低成本经营者,相对于以尽可能低的价格出售产品,它总是更重视产品质量,忠诚度是通过客户满意度而不是价格建立起来的。同时,这也是保护连锁店免受来自食品行业的折扣商比如沃尔玛的体育部门进入的最佳方式。这个策略很成功,在自行车门类中,迪卡侬不仅仅是法国消费者第一个会想到的品牌,也是消费者在做下一个购买决定时必然会考虑的品牌,考虑购买迪卡侬者是第一生产商品牌(兰令(Raleigh)或标致(Peugeot)自行车)的两倍。

这家由米歇尔·雷勒克(Michel Leclerq)于 1976 年创办的商店迅速做出了创建分销商品牌的决定,充分利用公司强大的知名度和占主导地位的分销。迪卡侬希望通过运动使尽可能多的客户得到自我发展。商店定位为运动享乐主义,设计十分舒适的产品,以幸福感为目标并且强调安全。迪卡侬是快乐的传播者。

迪卡侬在法国的成功因素跟其他商店很相似：商店选址较优、产品丰富（在一家店能找到60种体育运动商品）、前所未有的低价、卓越的信息化物流，通过每天为商店提供一到两次供货来避免库存不足，年轻的、乐于助人的、有能力的销售人员以及精心设计的过道让消费者有选择商品的自由。迪卡侬在美国失败是因为大部分的成功因素在其美国折扣连锁店中无法实现：首先是商店选址欠佳；其次，美国折扣商店在被"迪卡侬化"之前就改名为迪卡侬，在美国这个失业率很低的国家，要找到热情、有动力并且真正热爱商店的年轻人并不容易。

1999年，迪卡侬在法国持续增长23年后，第一次出现营业额下滑。原因很简单，它的所有商店都强调单一品牌（即迪卡侬）策略，加上它在全国市场的主导地位，形成了垄断局面。不管是在沙滩上、滑雪缆车上还是在森林徒步，每个人都穿着迪卡侬品牌的产品。消费者越来越觉得缺少选择性。

分销商（通常是家族式企业）的优势在于它们能够快速做出决策，并实施彻底的变革，以产生切实的、可测量的结果。迪卡侬就是这么做的：

● 在国内外，迪卡侬放弃了执行近25年的单一商店品牌策略，转向按照运动类别细分品牌组合。为了创造这些品牌，迪卡侬首先细分出60种运动类别。为了使每个品牌达到质量标准并且证明日常开支的合理性，迪卡侬拟定了包含17个品牌的名单，最后将其合并为7个。后来又决定扩大这个数字，因为现代体育分类很细，不能根据质量标准将它们轻易地归入一类。因此动悦适（Domyos）被分成轮滑和跑步两类；网球和高尔夫之前被归入 Inesis 这个品牌之下，后来也分开了。

● 这些品牌是自主、分散的业务部门，各自有专门的团队。它们的目标是让每一个品牌在各自的领域成为公认的领导者。如今3/4的运营预算花在了这些品牌上，剩下的1/4用来完成横向任务。迪卡侬放弃了过去在阿斯克新城的中心组织，其目的不是将这些品牌打造为产品上的商标，而是以充满激情的人为基础，以最优惠的价格推动创意方案的产生。在迪卡侬，语义很重要。这些品牌被称为"激情品牌"，并不是口号或广告噱头，而是有深刻的现实意义，由内而外。

● 这些品牌商店需要靠近运动场所，这样内部的团队可以将品牌付诸实践，当地的意见领袖也可以在品牌建设中发挥作用，如水上运动品牌 Tribord 与海相关，登山品牌 Quechua 与山有关。它们的传播是互相独立的。例如，*Chulanka* 是 Quechua 品牌的杂志，在商店中分发，该杂志已经发行了200万本，是登山杂志中发行量最大的。

● 这些品牌之所以被称为"激情品牌"，是因为每一个品牌都被委托给一个充满激情的经理，他和一个专业团队一起创造、发展这个品牌，并且有可靠的商业计划和高度的自主性。在商店里，销售人员也非常有激情。这些产品迟早会在迪卡侬旗舰店以外的商店销售。2006年12月，迪卡侬宣布了一项和山区的独立滑雪器材租用商店达成的历史性协议。这个利润颇丰的市场之前就被制造商品牌锁定。这个协议能够让双板和单板滑雪者在租用点试用 Quechua 的产品。网络会成为租借的媒介，客户可以提前预订并且享受低价。

● 为了打造这些在人们印象中质量比主流品牌差的激情品牌，必须提高产品创新水平和质量。因此迪卡侬集团也投资成分品牌来提高产品的可靠性，这些成分品牌自身也成了技术标签。关键问题是打破如莱卡、戈尔特斯（Goretex）和酷美适（Coolmax）这类技术品牌对成本的牢固控制。因此，迪卡侬集团的成分品牌也是独立的业务部门，旨在获取更多外部的机会。

迪卡侬面临的挑战是国际性的。它如今是世界排名第十的体育用品分销商，发展前景良好。它之前的品牌策略是全球化的。迪卡侬是在法国建立并发展起来的，几十年运用单一品牌（迪卡侬）模式，品牌名也是商店名，形成巨大的传播协同效应。

各个国家比如中国、匈牙利或美国的经理，境遇大不相同。新开的商店会以激情品牌落地：在中国，这些品牌占到70%。然而，迪卡侬商店并不为人所知，也没有时间来建立知名度。因此，定价策略必须以折扣为基础。然而，迪卡侬的名称从理论上讲不应该再出现在产品上，因为它们现在都属于激情品牌。激情品牌的原则和其他品牌一样，关键都在于自主权。只有后勤部门能覆盖所有品牌。这一国际层面上的务实思考，解释了迪卡侬在产品内部保持"迪卡侬创造"品牌，以建立门店和品牌之间联系的缘由。

分销商品牌的成功因素

和以往一样，新品牌的崛起也是竞争者采取行动（或者缺乏行动）的结果。例如，分销商品牌在德国的化妆品门类中的市场份额很高，法国的情况则相反，而两个国家都是高度发达的国家。如果我们不考虑这两个国家审美观念的差别，可从竞争的角度来分析。在法国，欧莱雅把其他所有品牌都拉入了一场用科学证明产品效用的竞争，这以高额的广告预算为支撑。在德国，领先的全国品牌是妮维雅，它更多地建立在共鸣、柔和、亲密的关系之上，而不在于用理性的手段证明结果。我们认为这解释了分销商品牌在德国更容易打入市场的原因：消费者不认为分销商品牌跟妮维雅有多大区别。

霍克和班纳吉（Hoch and Banerji，1993）分析了分销商品牌市场份额背后的因素。这些因素包括：
- 潜在市场的规模：分销商选择长期生产运行；
- 产品门类的高利润；
- 低广告支出；
- 实现高质量的能力（没有或者很少有专利）；
- 消费者对价格的敏感度。

但是，这些研究者同时也认为市场碎片化不会对分销商品牌发展形成障碍。

相反，有一个因素被广泛认为会影响分销商品牌在某一门类中的创新（以新产品在公司营业额中的占比来衡量），它促使产品范围不断扩大，并与大量广告联系在一起。事实上，这也是制造商面对分销商品牌的自然反应：提高创新率。

正如我们观察到的，以上这些因素大部分都跟制造商的管理有关。当品牌被当作"现金牛"（cash cow）时，就给分销商品牌带来了机会。有些品牌企业愿意制造分销商品牌的产品。例如，Norauto的轮胎是由米其林生产的，认为其产品质量差显然是难以令人信服的。

分销商品牌的成功与供给效应（在分销商货架上强力促销模仿大品牌的产品）

相关，也与高知名度品牌缺乏竞争力有关，这些品牌习惯了高利润而缺乏创新。

最后，渗透率取决于特定的产品范围和类别。基本产品的渗透率较高，但这不再是它们的独到之处。卡普费雷尔和劳伦特（Kapferer and Laurent，1995）认为分销商品牌的吸引力和消费者涉入度有关，可能是持久的感觉（对产品感兴趣），也可能是购买时产生的短暂感觉（购买是否有风险？是否有象征价值？会带给我快乐吗？）。表5-4的产品类别中分销商品牌有最高的渗透率也就不足为奇了。

表5-4 商店品牌/自有品牌十年的演变（市场份额，欧洲）

	2000年	2010年	
塑料袋	54.7	68.0	+13.3
通用纸	50.8	62.1	+11.3
罐装蔬菜	49.0	57.0	+8.0
冷冻食品	38.0	55.5	+17.5
预加工鱼类	29.8	54.5	+24.7
火腿、猪肉	40.7	51.0	+10.3
果汁（天然）	44.5	46.2	+1.7
罐装水果	30.8	43.0	+12.2
鸡肉	25.9	40.1	+14.2
酸奶	22.1	32.2	+10.1
饼干	19.4	30.6	+11.2
宠物食品	20.0	25.1	+5.1
气泡酒	17.0	18.7	+1.7
洗衣液	6.7	11.9	+5.2
碳酸软饮料	8.0	7.4	−0.6
护肤品、化妆品	4.5	6.8	+2.3
洗发水	4.9	5.8	+0.9
婴儿食品	0.6	5.1	+4.5
总计（42类）	21.2	29.7	+8.5

值得注意的是，对分销商品牌客户的研究表明，分销商品牌已经渗透到所有人群。不过，分销商品牌的核心目标群体是财力不足、对质量不太敏感的人。根据莱维在巴黎高等商学院发表的论文（Lewi and Kapferer，1996），尽管所给的饼干从客观上来讲质量很差（盲测的结果），18%的人还是因为价格低而决定购买。而且，这些人不太可能察觉出味道的区别。

加勒森（Garretson，2002）和阿贾瓦迪（Ajawadi，2001）提供了一个有趣的新的研究方向，根据他们的观点，抵制分销商品牌的顾客通常将价格和质量联系在一起。对这些人来说，价格能衡量质量。这里需要补充一点，光顾折扣商店最频繁的是那些购物篮最满、家中往往有几个十几岁孩子的顾客。

推出商店品牌的八个步骤

零售商都想创建自己的品牌，这是它们对盈利增长问题的合理回应。一旦收购或者打败了大部分的直接竞争对手，品牌应该如何发展？零售商必须从自己的供应商那里获得销量和利润，不仅要有更好的贸易条件，还要销售自己商店的品牌产品。基于商业模式，一些零售业态包含自有品牌，折扣商店（阿尔迪、历德等）只有通过完全控制价值链，才能实现价格折扣达到60%的目标。

历史上，自有商标是在冲突中诞生的：供应商拒绝出售产品或降低价格，于是零售商决定创建自己的生产线。因此，自有商标的诞生从内在来说是一种情绪化的结果。这部分内容旨在探讨自有商标诞生的原因。引入自有商标对于零售商而言是文化和管理上的变革，涉及从分销到创造、从生产控制到自有产品的营销。传统零售商负责采购和销售，现代零售商则成为设计者和制造者（即使生产是转包的），这就需要从主要的快速消费品公司雇用新员工来完成新的工作。自有商标或商店品牌可表明零售商的特定定位。推出自己的品牌不是一个随意的决定。一旦做出了决定，应该遵循以下八个步骤以确保成功。

1. 首先要明确零售商需要自有商标的原因。零售商希望从自有商标中得到什么？目标和追求是什么？这是一个涉及整个组织、每个品类经理、供应链、传播渠道等的战略举措。另外，我们建议零售商每一年都反思为什么要拥有自有商标。

2. 第二个问题跟产品范围有关。自有商标应覆盖哪些产品？自有商标策略随着时间推移和经验累积会扩大范围，但是零售商在一开始就应该设定目标。大型连锁超市必须决定它们的产品是否覆盖食品品类和非食品品类。每个连锁店根据自己的定位可能会有不同的答案，模仿其他竞争对手并不是一种好的方式，因为对一个零售商而言，重要的经验对另一个零售商并不一定重要。关于在自有商标产品中增加非食品品类，零售商首先需要明确增加非食品品类的总体战略是什么，非食品品类在商店的总体利润和销售业绩中的作用是什么。只有理解了这种战略，才能确定在每个非食品品类中选择和接受自有商标的标准。一般来说，商店品牌（使用零售商自己的名称）希望能够跟大品牌相提并论。因此，商店品牌首先需要进入大品牌所在的品类，以传播自身的定位。当然也有一些例外，比如葡萄酒没有强势品牌（除了奢侈品），消费者需要零售商的建议。在法国，销量第一的葡萄酒是自有品牌。在食品品类，产品的广度是一个障碍。例如，想要在咖啡领域建立一个可信的自有品牌，需要在香味、原产地、种类等方面给消费者大量选择。在非食品品类，缺乏供应是一个主要障碍。高科技创新者，例如三星、索尼和飞利浦，没有多余的生产能力，也不希望跟任何品牌分享自己最新的技术和产品。对于低科技含量的产品，比如涂料和DIY工具，情况就不同了。百得不想为零售商的自有品牌生产电动工具或园艺工具，但是有很多中国企业能够以难以置信的价格提供类似的产品。熨衣板也是一样，然而，因为缺乏真正的熨衣板品牌，不必列入最初推出的必需品之中。

3. 自有商标应该有多少条价格线？大型超市和很多零售商正面临与大品牌和低成本零售商的竞争，因此价格线的数量是一个十分重要的问题。Manutan是欧洲领先的非战略物资的网络零售商，它于2008年引入了自有商标，在它所在的领域内，没有几个真正的品牌。Manutan决定同时推出两条价格线：降低25%和降低45%。现在有些客户要寻找最低价的产品（比如订书钉），由于该公司有一条低成本产品线，我们可以称另外一条为质量线吗（因为它不是最便宜的）？成本最低的生产线充当了另一条生产线质量感知的梯子。

4. 自有商标应该有多少个？乐购在特定产品类别的所有细分市场中都使用了自己的名称：从最低价的橙汁到最高价的鲜榨果汁，售价甚至高于纯果乐。它在自己的主题生产线（生态农业、可持续贸易、美食等）上也用了自己的名称。一些零售商会进行细分：为核心产品创建商店品牌，为每个细分市场创建自有品牌。因此巴黎老佛爷百货（Galeries Lafayette）将 Galfa 作为商店品牌，根据年龄和风格确定大量高级定制时装自有品牌。丝芙兰是世界上最大的高档护肤品和化妆品零售商，它在基础产品上使用了自己的名称，在专业产品上则使用了其他名称。这些决策可能随着时间推移和品牌发展而改变。世界知名的综合体育用品零售商迪卡侬一开始只有一个品牌"迪卡侬"，用在 25 个运动类别中。但在 20 世纪 90 年代后期，因为迪卡侬的成功，这个品牌名称有了较高的知名度。于是迪卡侬使用的自有品牌超过 10 个，每个品牌覆盖一个运动类别（跑步、水上运动、马术、高尔夫、滑行运动、徒步等），而迪卡侬只继续用作店名。

5. 零售商应该在产品规格方面走多远？迄今为止，零售商的主要功能是销售和购买。现在它们需要自己确定产品规格。这有助于人们理解零售商是追求高质量产品的。因为零售商品牌的定位是与市场领导者竞争，所以产品规格必须体现品牌想要建立的优越性，通常体现在产品使用便利性和包装方面。一些零售商（比如迪卡侬）会详细写出每种产品所用原料的性质、尺寸和数量以及生产流程，精确到每一分钟。在食品领域，这些规范的制定很快；而对于非食品来说，可能需要好几个月，因为它们首先要将领导品牌的产品送到实验室进行分析和鉴定。

6. 分析一下应该采纳哪些建议。为此需要组建一个委员会来完成这项任务，对所有提案进行审查并对是否采用给出建议。需要考虑以下特定的因素：
— 市场有多大？
— 竞争激烈程度和销售预测是怎样的？
— 实际产品是否符合质量目标？
— 是否符合价格和高利润（比大品牌要高）的目标？
— 这个提案能否确保供应商定期送货？
— 如果只有一个供应商，是否应该采用这个提案？
— 是否有被告仿冒的风险（比如电视机使用说明或者包装相似）？
— 将营销成本考虑在内，总成本和利润是多少（即使是在商店中产生的促销和推销成本，是否也应该估算）？

7. 确认供应商的选择。这时必须确保供应商有能力在制定的价格下生产出既定的数量，同时保证质量。供应商必须接受质量控制并生产足够的所有种类的备件库存，以确保售后服务。供应商不及时送货应该处以罚款。为了防止供应商将同样的产品销售给其他品牌，应该采取预防措施。比如，在非食品的模具中刻上品牌的名称。零售商应该牢记，要对消费者和法律负责任，应该积极寻找可靠、具有创新能力且能提供附加功能的供应商。

8. 同时发起内外部活动。热情和自豪是关键。首先在内部提出自有品牌策略是非常重要的。通常，整个自有品牌项目会成立一个由执行委员会支持的特别工作组，负责从构想、战略到第一条产品线的推出。每个品类经理都参与进来，在大品牌和商店品牌/自有品牌之间平衡自己的行动。在消费者层面上，还应通过商品化和客户关系管理的方式发展品牌。

优化商店品牌的营销组合

分销商品牌的概念是多样的，为商店提供了一系列使其商品被了解的可能性。已有研究分析了不同类型的分销商品牌如何提升市场份额从而对细分市场中的领导品牌构成威胁，缩小两者之间的价格差异，提高盈利能力（Levy and Kapferer，1998）。在模拟商店中，500多位母亲被要求在巧克力饼干的领导品牌（达能集团的 Pepito by Lu）和分销商品牌之间做出选择。根据以下四个标准，每个顾客的选择有所不同：

- 在品牌名称中是否含有商店的名称（分销商自有品牌或自有商标）；
- 是否模仿了 Pepito 的包装，或者有明显差异化的包装；
- 分销商品牌饼干的客观质量（通过盲测得到）：与 Pepito 相似或有明显差别；
- 和 Pepito 的价格差异：指数为 50，65，80。

这些变量的组合使得复制任何一种市场上活跃的分销商品牌成为可能。该研究的重要发现有：

- 分销商品牌产品的质量对消费者购买意图有强烈的正向影响。当产品的口味不如 Pepito 的时候，购买意图为 16%；而产品口味与 Pepito 相当时，购买意图则增加到 34%。
- 商店的声誉也对消费者的购买意图有影响。当商店名称被掩饰的时候（自有商标政策），平均购买意图只有 20%；一旦得知商店名称，购买意图则增加到 30%。

然而，在实践中最有趣的是交互现象，如表 5-5 所示，每一行代表不同的分销商品牌类型。

表 5-5 不同零售商品牌的价格弹性

品牌和包装种类	与细分市场领导者的价格差距		
	−20%	−35%	−50%
商店品牌（非模仿品）	38	38	28
商店品牌（模仿品）	17	28	38
自有商标（模仿品）	26	31	27
自有商标（非模仿品）	21	24	31

注：表中数字为想要购买零售商品牌的消费者所占的百分比。

第一种是带有商店名称（因此商店的声誉产生了作用）并且包装没有模仿 Pepito 的分销商自有品牌。这样的品牌很像真正的品牌（声誉高、差异化、质量好）。我们观察到了什么？这就是分销商产品需求最大的地方（38%）。此外，即使价格差减小了（便宜 20%），需求仍是最大的，因此利润最高。有趣的是，当价格降低之后（便宜 35%），需求并没有增加。相反，当价格继续降低（便宜 50%）时，需求降至 28%，可能是因为这个价格引起了母亲们的焦虑（毕竟这是为孩子提供的产品）。这意味着，当分销商自有品牌表现得像真正的品牌时，盈利能力最大，对全国性品牌的威胁也最大。

第二种是商店品牌模仿品。这是超市的食品部门最常见的一种分销商品牌形式。对于这类品牌，只有价格降低，需求才会增加。虽然需求也达到了 38%，但这一次只限于最低价（便宜50%）的情况，因此利润不及前一种类型。

第三种是仿制品牌。此类型品牌没有商店的名称，产品的商标是一个不知名的品牌（也就是自有品牌）。此外，它唯一的选择就是盲目地模仿领导品牌的包装以造成混淆，使消费者以为产品相似。这种类型品牌的需求曲线呈倒U型，当品牌处于中间价格水平（便宜35%）时，消费者对分销商产品的购买意图最强（31%）。

第四种是没有商店名称但包装与市场领导者不同的分销商品牌，类似于一个不知名的小品牌。客户在评价此品牌时没有任何参考，因此，价格成为唯一的购买动力，当价格下降时，需求上升。这通常是最低价产品的类型，生产这些产品是为了应对硬折扣产品。

我们从这个分析中能得到什么结论？当分销商品牌表现得像真正的大品牌时，能够从市场中获利（市场份额和盈利），前提是它必须有成为大品牌的意愿和方法。不是每个品牌都能成为迪卡侬或乐购。

贸易品牌如何成为真正的品牌

贸易品牌在价格上与大品牌竞争。为此，它们首先遵循一个纯粹的模仿战略，在允许的范围内最大限度地模仿最畅销的全国性品牌产品。它们认为自身的力量能够保护自己，相信全国性品牌需要它们作为分销商，不会把它们告上法庭以维护自己的知识产权。研究显示，这只是短期的战略，像真正的品牌一样运作才能够得到更好的回报，对于商店品牌来说也是如此。

如何转向真正的品牌战略？利用何种差异化手段？贸易品牌又该如何创新？

一些零售商已经从纯粹的零售商（买进卖出）转变为创造者、发明者、生产监督者和分销商。如今完全国际化的品牌迪卡侬就是这样，迪卡侬拥有100个产品经理，负责为其13个激情品牌的组合开发新的运动、野营和徒步产品。

更传统的零售商，比如乐购、家乐福或者巴西的Pao de Azucar如何转变呢？创新不会着重于产品本身的技术（这是全球品牌真正的技术秘密），而是着重于附带利益。比如，有很多方法可以让洗发水的瓶子变得更加实用（比如改变开瓶、储存、手执、废物处理方式）或者更加环保（比如减少二氧化碳排放）。

跨国企业的优势是规模经济，因此欧莱雅的所有品牌使用完全相同的包装形式。这对改变产生了阻碍，却给贸易品牌带来了机会。

贸易品牌开拓跨国企业增长缓慢的一些领域。在新潮流出现时，全球品牌反应不够积极。除非新产品能销往世界各地，否则全球品牌不会做出任何决定。因此零售商率先推出新的自有商标产品：

- 环保产品线；
- 公平贸易线；
- 当地生产线；
- 有机食品线；
- 美食线。

另外一个策略是通过品牌联盟增加贸易品牌的感知价值。在西班牙，为了打败帮宝适（宝洁旗下的纸尿裤领导品牌），家乐福在纸尿裤上使用了迪士尼的卡通人物。家乐福是迪士尼最大的特许经营客户。

与吉列竞争很难，零售商应该采用蓝海战略来夺取吉列剃须刀的"金矿"——刀片。要参与竞争就必须改变规则。吉列的商业模式是基于将刀片连接到每一个新剃须刀手柄的系统专利，因此零售商不能开发替代刀片，否则就侵犯了专利。吉列实际上处于垄断地位：只有吉列的刀片可以使用，因此刀片的价格带来了很高的利润。

零售商应该如何改变规则呢？如今亚洲的一些高科技企业能够生产出质量跟吉列一样好的刀片，因此零售商品牌可以免费提供剃须刀的刀架，然后以吉列刀片一半的价格出售刀片。这对于那些不想接受吉列价格的消费者来说没有任何风险，如果他们对剃须刀质量不满意，也不会失去什么，因为刀架是免费的，而刀片的价格只有吉列的一半。

在高科技市场中，贸易品牌更难竞争，它们无法获得最新的创新成果。三星、索尼和飞利浦也不想与零售商分享创新成果。因此对于白色家电和黑色家电，自有商标以价格竞争，目标群体是不想购买最新的高科技产品的人。

最后，贸易品牌需要运用传播手段来成为真正的品牌：
- 迪卡侬在电视广告中推广其贸易品牌的最新创新（比如能在 8 秒钟内搭好的帐篷）。
- 乐购在广告中宣传食品的独特质量。
- 以儿童为主的贸易品牌在网络上建立自己的社区，拥有脸书主页。
- 主题性的自有品牌也形成了可在网络上传播的品牌内涵（天然食品、道德贸易等）。
- 贸易品牌经常通过邮箱发传单来进行推广。

零售商品牌的数量何时合适

在如今的欧洲，超市和大型超市的货架上 50% 的快速消费品是零售商品牌，不管是商店品牌（家乐福、乐购等）、主题性自有商标还是折扣商店的无名品牌。

表 5-6 显示了六个主要国家的市场份额价值。

表 5-6 零售商品牌在欧洲的总体市场份额

	法国	西班牙	荷兰	英国	德国	意大利
商店品牌在大型超市/超市中的市场份额	30	39	28	45	33	16
折扣商店的市场份额	14	16	18	5	38	15
低价格品牌的总体份额	40	49	41	48	60	29

资料来源：SymphonyIRI.

一个零售商的商店品牌的比例具有战略意义。不同的零售商对此的看法可能有所不同。一些零售商希望超过 50%，另一些零售商希望远低于 50% 以实现差异化。但快速消费品呈向上发展趋势：这是零售商集中的结果。当零售商很强大、并购了很多小零售商的时候，该如何发展？发展会有尽头吗？

迪卡侬于1976年创建，没有任何自有商标，只有25个运动品类的制造商品牌，但如今自有商标在总销售额中的占比已经超过55%。家乐福表示希望继续把这个比例提高。相反，德国折扣商店历德打破传统的无品牌政策，销售一些大品牌的特定单品（玛氏棒、健达奇趣蛋、乐芝牛的家庭装等）。这是为了提高消费者的购买率，应对阿尔迪基于高销售量的较强盈利能力，从而实现规模经济。

自有商标产品与零售商的主要供应商最好的产品竞争，是两者之间摩擦的根源。零售商倾向于认为自有商标的增长没有限制，供给必定会创造需求：供给的数量（自有商标产品的库存）和市场份额之间存在严格的相关性。零售商品牌采用的是推式策略。

然而，增加商店货架上自有商标产品的供给份额会改变商店的定位，令消费者失望，他们可能开始转向其他零售商。如果大型超市的诞生是为了使消费者的选择范围最大化，那何时自有商标数量太多，何时数量不够？何时利基品牌的数量不够？

SymphonyIRI发布的欧洲数据显示，过度发展零售商自有品牌的风险很大。图5-3显示了自有品牌的成长是由供给驱动的。在酸奶品类（占大型超市销售额的2.5%）中，从数量上看，供给份额（以库存单位衡量）和需求份额之间存在严格的相关性。

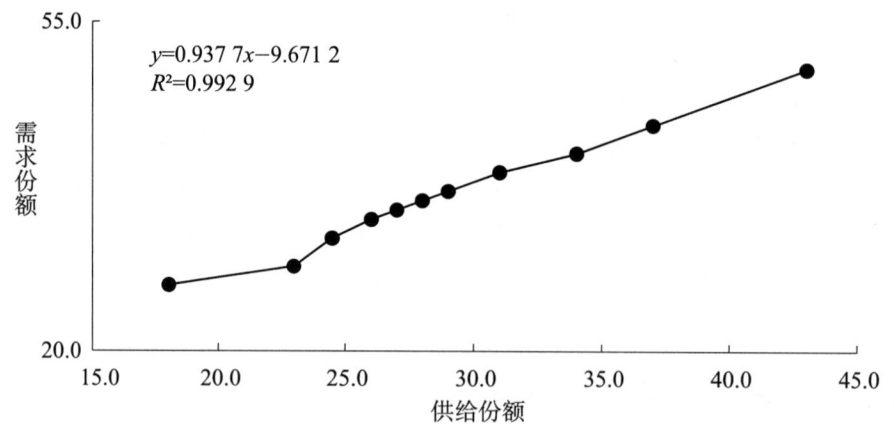

$y=0.937\ 7x-9.671\ 2$
$R^2=0.992\ 9$

图5-3 零售商品牌：供给份额创造需求份额（销量方面）
资料来源：SymphonyIRI.

但有趣的是，零售商的品类经理年复一年地倾向于增加自有品牌的库存数量，但从盈利能力来看，这可能适得其反。图5-4显示增加零售商品牌的数量通常不会引起自有品牌销量的增加。

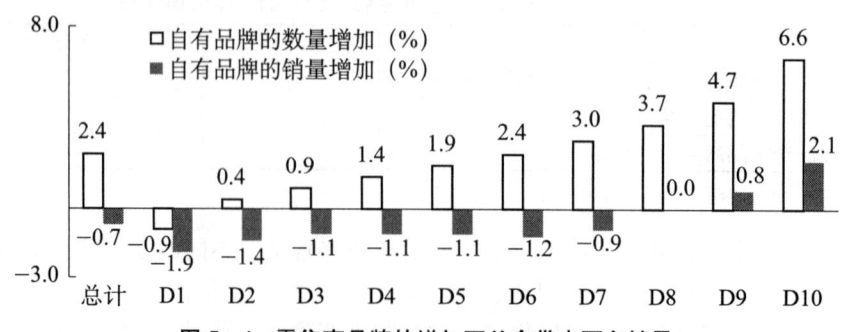

图5-4 零售商品牌的增加不总会带来更多销量
资料来源：SymphonyIRI, De Vera.

零售商应该针对每个产品品类进行边际分析。阿拉比卡咖啡就是零售商自有品牌过多带来负面效果的例子（见图5-5）。

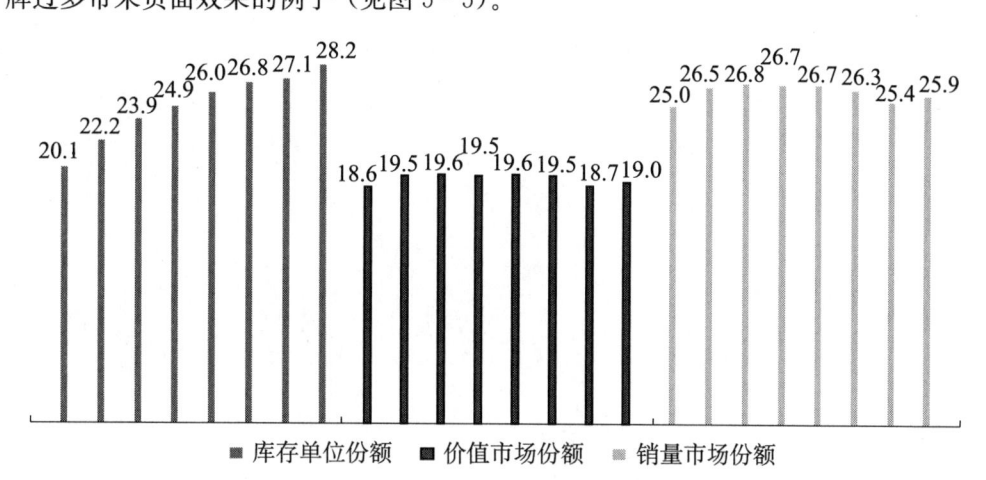

图5-5 食品品类中零售商自有品牌经营不善

■ 库存单位份额　■ 价值市场份额　■ 销量市场份额

数据：20.1, 22.2, 23.9, 24.9, 26.0, 26.8, 27.1, 28.2 | 18.6, 19.5, 19.6, 19.5, 19.6, 19.5, 18.7, 19.0 | 25.0, 26.5, 26.8, 26.7, 26.7, 26.3, 25.4, 25.9

资料来源：Symphonyiri, De Vera.

自有品牌的减少不代表大品牌的增多

我们应该理解，以上结果并不意味着大品牌应该占据零售商自有品牌剩下的货架空间。零售商也可以引入更多品牌，比如利基品牌或者区域性品牌。在瞬息万变的经济世界，新的趋势不断涌现。零售商必须洞察这些新需求并且快速做出反应，向消费者传递信号。

很多"替代性消费"的迹象正在显露。越来越多的人正在寻找替代品。他们直接从农民那里或公平贸易等渠道购买有机食物，而大品牌不太可能抓住这些微弱的迹象。大门已经向利基品牌敞开，它们将被潮流吸引的人带到商店（这些潮流创造了它们自己的专业渠道）；大门也向自有商标敞开，当没有来自大品牌的竞争时，自有商标将成为创新者。这样做的好处是，自有商标可以提高价格，而不用比市场领导品牌的定价便宜25％。

第Ⅱ篇　现代市场的挑战

第6章　新品牌管理
第7章　品牌识别和定位

第6章 新品牌管理

20世纪90年代以来，很多企业意识到，品牌是一种资产，应该通过有形的创新和无形的附加值持续地强化和培育。

战略品牌管理的十大关键原则广为人知：

- 利用少数几个战略品牌。这些品牌必须传达一种远大理想、一种美好的愿景，并且由"改变顾客生活"这一愿望驱动。没有一个品牌能够缺失强大的无形成分。
- 将所有变体品牌和子品牌置于这些大品牌之下加以培育。
- 使品牌表现得像一个领导者，并热衷于提高品类的标准。
- 用源源不断的符合品牌定位的创新（产品、服务等）来维护品牌。
- 创造与终端顾客之间的直接纽带来加强联系和依附，尤其是在那些贸易品牌得到推广的市场。事实上，如今很多所谓强势品牌的主要竞争对手就是贸易品牌。
- 传递个性化服务。
- 奖励顾客参与，使顾客成为品牌的积极推动者，而不仅仅是忠诚者。口碑确实是衡量品牌成功的一个标准：顾客成为积极的品牌大使，因为他们对品牌满怀热情——这源于品牌对顾客所做的贡献和带来的一系列价值。莱希赫尔德（Reichheld，2006）的研究显示，顾客群中推荐者（promoter）的比例与公司或品牌的增长速度直接相关。
- 支持能够分享品牌价值观的社群，无论在网络上还是通过其他渠道。
- 迅速将品牌及其产品全球化。
- 承担责任："大"不再意味着出色，消费者已经对规模嗤之以鼻。不要只从个体利益的角度考虑问题，也要考虑集体利益（可回收利用的产品、有机原料、符合道德和可持续发展的贸易、扶贫济困，等等）。

如果说上述品牌原则一直没有改变，则它们的实际应用会受到挑战。

如今，品牌创建遇到四大绊脚石：

- 当下不同的产品之间存在持久、有意义的差异吗？
- 在大型超市或批发商纷纷推广自有品牌的现状下，制造商品牌还有大量的货架空间吗？
- 考虑到受众的碎片化和网络的吸引力，大众传媒还存在吗？
- 还有忠诚顾客吗？促销频率的提高使得消费者对价格更加敏感，不再那么忠诚，而更加投机取巧。

一种特定营销模式的局限性

这种模式是由宝洁——大众消费品营销的发明者一手打造的。在宝洁，传统意义上，品牌就是优质产品。一切都始于产品、取决于产品。产品必须独立地证明自己的价值：公司只推出那些用事实说话以及在使用中与众不同的大众消费品。因此盲测在该行业十分重要。在这些测试中，顾客必须在不知道品牌的情况下评判，这样他们的评价就不会存在偏见。用了帮宝适，宝宝的肌肤会更加干爽；护舒宝的吸收能力更好；碧浪的洁净能力更强，与其他品牌的差异肉眼可见；一种不添加果肉的橙味饮料"阳光心情"口感好得多；等等。我们注意到，在其奢侈品部门（许可经营的 Boss 和鳄鱼香水等），宝洁也使用同样的规则：用嗅觉试验来决定是否推出一款香水。

"品牌始于伟大的产品"这一原则一直是伟大品牌的支柱。乐芝牛比其他软质奶酪有更好的口感。在 B2B 领域，法康姆生产的工具是市场的标杆。苹果手机优于其他品牌的手机。

当这个模式无限延续时，就开始失灵，然后到达收益递减阶段，边际改善的成本越来越高。要制造比现有产品更加安全的米其林轮胎，需要相当大的研发投入。只有当产品规模很大（由此产生了全球产品的概念）或者规模更小但售价更高时，才能弥补这些研发费用。

这种单维的策略到达了它的极限：在边际改善的附加成本与顾客的感知需求之间出现了一种不平衡。

这种产品发展模式似乎对某些品牌仍然奏效，吉列就是一个典型的例子。继单刀片剃须刀之后，双刀片剃须刀诞生，然后是三刀片，进而是旋转式剃须刀、震动式剃须刀。在产品的推陈出新上，吉列堪称一个技艺精湛的老手。

宝洁在 2004 年收购吉列绝非偶然。这两家公司有基本相同的产品文化以及相同的创新模式：永远再多一点。为此，宝洁准备走出公司，到大学实验室、创业公司等寻找未来的创新机会。然而，对于绝大多数企业而言，这一模式不再发挥作用。

实际上，这种渐进式的改进已不再那么容易被消费者感知或有意义了，但是它显著提升了产品价格。因此，通过购买分销商品牌的产品，消费者可以省下一大笔钱（一般为 35%），还能获得同等的功用。相对于所获得的经济收益，功能方面的损失微不足道（见图 6-1）。

这一推理也适用于卡车轮胎业。在发达国家，虽然米其林卡车在第一次轮胎安装市场上享有 65% 的市场份额，但等到更换轮胎时，在第二次轮胎安装市场上的份额就会下降 50%（虽然米其林仍为市场领导者）。

这一推理同样适用于食品业。比 Saupiquet 的长鳍金枪鱼更好的产品意味着什么？乐购最佳就售卖这些难以区分的长鳍金枪鱼。来自 Amora 的外皮更硬的小黄瓜意味着什么？我们走进了一条死胡同。

根据经验，消费者看不到价格之外的任何差异。因此，所有针对欧洲的研究显

图6-1 传统营销的局限

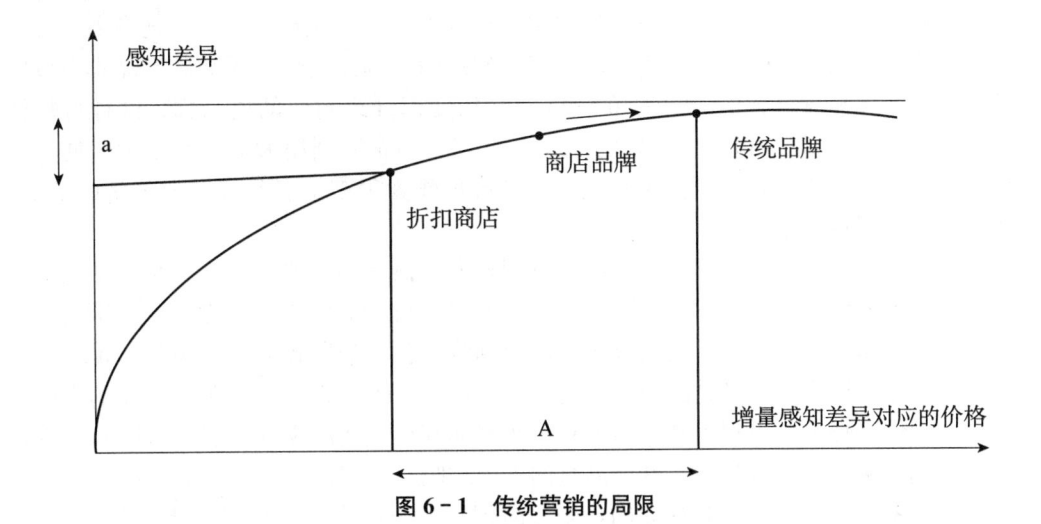

示,"分销商品牌是比主导品牌性价比更高的选择"这一观念开始兴起。对这一观念的赞同率,法国为59%,德国为57%,英国为55%,意大利为54%(2011)。如今,绝大多数大型集团提供分销商品牌。一些集团公开这么做,拉克塔利斯集团(Lactalis Group)的战略是通过两种途径主导卡芒贝尔奶酪市场:一是凭借自己的"总统"品牌奶酪;二是依靠分销商品牌的产品。

"最好的产品"这一理念的缺点是,通常没有考虑顾客的感受,即不考虑产品可能的用处。这是它最大的短板。以DIY为例:试想,在普通家庭中,一个电钻每年平均只会用几秒钟,购买一个博世品牌的电钻又有什么意义呢?从功用角度来讲没有任何意义。但是,如果消费者选择了更便宜的替代品,那么拥有博世的满足感将会受挫:这是强势品牌的关键点。博世拥有与其来源国(德国)相关的价值,这为买家带来了自豪感。

传统定义下品牌的终点

我们对品牌的传统定义还有意义吗?最开始,品牌是具有区分力的名称或标志,能够证明产品来源的正宗性,将品牌的产品与来自不同供应商的产品区别开来(Aaker,1991)。律师和知识产权顾问对品牌的定义为:作为标识,品牌必须注册并受到保护。它的价值取决于人们看到它时可以付诸的信任。在很多国家,信任已经不复存在,因为假冒伪劣产品遍地都是。

之后,在消费者学术研究的影响下,品牌被定义为"那些能为产品本身带来附加价值的联想"(Keller,1998)。如前所述,这一传统概念的问题在于,在实践中,它意味着品牌一定要为产品增加一个感知光环,而品牌本身却几乎毫无用处。这一概念建立在证实"品牌化的产品比无品牌的相同产品具有更高的感知价值"的消费者研究之上。

品牌的这种定义助长了一种消极的品牌实践和观念:品牌被视为能够为产品带来附加价值的徽章,而这些价值并不来源于产品本身。因此,对品牌"只是一个名称"的批判不绝于耳。按照该说法，品牌能够带来光环效应——这是由名称本身的力量引致的。但对于管理实践，健全的品牌管理需要赋予无品牌产品本身以附加价值。无品牌标记的法国鳄鱼 polo 衫必须使用纤维超长的比马棉，这种材料使其成为 1933 年以来世界上最好的 polo 衫。当公司企图利用大众的轻信为普通产品赋予著名的名称时，就背离了正道。品牌许可作为很多知名品牌获取经济收益的捷径，受到了道德批判。

对附加价值的重视使得品牌管理转向传播管理。普遍的观念是"感知到的才是现实的"：因为光环效应创造了一种理想的感知，很多消费者可能实际感受欠佳。这种做法在网络时代无法存续，因为网络是新的消费者力量的来源。Web 2.0 借助专家、博主、产品之间的客观比较以及朋辈建议，告诉我们关于产品的真相。互联网使光环效应出现了缺口：大众汽车真如其形象所展现的那般可靠吗？尽管现代汽车尚未获得质量认证，其产品真的不可靠吗？丰田汽车的多次召回事件显示，品牌形象是基于以往经验树立的，未与时俱进：丰田汽车的质量已不如其宣称的那般。丰田公司将"成为世界第一汽车制造商"奉为企业使命，以打败美国通用汽车公司，却忘了品牌使命和质量承诺。

未来世界将会怎样

未来，消费者将生活在一个怎样的世界？经济、政治和社会因素对人们的生活会产生什么影响？

从现在起，消费者生活的世界将是前所未有（至少在和平年代）的，并且问题频发。那将是一个失衡的世界：经济失衡、政治失衡、金融失衡、生态失衡、人口失衡。

四种心态共存

这些不均衡对消费者和企业行为有何影响？这个问题太过宏大，无法仅仅给出一个答案。让我们举两个相反的例子。在印度，人们希望能接触几十年来从电视上看到的由西方生活方式（小轿车、舒适的条件、巨无霸汉堡包，等等）代表的消费社会。在欧洲，一些国家（如德国和西班牙）的人口结构正经历致命变动：很多人不再生育。其他国家（如法国）虽然大量生育，但人口正在老龄化，且婴儿潮一代开始步入退休期。

这是这个时代的悖论。我们的世界从未如此全球化（通过廉价运输航线、电视频道、网络、社交媒体等实现）：我们可以瞬间知晓发生在开罗、的黎波里、圣保罗或利雅得的事情，并会受其影响。

传统的消费者细分将人们归为不同类型的群体（这样每个人就百分之百归属于一个特定的类型）。现代社会学意识到，人的心态不会改变，但会相互叠加。因为我们的大脑皮层之下仍然有一个爬虫类脑，所以心态不会消失反而会被容纳（在一些特定的区域、时刻和情境之下）。我们已经发现四种类型的心态，每一种都有其价值层级、表现模式、行为和关系类型（Bonnal，2008）（见图 6-2）。

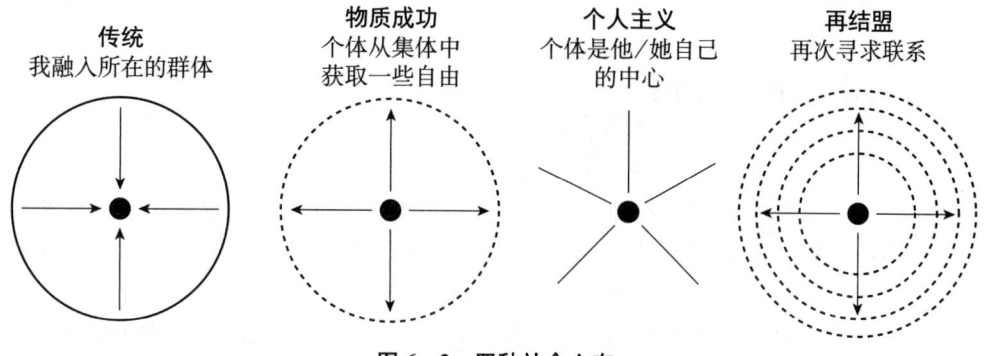

传统	物质成功	个人主义	再结盟
我融入所在的群体	个体从集体中获取一些自由	个体是他/她自己的中心	再次寻求联系

图 6-2　四种社会心态

资料来源：Bonnal（2008）.

- 第一种心态已经主导了数千年。它是一种传统的心态，你父母是谁，你就是谁，不存在自我的概念。人们继承父母的宗教信仰、品位、穿着方式、职业以及世界观。有时候人们甚至不自己选择妻子或丈夫。有趣的是，虽然这种心态被认为逐渐衰落了，整体主义（即坚持来源的纯正性）的回归使得这一模式在很多国家重回最前线。
- 第二种心态是主导发展中国家的一种心态。人们崇尚物质成功，通过选择服装品牌、家具设备、消费类电子产品等来实现"自我"。在首尔和上海，购物是一种主要的消遣方式，亚洲各地热衷于兴建购物中心就是对这一需求的响应。套用哲学家勒内·笛卡儿（René Descarte）的名言，即"我买故我在"。
- 第三种心态一直在西方国家持续至今：高歌个人主义，并对人进行物化，引致了自我主义的极端化，以及一种以自我为中心的人际关系视野。
- 一些人似乎已经进入第四个阶段，即"客体自我-我们"，这是一个更深层次、与集体（我们）相关联的自我。当然，这是对 Web 2.0（即社交网络）的某种反映。但它意味着，如果不传递集体利益，那么个人利益也无法完全体验到。"自我"与"我们"再次结合起来。

现在的问题是，这些心态是在特定的时间和地点相互叠加的（见图 6-3）。没有人只有其中的一种心态。《花花公子》（*Playboy*）崇尚第二种和第三种心态，《福布斯》崇尚第一种和第二种。

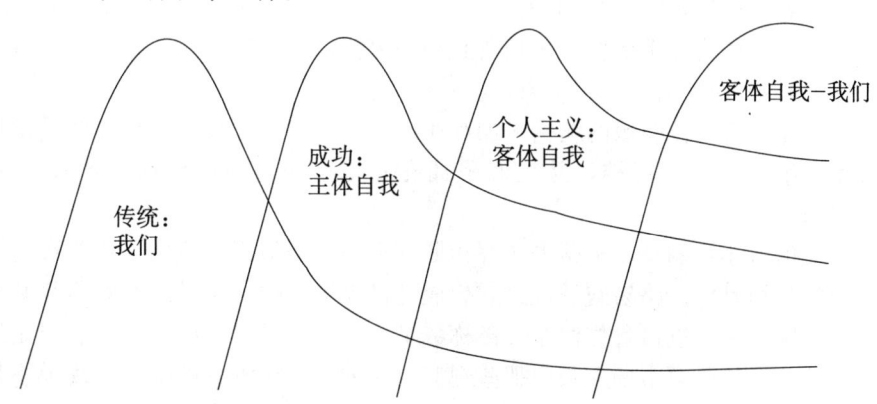

图 6-3　心态之间如何相互叠加但又不消失

资料来源：Bonnal（2008）.

未来品牌会如何

在实践中，出于管理的目的，首席执行官必须意识到品牌在现实世界中的新角色：品牌名称象征着对嵌入产品、服务和行为的一系列独特价值的长期承诺；这些独特价值使得企业不仅仅独具一格，还高人一等。

在一个由品牌驱动的企业内部，每个人都应该受这样一个理想的驱动：使品牌名称成为目标市场独特的购买标准。为什么 2010 年可口可乐会以 720 亿美元荣登 Interbrand 财务价值评估排行榜的第一名？可口可乐前任首席执行官罗伯托·戈伊苏埃塔（Roberto Goizueta）曾说："因为全世界数十亿消费者只要可口可乐，而从不是可乐。"品牌管理追逐这样一个理想：使这个名称成为某个品类或者自己所创造的领域的标杆。之后，人们将苹果这个品牌作为第一选择基准。

关于未来的品牌，最好的预言家是年轻消费者。当他们被问及自己喜爱的品牌时，列举了以下具体特征：

- 知名，这是一个再正常不过的前提，同时在传播方面表现积极；
- 象征一种独特和强大的"价值主张"；
- 为深刻、真实而长远的价值观所驱动；
- 完美地呈现可以改变消费者生活的产品和服务；
- 成为人们可以接触、互动，通过其他人在不同场合以任何形式（虚拟的或实体的）来体验的品牌；
- 有道德。

以上是一些品牌已经具备的特点。苹果创立于 1976 年，如今人们在纽约第五大道花上一整晚挨冻排队，只为了在苹果商店开门营业时能够第一个买到最新一代的产品。这是个奇迹吗？不。苹果如此受喜爱的原因是：

- 35 年持续不变的、富有意义的高目标；
- 传递中体现一致性；
- 颠覆性的创新创造了新的品类，改变了人们的生活；
- 积极乐观、平静温和；
- 在压力之下仍坚守价值观且绝不妥协；
- 超凡魅力。

作为高科技领域的约翰·加利亚诺，史蒂夫·乔布斯将科技产品设计得妙趣横生，浓缩了企业精神，并且似乎拥有魔术手法。通过传播，苹果产品更加富有魔力。

值得注意的是，史蒂夫·乔布斯从未提过类似于"我们要成为市场第一名"这样的公司目标。路易威登说过它想成为世界第一的奢侈品牌吗？雷克萨斯吹嘘自己是美国第一的进口奢侈汽车，声称数量比质量更重要。成为第一名将是经典的新闻头条，或是股票市场上吸引那些规避风险的潜在投资者的捷径。规模不是消费者要考虑的问题，对于所有人来说，品牌中蕴含着哪些对全球的关切？

同样有趣的是，苹果公司有其道德准则。苹果手机以其应用众多著称。苹果不想重蹈战略覆辙，当时研发普通个人电脑的开发者远多于苹果电脑。然而，苹果禁止所有带有色情意味的应用。这一原则引发了与花花公子公司的问题，但价值观就是价值观。如果一考虑收益最大化就妥协，那么价值观将为何物？

简言之，苹果界定了后现代品牌的轮廓：当一个品牌被认为改善了人们的生活，极具价值时（它追求权威而不仅仅是权力），这个品牌就创造了激情。

请注意，我们在谈及苹果的成功因素时从未提及价格。事实上，苹果的价格相当于奢侈品的价格（Kapferer and Bastien，2009）。

品牌和价格

品牌的意义是让人们忘记价格。这对于苹果、路易威登、奈斯派索、克鲁伯（Krups）和奥迪，以及 Zara、比克、易捷航空和沃尔玛来说都是真理。

人们会询问一辆奥迪车的价格吗？奥迪对得起它的价格。这就是奥迪进行品牌管理的唯一目标。奥迪代表了"依靠技术进步"，这本身就带有浓厚的德国气质，奥迪毫不掩饰这一点。购买一辆奥迪车，就是购买了代表进步的精良部件。奥迪不仅仅是一辆车，它是致力于进步的一种愿景。所有优质品牌的成功都是因为它们对得起价格，即品牌使得价格无关紧要。当然，不是每个人都买得起一辆奥迪（这被称作市场细分），但几乎没有人会质疑奥迪的价格，这就是品牌的力量。

极少有人在走进易捷航空、瑞安航空（Ryan Air）或者西南航空（Southwest Airlines）的飞机时会感到害怕。但如果他们乘坐亚洲航空（Asian Air）的飞机就不一定了——亚洲航空是一个新创立的低成本航空公司。它还不是一个品牌，只是飞机和网站上的一个名称；而易捷航空和瑞安航空是品牌，它们会立刻出现在人们的脑海中，唤起信任，产生移情。为什么信任？多年前曾经有售卖廉价机票的包机航班，但那时没有品牌，乘客们像沙丁鱼那样被"打包"在不知名公司的较差的飞机里。易捷航空从空中客车公司购买世界上最新最好的飞机，让消费者感到安全。而且，这些飞机对燃油的利用更加高效。易捷航空和瑞安航空为我们所有人开启了梦想，今天不再有专供富人享乐的旅行目的地了。一些酒店也许是富人专属的，但旅行交通费用的节省让大多数人都有能力到一家不错甚至非常好的酒店去体验一番。这就是奢侈品市场获益于低成本航空公司的原因。有趣的是，这是一种典型的再结盟心态（参见图6-2）。易捷航空和瑞安航空提供的不仅是廉价机票，更是整体利益。最后，两家公司极为关注"第一提及"（top-of-mind）的品牌知名度，这与网上销售业绩密切相关：消费者会首先点击哪家公司的链接？

个人和集体利益

成为品牌意味着走在前列。从现在起，品牌承诺中也要附带集体利益，品牌不能仅仅带来个人愉悦。这点可以解释混合引擎的成功，虽然就事实而言，它比先进的带有粒子滤波器的柴油引擎更加污染环境，但它兼顾了洁净空气方面的进步与集体需要。对于美国奢侈电动汽车特斯拉（Tesla）来说也是一样。我们已经进入利他主义时代。表面上看，宜家销售的是实惠或个人利益，实际上它卓越的价值主张是"即便花费不多，明天你的家也会变得非常漂亮"，这对所有人来说都是关乎自尊的事情。此外，宜家还有使其脱颖而出甚至高人一等的价值观（人道主义、道德高尚、细致周到、关怀体贴、善于倾听、热情洋溢）。

未来市场必须区分良莠。很多品牌已经明智地参与到"漂绿"（greenwashing）运动中。以麦当劳为例，为了看起来干净清爽，它把标志改为了绿色。但任何一个看过《大号的我》（*Super Size Me*）这部电影的人都知道，麦当劳对肥胖人数的增长应该承担多大的道德责任。由于生态原因，全球将不得不减少肉类的食用，而麦当劳对此只字不提。

未来的品牌要真正有担当，这意味着其行为的道德维度将成为它们整体魅力和吸引力的一部分。无论如何，在互联网监管机构、维基解密（Wikileaks）及其他网站的监督下，企业的任何行为迟早会被察觉。从财务角度看，规模大是好事，可以带来规模经济。然而，从品牌诉求角度看，规模大也意味着责任大。如果可能的话，品牌应主动行动，而不是被动的或跟随潮流。

未来的品牌还要乐观积极。面对世界的复杂性及诸多不均衡状态（如果尚未构成威胁的话），消费者有两种可能的选择。其一是通过消遣来忘却和逃避，这就是詹森（Jensen，1999）所称的"梦想社会"。消费者会喜欢那些营造快乐气氛的品牌（迪士尼等）或者那些培育社会联系的品牌：现代电子产品是体验式的，将我们与世界联结起来，并使用户互动成为可能。其二是更加努力地工作。的确，生活中困难重重，但勇敢面对总比消极逃避好。耐克的口号"说做就做"（Just do it）成功地引起共鸣，就像尊尼获加的"勇往直前"（Keep walking）一样。这些口号是对个人意志的歌颂。运动如同生活。

战略品牌管理的新关键词

词汇不仅仅是词汇，透过它们可以看世界。管理概念深受竞争环境的特点和营销工具的影响。30秒的电视广告使得品牌痴迷于独特的销售主张（unique selling proposition，USP），将品牌浓缩为一个词或一个短语，比如汰渍的"洗得更干净"。今天我们有了互联网，也就是说，消费者握权在手。贸易商也掌权了，因为其零售品牌在很多产品类别中占有越来越大的市场份额。认为品牌代表差异性或关联性的老旧观念如今还起作用吗？难道你不期望产品满足你的需求吗？但品牌又如何呢？它们该如何应对这个变化的时代和世界呢？

超越品牌精髓：品牌融入

传统品牌管理的准则是品牌DNA和品牌基因：品牌精髓。我们投入大量资金进行深入研究，最后揭示其本质，并将其如圣杯一样供奉和崇拜。如果品牌要领导市场、要建立热情洋溢的社群并拥有追随者，那么它们必须采纳动态的概念并忘记那些静态的。而品牌精髓是静态的概念。今天，企业内外的问题是参与。人们对品牌不再那么热情、那么关注。如果品牌自己都置身事外，将无法吸引消费者参与进来。

如果一个品牌由销售产品以外的东西推动发展，那么制定更高的价格对它来说就没有困难。为什么Innocent冰沙品牌比其主要竞争者发展得更快、定价更高？因为作为一个积极的品牌，它发起了一场关于差食物和好食物、降低成本的行业实践和有利于消费者的商业行为的根本性辩论。这就是它将品牌称作"Innocent"（纯真）的原因。

有趣的是，Innocent 并没有开创这一市场，而是第二个进入该市场的品牌。1994 年，一个名叫 Pete & Johnny's（PJ's）的品牌成为这一市场的先行者。而 Innocent 在 1998 年才进入市场。然而，PJ's 只是一个营销品牌，试图模仿本杰瑞（Ben & Jerry's）。它是个利用一整套营销工具聚焦年轻人市场的品牌，包括品牌精髓（天然）、品牌承诺（健康）和品牌个性（有趣）。它没有可靠性，没有品牌内容，没有真实的故事，没有不惜任何代价履行承诺的能力——该品牌拥有的只是大笔金钱，因为它得到百事公司的支持。结果是明显的：Innocent 增长了 91%，PJ's 增长了 10%，（分销商）自有品牌增长了 24%（Simmons，2008）。

参与的概念十分重要，因为它意味着一部分人可能团结在我们事业的周围并支持其发展。这些人是品牌的改革战士（crusader）：对苹果来说，这些人曾是美国西海岸①的创意精英。一开始，这些人只是很小的团队，却具有极大的感染力。

"品牌为何存在"是最重要的问题

经典的品牌模式出现了问题。在当前思维下，品牌化意味着通过不断重复的顾客直接体验和传播活动，将承诺或利益与品牌名称联系起来。关键的分析性概念源自消费者选择理论：要让消费者选择你的品牌，就要告诉他们产品有多好，使用你的产品将获得哪些利益。

"定位"和"心智之战"（Trout and Ries，1970）要求我们聚焦于某种特定利益，就像广告的独特销售主张一样。但不同的是，独特的销售主张是以 30 秒电视广告的形式呈现的：只说一件事，让事情变得简单。杰克·特劳特（Jack Trout）和阿尔·里斯（Al Ries）都来自广告公司。

品牌仅仅是与名称相关联的特定利益吗？宜家、耐克、苹果、谷歌、沃尔沃和迪奥可以用这种方式总结吗？仅凭一种利益可以产生热情吗？仅仅通过这种方式，单一的名称或利益能够唤起核心目标顾客的强烈情感，让他们参与进来吗？

我们必须从品牌化的认知静态模型（将品牌作为抽象联想的网络（Keller，1998））转向品牌化的赋能和社会模型（energizing and social models of branding）。企业必须将品牌作为社会变革进行管理。人们钟爱冠军。在体育赛事中，要成为冠军，你需要拼搏，战胜竞争对手。竞争塑造了冠军。

要与分销商自有品牌和硬折扣产品相抗衡，快消品牌需要强大的理由去成为"内涡轮发动机"：在驱使消费者产生激情之前，品牌应在其内部创造激情（Edwards and Day，2005）。

要创建一个社群、拥有粉丝群或追随者，需要的不仅仅是定位陈述或"令人相信的理由"。品牌必须能够团结人们，而不仅仅是说服人们。品牌平台最重要的问题是"这个品牌为何存在"，而不是"为什么人们要选择这个产品，而不选择竞争品牌的产品"。

---

① 美国西海岸指代硅谷。——译者

建立差异性之前，聚焦于你的高目标：别具一格还是高人一筹

陈旧观念在当下的品牌思维中仍无处不在，就好像环境不曾改变一样。我们过去常说品牌需要差异性和关联性，但这些没能阻止快消品牌在各个市场中消亡：在欧洲，面对高级的自有品牌或主题品牌的挑战，宝洁的很多标志性品牌如今逐渐失去优势。

在差异性和关联性这两个常识性的概念中，暗藏着危险。首先，对差异性的迷恋会导致著名的"一招鲜，吃遍天"。不惜代价寻找差异性已使消费者变得漠然。

我们可以从大品牌身上学到很多：它们从不忘记宏伟蓝图。它们的承诺延伸至原有品类之外。达能不说"我们拥有更好的酸奶"。它没有将自己界定为一个酸奶生产商，而是对乳制品实施特殊工艺的人类食物的完善者。

而且，像耐克、达能和丰田这样的大品牌并不聚焦于它们的差异性，而聚焦于更高的目标。达能想要"通过食品，为尽可能多的人带来健康"，这就是它如此投入地参与穆罕默德·尤努斯的微贷银行以及金字塔底行动（比如在孟加拉国）的原因。耐克将运动比作生命加以赞美（Cameron and Holt，2010）。丰田想要创造一个更清洁的地球。

最后，大品牌的目标是大众。它们有崇高目标，但不像奢侈品牌那样仅把特权授予少部分人，大品牌旨在将福祉传递给大众。这就是它们受到喜爱的原因。

大品牌不仅仅是产品或品类，它们还在所有品类中执着地追求相同的目标。它们是一个整体，一种眼界，一系列价值观、故事或服务，一种体验，一种品位，等等。大品牌认真对待它们的价值，所以受人喜爱。由于维珍的创造性，理查德·布兰森从未就维珍的价值妥协过，这些价值包括：趣味、物有所值、质量、创新、竞争性挑战和卓越的顾客服务。维珍痛恨虚假竞争，就像1930年以来可口可乐和百事可乐之间的竞争。两个老品牌基本瓜分了整个市场，禁止任何新品牌进入。

超越品牌关联性：思考品牌的意义

在经济发达的国家，总体上需求能够得到满足。在高消费水平的社会，一种需要会因其具有意义而逐渐增长，不仅仅因其关联性。意义将消费者的问题置于马斯洛需要层次理论的更高水平。关联是一种基于需求的概念，它适用于产品。产品能够满足需求吗？

在存在失衡和威胁、资源匮乏以及对经济增长的意义存在质疑的未来世界，大品牌需要做的远不止创造关联性。它们要为消费提出新的意义，并充分满足由社会变革所滋生的需求。人们正在寻找人生的意义，他们知道"买得越多越快乐"的准则不再奏效。

自有品牌背后的驱动力之一就是它们提出了另一种意义。它们说，为什么要花更多的钱？你自己留着享用吧！将自有品牌视作低成本的、与对价格敏感的细分市场的需求相关联的商品供应，这种看法十分讽刺。将宜家视作"DIY产品的供应商"，把该品牌与处于特定生命周期阶段的细分市场（居住于人生第一套公寓或带着未成年孩子的夫妻）联系起来，也意味着将这些消费者降格为追求成本最优化的人群。

Innocent 冰沙创造了意义，它不仅仅"因为水果更好而口味更好"。它的说法是：保证你的健康，不要相信行业告诉你的话。耐克讲求奋斗，歌颂个人意志。美国社会正处于改变阶段，耐克的品牌意义正好与这种社会理想相匹配。

新战略品牌管理的目标市场选择

新的战略品牌管理为影响者营销识别出了三个不同的目标市场（见图6-4）。

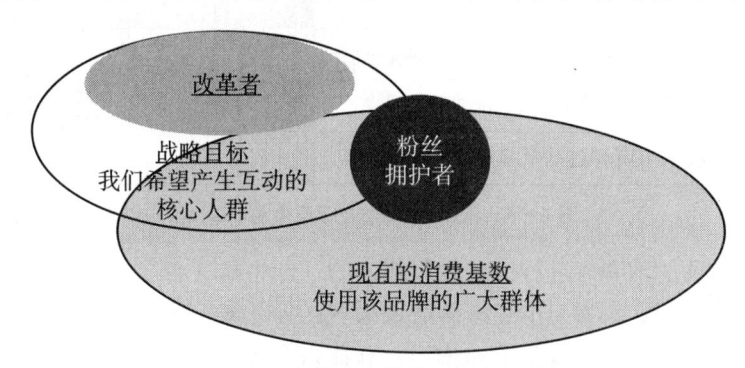

图6-4 新战略品牌的目标市场选择

- 改革者是指那些自然而然地认同品牌的事业或改革运动（当然假设该品牌有事业或改革运动）的人群。品牌理想在他们中产生了一种即时共鸣。对耐克来说，其品牌理想已成为贫困社区的青年亚文化。他们的生活比常人更加艰难：经济衰退更令其生活雪上加霜。想要成功，他们只能依靠自己的意志力。体育运动是一种出路，也是对生活的一种向往。耐克将此精神浓缩在"说做就做"的口号之中，浓缩在它与社区文化的亚群体、与他们的体育英雄的亲密关系之中。改革者是那些具有雄心壮志的人，他们代表了人类对品牌的深刻洞察。1979年，绝对伏特加（Absolut Vodka）首次投放美国市场时，曾将纽约艺术同性恋群体作为品牌的改革者。品牌会选择自己的改革者。现在乔治·克鲁尼（George Clooney）不再是奈斯派索的改革者了。众所周知，他曾是奈斯派索咖啡的广告代言人。奈斯派索咖啡的典型改革者曾是文化精英，对他们来说，愉悦是一种文化。

- 粉丝是信仰改变者（proselyte）。他们完全参与到品牌中，并将品牌作为唯一选择。他们还是品牌的主要客户：这并不是没有实际意义的关系。拥护者，也称为"推广者"（evangelists），不像粉丝那样只忠于某种特定的品牌。但粉丝和拥护者都是净推荐分值量表（net promoter score，NPS）（Reichheld，2005）所界定的推荐者。该量表的最后得分取决于以下终极问题：你会把这个品牌推荐给朋友吗？推荐时你不能只感到满意，还要满怀热情。这个问题既涉及满意的理性来源（质量），也涉及感性来源。所有品牌都可以也应该测算其粉丝和拥护者的数量。这是可持续成功的主要预示因素。此外，通过顾客关系营销（customer relationship marketing，CRM），品牌可以识别并区别对待粉丝和拥护者各自构成的群体（见图6-5）。

- 目标消费市场由重度、中度和轻度用户组成。从营销的角度看，根据行为对

品牌偏好程度	品牌使用程度		
	频繁用户	偶然用户	非用户
1. 这是[这个品类中]我唯一购买的品牌	粉丝	赞同者	无实际购买关系者
2. 我偏好这个品牌，但我也尝试其他品牌	推广者		
3. 我喜欢这个品牌，但该品牌不是我的首选			
4. 我不太清楚这个品牌及其独特性	非参与者		
5. 我绝不会购买这个品牌	拒绝者		
我从未听说过这个品牌			

图 6-5 识别品牌的信仰改变者和粉丝：战略市场细分

一个品牌的消费者进行细分是很普遍的，即将购买者与非购买者区分开来，然后将重度或频繁购买者与少量或偶然购买者区分开来。这种细分方法对销量的增长十分有用。为什么一些人是低频用户？有什么方法可以提高他们的使用率或点击率？顾客资产的观点解决了"如何使现有顾客买得更多"的问题。这使可口可乐公司获得了成功，平均每个美国公民每年要喝掉 8 盎司装可口可乐 412 瓶，而在 1988 年是 275 瓶。通过细分可乐的产品系列（健怡、低碳、低咖啡因、零度，等等），可口可乐克服了"消费更多"的障碍，扩展了可乐产品的（货架）分布，让消费者购买更方便。

从品牌激活到品牌激进

品牌不是承诺，承诺只是语言，而品牌必须被体验。这就是为什么现代品牌管理首先讨论品牌激活（activation）。价值无法存在，除非它们被激活；如今，人们还会说，除非品牌被顾客亲身体验，通过各个接触点（现在称为资产建设点）全面地体验，否则价值无法存在。

在接触点方面，很多品牌仍有很大的改进空间。人们已经开始对品牌冷嘲热讽，因为他们经历了太多消极体验，与他们在广告中所见的大相径庭。大多数品牌都没有信守它们的承诺。

汉堡王（Burger King）名副其实，它的皇堡是世界上最好吃的汉堡包。然而，即便是位于纽约闹市区的汉堡王餐厅，都能抹杀愉悦的消费体验。汉堡王特许经营的商业逻辑可以解释为什么不同餐厅在质量、清洁度、微笑和迎宾等方面会存在如此大的差异。一些餐厅未达到一个现代都市速食餐厅的基本标准。

最近一次走进纽约博柏利门店，作者注意到一件在售的标价 2 500 美元的外套，纽扣没有缝好，摇摇欲坠。销售助理并没有把外套拿去加固纽扣，而是解释这些纽扣没有缝牢，是因为工厂（位于新兴国家）没有做好。

此事表明，博柏利没有控制好上下游的运营。博柏利在营销传播上投入了大量资金，希望提升消费者对该品牌的渴望程度，却任由制造粗糙的外套运出工厂（也许是许可生产）。而且，门店的销售助理并不觉得对此负有责任，认为这并非其分内工作。这意味着，博柏利这个品牌没有在员工中营造一种归属感。正常情况下，把这件外套挂起来进行展示的店员，应该检查一下外套是否完好。如果不是，就应该修补。

还有一个例子来自维萨信用卡。在其消费升级策略中，维萨力劝客户将信用卡升为最高端产品维萨金卡。与该卡匹配的利益与服务却是 VIP 最不想要的。维萨金卡的一个重要特性就是提供保险。维萨鼓励持卡人尽可能多地刷卡支付，如果行程中遭遇盗窃或者航班取消，持卡人将得到赔偿。但当顾客真正需要索赔时，问题浮出水面。实际上，维萨金卡的保险服务是授权给某家保险公司的，因此当客户身陷绝望、希望能从维萨金卡处获得关心时，却被告知要将索赔申请递交到一个此前从未听说过的公司。之后噩梦就开始了。这个完全独立的保险公司并不会表现为维萨金卡服务的大使，而只是普通的保险公司，怀疑所有的索赔都可能是欺诈。

要表现为一个品牌，就要在整个价值链上进行质量和体验控制。

正如图 6-6 所示，一旦实现了上述目标，品牌就需要被感知为品类中主要的行动者：创新是实现该目标的主要手段。只有创新可以通过提高标准和推动进步来创造价值。创新可以让人们忽视价格。创新让每个人如终端用户、零售商和品牌自身等都满意。我们将在第 9 章讨论创新的问题。

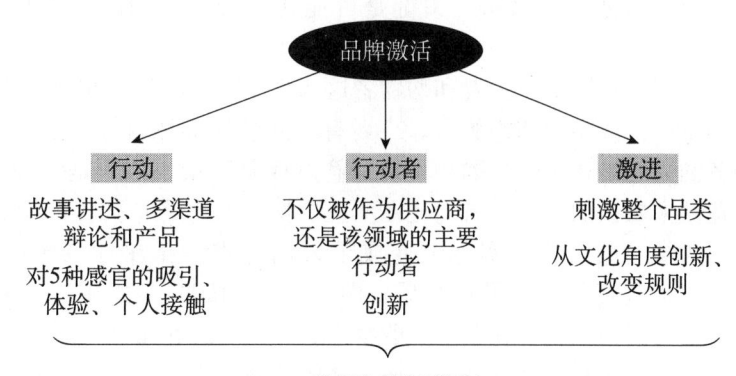

```
                品牌激活
         ┌─────────┼─────────┐
       行动      行动者       激进
   故事讲述、    不仅被作为供应商，  刺激整个品类
   多渠道辩论    还是该领域的主要
   和产品        行动者          从文化角度创新、
   对5种感官的吸引、 创新          改变规则
   体验、个人接触
         └─────────┬─────────┘
              我想和他们联系！
           他们与我们携手并肩（社群）
```

图 6-6 从激活到激进

最后，一些品牌不仅仅是激活者，还是激进者：它们表现为整个品类以及更大范围内的刺激因素。这些品牌引发争论，引发事件。因此它们不仅仅是供应商，对品类的未来和终端用户的福祉也展现出影响力。这一类型的品牌有能力培育自己的品牌社群并拥有追随者。互联网革命使得曾被遗忘的有社会影响力的主要角色又变得举足轻重；今天，在互联网革命的推动下，品牌成为社群建设者。

社群是什么？它不仅仅是一个群体或一个细分市场，它是一群在现实生活或网络世界中互动的人。这些人由共同目标或共同理想以及一些关系联结起来。在一个社群中，一些人热情洋溢，一些人参与其中，一些人则跟随其后。要使人们充满激情，品牌本身需要有热情（Derek et al.，2005）。这就是传统品牌管理所使用的词汇和概念不再适用的原因。

适应新的市场现实

新品牌管理是众多企业适应新环境的成果，那么这一新环境是怎样的呢？

购物者兴起

一场变革正主宰着我们在现代社会的生活方式：当看电视和阅读一样全面下降时，购物成为三大最受欢迎的消遣方式之一。在西方各个城市，人们也喜欢在购物中心闲逛，喜欢在拱廊、商场、品牌店和工厂店漫步。亚洲游客在参观埃菲尔铁塔和卢浮宫之后只期待一件事：逛商店。机场不仅仅是航空购物中心，也成为航空时尚购物中心。

营销领域对购物者几乎毫无兴趣，只关注消费者。这两者迥然不同，就像一枚硬币的两面。接受电话调查或互联网访问的总是消费者。在焦点小组会议中接受详细调查的也是消费者；在焦点小组会议中，大家不受束缚，享受舒服的座椅和点心小吃。写下欲购产品和品牌清单的是消费者，而在现场就决定购买的是购物者。今天的购物者总是喜欢挑挑拣拣，可以在一个下午从富丽堂皇的大商店转至折扣商店或小集市。购物令人兴奋，关键是可能达成交易，同时让人们在购物场所感到愉悦。

现在有一种混淆消费者和购物者这两个概念的趋势。在B2B领域，它们是两个独立的主体：使用者和购买者。二者有不同的标准和目标，因此也存在利益冲突。购物者的兴起是普遍的：购物不再是赛跑或家务琐事，而是一种锻炼自己的才能、通过花钱来赚钱的方式。人们还在网上购物，由此促进了电子商务的兴起。

商店像网站一样，实际上变成了人们寻求一下午"零售娱乐"（retail-tainment）的绝佳目的地；零售娱乐，即零售（retail）与娱乐（entertainment）的融合。在大众消费领域，互联网、购物中心、工厂店和品牌中心的扩散都在传递同一个事实：购物未必是家庭杂务，而是休闲活动。人们可以同时获取愉悦、兴奋，以及集体出行和做生意的机会。购物充满旅行气氛，人们在其中寻求交易甚至是划算的交易机会。现在，通过网上搜索或游走于商铺之间，顾客自己定价，而不再屈从于卖家提供的价格。他们可以决定是否支付更高的价格，确保自己找到最时新或尺寸最合适的商品，或者等待打折但要承担找不到合意的产品或买到尺码不符的商品的风险。

市场被分割

传统市场营销也会偶尔遇到市场分割的陷阱。虽然我们还在说"大众消费品"，但大众市场已经消亡。看看数据就清楚了：即便像健怡可乐（Diet Coke）这么全球化的产品，在一个国家，8%的购买者就承载了40%的销量和超过一半的利润。有什么产品可以吹嘘自己的市场渗透率高于 20% 呢？

如今我们不再谈论细分市场，而谈论分散市场（fragmented market）。在宏观经济层面，细分市场仍是一个有效的概念：在汽车交易中，有 B1，B2，M1，M2 等多种细分。这是根据系列等级对汽车市场的划分。汽车制造商为每一细分市场创建对应的生产平台，基于这些平台，它们可以开发不同车型，再将这些车型分为高度差异化的款型，每一个款型都针对特定的分散市场。也许你会认为这没什么新意：汽车制造商不总是将自己的基础车型分解为多种款型（双门跑车、敞篷车、旅行车）吗？这种现象的不同之处在于，以后不会有基础车型了。标致开创了这一战略方法，将其应用于每一次新品发布。因此，207 车型推出了 7 个款型，依照以生活方式划分的各分散市场的实际情况，各款型都进行了高度专业化的设计，基础车型已不再被提及。

拉夫劳伦建立了 10 个以上的子品牌。根据一天或一周中的时间（穿着休闲或优雅）以及性别和年龄，这些子品牌针对不同的目标市场。然而，这并没有分割原有的品牌，因为它有一个高度紧密的中心内核，一个以劳伦先生为象征的非常清晰的品牌身份，并体现在任何一家拉夫劳伦门店中。

媒体分散化

典型的美国人每天在 7 000 小时的电视节目中做选择。32% 安装了数字录像机的美国家庭，不仅可以自由选择并观看电视节目，预录好节目并在自己方便的时间观看，还可以剪辑掉插播的所有商业广告。年轻人则每天在网上耗费数小时。

简言之，常规的广告传播如今在接触目标受众的过程中遇到了问题。人们频繁转换频道，在广告时段起身离开，去上网、打电话或玩 PS 游戏。这就是为什么电视频道正努力发挥其原有的功能。电视频道是什么？仅仅是一个链接。电视必须重新证实自己聚集观众的能力。这就要求电视台制作出成功的系列节目，如反映当今社会现象的脱口秀，在这个节目中每个人可向他人讲述自己的生活故事，就像家庭中的集体讨论。

体育运动是一种理想的方式，可以将分散的观众聚在一起。我们还可以看到肥皂剧的回归，"肥皂剧"这一名字可以追溯到 20 世纪 30 年代，当时的肥皂品牌为了吸引观众进行广告宣传，赞助了电视节目。

互联网令消费者掌握了权力

科技是消费者的朋友，因此消费者愿意接受科技。实际上，科技修正了消费者与生产商、与受控信息或官方信息的关系，进而修正了与政治黑话（political cant）的关系。品牌管理也离不开科技，因此这一变革对品牌管理具有一定影响。

要描述品牌所依附的这个新世界，一些关键的数字十分有用：
- 全世界的手机销量大于电视机。
- 数码相机的第一品牌不是佳能或富士，而是诺基亚。
- 80% 的韩国人拥有一部带数码照相功能的手机。
- 接近 20% 的网络用户会在那些致力于让顾客评价产品和服务的网站上给出自己的意见。
- 自行车论坛（bikeforum.com）曾出现一条消费者评论，这位评论者因能用比克圆珠笔开锁而被取乐，证明此事可行的由业余爱好者拍摄的电影也开始在博客圈传播；3个月后，曾花30年在美国市场打造其安全声誉的Kryptonite公司，召回了市场上所有的问题锁，为此蒙受了1 000万美元的损失。当揭露iPod电池缺陷的网站Appledirtysecret.com出现之后，苹果公司的遭遇也大同小异。博客上开始谈论这个话题，传统媒体也开始关注。

所有传统的市场营销都建立在生产商占主导的力量不对称局面上。顾客发现很难获取较多信息，因而只能依据品牌熟悉度做出购买决策；小型分销商感激主要品牌让它们经销产品；竞争通过价格以外的各种方式进行。这些都已成为过去时——如今，消费者大权在握。

对于B2B客户而言也是如此：
- 他们很有价值，并深知这一点。他们喜欢品牌的诱惑。
- 他们消息灵通——今天，所有事都为人所知。他们可以在网上搜索，通过浏览电子意见网站、在社交媒体上向行业社群咨询，找到各种各样的产品。他们可以轻易地找到最好的供应商网站，它们的产品售价更低。如今，公司和品牌的前沿是可渗透的。这就是为什么IBM倾向于授权公司特定的关键人物去开设自己的博客，直面源源不断的问题，同时在博客上发布内容来提升品牌熟悉度。
- 他们可以形成团体，然后通过集体的网上行为、虚拟社群和电子游说对企业施加压力。就第一代iPod的电池问题而警示所有粉丝的网站iPoddirtysecret.com，其影响力众所周知。
- 他们已经习得了一种沟通的、参与的、互动的文化。这为品牌带来了新的机会，而品牌将不再像以前那么运作——"为消费者服务，但不与消费者一起进步"。如今，参与至关重要：顾客或潜在顾客参与得越多，就越能与品牌产生真正的互动。

任何品牌的目标均是使每个顾客都成为虚拟社群的成员；在其中，他不是中心，但他所关注的事物和自身利益是这个社群的核心。提出超越技术的关系营销的概念很有必要。虽然该概念被公认为有效，但它就像任何技术一样忽视了本质。越是让顾客觉得自己参与其中，品牌在倾听他们的意见而不要求他们购买，就越可能在品牌周围形成一个真正的社群，从而与品牌建立真正的联系。

Web 2.0确立了顾客或消费者的权力。互联网不再显得那么梦幻或未卜先知：它变得简单、实际、社会化，且富含服务、信息或游戏。博客能反映市场的真相，是真正的消费者杂志，而品牌网站以及纸质消费者杂志则反映"官方"的事实。

社群的力量

现如今，创建品牌的不再是消费者，而是社群。纽约的同性恋社群创造了绝对伏特加的成功；洛杉矶的同性恋社群让孟买蓝宝石（Bombay Sapphire）获得成功；设计师和创意者社区支持苹果度过了事业低谷期。

今天，美国谈论的全都是"社群营销"。营销方案根据所指向的目标顾客的类别——非裔美国人、华裔美国人、西班牙裔美国人或居住在波多黎各的美国人——而具有高度差异。

社群概念为细分概念增加了什么？为什么不简单地说中国人或波多黎各人细分市场？细分市场是一个营销学上的抽象概念，指的是那些具有相同的基本特征或期望的人。而社群是一个活跃的群体，每天都通过交流和参与编织着新的联结。社群存在着、生活着、成长着，其中的人们对社群存在认同感。细分市场可以被定义和测量：它是由各种标准区分而形成的板块。而社群表达想法，把大家凝聚在一起，它通过社交媒体而存在。

社群的力量早已得到认同：绝对伏特加和孟买蓝宝石的例子证明了这一点。然而，互联网提供了一种新的观点：社群是传播沟通的对象，而互联网就像手机，是进行传播的媒介。因此，社群的力量不再是一个社会学的抽象概念或一项可弥补的技术，如果品牌知道如何利用社群来加强管理，那么社群的力量就能为提升品牌发挥杠杆作用。比如：

- 匡威（Converse）在脸书上拥有 1 300 万粉丝，维多利亚的秘密有 1 200 万，Zara 有 800 万，H&M 有 600 万，鳄鱼有 500 万。
- 达能通过"达能和你"网站向年轻的妈妈们提供服务。
- 铝制品品牌特科纳创造了一种新职业——制铝工人，并致力于为这一群体提供服务。
- 理肤泉（La Roche Posay）将其传播活动的重心放在对患皮肤病的群体的有效介入上。
- Quiksilver，Oxbow 和 Billabong 坚决地介入真正的冲浪者世界，自己也参与其中。
- 耐克通过走向街头，置身于说唱歌手或各项运动的不同群体中，建立起真正的利基营销体系。

我们已经进入 B2B2C 营销时代

1971 年出版的菲利普·科特勒的重要著作《营销管理》（*Marketing Management*）详细论述了 B2C（企业到消费者）的革命：终端客户的市场份额。多年之后，新时代已经到来，必须对这个概念进行修正了。在很多行业，我们已经从 B2C 营销转向 B2B2C。我们要将整条（价值）链整合起来讨论，并扪心自问：我们给它带来了哪些附加值？

那些无法奢侈地享有自己独立的分销渠道的品牌，首先必须考虑何种方式能帮助分销商/零售商去实现品牌自身的目标。首先要说服的是分销商。如果无法出现在货架上，"主要品牌"又有什么用呢？就像其他消失在人们视野中的品牌一样，不是因为顾客不再喜欢它们，而是因为它们已不再是分销商或零售商的战略品牌。

在一个低成本产品如卫生纸或其他纸产品竞争激烈的市场，检查一下超市货架可能会令我们不禁发问：那些"主要品牌"（如 Lotus、舒洁、Charmin）去哪儿了？它们已经被家乐福、乐购、英百瑞等分销商的品牌替代，只剩下主打性价比的制造商品牌 Okay。然而，葡萄牙品牌 Renova 却成功地保住了市场。这家中小企业首先攻取了本国市场，然后是西班牙，现在又拥有了欧洲大众分销渠道。Renova 之所以进入大众分销渠道，是基于对这种分销模式的两项诊断：（1）该渠道不能盈利，很有必要通过创新给它提供价值；（2）该渠道受到硬折扣商店的威胁。因此Renova并没有以生产者的身份，而是以分销商/零售商的新合作伙伴的身份提供两种产品选择，既提供湿巾和柔软纸品等高端产品，也针对低端产品努力实现最大化供应（8包的价格可买12包，18包的价格可买24包）。厂家事先包装好需要促销的产品系列，超市陈列于带轮货架上销售。

在电影《穿普拉达的女王》（The Devil Wears Prada）中，梅丽尔·斯特里普（Meryl Streep）问她的Jarlsberg去哪儿了。这是一种著名的挪威奶酪，与瑞士干酪不同。在美国，Jarlsberg已至少销售了40年，其市场份额十分可观。它成功的关键是什么？其圆盘装奶酪只有10千克，而瑞士奶酪重达30千克，对于自带库存的分销商或零售商而言，Jarlsberg更易储存也更经济实惠。正是因为了解了分销商的需求，Jarlsberg才结交到盟友。

人们都听说过澳大利亚葡萄酒黄尾袋鼠在美国市场的非凡成就。没有人怀疑它是一个好产品，它适应市场、定价合理，但它的成功还是让人意想不到。澳大利亚制造商Casela想到了两个好主意，代表了对B2B2C市场的完美理解。首先，Casela给美国分销商股份，激励其在美国以专门的分销渠道推广产品；其次，它所设定的价格水平能够比竞争对手让分销商盈利更多。

那些没有自己的分销渠道的品牌正投身于B2B2C营销之中，但这个无可争议的事实并没有得到足够的认识。是时候不再把分销商仅仅当作一个"分销商"了。分销商的说法源自物流领域，就像库存零售商、调度员或批发商一样。分销商首先是一个拥有差异化战略也有自有品牌的零售商，因而很有必要将其设想为合作伙伴，并从它的关键问题着手。而它的问题也是品牌的问题：实现品牌名称差异化，创造顾客对品牌的忠诚，创造利润。分销商关心的是自己公司的盈利，而不是达能或欧莱雅的盈利。

商业模式的力量

在美国市场，黄尾袋鼠葡萄酒所提供的不仅仅是一个新品牌，还是一种基于分销的新的商业模式。在美国，这是首先要解决的问题；要记得，美国是三层分销模式，不像英国只有两层。改革在于商业模式。在英国，黄尾袋鼠比杰卡斯葡萄酒晚几年进入市场，其战略没有奏效。而杰卡斯利用自己的新商业模式，尽享先入优势。

易捷航空和瑞安航空不仅仅是定价便宜、新生的可靠品牌，还提供了一种完全不同的商业模式，常规的航空公司无法模仿。这就是英国航空公司的子公司Buzz（Buzz被认为是其子公司，实际上独立运营）的原因。英国航空公司充分挖掘中心（hub）营运模式的结构性优势，为跨国乘客提供了很大的灵活性。

这里，我们要了解的一点是，品牌并不是一项自给自足的资产，只靠品牌自身将一无所成。品牌的成功是有条件的：品牌只能通过与支撑它的商业模式进行互动来发挥效应。所有成功的新进入者——戴尔、eBay、谷歌、Zara等都是如此。

以纺织品为例。所有人都看到Zara品牌在世界各地异军突起，它以低价格提供高级时装。为了取得成功，Zara 对其管理模式进行革新。Zara 成功打击了所有的低价竞争者（如 Promod 和 Kiabi），它们的商业模式与 Zara 不同，因而无法进行调整。Zara 以每件单品存货量少、快速周转为运营基础，有意保持每款服装的供应短缺来产生吸引力，促使老顾客再次惠顾。它将门店视为剧场舞台，不做广告，建有卓越的系统以获取最新的关于顾客期望的信息。另外，与竞争者不同，Zara 需要更大的灵活性，因而要求大批中小企业就近为其专门生产。

值得注意的是，在大众消费品中，德国硬折扣商店推出的便宜产品比超市具有更高的性价比。这是因为硬折扣商店的商业模式成本更低：德国硬折扣商店将业务建立在与声誉良好的生产商长期合作的基础之上，这些厂家愿意生产数量十分有限的产品。这样，产品成本降低了，而产品质量仍然很好。超市则不愿与某一供应商长期捆绑在一起，它们的商业模式是以能够向供应商施压、一有机会就可以替换它们为基础的。以最低价购买商品而不论其出自哪里，与创建一个工业和物流体系、让可靠的供应商以半价生产质量可接受的产品，这两者之间存在根本性差异。

今天，要创立一个洗发水品牌，最好从一个美发商标开始，然后在此名称下创建全产品系列，在主要的商店销售。这一商业模式是欧莱雅的 J Dessange 创造的。此后，J C Biguine、J F David 和其他品牌也采取了这种模式。在欧莱雅，每个品牌都有不同的商业模式。

在接触点建立品牌

品牌经理以"从上至下"的方式思考品牌，即从品牌的本质和价值开始，再转向有形资产，最后转向具体行动。但消费者采取相反的方式，他们会从有形和可感知的东西开始，即一切都始于具体的体验：我只相信自己的所见和感受。

作者在哥伦比亚大学的同事施米特（B. Schmitt）将营销界的注意力引至品牌的体验维度（Schmitt and Zhang, 2001；Schmitt，2003）。品牌需要实践、感受、触摸或倾听——这对航空服务业来说更是不言而喻的。我们对法国航空（Air France）或新加坡航空（Singapore Airlines）的印象是在从巴黎飞往东京或新加坡的 12 个小时中建立的，是通过与飞机上工作人员的接触建立的：在飞行的这段时间里，他们就代表了品牌。然而，法国航空的品牌构建还与地勤人员通过电话为顾客办理各种预约手续有关。这些服务不仅发生于事情进展顺利时，还发生于出现状况时。为了全面考虑客户与品牌接触时的各种体验，在理解了品牌的可感知维度之后，我们不再单独考虑产品本身。

那些只有产品的品牌必须增加鼓励顾客参与的体验维度。参与是与品牌互动的先决条件，这是一种真正的情感忠诚，而不是为了积累里程数或积分而进行的重复购买。那么怎样创造这一体验维度呢？

- 欧莱雅的化妆品都盛放于设计美观、装饰漂亮的瓶瓶罐罐中，涂抹这些化妆品就像一场盛大的仪式。
- 达能在其"达能与你"网站上为人们提供个性化的健康建议。
- 汽车制造商现在高度关注体验性元素（车门声响、皮革柔软度、手肘放置的位置等）。
- 模拟投诉处理活动。预先准备好应对方案，这样能减少负面影响，甚至还能让顾客满意，使其因良好的体验而感到惊喜，成为推广品牌的形象大使。
- 香槟酒生产商让消费者参观它们的酒窖以感受酿制的神秘。
- 为了强调参观者的感知体验，Société 洛克福干酪将其地窖建造得宛如石头 3D 秀。
- 保乐力加（Pernod Ricard）惊人的业绩增长源自其在体验领域的进步。其品牌投资的核心是围绕品牌的价值、历史和顾客对其品质的想象，在酒吧、咖啡馆、宾馆和舞厅中组织各项活动。
- 联邦快递认识到，那些上门取走信件送达目的地的快递员是影响人们对联邦快递品牌的体验的关键人物。此外，联邦快递还将网站进行功能区分，以追踪信件和包裹、联系呼叫中心等。
- 赞助也是一种可感知体验：形象化地将品牌与事件、体育团队以及类似的事物联系起来。
- 向公益事业捐款，可以展示品牌对周围的世界并非麻木不仁。

最后，我们发现品牌都将呈现这样的趋势：在越来越大的旗舰店里为自己打造品牌世界，将其设计成体验场所，顾客可以在其中充分感受品牌。全球最大的两家路易威登门店，分别于 2005 年在上海、2006 年 8 月 31 日在东京开张营业。2006 年 5 月 19 日，苹果超级商店开张，纽约第五大道上的那个巨型玻璃立方体①下人头攒动。这家苹果旗舰店 24 小时营业，顾客可以在这里找到所有的 iPhone 配件，与苹果专家而非销售人员进行讨论——他们都非常年轻，能够解答所有的技术问题。

每一家拉夫劳伦旗舰店都可以作为拉夫·劳伦自己的家，配有红木家具、地毯、沙发、扶手椅、图画和照片，所有这些都是为了营造一段"真实"的历史。值得注意的是，拉夫劳伦在各百货商店设立的品牌专柜也营造了这种氛围。

就像足球比赛有甲级联赛和乙级联赛一样，明天，这些品牌的新举措会将主要品牌和小品牌区分开来。

将零售作为体验

所有近年来成功的案例，那些在世界各地的管理学研讨会和座谈会上广受称赞的实践典范，都是将分销渠道与品牌价值进行整合的品牌。星巴克、Zara、亚马逊、戴尔、欧舒丹（l'Occitane）、丝芙兰等都是如此：它们都既是品牌也是分销商。我们走进 Zara，是为了购买 Zara。

有趣的是，我们注意到诸如星巴克、Zara、亚马逊和谷歌等并不为广告而费心。相反，它们在培训、男性与女性、建筑物、感官接触、延伸产品、触摸等方面

---

① 在纽约第五大道的苹果旗舰店门口，耸立着一个梦幻般的玻璃立方体，在其内部漂浮着一个苹果标志。——译者

下功夫。

发人深省的是，所有研讨会上讨论的现代管理领域的明星是这样一些品牌：它们的店铺通过打造环境、提供选择、营造氛围等为购物者提供乐趣。

扩大品牌管理范围

品牌管理受到变革的深刻影响——这场变革动摇了营销理论和实践，将营销从交易视角转变为关系视角。这一变革促使理论家提出新的疑问以及新的工作方法、思考模式和工具，并要求替代之前那些"陈旧的"东西。

从交易到关系

传统上，营销聚焦于消费者行为：它旨在影响消费者的选择。传统营销的焦点在于理解购买行为，以及理解促进购买的选择标准，不管这些标准是有形的还是无形的、是基于产品的还是基于形象的。传统营销借以影响需求的工具是营销组合，即神圣的4P工具：产品（product）、价格（price）、渠道（place）和宣传（publicity）。彼时的市场研究旨在识别出那些能预测购买行为的因素，典型的研究工具是多项因素模型。市场细分是交易营销的另一个关键概念：企业认识到，消费者期望越高，越能促进交易的完成；因此，大众市场被细分为若干群体，或是拥有类似期望的不同类型。随后，企业对品牌进行勾勒和塑造，以迎合不同类型的期望与需求。

由于竞争激烈、模仿迅速，加上有时量身定做的方案和品牌似乎让消费者应接不暇，营销的焦点已经从征服客户转向了留住客户，从品牌资产转向了顾客资产。进行高效率的品牌管理的新关键词有需求份额（share of requirement）、共享忠诚（shared loyalty）和顾客关系管理（CRM）。如今，营销聚焦于通过时间建立持久的关系以及购后行为，所有这些活动都可归在"关系营销"这一术语之下。而市场研究的焦点也已经从预测选择转向了识别不同类型的消费者-品牌关系（Fournier，1998），或者转向销售产品或服务之外，企业与客户的不同互动类型（Rapp and Collins，1994；Peppers and Rogers，1993）。

必须注意的是，关系营销是受财务驱动的概念。顾客仍然被细分，但行为方面存在差异。在传统营销中，细分市场旨在将品牌或公司为顾客创造的价值最大化；而在关系营销中，细分建立在纯积分给公司带来的价值之上：只有那些有利可图的顾客才应该一再受到关注。因而出现了顾客终身价值的概念。公司或品牌需要越来越高效地对每一位重要顾客进行追踪、分析、服务和销售，互联网技术则创造了满足这种需求的方式。

当然，这两种方法是互为补充的。最佳忠诚并不仅仅建立在纯积分和忠诚卡之上：它们被内化为自愿忠诚，就像品牌承诺。另外，弱势品牌需要着手做好这类工作。行为忠诚项目为深化顾客-品牌关系创造条件，并在顾客和品牌之间创建情感联结。

从购买到满意和愉悦体验

重视购后现象的另一个结果便是聚焦于产品/服务的满意度。产品/服务所传递的内容如何符合消费者的预期?这种满意度又如何能持续地得到提升?在这一过程中,我们需要考虑消费情境的条件。产品总是在某种环境下被人们消费的。环境会影响消费者的满意度,我们称之为"有益的体验"。实际上营销者早已知道,相比于在环境欠佳的场所享用的食物,消费者会认为在赏心悦目的环境中享用的美食味道更好。菲利普·科特勒(1973)创造了新词"atmospherics"指称这一消费维度,即体验维度。今天,像耐克城、拉夫劳伦之家等商店就是对该体验概念的典型应用(Kozinets, 2002)。早在1982年,霍尔布鲁克(Holbrook)和赫希曼(Hirschmann)发表的开创性论文就强调在体验式消费中为现代消费者提供幻想、感受和乐趣的必要性。施米特(Schmitt, 1999)提出了"体验式营销"(experiential marketing)这一术语,意指"如何让顾客去感觉、感受、思考、行动,以及与你的公司和品牌关联起来"。

通过理想价值观建立联系

在功能性回报和体验性回报之外,品牌还必须是充满理想的。如今,继承而来的认同感的强度正逐渐减弱。正是通过无形价值,品牌得以帮助消费者建立起自身的认同。著名又难懂的"消费者联结"建立在产品满意度之上,也建立在有益的消费体验之上——这种消费体验包括对主动服务(甚至是产品)的定制化。如果品牌价值观不符合消费者的价值观,那么消费者联结无法存在。所有品牌都必须胸怀壮志。在物质满足和享乐满足之外,消费者会说:"我们互相理解,我们有相同的价值观和精神。"因此,阐明这些不基于产品的价值是十分重要的。愿景和使命是这些价值观的典型来源。

我们可以用两维矩阵来描绘品牌管理的范围延伸(见图6-7)。横轴以时间视角表述寻求的关系(从即时交易到重复购买再到长期承诺),而纵轴表示顾客联结的深度,有三种顾客联系:产品满意、体验魅力和理想相似度(aspirational intimacy),或称为深层价值观的共享。在纵轴上,可以依不同情况运用现代品牌管理的新工具和新举措。

品牌社群

曼彻斯特足球联队(简称曼联队)在全世界拥有多少粉丝?在英国有500万,在世界其他地方有5 000万?这些人当中的大多数从来不会亲临现场观看曼联队的比赛,但他们会看电视直播或网络直播。他们会消费曼联队的周边商品,比如T恤;在老特拉福德球场,英国粉丝只喝曼联可乐。这是一个真正的社群,多亏有它,曼联队才雇得起最贵的球员,比如韦恩·鲁尼(Wayne Rooney)。实际上,销售与最有名的球星相关的周边商品所获得的盈利,足够支付这些球星的巨额薪水和转会费。

在传统的消费者研究中,消费者被视为个体,并且最终被归入各个细分市场。大多数旨在预测购买的多因素模型都有这样的隐含假设,因为它们都是以个人反应为基础的。人们可以争辩:消费者并不是相互孤立的个体,他们属于各个群

	即时交易	重复购买	长期承诺
理想相似度	• 形象广告 • 品牌联合 • 赞助	• 爱好者杂志 • 网站 • 虚拟社区 • 道德成长	• 社群内事件 （品牌+顾客） • 颠覆性创新
体验魅力	• 广告 • 店内激励 • 内置体验式产品 （概念） • 商店娱乐 • 街头营销	• 与特定事件相关的收藏性优惠或系统性优惠	• 一对一服务 • 认同和服务 • 联合创造
产品满意	• 产品质量 • 产品优势 • 试用推广	• 购后促销	• 忠诚项目（卡）

（品牌深度↑，关系的时间视角→）

图 6-7　品牌管理的延伸

体、部落或社群。这种从属关系也许稳定也许易变，也许持久也许短暂。事实上，品牌不是通过个体评价的总和获得意义的，而是通过对参考群体内的对话进行综合反映获得意义的。这里的参考群体即社群，意见领袖在其中发挥着决定性作用。

随着广告的诞生，新的行为形式出现了，通过它们，品牌得以创立；也就是说，品牌最终是在一个非商业环境中与消费者社群一起实现价值的。相关的经典案例有米其林在世界各地赞助赛车比赛，以及哈雷戴维森赞助的公路赛车会——这也是公司管理层和自行车赛车手一年一次的盛典。现代品牌还围绕自身或某个话题（如帮宝适的"亲子关系"、杰克丹尼（Jack Daniel's）的摇滚乐）来积极创造社群。网站、"爱好者杂志"、热线电话、品牌俱乐部和事件，是通过服务或激励来支持这一新态度、分享品牌价值观的经典工具。品牌变成了"主动的媒体"，帮助其顾客通过特定的事件在网上或现实中相互接触和联系。创建品牌社群现已成为品牌管理范围中新的一部分（Hagel，1999）。对消费者来说，聚在一起并分享经验是另一种形式的奖励。费瑟（Feather，2000）识别出电子社群的四种驱动因素，它们可以是基于兴趣的、基于交易的、基于关系的或基于幻想的。每种驱动方式都决定了特定的网站类型、内容类型以及品牌与受众的互动关系的类型；社群超越了单一的购买行为，寻求品牌与其他顾客的互动。顾客由社群互动和交易所带来的奖励驱动。

品牌需要品牌内容

谁不知道轮胎行业世界领先的公司米其林呢？它在 170 个国家销售产品，拥有 120 000 名雇员，在 19 个国家有 68 座工厂。其全球销售额达 150 亿欧元，其中

90%来自轮胎业务。

1900年，米其林制作了一本小手册，免费发放给当时拥有汽车的2 400名客户，这就是《米其林指南》（Michelin Guide）的雏形。那些开着不可靠的汽车去探索法国乡野的顾客，需要知道哪里可以修理漏气的车胎。此外，这本手册还告知顾客哪个镇可以找到汽车修理厂，万一他们要在那儿等待，可以选择哪些旅馆和餐厅。自此以后，《米其林指南》就成为豪华美食的首席裁判，它的肯定就是质优味美的保证，受到世界各国厨师的追捧。如果他们想要得到同仁和客户的认同，就必须赢得一颗、两颗或三颗米其林之星。

在整个20世纪，米其林销售了3 000万本指南。指南在23个国家共有26个版本，继纽约版和伦敦版之后新推出的有东京版、上海版和香港版。《米其林指南》的销售额只占集团销售额的一小部分，但它可能占到全部宣传费用的一半以上（因集团保密制度，没有确切数据）。米其林发明了很多卓越非凡的轮胎（如子午线轮胎等），还创造了"品牌内容"（brand content）——现代战略品牌管理最重要的新概念之一。

不应将品牌内容与"品牌化内容"（branded content）或"故事讲述"（storytelling）相混淆。品牌化内容与赞助相近。品牌经常做背书或资助电视节目。故事讲述是一种创造奇闻轶事或神话传奇的自我陶醉式策略；而品牌内容是新的范例（Bo and Guevel, 2009），旨在创造一种强烈体验，比如贝纳通（Benetton）的《色彩》（Colors）杂志和路易威登的旅行指南和图书。品牌内容吸引消费者与品牌发生关联，因为它不谈论产品本身，而谈论品牌与其受众之间的共同利益。

为什么品牌内容最近才作为一个基本概念出现？因为Web 2.0。

品牌必须存在于网络。从这个角度来说，我们应该忘记网站，它们就像商店。Web 2.0则有关点对点交互、社交、惯例、娱乐等。当品牌不谈论它的产品时，应该说些什么？没有"品牌内容"的品牌将不能作为消费者的主要信息来源。消费者不会登录网站去接受商品推销。想要领先，品牌将不得不在网络上传播内容。因此，它要把自己想象成媒体、博物馆馆长、出版商以及电视频道。品牌内容为品牌赋予了内涵，也赋予了深度和情感。这一内涵必须能吸引注意力，并像病毒一样传播。抛开病毒技术，问题是：当品牌不是产品或服务时，它是什么？品牌内容强调所有品牌的文化维度以及它们的无形资产。品牌内容是品牌与公众或网民（人们不能被简化为消费者这种单一角色）之间的联系。

在传统营销中，品牌通过广告与消费者沟通，这就是侵入式营销（Godin, 1998）。公共关系的存在是为了渗透杂志自己的内容：展示产品的杂志出现。有了Web 2.0，除了网页上的横幅广告，入侵式营销不复存在。消费者想做什么就做什么（一般不会浏览品牌网站）：他们喜欢跟别人聊天，或搜索生活中喜欢的有趣内容。要与消费者接触，品牌内容十分有必要。

一些品牌早在网络出现之前就意识到它们需要内容。看看拉夫劳伦：该公司出版了书籍，介绍创始人拉夫·劳伦的生活、汽车收藏和大农场，他妻子的著名食谱以及她的家居装饰品位。人们可以猜测，那本近年发行的比较拉夫·劳伦和可可·香奈儿（Coco Chanel）生活的书（只能在Kindle中阅读），是由拉夫劳伦公司策划的。这本书在拉夫劳伦所有的超级商店中有售。有关卡文尔·克雷恩（Calvin

Klein)、马克·雅克布和卡尔·拉格费尔德（Karl Lagerfeld）的精致纪录片（也许是在各自公司的要求下发起的）随处可见，甚至出现在飞机上的影视节目中，现在又出现在网络上。

网络令品牌内容扩展至全球。拉夫·劳伦的书仅有少部分人可得，其价格限定了它的读者群体。它们常被作为礼物，因此强化了品牌地位。借助网络，世界上任何人都能接触到品牌内容。但与街头海报不同，网络内容被其受众筛选，不能像广告那样强行地自我推介。网络内容与谣言有着相同的扩散路径（Kapferer，1990）。

今天，所有主导品牌的主要问题是：我应该为何目的、为谁创造什么样的品牌内容？品牌必须投入很多的关注、精力、时间和金钱来创造有趣和娱乐性的内容。而消费者和品牌内容邂逅的媒介将会是社交网络。如今人们相遇的地方不是在孤单的人群中，而是在自己选择的社群里。

因此，无力创造自己社群的品牌是弱势的，甚至都不能说是一个品牌。品牌有点像对信仰和忠诚有要求的宗教：刚开始时规模很小，但很快会就拥有信徒和活跃的社群。

有三种类型的品牌内容：娱乐型、实用/有用型和情报/发现型。

● 宝马汽车在网上发布了一系列由著名导演马丁·斯科西斯（Martin Scorsese）、昆廷·塔兰蒂诺（Quentin Tarantino）执导、由著名好莱坞明星克莱夫·唐纳（Clyve Donner）或歌星麦当娜（Madonna）出演的小影片。这些小电影绝不可能在电视上播放：时间太长（5分钟），成本太高。它们流行于网络，并得益于病毒式传播。路易威登在脸书上的时装发布会让所有 LV 粉丝都可以看到精彩纷呈的表演，甚至比极少数受邀者在现场观看的效果更好。通过特殊摄影机和扩增实境技术，这些视频的效果令人惊叹。

● 实用信息可以通过苹果手机应用的形式传播：在中国，兰蔻招聘了一个年轻的博主作为其化妆师，在网上进行视频教学。

● 情报/发现型的内容包括向顾客发出与埃琳娜（JC Elena）——被称为爱马仕香水的"鼻子"——见面的邀请。所有品牌都可以编辑它们自己广告的"拍摄花絮"，以鼓励顾客参与。

塑造品牌内容不是一项一劳永逸的行动，必须持之以恒地对其进行创造，就像创新一样。这种方式一次又一次吸引着人们。品牌内容还展示了品牌的领导力——不是在市场份额方面而是在驱动或塑造品类方面的领导力。这在 B2B 领域的主要含义是：你必须抛开保密政策。所有研究一旦不再是战略性的，都应该在网上公布。竞争者很可能已经委托他人开展相同的研究（未来趋势、市场份额、市场细分等）。图 6-8 展示了数字环境中的品牌。

B2C 的研究结果通常是在一个月之内提供给管理者阅读，然后被束之高阁、抛之脑后。如果将它们放在网上，品牌就建立了作为参照者的地位。

品牌内容可以销售。它充实了品牌，使社群充满活力，建立社会认同感。品牌扮演着时尚创造者和智囊团的角色，引导市场竞争。

虽然截至目前我们主要讨论的是网络渠道，但消费者应该能够通过多种渠道获取品牌内容，不论是在线上还是线下。

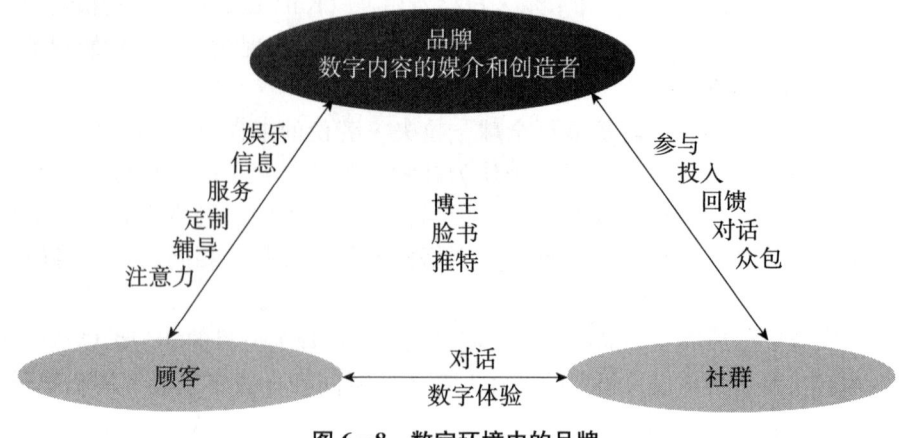

图 6-8 数字环境中的品牌

品牌联合如何提升业绩

拥有两个创造者并通过双重品牌化广而告之的产品正在增多：比如，雀巢和欧莱雅的联合品牌诺美（Inneov），它是第一种防脱发的营养药片，2006年11月在各大药店上市；达能和美之源（Minute Maid）的联合品牌 Danao，我们已经很熟悉了；飞利浦联合妮维雅为其 Coolskin 剃须刀开发了滋润保湿乳液——这体现在剃须刀包装上及其广告中。此外众所周知，"内置英特尔"的标签出现在所有使用英特尔芯片的电脑上以及它们的广告中。

在合作文化下，品牌联合的兴起成了我们这个时代的象征。企业希望保持核心竞争力，因此去别处寻找品牌缺失的能力——这种愿望也造就了品牌联合。因此，品牌联合值得我们深入探讨。

品牌联合为何增多

从根本上讲，联合品牌是对持续增长的需求的响应。过去企业可能愿意不惜一切代价争取获得新的能力——那些曾经缺失的、限制它们创新力的能力；今天它们却努力寻找可以携手共创未来的合作伙伴。这是个联盟、合作、网络经济的时代，每一方都保持着自己的专业化和核心竞争能力，并充分利用他人的相关资源。在追求增长的过程中，品牌很快就在协调业绩增长与保持品牌专一性和公司专门技术上遇到了困难。

在西方市场，品牌意味着特定技术或心理状态（而在亚洲，品牌远没有如此专业化）。当品牌试图成长时，会受到自己的身份和专业性的限制，因此它需要同盟来填补缺口，弥补自己的不足。当这个同盟者有能力但不合适时，这种合作关系就不能促进联合品牌的成长。比如，为了开发一个优质的真空包装即食餐系列，慧俪轻体（Weight Watchers）需要 Fleury Michon 的制造和分销能力。然而，包装上对慧俪轻体只字不提。实际上，慧俪轻体这个品牌本身已是对节食者的保证，而美食品牌 Fleury Michon 代表的是法式优裕生活。慧俪轻体与该品牌的"联姻"令人困惑。

相反，如果两种形象优势互补，那么两个品牌都能为联合品牌强势背书。因此，为了取悦如今越来越受电脑游戏和游戏机游戏引诱的年轻人，乐高（Lego）决定增加电子产品线。然而乐高没有这个领域的制造能力（通常可以转包），而且关键是其品牌形象无法给予新产品可信度。只有与在年轻人中享有很高声誉的电子产品品牌合作才能消除这一障碍。玩具生产商美泰（Mattel）与康柏电脑（Compaq）合作，创建了一条可互动的、高科技的玩具产品线。

由此我们可以看到，围绕品牌联合这一主题出现了几个战略性问题：
- 两个品牌的公开联盟会在顾客心中留下积极印象吗？
- 两个创造价值的品牌形象之间存在高度的互补性吗？
- 考虑到每个品牌的感知地位，两个品牌匹配吗？很多成功的品牌联姻必定存在互补性，但两者也需要有共同的愿景和共享的价值观。
- 创新是归功于合作的双方，还是只归功于其中一方？

导致品牌联合的典型情形

- 要增大向初始市场以外的市场进行品牌延伸的成功概率，品牌联合很有必要。因此，作为一个以儿童为目标市场的品牌，家乐氏在其为注重健康的成年人推出的新谷物系列产品上，标记了已经在这个细分市场中广为人知的品牌"健康之选"（Healthy Choice）。达能和 Motta 合作，推出了酸奶冰激凌品牌 Yolka。美之源和达能推出了冷冻果汁，美泰和康柏推出了互动玩具。

- 当品牌形象使品牌本身难以向特定的目标市场传播时，品牌联合也很有必要。在这种情况下，品牌需要中间人为它开启这扇门，因此能与这个目标市场对话的另一品牌就可以扮演传话者（relay）的角色。当法奇那（Orangina）这个被认为主要生产儿童饮料的品牌想要转向青少年市场——软饮料的最大消费群体——来促进销售时，其稚气的形象成为一大障碍，因此，它与 NRJ（最受年轻人欢迎的电台）和牛仔裤品牌 Lee Cooper 建立了合作关系。法奇那的饮料罐上同时印有 NRJ 与法奇那的品牌名称。

- 品牌联合使得开发在独立分销渠道销售的产品线成为可能。除了向之前无购买意向的顾客销售产品，其目标还包括形成某些可识别品牌的核心特质。因此，为了与富有创造力的年轻女性建立关系，法国小家电品牌特福（Tefal）与年轻、有活力、不依常规、积极进取并且对媒体十分友好的英国厨师杰米·奥利弗（Jamie Oliver）一起，开发了一系列特别的产品，销往世界各地。杰米·奥利弗与特福的合作关系是两个主体之间的合作，虽然公认差异很大，却有同样的愿景：享受简单、愉悦和欢乐。该产品线的营销定位仅次于特福的最高端产品，只能通过特定渠道买到。

- 品牌联合能让品牌提升层次。在食品类产品中，知名品牌要提升水平，进而提高价格，成为大众市场品牌是十分困难的。它需要一个可靠的联系。这就是为什么所有预先烹制的餐食，即便是分销商品牌，也都会创建由某一名厨（迪卡斯（Ducasse）、特鲁瓦格罗（Troisgros）、罗比雄（Robuchon）等）联合背书的产品线。

- 成分品牌也是向顾客表明产品质量上乘、优于普通产品，从而证明其价格高合理的一种方式。如 Dim 的 Diam's 展示莱卡商标。面料行业的戈尔特斯、Woolmark、Tactel，以及食品行业的纽特阿斯巴甜（Nutrasweet）也是如此。在 B2B 领域，这一做法也越来越多：所有使用英特尔芯片的电脑装配商都会标注"内置英特尔"品牌，并同意在其营销传播中如此宣传。作为回报，英特尔分摊客户一半的广告费用。

对于创建了自有品牌的分销商迪卡侬来说，联合品牌在战略上富有意义，因为它们可以提高其激情品牌产品的专业性，这些激情品牌对终端顾客而言相对不知名。Damart 所有的架构和盈利性都建立在其成分品牌 Thermolactyl 之上，该品牌使用的保温纤维令 Damart 有与众不同的外观，与其他分销商提供的保暖内衣区别开。

- 品牌联合还是对出现的市场碎片化和社群的回应。以法国通信品牌 Orange 为例。它是如何发展壮大的？它可以向虚拟运营商即虚拟移动网络运营商（MVNO）提供批发销售，后者可以是折扣商店（如家乐福、Darty 等）。最初，Orange 品牌名称并不出现，消费者以为它们是向家乐福购买网络服务。Orange 还可以和那些已拥有一定客户的品牌加强联系，为客户提供专门的增值服务。比如，Fnac（维珍唱片城的竞争对手）的忠诚顾客可以购买 Fnac 的产品，包装上清楚地展示了 Orange 的商标。它们提供的不仅仅是特定的价格，还有只针对 Fnac 顾客的服务和内容。Orange 让这些顾客感到安心，同时发展了业务。

对足球俱乐部，Orange 也以同样的方式处理——以俱乐部之名创建与 Orange 相关的订阅内容：粉丝们从专为其设定的聚焦于足球的内容中获益。当俱乐部赢了比赛时，粉丝们也会赢得福利，即发送免费短信或与明星球员"聊天"的机会。Orange 还为某些主要赛事转让专属的移动电话转播权。就这样，Orange 成功地适应了市场分割。

在网上，品牌联合还有一个角色。这个角色很常见：为了突出一系列的价值、利益和受众，线上品牌会互相链接。

- 当一些车型进入生命周期之末，产品本身不再具有技术新颖性时，特许方式的品牌联合是增加销量的一种方式。提供体现著名设计师风格的定制汽车，就附加了新的价值，突出的例子包括标致 205 鳄鱼（Peugeot 205 Lacoste）概念车和雪铁龙比克（Citroen Bic）概念车。为了给汽车打上社会文化的印记并强调其定位，这一方法被应用于车型生命周期的初始阶段：雷诺高田贤三（Twingo Kenzo）概念车阐明了汽车的主要定位，即"过自己创造的生活"，并凸显了其创造性。雪铁龙想要强化与雷诺空间（Renault Espace）相竞争的创新者定位，于是推出了雪铁龙毕加索（Citroën Picasso）。而对于毕加索家族来说，这一合作维持了其姓氏的品牌地位，只允许极少的企业使用有助于防止其姓氏落入公共用途。

- 有时候，品牌联合旨在在意见领袖中制造关于品牌的舆论，来创建一种形象。马克·纽森（Mark Newson）为特福专门设计的产品就是这种情况。同样，为了给自己增添流行元素，阿迪达斯委托设计师斯特拉·麦卡特尼（Stella McCartney）开发了一条联合品牌的产品线。该品牌正积极地争取在时尚市场（不仅在技术市场）大显身手。与设计师进行品牌联合的方法在运动服装行业也很流行，彪马（Puma）有类似的做法。推出由卡尔·拉格费尔德设计的限量系列时，H&M引发了抢购热潮：顾客从午夜开始在店外排队。

● 最后，品牌联合是具有透明、自信、鼓舞人心等特征的品牌联盟。各航空公司为了将其忠诚计划予以标准化，促使旅行者增加飞行里程数（对低成本航空公司的额外防御），以法国航空和荷兰皇家航空（KLM）为核心成立了航空公司联盟——天合联盟（Skyteam）。

品牌联合、联盟与合伙

现代世界是集团、公司、品牌等进行联盟与合作的世界。品牌联合是联盟的象征，没有任何一方想将自己隐藏起来（不同于分包等形式）。

对1990年以来的企业战略进行的一项分析发现，一些特定形式的行为（如联盟）经历了大幅增长，甚至出现了新的混合形式的行为——因而也创造了用以表达它们的新概念和新术语，其中之一便是"合作竞争"（coopetition）——与竞争者结盟。

在继续阐述之前，让我们先给出几个定义。联盟是具有长期影响的战略决定，它将不同主体互补的能力聚合在一起，旨在开发创新的流程和产品/服务，最终开发新市场。因此它不同于简单的合伙，后者受限于时间与合作的范围。合作竞争是指两个互相竞争的企业之间的结盟。因此，当标致雪铁龙集团（以下简称PSA）和丰田一起在斯洛文尼亚共同创建了制造单元来生产相同的小车型时，是合作竞争。而当PSA与福特进行合作，在柴油引擎方面交换项目时，是合伙。当依云为了在美国立足而将其美国分销业务委托给可口可乐时，也是合伙。显而易见，这个协议随时可能受到质疑。当雀巢委托咖啡机生产商克鲁伯为欧洲市场开发一款奈斯派索——顶级胶囊咖啡机时，也是一种合伙。明天，在世界的另一个地方，克鲁伯也许被另一个著名品牌替代。

联盟并不是什么新鲜事。回想一下阿里安（Ariane）系列运载火箭、空中客车飞机和协和式飞机，这些项目的规模都十分庞大，为了在这些任一公司甚至国家都无法独自完成的关键项目中融合尖端能力，在项目的计划阶段就要把国籍、竞争和敏感性抛在脑后。

从战略角度而言，联盟是收购和合并的替代性选择。收购和合并往往通过购买来获得对方所有的核心竞争力或市场份额，是企业发展的普遍途径。以下公司都是合并或收购的结果：制药公司诺华（Novartis）、制药公司安万特（Aventis）、建筑公司万喜（Vinci）、传媒公司维旺迪（Vivendi）、保险公司英杰华（Aviva）、钢铁集团阿塞洛-米塔尔（Arcelor-Mittal）以及移动通信公司索尼-爱立信（Sony-Ericsson）。有关公司之间合并与收购成功与否的因素，在此不予讨论。联盟则保留了在同一个大规模项目中各个公司的文化、特征和法律形式。

联盟的成员并不总是能够被清晰地识别。当为某项目设计新的名称或新的合作框架时，这种情况就会发生，如空中客车、欧洲直升机公司（Eurocopter）、大力士高速列车（Thalys）、欧洲之星（Eurostar）客车或阿里安太空公司（Ariane Space）。但有时候，母品牌能够通过它们的名称和商标被识别。实际上，很多产品是由其两个创造者背书的，如菲利普-阿莱西（Philips Alessi）、三星B&O，等等。

表6-1列出了品牌联合的战略使用情况。

表 6-1　品牌联合的战略使用

途径	增长的来源及人均增加的使用频次	提高对目标市场的亲近度	提升感知质量	创造新市场
相同的产品	联合品牌化忠诚卡 —法国航空-美国证交所 —Smiles	形象战略 —Orangina Lee Cooper 饮料罐 —Orangina Kookai	成分品牌的联合 —共同的（英特尔/莱卡） —所有权（Damart）	
产品线延伸/变体		限量系列 —标致 205 鳄鱼概念车 —雷诺高田贤三概念车	背书 —由 Fleury Michon 背书的慧俪轻体 —《马格斯·哈弗拉尔》(Max Havelaar)[①] 和咖啡品牌	
新的完整的产品线		联合创建 —特福由/为杰米·奥利弗设计的产品线 —菲利普-阿莱西产品线 —希尔费杰（Hilfiger）-蒂里·亨利（Thierry Henry）产品线		
价值创新/颠覆				联合创造 —Danoe（美之源-达能） —奈斯派索-克鲁伯 —鳄鱼-雪铁龙

[①]《马格斯·哈弗拉尔》或称《荷兰贸易公司的咖啡拍卖》，是穆尔塔图里（Multatuli 是爱德华·道韦斯·德克尔（Eduard Douwes Dekker）的笔名）于 1860 年创作的具有重要文化和社会意义的小说；马格斯·哈弗拉尔是书中的主人公。——译者

第7章 品牌识别和定位

品牌不是产品的名称，它是一种愿景，驱使企业以此名称创造产品和提供服务。这种愿景、品牌的关键信念及核心价值观被称为识别。识别可以让活力四射的品牌培养拥护者，培养真正的崇拜和忠诚。

现代竞争要求，品牌管理必须有两种工具：一是"品牌识别"（brand identity），它详细阐释品牌独特性和价值的各个方面；二是"品牌定位"（brand positioning），即为其产品在特定市场、特定时间创造产生偏好的主要差异。

对于现有品牌而言，识别是品牌定位的来源。品牌定位具体阐明了该品牌的产品为了提高市场份额（以竞争为代价）而攻克一个市场时所采取的角度。

定义品牌的构成有助于我们回答常见的诸多问题，比如：品牌可以赞助这样或那样的活动或运动吗？广告活动适合该品牌吗？有机会在品牌范围之内或之外推出一种新产品吗？品牌如何能既改变其传播风格又保持自我？传播中的决策如何在地方或国际范围内制定，而不损害品牌一致性？所有这些决策都涉及品牌识别问题。

品牌识别：一个必要概念

品牌识别的概念起源于欧洲（Kapferer，1986），其重要性在世界各地逐渐得到认可。在美国第一本论述品牌资产的著作中，"识别"并没有作为概念出现（Aaker，1991）。凯勒（Keller，1998）对识别的阐述只占其教科书的两页篇幅。

如今，大多数走在前列的营销公司通过自己的专有模型阐明了它们的品牌识别，如"品牌钥匙"（brand key）（联合利华）、"脚印"（footprint）（强生）、"公牛之眼"（bulls' eyes）和"品牌管家"（brand stewardship），这些模型以特定的形式将与品牌识别相关的一系列概念组织起来。然而，它们更像是一份备忘清单。那么，识别究竟只是语言上的一项创新，还是理解品牌的必要概念？

什么是识别

为了领会这个重要概念在品牌管理中的含义，我们将从考察识别（identity）一词的诸多用法开始。

比如，我们所说的"身份证"（identity card）——一种个人的、不可转让的证件，用寥寥数语介绍我们是谁以及我们有什么可辨别的特征，以便我们可以被立刻识别出来。我们也听说过几个人之间的"共识"（identity of opinion），意味着他们持有某种相同的观点。在传播中，对识别的第二种理解喻示着，品牌识别是在其众多产品、行动和营销中传递单一信息的共同要素。这很重要，因为品牌越是扩张和多元化，顾客就越可能觉得他们实际上是在与几个不同的品牌而非一个品牌打交道。如果将产品和传播割裂开来，顾客怎么会觉得它们指向共同的愿景和品牌呢？

说到相同的观点，也会产生持久力和连续性的问题。随着公民身份和外貌的改变，身份证也在不断更新换代，但持有者的指纹永远保持不变。于是，识别概念提出这样的疑问：时间会如何影响信息发送者、品牌或零售商独特而持久的特质？从这一角度，心理学家提出了青少年经常会经历的"身份危机"。当他们的识别结构很脆弱时，青少年会从一个行为榜样转向另一个行为榜样。这种经常性的转变催生出这样一个基本问题："什么才是真正的我？"

最后，在对社会群体或少数族裔的研究中，我们经常提及"文化认同"。在寻找认同的过程中，人们实际上是在寻找其内在差异及在某个特定文化实体中成员身份赖以确定的关键性基础。

品牌识别虽是一个较新的概念，但已有很多研究者开始研究企业的组织认同（Schwebig，1998；Moingeon and Soenen，2003）。在这些研究中，有关认同的最简单的语言表达通常包括："哦，是的，我知道，但这和我们公司的情况不一样。"换言之，企业认同可以帮助组织或组织成员感觉到自己确实存在，而且是连贯一致的、独特的存在，因为它拥有自己的、不同于其他组织的历史和场所。

从以上各种含义中我们可以推断，识别意味着在一个既有别于他人又拒绝改变的独立目标的驱动下做真正的自己。因此，如果我们回答了以下问题，就能对品牌识别进行清晰的定义：

- 品牌独有的愿景和宗旨是什么？
- 是什么使品牌与众不同？
- 品牌满足何种需求？
- 品牌永恒的奋斗动力是什么？
- 品牌的价值是什么？
- 品牌能够运营的领域是什么，可以合理运营的领域又是什么？
- 品牌的辨识符号是什么？

这些问题可以构成品牌的平台。正式文件能够帮助我们从形式和内容两方面更好地进行中期品牌管理，进而更好地解决未来的营销传播和品牌延伸问题。传播工具如广告中的文案本质上是与广告活动相联系的，因此只能服务于短期品牌管理。必须有专门的指导方针，以确保只有一个品牌在塑造一个可靠而一致的实体。

品牌识别和图案识别章程

很多读者会说，为了公司或特定的品牌，所在公司已经利用图案识别。的确，我们可以看到很多图案识别章程、有关标准的书籍和视觉识别指南。在图案识别代理商的敦促下，很多公司已经尝试协调品牌所传递的所有信息。因此，这样的章程就定义了品牌的视觉识别规范，即品牌的颜色、图案设计和印刷字体等。

虽然这可能是必需的第一步，但并不是全部，也不是结束，它还可能导致本末倒置。真正重要的是我们要传播的关键信息。形式、外观和整体形象都源自品牌的核心实质和内在识别。标志的选择要求清晰地定义"品牌意味着什么"。然而，虽然如今图案手册非常容易找到，但关于品牌识别本身的明确定义还十分少见。在我们开始讨论和定义传播的意义及外观识别的规则之前，必须回答上述基本问题（即想要传递的识别的本质）。品牌最深层次的价值观必须反映在外部的识别标志上，这些标志必须看起来十分明显。宝马各种车型的相似性传递了一种强烈的感觉，但这不是我们所说的"识别"。品牌的识别和精髓实际上可以通过解决其差异性、持久性、价值观及对汽车的个性观点等问题进行界定。

很多公司束缚了它们的品牌，因为它们早就制定了图案章程。它们不了解自己真正是谁，而只是通过某些方式，比如一种特定的、可能不是最适合的图案风格来保持纯粹的形式准则。

这种对品牌识别的独特理解为我们提供了额外的表达自由，因为它更强调卓越的实质，而不是严格的形式特征。品牌识别界定了什么必须保持不变，什么可以自由改变。品牌都是有生命的系统，它们必须具有一定的自由度，以与现代市场的多样性相匹配。

识别：一个当代概念

一个新概念——识别——出现在早已精通品牌形象和定位管理的领域，这没什么好令人惊讶的。如今的问题比 10 年前甚至 20 年前更加复杂，因此我们需要更加精练的概念，以更加紧密地联系现实。

首先，再怎么强调都不为过：我们正生活在一个处处存在沟通的社会中。每个人都想要与他人沟通。

其次，以消费者为中心。在传统营销中，一切都应始于消费者。对相同的消费者进行相同的营销研究，结果发现，品牌最后看起来都很相似，因为它们缺乏与众不同之处。它们忽略了自己的 DNA 或自己的根源。

我们之所以需要理解品牌识别，是因为不断施加于品牌上的压力。现在我们已经进入一个对相似性进行营销的时代。当一个品牌有所创新时，它就开创了一个新标准。其他品牌如果还想参与竞争，就必须迎头赶上，于是出现了越来越多具有类似属性的产品，更不用说分销商生产的仿制品了。管理规程也导致了相似性的传播。比如，银行业务已变得如此相似，以至于各个银行无法充分表达它们的个性。市场研究也在特定行业中形成范式。所有公司都基于相同的方式进行思考，得出的结论也必然像它们推出的产品和广告活动一样相似，有时甚至连用词都一样。

最后，科学技术对这种相似性的渐长也有一定影响。为什么汽车的制造过程不同，外观却越来越像？因为汽车制造商都关心汽车的流线型外观设计、车内空间限制、机动性和经济性，而这些问题无法用多种不同的方法去解决。而且，当四大汽车品牌（奥迪、大众、西雅特（Seat）和斯柯达）出于生产效率或竞争的原因，在不同车型中共享很多一模一样的零部件（如底盘、发动机、变速箱）时，就只剩下各自的品牌识别是独一无二的了，这种独特的品牌识别将不同的制造商区别开来。

为什么是识别而不是形象

识别的概念必须为我们提供品牌、公司或零售商形象所缺乏的哪些东西？毕竟很多公司为了测度形象耗费巨资。

品牌形象是基于信息接收者角度的概念。形象研究聚焦于特定群体感知产品、品牌、政治家、公司或国家的方式。形象指的是这些群体解读所有信号的方式，这些信号源自品牌所涵盖的产品、服务和营销传播。

而识别是基于信息发送者角度的概念。识别的目的是详细说明品牌的含义、宗旨和自我形象。形象既是识别的结果，也是对识别的理解。在品牌管理上，识别高于形象。在面向公众设计一个形象之前，我们必须确切地知道自己想设计什么。在公众接受此形象之前，我们必须知道该发送什么以及如何发送。如图7-1所示，形象是一个综合体，由各种品牌信息构成，如品牌名称、视觉标志、产品、广告、赞助、文章等。形象是解读信息、提取含义、理解标记的结果。

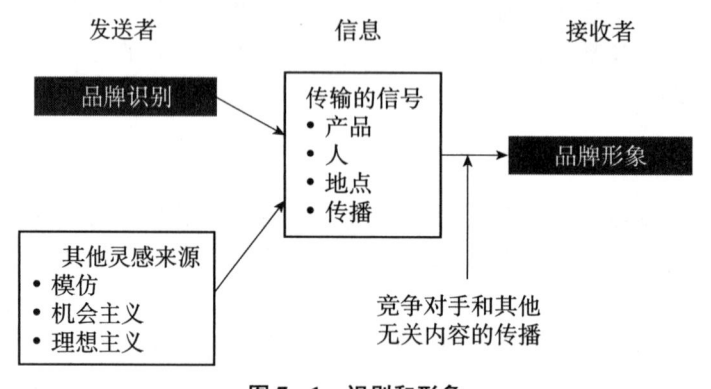

图7-1 识别和形象

所有这些标记符号来自哪里？可能的来源有两种：品牌识别当然是其一，但也有外来因素。那么这些外来因素是什么呢？

其一，一些公司选择模仿竞争者，因为它们对于自己的品牌识别没有清晰的认识。它们密切关注竞争对手，效仿其营销传播和产品。

其二，有些公司迷恋这样一种想法：创建一种吸引人的形象，让所有人都乐于接受它。所以它们致力于满足公众的每一个期望。品牌就陷入这样一场游戏：必须一直取悦消费者，沉浸在不断变化的社会和文化的时尚浪潮中。昨天，品牌关注魅力；今天，它们关注"宅"生活；那么接下来呢？品牌会显得投机取巧、追求流行，内容缺乏任何意义。它会变成一个空壳，成为毫无意义的漂亮伪装。

其三是幻想的身份：品牌会表现为人们理想中的样子，而不是它真正的样子。最终，我们会发现，广告并不会帮助人们记住品牌，因为它们要么与品牌的联系微弱，要么彻底背离了品牌，以至于引发了人们的困惑或排斥。

如今人们已承认，品牌识别是一个主流概念，因而以上三个潜在的传播障碍可以预防。

因此，识别这一概念强调了一个事实：随着时间的推移，品牌最终将获得独立，具有自己的含义，即便它们仅从一个产品名称开始。就像我们不会忘记以往的产品和广告一样，识别也不会逐渐消失，它代表了品牌的 DNA。

显然，品牌不应该蜷缩在壳中，切断自己与公众和市场变化之间的联系。

识别和定位

根据定位来区分品牌也是常见的做法。定位一个品牌，意味着强调它不同于竞争者并吸引大众的显著特征。定位源自对以下四个问题的分析过程。

- 这个品牌提供什么利益？这里指品牌承诺和消费者利益：法奇那拥有真正的橙浆，美体小铺友好而富有道德，Twix 让你摆脱饥饿，大众值得信赖。
- 这个品牌为谁服务？这里指目标市场。长期以来，怡泉（Schweppes）是优雅人士的饮料，斯纳普（Snapple）是成人的软饮料，而百事是青少年的饮料。
- 为什么相信这个品牌？这里指支撑品牌所宣称的那些利益的元素，或实际或主观的元素。例如，Innocent 不含任何化学成分。
- 这个品牌与谁对抗？在今天的竞争环境下，这个问题定义了主要竞争者。我们认为自己能够俘获这些竞争对手的部分客户。因此，乐堡（Tuborg）啤酒和其他昂贵进口啤酒以及威士忌、杜松子酒和伏特加竞争。

定位是一个重要概念（见图 7-2）。它提醒我们，所有的消费者决策都是在比较的基础上做出的。所以，只有在明显属于选择对象时，产品才会被考虑。因此才出现了帮助定位新产品或新品牌并使这些努力马上对顾客产生影响的以上四个问题。定位是一个两步走的过程。

```
        这个品牌提供什么利益？        这个品牌为谁服务？


        为什么相信这个品牌？          这个品牌与谁对抗？
```

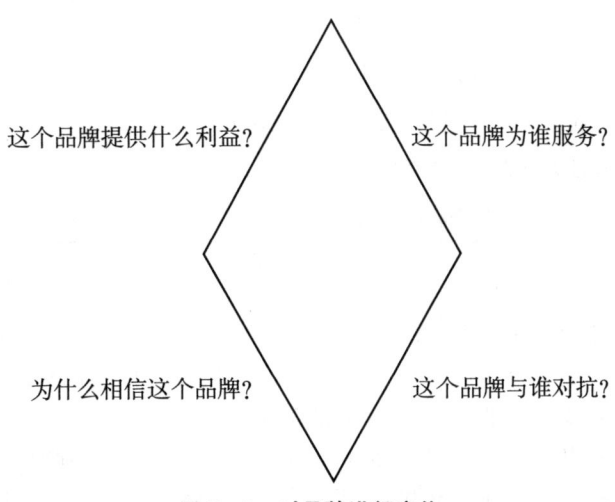

图 7-2 对品牌进行定位

首先，指出品牌应该关注并比较的"竞争集"。

其次，指出相比于"竞争集"中的其他产品和品牌，品牌的本质差异和存在的意义是什么。

选择竞争集十分必要。虽然这对于一款新牙膏来说可能非常容易，但对于非常新颖和独特的产品来说并非如此。比如，佳乐滋（Gaines）推出的新狗粮——佳乐滋汉堡，这是一种半脱水产品，红色的碎肉呈圆形，就像汉堡包。它不像常规的罐装宠物食品，不需要冷藏，也不会散发出罐头气味。

考虑到这些特征，该产品可以用不同的方式进行定位，比如：

- 通过吸引富裕的宠物狗主人来进入罐装宠物食品市场。那么，信息的主旨将会是"不是罐头的罐头食品"，换言之，就是能够提供肉类而没有罐装肉类产品的不足（气味、新鲜度限制等）。
- 针对因现实条件限制不给狗吃肉而感到内疚的群体，从而占领脱水宠物食品这一细分市场（干颗粒食品）。新鲜的、圆形的产品形象证实了这种定位。
- 将佳乐滋呈现为一种全面的、有营养的补充餐（而不像前面两种战略中作为主食），针对那些喂狗吃剩菜剩饭的主人展开营销。
- 将此产品呈现为一种营养餐、一种宠物狗的玛氏巧克力棒，以所有宠物狗主人为目标群体。

要在这些战略中做出选择，就要根据特定的衡量标准（见表7-1）对每个战略进行评估。

表7-1 评估和选择品牌定位的标准

- 该产品现在的外形和组成成分与这个定位相符吗？
- 在这种定位背后，预计消费者动机有多强烈（消费者洞察是什么）？
- 这种定位涉及多大的市场规模？
- 这种定位可靠吗？
- 这种定位是否利用了竞争对手实际或潜在的持久弱点？
- 这种定位要求使用什么样的财务手段？
- 这种定位具有特色、与众不同吗？
- 这是竞争对手无法模仿的可持续定位吗？
- 在这种定位下，万一失败，还有其他可选择的解决方案吗？
- 这种定位能合理索取价格溢价吗？
- 在这种定位下，品牌会有增长潜力吗？

最终，佳乐滋公司选择了第一种定位，以"佳乐滋汉堡"之名推出产品。

识别概念在定位概念的基础上又增加了什么？为什么我们还需要另一个概念？

首先，定位更多地聚焦于产品本身。那么对于一个多产品品牌，定位意味着什么呢？如果我们不能聚焦于特定的品类，前述四个关于定位的问题又该如何回答呢？我们知道如何定位思高擦洗垫和思高黏合剂等各种产品，但对于整体的思高品牌，定位概念又有何意义呢？更不用说3M公司品牌了。而这恰恰就是品牌识别概念的有用之处。

其次，定位不能揭示品牌所有的丰富意义，也不能反映品牌的所有潜力。当品牌被精简为四个问题时，它就受到了限制。定位不能帮我们彻底区分可口可乐与百事可乐。因此，前述四个定位问题无法揭示这些细微差别。我们无法借助它们彻底探索品牌的识别要素和独特之处。

更糟的是，定位允许营销传播完全由奇思妙想和当前潮流所支配。定位不涉及传播风格、形式或精神，这是一个主要的缺陷，而品牌会同时呈现产品的客观和主观特质。在数字时代，品牌所传递的内容包含文字，但更多的是图像、声音、颜色、动画和风格。定位只能控制词汇，任凭其他因素由创造性的直觉和预测的不确定结果来决定。然而，品牌语言绝不应该仅仅源自创造，它要表达品牌的个性和价值。

创造性的直觉只在它与品牌所在的领域一致时才有用。而且，虽然我们需要进行预测评估，以验证品牌信息是否被受众很好地接收，但不允许公众支配品牌语言；品牌的风格要在内部创建。品牌的独特性经常会被消费者期望侵蚀，然后开始倒退到可能丧失品牌识别的水平。

品牌的信息是对品牌实质内容的表达。这样，我们不用再将品牌的实质内容与品牌风格，即品牌的语言、视觉、音乐属性分离开来。品牌识别提供了整体品牌一致性的框架，有助于消除定位的局限性，有助于监控品牌的表达方式、统一性和持久性。

为什么品牌需要识别和定位

在品牌管理中，品牌的定位是一个关键概念。它建立在一个根本原则之上：所有选择都是可比较的。记住，识别体现了品牌的有形和无形特征——使品牌成此状貌、缺了它就会变样的一切事物。识别依靠品牌的根基和传统——在精确的价值和利益范围内赋予品牌独特的权威性和合法性的一切事物。定位是竞争性的：当品牌之间相互竞争时，顾客会进行选择；当产品之间相互竞争时，顾客会进行比较。这引发了两个问题。一是，顾客拿产品与什么相比较？对此，我们需要关注竞争领域：我们想要进入哪个领域？二是，我们为顾客提供什么作为关键的决策因素？

一个无法对自身进行定位的品牌，不会回答这两个问题。认为顾客会自己找到答案是错误的：如今顾客有太多的选择，他们很难弄清是什么让某个品牌如此特别。传递信息是品牌的责任。记住，产品增加顾客的选择，而品牌简化选择。所以，那些不想代表某些内容的品牌无法代表任何内容。

定位的目的在于识别和占有强大的、能带给我们真实利益或感知利益的购买理由。定位蕴含着长期占据某个地位并捍卫它的愿望。定位是竞争导向的：它详细说明了抢占竞争者的市场份额的最佳方法。它可能随着时间而改变：通过扩张竞争领域而发展演变。而识别更加稳定和持久，因为它与品牌根基和固定因素相关联。因此，如果可口可乐与其他可乐竞争，其定位就是"创始者"。为了提高业绩，现在可口可乐与所有软饮料竞争，其定位就变成了"世界各地人与人之间最令人振奋的联结"，而其识别仍然是"美国的象征、美国生活方式的精髓"。

如何获得定位？标准的定位公式如下所示：

为了……（对目标消费者的定义）

品牌 X 是……（对竞争集和主观品类的定义）

　　　　给予最多的……（承诺或消费者利益）
　　　　因为……（相信的理由）

让我们来具体看看这些要点。

　　目标人群详细阐释了品牌想要施加影响的那些人即购买者或潜在消费者的本质和心理属性或社会属性。

　　参照系是对品类的主观定义，它会具体说明竞争的性质。比如有哪些其他品牌或产品也在有效地为同样的目标服务？这是个战略决策：它规划出了"作战领域"。在任何情况下都不能将它与客观的产品或品类描述相混淆。比如，英国没有真正的朗姆酒市场，百加得却非常流行。这是因为，人们完全有可能在未意识到它是朗姆酒的情况下饮用：它是派对的绝佳搭配。

　　还有一个例子能说明定义参照系的重要性。客观地讲，巴黎水（Perrier）是起泡矿泉水；但主观地讲，它也是一种成人饮料。根据这一参照领域，它获得了自己最强大的竞争优势：一种自然的微小改变。我们可以看到，选择竞争领域应该知晓该领域的战略价值：规模多大、增长速度多快、盈利能力如何。通过识别和发掘潜力，品牌也能获得竞争优势。被感知为餐饮用水时，巴黎水并没有显著优于其他起泡矿泉水的竞争优势，虽然这是个非常大的市场。但当我们将它与定义为"成人饮料"的竞争领域相联系时，巴黎水就富有竞争力了：它拥有强大的差异化优势。那么它的竞争者是谁呢？包括酒精饮料、健怡可乐、怡泉苏打水和番茄汁。

　　第三点具体阐明差异性内容，这些差异能够促成对决定性竞争优势的偏好和选择，以承诺（比如，沃尔沃是所有汽车中最牢固的）或利益（比如，沃尔沃是安全的品牌）的形式表达出来。

　　第四点强化承诺或利益，被称为"相信的理由"。比如，在多芬品牌的例子中，其承诺是"最滋润"，因为其所有产品都含有25%的滋润霜。

　　定位是一个必要概念，首先，因为所有的选择都是在比较中做出的，所以从陈述自己最擅长的领域开始是很有意义的；其次，因为在营销中感知的就是实际的。定位这一概念始于顾客，因为它让品牌从顾客的角度进行思考：面对数量众多的品牌，消费者能够识别出每个品牌的强项即令其与众不同的因素吗？因此，理想状态下，一个顾客应该有能力解释品牌的定位："只有××品牌才能为我做到这些，因为它有……，或它是……"。

　　没有工具是中立的。上述定位公式是由卡夫通用食品（Kraft-General Foods）、宝洁和联合利华这样的公司创建的。它是为那些将竞争优势建立在产品之上的企业设计的，对于欧莱雅集团而言十分奏效。欧莱雅在全球拥有2 500名研究人员，只在新产品确实拥有优越性能时才推出，然后公司通过广告来宣传。

　　也有一些品牌不做任何承诺，或者它带来的利益听起来无关紧要。比如，如何以能够清楚呈现产品本质和来源的方式对Calvin Klein的Obsession香水进行定位呢？宣称这款香水能对其顾客做出任何特定的承诺，或顾客可以从该产品中获得除感觉良好（所有香水的共性）之外的任何独特利益，都将是错误的做法。实际上，Obsession香水的吸引力源自它的意象，源自它所体现的假想的世界——具有颠覆意义的中性世界。Angel香水通过其代表的新未来主义世界来吸引年轻人，香奈儿香水则代表永恒的优雅。

实际上这些香水销售的是融入品牌的象征世界带给人们的满足感。对于酒精饮料和烈性酒而言也是如此：杰克丹尼威士忌销售的是体验永恒而真实、难以驾驭的美国生活的感觉。但若说杰克丹尼销售的是作为最佳选择的满足感，则不过是老生常谈，就像提及"顾客满足于做出让他们与众不同的决策"一样（这是小品牌惯用的利益陈述，因为它们试图强调自己胜于大品牌的优势）。

面对这样的理论困境，有几种可能的解决办法。一种是将定位界定为品牌所有差异点的总和，联合利华已经这么做了：60页迷你作品"品牌钥匙"阐述了如何界定一个纵横整个世界的品牌，它以这样的语句作为开场白："品牌钥匙建立在品牌定位陈述的基础之上，并替代品牌定位陈述……"品牌钥匙有8个标题：

(1) 竞争环境；
(2) 目标市场；
(3) 品牌赖以建立的消费者洞察；
(4) 品牌带来的利益；
(5) 品牌价值和个性；
(6) 相信的理由；
(7) 辨别因素（最令人信服的选择理由）；
(8) 品牌精髓。

因此，从根本上说，上述集合构成了品牌的定位。然而，从严格的词义来讲，这里与定位最接近的词是"辨别因素"。麦当劳也采用类似的推理方式（见图7-3）。美国著名品牌策略专家拉里·莱特（Larry Light）认为，当手段-目的链建成时，定位就得到了界定（这与"阶梯"概念——从有形转向无形类似）。

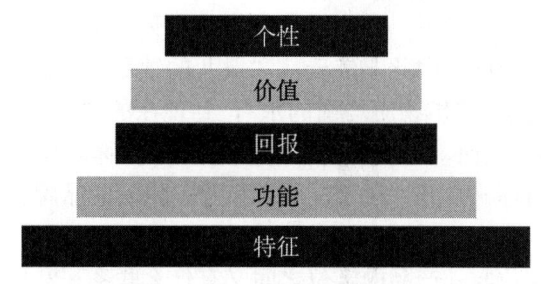

个性
价值
回报
功能
特征

图7-3　麦当劳的定位阶梯

资料来源：L Light.

我们的看法是这两个工具都要用来管理品牌。其中一个界定品牌的识别，而另一个是具有竞争性的，详述在任何给定时间和给定市场提出的竞争主张。这是品牌最令人信服的价值主张。因此，被称作"品牌平台"的工具首先应包含"品牌识别"，即品牌的独特性和突出点——不论品牌在世界何处，不论其产品是什么。品牌识别有六个方面，因而比纯粹的定位涵盖的意义更广，它由识别棱镜来描绘。品牌棱镜的中心是品牌精髓，这是品牌识别所象征的核心价值。

另外，品牌平台包括"品牌定位"：选择一个市场意味着选择特定的角度去占领市场。品牌定位必须建立在与此市场相关的消费者洞察之上。品牌定位利用了品牌识别的内容之一。品牌定位可以用四个关键问题来总结：这个品牌为谁服务？为什么相信这个品牌？这个品牌提供什么利益？这个品牌与谁对抗？定位归入品牌平台。

在定位中，品牌/产品会提出非凡的价值主张，这一主张可能还受到"相信的理由"的支持。这一主张被重复得越多，就会变得越可信。

品牌主张形成于特定时刻，基于针对特定市场所选择的定位。通过上述方式，蕴含于品牌识别中的各种优势强化了品牌主张。

- 差异化的属性（多芬中25％的滋润霜，玛氏棒的光滑和嚼劲，巴黎水的气泡）；
- 客观利益：苹果平板电脑是用户友好型的，而戴尔电脑具有性价比优势；
- 主观利益：用IBM会感觉很安全；
- 品牌的个性方面：百加得bat酒的神秘，杰克丹尼酒的男子气概，艾科/凌仕的酷劲十足；
- 虚构、意指和代表的领域（万宝路代表荒蛮的美国西部，拉夫劳伦代表古老新英格兰）；
- 对消费者类型的反映：美国证券交易所的成功人士；
- 深层价值（耐克的运动精神，雀巢的母爱），甚或是一种使命（美体小铺、维珍等）。

在此，有必要讨论以下问题。

识别和定位之间有什么联系？正是识别和定位之间的自由程度，使得品牌能够随时改变却保持本质不变。因此，在40年的时间里，依云在不同的情境下几次改变宣传语和基调，反映其占领市场的角度的变化：因为市场本身也发生了改变。市场中的竞争品牌越来越多，最初的消费者已经年老，低成本品牌也占有可观的市场份额。在每一种情境下，这些变化都导致依云重新审视其最具说服力的价值主张，即占领市场的角度。因此，依云从"婴儿的饮用水"转变为"最纯净的水""来自阿尔卑斯山的水""矿物质均衡的水"，到现在的"年轻人的水"（其营销活动在世界各地展开）。然而，每一种定位都忠于依云品牌的精髓，比起其他由来源、组成成分和初始目标（婴儿）所定义的矿泉水，依云的品牌精髓更为卓越。依云就是生活本身。

品牌的定位与其产品的定位之间又有什么联系呢？如今品牌越来越以多产品为基础：多芬初创于美国时仅有肥皂，现在已涵盖洗发水、沐浴露、滋润霜、除臭剂等多种产品。多芬的品牌精髓是"永存女性魅力"。但多芬是通过一种或多种产品在某个市场中推出的，这些产品必须努力争取各自的货架空间，因此多芬肥皂上市时的定位是："多芬是献给那些担忧皮肤问题的成熟女性的优质美容皂，它不会像普通肥皂那样使你的皮肤变得干燥，因为它含有25％的滋润霜。"

这个例子很好地阐明了产品定位会如何促进某种消费者属性或利益，母品牌则具体阐释了这种属性和利益使消费者实现的价值主张。当一个品牌包含多种产品时，必须确保产品各自的定位都聚焦于实现同一个核心价值（母品牌的价值）。若非如此，要么对产品重新定位，要么面对质疑：该产品究竟属不属于这个品牌？

表7-2展示了巴黎欧莱雅的母品牌精髓与其产品（如Elsève和Studio Line）定位之间的联系。

表7-2 子品牌如何传递母品牌定位

	Elsève	Revitalift	Studio Line	l'Oréal Paris
目标市场	头发干燥脆弱的女性	45岁以上的女性	35岁以下的男性和女性	所有成年男性和女性
市场细分	洗发水	护肤品	美发用品	美容和卫生产品
定位	滋养和修复受损头发（结果）	减少皱纹和紧致肌肤（结果）	让你随心所欲地打造发型（结果）	提升消费者的自我形象（你值得拥有）

品牌识别的六个维度

要想成为"热情洋溢的品牌"，品牌就不能是空洞的，而应该拥有深层次的内在激情。它们还必须拥有个性和自己的信念，以在生活中帮助消费者，促使他们探索自己的身份。

品牌识别由什么构成？关于品牌的文献提出了很多专门的量表，测试的项目各不相同。缺乏理论基础是造成这种多样性的原因之一。由于分析性过强，一些工具会让使用者陷入困境。

实际上，抛开经典的刺激-反应范式，现代品牌传播理论提醒我们，人们在交流时会建立对说话者的重新表达（对来源的重新表达）、对收听者的重新表达（对接收者的重新表达），同时传播在两者之间建立起来的具体关系。这是建构主义学派的传播理论。由于品牌谈论的是产品，并被认为是产品、服务和满意的来源，因此传播理论是直接与此相关的。它也同样提醒我们，品牌识别具有六大维度，我们将此称为"品牌识别棱镜"。

识别棱镜

品牌识别应该由一个六边棱镜来展现（见图7-4）。

1. 品牌首先具有物理特征和品质——品牌的"体格"。它是由一系列突出的客观特性（当品牌在调研中被提及时，人们会立即想到的属性）或新兴特性构成的。

体格既是品牌的骨架，又是品牌有形的附加值。如果品牌是一朵花，那么体格就是茎。没有茎干，花朵就会凋零；它是花的客观和有形基础。传统上，品牌化是这样运作的：专注于专业技能和经典定位，依赖于几个关键产品、品牌属性和利益。物理外观很重要，但不是全部。开发品牌的第一步就是界定其物理维度：它具体是什么？它是用来做什么的？它是什么样的？物理方面还包括品牌的原型：代表品牌品质的旗舰产品，即范本。

每一次法奇那在新的国家上市，它的小圆瓶都起到了重要的作用。它所使用的瓶子一直都保持一个样。从一开始，其瓶子就通过独特的形状和可见的橙浆帮助法

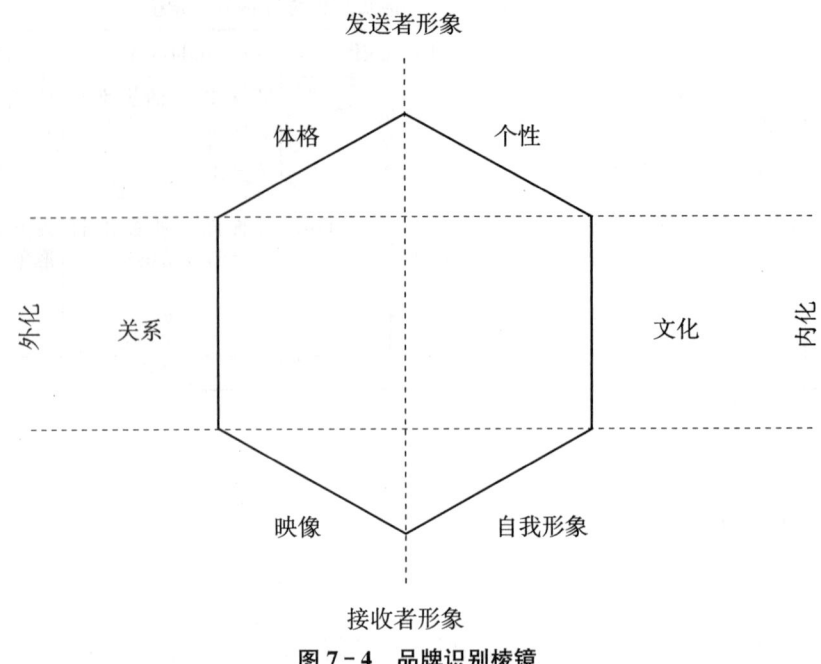

```
                    发送者形象
                        ┆
            体格        ┆        个性
                   ╱────┴────╲
                  ╱           ╲
    外化    关系 ┤             ├ 文化    内化
                  ╲           ╱
                   ╲────┬────╱
            映像        ┆        自我形象
                        ┆
                    接收者形象
```

图 7-4　品牌识别棱镜

奇那进行定位。直到后来，法奇那才改用标准的家庭装聚酯瓶和罐装。可口可乐罐上印有的著名图像也具有十分重要的意义。现代化包装倾向于将各个品牌标准化，使得每个品牌都像另一个品牌。因此，通过使用传统的瓶子，可口可乐旨在提醒我们记住它的根源。

关于可口可乐的物理维度，有几个敏感话题。比如，深色是其识别的一部分吗？该颜色一定是塑造可口可乐品牌神秘性的关键因素。如果它属于可口可乐品牌的核心，是关键识别特性，那就永远不可能出现无色水晶可口可乐这样的产品，虽然确实存在水晶百事可乐。同样，在经典圆瓶中装入法奇那葡萄柚汁的做法可行吗①？

很多品牌在物理维度上存在问题，因为它们的功能性附加值并不强大，就连基于形象的品牌也必须传递物质利益。品牌是拥有两条途径的价值增值体系。

2. 品牌拥有个性。通过营销传播，品牌逐渐形成自己的个性。品牌谈论产品或服务的方式表明：如果它是人，它会是怎样一个人。

自 1970 年以来，品牌个性已成为品牌广告的主要关注点。许多广告公司已将其作为所有营销传播类型的先决条件。这就解释了为什么企业都想树立能代表品牌的名人形象。短时间内塑造个性的最简单办法就是让品牌拥有发言人或形象领袖，无论是真实的还是象征性的。百事可乐经常使用这种方法，就像所有的香水或成衣品牌一样。

在识别棱镜中，品牌识别②是来源的个性层面。不能将它与顾客的映射形象相混淆，因为后者是对理想接收者的描绘。

因此，品牌个性是用那些与品牌相关的人格特性来描述和测量的。自从阿克

---

① 根据上文，这里应该指葡萄柚汁的颜色（有黄白、粉红，多为鲜红）与法奇那经典的亮黄色不符，就像无色可乐一样有违常规。——译者

② 根据上下文，此处的"品牌识别"应为"品牌个性"。——译者

(Aaker，1995) 创建了品牌个性量表 (brand personality scale)，1996 年以来的学术研究就一直聚焦于品牌个性。然而，虽然这个量表在学者中广泛传播，但它测量的并不是品牌个性，而是与品牌个性相关的各种维度，以及与品牌识别的其他方面相符的一些维度 (Azoulay and Kapferer，2003)。一项实证研究 (Romaniuk and Ehrenberg，2003) 证实了这一点。比如，电脑和电子设备是最能与"时新"特性相关联的品类，就像冰激凌与"快感"相关联、能量饮料与"提神"相关联一样。数据证实，该量表并不测量品牌个性：一些特性测量的是品牌的物理维度，而其他一些特性与识别棱镜的文化维度相关，因而造成了这个领域的概念困惑。这是因为阿克对品牌个性的概念化源自广告公司的旧习惯——在创意简报和文案战略中，广告公司将与产品的有形利益无关的所有东西都描述为品牌个性。

品牌个性可以发挥心理作用。它让消费者要么认同这种个性，要么把自己设想为这种个性。品牌个性也是广告基调和风格的主要来源。

3. 品牌是一种文化。强势品牌是一种价值理念。它们不仅仅是产品利益或个性，还是一种意识形态。品牌的文化维度对此进行详细阐述，它是品牌识别最重要的方面。主导品牌不仅仅受文化驱动，还传递自己的文化。文化维度对于理解耐克、阿迪达斯和锐步之间的区别十分关键，这三个品牌都参与文化竞争。

每个品牌都想受到狂热崇拜，至少在某些群体中如此。苹果在创立后不久就享有了这一地位。文化和狂热崇拜之间有着直接的联系。所谓的"崇拜品牌"之所以受到追捧，是因为其意识形态根基解决了社会亚群体感到的社会危机。无论品牌多么聪明，都无法仅仅基于产品属性而建立社群。人们倾向于因事业、想法、理想和价值观而聚集在一起。这就是品牌的文化维度。意识形态将所有东西长久地联系在一起。

虽然自 1991 年以来文化维度就呈现在品牌识别棱镜中，但直到近年它才受到学者和实践者的认可 (Cova，2000；Bo and Guevel，2010；Holt and Cameron，2011)。

耐克是什么？表面上，它是一个带有体育光环的时尚运动品牌，有泰格·伍兹、迈克尔·乔丹等人为其代言。Innocent 是什么？只是一个天然的、不添加人工成分的冰沙品牌吗？美国运通是什么？只是一张提供金融服务的贵宾卡吗？而尊尼获加又是什么？只是国际上最著名的高级威士忌品牌吗？

这些可能是事实，但品牌精髓只是冰山一角，只是对品牌有形方面的高度概括。当然，如果品牌想要代表某些东西，首先必须进行自我界定，然后告诉公众它们是谁。这就是品牌平台喜欢将其精练为几个词的原因。然而如今创建情感联系需要另一种更加深刻的自我定义，来激励品牌及其追随者。

传统的品牌理论仍然谈论"品牌关联性"(Aaker，2011)，而新战略品牌管理认为品牌需要富有意义。在马斯洛需求层次理论中，发达国家现在已处于较高水平。在发达国家，过度消费造成了空虚：我们知道，商品的累积并不能创造幸福。

因此，品牌必须成为文化的拥戴者：它们必须培育一种理想。品牌必须满足人们对意义的追求。机会无处不在。这就是品牌必须识别出比来自焦点小组访谈或问卷调查更深层次的洞察的原因。对此，社会学研究比心理学研究更加富有成效。在新的社会断层和新的社会条件下，整个社会正在不断变化。这为新的有意义的品牌创造了机会，使它们能在产品之外迎合更深层次的意义需求（品牌作为一种意识形态，在其核心目标群体中引起强烈共鸣）。

带着几分乐观精神，耐克堪称"个人意志"的战士（Holt and Cameron，2011）。耐克从社会学角度洞察今天的世界：人们都知道，只能依靠自己。尊尼获加满足了那些有志于进入上层社会、获益于社会流动性的年轻企业家的需求，没有人能帮他们：他们必须坚持自己的精神追求（"勇往直前！"）。美国运通向全世界推销美国梦——其品牌标志就是美元，但要想得到它，必须努力拼搏。Innocent 的名称由来并非偶然，它的本意是清白无罪。Innocent 是对整个食品产业的批判。

品牌识别的文化维度强调，品牌身处意识形态的竞争之中，高层管理者必须意识到这一点。

银行品牌识别的文化维度指驱动它们的具体的财富愿景。所有银行都提供存贷款业务，但各个银行的意识形态大相径庭。因此，各个银行并不服务于同一类消费者：有些银行将金钱视为目标、个人成功的标尺，或者仅仅为一种工具。这些想法虽然会在一些消费者心中引起共鸣，但会使大部分消费者心生厌恶。

与电子市场中的亚洲品牌竞争常常会遭遇挫折。这些品牌都倾向于以通用名称命名，并聚焦于产品属性或空洞而滥用的词语，如"技术""质量""以顾客为中心"，等等。索尼是一个例外：它一直充当着文化拥护者的角色。如今它缺乏创新，但仍然拥有可观的品牌资产。

品牌文化变革催生了接近目标市场的新方式。像尊尼获加这样的品牌，在世界各地拥有数以百万计的消费者——男女老少、各个阶层，每个群体都受不同动机的驱动。传统的市场细分将重度使用者、使用者和非使用者等群体区分开来。而现在，我们不得不识别出品牌的意识形态最能引起共鸣的人群，即那些已经成为该意识形态拥护者的人群。因为即便这些人不消费该品牌，也将成为该品牌的改革者。

4. 品牌是一种关系。品牌通常是人与人之间进行交易和交换的关键所在。在后文中我们将会看到，对于服务行业的品牌和零售商而言尤其如此。圣罗兰成衣品牌富有魅力：暗含的爱情故事渗透于所有的产品和广告（即便没有出现男主人公的形象）。迪奥象征了另一类型的关系：彰显豪华、试图引人注目、希望像金子一样闪闪发光的欲望。

耐克的名称源于希腊，这将其与特定的文化价值观相联系，与奥运会相联系，与对人类成就的赞颂相联系。IBM 象征着秩序井然，苹果则传递着用户友好。法国万能（Moulinex）小家电将自己定义为"女性之友"。乐芝牛奶酪处于亲子关系的中心。关系维度对大多数银行、银行业的品牌和服务十分重要。服务当然是一种关系。该维度对于品牌开展活动、提供服务以及联系顾客等的方式都有启示。

5. 品牌是一种顾客映像。当被问及对几个汽车品牌的看法时，人们立即用品牌的固有客户类型来回答：那是属于年轻人的品牌！属于爸爸们的品牌！属于卖弄者的品牌！属于老年人的品牌！由于营销传播和旗舰产品随着时间的推移逐渐得到强化，品牌总是倾向于建立一种关于其所服务的购买者或使用者的映像或形象。

映像和目标市场经常混淆。目标市场描述品牌的潜在购买者或使用者。映像并不描述目标市场，而是反映顾客希望通过使用某品牌展现于世人的样子。映像提供了一种用于识别的模型。比如，可口可乐拥有比其定位狭窄的细分市场（15～18岁的人群）宽泛得多的客户群体。如何解释这种悖论呢？对于较年轻的细分群体（8～13岁），可口可乐的主要顾客表达出他们的梦想，即当他们长大后想成为什么样的人或想做什么（从而摆脱父母的控制），如过上充满乐趣、享受运动和自由结交朋友的独立生活。青年人认同英雄。而对于成年人，可口可乐的主要顾客将自己视为特定生活方式、特定价值观的代表，而非狭隘地局限于某个年龄群体。因此，可口可乐同样成功地吸引了 30～40 岁的消费者来认同这种独特的生活方式。很多定位于轻盈和健康、低脂产品的乳品品牌设计的顾客形象是爱好运动的年轻女性，实际上老年人是其主要的购买群体。

映像和目标市场之间的混淆经常出现，常常引致问题。很多管理者仍然要求在广告中展现其目标客户的真实形象，而忽视了这样一个事实：购买者并不想被描绘成这样，而是希望被描绘成他们想成为的样子，所以他们才购买某个品牌（或在某个零售商店中购物）。消费者的确会通过品牌来塑造属于自己的身份。在成衣行业，对"看起来更加年轻"的痴迷应该与品牌的映像有关，而不一定与目标市场有关。这就是品牌创造价值的方式（见表 7-3）。

表 7-3 维多利亚的秘密如何界定其顾客映像

顾客映像	品牌核心价值	主导的第一个细分市场
有品位	女性气质	文胸
聪明		
热爱时尚		
喜欢购物	魅力四射（浪漫、华丽、自然）	
20 岁出头		
环球旅行		
事业心强	创新	
喜欢穿漂亮的贴身内衣		
保持形体和健康		
关注外形	现代（舒适度和耐磨性、高科技织物和严谨的设计）	

6. 最后，品牌与自我形象对话。如果说映像是目标客户的外在镜像（他们是……），自我形象就是目标客户自己的内在镜像（我感觉，我是……）。顾客借助自己对特定品牌的态度，与自身建立了某种内在关系。

比如，在购买保时捷时，很多车主只是想证明自己有能力购买这样一辆车。实际上，这种购买行为从其事业前景的角度来说可能是不成熟的，在某种程度上是将自己变得物质化的一场赌博。从这种意义上讲，保时捷总是推动人们超越极限（因而其广告语是："试试和自己赛跑，这是唯一一场没有终点的赛跑"）。正如我们所见，保时捷的映像与消费者的自我形象并不相同，创建这样一种消极的映像，是保时捷的主要问题所在。

研究表明，法国鳄鱼的顾客即便不参加任何体育锻炼，也在心中将自己刻画为时尚运动俱乐部的成员。这个开放的俱乐部没有种族、性别和年龄歧视，赋予其成员以独特性。这种方式很奏效，因为运动无处不在。食用 Gayelord Hauser 保健和减脂产品的消费者具有共同的特征：他们不仅仅将自己视为消费者，还认为自己是信仰改变者。当两个 Gayelord Hauser 粉丝相遇时，他们可以迅速交流起来，就好像他们有相同的宗教信仰一样。在品牌推广中，这样的人会宣誓忠诚，展示一系列思想和自我形象，促进甚至刺激营销传播。

这六大维度界定了品牌识别，也界定了品牌可以自由改变或发展的边界。品牌识别棱镜证实，所有这些维度互相联系，形成了架构良好的实体。不同维度的内容互相响应。识别棱镜源自一个基本的概念——品牌具有"演说"的天赋。只有会传播的品牌才能生存。事实上，如果品牌太长时间保持沉默或不被使用，就会过时。由于品牌本质上就是一场演说（它谈论自己创造的产品，为能够代表自己的产品背书），因此可以像其他演说或传播形式那样进行分析。

符号学家告诉我们，任何传播类型的背后都有发送者，不管是真实的还是虚构的。即便是与生产商或零售商打交道，品牌在传播中也会建立演说者或发送者的形象，并将此形象传递给我们。这确实只是个建立的过程，因为品牌没有真正的、具体的发送者（不同于企业传播）。然而，当我们用投射技术询问顾客时，他们会毫不犹豫地描述品牌的发送者，即某个顶着品牌名称的人。为此，需要创建有助于界定发送者的体格和个性。

每种传播形式也会创造接收者：当我们说话时，就好像在对某类人群或听众致辞。映像和自我形象这两个维度都有助于界定接收者——接收者也因这两个维度而得以创建。接收者也同样从属于品牌识别。最后两个维度——关系和文化——则是连接发送者和接收者的桥梁。

品牌识别棱镜还可以进行纵向分割（见图7-5）。左边的维度——体格、关系和映像——是为品牌提供外向表达的社会维度，这三者都是可见的。而右边的维度——个性、文化和自我形象——蕴藏在品牌本身及其精神之中。该棱镜帮助我们理解品牌和零售商（乐购、阿斯达、阿尔迪等）识别的本质。

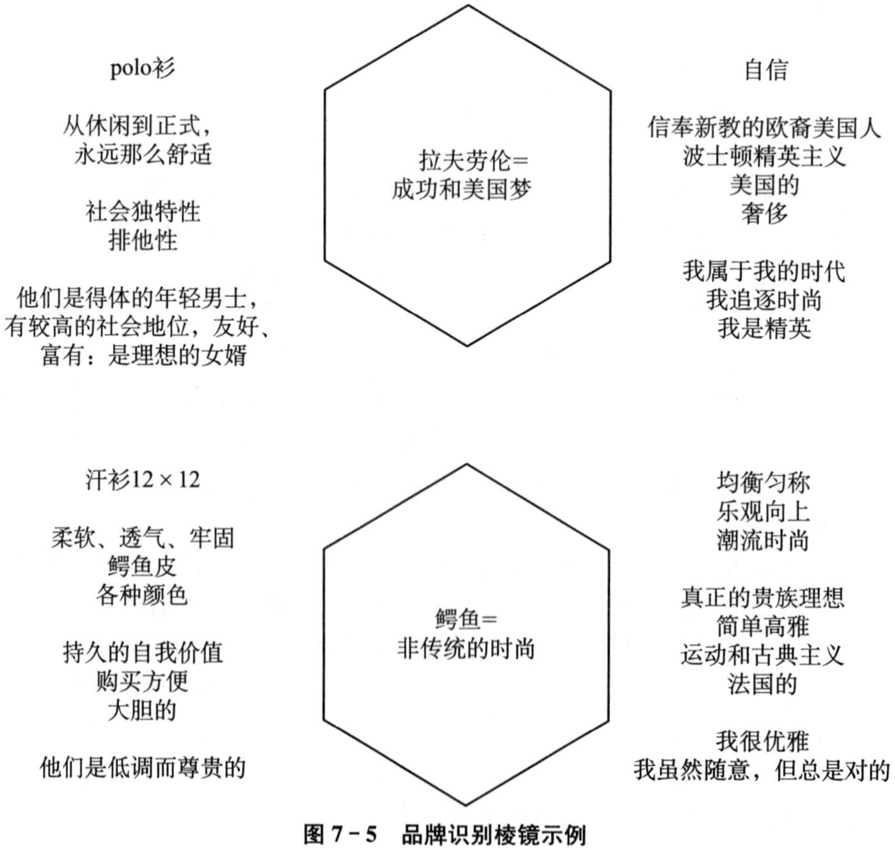

polo衫

从休闲到正式，
永远那么舒适

社会独特性
排他性

他们是得体的年轻男士，
有较高的社会地位，友好、
富有；是理想的女婿

拉夫劳伦=
成功和美国梦

自信

信奉新教的欧裔美国人
波士顿精英主义
美国的
奢侈

我属于我的时代
我追逐时尚
我是精英

汗衫12×12

柔软、透气、牢固
鳄鱼皮
各种颜色

持久的自我价值
购买方便
大胆的

他们是低调而尊贵的

鳄鱼=
非传统的时尚

均衡匀称
乐观向上
潮流时尚

真正的贵族理想
简单高雅
运动和古典主义
法国的

我很优雅
我虽然随意，但总是对的

图7-5 品牌识别棱镜示例

强大识别棱镜的线索

识别反映了品牌长期的突出点和吸引力的不同维度,因此,它必须简洁、准确、有趣。要记住,品牌章程是管理工具,它们对于分权决策十分必要。品牌章程必须帮助所有为品牌工作的人理解品牌在其所有维度上为何特别。品牌章程还必须激发创新的想法:它们是品牌活化的出发点。最后,品牌章程还必须帮助我们决定,什么时候在品牌领域之内行动,什么时候不在此领域内行动。

因此,一个好的识别棱镜具有以下可辨识的特点:

- 针对每个维度,都有几个词进行描述。
- 不同维度的用词各不相同。
- 所有词都富有力量且并不冷漠:识别应使品牌脱颖而出。

在我们的咨询活动中,经常能发现与上述特征相悖的现象:

- 各个维度都被形象特征所填充,这些特征取自最新的有关使用和态度的研究。要记住,识别与形象不同。问题是,在众多的形象条目中,哪一些是品牌想要的识别?
- 在不同维度中存在大量冗余内容,同样的词被多次重复使用。这绝不应该发生。虽然互相关联,但每个维度都指向品牌特性的不同方面。
- 大多数词都不追求准确性,而追求共识。消费者看不到品牌战略,也看不到品牌平台。他们只会通过品牌创造的产品在接触中或在各个场合体验品牌。要想创造想法,创意人员需要鲜活的素材:具有灵魂、体格、形式、实际形象的品牌识别,而非没有任何突出内涵的普通形象。

识别的来源:品牌 DNA

我们该如何界定某个品牌识别?有关品牌形象的研究没有为我们提供任何满意的答案。当询问购买者对品牌有何期许时,他们的回答也不尽如人意。总体而言,他们缺乏线索;他们至多回答出品牌当下的定位。

消费者和潜在顾客经常被问及他们理想的品牌是什么样的,以及品牌需要具备哪些属性才能获得普遍认可。这种方法无法恰当地细分消费者期望,也无法给出优于普通品牌理想的其他任何定义。消费者通常会期望银行具有专业性,关注客户,位置方便,业务能力较强,亲近顾客,拥有专业技术。这些预期也是理想化的,因为它们通常是互相矛盾的。在追求这些期望的过程中,品牌可能会丧失认同,并退化到一般水平。当品牌不惜代价去努力模仿消费者(或工业领域的买方)所描绘的理想品牌时,经常会忽略差异性,变得平凡无奇。

错误就在于追求市场"理想":品牌应该追求自己的理想。商业压力要求公司与市场保持协调一致。确实,没有品牌会羡慕梵高的命运——一生悲惨不幸,死后才声名远扬。然而,必须重新评估现在的品牌管理政策,因为它仍然假设消费者是品牌识别和品牌战略的主导者。而实际上,消费者是非常不善于履行这种职责的。因此,公司应该开始更多地聚焦于品牌营销的发送端,而较少关注接收端。

识别要根据品牌留下的印记进行推断，即根据其选择背书的产品和经过时间证明能够代表它的象征符号进行推断。这就是为什么对识别的研究必须从品牌所背书的典型产品（或服务）开始，还要研究品牌名称本身、品牌标志（如果有的话）、商标、原产国、广告和包装。这一切的目的就在于，通过挖掘潜藏于品牌目标、产品和标志中的原始计划，对发送程序进行符号学分析。一般而言，这种计划是无意识的，既没有任何书面记录，也没有明确的口头表述，它只体现在日常的决策中。就连著名品牌的创造者（克里斯·亭拉·克鲁瓦（Christian Lacroix）、伊夫·圣罗兰（Yves Saint Laurent）、卡尔文·克莱恩（Calvin Klein）或丽诗·加邦（LiZ Claiborne）等）对此也毫无意识：当被问及总体规划时，他们无法解释清楚，但可以说出他们的品牌包含什么、不包含什么。品牌和创造者互相融合。我们发现（Kapferer and Bastien, 2009），奇怪的是，奢侈品牌直到其创始人去世才真正开始存在，然后从形式和本能转向计划和方案。

在实施一项品牌识别研究时，我们很可能会发现多个潜在的计划。品牌的历史反映出，不同时期不同管理者所做的决策具有一定的间断性。因此当雪铁龙先被米其林收购，后又被法国标致收购时，雪铁龙就发生了改变。虽然销量很高，但雪铁龙的很多车型没有留下任何品牌印记。品牌管理者不应该试图去理清所有产品，这是个不可能的任务；而应该选择并聚焦于最能在品牌的目标市场中为品牌服务的观点。最后，在管理弱势品牌时，我们可能找不到任何持续一致的计划：这种情况下，品牌更像是贴在产品上的名称，而不是行业中真正的竞争者。这种情形非常类似于品牌创建的初始阶段：虽然品牌已将其潜在的识别种子播撒在市场的记忆土壤之中，但是品牌仍然拥有极大的自由和几乎无限的可能。

品牌的最典型产品

产品是品牌识别的第一来源。品牌通过它所选择背书的产品（或服务）来展现其计划和独特性。真正的品牌通常不会仅仅在产品上印上名称，即不会仅仅在生产或分销流程的终端附上图形标志，而应该在生产和分销流程中以及销售点的配套服务中注入价值。因此，品牌的价值必须在其最具象征性的产品上有所体现。这一点值得重视。认知心理学（Kleiber, 1990; Rosch, 1978; Lakoff, 1987）指出，通过简单地展示最典型的成员来界定某个品类，要比详细说明作为品类成员需要具备哪些产品特征更容易。就像下面这个例子：我们很难去界定"游戏"这个概念，即详细说明哪些特征能帮助我们判别自己是否处于游戏情境中。要界定由具有不同特征的产品构成的抽象品类则更难。这种情况下，只要品牌不单独属于特定的产品，它就可以作为样例。什么是达能？一种产品什么时候值得被冠以"达能"之名，什么时候则不然？对于飞利浦或惠而浦来说也是一样。

消费者可以轻松地回答这个问题，他们能够根据产品有效地代表品牌和完美证实品牌的能力来对产品进行分组。最具代表性的产品称为"品牌原型"（brand prototype），它不是指飞机或汽车的模型，而是指该产品是品牌含义的最佳范本。以罗施（Rosch, 1978）为代表的认知心理学家声称，品牌原型会将它们的一些特征转移给产品种类（Kleiber, 1990）。换言之，如果达能没有自己的定义，公众可能会通过近距离观察达能最具代表性的产品特征来为它下定义。这就是所谓的"原型语义学"。确实，每个品牌都会使消费者自发地想到几种产品和行动，以及特定的传播风格。这些原型产品展示了品牌识别的各个维度。一些认知心理学家认为，这些产品可能会传递品牌识别，但首先会产生识别。因此，想要改变品牌形象，管理者必须创造新的品牌原型。

从历史角度来看，达能因其原味酸奶（曾作为天然药物在药房中出售）而声名鹊起是具有重要意义的，这是达能健康识别的起源。现在，这一识别因达能基金会的创立而重焕光彩。但达能原型产品的双重特征同时也弱化了其形象：Danette 奶油点心象征着享乐、愉悦和富足。因而，达能的品牌识别是双重的：既健康又快乐。所以它占据了最大的市场份额，而把最小的市场蛋糕留给那些不为消费者提供这种平衡的品牌——要么是健康减肥的品牌，要么是像吉百利（Cadbury）一样的糕点糖果品牌。

如果相信这一理论，就会出现另一个问题：在典型的产品中，是什么传递着品牌含义？品牌价值只在处于产品核心时才传递含义。品牌的无形和有形内容并行：价值驱动事实，而事实证明价值。

比如，贝纳通品牌识别的精髓是包容和友谊。色彩不仅仅是贝纳通的广告主题，还是它的象征基础和制造基础。贝纳通使用创新技术，将毛衣的染色放到最后一刻进行，以满足消费者最新的时尚需求（符合当季的流行趋势），从而走在竞争者的前面。但光说不练是不够的，最难的是行动，而贝纳通做到了。与竞争者不同，贝纳通是在套衫制作完成之后而非之前对产品进行染色的，这一创新帮助贝纳通节约了大量宝贵的时间。通过将决策延迟到最后的上色环节，贝纳通能更好地应对时尚圈的突发奇想和临时变更。如果夏季流行色变成洋红，贝纳通能立即做出反应，满足消费者期望。色彩是贝纳通品牌识别的基本物理维度，并不仅仅涉及识别棱镜中的体格问题，还影响识别棱镜的其他维度，尤其是文化维度，这对于以年轻人为目标市场的品牌而言十分关键。

色彩不仅仅帮助定位贝纳通（色彩斑斓的品牌），它还是一种意识形态、一系列价值观和一种品牌文化的外在标记。贝纳通独特的宣传语"贝纳通的联合色彩"（United Colors of Benetton），就像其同时展现一个金发宝宝和一个黑人宝宝的海报一样，表达了它的志向和愿景——所有肤色和种族的人一起和谐地生活在同一个世界。于是颜色不再仅仅是区分制造商的一个特征，它更是一面旗帜，是代表忠诚的符号。那些穿着这些颜色服装的年轻人对其大加赞赏。手足情谊和文化包容是贝纳通品牌的价值观所在。因此，贝纳通近来颇具挑衅风格的广告令人不安：这一风格与以往的格格不入。贝纳通忘记了自己作为文化拥护者的角色，令人难以置信。

再看看妮维雅，其品牌原型是妮维雅润肤霜，其富有特色的蓝色盒子不仅是妮维雅品牌得以打入各国市场的工具，也是妮维雅品牌的支撑要素。装在小圆盒里的妮维雅润肤霜不仅仅是一种产品，还是母亲对宝宝的爱和保护的最佳表现。最终，在专属妮维雅的蓝色的强化下，每个人不都记住了这种白色润肤霜的经典气味、感觉、柔润和感官享受吗？从任何意义上看，这种蓝色盒子都是妮维雅的基础：

- 这是人们从 4 岁开始遇到的人生中第一款妮维雅产品。
- 它承载着妮维雅的品牌价值。
- 它决定了妮维雅在创建其品牌的每个国家中的最初销量。

那么，作为妮维雅品牌大厦的基石，这种蓝色盒子包装的一流的滋润霜有何重大意义呢？

别忘了，蓝色是西方世界（包括美国和加拿大）超过半数的人最喜爱的颜色。蓝色代表了梦想（天空）、沉静（夜晚）、忠诚纯洁的爱（自12世纪开始，圣母玛利亚就被描述成蓝色）、和平（联合国的和平卫士）和简单（蓝色牛仔裤）（Pastoureau，1992）。而滋润霜的洁白代表了纯洁、健康、谨慎、简洁等。至于滋润霜本身，它为肌肤补充水分、提供营养。

这揭示了妮维雅品牌的价值观。妮维雅的哲学理念渗透到品牌的核心：这是一种基于人类共存的人生观，包含自信、宽容、责任、诚实、和谐与爱等。在能力方面，它代表了安全、自然、柔软和创新。最后，妮维雅产品的销售无时间限制，购买方便，价格合理。而这也是妮维雅品牌在世界各地为人们所识别的方式。即便在某一时刻，在某个特定的群体、细分市场和国家中，这些价值观不为人们所感知，它们仍然是构成妮维雅品牌识别的价值观。妮维雅实质上销售的是什么呢？是纯洁的爱和关怀。

法国鳄鱼衬衫的销售额目前仅占公司总销售额的30%，然而，衬衫仍然是鳄鱼品牌的核心产品，因为它传递着品牌的原始价值。实际上，其衬衫是在运动员穿着长衣长裤、卷起长袖打网球的时代设计的。1926年（Kapferer and Gaston Breton，2002），勒内·拉科斯特（René Lacoste）请朋友制作一种"假"衬衫：一件看起来像衬衫（这样就不会震惊到女王），但更加实用——透气（棉纱编织）、结实、袖子挺括的衣服。从一开始，勒内·拉科斯特偶然的富有冒险精神的创新就既大胆又优雅地体现了个人主义和贵族气派的生活理想。无论何种情况下，鳄鱼的服饰总是优雅的：总体上完全适合那些注重着装得当但不对细节吹毛求疵的人。鳄鱼既不时髦也不古板：它只是永远那么精致。

所有的主导品牌都拥有一款核心产品，它担负着传递品牌意义的重任。香奈儿拥有金项链，尚美巴黎（Chaumet）拥有珍珠，梵克雅宝（Van Cleef）则拥有注册专利的技术——可将石头放置于隐形窄槽之中。这些特性不仅描绘了产品，还体现了品牌价值。然而，法国都彭（Dupont）看似并不存在任何风险：它代表着精致的打火机，但除此之外，它有任何显而易见的富有活力的品牌概念吗？在成衣方面，501系列牛仔裤处于李维斯品牌的核心，也处于其所代表的自由自在、不同寻常的观念的核心。（最常用来与鳄鱼衬衫搭配的是牛仔裤，这一点有重要意义。）一些品牌如纽曼（Newman）则从未创造出真正的核心产品，一款专属于该品牌并传递品牌独有特征的产品。

这些例子总结了有关品牌信誉和品牌持久力的关键原则：品牌识别的所有维度都必须紧密联系。而且，品牌的无形维度必须反映在其产品体格中。我们用贝纳通的案例描述这一"阶梯式"进程（见表7-4）。同样，鳄鱼的识别棱镜既不能与其著名衬衫背后的故事相分离，也不能与其所象征的运动——网球的价值相分离。

表7-4　品牌阶梯式进程：贝纳通的案例

- 物理属性：颜色和价格。
- 客观优势：最新时尚。
- 主观优势：想变"时髦"的年轻人的品牌。
- 价值：宽容和手足情谊。

品牌名称的力量

品牌名称通常会揭示品牌的意图。对于那些一开始被选作传递特定的客观或主观品牌特征的名称（Steelcase 或帮宝适）来说，这一现象尤为明显。对于其他一些因主观理由而非任何明显的客观或理性理由而选择的品牌名称来说，同样如此：它们也有能力标记品牌的合理领域。为什么史蒂夫·乔布斯和史蒂夫·沃兹尼亚克选择"苹果"作为其品牌名称？当然，这个名称既非源于创造性研究，也非来自创造品牌名称的电脑软件，只是因为这个名称在两位创造天才看来那么显眼。总之，苹果的品牌名称准确传递了那些驱使他们推动计算机科学进步的价值。

有必要解释的是，为什么他们没有跟随那个时代主导的名称风格，如国际计算机公司（International Computer）、微计算机公司（Micro Computer Corporation）抑或是爱丽思（Iris）？绝大多数企业家都会选择这类名称。之所以取名为苹果，是因为乔布斯和沃兹尼亚克想要强调这个新品牌的非凡本质：采用水果的名称（以及被咬了一口的苹果的视觉标志）来表明他们的想法与众不同。苹果品牌通过该选择证明了自己的价值：它拒绝极度崇拜计算机科学，准备彻底颠覆传统的人机关系。确实，机器应该成为人们去享受而不是去敬畏或者害怕的东西。显然，品牌名称本身就具备创造重大突破、建立新规范（如今在我们看来是那么明显）的所有必要因素。对苹果奏效的方法同样适用于 Orange，这一名称反映了创始人的价值观，这一价值观被具体化到其用户友好的手机服务中。亚马逊传递着强度、力量、丰富和永恒流传等价值观。

因此，品牌名称是最强有力的识别来源之一。当品牌对此存疑时，最好的方式是全面考察其名称，然后试着去理解名称背后的缘由。如此，我们可以发现该品牌的意图和规划。就像拉丁语古谚所言：*nomen est omen*——人如其名。因此考察品牌名称相当于解读品牌的规划、合理领域、专门技术及其能力范围。

很多品牌为了获得其名称无法反映或与之直接相斥的特征而不遗余力。"苹果"听起来很有趣，但不够严肃。

其他一些品牌在发展过程中直接忽视了名称。对品牌自主性原则的草率理解，导致品牌忘记了自己的名称。经验表明，当品牌开始赋予词语词典释义之外的含义时，它就变得自主了。因此，当我们看到"Birds Eye"时，没人会想到鸟。耐克也是一样。"奔驰"是西班牙基督徒的名字，奔驰品牌却让这个名字成为德国的标志。这一能力不只是品牌的特征，也是专有名词的特征：当谈起撒切尔（Thatcher）夫人时，我们不会想到盖屋匠[①]。因此，强势品牌促使自己的用词成为特殊用语：赋予词语另一种含义。毫无疑问这一过程必定会发生，只不过所需的时间根据其复杂性而有所不同。

名称——就像识别一样——必须得到管理。某些名称可能具有双重含义，传播的目的就是要做出取舍。所以，壳牌（Shell）选择了强调"海中贝壳"（就如其品牌标志中展示的一样）而非"炸弹外壳"的含义。同样，国际临时雇佣机构 Ecco 从未选择开发其名称所暗示的与经济利益之间的潜在关系，但它用名称强化自己在

---

① thatcher 意为盖屋匠。——译者

高质量服务细分市场中的定位：其广告巧妙地演绎了"复制"的主题——那些由Ecco公司提供的人才当然能像Ecco公司员工一样优秀。

一般而言，最好尽可能地跟随品牌的总体方向及其内涵。雨果·博斯（Hugo Boss）的一切全都包含在"Boss"这个简短而国际化的名称之中，它传递着成功进取、专业成就、协调一致和城市生活的含义。由于名称中带有字母R和x，舒耐（Rexona）在世界各地都很醒目，它暗含着向消费者提供高效率的利益的承诺。

品牌个性

正如品牌是公司的资产一样，符号是品牌的资产。符号能够通过视觉图形而非品牌名称来象征品牌识别。它还有很多功能，比如：

- 帮助界定和辨别品牌。要想代表事物，符号必须要能界定事物。在向儿童营销时，符号特别有用，因为孩子们喜欢图片胜过文字。当品牌在全球进行广泛营销时，也是如此（每种威士忌酒都有自己的符号）。
- 为品牌做担保。
- 赋予品牌持久性。由于符号是永久性标记，因而企业能够充分利用符号。爱马仕的具有传奇意味的马成了"Equipage"、"Amazone"和"Calèche"的共同符号。
- 帮助区分品牌，并使其个性化：符号可以将其个性转移到品牌上。如此，符号提高了品牌价值，也促进了消费者参与的识别过程。

动物图案经常被用来实现最后一项功能。动物可象征品牌个性。在此方面，富有深意的是，中国和西方的占星术都用动物来代表人性。希腊文化对动物的尊崇反映了他们对某种精神之谜的设想。动物不仅能喻示品牌个性，也能喻示目标客户的心理特征。野火鸡（Wild Turkey）象征着饮用这款波旁威士忌的消费者的独立思想和自由精神。为了反映消费者的审美理想，威雀威士忌选择了稀有鸟类赤松鸡——苏格兰的象征作为其图徽。法国鳄鱼的图徽是一条鳄鱼。

图徽概括了品牌识别的多个维度，因此它们在相关资产的创建过程中扮演着重要角色。威士忌的世界充满了野性、稀有、不可驯服的动物，象征着这种酒的自然、纯净和真实的品格。这样，消费者所感知到的相关风险就会减弱。如上所述，图徽还可展示品牌的个性：赤松鸡因其高贵的步态和举止而闻名；野火鸡是一种固执又聪明的鸟类，象征着美国的独立精神。这些动物还代表着品牌的价值观和文化维度，因为它们是地理标志（赤松鸡代表苏格兰，野火鸡代表美国），或是因为它们指向品牌精髓本身。

也有很多品牌选择人物形象来为其代言。这里的人物形象，可以是品牌的创建者兼背书人（维珍公司的理查德·布兰森），也可以是创建者以外的背书人（耐克的泰格·伍兹）。人物形象还可以是品牌特征的直接象征（雀巢的兔宝宝、朗白先生、米其林的轮胎先生）。一些人物形象被用来在品牌和受众之间建立特定的关系，以及情感的、规范的联系（如Smack公司的青蛙、埃索石油公司的老虎）。最后，人物形象也可扮演品牌大使的角色：虽然是意大利人，伊莎贝拉·罗塞利尼（Isabella Rossellini）却展现了兰蔻承诺带给所有女性的法国美女形象。

这些人物形象描绘了很多关于品牌识别的内容。追根溯源，这些人物形象被

"选择"作为品牌肖像，即品牌特性。他们没有建立品牌，但界定了品牌将其属性和特征带到现实中的方式。

视觉标志和商标

大家都知道奔驰的图徽、雷诺的菱形标志、耐克的嗖嗖声、阿迪达斯的三条纹标志、雀巢的鸟巢和优诺酸奶（Yoplait）的小花，这些标志帮助我们理解品牌的文化和个性。实际上它们是这样产生的：企业将其具体要求告知图形识别和设计公司，这些具体要求与品牌的人格特质和价值观相符。

这些标志和商标的重要性并不在于帮助界定品牌，而在于它们得到认同。公司更换商标，通常意味着公司或其品牌将要发生变化：一旦它们不再认同自己以往的风格，就要做出改变。一些公司则以其他方式向前发展：为了重振品牌，恢复其识别，品牌从其一度被遗弃的商标中汲取改变所需的能量和进取精神。就像签名能够反映个性一样，品牌精髓和自我形象也可以在标志中得以体现。

地理和历史根源

识别源于品牌早期的创建行动，这些创建行动包括产品、渠道、传播以及场地。

百达翡丽（Patek Philippe）与瑞士密切相关。法国航空或巴克莱银行也是一样。在美国之外，福特品牌代表了新世界的汽车。某些品牌自然地传递着其来源国的特征，一些品牌是完全国际化的（福特汽车、德国欧宝、玛氏、Nuts），还有一些品牌努力隐藏自己的国家特征：佳能从不提及日本，而松下虽然是日本公司，表现得像是来自英国。

一些品牌从它们的地理根源上提取识别特征和独特性。对它们而言，这是经过深思熟虑的选择。比如，通过推出一种高档伏特加酒，芬兰伏特加（Finlandia）期望获得什么利益呢？正如其名称所暗示的，芬兰地处地球北端——那是一片寒冷、简朴、未过度开发的遥远国土，阳光普照大地。这种自然的美景孕育了极度纯净的水和伏特加。

品牌可以从其本土价值观中获益。于是苹果接受了加利福尼亚州涵盖社会和技术进步及创新的价值观。这个加利福尼亚州品牌中存在一些非主流文化（并非所有硅谷品牌都是这种情况，比如雅达利（Atari））。IBM具有美国东海岸的有序、力量和保守的特征。依云的象征符号与阿尔卑斯山有关，更确切地说是与阿尔卑斯山的形象相联系。根源对于酒精饮料来说也很重要：格兰菲迪（Glenfiddich）的含义是鹿鸣谷，赤松鸡是苏格兰人迷恋的鸟类。不过马利宝（Malibu）酒一直没有明确自己的来源，直到最近，其广告才说明自己来自加勒比海地区。

品牌的创始人：早期愿景

品牌的识别不能与其创始人的身份相分离。维珍品牌中至今仍有很多"理查德·布兰森"的影子。受创始人的影响，圣罗兰的品牌识别是娇柔、自信且意志坚强的30岁女性形象。圣罗兰品牌赞颂身体、魅力以及浪漫的美，其中还有几分招摇的轻浮增添风趣。品牌与其创始人的关系可以延续到创始人去世后。香奈儿就是这样一个例子：魅力超凡的卡尔·拉格费尔德并未试图模仿创始人香奈儿的风格，而是以现代的方式去理解它。世界正在变化，品牌的价值必须受到尊重，但也要适应当今时代。约翰·加利亚诺之于迪奥、艾尔巴茨（Elbaz）之于浪凡（Lanvin）同样如此。

当品牌的创始人离世，品牌开始自主运营。品牌将创始人的名字融入一系列价值观和灵感。因此，品牌不能被创始人家族中的其他成员使用。1984年，法庭拒绝泰德·拉皮迪斯（Ted Lapidus）成衣品牌的创始人之子奥利维尔·拉皮迪斯（Olivier Lapidus）继续使用"Lapidus"。即便某个人与创始人存在血亲关系，也不意味着他能在同一行业中使用该品牌的名称。

广告：内容和形式

请不要忘记，是广告书写了品牌、零售商或公司的历史。大众汽车不可能否认助其发展的广告传奇。百威啤酒（Budweiser）和耐克也是一样。只有借助传播，品牌才能存在。因为品牌有责任宣传其产品或服务，需要为自己做宣传。

在传播时，我们总会说的比自己认为的要多得多。任何类型的传播都会含蓄地提到发送者，即信息来源（谁在说）；也会提到接收者，即我们的传播对象，还会提到我们试图在两者之间建立的关系。品牌识别棱镜正是基于这一事实构建的。

那么这些含蓄的信息是如何从字里行间反映出来，然后传递给顾客的呢？简言之，就是通过品牌风格。在视听媒体时代，一则30秒的电视广告描述了其所宣传的产品的利益，也宣扬了发送信息的品牌及其针对的接收者的风格。在管理、规划过程中，所有品牌都会有一段历史、一种文化、一份个性，以及通过传播形成的一种印象。管理品牌，就是要主动地将这些逐步积累的特征引导至特定的目标，而非坐等继承既定的品牌形象。

继承而来的东西也是一种福利。大众公司严格控制其营销活动，但将传播工作全盘委托给广告公司。这样，不论在哪个国家，所有的大众汽车都以同一个名称推向市场。然而，大众的风格绝对是广告天才比尔·伯恩巴克（Bill Bernbach）的一项遗赠：他成功地让恒美广告公司遵循他所定义的风格。正是通过令人难忘的甲壳虫汽车的营销活动，大众确立了其品牌的独特风格和传播范围。

在广告中，大众一直自由地运用汽车的主题和商标。大众品牌的表达风格尽显幽默，这表现在它的自嘲、假意谦虚和对竞争对手鲁莽无理的态度中，也表现在它对矛盾事实的运用中。大众通过广告与公众建立起亲密关系。这些广告吸引消费者，反映了那些更喜欢功能特征而非外观特征的务实者的形象。

大众的特别之处是，它总能将极其平凡的产品以卓越又友好诙谐的方式表达出来。这使得大众能够将细微改进宣传成重大发展。贯穿在大众汽车广告中的卖点基于事实和特定的价值，而且一直在传递，如产品质量、耐用性、能抵抗恶劣天气、可靠性、合理的价格以及以旧换新。

这种广告风格虽然诞生于大众公司之外，但绝不是人为地附加于品牌之上的。有谁能创造出以昆虫（甲壳虫）命名的怪异汽车，完全藐视当时美国汽车界的流行趋势？只有拥有长期愿景的极其真实坦率的创造者才能做到。为了鼓励顾客购买，大众不仅奉承顾客的自我意识和聪明才智，还感谢他们打破（也许只有这一次）北美汽车一成不变的风格。大众以半开玩笑的方式成功地传递了其价值和文化。大众汽车的风格属于大众，即便它是由比尔·伯恩巴克创造的。

创建一个鼓舞人心的品牌平台

品牌平台是品牌管理的基石。每个品牌都应该拥有清晰、简洁又准确的品牌平台的书面文件，解释清楚品牌想要代表什么。品牌平台是一幅规范化的蓝图，描绘了公司想要创建的品牌，概括了品牌管理的两大关键支柱：品牌识别和品牌定位（见图7-6）。

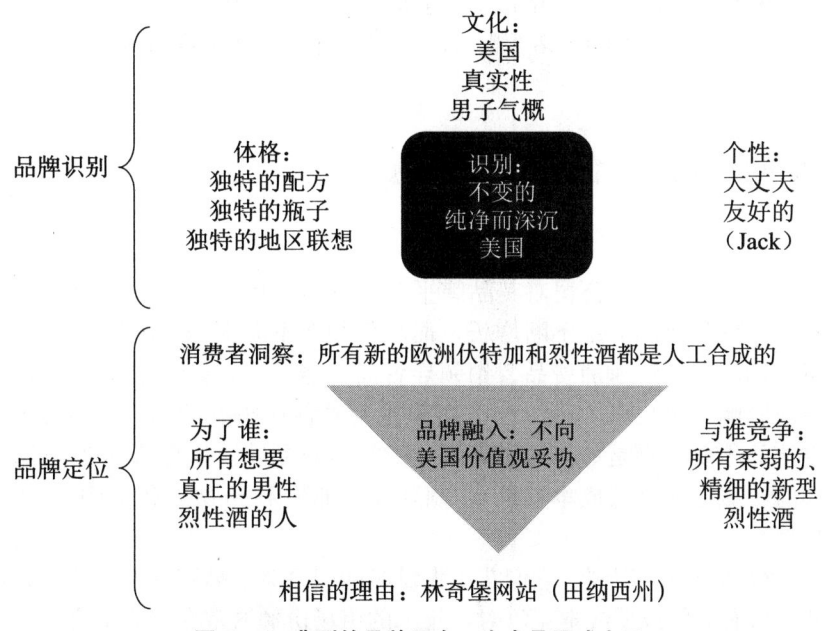

品牌识别
- 文化：美国、真实性、男子气概
- 体格：独特的配方、独特的瓶子、独特的地区联想
- 识别：不变的纯净而深沉美国
- 个性：大丈夫、友好的（Jack）

品牌定位
- 消费者洞察：所有新的欧洲伏特加和烈性酒都是人工合成的
- 为了谁：所有想要真正的男性烈性酒的人
- 品牌融入：不向美国价值观妥协
- 与谁竞争：所有柔弱的、精细的新型烈性酒
- 相信的理由：林奇堡网站（田纳西州）

图7-6 典型的品牌平台：杰克丹尼威士忌

资料来源：J-N Kapferer.

品牌战略会具体说明，为了缩小当下的品牌形象与品牌平台中勾勒的理想形象之间的差距，品牌应该遵循怎样的路径。差距越大，这一路径就会越长、越困难。奥迪耗时25年，用几款里程碑式的新车型塑造了其理想形象，实现了这一目标。博柏利花了6年时间。

自1990年开始，很多版本的品牌平台开始在营销界推广。每个大公司都建立了自己的品牌平台，并在其管理者中传播：在全世界分享相同的品牌规划工具，是品牌全球化必要的第一步。不同版本的品牌平台形式各异，但内容相近。它们界定了品牌的各个维度，从最高层次的无形价值和品牌个性，下延至产品的差异化属性和做出承诺的理由。典型的品牌平台包含这样一些项目，如"品牌精髓""品牌支柱"或独特价值（也称"品牌资产"）及"品牌个性"等。

最知名的品牌平台有：

● 简单的"定位陈述"，即用一句简短的话阐明：需要在品牌名称之上长期附加什么利益，属于哪个品类或子品类，以什么为目标，有什么可信的理由（Trout

and Ries，1978）。这种形式继承自经典的独特的销售主张。
- "脚印"（强生使用的品牌平台），提出关于品牌的本质、价值、个性、内涵和定位的各种问题。
- "公牛之眼"（始于中间的品牌精髓，然后转向品牌个性、品牌价值、品牌利益和产品属性）。
- 品牌钥匙（联合利华），将很多信息设计成锁眼（品牌价值、利益、个性、可信的理由、辨别因素和品牌根源）。在联合利华，品牌钥匙的书面文件不仅为母品牌所用，也为每一个子品牌所用。
- 品牌金字塔，受到学者凯勒和很多咨询公司的推广，它要求品牌管理者详细说明品牌共鸣、消费者评价和感受、品牌表现、品牌形象乃至品牌显著性。
- 玛氏钥匙、麦当劳阶梯，等等。

但这些公司中的大多数都表达了它们有关品牌工具的困惑。

当前的品牌平台有什么问题

为什么大多数公司对其品牌平台不满意？因为它们不奏效。证据是，在世界各地，商品化的力量不断增长，而品牌却在不断倒退。就连最大的大众消费品公司，比如曾是快速消费品营销领导者的宝洁公司，如今也受自有品牌或硬折扣产品的影响（参见第10章）。正如其在世界各地举办的诸多内部研讨会所表明的，宝洁的主要问题是如何通过高端化对抗自有品牌。这些影响延伸到了所有的经济部门：服务业（低成本航班）、制药业（非专利药物）和B2B行业（也存在自有品牌）。

很多企业意识到，它们花了大量时间回答关于品牌平台的所有提问，但当它们遇到自有品牌或低成本竞争时，年末的市场份额通常会再度下降。企业经常就这些问题咨询我们，我们的诊断是什么呢？

品牌平台已沦为一种形式

品牌咨询公司开发的品牌平台越来越复杂，这种情况令人悲哀。它们看起来就像是对贾里德·戴蒙德（Jared Diamond，2008）关于文明没落的著作的例证。作者注意到，破坏水土的森林砍伐活动日益增多，复活节岛的经济状况也越来越糟，但岛上的著名雕像建得越来越大。复活节岛上居民不采取正确的理性措施，反而寻求上帝的怜悯，希望上帝为他们解决人类制造的问题。

为什么大多数品牌平台会在实践中使企业误入歧途？
- 品牌平台的创建者迷恋于复杂化。复杂化在学术或研究领域是一种价值，但在现实世界是对行动的一种限制。
- 大多数企业如今都是全球化的：概念的复杂化意味着品牌管理者会存在更大的误解，因为他们遍布世界各地，所处文化未必是西方文化，其母语也未必是英语。
- 新品牌平台的创建十分耗时，并且要求收费高昂的战略咨询公司的咨询师帮助品牌管理者回答众多问题，这些咨询师自己也要理解概念。围绕着理解这些不清晰的概念而进行的讨论永无止境：个性和价值的差异乍看似乎很清晰。现在我们以"诚实"为例：它是一种价值还是一种个性陈述呢？你持有的价值观难道不是你个性的一部分吗？

- 品牌平台越复杂，就越会给管理带来稳固的错觉。它们的内部架构看似合乎逻辑，推理过程没有漏洞。这常常是因为，一旦广告诉求建立起来，品牌平台就完成了架构。回过头去修补平台的某区块是很容易的事。当然，由此形成的总体架构看起来非常连贯一致，但它是人工制品。这些模型将内部一致性作为其主要品质。顶级的品牌平台能够让手段-目的链从其顶端自然地贯穿到底端。

- 品牌平台提出的问题越多，这些问题之间的冗余也就越多。在不同的问题上使用相同的词语时，管理者会感到沮丧。这些冗余源自这样的事实：当管理者从一个公司跳槽至另一个公司时，会带走他们以往工作中使用的品牌资产模型。如果现在他们加入的公司使用另一种模型，管理者往往会将两个模型混淆，使品牌平台变得更加复杂。比如，在宝洁公司，人们会提到差异点（point of difference，POD）和相同点（point of parity，POP）。宝洁公司的一个婴儿食品品牌可能会有这样的差异点：

——最高的安全水平；
——给宝宝带来全面营养；
——互动式、专业化的建议。

另一公司可能认为品牌具有三项"价值"：安全、营养和互动性。还有一个公司可能会提到"与众不同的消费者利益"："我感觉安全而不焦虑"。最后，我们发现品牌平台体现了来自不同信息来源的各个层级（如差异点、共同点、价值观、利益等）。这看上去就像一个迷宫，充斥着众多新产品开发者和广告公司带来的冗余信息。

- 这些信息使品牌陷入复杂。品牌平台模型迷失了它们最初的目标，成为行动的跳板，事实上它们却阻碍着行动。营销活动利用很多外部的广告公司来激活品牌，当品牌平台呈现给这些公司时，它们的第一个问题就是简化。在充斥着各种词语的金字塔中，哪些才是驱动行动真正最重要的词语？

- 品牌平台在概念和措辞中通常是静态的。它们不是进行激励的工具。比"品牌精髓"概念更静态的是什么？人们为彻底揭示品牌精髓而耗费巨额钱财。如果你说 Woolite 洗涤剂的品牌精髓是"给你的所有衣物值得信赖的呵护"，这一精髓如何在企业的内部和外部进行动员呢？

- 一种婴儿食品品牌声称自己是"妈妈培育健康宝宝的好伙伴"，这难道不是市场上大多数竞争品牌的精髓吗？实际上同一品类中的很多品牌都追求相同的目标，都试图提供同样的品类核心利益，比如雀巢和达能都想通过食物带来健康，区别在于实现这一承诺的路径。又如，所有护肤品牌都提出相同的消费者利益（永葆青春、魅力倍增、充满自信），然而，欧缇丽（Caudalie）致力于将葡萄藤蔓作为所有利益的来源，爱茉莉太平洋（Amore Pacific）只相信绿茶的功效，碧欧泉（Biotherm）则信任温泉水。实际上，"相信的理由"才是品牌改革的来源，或是品牌需要全身心投入的。

- 最重要的是，这些品牌平台模型建立在概念模型之上，而概念模型无法满足市场和新竞争环境的新需求。现在品牌必须创造社群。如果没有正当理由，就无法吸引粉丝、信仰改变者和消费者参与。但正当理由并不是传统的有关消费者利益或产品承诺的"相信的理由"。正当理由是动员号召，而"相信的理由"只是说服工具（就像美国牙医协会对佳洁士的赞助一样）。

● 品牌平台模型受微观理论概念的潜在驱动，这些概念源自流行于营销学术界的消费者心理学以及现在的神经科学。然而，一个品牌要建立社会地位，要创造信仰改变者并利用其社会影响力，个体心理学或个体消费者选择模型是不起作用的。我们需要更多地理解整个社会而不是消费者；我们需要更多的社会学和文化人类学知识（Holt and Cameron，2011）。

人们应该对品牌平台有何期望

企业如今正在寻求能够激活整条价值链、进行企业内外部动员的更好的品牌平台。我们现在的很多咨询内容与此有关。我们建议，不要借用其他公司的现成品牌平台。只要实现了以下六个条件和目标，每个品牌都应能建立自己的平台。

- 激活：为品牌设立高层次的志向。
- 启示：品牌解决的是什么样的深层消费者洞察或什么样的社会矛盾？
- 热情：品牌的远大理想和改革是什么？
- 一致性：要在所有产品系列中激活共同的创意。
- 传递：符合真正的需求、富有热情和优势的产品。
- 便捷：为了获得全球性的理解和支持，只需使用若干词语。

抛开品牌精髓：变得鼓舞人心

在企业内部，当品牌平台被用以详述品牌希望在所有产品或产品线中代表什么时，以及被用以展示手段-目的链的内部一致性（从高端的价值到最实际的产品区分特征）时，它经常被称为"品牌资产平台"。这样的品牌平台提醒人们，品牌的资产应该是什么（我们想要将哪些特色利益与品牌相联系？）。然后市场研究公司会每年测量这些联想在目标消费者心目中的发展状况。因此，品牌资产也称作资产支柱或差异点，我们在调查问卷中会看到相关的典型题项。

在这个消费者对品牌的参与度越来越小，进而低成本备选商品（自有品牌等）的市场份额越来越大的时代，品牌需要做的就是重新创造消费者参与。问题是品牌精髓过于静态。作为对品牌所代表内涵的简明总结，品牌精髓很好，但考虑到消费者参与，品牌精髓却令人不满意。

著名的杜松子酒孟买蓝宝石金酒的品牌精髓为："自然优雅，老于世故，迷人而创新。"销售高保真音响、电视机等家用电器的亚洲高科技公司的品牌精髓可能是"饱含热情地丰富消费者的生活"。然后呢？如何基于这样的品牌精髓创建品牌社群？

品牌唯有凭借极大的整体利益、毫不妥协的执行力、专注于细节和清晰的创意才能在人们心中留下深刻印象。现有的品牌平台能够表达品牌契约和让顾客接受品牌的理由吗？它们会激发行动和创造性地执行吗？不尽然。品牌平台应该是产品开发和创新的跳板，是一种工具，能激发对消费者产生影响的卓越营销活动。品牌平台不是混乱无序的，也不适用于品类中所有成员。品牌精髓是静态的概念，而非吸引人的概念。设法用寥寥数语概括整个品牌被品牌团队认为是一项任务。他们最应该弄清楚：品牌的参与度是怎样的？这个品牌想要如何改变世界？但咨询机构很少问这种问题。它们的任务不是打造情感品牌，而是创建连贯一致的整体。

因为专注于一致性，亚洲品牌平台平淡无奇。结果，它们的传播只聚焦于产品，除非有巨额预算，否则难以被人记住。年复一年，LG、三星或海尔的营销传播聚焦于一代又一代技术创新，却没有留下任何印记。所有的高科技品牌都可以说，它们正拼尽全力追求卓越，或热情饱满地努力给顾客提供卓越的体验，但这些都只停留在口头上。品牌的改革从哪里入手？这些普通的品牌精髓陈述怎样才能激发精彩的活动？难以找到答案。更不用说品牌价值了，大多数品牌价值通常是品类的一般价值（创新、设计和消费者关注）。

网络已经成为品牌与其受众之间以及消费者之间的主要传播媒介。这就是品牌需要品牌内容的原因。品牌内容是全新的管理学概念，源自数字化改革。当侵入式媒体广告统治天下时，人们会无意中看到这些广告，但不会主动去搜寻广告。因此，当消费者看电视连续剧或浏览最喜爱的杂志时，想要吸引他们的注意力，创意十分重要。消费者是为了其中的内容而看电视或阅读出版物的，偶然也会看到商业广告。

网络引发了一场重大变革。在网上，人们直接搜寻内容，很多时候常常以点对点的形式进行。现在如果品牌想要触及消费者，唯一的方法就是提供有趣的内容。这里的内容不等同广告。那么现在你该如何在品牌平台之外创造内容呢？让我们以美国婴儿食品品牌 Beechnut 为例，其品牌平台表述为：美味、营养又安全。这可以衍生出什么样的品牌内容呢？记住，人们上网不是为了知道你的产品质量是优越的，相反，他们想要避开营销信息和销售推荐。

品牌内容要求品牌不仅仅是附加于名称上的利益。如果想在网络上编辑内容，品牌必须具有深度和内涵。

除了谈论产品，你还会谈论什么？谈论之外，你怎样才能对目标顾客有帮助或令其愉悦，甚至两者兼得？这是品牌内容面临的挑战。

"品牌为什么而存在"是最重要的问题

人们追求真实并据此给予支持。谈到 Innocent 品牌，是什么让三个在咨询或广告公司收入颇丰的年轻人聚在一起，从事生产和销售冰沙的冒险事业？驱动力是什么？显然不只是为了寻找市场间隙——一片蓝海或隐藏的金矿。他们想改变他们认为的损害人们健康的行业实践。实际上，Innocent 早期的购买者更认可这一点而非其产品本身。要建立品牌社群，不能仅仅靠销售天然冰沙，还应有不惜代价去守护的理由。

表 7-5 总结了为创建品牌平台而提出的 10 个问题。

表 7-5　迈向品牌平台的 10 个步骤

1	这个品牌为什么必须存在？ 如果这个品牌不存在，顾客会错过什么？
2	愿景。 这个品牌对产品品类的长期愿景是什么？
3	抱负。 这个品牌想对人们的生活做出哪些改变？
4	我们的价值是什么？ 这个品牌在哪些方面永远不会妥协？
5	技术。 品牌的专业技术是什么？其独特的能力又是什么？
6	遗产。 我们的品牌真理是什么？
7	领域。 品牌可以在哪里、哪些产品种类中合理地提供利益？
8	典型的产品或行动。 哪些产品和行动最好地体现、证实了该品牌的价值和愿景？
9	风格和语言。 品牌的气质风格是怎样的？其不变的符号有哪些？
10	映像。 我们的沟通对象是谁？我们想要展现怎样的客户形象？

如果品牌覆盖多个品类，品牌平台应是什么样的

随着时间的推移，品牌为了发展壮大，会覆盖一系列广泛的市场和品类。妮维雅是化妆品和护肤品品牌，但也有沐浴露、洗发水、婴儿护理用品、男性化妆品等。Hero 有果酱、婴儿食品、谷物食品等。企业应该为主品牌创建一个平台，还是为每个品类各创建一个平台呢？实际上都需要。如果品牌延伸到若干品类，就说明其识别和改革运动（即品牌的价值）在所有品类中都非常有意义。我们应该将品牌的价值观与能够证实它们的重要的消费者洞察或愿景一起陈述。如果品牌是钥匙，那什么是锁呢？

比如，作为一个主品牌，多芬依赖的社会洞察是：大多数护肤品牌塑造的女性形象实际上是基于男性视角（女性有魅力、亲切可人）。又如，巴黎欧莱雅由影星组成梦幻组合担任品牌大使，并在所有商业广告的结尾对消费者说"因为你值得拥有"。多芬想要解决另一个问题，即以女性视角塑造另一种女性形象。本质上，它销售的是女性的自我价值。

主品牌的品牌平台应该详述品牌抱负的层次及其在品牌组合中的角色，这样，所有管理者都会意识到其中的利害关系。同样，应该清楚阐述贯穿不同品类的常见的激活行动。

最后，为了指导广告活动、判断广告基调，有必要详细说明什么是品牌个性

（Azoulay et al.，2000）。因此，洗涤剂品牌 Woolite 的品牌个性是"愉悦感官但不性感"。

品牌只通过产品线而存在，所以有必要为每条产品线建立一个平台。自然地，每条产品线都会重复主品牌的价值，但产品线平台也会包含特殊的内容：

- 为什么这是一个商业机会？
- 产品或品类洞察是什么（这对于解释"品牌价值是如何具体化为特定的产品特征的"十分重要）？
- 这个产品线如何帮助建立主品牌资产（尤其是哪个维度）？

从品牌平台到产品线

品牌是从下至上被顾客体验的。人们购买的不是品牌，而是在商店或网上向一个品牌购买产品或服务、咨询沟通、参加活动、体验促销、参与网上讨论，等等。品牌体验的关键数字是：360 度和 24/24。

重要的是，大多数产品系列讲述相同的故事。我们应该深入分析（参见第 13 章）品牌与其产品线的关系：这被称作"品牌架构"。如果一个品牌在人们脑海中不够清晰，建构品牌时就应该避免子品牌。品牌需要变体：苹果只有变体。iPhone 是智能手机市场中的变体，iPod 是 MP3 市场中的变体，iMac 是电脑市场中的变体，等等。管理者有一种分化的趋势。当母品牌在人们脑海中仍处于建立过程时，公司内部的有些人可能过于钟爱子品牌，致使这些子品牌实际上变成了其他品牌，莫名其妙地远离了母品牌。如果所有的子品牌都独行其道，就不可能建立一种品牌家族精神。

因此，我们建议，用贯穿所有产品线的同一种创意来激活品牌管理。品牌平台应该详细说明每条产品线（见图 7-7）。

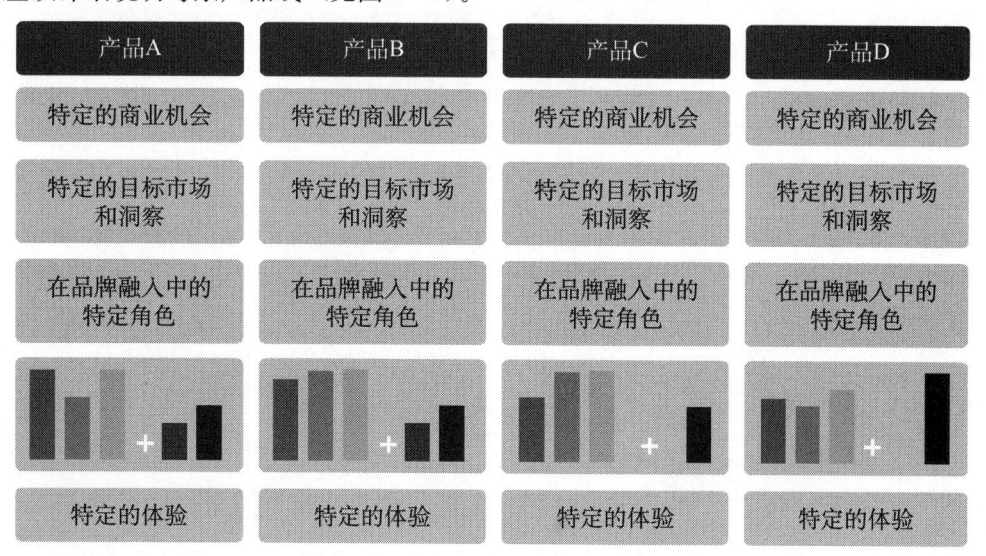

图 7-7　建立品牌之后：产品平台

（1）为什么有这样一个商业机会？

（2）其特定的目标市场是什么？

（3）什么样的洞察驱动产品的诞生？主品牌的价值如何转化为这里的具体特征？

（4）这条产品线如何帮助建立主品牌？它最强调什么样的核心价值？

（5）这条产品线增加了什么外围价值？还需要增加哪些特定的价值？比如，如果主品牌 Hero 意味着自然，那么 Hero Baby 可能需要加入科学的元素，以提高其在焦虑的妈妈们心目中的可信度。

（6）在向目标市场传播方面，可能需要什么样的具体的激活行动？

第Ⅲ篇　创造和维持品牌资产

第 8 章　推出新品牌
第 9 章　品牌成长
第 10 章　长期品牌维护
第 11 章　品牌和产品：识别与变化
第 12 章　通过品牌延伸实现增长
第 13 章　品牌架构
第 14 章　多品牌组合
第 15 章　处理名称变更和品牌转化
第 16 章　品牌蜕变与品牌复兴
第 17 章　管理全球品牌

第8章 推出新品牌

我们考察过的主要品牌——耐克、鳄鱼、亚马逊、Orange、欧莱雅、妮维雅和碧浪等——在问世之时也曾是新品牌。这么多年，这些新品牌凭着直觉、机遇或者偶然成为主导品牌、领导品牌和强势品牌。

既然这些品牌都曾是新品牌，我们不禁要问：这些知名品牌做到了哪些其他品牌没有做或者没有做到的事情？

推出新品牌不等同于推出新产品

营销学著作通常花大量篇幅来解释新产品的定义，而对于推出新品牌的描述却非常少，偶尔出现一两个关于如何给新产品命名的字眼。产品与品牌之间的混淆问题长期以来没有得到解决。大多数具有丰富内涵与价值的知名品牌是由创新性产品和服务的普通名称发展而来的，与竞争者的品牌名称不同。这些品牌名称一般都是随机选择的，并没有做事先的研究或分析：可口可乐反映了新产品的成分；梅赛德斯是戴姆勒（Daimler）先生女儿的名字；雪铁龙是一个家族名称；阿迪达斯是由其创始人阿道夫·达斯勒（Adolphe Dassler）的名字衍生而来的；同样地，Lip和Harpic分别来源于Lippman和Harry Picman。只有对新产品进行命名才能对其做广告。这时广告就要负责展现新产品的优势以及消费者可以从产品中获得的利益。

一段时间之后，新产品通常会被竞争者模仿。然后，它们就会被得益于现有产品名称的更新的、更优质的产品所取代。然而品牌并不会随着产品的变化而改变。以某产品为例，一开始，广告会尽力夸赞新产品的优点；但正如任何产品都会过时一样，该产品很快会宣告，它将通过把名称借用给更优质的产品来实现产品更新换代和自我升级。这就是新品牌诞生的方式。从这时起，销售产品的就是品牌，而不再是广告。

随着时间的流逝，品牌会通过不断发展自身（与产品相关）的传播方式、与公众沟通的方式以及行为方式来获得更大的自主权并与原始品牌含义（通常是企业创始人的名字或产品的某一具体特征）相背离。说起舒洁，很少有英国人会想到"清洁"，说起卜蜂莲花集团（Lotus）时也很少有法国人会联想到荷叶。产品名称已经成为一个本身没有含义的专有名词，同时承载着通过（产品和品牌）经验、口碑与广告建立起来的品牌联想。广告暗示我们正在进行传播的某品牌的真面目究竟是什么，其中包括品牌的核心业务、品牌项目、品牌文化、价值观、个性与目标顾客。它的含义也随着时间的推移发生了变化：不再仅仅作为一种产品的名称而存在，还代表着全部已有的或未来的该品牌所包括的产品。于是该知名品牌成为价值的供应者，它所背书的所有产品（一旦投入生产）都得益于这些价值。

就品牌创造而言，从这一案例中只能学到简单的一点：如果新品牌不能从一开始即创立和推出之时就传递其价值，那么它几乎不可能成为一个大品牌。

从运营层面来看，这意味着在推出新品牌的同时，知晓其无形价值与选定产品的竞争优势同等重要。

成功地推出新品牌需要从一开始就将其看成一个完整的品牌，而不仅仅是一个在广告中呈现的产品名称。推出新品牌意味着在产品名称成为品牌标志之前，令其具有更宽泛更深刻的含义。现代管理必须更快地展现实效。在一开始就要全面考虑新品牌，同时赋予它功能性与非功能性的价值。创建一个品牌意味着把它看成一个知名品牌直接行动。这包括一系列基本准则。

定义品牌平台

与推出产品不同的是，推出品牌从一开始就注定是一个长期项目。这将改变品类现有的规则、价值与市场份额。推出新品牌的目的在于建立一套新的规则、不同的价值观以及对市场施加长期的影响。只有当人们都确信品牌是绝对有必要存在并且愿意倾其所有购买品牌产品时，这个目标才能实现。为了长期保持企业员工、管理层、银行家、客户、意见领袖及销售人员的积极性，企业必须以真正的品牌项目和愿景作为驱动力。而后者不论从内在还是外在都能证明为什么要推出该品牌，推出该品牌的根本目的是什么。

创建一个品牌意味着首先要设计一个品牌规划草案作为品牌识别和品牌定位的基础。以纲领的形式来表现品牌是很有成效的，它可表明品牌的起源、品牌能量的来源以及品牌背后的大项目规划。在界定品牌识别棱镜与品牌定位之前，进行品牌规划是品牌思维过程中的重要步骤。

品牌定位经济学

品牌平台可以预示未来。品牌并不能在一开始就找到正确的定位。我们建议你在进行选择并最终决定品牌平台之前设计不同的方案并从财务的角度对它们进行评估。这一过程共分为五个阶段：理解、探索、测试、战略评估和选择，还包括品牌实施或品牌激活。

1. 理解阶段就是以品牌识别、品牌根源、品牌传统、品牌原型以及当前形象为基础来识别品牌所有的潜在附加值。这是一种以自我为中心的方法：品牌的真谛在于它本身。但若想发现哪一个潜在区域最有可能带来商业盈利，就需要对顾客和竞争者进行分析。同时也需要分析市场以及寻求"真知灼见"的消费者的发展动态，即品牌赖以建立的消费者的期望或不满。最后，进行竞争市场分析就是为了识别机会、差距、可利用的资源以及感兴趣的领域。最常用的分析工具是感知地图，因为说到底营销就是一场感知层面上的战争。感知地图确实创造出了一个非凡的消费者思维的人造模型——心理战场。

2. 探索阶段就是为品牌提出方案。找到品牌平台并不是一蹴而就的事情：它是一个反复排除和调整的过程。以哈瓦那俱乐部（Havana Club）这一品牌为例，它会有哪些可能的品牌方案呢？这是古巴产的一种朗姆酒，古巴是一个以优质甘蔗而著名的岛国，它试图在世界范围内宣传其产品的高质量。再回到这四个问题：竞争对手是谁？为什么而竞争？消费场合是什么？目标对象是谁？我们就能识别出四种方案，每一种方案都以其独特的方式诠释了由古巴及其首都哈瓦那所形成的意象的丰富内涵——尽管时间流逝，古巴和哈瓦那依然保持着原汁原味（见表8-1）。我们注意到这四种方案并非都依赖于同一种产品。对于许多品牌而言情况亦是如此，不同国家的消费者偏好各不相同。以朗姆酒为例，有些国家只饮用白朗姆酒，有些国家只饮用黑朗姆酒。很明显，不能用同一种产品渗透所有这些国家的市场。白朗姆酒与黑朗姆酒所面临的竞争环境不同，对其品牌定位也有重大影响。一方面，哈瓦那俱乐部会试图同杜松子酒和伏特加抢夺市场份额，另一方面又会与威士忌、麦芽酒和白兰地竞争。在白酒市场上，需要再次提出与竞争相关的问题：我们是不是在与市场领导者竞争？

表8-1 比较定位方案：对古巴某一新朗姆酒品牌的典型定位方案

	白色混合酒		深色纯种酒	
	A	B	C	D
	比市场领导者拥有更好的口味	经验 Cubania	"绝对"朗姆酒	一种独创烈性酒
竞争对手是谁？	市场领导者	所有混合酒	优质朗姆酒	威士忌，法国白兰地
为什么而竞争？	口味	古巴特饮	最好的朗姆酒	与众不同
消费场合是什么？	鸡尾酒会/混合	夜晚/混合	家中/酒吧/正式场合	家中/晚餐后
目标对象是谁？	25/40 西班牙、英国、加拿大和德国的百加得饮用者	16/30 欧洲与加拿大城市中非朗姆酒饮用者	25/40 加拿大、西班牙、意大利和英国城市中重度朗姆酒饮用者	30/45 欧洲、加拿大和亚洲城市中的重度威士忌饮用者
拳头产品	白酒	白酒/3年陈	陈年酒（黑）	7年（黑）
定价	比领导者低10%	与领导者平价	溢价	与威士忌平价
传播 —目标规模 —业务潜力 —财务潜力	大众媒体	两步营销	两步营销	两步营销

一切都取决于主观品类和目标竞争对手：将自己定义为朗姆酒就意味着已经对竞争的本质做了详细说明。虽然百加得在英国销量很好，但其实英国根本就不存在

朗姆酒市场。不过话又说回来，在喝百加得的时候难道一定要知道它是朗姆酒吗？它源自古巴，可能是宴会鸡尾酒的象征。

企业进攻的角度会根据目标竞争对手的不同而有差异，目标竞争对手可以是百加得（世界领导品牌）、混合酒与高质量朗姆酒或一般的深色酒（如威士忌和白兰地等）。

3. 测试阶段就是改进或淘汰方案的过程。它需要通过消费者研究来评估每一个方案的可信度与情感共鸣程度。在这一阶段需要测试的是创意和构想，而不是整个品牌推出活动。

4. 战略评估是以一定的标准为基础进行的方案比较，以及对潜在销售额与利润进行的经济性评估。后者是以自下而上的方式，通过我们讨论的每个国家的销售额及其对预测的贡献度进行合计来实现的（见表8-1）。

让我们从评估定位的11个标准（见表7-1）中任选几个进行分析。第二个标准提出了定位赖以建立的"消费者洞察"的强度问题，即该品牌定位是否存在真正的商业机会？第五个标准提醒我们，所有定位必须锁定竞争中的一个薄弱点，尤其是长期弱势。定位本身就是一个持久的决策过程，因此你可能会产生这样的疑问：如何才能找到竞争对手的长期弱势呢？答案有点自相矛盾——就是通过竞争对手的优势来发现它的弱势（Neyrinck，2000）。以世界领导品牌百加得为例，它的长期弱势是什么呢？就是它作为世界领导品牌这一事实。为了销售足够多的产品，它必须以低价出售并在当地安排一切生产。百加得品牌虽然诞生于古巴，但由于一系列商业和经济原因，百加得朗姆酒不再产自古巴。

在评估定位时，必须将行业考虑在内。以洗发水市场为例，"男士专用"是一个好的定位吗？以某些战略评估标准来评判的话答案是肯定的。因为这一定位实现了差异化，而且代表了消费者洞察（一种真正的购买动机）。但若采纳零售商的观点，我们又会得出不同的结论。如沃尔玛、家乐福和阿斯达等零售商往往会设置一个男士卫生用品和化妆品专区。这种做法立刻吸引了支持这一定位的人。但采购男士个人护理产品的往往都是女性，而她们通常会在女性产品区域为丈夫挑选洗发水。因此，从销售潜力方面来说，将男士专用产品放在常规洗发水区域似乎更有意义。如果将它放在男士专区，销售额可能会下降50%。此外，假设该品牌位于男士产品专区，那么"男士专用"的定位就不再是一个差异化的来源了，因为该区域内除了男士用品与品牌之外就没有其他任何东西了。

5. 一旦起草并选择了品牌平台方案，第五个阶段就是实施或激活了。这一新的术语很清晰地告诉我们，如今的品牌价值必须是可感知和有形的；该品牌必须360度全方位地将这些价值转化成行动。

这里主要是定义品牌的营销战略、功能性目标以及推广计划，即考虑主要用大众媒体广告还是邻近营销的方式进行传播，如何激活品牌。要注意，选择是由竞争性环境决定的。以意大利沙司市场的欧洲领导品牌Dolmio为例，它在英国和爱尔兰的营销战略不可能是相同的。在英国，Dolmio仅控制了20%的市场，在爱尔兰却以50%的占有率成为当之无愧的市场领导者。此外，比起人口多的国家，在人口少的国家可以更多地采取邻近营销策略。在品牌激活阶段，战略会转化为有形的活动，胜过单纯的广告与促销（见图8-1）。

品牌是由所有接触点上的愉悦度总和以及每个接触点的连贯一致性建立的

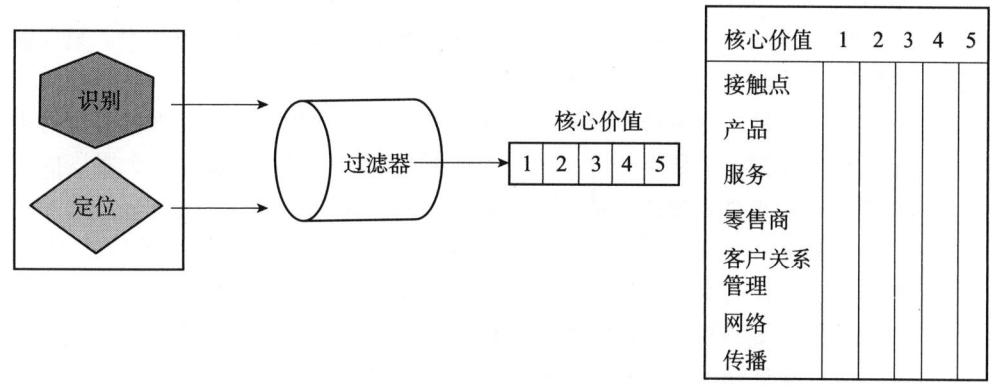

图 8-1　从品牌平台到激活

实施品牌战略：什么是拳头产品

品牌是由其拳头产品建立起来的，拳头产品也称为品牌原型。在推出新品牌的过程中，企业必须非常谨慎地选择在首次活动中推出怎样的产品或服务并如何宣传。这种"明星产品"应该是最能代表品牌意图的产品，即它能最好地传递品牌为市场带来变化的潜力。

并非同一品牌下的所有产品都能同等地代表品牌，只有那些真正体现品牌形象的产品才能投放市场。理想情况下，这种形象必须是可见的。主要的汽车制造商充分意识到了这一点，汽车的设计必须是品牌长期规划的外在表现。选择最佳品牌原型可能会与短期业务目标发生冲突，而销量最好的产品不一定能代表企业试图树立的品牌形象。在这种情况下应该根据长期目标确定短期目标，很显然没有业务也就不存在品牌。

为强势品牌命名

制造商生产的是产品，消费者购买的是品牌。制药公司生产的是化合物，但医生开处方时指定的是药物品牌。在这个需求与处方都以品牌为中心的经济体系中，品牌名称自然扮演着重要角色。品牌概念包括品牌所有的与众不同的标志（名称、商标、符号、颜色、背书特征甚至口号），但人们谈论的、需要的或指定的只有品牌名称。因此我们也应该在品牌创造过程中对此特别注意，即为品牌命名。

要创建一个强势品牌，最好选择什么样的名称呢？是否存在一种特定形式的名称能够保证品牌获得成功呢？看看以下强势品牌或许就能回答这些问题：可口可乐、IBM、万宝路、巴黎水、Dim、柯达和怡泉……这些品牌都有些什么共同特点呢？可口可乐代表了其产品的组成成分，IBM已失去了其初始含义（国际商用机器），怡泉很难发音，万宝路是一个地名，柯达是一个拟声词。快速浏览这些品牌名称可以得出一个结论：任何名称（基本上是）都能成就强势品牌，只要能持续不断地赋予其意义，即赋予品牌独有的内涵。

那么这是否意味着，除了确保品牌能注册就没有必要对品牌名称进行更多的考虑了呢？答案绝对是否定的，因为当你把一个新品牌培育成一个大品牌时，遵循一些基本规则并努力选择正确的名称能够为你节省许多时间，也许是好几年。时间问题非常关键，品牌必须迅速夺取一块属于自己的领地。因此，品牌在一开始就要预料到各种潜在的变化。选择品牌名称时必须考虑到品牌未来的命运，这与品牌建立伊始的特定市场和产品现状都是不相关的。由于企业在一般情况下都会反其道而行之，因此在选择品牌名称时，提供一些即时的信息来避免常规误区并对某些特定原则给予一定的提示很有必要。

品牌名称还是产品名称

选择一个怎样的名称取决于品牌的命运。因此我们一定要区分两种与品牌命名相关的研究类型：一种是创建一个羽翼丰满、成熟健全的品牌名称——它注定会在国际范围内进行扩张，覆盖大型生产线，扩张到其他品类并能经久不衰；相反，另一种是创建一个无论空间还是时间范围都更为局限的产品品牌。在这两种不同的情况下，强调的重点、所花时间以及财务投入具有差异。

描述性名称的风险

在90%的情况下，制造商试图用品牌名称来描述品牌即将背书的产品。它们喜欢用名称来描述产品的功能（阿司匹林可能会以Headache作为品牌名称）以及产品是什么（饼干可能会以Biscuito来命名，直接银行服务可能以Bank Direct来命名）。企业对指示性名称的偏好表明它们并没有理解品牌的真正含义，也不清楚品牌的目的究竟是什么。记住，品牌不是用来描述产品而是用来区别产品的。

选择一个描述性的名称也相当于错失了全球化传播的一切机会。产品的特征和品质将通过广告、销售人员、直接营销、专业期刊上的文章以及由消费者协会所做的比较研究来呈现给目标顾客。因此，如果只是用品牌名称重复这些能用以上传播工具以更有效更全面的方式传递的信息的话，就未免太浪费了。这个名称必须起到增加附加含义并传递品牌精神的作用，因为产品并不能永远存在；它们的生命周期确实有限。品牌名称的含义不能与品牌初创时其所呈现的产品特征相混淆。苹果的创始人充分意识到了这一点：在几个星期内整个市场就知道是苹果制造出了微型计算机，因此根本没有必要掉入是以"国际微型计算机"还是以"计算机研究体系"命名的陷阱中去。相反，命名为"苹果"，他们就能直接传递品牌持久的独特性（不仅仅包括昙花一现的苹果第一代所具有的特性）：比起品牌的外在特征，这种独特性与品牌识别其他方面（品牌文化、品牌关系和品牌个性等）的关系更显著。

品牌不是产品，因此品牌名称不应该描述产品的功能，而应该展现或暗示品牌的差异性。

重视仿造现象

任何强势品牌都会遭遇仿制品甚至伪造品。这种情况难以避免。首先，制造专利总有一天会公之于众。那么还剩下什么能够保护企业的竞争优势，并为其在研发和创新上的投资提供合理的回报呢？答案就是品牌名称。医药行业就是一个很好的例子：当专利成为公开的秘密之后，所有的制药公司都能以零研发成本生产相同成分的化合物，同时非商标产品也开始在市场中泛滥。仅仅描述产品及产品功能的品牌名称根本不能将该品牌与那些进入市场的仿制品和非商标产品区分开来。从长远来看，选择一个描述性的名称最终只会把该品牌变成一般产品。第一代抗生素就是这样陷入了困境：它们的名称暗示了它们是由青霉素制成的，如 Vibramycine 和 Terramycine 等。

如今制药行业已经意识到，品牌名称本身也是一种能够防御仿制品竞争的专利。因此，这样一个名称一定要与一般产品有所差异：在成为独一无二的同时也变得难以复制。以葛兰素-罗氏（Glaxo-Roche）实验室为例，它研制了一种抗溃疡的药剂并称为呋硫硝胺，但品牌名称却是善胃得。它的竞争对手史克制药（Smith Kline & French）也研发了一种抗溃疡的药剂并称为甲腈咪胍，但以泰胃美为品牌名称进行销售。这种命名策略是抵御仿制品和伪造品的利器。在医生的印象中，Vibramycine 和 Terramycine 是一样的，而善胃得和泰胃美看上去就不相同。那些会利用甲腈咪胍和甲胺呋硫专利进行生产的仿制品就不会再使用泰胃美或善胃得这两个名称了。

原始名称之所以对品牌起到了保护作用，是因为它强化了品牌对一切仿制品的防御能力，不论这些仿制品正当与否。如香水品牌 Kerius 被当作 Kouros 的仿制品，在诉讼中，法律专家并不是根据表面上或与原型相吻合的相似性来评判是否为仿制品，而是以总体相似性作为评判标准。于是 Kerius 变成了 Xerius，而另一个化妆品企业由于其品牌 Mieva 与妮维雅相似，不得不撤走刚在其名下推出的产品。描述性名称无法扮演专利的角色。一个名为 Biscuito 的品牌的保护性很差：只有字母"O"能够起到一定作用，防止他人以"Biscuita"进行模仿。即使是可口可乐也不能阻止百事可乐这个品牌的出现。快客汉堡（Quickburger）、爱汉堡（Love Burger）和汉堡王都有类似的品牌名称，但麦当劳的名称却是无法仿效的。

分销商的自有品牌在很大程度上就是利用了描述性品牌缺少保护性这一弱点。它们为了争夺领导品牌的部分客户，就选择了一些与强势品牌非常类似的名称作为自有品牌名称。这样一来，消费者很容易产生混淆。雀巢的 Ricoré 就这样被 Incoré 复制，欧莱雅的 Studio Line 被 Microline 模仿，诸如此类的情况屡见不鲜。由于包装看上去非常相似（和 Ricoré 一样，Incoré 也是一个黄色罐子，其图片上也画着一个杯子和一张桌子等），这一切让消费者更加难以区分，因为他们穿梭于商店货架通道选购商品时往往只依赖视觉符号。事实上，研究发现混淆率通常会超过 40%（Kapferer，1995）。

防止一般化

制药行业处理仿制问题的方式从所有品牌长期生存的角度来看大有前景。通过同时创立产品名称（一种特定化合物的名称）和品牌名称，制药企业避免了与随身听（Walkman）类似的境遇。这些名词如今已成为通用名称，仅用于指代一类产品。为了避免一般化的风险，企业必须创立一个形容词性的品牌（Walkman 小型音乐播放器），而不是一个名词性的品牌（随身听）。因此，在创建品牌名称的同时可能也很有必要为产品本身创造一个新的名称（在这个案例中即小型音乐播放器）。

考虑时间因素

随着时间的推移，许多名称终会阻止品牌继续发展，因为它们的局限性太大：
- 优普救援（Europ Assistance）的名称阻碍了这一品牌在地域方面的延伸，同时也促使蒙迪艾尔救援（Mondial Assistance）诞生。
- Calor（在拉丁语中意为"热量"）在词源学上指的是加热设备（如熨斗、吹风机），从而把电冰箱排除在外。Radiola 品牌从未能进入家用电器领域，它的品牌名称太容易让人联想到某一特定领域。
- 随着时间的推移，运动商品分销商 Sport 2000 看起来越来越缺乏现代感与未来感。
- 脱脂酸奶品牌 Silhouette 在消费者利益方面表现得太局限，为了变苗条而减肥已经不再盛行。这就是为什么优诺酸奶在 1975 年以来已投入 2 000 多万美元广告费的情况下决定改名为优诺无脂酸奶。

以国际化思维进行思考

任何品牌都应该有成为国际品牌的潜力，有朝一日走出国门、走向世界。这是所有品牌的梦想，但是很多品牌很晚才发现自己受到了名称的局限：以苏士酒（Suze）为例，这是一种口味苦涩的法国开胃酒，但从德语的字面上看它是甘甜的意思；耐克不能在某些阿拉伯国家注册；计算机研究服务（Computer Research Service）这一品牌名称在法国引起了许多问题；丰田的 MR2 也是如此。在美国，全能的 CGE 品牌也未能避免著名品牌通用电气的攻击。在品牌走向国际化之前，必须确保品牌名称容易发音，没有什么负面内涵，在注册时毫无障碍。这些新兴的必要条件解释了为什么现在人们对欧盟七种主要语言中都有的 1 300 个单词如此感兴趣。这也解释了当前的一个趋势，即选择那些原本没有任何意义但能创造出自身意义的抽象名词为品牌命名。

树立品牌意识

品牌创建的第一步就是要树立品牌意识。品牌发挥影响力的先决条件是它要存在于人们的心智之中，这是推出新品牌的首要目标。名称首先必须要代表某一特定的新产品：你是什么？你卖的是什么？你进入的是一个怎样的市场？

互联网品牌尤其需要详细界定它们是什么，因为它们没什么可以展示。汽车品牌可以简单地通过汽车展示来告诉人们它们卖的是什么。那么蜜糖网（Meetic）或 e-Bazar 又是做什么的呢？蜜糖网可以让男人和女人在这里找到理想伴侣，而 e-Bazar 类似于 eBay：在这里人们可以出售任何东西给其他人。

我们应该追求何种类型的品牌意识呢？
- 第一提及（"在［竞争类别］中你首先想到哪个品牌？"）。
- 自发性意识（"所有你能想到的［竞争类别］品牌有哪些？"）。
- 辅助或有提示的提及（"这里有一个［竞争类别］品牌列表，你知道其中的哪些品牌，包括只知道品牌名称？"）。

答案取决于预算和行业。有关研究（Laurent, Roussel and Kapferer, 1995）已经证明自发性意识相当于一个限制进入的俱乐部。有一条非常有趣的实证性规律：在不同的行业中，人们趋向于平均记住三个品牌。尽管他们知道的有很多，但还是存在着一种我们称之为"记忆堵塞"的现象。这意味着若想进入由三个品牌构成的俱乐部，就必须把其中一个品牌挤出去。

这是一项艰巨的任务。那么，自发性的（也称为无辅助的）意识是不是值得关注呢？对于软饮料、烈性酒或啤酒而言答案是肯定的，因为在酒吧里，当被问及"想喝点什么"时，人们仅有五秒钟的时间来回答。那其他行业又是怎样的呢？品牌经理必须做出自己的判断。

自发性的（无辅助的）品牌意识对于B2C和B2B品牌而言都是非常重要的：
- 联邦快递因其品牌意识在英国排名第四而遭受损失。当人们想立刻把快递寄往纽约时，联邦快递这一名称并不会第一个出现在他们的脑海中。这就是联邦快递决定连续五年赞助橄榄球世界杯的原因。
- 日本理光也由于缺乏品牌意识而遭受损失。由于其优质的产品和强大的销售力量，理光在欧洲的市场份额位列第一，但在日本以外的市场上，理光并没有通过大力投资大众媒体来打造品牌，其子公司实际上就相当于销售公司。这种做法在很多国家都造成了公司的损失。理光的销售人员都很擅长判断客户公司内未满足的需求，一旦他们将提议上交给公司，如果该品牌不能由人们自发地联想到，那么采购总监就会觉得很为难并会选择招标。像施乐或佳能这样的竞争品牌通常会赢得竞标。虽然它们最后才出现，但由于知名度比理光更高，因此看起来比理光更让人觉得放心。
- 欧洲栢隆集团（Belron Group）是修理汽车挡风玻璃的世界第一品牌。集团会收购当地领导企业，前提是这些企业的品牌意识很强，如欧洲的卡戈拉司（Carglass）和美国的沙夫利特（Safelite）等。挡风玻璃一旦破损就要立刻进行处理，这时人们脑海中出现的第一个品牌就非常有价值了。
- 易捷航空和瑞安航空在自发性品牌联想上展开竞争。由于两者都是通过网上售票，因此最先被点击的那一个就具有竞争优势。

通过赞助创建品牌

赞助已成为建立品牌意识的一种经典方法。许多意识到媒体广告成本高昂的小企业都受到体育赞助的吸引。有很多水手热衷于在环球航海比赛中参与竞技并竭尽全力为他们的船只寻求赞助商。

这是一种赌博式的决策，只要赞助能够带来新闻效应与电视频道覆盖率就是有用的。然而，投资方式很多，如果赞助不是一个一次性的决策，而是以一种方式长期对品牌创建进行投资，那么这样的赞助就非常吸引人。对赞助的管理方式应该同所有投资一样：
- 对目标与产品销售目标人群进行界定。

- 相应地评估潜在赞助项目。
- 评估赞助与企业价值的匹配性。
- 评估投资规模与投资时长。
- 有规律地测量品牌意识的增长，并尝试测量其与赞助宣传之间的关系。

对于那些想要创建品牌的新企业而言，体育赞助很有帮助：

- 它推动了品牌建设（品牌是由人创造出来的）。
- 它在直接环境（社会、政治和经济）中创造了一个良好的品牌形象。
- 它提升了品牌履行社会责任的形象。
- 它提供了一个与贸易商或中间商交流的机会。
- 它为 VIP 客户提供了一种获得公关邀请的机会。
- 一旦被赞助者赢得比赛它就能获得巨大成功。

如今，当大品牌逐渐走向全球化时，它们也会由于同样的原因而被赞助吸引。为什么一级方程式赛车（F1）要在欧洲闭幕而在迪拜和新加坡等地开幕呢？因为 F1 是一种媒介，它的商业模式是以赛事转播权与赞助商为基础的。如今大品牌纷纷在金砖国家（BRICS，由巴西、俄罗斯、印度和中国组成[①]）和"灵猫六国"（CIVETS，即哥伦比亚、印度尼西亚、越南、埃及、土耳其和南非）中寻求增长。这就是为什么品牌会寻找能够吸引这些国家的消费者并对与其价值观相符的体育赛事进行赞助。其首要目标就是建立品牌意识与品牌认知，并尽可能形成品牌正商誉。

联邦快递赞助橄榄球世界杯是因为其独立的品牌意识（特快专递业务中的一个关键成功因素）远远落后于美国的 UPS 和 DHL。人们不喜欢在电视上看到关于特快专递的广告；这是一项 B2B 活动，那些白天工作的决策者怎么能看到这些广告呢？因此在黄金时段播放电视广告可能是种浪费。于是，联邦快递决定赞助橄榄球比赛，因为它是一项典型的英国运动。橄榄球比赛主要依赖于团队合作与协调，当橄榄球及时到达球员手中时就好比一个特快专递及时送达人们手中。换句话说，这项运动与联邦快递之间存在匹配性。"匹配"意味着该项运动与品牌在价值观和运作原则上的一致性，事实证明这两方面都很有意义。

有时候赞助商与运动项目之间的关系在这两方面存在着不一致。麦当劳是所有奥林匹克赛事与项目的全球赞助商，同可口可乐、三星、维萨、欧米茄（Omega）和通用电气一样。奥林匹克运动提供了高目标、一个出色的品牌（五环）以及一种无可取代的体验。我们可以很清楚地看到麦当劳是如何从赞助奥林匹克赛事中获益的。通过这一赞助行为，麦当劳旨在为其品牌创造一种良好的商誉——麦当劳因其在美国本土导致高肥胖率，如今又扩展到世界各地而饱受批评。但是麦当劳与奥林匹克运动之间到底有什么深层次的一致性呢？麦当劳本身在世界上就是一个强大的媒介，而奥林匹克运动的核心价值就是普遍性与广泛性。

最新的研究探索了运动与赞助商之间的一致性概念，但人们要将意义与预期区分开来。当人们认为赞助具有意义时，人们真正看到了品牌能从赞助中得到什么，为什么两者间是相关的（价值上存在匹配性），等等。期望与赞助商选择运动赛事的可预见性有关。

[①] 2011 年，南非正式加入金砖国家，该组织英文名称定为 BRICS。——译者

许多赞助活动都是机会主义行为，目的在于将品牌传播到那些难以触达的目标群体中。如果不能在当地电视上被人们看到，一家银行赞助 F1 方程式赛车有何意呢？图 8-2 显示，缺乏匹配性与不可预见性无法使人们对品牌的态度产生任何提升。然而令人吃惊的是，最有益处的赞助是那些具有意义或匹配性同时又出人意料的赞助。没有比红牛赞助 F1 运动队更令人期待的了，红牛为象棋或深海潜水提供的赞助令人兴奋。

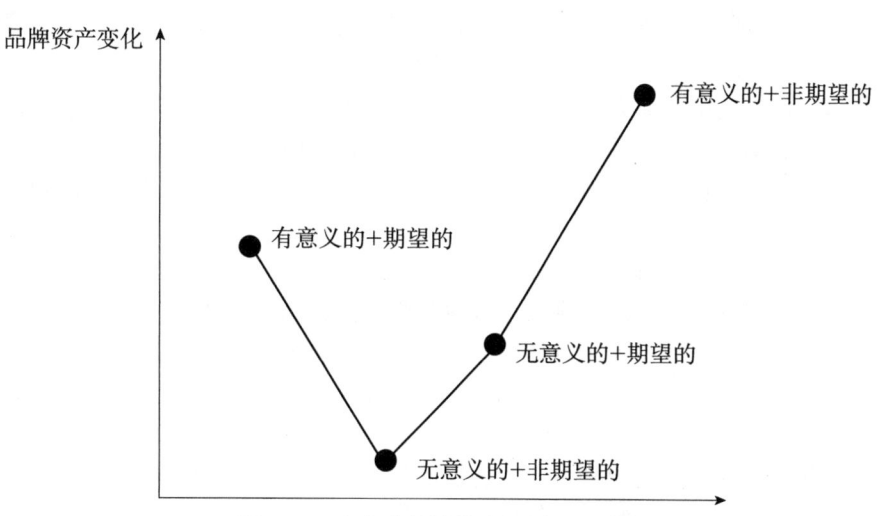

图 8-2 出人意料的赞助如何建立品牌

品牌推广还是产品推广

大众汽车除了自身的产品以外从未对其他东西进行传播。从一开始，大众的广告就始终如一地体现了对图形风格的谨慎选择，即纯净风格，于是就有了白色背景下的汽车图像。因此即使品牌冷漠地、幽默地、无礼地抑或荒谬地对待合理的争议，汽车仍然是广告中的"英雄"。索尼公司会不定期地推出"品牌运动"，旨在不断强化品牌口号。不论何时创建品牌，总有两个选择性策略：要么直接传播品牌含义，要么聚焦于一种特定的产品。采取哪种路径取决于企业对能够完全传达品牌含义的产品的选择能力。不足为奇，大众选择了第二种路径。甲壳虫汽车坦率地展现了其作为一个原创艺术家和门外汉所具备的天赋，同时也很明显地呈现了一种全然不同的汽车文化。

大型白色家电的世界领导者惠而浦公司在欧洲推出其品牌时决定连续三年禁用任何产品广告。它想通过一种非常富有创造力与象征性的活动来创造其他任何产品活动都不曾达到的品牌轰动效应。

银行更偏好品牌推广活动的原因相当富有逻辑性。作为服务性企业，它们没有什么有形的东西可以展示给潜在消费者，只能以价值观与识别来作为品牌的象征。它们也对其口号中的品牌识别精髓进行了概述，希望以此对其有形产品的缺失进行弥补。苹果公司只进行产品的推广活动，这些活动毫无创造性，因为产品本身就已十分富有创意了。

品牌语言与传播范围

如今的词汇不再只是文字形式,据称它将以画面为主。在这个多媒体时代,人们花在杂志广告上的时间不过几秒钟,因此图像远比文字重要得多。

传播范围并非无中生有,也不能任意地分配给品牌。品牌语言使得品牌可以自由地表达它们各自的意识形态。在不知道使用哪种品牌语言的情况下,我们只会一次又一次地重复相同组合的文字或图片,最终堵塞了整个品牌信息的传播。因此,迫在眉睫的是,我们要在不同的推广活动中创造出一致性、相似性以及一种共同精神,最终让它们看上去就像是相互间的重复活动一般。这样一来,每项推广活动的具体信息都因为人们过度关注寻找品牌的遗传密码而被抛之脑后。

品牌密码总是人为设计出来的,而品牌语言是自然存在的:品牌传递了发送者的个性、文化与价值观,帮助其发布产品和服务或吸引消费者。

品牌语言在最后充当了一种分散决策的方法。通过利用一个共同的术语表,世界各地不同的子公司都可以使它们的信息传播主题适应当地市场和产品需求,从而保护品牌的整体一致性。品牌识别必须调和好自由与一致性的关系,这是表达指南需要不断推进的任务。这不仅仅是为了解决诸如品牌名称在广告页面上的位置等问题。它们必须对以下几点进行详细说明:

- 占主导地位的风格特点;
- 有诸如手势、消费者面部特写和广告短歌等特点;
- 平面排版或叙事结构代码,以及品牌颜色代码;
- 决定品牌及其标志(如果有的话)能否运用到某些场合中以及运用它们的原则。

诸如此类的情况必须要预料到并在表达指南中给出定义。

在所有品牌接触点上开展360度全方位的创造性传播

在发达国家,广告是一种挑战:成本高昂,但效果总是难以测量。然而,在推出品牌时广告效果是可以测量的,因为在那时可以明显地看出公众的需求和态度以及整个行业的态度是否发生了变化。

成本引发了关于广告适宜性的问题。在有些行业中,产品发布如果没有广告是无法想象的,快速消费品行业就是这样的例子。但即使是在这种情况下,一切都取决于具体的产品类别。英国目前第一红酒品牌杰卡斯(一个澳大利亚品牌)是在1984年推出的,它的第一次大型广告活动是在2000年进行的。从那之后,该品牌就停止了所有广告宣传,如今主要以赞助成功的电视节目为主。该品牌的成功得益于一款出色且多方受益的产品、行业支持、公共关系、大量的店内促销,以及鼓励消费者在销售点试用产品、现场促销等。它还扩大了产品布局，这是一个能够创造并保持品牌"酷元素"的真正杠杆。

顶级品牌还致力于利用口碑营销赢得意见领袖的支持。在互联网世界，eBay只通过网上链接和公共关系进行营销，它是唯一一家从创立以来就盈利的企业，成为互联网业界的佳话。

当需要利用广告来促进销售和业务时，那句熟悉的老格言就会出现在脑海中："我有一半的广告预算是浪费的，但我不知道是哪一半。"事实上，我们确信这一半很容易识别出来。浪费的广告是指：

- 那些没有足够创意，因而不被注意的广告；
- 那些迷失了目标群体，因而不能被"对"的人看到的广告；
- 那些在没有商店与合适的分销系统的地方被人们看到的广告。

这三点都是导致广告浪费的真正原因，第一点尤为重要，它所提出的与其说是广告代理商的质量问题，还不如说是客户/广告者的问题。客户可以在以下两个方面对其代理商的创造性以及广告活动的质量产生主要影响：宣传推介的质量，以及承担创造性风险的能力。

想要在创造性上取得飞跃并获得创造性的想法，品牌主张必须要深刻敏锐而不显乏味。对于一个来自典型的麦肯锡（McKinsey）式咨询结果的品牌价值主张，比如"X品牌是极品（如威士忌）"，一个富有创意的人会对此做出什么回应呢？这些工具以及那些擅长分析却没有好想法的咨询公司确实存在问题。鉴于战略性咨询需求的减少，大多数大型咨询公司已经对其员工做了调整，如今它们想在整个执行过程中陪伴顾客。然而，那些因其数据处理能力而受雇的数据分析人才只会提供一堆又厚又详尽但缺乏可操作性的报告和模型。

人们天真地以为依赖代理商就能出现奇迹，可以将寡淡无味的品牌主张转化为富有创意的概念，而情况并非如此。

实现创造性飞跃的第二个条件就是要意识到广告的目标受众必须被激发。广告不能仅仅是对潜在购买者的简单描述，而应该给出潜在购买者的映像。如果广告想摆脱束缚，那么它就不能呈现给普通大众。想想百威啤酒的广告传奇"Wazzup"：广告中选用了一些相当激进的人物，体现了该品牌强烈的现代感、革新性与公众参与度。对于这一主流知名品牌而言这是一个挑战，因为几乎所有美国人从一出生就知道了这一品牌。

通过意见领袖和社群建立品牌权威

除非想将品牌定位于一个高端的利基市场，否则高市场份额与销售额往往会来自一个大众市场。但自相矛盾的是，为了影响市场中的大众群体，即那些对品牌的涉入度不高的人——"（品牌）转换者"，品牌必须首先获得更小规模的意见领袖群体的支持。消费者行为过分依赖于个体的消费决策方式——个人在社会真空中进行决策的范式。但是每个人都从属于一个网络、群体或部落，创建品牌意味着要越来越接近这些作为影响媒介的群体。

接近意见领袖

在所有群体中都存在影响者，他们有时也被称为意见领袖。意见领袖的概念由来已久，但其重要性却由于过分依赖广告而被掩盖了。事实上，在创建品牌之前首先要问的问题之一便是：哪个（些）群体会支持这个品牌？这里所说的并不是市场细分，而是那些会影响市场细分的人。品牌本身并没有什么说服力，它需要的是能产生影响者。现代潮流制造者属于基于民族、文化以及地理划分的群体。这些群体需要被正确识别以及与品牌建立起连续而直接的关系。他们必须体验品牌及其价值，并最终和品牌相互作用。品牌也必须理解他们，从他们的角度出发呈现自己，同时与这些群体分享共同的价值观。

那么这些影响者是谁呢？意见领袖又是谁呢？我们需要对这两个概念加以区分。有研究（Valette Florence，2004）提出，意见领袖具备三种必要的特性，他们被看成是专家，被赋予非凡魅力并渴望与众不同，拥有较高的社会知名度。并非所有的专家都是意见领袖，他们与销售员或指导者一样都是影响者。

影响者可以是专家。如果康颂（Canson）没有长期与教师社群建立紧密关系，就不会获得成功。宝路（Pedigree）（宠物食品）也依赖于专家，欧莱雅依赖于美发师，海飞丝依赖于皮肤科医生。

影响者也可以是一些业余爱好者。T-fal将自己定位于制作美食的工具，它与烹饪学校以及所有致力于开发高水平美食技能的专家建立起联系。

他们也可以是与某品类接触最多的人。消费者都是不一样的，有些消费者涉入得更多，对有关需求（而非产品本身）的一切也显得更有兴趣。他们了解得更多，互联网使用更频繁，参与在线讨论与论坛。如拥有更多孩子的母亲往往扮演了一个具有影响力的角色。

意见领袖主要存在于特定的社群中。我们强调"群体"一词是因为人们现在会谈论创造潮流的部落。因此，我们的目的不是要与许多个体进行互动，而是要与正式或非正式的事先组织好的群体进行互动。这些群体可以在特定的地方找到。由于这些群体是有组织的，因此很容易与他们开展活动。萨洛蒙（Salomon）致力于提高与世界各地冲浪者群体的互动程度，因为冲浪者都是潮流创造者。绝对伏特加因其出现在纽约同性恋社群的所有派对中而取得了成功。孟买蓝宝石金酒在洛杉矶采取了同样的做法。

为了使品牌能够触达这些群体，直接接触是必要的，通过网络建立虚拟亲密关系也很有必要。远距离不能创造出紧密联系。这么做的目的在于，通过以某种方式参与到那些能够体现品牌与群体间分享共同价值观的活动中，来显示品牌正成为群体的一部分。最终，应当由品牌来创造这些活动或场景。

创建中坚力量：品牌大使

品牌一经推出，企业就必须创建一支拥护品牌、参与品牌活动的中坚力量。娇韵诗（Clarins）在1954年刚成立时是一家非常小的化妆品企业，面临着诸如雅诗兰黛（Estée Lauder）和欧莱雅等巨头的竞争。它在建立中坚用户力量方面非常具有创新性，但它一直默默无闻，不引人注意，直到市场研究结果告诉其竞争者，这个小品牌不断发展壮大且已拥有较高的顾客忠诚度甚至拥有狂热的客户：每款产品推出后都会给公司及其创始人考廷（Courtin）先生发一份邀请函。在一对一的客户关系管理成为管理的必要元素之前它就早已经这么做了。

许多框架为我们展示了如何从消费者与品牌之间关系的紧密度这一维度来对消费者进行细分。典型的细分之间存在天壤之别，是一个行为与情感维度的混合体：

(1) 不喜欢甚至厌恶某品牌的消费者。该品牌根本不属于他们的世界。

(2) 非消费者。他们认为品牌在他们所寻求的属性上表现不佳。

(3) 非消费者，没有特定原因（只是因为品牌对他们没有很明显的吸引力，难以诱使他们进行尝试）。

(4) 想要买但不能买的人（买不到、接触不到以及价格问题所致）。

(5) 偶尔购买并不断地转换品牌的人。

(6) 经常购买的人。

(7) 对品牌的涉入度以及参与度都很高的人，即品牌大使。

品牌一旦推出，就要竭尽全力来创造并识别第6种和第7种细分中的消费者，即重度购买者与涉入度高的消费者。

询问身份信息确实是一种建立数据库的方法，这种数据库能让组织给予这些先行者贵宾级的服务：特定的温馨提示、组织网站上的特定代码、特定的邀请、特定的供应、公关活动以及线上销售。

还有另一种创造中坚拥护者的方法，可以用保罗·理查德（Paul Ricard）的一句话对此进行概述：*faites-vous un ami par jour*（每天交一个朋友）。当然，如果你恰好像那个创造了世界第二大白酒集团的理查德，说出这句话就非常容易了。但是这句话需要进一步验证：他说的并不是"每天多一个顾客"，而是"每天多一个朋友"。服务、免费礼物、积极回应、个性化关系、关心以及在各种聚会上热情招待等都是通向成功的基础。

然而口碑不能被看作广告的替代品。广告肯定不会消亡。品牌依靠两条腿走路：分享情感和更新产品。

广告仍然是塑造这些常见的、共享的意象或创造即时创新知识的一个很好的工具。

如何让现代时尚的词语成为口碑宣传的代名词呢（Kapferer，1991，2004）？

第一种方法就是在新闻发布会与媒体上花足够的时间。雇用一个专家代理人固然是个好主意，但是如果能受到经理们的亲自欢迎，记者们难免会受宠若惊。这就是应该开始交友的地方：了解如何协助记者工作至关重要（我们都知道他们的时间非常有限）。我们也应当记住，要关注从知名电视台记者到小行业杂志的自由记者每个人。未来的高级编辑很可能潜藏在众多你所见过的自由作家中。

第二种方法就是若不考虑媒体的影响，就不采取任何行动，这一点应该成为一种准则。正如一句谚语所说，你在公共关系上花的每一分钱都需要另外花钱来宣传。时尚氛围必须被激发并具有活力：它自己并不总能独立发端。

第三种方法就是永远在所有事物上寻找差异性与破坏性（Dru，2002）。据说在公关界，这一切都是提前完成的。这意味着你的工作就是要给人惊喜，因为只有惊喜才能成为消费者的话题。

这就是品牌要创造自己的事件、参与街头营销、与名人建立关系以及赞助运动赛事或音乐活动等的原因。

第9章 品牌成长

品牌成长（brand growth）是指品牌在其目标市场中提升渗透率，建立品牌资产和拓展业务的过程。它包括市场营销组合的所有方面：产品线延伸、价格差异、零售或渠道延伸、传播策略，以及建立关系而非仅仅交易。其目的是让以往的买家重复购买并保持忠诚，服务、客户关系管理和网络关系对此将起到很重要的作用。

将金字塔底端的品牌与面向发达国家的品牌区别开来是很有必要的。一个挑战就是商业模式：一家企业能否在初创动力消减之后创造出可持续的盈利模式？这主要涉及生产、供应链和向独立销售人员提供财务支持等方面的创新。

在成熟市场上，品牌管理是另一个挑战。在消费者需求已经得到充分满足，消费者有大量的选择并且对价格敏感的情况下，企业如何拓展业务？当众多零售商纷纷想从品牌附加值中获取更大利益时，企业又该如何寻找合作伙伴？

通过借鉴大量的案例和模型，我们关注可以为无成长（no-growth）市场带来增长点的主要战略。

首先，短期战略建立在现有顾客之上。一般而言，在没有一个令人信服的理由的情况下，顾客关系管理、数据库管理和关系营销是不会突然出现在现代品牌管理中的。亲近顾客是非常有必要的，尤其是在现有顾客有多种选择，吸引新顾客的成本较高的情况下（Reichheld，1996）。

其次，开展大量的市场调研工作，探索还有哪些需求、满意度如何提高、哪些用途未被开发。例如，包装和设计的创新，尽管这些方面不一定多重要，但也有利于增加市场份额，尤其是当它们在不同分销商渠道中有差异时。

但是，从长期来看，两个主要战略是用来开拓海外市场和创新的。下面我们将阐述这些战略。

通过现有顾客实现品牌成长

品牌成长的第一来源在于品牌的现有顾客，这些成长机会有待寻找、评估和充分利用。然而这些机会往往被那些期望快速迎合消费者需求变化的管理者忽视。

打造人均消费量

品牌管理的永恒追求是品牌成长，实现的途径之一是从低消费量使用模式转向潜在的高消费量使用模式。例如百利甜酒（Bailey's Irish Cream），一个创建于1974年的世界级酒类品牌，在其成长过程中遭遇过一次严重的挫折。它的消费有明显的季节性特点，经常被作为圣诞节和新年礼物。这类酒品主要是由女性消费，她们将其视为一种含糖的饮品。但由于它味甜，人们往往只能少量食用。如果该品牌想提高销售量就必须做出改变，它的未来取决于它在其他品类上的竞争力（而非狭隘地定义为爱尔兰甜酒）。随后，一场以加冰百利为主题的活动开始了。这个创新的想法就是让人们与亲友一起感受百利带来的快感，鼓励一群人在摇滚乐中一起享用百利（这实际上激发了消费者再来一杯的欲望）。它以创新的媒体活动来支持这个新定位，探索如何通过媒体将品牌与关键的感性时刻联系在一起。例如，百利赞助了《欲望都市》（*Sex and the City*）。

但最重要的是这项活动的内在意义。饮用加冰百利需要一个正常大小的杯子，而非以前所用的酒杯，营销者必须说服分销商认真对待这一活动。他们为酒吧连锁店设计了一款新的百利杯、6 000个用于消费者装冰的工具袋、4 000个大容量POS工具袋、16 000个用于正确测量百利加冰量的光学设备。结果，百利的销售量从1989年的46 000杯增至1996年的107 000杯，喝加冰百利变成了一种潮流。

在美国，杰克丹尼威士忌试图提高人均消费量，但受到它一贯的"男子汉"形象的约束。因此，杰克丹尼试图创造与派对相关的联想（一种对消费者产生激励效应的消费情境）。为了达到这个目标，该品牌特地制定了一个微营销计划——"杰克丹尼时刻"。其中一个场景就是一群朋友在体育赛事开始前几个小时到达，围着汽车的后备厢，喝着杰克丹尼，烧烤狂欢。这个品牌还开发了特定的用品，并在体育杂志上刊登广告来吸引人们在这种情境下消费。

关于如何提高人均消费量，可口可乐提供了最佳实践案例。可口可乐的目标是让全世界的消费量接近美国消费者的消费量（美国消费者每人每年会喝118升可口可乐）。可口可乐的第一个关键性战略杠杆不是采用成本导向定价法，而是以每个国家最受欢迎的饮料的价格为参考，比如在中国市场参考茶的价格。因为这样就会给当地装瓶商的利润带来压力，从而促使销售业绩快速增长。可口可乐公司自身的利润得到了保证，因为它从可乐糖浆的生产成本和转售给装瓶商之间的价差（高达5倍）获利。

第二个关键杠杆是垄断当地市场。这里的"当地"是指尽可能靠近每一个有消费欲望的地方。理想的情形是，产品通过自动售货机或者小型冰箱出现在任何一个消费者触手可及的地方，比如宾馆、大学、医院、酒吧和自助餐厅，供大家室内消费。

第三个关键杠杆是使价格适应消费情境。因此，一升可口可乐在不同的时间或地点会以不同的价格销售。

最后，针对不同的情景，比如午餐和晚餐、早餐和夜宵，可口可乐制定了不同的营销计划。在很多国家，消费者会喝自来水或瓶装水。他们这么做是习惯使然，或者是出于健康考虑。因为喝过多的含糖饮料会导致肥胖和其他疾病，这也是目前很多美国人面临的问题。可口可乐的计划是改变当地的风俗，从还未形成这些习惯的孩子和年轻人开始。因此，可口可乐与麦当劳建立了全球联盟，这一改变十分关键，因为年轻人是麦当劳的主要消费群体。可口可乐还与世界名酒领导品牌百加得形成联盟。比较有代表性的是，百加得朗姆酒的广告展示了一杯"自由古巴"鸡尾酒，它就是由朗姆酒和可乐调成的。

通过突破消费障碍来创造消费量

品牌化过多沉迷于品牌形象，而没有注重产品用途。尽管可口可乐被誉为品牌管理的典范，但如果我们扪心自问，就不得不承认这样一个事实：困扰可口可乐管理者近一个世纪的难题，就是可乐被认为是一种含糖量较高的不健康饮料，这也正是它不被消费者广泛接受的最重要原因。

当然，可口可乐公司已经意识到在婴儿潮一代老龄化的国家，越来越多的消费者开始关注养生和保健。1963 年，可口可乐在健怡皇冠可乐之后健怡百事可乐之前推出了泰波可乐。但是，直到 1983 年可口可乐才推出了健怡可口可乐，它很快成为这个品类的领军者，并被可口可乐公司称为"全球第二大软饮料"。后来，可口可乐公司相继推出无咖啡因可乐、无咖啡因健怡可乐、樱桃可乐、香草可乐、柠檬可乐、零度可乐和低碳可乐。每一种产品都是为解决不同的市场问题而开发的。部分消费者希望尽可能多地饮用可口可乐，但是被可口可乐公司阻止了。因为一些消费者不能食用太多的糖分，一些消费者不能食用咖啡因。

因此，在可口可乐现有顾客中增加人均消费量的机会极大。对此管理者可能了解，但从没有认真去做。识别和减少消费障碍不仅有利于服务顾客，也有利于提高利润率：阿斯巴甜（健怡可乐中的甜味剂成分）的成本要比白糖低。

在可口可乐案例中，消费者有限消费的理由很清楚，但公司充耳不闻。这样的产品使人们对品牌感到困惑。广告语"这就是可口可乐"令可口可乐长期只象征了一种产品。

在运用较高人均消费来提高消费量的过程中，消费障碍的识别并不总是那么明显。我们需要开展调研，其中一种方法就是根据战略矩阵来划分顾客（见图 9-1）。

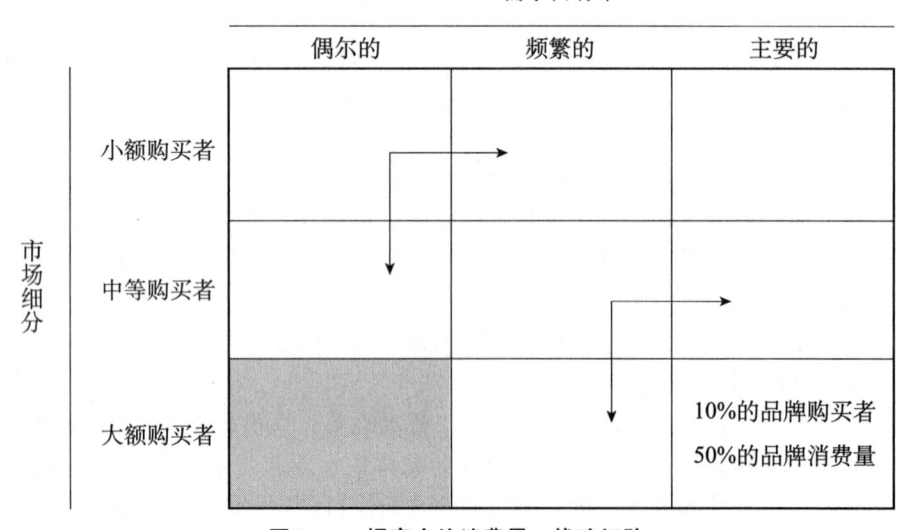

需求占有率

市场细分	偶尔的	频繁的	主要的
小额购买者			
中等购买者			
大额购买者			10%的品牌购买者 50%的品牌消费量

图 9-1 提高人均消费量：战略矩阵

这个矩阵依据与行为相关的两个维度来划分顾客。第一个是家庭需求占有率（在 100 次购买活动中，对特定品牌的购买达到多少次），第二个是家庭消费水平（到底是小额、中等还是大额购买者）。

这样就产生了8个单元格（并非9个，因为其中一个在理论上存在，但在实践中是不存在的），每个家庭分配到一个单元格。这个矩阵适用于任何一种购买活动或者购买者，包括B2B市场的企业。每一个单元格代表家庭总数的百分比，也代表品牌和品类总销售量的百分比。在单元格中，这些数字非常重要。其中，关键细分市场是矩阵右下角的位置，它代表了高消费家庭，也就是该类家庭主要购买品牌产品。例如，在欧洲属于这个单元格的家庭能够消费健怡可乐总销量的70%，但只占可口可乐总销量的48%。这两个数字说明了单个创新产品是如何减少限制消费的障碍的。

品牌管理者的任务是逐渐将尽可能多的人转移至右下角的单元格中。这点可以通过将其他的单元格垂直或水平地向这里移动来实现。但是，首先要弄明白每个单元格的具体情况和消费者动机。为了解具体的行为类型，需要对行为进行划分，然后再深入分析每种细分行为。他们是谁？他们为什么不消费更多？这是口味问题、满足感问题、价格问题、样式问题、包装问题、产品线种类不足问题还是分销问题？当然，这不太可能是形象问题，因为这里所考虑的对象是现有顾客。在现代市场环境下，我们从面板数据中可以得知，即使是忠诚顾客，品牌占有率也达不到100%，往往不会超过40%。但是，在这期间为什么60%的消费者会选择其他品牌？管理者对此还缺乏了解。

最终，针对每个行为细分市场产生了新的营销组合，通常包括具体的产品改进、较高的体验性利益和产品范围延伸（如样式、口味等）。

通过新用途和消费情境来实现品牌成长

不管你喜欢与否，每一种产品都是在一个特定的情境中被消费的，这是品牌定位模型（见图7-2）四个方面中的一个。顾客寻找与特定情境高度相关的问题的解决方案，例如，对于一辆汽车不同的用途——主要是在城镇使用还是郊区使用、短途使用还是长途使用，消费者会有不同的期望值。因此，品牌成长往往与对新使用情境的跟踪有关，了解到这些情境可能会覆盖同一类顾客，也有可能是一个人在不同的情境下消费同一种产品。对于很多公司而言，使用情境而非使用者自身的特征是一个真正的市场细分标准。一个产品总是在特定的情境下被消费，而这个情境正好界定了品牌的竞争组合。情境是品牌真正的战场，每一种情境不仅与不同的竞争者有关，还与期望、需求、消费量、增长率和利润率有关（见图9-2）。

品牌应该通过进入具有高增长率的消费情境来追求品牌成长，在这样的情境中品牌属性会给品牌带来高度相关性，为此通常需要推出一个新产品或新产品线。

玛氏之所以推出迷你玛氏棒——一款专门针对35岁以上消费者的新产品，是因为这类消费者对玛氏巧克力棒的消费正在减少。这款新产品也改变了玛氏的定位：从产品的尺寸来看，它就是一块糖果。它已成为消费者的"嗜好"，而非替代餐品或能量食品。

在美国，摩根船长（Captain Morgan）是一个具有男子汉特征的朗姆酒品牌，它也象征着冒险和乐趣。为了实现品牌成长，它根据不同的使用情境进行了市场细分。为了在所谓的派对市场——一大群朋友聚会、跳舞和喝酒——占有一席之地，公司推出了摩根船长芳香朗姆酒。随后，公司又开始进军"欢快的社交"市场——一小群朋友聚在一起享用鸡尾酒，但是第一次尝试以失败告终。摩根船长

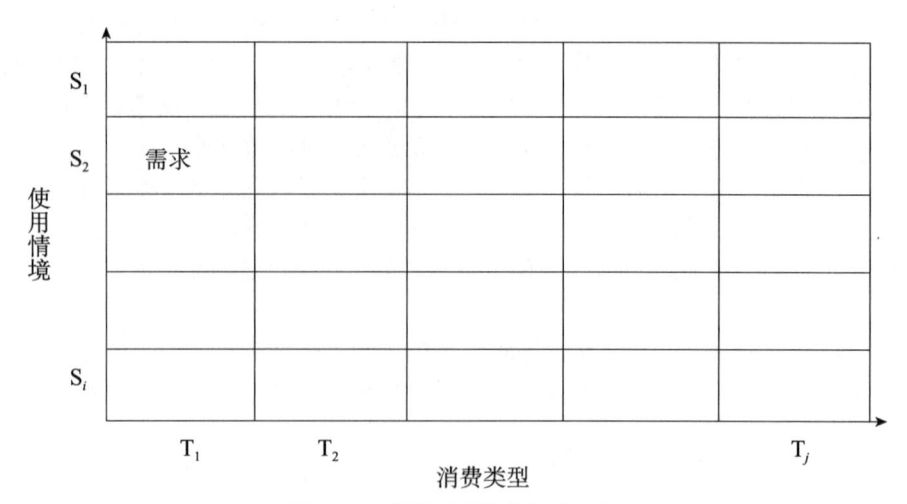

图 9-2 依据使用情境细分市场

椰香朗姆酒由于摩根船长伞状品牌策略和明显的价值特征而严重受挫。在椰香朗姆酒的使用情境中,关键是要创造一种更女性化、优雅和浪漫的价值特征,而非男子汉特征。这也是推出第二个试验产品 Parrot Bay 时,摩根船长仅仅起到背书作用的原因。

通过消费升级实现品牌成长

一种经典的品牌成长战略就是消费升级。顾客希望获得品牌升级后的服务或产品。礼盒装产品和特殊系列产品利用了收藏者的动机,而大尺寸产品也有一种内在的吸引力。

延伸产品范围也是提高利润率的一个途径。如果生产一升三星干邑(指蕴藏期达 3 年的干邑白兰地)的成本是 3 欧元,一升 VSOP 干邑(蕴藏期达 4~5 年)的成本是 4.5 欧元,一升 XO 干邑(蕴藏期达 30~35 年)的成本是 15 欧元,一升 Extra Vieux 的成本是 21 欧元,那么消费升级是非常有利可图的,因为不同白兰地的售价大约分别为 15 欧元、30 欧元、60 欧元和 150 欧元。

产品线延伸:必要性和局限性

如今,大多数新产品开发都是产品范围或者产品线延伸,而货架因产品线延伸被填满。如前所述,随着时间的推移,延伸产品范围是品牌发展中不可或缺的一步。就像现存的物种,只有适应了不断变化的生存环境、扩大了生存空间才能生存下来。品牌本来是为一个产品(如可口可乐或美康薯条)而设计的,现在要细分出新品类。典型的产品线或产品范围的延伸主要采取以下方法:

- 样式和大小的多样化(尤其是在汽车中,当然也可以用在软饮料中)。
- 口味和味道的多样化。
- 产品成分类型的丰富(比如可口可乐是否加糖、是否加咖啡因,福特护卫者的发动机类型)。

- 药品仿制形式的增加。
- 物理形态的增加,如以粉末状、液体状或微粒子状呈现的碧浪。
- 同一品牌下,在产品线延伸中有相同消费需求的前提下,增加产品的附属物品。例如,薇姿男士护肤系列包含一整套洗护用品,包括剃须泡沫、滋润精华膏、除臭剂和沐浴露。
- 具有专门用途的产品款式的增加。比如,Johnson 公司将其一个成功的单一产品品牌 Pliz 喷雾剂转化成 Pliz 系列产品,这些产品专门用于不同类型表层的护理。Favor 本来是一个弱势品牌,后来成为 Pliz 系列中用于木制品的蜂蜡品牌。又如,洗发水品牌层出不穷,以适合不同发质。

产品线或产品范围延伸必须区别于品牌延伸,因为品牌延伸是针对不同产品品类和不同客户的真正的多样化。它是一个高度敏感的战略性选择,我们将在后续章节具体阐述。为什么雅马哈品牌可以同时经营摩托车和钢琴?产品线或产品范围延伸占到新推出产品的 85%,是市场中最常见的创新方式。

产品范围延伸要遵循营销逻辑,秉持将一个出色的细分市场变得更好的理念,并满足消费者不断发展的特殊需求。我们可以回忆一下,在刚开始的时候每个品牌都是一个独特的产品,而这种独特有两层意思:它是与众不同的,且只有一种形式。以福特为例:不管顾客需要什么,我的汽车只有黑色的。可口可乐和法奇那的瓶子也是如此。随着时间的推移,品牌不再狭隘,开始意识到消费者不同的期望,并对此有所回应。比如麦当劳的竞争者汉堡王的广告语是"我选我味"("Have it your way",可加酱或不加酱,加洋葱或不加洋葱等)。又如可口可乐,在保持自身品牌特征(深色的、可乐味道和其他具有象征性的物理属性)的同时,还尽力让一些不愿意尝试产品的顾客喜欢上它,从而扩大品牌的吸引范围。产品样式(加糖或不加糖,加咖啡因或不加咖啡因)的多样化增加了潜在的消费人数,因此我们可以看出产品范围延伸可以通过拓展市场和消费群体来强化品牌,而样式的多样性也可以达到同样的效果。在软饮料市场,一种新样式的推出与新产品的推出是一样的。事实上,每一种新样式都让品牌进入了一个新使用模式。

在这种做法中,品牌证明了自己是充满能量的、敏感的,它认识到公众不同的期望并予以反馈。品牌紧跟着消费者的步伐,与他们一同改变。地中海俱乐部竭力拓展其业务,不再单纯针对家庭经营鲁滨逊漂流记旅馆,而是面向追求舒适的 40 岁人群、老年人以及婴儿潮一代的后代。产品范围延伸使品牌持续受到关注,让品牌变得更有趣和友好,还能通过这些连续推出的产品维持品牌知名度。从这个角度来看,可口可乐公司与其试图让美国人放弃原来的口味接受新可口可乐,不如将其作为经典可口可乐的延伸产品。

产品范围延伸是活化失败品牌的一种方式,它通过满足当下消费者的期望来实现。挽救金巴利酒(Compari)的正是其在市场上推出的一款外围产品:金巴利苏打(Campari Soda)。如果马天尼(Martini)没有推出马天尼白威末(Martini Bianco),没有与酒类消费的新模式接轨,或许已经衰败。斯米诺(Smirnoff)在伏特加市场并不突出,但借助独立小瓶装的 Smirnoff Mule 和 Smirnoff Ice 吸引了不少消费者。

这些做法或许是值得称赞的,但是由于激烈的竞争和新的组织心理学的产生,目前产品范围延伸已经扩展到所有消费者商品市场。

在这些市场中，市场占有率与面对顾客的商品数（即货物陈列空间的占有率）有很大的关系。这种现象并不令人吃惊：这些产品的消费者涉入度不太低，冲动型购买者也没有停止增长。尽可能占据最大的货物陈列空间是品牌经理们的兴趣所在，因为这能够吸引更多消费者的注意力，尤其是当货物架可以延伸而竞争者又被排挤在外时。在很多市场中，消费需求不再增加，分销商自有品牌占据了一定的货架，很多品牌经理通过将一个独特的产品定位为"品类首领"，来统领整个为本土品牌而留的商品货架。

分销商对产品范围延伸持有一种矛盾的态度。一方面，它们反对目前过度的市场细分和持续的产品范围延伸。另一方面，当每个品牌都试图进行同样的延伸时就会产生瓶颈，因为它们必须使分销量最大化。分销商曾经要求减少货物陈列空间，与品牌商的纷争增强了分销商的势力，导致它们要求提高上架费（Chinarder，1994）。

问题是由于延伸产品新颖、有价格溢价，其营业额往往比原有产品要低。当分销商认识到这点时就会从产品延伸中撤出，等待与其他品牌合作，获得随之而来的上架费。

产品和品牌经理对分销商的产品范围延伸是认同的。首先，开发延伸产品的用时要比推出新品牌的用时短，成本也更低（据估计约为推出新品牌成本的1/5），同时销售预测更可靠。至少从短期来看，这是获得市场份额最便捷的方式，并能够通过管理者的行动在相对较短的时期内取得显著的成果。这对公司内部或者在另一个国家的另一品牌的快速推广至关重要。经理大多不愿意承担推出新品牌的风险，却愿意延伸产品范围。

但产品延伸范围的扩大也造成了潜在的负面影响，这种影响难以被及时评估。首先，由于小型的生产经营、日益复杂的生产和物流管理，产品延伸的生产成本增加，使批发和零售价格变得更高。奎尔奇和肯尼（Quelch and Kenny，1994）的研究表明，单一产品的生产成本指数是100，同一范围内不同产品的生产成本指数存在差异。例如，汽车行业的生产成本指数是145，袜类的是135，食品行业的是132。这还没有考虑到直接成本（如原材料、广告费用），很多成本会根据销售情况被分配到不同的产品中。因此，畅销产品相比延伸产品会产生更高的成本，从而让延伸产品的利润率变得不真实。

其次，不受控制的产品延伸削弱了范围逻辑。首先发现这个问题的是销售人员：碧浪或达诗的销售团队曾经对抗 Skip 进行品牌促销，后来不得不在几个月中进行一场彻底的文化变革。他们要同时促销碧浪的粉末状、液体状和微粒状产品，而且不能宣传其中一种优于另一种，或者一种相比另一种的优势。产品延伸得越宽，每种延伸的具体定位就会越精细。事实上，公司往往在没有撤出现有产品的同时就进行了产品延伸，组织总是有借口称不需要取消这种或那种产品。这种观念与放弃零散顾客的想法相悖，它忽略了一个事实，就是组织也应该通过产品退出让消费者享用更新、款式更好的产品。

范围逻辑也会在货架上丧失：事实上，分销商不太愿意负责整个产品范围。它们会货比三家，只选择其中的一部分，这就削弱了货架上产品范围的一致性。

最后，产品延伸的扩增还会有损品牌忠诚度。洗发水根据新需求过度地细分市场，导致消费者在选择过程中有较多的考虑。但是在一份较长的标准清单中，品牌只是一个特征而已。鲁宾逊（Rubinson，1992）已经实证检验了这个结果。

针对产品延伸的扩增，宝洁在 18 个月内取消了 15%～25% 的没有达到营业额要求的延伸产品。在清洁用品部，新的多用途产品（一体化）的增长都遵循一致的简单化原则。由于产品都是为全球市场设计的，更具规模经济。反市场细分的极端战略运用在了折扣店中：消费者完全没有其他选择，产品总体上只有一种款式。所以不论婴儿的体重是多少或性别是什么，就只有一种纸尿裤，这与帮宝适形成了对比。也正因为这点，宝洁的纸尿裤要比帮宝适便宜 40%。

为了更好地管理产品范围延伸，奎尔奇和肯尼（Quelch and Kenny，1994）建议采取以下行动：

- 改善成本会计系统，以便控制价值链中新变化的额外成本，从而促使每个产品的真实利润率都能够被评估。
- 将更多的资源分配给高边际产品，而不只是吸引临时买家的延伸产品。
- 确保每位销售人员都能够用几个词来总结每个产品的作用。
- 实施一种新哲学，即鼓励产品退出。一些公司仅在放弃了一个营业额较低的产品后才进行产品延伸。这种产品退出并非不合理，但应该逐步实施，让客户转向公司所经营的其他产品。

通过创新实现品牌成长

当问及万能公司的经营为何这么糟糕时，公司的执行层会回答说：这个公司的创新水平只有 10%，而这个行业的平均创新水平是 26%。

创新是品牌成长和竞争力的来源，并不容易做到。创新力度最大的公司有花王（KAO）、欧莱雅和味之素（Ajinomoto），它们平均将销售额的 3.4% 用于研发。与分销商自有品牌和价格领导者相竞争的食品公司能从中获得一些启示和教训吗？相比较而言，食品行业的巨头在研发上投入较少。联合利华将销售额的 2.1% 投入研发，雀巢是 1.7%，宝洁是 2.5%。

公司在价格区间的两端进行创新：在自有品牌统领的成熟市场进行消费升级，在新兴国家市场通过逆向工程进行消费降级，这也叫金字塔底端创新（Indovation，chinovation）。

渐进式创新

创新并不意味着要有技术突破。吉列是一个极端案例：吉列感应剃须刀（Sensor）在研发上花费了 10 年，创造了 22 项专利；超感应剃须刀（Sensor Excel）花费了 5 年，创造了 29 项专利；Sensor Plus Pour Elle 花费了 5 年，创造了 25 项专利。很多创新可以与品牌附加的服务联系在一起，比如体现在它的包装中。

依云矿泉水击败康婷和伟图主要依靠它率先向顾客提供了微服务。尽管这项服务不是很宏伟，也没有与广告联系在一起，但是让公司赢得了 0.5% 的市场份额，从消费量来看这个市场极大。依云是第一家回收金属膜盒的公司，该膜盒是用来密封瓶子的，消费者通常直接扯掉。那一年，当市场仅以7%的速度增长时，依云的销售收入暴增了12%。它也是第一个使瓶装水有手柄（因此一次可携带6瓶）、包装瓶可压缩的品牌。

在低涉入度产品中，渐进式创新很受消费者欢迎。分销商往往追求新颖，如果竞争者反应不迅速，分销商就会加速行动。

为了避免使牛奶大众化以及抑制廉价折扣商店的激增，牛奶品牌肯迪雅（Candia）加速创新，给它的每种产品赋予了特殊的品牌名称来强调差异化，并提供了强大的广告支持：Viva（富含维生素的牛奶）、Grand Milk（强化奶乳）、Grand Life Growing（适宜小孩）、Future Mother（适宜孕妇）。肯迪雅的这些"子品牌"继承了折扣产品的优势，也让分销商愿意与高边际利润和高收益的产品合作。这些都不是主要的技术创新，只是增加了维生素、矿物质或其他物质来进一步满足消费者的期望。通过这种创新，肯迪雅让整个品类都向前迈了一步。事实上，如今消费者购买Viva大多不是因为它富含维生素，而是因为这个品牌和它所代表的意义（一种动态的生活方式：充满活力的、年轻的）。这个产品起初是领先产品或者溢价产品，后来成为牛奶行业的基础，即参照产品。肯迪雅在提高牛奶的参照水平上不断进步，最终成为标准。

如今创新成功的因素有哪些

创新是品牌的生命之源。创新重塑了领导力，让市场聚焦在价值而非价格上，推动组织全球化，提醒品牌进入市场就要不断进步。如果没有iPod，iTunes，iPhone和iPad，苹果会在哪里？如今创新比以往任何时候都有必要：品牌需要创新，消费者想要创新，贸易要求创新。品牌的融入（brand's engagement）只能由行动证明，最为重要的是持续创新以及品牌取悦消费者或者B2B中顾客的能力。品牌的焦点应该是客户，而非其他。在一个改变就是规则的世界里，消费者的新想法不断涌现，于是品牌就有了足够的创新空间。大多数想法都是渐进式的，如果被认为很重要，就可能代表了消费者最真实的想法。

消费者也是购物者。当他们进入一家店时——不管是线上店还是实体店——都会抓住机会来观察哪些商品正在促销，并尝试购买其中的一些产品。进入一家店如果不能带来享受，也可以带来乐趣。因此，在货架已经不能扩展的情况下，店面经理要想办法使商品更多样、更吸引人并带来利润。他们试图用新产品替代那些销售前景不佳或者不能带来足够利润的老产品。创新让商品货架更吸引人，也增加了利润（尽管新产品销售额可能较低，但也做出了贡献）。如今在管理良好的现代超级市场中，一个库存单位（SKU）替换另一个库存单位，因此必须了解创新成功的条件。贸易和品牌都需要通过创新来实现品类的增长，促销并没有做到这一点，它只是权宜之计。消费者在购买常规产品时往往会尝试一些创新产品。

现在应该考虑一个主要因素：经济衰退的影响。消费者已经逐渐减少冲动性购买。清仓促销（"买四件更便宜"）的作用已经不明显，因为消费者觉察到他们不需要这么多商品。消费者开始使用购物清单，他们直接走到货架前寻找想要的商品。

商店是创新信息的第一来源,如果消费者不再扫视其他商品,将是未来创新的一个主要挑战,但大多数人没有注意到这一点。

创新足够明显吗

欧洲一项大规模的研究(SymphonyIRI,2011)表明,73%的消费者认为他们在特地光顾货架之后没有发现创新之处。为此,应该关注商品形象的提升以及创新的本质。对于消费者而言,任何新单品都不是一种创新,或者说并不意味着"一个有意义的创新"。标杆管理带来的结果首先是模仿或者是寻找类似的东西:品牌商开发新的单品只是为了应对竞争者,但这对于消费者而言并不新奇。有趣的是,因为它们没有通过电视或者其他媒介进行宣传,自有品牌想要基于简单的消费者洞察实现真正的创新,就像基于家庭观察开发实用的洗发水包装(人们会将洗发水瓶倒置在浴室中)。

向创新冠军学习

在现代超市中,引进一个新单品就意味要放弃一个旧单品,因此任一新产品的关键绩效指标都需要将新旧产品的销售绩效相比较,简言之就是将货架上单品的平均销售绩效相比较。性价比最高的新单品都有哪些特征?

SymphonyIRI 的欧洲研究披露了一些有趣的发现:

- 单品冠军从一开始就是冠军。事实上大多数新产品的命运从一开始就可以被预测到。一旦产品前景不被看好,交易就会快速地停止。如今创新一旦在超市里失败,就不会再有第二次机会。

- 有趣的是,单品冠军也是最贵的产品。可以通过创新产品的销售额与品类平均销售额之比来衡量成功与否。将新单品价格与品类平均价格之比作为指数,单品冠军的指数超过130,而失败单品的指数大约是110(见表9-1)。从消费者对价格的敏感度来看这有些矛盾,尤其是在经济衰退之后,但实际上并不矛盾。为什么一些创新产品价格高?因为公司确信它们为消费者创造了价值,若定低价,隐含之义可能是它并不是一个有意义的创新,对于这种产品,消费者不会购买。

- 单品冠军在货架可见性(新包装、货架外的促销材料)上的投入尤其多。移到常规货架之外是提高可见性的一种主要方式。

- 最后,如果不允许室内试用,为了帮助消费者打消购买不必要产品的顾虑,可以在包装上列出有益的信息。

表 9-1 成功的 FMCG 创新产品的价格指数

超级明星	133
明星	124
合格	118
失败	110

资料来源:Adapted from SymphonyIRI (2011).

新产品线和旧产品线：良性循环

新产品线和旧产品线之间存在良性循环。创新为品牌带来了新鲜血液（新顾客、新关系、新周边价值等），它维持着一种长期关系。旧产品线产品可以带来利润，并资助新产品的推出。然而它们必须与新的品牌定位保持一致，直接为研发及对潜在创新的探索提供支持。例如，达能代表"积极健康"。达能以前的产品线总是宣称含有谷类和钙，但新产品线对有益健康的理念全方位升级创新（如助消化的碧悠品牌，富含益生菌的 Actimel 品牌，有益皮肤的 Essensis 品牌，降低胆固醇的 Danacol 品牌）。

在现代效应的光环外，一些延伸也会直接影响旧产品的销售额。例如，Smirnoff Ice 带动了标准瓶装斯米诺的销售额；iPod 和 iPhone 为苹果商店带来了新顾客，让苹果更知名、为更多人所了解，同时也让很多 PC 爱好者跃跃欲试：这令 iMac 产生了积极的溢出与反馈效应。

图 9-3 描述了这种良性循环。

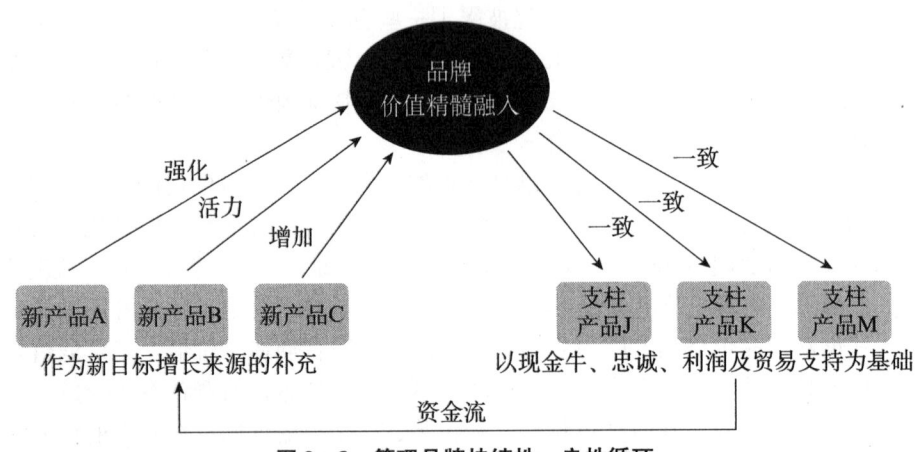

图 9-3　管理品牌持续性：良性循环

什么资助创新？旧产品线。什么赋予了旧产品线现代化的光环？创新。这就是为什么根据每个产品的销售额权重来分配广告预算是错误的。有些产品线应该没有任何广告预算（如果它们面向价格敏感型的人群），而有些应该获得强大的广告支持，因为它们要在新科技时代建立品牌信任。

一个典型的例子就是吉列，其一次性剃须刀不再依靠媒体广告，而只依靠购买点促销（point-of-purchase promotion，POP）。50%的销量来自双面剃须刀，而吉列最新的创新是提供五个刀片。使用一次性剃须刀的顾客会关注替代成本，他们只想要低成本的解决方案：两个刀片足够了。这就是吉列推出一次性锋速 3（Mach 3）并不明智的原因。

创新的良性循环

从上述观点中可以得出什么样的管理结论呢？品牌可以通过两种方式来管理。

一是，品牌管理要对原品牌进行保留、更新、延伸和增长；二是，创造新产品和新服务来获取新的使用环境和新顾客，从而打开新市场。前者维持、培育和巩固了品牌基础，而后者建立了通往未来市场的立足点，它将成为品牌的新原型。品牌管理要在二者之间取得平衡。

创新对销售的影响

创新并不只是为自身服务，它还有利于品牌形象和品牌销售。这就是著名的溢出效应，即一种产品的广告会影响该品牌旗下其他产品的销售。这种效应是众所周知的，已经得到市场研究的证实（Balachander and Ghose，2003）。在美国调查达能的销售情况时，研究者发现一款达能新产品的广告会对其旗舰产品，也就是达能现有的最大众化的产品（他们错误地称之为"母品牌"——严格地讲，这个名称只涉及达能自身，而非它的产品）产生影响。最重要的是，这种溢出效应是旗舰产品广告对自身销售影响的3倍多（即新产品广告推出后，消费者选择旗舰产品的可能性提高了14.4%，而在旗舰产品自身的广告推出后，只提高了5.7%）。

对于这种现象有几种可能的解释。第一种解释是我们通过推理得出的。因为旗舰产品与消费者记忆中的品牌有很大的关联，所以新产品促销会强化品牌名称产生反馈效应，而这种效应会激发人们回忆起基础产品或旗舰产品。我们相信还存在另一种解释：每个新产品都会带来新顾客，他们与消费原有产品的顾客不一样。这样，他们会重新评估对这个品牌的整体感知，随后开始探索其他被忽视或者被低估的产品，尤其是品牌下的旗舰畅销品。可见创新重塑了品牌形象并增添了新的有形属性和无形属性。

通过价值创新破坏市场：蓝海战略

众所周知，市场增长可以通过降低单位价格来实现，这就是电脑成为家庭必需品、手机销量飞速增长的原因。在成熟市场里，提高市场占有率不再依靠销量，而是依靠价值。因为大多数产品有明显的使用限制：没有人会一天使用四次洗发水。主要的问题是如何让消费者自愿多支付，然后分销商和制造商可以共同分享附加值。

所有品牌的目标都是寻找价值创新，也就是改变消费者偏好的属性（Chan and Mauborne，2000）。"价值创新"会牺牲一些属性（即抑制它们），以将有价值的属性提高到空前的水平。最好的例子是1985年雅高酒店集团（Accor）创建的一级方程式连锁酒店（Formule 1，F1），它成为欧洲发展最快的连锁酒店。那么，雅高酒店集团是如何做到的呢？

首先是发现"油田"，即一种之前没有人料想到的增长性的来源，或者说以前在这点上无法取得盈利。很多人从来没有住过酒店，因为他们负担不起，比如学生、年轻夫妇、工人，但这是个巨大的潜在市场。当他们外出旅游时通常会与家人或朋友住在一起，虽然这满足了他们的价格预期（免费的），却有很多负面影响（如缺乏隐私、要与主人一起进餐、缺乏自由等）。对这种竞争（住在朋友或者父母家里）的价值曲线进行分析会发现一些改变消费者偏好的属性。解决方案仍然是基于价格，但承诺提供干净、安全、安静和实用的房间（见图9-4）。

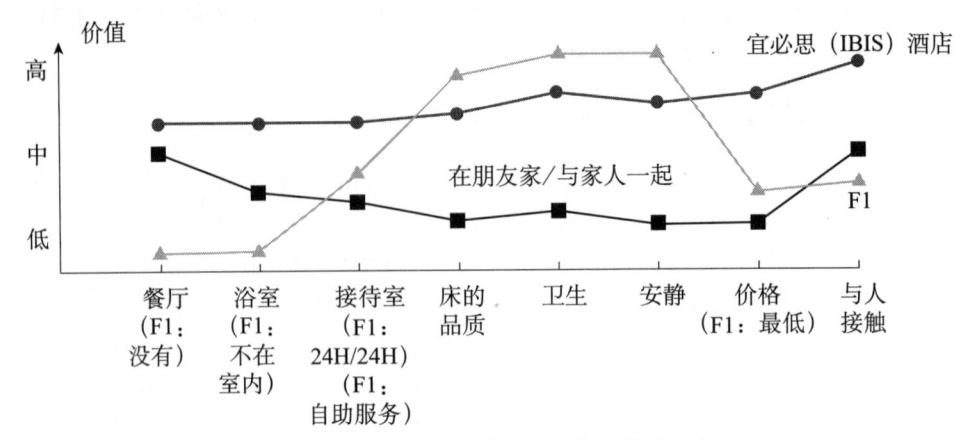

图9-4 破坏性价值曲线：一级方程式酒店

如何在盈利的基础上做到这点？如何将品牌置于一个有效的经济方程式中？牺牲一个属性。一级方程式酒店创新的本质是放弃一些酒店经营者认为必要的设施，如浴室。在一级方程式酒店中，房间没有独立的浴室或卫生间，但是在走廊的一侧有公用的，每次使用后都会自动冲洗和消毒。

一级方程式酒店成功地挖掘了一个隐藏需求，同时也采取了一项成功的发展战略。这项战略能够快速地覆盖整个国家（起初是法国）的临界规模（250个单位）。将消费者认可转化成忠诚行为（无论他们去哪里，都会寻找一级方程式酒店），同时为品牌做电视广告，让其成为整个酒店行业的领导者并逐渐占据消费者心智。

但是这个品牌并没有在所有的国家都获得一样的成功。比如在英国，土地成本和难以找到合适的店址阻碍了连锁酒店的快速发展，很难达到临界规模，而这对于品牌和商业模式的建立来说是最基本的。

维珍航空的突破不在于价格或者商标，而是通过大量的创新创造了一种不一样的飞行体验，这种创新现在已经被广泛模仿。维珍航空除了为商务舱乘客提供飞行前后的全面服务外，还增加了新的服务项目。公司安排沃尔沃汽车到乘客的办公室接乘客去机场，飞机落地后乘客还可享用盥洗室，这为他们接下来的商务日程提供了方便。这点不仅吸引了新顾客，还提高了所有顾客的乘坐频率。

另一个价值创新的典型案例是圆珠笔。比克在1950年以商业化的规模推出了圆珠笔，什么让比克获得了成功？高质低价。最原始的一款圆珠笔是Cristal，也是一直以来最畅销的。它浓缩了品牌的价值：可靠性、最佳性价比和耐用性。与它竞争的是折扣连锁店或者分销商自有品牌的低质低价笔。但比克真正的挑战来自百乐（Pilot）和桑福德（Sanford），它们以高于比克5倍的价格推出了很多价值创新的产品（中性墨水、尖端墨水、圆柱墨水，多种颜色、优质笔杆和更多新的材料）。消费者遇上这些产品就完全不能自拔。这些产品传递着与经典墨水笔几乎同等的附加值，通过不断地推出新产品，就像不同领域中的斯沃琪、Gap和Zara一样，让消费者感到兴奋。为了生存，比克不得不部分改变商业模式，通过多样化来满足如今的碎片式需求，而这要归功于当时在比克集团内部被禁止的一项外包政策。如今创新占公司每年销售额的25%。

蓝海创新真的有效吗

近年来管理上真正的突破性观念之一就是蓝海战略。创新者与其试图发明一款超越竞争对手的产品，不如设法打造没有竞争的新市场。这个观念的提出者认为，大多数创新都是由想要做得更好的欲望而非竞争所驱动的（Kim and Mauborgne，1998），这将通向一片红海，面临激烈的、无止境的竞争。破坏是我们这个时代的另一种观念（Dru，19××），也培育了用不同方式思考的需求。事实上，蓝海创新是一种破坏式创新，或称为价值创新，因为它们依靠的是与市场中大多数竞争者不一样的价值组合。它们不只提供更多超出范围的价值，还改变价值组合。

为了与大多数竞争者区别开来并创造"价值创新"，蓝海战略已经成为一种方法论。第一步是列出业内人士持有的所有共同信念并挑战这些信念。第二步是将产品和服务视为"价值曲线"，大胆地压制其中一种价值而让另一种价值有所突破。蓝海战略的基本观点是，迄今为止在红海中所有竞争者的价值曲线都是平行的：一些是向上的（为客户提供较高的效用），其他的则是向下的。蓝海战略的指导原则是打破平行模式，创造伴有谷底（压制一种价值）的喜马拉雅山式的价值曲线，从而在其他价值上打造不可思议的制高点。

知名的典型案例如下：

- 易捷是一家航空公司，为了给消费者提供令人惊喜的价格并在欧洲创造一个低成本航空旅行市场，它削减了航空公司在飞机上或者陆地上提供的特色服务。
- 詹姆斯·戴森（James Dyson）对吸尘器里的集尘袋产生质疑。他向所有的领导品牌（胡佛（Hoover）、飞利浦等）提出了他的创新想法，但都被拒绝了，因此他决定以自己的名字来推出这款创新产品：戴森（Dyson）。没有了集尘袋，吸尘器更稳定、更高效。
- 奈斯派索放弃了残酷的价格竞争（针对自有品牌），供应附带自动咖啡机的浓缩咖啡并提供昂贵的容器。
- 太阳剧团（Cirque du Soleil）并不展示动物，而处于典型的百老汇（Broadway）音乐戏剧和马戏团（有杂技演员等）之间。

和从精心挑选的案例中得出的那些理论一样，蓝海战略看起来很有说服力，它是成功和财富的保障，但是失败的蓝海创新会如何呢？研究者并没有展开讨论。此外，否认渐进式创新也是错误的。渐进式创新不仅可以保护品牌销售的支柱产品（支柱产品是指构成70%品牌业务的20%的产品），而且能够帮助打造新品牌。丰田集团的溢价品牌雷克萨斯是依照梅赛德斯E级车的标准打造的，它最基本的目标是每个属性都优于E级车。因此，雷克萨斯作为一款物有所值的追随者进入市场，也就是"以较低的价格享有比梅赛德斯E级车更好的性能"。雷克萨斯是价值创新的反例：它利用标杆管理做到更好。但是，由于缺乏一种威望形象，丰田从战略上考虑还是决定将雷克萨斯的价格定在略低于梅赛德斯E级车的位置，以加快它在美国市场的传播。

蓝海战略不是一项完美战略，创新史上不乏失败的例子。

易捷航空是一个案例。斯泰利奥斯·哈吉-约安努（Stelios Haji-Ioannou）借助已有的成就，决定将其成功的低成本商务模式运用到更广泛的领域中，因此破坏了市场和传统竞争，最终这些延伸都失败了。例如，一项看似合理的延伸是汽车租赁。理论上讲这很不错，但是在现实中汽车租赁人员不会像乘务员那样在10分钟内做完清洁，而且总是清洁得不够干净，从而降低了一辆车被立即再次租赁出去的可能性。

另一个案例是比克。很少有公司仅仅通过突破性创新得以繁荣发展，比克却是其中一个。因圆珠笔而闻名的比克后来成为一次性打火机市场的领导者。随后它决定再一次挑战权威，以价值创新来打败吉列，推出了第一把一次性剃须刀。人们可能不再需要购买刀片，因为剃须刀附带了刀片。当吉列没有做到这点时，比克却以年轻人为目标群体开拓了一次性剃须刀市场。后来比克决定挑战另一权威，推出一款没有迷人或威望形象的香水——只是一个出色的、自然的和高品质的产品，目标仍然是年轻人。整个行业都认为一款香水要想成功，必须有一个漂亮的瓶子和一个迷人的形象。比克大胆地挑战了这种认知，正如蓝海战略所建议的那样。年轻人与他们的父母在想法或行为上会不会不一样呢？通过取消传统的成本较高的瓶子和富有魅力的营销活动，比克推出了一款高品质香水。这款香水的成分是纯天然的，成本较高，但其价格极具竞争力，远远低于竞争对手。这款香水看起来就像一次性打火机，可放入口袋中。遗憾的是它失败了，因为没有做到收支平衡。这就表明，香水与其他品类不同，年轻人对其十分保守，与他们父母的消费行为没什么两样。

近期，比克开展了另一项价值创新：手机。一般而言，手机会不断增加应用和功能，比克手机却逆向创新，将功能简化到两个（语音和短信），不能上网和拍照。这款手机价格不高，目标顾客是暂时需要一个本地手机的游客、想尽可能少花钱的35岁以上的不富有人群、需要与父母联系的孩子以及需要最简单操作的老年人。虽然由颇具实力的Orange公司负责设计、生产、分销和预售，但是这个创新并没有成功。

这些失败的蓝海战略带来了什么教训

首先，价值创新不是创造新品牌的唯一途径。三星Galaxy系列就不是基于价值创新，目前领先于诺基亚，也远远超过苹果。雷克萨斯基于典型的亚洲战略获得了成功：尽可能精准地模仿精英，然后超越它。

其次，压制所有竞争者都认为必须拥有的主要属性的价值创新，并不能保证成功，如果这种创新没有足够的需求或者说这种需求不能盈利的话。

简言之，仅仅依靠价值创新难以开辟海外市场。

增加体验性利益

参观过耐克城的人都会有难忘的体验，这与光顾拉夫劳伦之家、宜家和维珍大卖场的体验一样。这些地方以3D的形式展现了品牌的所有价值，并且传递了一种令人难忘的感官体验。在发达国家，人们已经发现了这些需求，正在寻找令他们兴奋的体验。这就创造了增长的新来源：增加体验性利益。

过去这些年，体验式营销概念的出现并非偶然（Schmitt, 1999; Hirschmann and Holbrook, 1982; Firat and Dholakia, 1998）。发达国家和成熟市场的消费者试图在他们的生活中寻求刺激。这就是他们喜欢光顾主题餐厅和游乐园，想要尝试新世界酒的原因。这些消费刺激他们的大脑和感官，让他们有不同的体验。

斯沃琪的成功在于通过收藏、设计和娱乐，向每一位客户反复传递体验性利益。卡尼尔（Garnier）是欧莱雅集团旗下的一个畅销的全球品牌，它将自己定位为一个充满体验性的品牌：从触感和包装的颜色到网站和品牌建立中的街头营销，任一方面都是显而易见的（用卡尼尔自有的汽车来环游德国和中国上海）。这也意味着产品线、广告、促销和网站内容等都要快速改变，来维持消费者的兴奋感。

从这个角度来说，服务越来越重要，哪怕是品牌。可以让品牌"中介化"，这是一种通过消费者杂志、论坛、聊天热线、常见问题解答和其他传播设备促进虚拟社群成员交流的模式。当然也可以通过提高服务水平轻而易举地做到，比如帮宝适和雀巢婴儿食品部设立了呼叫中心，来回答关于婴儿养育的具体问题。

管理细分市场

定制化也是为了应对那些已经厌倦现有产品的消费者逐步弱化的欲望。马斯洛认为，在不同的需求层次中个性化会不断提高。为了经济上的利益，人们会寻找所有能将品牌或产品与每个客户的个性联系在一起的事物。哈雷戴维森（Harley-Davidson）1/4 的收入来自附属业务。它们增强了自行车车手和非自行车车手的体验，从而满足了消费者的个性化需求。

定制化在成本和盈利能力上有一定的局限性，但市场细分可以规避这些。拉夫劳伦对待市场细分十分谨慎，我们分析它的产品范围发现很有趣（见表 9-2）。事实上拉夫劳伦的产品不下 10 个，从最贵的 Purple Collection（夹克起价为 2 000 美元）到比较便宜的 Polo Jeans 和 RLX。所有的产品包括延伸产品都有对应的品牌标签。这种策略有很多优势：

- 它创造了一种内在凝聚力，这种凝聚力是缺乏指导的分销商无法企及的。
- 它允许分销商对特定的品牌标签分配特定的店面和位置。
- 当消费者一直都穿着拉夫劳伦服饰时，他能够在早晨、中午和晚上感受到不同的乐趣。
- 它让消费者越发感受到品牌的珍贵性和唯一性，事实上品牌的这种功能正在不断传播。

表 9-2 市场细分

拉夫劳伦现有品牌，"描述生活方式的核心主题"

	拉夫劳伦 Collection 系列（奢华）			
拉夫劳伦马球男装	Polo Sport Ralph Lauren	RLX Polo Sport	Polo Golf Ralph Lauren	Polo Jeans Ralph Lauren
拉夫劳伦	Ralph Lauren Collection	Ralph Lauren Sport		
拉夫，拉夫劳伦				
劳伦，拉夫劳伦				
查普斯，拉夫劳伦				
拉夫劳伦，儿童服饰				
拉夫劳伦，家居饰品				

汽车行业也发现了市场细分的好处。在对消费者是否喜欢完全个性化的汽车并不确定的情况下，大量的备选反而会让消费者选择疲劳。但是，他们确实希望能够对同一车型上的预安装种类进行选择。这就是为什么现在的汽车制造商会提前计划以聚焦特定的目标消费者或者有价值的生活方式来延伸产品线，从而提高消费者的涉入度。事实上，一款新车型的销售额是由细分市场的增加带来的。

梅赛德斯也决定满足细分需求。1995年它销售了70万辆车，如今年销售量可以达到125万辆。同时车的型号数量也实现了跨越式增长，2005年已经达到23种。

耐克的成功也是如此（Bedbury，2002）。它通过不断地提供大量的小众产品（大规模定制的象征），创造了与市场子集及细分市场的关系。消费者越多地涉入为他们定制的产品，就会支付越多。现在耐克甚至会为了一项运动生产很多系列产品，同时为了保持对消费者的刺激，产品生命周期已经从1年缩短到3个月。

整体上看，所有这些案例都说明需要在营销组合各个方面进行更大创新，包括从产品、渠道、商店到传播再到匹配细分市场的需求等多个方面。

从技术创新到文化创新

有两个主要因素推动着世界前行：技术和社会变革。一个产品可以只从技术角度来思考，但是要想成为有意义的品牌，就必须捕获影响消费者（或者人们）思想和精神的深层次的社会变化。传统的营销理论只讨论消费者，而现在讨论的是购物者。

但是，"消费者"是一个目光短浅的词语。消费者在消费之前就存在了，耐克对这一点就理解得非常好。在所属领域里，耐克因属于最具创新性的品牌之一而闻名，但这是它成功的关键吗？卡梅伦和霍尔特（Cameron and Holt，2011）认为，耐克是一个文化创新者，它抓住了越南战争后美国社会危机带来的想法和焦虑。耐克对美国人民说：现在要激励自己，不要被自己的心灵和身体打败（后来有了宣传语"想做就做！"）。

社交网络为何如此受欢迎？因为社会的进化、社群主义、在大街上与陌生人说话越发困难以及社会关系的丧失，等等。消费者的心理状态让人退化为机器，总在成本与收益之间权衡。品牌应该具有社会敏锐性，分析影响人们精神状态的深层次的社会变化。比如，评估2011年日本地震、海啸和核灾难带来的社会影响。

品牌在技术上应该是最新的，在文化上也要力争上游。

通过品牌间的交叉销售实现品牌成长

品牌视角有时会对品牌成长不利吗？欧洲第一大酒店集团雅高提出了这个具有煽动性的问题。尽管它已经建立了强势品牌组合，但是它想知道如果是为了达到品牌成长的目的，是否还没有到实施消费者导向的时候。虽拥有从零到四星品牌的所有组合（一级方程式、Motel 6、Etap、宜必思、诺富特（Novotel）、美爵（Mercure）、索菲特（Sofitel）和套房酒店），它意识到单链式会员卡正在让它的客户转向竞争对手。

这是因为商务人士在工作日出差住雅高酒店会由公司付费，但是他的家人在周末却负担不起同样的酒店。尽管都是雅高酒店，诺富特（三星级品牌）的会员卡却不能享受Etap（一星级）或者一级方程式酒店的优惠。从消费者角度出发，应该将横向品牌（雅高酒店）视为提高忠诚度的工具，而非具体的产品品牌。这就将客户纳入集团旗下的所有品牌组合里。

由于伞状品牌架构（所有产品都是妮维雅），妮维雅具有较高的顾客忠诚度。巴黎欧莱雅决定成为一个真正的横向品牌，它比其子品牌（如Elsève，Plénitude和Elnett）更重要。这个母品牌的目的是提高子品牌间的交叉忠诚度。

通过对客户数据库的分析，联合利华发现Skip 78%的最有价值顾客（most valuable consumer）总体上也是联合利华产品的最有价值顾客。同样，Sun 76%的最有价值顾客、多芬69%的最有价值顾客、立顿冰茶（Lipton Ice Tea）66%的最有价值顾客和洁诺（Signal）63%的最有价值顾客都是联合利华的最有价值顾客。最终，这造成了联合利华多品牌组合架构中横向品牌的问题，这也是有各种不相关产品品牌的组织面对的一个棘手问题。

但是，短期来看可以发掘一个机会。例如，向Skip最有价值顾客推销集团的其他产品。由于这个原因，也为了共同承担固定成本，集团客户关系管理应运而生。

客户关系管理的核心问题是关注单个品牌还是采用多品牌策略。联合利华面向顾客创办的杂志Danoe and Living Magazine以及宝洁的类似杂志，都阐明了多品牌策略，并最大限度地定制每一个邮寄广告，来决定将哪种优惠券和新产品发给哪些消费者。这些杂志都强调了交叉销售，但这并没有阻止每个品牌制定自己的关系型计划，例如通过面对面的或者品牌网站上的论坛，组织与消费者有关话题的讨论。其他渠道也能促进这种联系，例如，为消费者提供服务的呼叫中心。

通过国际化实现品牌成长

如果国内市场趋于饱和，品牌就应该寻找更广阔的市场。这就是为什么所有的品牌都将目光转向东方：东欧国家、俄罗斯、印度和中国。因为未来可以达到两位数增长的市场就在那里。经济危机结束后，巴西和阿根廷也将是成长型市场。最终，满足复杂需求的品牌能够在北美市场发现增长来源。

例如，自1991年起，依云矿泉水在母国就面临史无前例的挑战：低成本瓶装水出现，价格只有依云的1/3。这些水含有一定的矿物质成分，但并不是矿泉水，而是泉水。（另一个品类是纯净水，例如可口可乐公司有名的Dasani、达能的纯净水和雀巢的Aquarel。这些品牌主要在北美市场和新兴市场销售，在欧洲几乎卖不出去。）依云矿泉水在价值份额上仍然是领导者，但在销量上，市场领导者却是一个低成本品牌Cristaline。

很明显，要突然应对一个如此大的价格差距实属不易。1972年，四个品牌占据了20亿升瓶装水80%的市场份额，而依云以65 300万升的销量成为领导者。从那以后，17家主要的竞争对手进入了这个市场。2010年，四大品牌只占总市场份额的40%，而总市场规模已经增加到70亿升。现在依云每年的销量达79 300万升，该品牌主要通过以下三个战略举措成功地利用其价值提高了销量。

- 在样式、包装和包装物的处理上进行持久创新。当消费者要购买水时，所有这些细节的改善都很重要。
- 对品牌进行系统性的重新定位，从健康、自然到平衡再到现在的青春永驻概念，这些都与品牌识别保持一致。
- 品牌延伸。早在1962年，依云就是品牌延伸的先驱。为了满足医院的需求，它推出了一款可以让水分蒸发到病人和婴儿脸上的喷雾剂。2001年，依云联合强生共同推出了面部喷雾品牌 Evian Affinity。两年后，该品牌在大众化妆品市场销量第五。之后它计划进入其他国家，如日本和韩国。这个延伸与依云的再定位相契合，即依云不再只是水，而是健康与美丽的源泉。

为了让依云获得更多的利润，一种简单的推算显示，在发达国家（如英国、德国、美国、加拿大和日本），一升水可以卖两倍的价格。由于软饮料的过度消费及其带来的肥胖症，对健康瓶装饮料的需求不断增加。真正的非可乐不是雪碧或七喜，而是依云。尽管存在运输成本，但是在美国销售依云还是有很大的边际利润。最主要的问题是如何在雀巢和可口可乐公司已经推出低价品牌纯净水的市场上接近消费者，并证明依云的价格溢价是合理的。这就是为什么依云需要与可口可乐合作，在北美的每家商店和自动售货机进行分销。

如今，出口占依云销售额的50%。在每个国家，品牌的作用都是为矿泉水（不是简单的纯净水）开拓市场，以便建立业务并成为矿泉水的参照物，成为一种时尚、高端的品牌。

第10章 长期品牌维护

事实上，很多流行品牌陪伴我们已经很久了。例如，诞生于1887年的可口可乐，1850年的美国运通，1898年的米其林必比登（Micheline Bibendum），1911年的惠而浦，1913年的骆驼（Camel），1919年的达能，1931年的苏打水泡腾片（Alka-Seltzer），1937年的万宝路和1968的Calvin Klein。这些是存活下来的品牌，而有些品牌听起来很熟悉，却已经在市场上销声匿迹。

一些品牌用持久的吸引力提醒我们，虽然产品终有一死，并且总会受到生命周期的限制，但是品牌可以摆脱时间的影响。

很多知名大品牌已经消失，有的品牌仍在顽强奋斗。为什么一些品牌自始至终都在，而且看起来永远年轻，另一些品牌却做不到？

时间不是替代变量，而是指示变量，它能便捷地反映影响社会和市场的各种变化，这些变化令品牌在技术和文化上都面临衰退的风险。随着时间的推移，新技术广泛应用，新的低价进入者的到来破坏了品牌附加值的平衡，这就迫使品牌进入一种不断完善的无限循环中。渐渐地，消费者要么越发挑剔，期望获得定制化产品，要么开始厌倦，只偏好简单便宜的产品。时间也记录了价值观、习俗和消费者习惯的演变。时光飞逝，现有客户在变老，新的一代出现了，企业需要再一次从零开始将他们争取过来，因为每一代人都不一样。

零售领域的改变有着深远的影响。例如，起源于德国的欧洲折扣店已经成为零售业的主导形态，在欧洲占据接近20%的市场份额。为了规避被消费者抛弃的风险，超市创造了低价产品线，同时为了避免损害商店品牌，超市拉大了其与大品牌的价差。品牌需要变得越来越强以应对这种突然出现的价格差异。在日本，零售商也在改变：在葡萄酒和烈性酒市场，酒吧的市场份额已经从32%降到30%，小型独立商店从14%下滑到10%，酒类专卖店也从34%降到28%。所有这些店都输给了超市，超市的市场份额从20%增长到32%。前三种零售渠道只提供少许选择但会给予推荐，而超市提供更多产品种类，采取自助服务的方式，没有任何推荐。这种改变就像一阵风已经刮向所有的酒类产品——以往酒主要依靠店内推荐的推式战略，这种改变为澳大利亚和美国的酒带来了优势，因为它们的酒完全依赖品牌带来高利润。

与特定分销商渠道联系在一起的品牌也因此受到影响。在个人卫生和美容用品领域，药店渠道不断丢失地盘，输给了大卖场和超市。事实上，大卖场和超市中品牌正在提高它们的业绩，如旁氏、玉兰油、碧柔、巴黎欧莱雅、妮维雅等。这让超市渠道变得越来越具有吸引力，并增大了其他分销渠道的压力。对于这种情况有两种可能的方法：一种是在受到威胁的渠道上强化品牌，从而提高品牌吸引力，像优色林（Eucerin）、理肤泉和薇姿等品牌就采取了这种方法；另一种方法是双管齐下，利用药店已有的声誉来销售超市产品，露得清（Neutrogena）选择了这种方法，它的主要目的在于促进销售增长，但会对品牌资产造成潜在的影响。这种方法可能会提高销售额，对品牌声誉会有何影响呢？

那些看似永恒的品牌具有共同特征吗？安东尼·里布（Antonie Riboud，达能集团前CEO）对这个问题进行了解释："我不相信品牌会具有无法抵抗的力量，我只相信经营。"品牌的建立不是一劳永逸的，需要持续努力地重建附加值。现在的产品要满足不断变化的需求，同时要开发能够维系品牌未来成长的新概念。

对存活至今的大量品牌进行研究，可以揭示这种良性循环的关键成功因素，这也是本章的目的。

品牌有生命周期吗

奇怪的是，大多数品牌书籍的目录都没有提及品牌生命周期的概念。但是在实践中，品牌是否有生命周期这个问题在很多法律纠纷里普遍涉及。例如，路易威登集团是世界上领先的奢侈品集团，2002年它控告著名的咨询公司摩根士丹利（Morgan Stanley），后者认为路易威登品牌（创建于1854年）现在已经是成熟品牌，这种论断对公司的财务分析师、客户和股民产生隐性和显性的影响。成熟期是产品生命周期中的一个典型阶段，是处于导入期和成长期之后的第三个阶段，处于衰退期之前。一个品牌处于成熟期，易推断出它离衰退期不远了，因此摩根士丹利的观点可能会损害到路易威登集团的声誉，也会影响它的股价。

历史表明，产品生命周期确实存在。所有产品（我们是指一系列物理属性）都会有个终点，问题是产品生命周期属于事后概念。现在很容易重新构建尼龙、晶体管、大型计算机、小型计算机和文字处理器等产品的生命周期，这些产品被越来越高效的解决方案替代了。微软消灭了王安电脑公司（Wang）：文字处理软件是比专用硬件更好的解决方案。观察尼龙行业的整体销售数据，就会发现一种典型模式：导入阶段、成长阶段、成熟阶段和衰退阶段。在成熟阶段销售额保持平衡、稳定。

作为一个事后概念，产品生命周期模式总是正确的。但是正如波普尔（Popper）在科学哲学中所阐述的，即使概念或理论不能证伪，也不代表它就是正确的。在实践中，无论品牌处于产品生命周期的哪个阶段，经理们都不省心。他们没有将销售业绩的稳定理解为成熟阶段已经到来的迹象，并采取合适的营销决策。相反，他们可能会辩解衰退是由于营销投入减少，进一步识别产生瓶颈的原因并采取措施才能让销售业绩再次增长。令产品不断增长有多重路径：

- 通过产品线延伸捕获市场短期新趋势和提高品牌可见性；
- 通过延伸分销渠道扩大品牌的可获得性，不论消费者在哪里都能购得该品牌产品；
- 缩小与便宜的潜在替代品之间的价格差距；
- 通过永久性的外观更改或产品创新向顾客传递更多的价值，重建感知差异；

- 通过重新定位、更新广告或传播策略使品牌的价值主张更符合当前的竞争环境。

品牌不是产品，当然它是基于产品或服务的：耐克始于一双运动鞋，法国鳄鱼始于一件衬衫，欧莱雅始于一款染发剂。但是正如这些案例所隐含的，品牌都是从一种产品不断发展为多种产品的。路易威登从一个服务于上流社会的箱包制造商发展成为覆盖多个产品品类的奢侈品牌。路易威登聘用了最富创造性的设计师马克·雅可布为其开发首条服饰产品线，不久会涉足香水产品。这个品牌在不断尝试新产品，激发内在增长潜能。这种进程是否有尽头？用这种方式来管理，品牌会晚些甚至永不进入平稳下降阶段吗？

至少有一点是可以确定的：如果品牌没有以这种方式来管理，仍然坚持单一产品甚至是单一样式的产品，就会受制于产品生命周期。事实上，例子比比皆是：马麦酱（Marmite，尤指英国抹酱）、施乐（复印机）、宝丽莱（快速照相机）、Wonderbra（文胸）等。

像碧浪或者 Skip 这样的品牌在耐用无泡沫洗衣粉市场上已经不再增长，在欧洲，它们的市场份额徘徊在 11%～12%。这些品牌竭力通过定期创新来实现突破，但创新成果总是很快就被模仿，因此这是一场"堑壕战"。这些品牌可通过两种途径寻求增长：第一种是区域市场，如俄罗斯市场；第二种是品牌延伸。为什么碧浪会满足于只做洗衣粉市场的联合领导者呢？它不应该放眼整个织物护理市场吗？

有关品牌价值的新的会计规则（详见第 18 章）清楚解释了品牌生命周期。我们不能因为无法预测品牌生命周期这么简单的理由对品牌价值进行摊销，而是因为要在 5 年、10 年或者 40 年内摊销品牌价值才需要这样的预测。即将在世界范围内推行的会计规范和准则把品牌生命周期当作经营概念（而不是历史解释）。

抵御低成本变革

新的战略品牌管理者在应对最重要的品牌威胁：低成本变革。我们接下来讨论低成本变革中的大规模竞争，首先关注的是零售商品牌，其次是低成本商业模式。

与分销商品牌竞争

我们总是被问起，怎样才能更好地与大品牌的最大竞争者（市场份额显示）——分销商品牌竞争呢？对于以上问题有不同的回答，一些是策略性的，一些涉及商业模式而非品牌的调整。

一个前提：不能容忍品牌模仿

在发达国家，分销商品牌的产品对大品牌独特标识的模仿让大品牌成为不公平竞争的牺牲品。模仿绝非偶然，因为分销商品牌会故意招募知名的设计和包装代理。全国性品牌被看成某种风向标，不是为了遵循打造好品牌的原则，而是用来最大限度地模仿。竞争者通过精准地模仿目标品牌产品的特征和与众不同的标识——尽管有些差异——来增加其仿制产品成功的可能。模仿被认为是一种不公平的威胁，从注意力水平一般的消费者角度来看，模仿很容易带来困惑。

真正针对分销商的法律诉讼很少见。很多将产品交由分销商储藏的大公司都担心取得胜诉要花极高的代价，它们更愿意建立一份可以避免法律诉讼并能妥善解决纠纷的档案。档案包括一系列证明，在需要的时候可以作为法律证据，因为实际生活中是可以通过科学手段证明非法模仿行为的。这里介绍两种方法。

第一种基于法律定义：从一个注意力水平一般的消费者角度来看，如果模仿很有可能会产生混淆，那么这种模仿就是违法的。有两种可以描述这种混淆的风险的技术，事实上不需要直接问消费者他们是否会因为山寨产品感到困惑（一种有效的方法）。第一种是使用视速仪，它先以高速再以低速向消费者闪现模仿产品的图片，然后要求消费者简单地描述或命名他们所看见的东西（Kapferer，1995b），记录模仿产品被误以为原始产品的次数。第二种是从通过计算机技术进行模糊化处理的模仿产品图片开始，用计算机软件逐步完善这一图片，让消费者指出他们能从屏幕上看到什么（Kapferer，1995a）。这两种技术，一种是通过先限制产品曝光的时间长度，然后延长时间（使用视速仪），另一种是通过先提供低分辨率图片，再稳定地提升分辨率来模仿消费者平均注意力（使用计算机）。运用第一种技术，我们发现40%的消费者会将模仿产品误认成正宗产品。

第二种方法忽略了法律概念上对混淆的定义。事实上，尽管法律条文有明确表述，但是法官们并没有真正理解混淆的概念。他们把注意力更多地放在相似性上，较少关注差异性（模仿产品的企业的律师认为差异性是高层次的）。极端相似的客观证据可以通过让一组消费者描述原始产品，然后让同一组消费者描述模仿产品来获得。一份分析报告包括的内容有：两组产品各有哪些方面被第一提及、第二提及、第三提及等，以及每组产品中被第一提及的方面的一致程度。

为了强调事情的重要性，一旦存在这些侵害事实，公司需要高管层与分销商联系。此外，最好考虑到长期利益。分销商需要大品牌，它们是商店货架上的活力源泉，大品牌为品类带来价值创新并为分销商带来边际利润。制造商需要通过分销商来接近消费者。在较低管理层中，制造商与分销商的关系大多是敌对的。这就导致对商业外观或分销商有争议的产品包装进行调整。

总而言之，品牌管理者必须提前制定计划，以使品牌可以有效捍卫自身。要想保护品牌的专属颜色，公司内部必须对品牌进行保护。例如，品牌的产品线总是被细分：用不同的颜色表示不同的细分市场。这样的话，品牌以特定颜色作为特征就会弱化。因此，如果可口可乐商标是红色的，健怡可乐商标是银色的，那么红色就不再是可口可乐品牌的专属颜色。当分销商生产自己的可乐时，总是采用红色包装。

一般来讲，品牌必须通过创新和对包装及特征元素进行经常性调整来实现不断变化的目标。但应该时刻谨记，调整的目的是给消费者带来更多的价值，而给模仿者制造困难只是次要的。

在设计方面，品牌必须强调和突出自己独特的符号，从而更好地保护它们，同时让它们能够被普通消费者辨识。最为明显的是，百利甜酒经常被模仿，直到它在正面标签上两次强调"原味"特征："爱尔兰原味奶油"和"原味百利甜酒"。

培育感知差异

品牌应该总是代表"好消息"。品牌是发展过程中用以接近市场的名称。向洗衣粉中加入含酶物质的创新带来了碧浪、Skip 及汰渍品牌，速溶咖啡的出现令雀巢咖啡崛起。但是这种进步从未停止。市场会快速整合品质或效用的最新水平，将其变为一种标准。很久以前在分销商自有品牌中就可发现这一点。创新是品牌的命运，这种创新过去是持续不断的，但是从现在开始变得有选择性。这同样适用于具有强大无形附加值的产品：如果古龙香水品牌 Eau Jeune（实际上是 Young Water）能够随着时间的推移推出适合各种场合的新款式，那么它才能存活下来。这点适用于必须不断更新其产品而非艺术性的奢侈品，也适用于时尚品牌和时尚设计者。时尚品牌必须随着时间的推移而改变，以防墨守成规。

只有创新可以解释雀巢在市场上超群的持久力和领导力。这个品牌创建于 1945 年，从未停止创新，要么通过一系列极细微的创新生产出味道不断优化的速溶咖啡，要么通过大型技术突破重现 900 种香型中的部分香味来打造"咖啡味道"。不管在味道、便捷性（1962 年用玻璃瓶包装代替了铁罐）上，还是在生态影响（引入重装技术）和外观上，雀巢产品从未停止发展。为了凸显技术突破和冷冻干燥制作流程带来的进展，雀巢咖啡推出了一款名为 Special Filter 的小粒咖啡。1981 年，公司推出了更多香型，从产品系列（Alta Rica，Cap Colombie）的建立和聚焦于南美的新广告可以看出。后来，一种被称为"浓郁香味"的新制造工艺试图获取更好的新鲜烘焙咖啡的香味。创新和广告是该品牌长期获得成功的两大支柱，这个渐进式的进程从未停止。

吉列的领导层采取了同样的模式。它在前 5 年推出的产品占了跨国销售额的 37%。当老产品勉强稳定后就推出新产品，这使吉列一直保持在行业之首，证明恰当的价格溢价是合理的并限制了分销商自有品牌的供应（仅在一次性用品的细分市场上就有 18% 的供应量）。图 10-1 很好地描述了产品品类的创新率和分销商自有品牌的渗透率之间存在严格的线性关系。当品牌变得懒惰时，廉价的仿制品就会占据一定的市场份额。例如，每年乐高列出的 250 种参照产品中有 80 种是新产品。在很多部门里，公司创新率下滑的那一刻，公司就会失去一定的市场份额。

由于品牌大量存在于分销渠道中并且每天出现在餐桌上或者商业广告中，消费者对品牌已经变得熟悉、友好和亲近，品牌成为一种移情来源，甚至是忠诚和依恋的来源。为了维持品牌优势，培育品牌关系的两大支柱即认知和情感很重要。创新恰好为这个目标服务，它让品牌客观地区别于自身并再次吸引市场的注意力。

随着时间的推移，很显然感知差异比情感关系更快弱化。尽管我们发现品牌不再具有垄断性，但消费者仍然喜欢。美国广告公司扬·罗必凯开展的一项研究表明了这种心理状况。这项调查名为品牌资产监测，以全世界 2 000 个品牌为调查对象，从两个方面分析这些品牌：认知和情感（谨记在品牌成长过程中认知先于情感）。顾客在掌握其差异性之前，会通过传播和分销渠道来了解品牌的存在，从而引起品牌在其心理上的相关性。同时，熟悉与尊敬的种子已在消费者心中萌芽，这暗示我们，

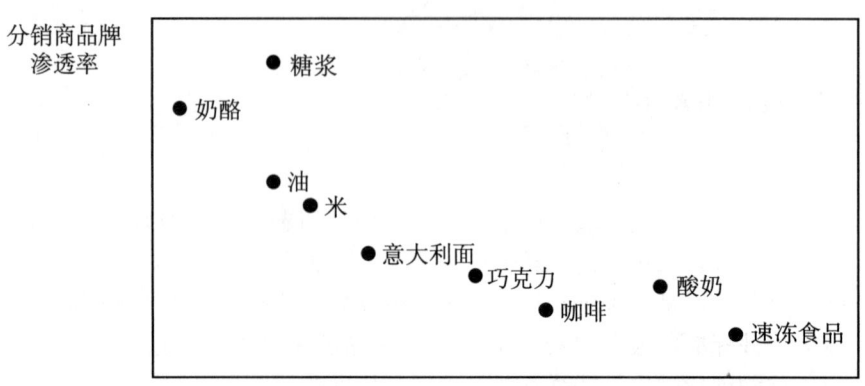

图 10-1 创新：核心竞争力

资料来源：McKinsey, UK.

提示性品牌意识要优于自发性品牌意识，后者是与情感评估联系在一起的。自发进入脑海的品牌往往也是我们最喜欢的品牌。

如图 10-2 所示，品牌的衰落始于它与竞争者间感知差异的下滑，尤其是与产品品类的意见领袖者的感知差异。尊重和情感纽带依然发挥作用，但是消费者意识到品牌和竞争者间的质量差距已经被缩小。消费者仍然喜欢某一品牌，但现在可能不会再忠于该品牌。

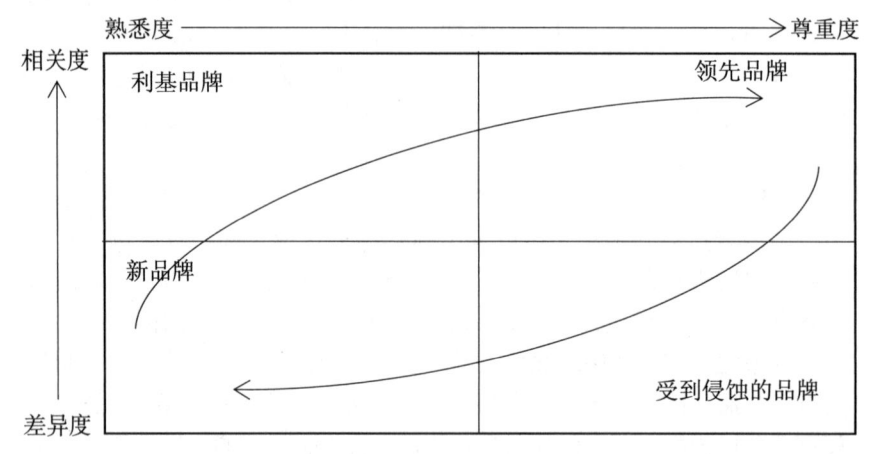

图 10-2 品牌成长和衰落的路径

资料来源：Brand Asset Monitor (Y&R).

这项研究强调了差异度的下降预示着品牌开始衰退，无论消费者有多喜欢。遗憾的是，很多领导品牌不再被视为它们领域的质量权威。正如我们喜欢莲花跑车和舒洁纸巾，虽然从孩提时代就知道这些品牌，但是我们不再认为它们是优质产品的象征。它们需要再次聚焦于产品以重新获得领导力。美国可口可乐和百事可乐的对决是最好的案例。其中一方总是让两个巨头间的战争变为一场广告预算规模的竞争。事实上，可口可乐的经营哲学在于所谓的 3A 原则：买得到（availability）、买得起（affordability）和愿意买（awareness）。可口可乐必须出现在任何一个地方、价格便宜并且被消费者惦记。有一句话总结了可口可乐的理想："做世界上最好、最便宜的软饮料。"（Pendergrast，1993）百事部署的具体战略又是什么呢？它无法在传播、赞助和促销上竞争，只能聚焦于产品和价格。百事总是尽可能地改善口味来更好地满足美国消费者的追求。百事自1975年起发起极具侵略性的广告战，例如"迎接百事挑战"，这让在盲测中发现自己更偏爱百事口味的消费者大吃一惊。而且，百事可乐总是比可口可乐便宜几美分。这项战略被证明是有效的：它迫使可口可乐在1985年改变配方，避免口味上被超越。这是关于新可口可乐的一段著名插曲。

你如何保护感知差异的最重要部分——品牌的卓越形象？

第一种方法是定期更新产品，将其升级到目前所期望的水平。这就是大众汽车推出大众高尔夫，进而推出高尔夫2至7的原因。清洁剂制造商每两年左右会进行小型调整，每五年会对配方做出重大改变。碧浪和Skip通过这种方式来保证其质量领先，从而成为最昂贵的品牌和市场领导者。此外，由于缺乏财务实力，分销商自有品牌难以在十分重要的研发竞争中与时俱进。

第二种方法是整合新出现的需求，同时保持一样的定位。在这种情况下，任何汽车品牌——即使没有像沃尔沃一样特地定位于安全性——从现在开始也必须同样考虑安全甚至环境。

第三种方法是通过不断地延伸产品线证明品牌的优越性。针对脱发的洗发水品牌应该快速进行产品线延伸，如推出发膜、发乳等，以满足受这个问题困扰的消费者的不同需求。这些延伸表明了品牌关注的领域，品牌尽其可能解决所关注问题的不同层面，并且通过成为标杆来证明其领导地位。

第四种方法是为了适应不断改变和更有经验的现有消费者，产品线延伸应该推出满足消费者复杂需求的新产品，从而防止他们尝试竞争对手的产品。

杰卡斯葡萄酒是一个很好的案例。1984—2004年，英国成为一个热爱饮酒的国家，人均消费量从每人每年7升提高到21升。这是以下三种力量作用的结果：

- 多元化杂货店意识到这种新品类是吸引人的，它们希望将其转化为"目标品类"。
- 在欧洲或澳大利亚旅游的消费者会尝试当地的酒品，回国后他们希望还能追求这份体验。
- 新的经营者比原有经营者更了解英国消费者，而新世界酒制造商是最了解这些消费者的。杰卡斯在1986年推出了它最早的两款酒（干红和干白），现在杰卡斯是英国第一大瓶装酒品牌。

新饮酒者是快速的学习者。由于酒的魔力，新饮酒者想要灵活运用新获得的葡萄酒鉴赏能力，并探索新品类。他们很快就会抛弃以前过于简单的品牌而寻找新体验，因此消费者成熟度也会被杰卡斯视为一种潜在的威胁，这种威胁是公司在逐渐开展产品延伸过程中遇到的。公司设计并推出一组不断更新的特殊高端限量产品，用来与意见领袖的期望（Parker的葡萄酒指南、葡萄酒爱好者和餐厅）保持一致，就像一个真正的领导者应该做的那样，许多用更复杂的葡萄品种酿造的子品牌被用来维持顾客和展现品牌竞争力。杰卡斯向上延伸产品线：2010年起泡酒价格在4.59～6.99欧元之间，珍藏版Shiraz的价格甚至达到8.99欧元。

在银行业，信用卡不断地拓展延伸来满足客户群。随着时间的推移，客户群变得越来越富裕，期望得到更高效的服务和保险产品。继维萨卡后维萨Premier卡和维萨Infinite卡陆续推出。利用低成本和高感知价值，创新为整个产业链带来了收入,从经纪公司到银行都为特定细分市场的客户推出产品,从而提高了每位客户的收益率。此外,它还会让贵宾卡持有者产生一种专属感,但这种感觉被所谓"标准卡"破坏了。这就是典型的美国运通的战略。

投资媒体传播

2008年经济衰退后,宝洁决定重新大力投资主流品牌。由于缺乏媒体支持,它已经减少了零售品牌。2002年,达能集团采取了重大转移策略,决定显著提高强势品牌(超过20%)的媒体预算。从那以后,它们的广告份额和市场领导力都提高了。同样,欧莱雅成功的秘诀在于两大支柱:研发和广告。

传播是品牌的武器。只有它可以揭示出什么是可见的,揭示出隐藏在竞争者看似相同的包装下的基本差异,尤其是当这种相似性恰好是分销商自有品牌为了迷惑消费者所追求的效果时。只有它可以通过提出无形价值来维持消费者对品牌的依恋,尽管这种忠诚会被许多店内促销活动侵蚀。广告是自助式销售逐渐兴起和销售人员数量减少的结果。同时,广告是研发部门投资的必然结果,并且必须尽快产生回报,所以品牌需要更广泛的受众。不断重复的广告表明消费者甚至营销团队关于广告的合理性存在困惑,同时也说明了为什么需要用大量数字来支持我们的观点。

如图10-3所描述,以在广告上的花费与销售额的比例来衡量,在一个市场中分销商自有品牌渗透率和广告支出程度之间存在线性关系。广告是一种进入壁垒。但是,在检验产品品类时会发现在广告上投入较多的品类也会在创新和再创新上投入,这对于在公众意识中重新建立品牌知名度是最好的契机。这是创造附加值的两种因素(创新和广告)的结合。

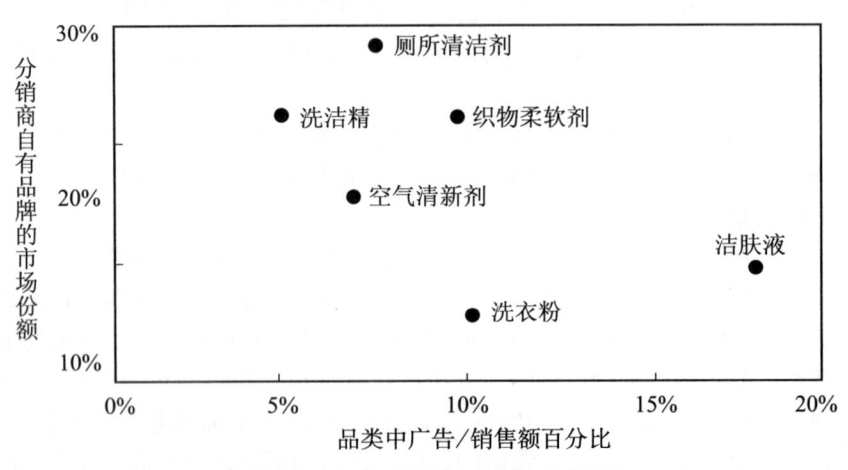

图 10-3 分销商品牌渗透率和广告强度

资料来源:McKinsey, UK.

广告在保护和维持品牌资产上的作用如表10-1所示。果酱主要是孩童消费,消费者购买自制果酱的理想选择都是小品牌,因此除了果酱,广告是非常有效的。再者,我们注意到在广告上投入较多的品类正是那些经常创新并使产品极度差异化的品类。

表 10-1 广告强度和品牌渗透率

	广告销售比率（%）	品牌市场交易份额（%）
麦片	10	15
洗衣粉	8	11
咖啡	8	13
果酱	7	47
黄油	5	6
软饮料	5	20
茶	5	26
酸奶	2	39
苹果汁	2	36
鱼	0.7	26
葡萄酒	0.5	61

资料来源：McKinsey，UK.

针对风险进行再传播

亚洲进口产品、分销商自有品牌和折扣产品首先会进入低感知风险的品类。品牌的第一动作是提示产品存在的风险，在品类中重新引发参与。例如，2005年有一本书成为法国人讨论的焦点，尽管这本书有着令人生畏的封面：两个营养学家（Cohen and Serog，2006）。整个出版界都在讨论它，电视也加入进来。事实上，这本书揭露了大型分销商希望隐藏的一个真相：最低价的产品不利于健康。价格大幅下跌源于对产品进行粗制滥造，客户的身体健康和愉悦体验很难达到平衡。对于分销商而言，最重要的是价格。因此我们知道低成本姜饼不含有蜂蜜等成分。

2006年，比克在烟草市场上采取了相似的策略。我们知道这个品牌是一次性打火机、一次性剃须刀和圆珠笔等市场的领导者。它实践了单个伞状品牌策略：所有产品都以同一个品牌名称即比克来销售。本质上它是一家由销售团队支撑起来的公司。在欧洲，一次性打火机业务主要依赖其在市场上的声望，在广告上没有太大投入。但是，这样精打细算有一个缺点：多年来，公司没有与顾客加强沟通，因此并不了解顾客喜欢比克打火机的理由。当时，在服务站和烟草商中除了比克没有其他的品牌。2004年中国的PROF品牌来了，零售商的进价比比克低50%，却以与比克打火机一样的价格卖出去。由于其边际利润更高，零售商现在只销售PROF品牌的打火机。而且中国的产品更有趣，其装饰图案一年中会改变三次。终端消费者没有任何抱怨，他们很高兴在货架上找到了更有娱乐性的新产品。

缩小价格差距

在面对外观相似但价格便宜30%~60%的竞争产品时，品牌必须正视巨大的价格差距。为了重新获得感知价值和价格间的平衡，品牌应该试图降价。

这一方法是符合逻辑的，但是也有一些弊端。没有比降价更简单的方法。当出现一个提供更便宜产品的亚洲竞争对手时它们该怎么做？比它们价格更低？通过提高质量和价格来创造价值难道不是个问题吗？在很多商店，消费者不会光顾一些大品牌，因为对他们而言，品牌产品明显太贵。他们甚至都不会注意到其降价，促销的效果必定欠佳。这种做法无法有效提高销售量，同时价格降低会使利润下降。

一项有趣的研究（Pauwels and Srinivasan，2004）显示，由于市场细分，溢价品牌不应该害怕分销商自有品牌。相反，统计分析表明，在分销商自有品牌出现后，当溢价品牌的销售额不再依赖于价格，它们的营业额反而增加。另外，中端品牌会发现其价格敏感度在提高，销售额在下滑。

在这一阶段出现了几种结论。首先，新产品推出带来价格系统性提升的时代已经结束了。有必要将价格放在创新的中心位置，然后进行价值分析。

平价的大品牌应该通过定价合理的产品来逐步提高品牌渗透率，只要客户意识到品牌产品的质量，品牌就能实现消费升级。必须承认，困难在于分销商的反应，因为这些小型或者经济型产品直接与分销商自有品牌竞争，分销商在边际利润中的战略角色在前文讨论过。

宝洁已经购买了整个高露洁棕榄（Colgate Palmolive）的洗衣粉业务，决定用Gama作为其"战斗品牌"。2006年第二季度，Gama的价格下跌了25%，27单位容量的桶装洗衣粉售价从6.65欧元降到4.95欧元（碧浪的价格是10欧元）。Gama成为一个"天天平价"的品牌，比许多分销商自有品牌的价格还低。降价的目的是让折扣店的购买者回归超市，因为研究表明他们特别容易被便宜的洗衣粉吸引。于是，Gama的销售额在4个月内提高了54%，市场份额从3%提高到了5.4%。

我们无法确定降价对领导品牌的影响，因此，为了与折扣店阿尔迪竞争，Always（宝洁的女性卫生巾品牌）在德国降低了价格，价格指数从240跌到197，而阿尔迪的指数为100。阿尔迪的市场份额稳定在45%左右，Always的市场份额仅仅从21.7%增长到24.7%。可以说这是一场失败的战役。但是帮宝适采用同样的策略却成功了：其价格指数从131降到116，市场份额从31.1%提高到42.2%，而阿尔迪的市场份额从53.9%跌到45.9%。这两个案例最显著的区别在于帮宝适的价差要比Always小。溢价品牌真的值得降价吗？有趣的是，帮宝适现在有三条产品线：

- 超吸水型纸尿裤（Simply Dry）是一款低成本产品，比自有品牌贵20%；
- 核心系列产品比超吸水型纸尿裤贵20%；
- 超溢价系列产品比核心系列产品贵20%。

现在公司的超溢价系列产品更多地通过电视来宣传其创新性，可以说这项战略是成功的。

应对折扣店的竞争

在成熟社会中，折扣店和低价系列产品的增多是一种普遍现象，不容小觑。通过提供精简的产品系列或者削减服务达到非常有竞争力的价格，折扣店不仅仅以价格取胜，它还成为一种商业模式。这也代表了消费者的一种新态度，并预示了附加值的危机。这让市场营销本身陷入了困境，品牌也一样。这就是为什么在这种现象中没有组织认为自己可以幸免。

在超市这种商业形态处于统治地位的国家，折扣店在15年内已经成功占据近12%的市场份额（在价值上）。对于食品，折扣店和领导品牌间的价格差距在30%～50%，这就代表了两者的消费量相差18%～24%。当然不同的产品品类情况不同，有些数值可能会更高。例如，在预包装冷藏肉（火腿）市场上，以价值计算，折扣店的市场份额占到总订单的16.5%。

折扣店不仅仅是以价格取胜。它是一种发展业务的新途径，拥有自己的零售商，例如德国的利德尔和阿尔迪或者法国的Ed和Leader Price。欧洲面板数据表明，62%的家庭在折扣店消费。尽管这种现象会达到一种极限，却反映了市场的细分：在食品上，以价值计算的市场份额期望值的极限是20%。在DIY领域，主要的零售商已经创建了单独的折扣店类型的零售品牌。现在这种现象也在向纺织品拓展：在该领域经典的折扣店非常有名，但是新的折扣零售商正在出现。

所有这些数据都显示，不能简单地认为折扣店只针对低收入群体。折扣店的确是贫困阶层所需要的，但对于较富裕阶层也是一个选择。它提供了另一种生活方式：消费者可以在离家近的地方只花10分钟进行日常购物。系列产品的简化也让消费者从繁多的选择中解放出来。折扣店并不代表回归禁欲主义，而是回归理性。对于那些在任何地方购买都支付得起的消费者而言，这证明了消费者想要简单化、去复杂化和夺回控制权。折扣店会向低附加值品牌和没有提供强大理想价值的一般品牌施加压力。折扣店推崇的是无形价值：为那些并不受限于资源的人提供回归简单的途径。折扣店是净化生活、减少污染和从强制性约束中解放出来的一种探索。

对于大品牌而言，这是一次真正的挑战，因为这种正在成长的分销模式排斥大品牌，而偏好折扣店自有产品。折扣店对大品牌进驻商店货架产生了冲击，使得在超大型超市和大型超市里将大量空间让给分销商品牌的问题更复杂。事实上，零售商品牌也面临不断扩大的低价竞争威胁，这种低价竞争吸引客户去另一家商店。因此，虽然零售商品牌得到了不断强化，但是与大品牌相比，零售商品牌面临的风险更大。2011年，分销商品牌明显比全国知名品牌便宜35%。当它努力提高质量时，它的竞争力也在提升。

折扣店现象必然会普遍存在。通过在部分消费活动中做出精明的购买决策，每个人都在寻找一种毫不费力的方式来提高他们的购买力。这将会影响电话通信、互联网、交通、汽油、服饰和其他领域。没有一家公司会对这种现象免疫，因为竞争环境已经改变了：消费者变得高度多变、情景导向和务实。同一天中他们会去折扣店和哈洛德百货（Harrods）两个地方购物，他们还可以从互联网上知道哪里的价格最合适。

如果认为折扣店会成为一种常态，那将是错误的。在法国，Cristalline矿泉水比依云便宜得多，却没有控制百分之百的市场，依云仍然是价值领导者。但是，它会不断成长直至达到其极限，而这会导致对态度和行为的重新评估。在现代社会中通常都是这样，矛盾趋势出现了，双方应该共存并学会共同发展，但是不应该忽略彼此。

对公司和品牌与折扣店竞争的具体战略进行分析，可以反映以下主题，所有这些主题都在利用折扣店的长久弱势。

瑞安、维珍特快（Virgin Express）和阿斯达或阿尔迪都是所谓的低价公司，它们之间有什么联系呢？传统竞争者是如何回应的？基于现有的产品再推出一种最低价的新产品。品牌必须建立一系列机动价格，每种价格水平都对应可实际购买到的产品。这样，品牌可以在不同价格水平上进行试验，从而发掘品牌自身。而且，这驳斥了折扣店的观点，因为它们希望将所有的制造商品牌都定义为"昂贵的"。

例如，在航空旅行业，法国航空仅对少数座位和时间段实施了低成本公司常用的"诱导转向价格"（从巴黎到伦敦的航班20欧元）。相反，法国航空的最低价促销和提前预订降价的行为也表明其价格范围要比低成本公司宽得多。法国国营铁路公司（SNCF）推出了e-TGV服务来降低票价。由于收益管理和过程最优化，法国航空公司和英国航空公司也会以低价提供一些座位。这些优惠可能要提前很久预订或者在互联网上预订才能获得。通过这种方式，法国国营铁路公司的e-TGV服务使顾客只需为马赛到巴黎的旅程支付20欧元。

在某些特定品牌上，超市的产品价格甚至比折扣店还便宜（例如家乐福的第一大品牌）。这种现象通过利用大型超市的传统优势而降低消费者光顾其他地方的可能性，也即"一站式购买"。不同的术语代表不同的含义："低成本"是一种商业模式，而"更便宜的产品"是采取紧急措施的结果。

为了向消费者提供物美价廉的商品，阿尔迪和利德尔在50年内建立了一种高效的商业模式。这种商业模式基于对不必要成本的消除和新的愿景：与供应商达成长期协议，有共同设计的专用工厂，更不用说有助于成功的商店经营理念了。如果阿尔迪的果汁在德国仍然是市场领导者，就是因为它是最好的：它的性价比无人能比。

相反，家乐福的最低价产品是以一个与家乐福毫无关联的品牌在销售，这是为了紧急阻止客户流失而打造的，其产品质量无法得到保证。因此，这种价格的果汁可能只含有法定的最低果汁含量。这就是折扣店不像大型超市有让客户满意的最低价产品的原因。

控制不必要成本

零售商品牌已经占据了一定的货架，但是新的因素又开始影响品牌的存活：折扣店（阿尔迪、利德尔等）。为了维持客户，零售商已经为低成本产品分配了一定的货架空间（不到70%）。因此，大品牌不仅在价格上处于劣势，货架空间也在进一步缩减。

尽管创新和广告会提升附加值，但是不惜一切代价的忠诚已经不存在了。如果顾客预估的品牌价格超出了他们愿意支付的价格，或者超出了考虑顾客期望的额外满意度的合理品牌溢价区间，他们即使仍对品牌保持敏感，也不能永久保持忠诚。分销商也有同样的态度。

在经济增长的这些年，最强势的品牌会定期提高价格以达到总利润的最大化，这里的总利润产生于价格溢价和大量的忠诚客户。对于关心利润不断增长的财务总监而言，每件产品提高几便士或几美分或许没什么。但是对于市场而言，这极为重要。1993年4月，美国知名品牌万宝路注意到销售额有所下滑，其第一反应就是通过降价来扭转局面。华尔街对该行动的评价很糟糕，认为这为品牌敲响了警钟：那一天所有消费品公司的股价都暴跌。一年多以后，也就是1994年8月，万宝路的市场份额创下历史新高（29.1%），恰好比最著名的"万宝路星期五"之前的1993年3月高出7个百分点。10年前在法国，当竞争对手准备将政府强制提高的15%税收转嫁到消费者身上时，菲利普·莫里斯决定将Chesterfields的价格从11.6法郎降到10法郎，降价后的两个月内Chesterfields的销售额增加了300%，品牌市场份额从不足1%增长到12.2%。

有人可能会记得，宝洁曾推出一项重要计划，旨在提高工业生产率、加大营销投入及促进销售增长。该计划为公司节省了大量成本。宝洁将节省的部分资金用于品牌促销活动，对其在美国的品牌价格进行大幅削减。这些降价措施是天天平价政策的一部分，它终止了形形色色的小规模促销活动。同时，这些降价措施也表明如果品牌还想继续生存，必须与市场核心保持一致。

为了维持边际利润，大品牌必须再一次在销量上竞争，降低不必要的成本。利基战略破坏了规模经济，应该只限于超溢价品牌。如图10-4所示，未被商家开发的潜在的节省占到成本的30%。确切地说，产品的部分相关利益有时候在消费者看来是没有价值的，或者消费者认为产品成本的提高是不值得的。通过控制成本和找到新的富有竞争力的价格，企业可以获得更多利润。此外，权衡分析表明，如果必须提高价格，"更好更大"的逻辑可能会有反作用。超过某种绩效阈限，效用就会衰退。

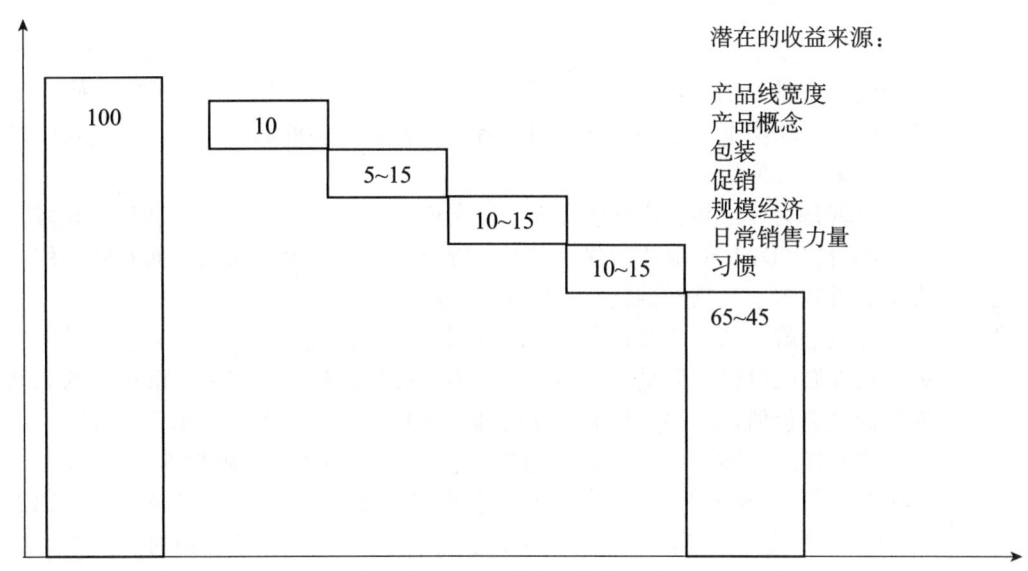

图10-4　品牌和折扣产品的价差来源

资料来源：OC&C.

通过教育和创新来应对价值破坏

降价可能适用于如今价格过高的快速消费品（FMCG）品牌，但这是不是品牌价值问题的长期解决方案？家电是个有趣的案例。

家电消费者对价格并没有清晰的认识。理论（Monroe，1973；Blattberg，1995）告诉我们，消费者拥有类似锚定点的心理参考价格（internal reference price，IRP）。这个理论对于经常性购买的商品可能是适用的，但对于每5年才会购买的耐用品，专为FMCG市场开发的心理参考价格概念显然缺乏准确性。

根据市场研究，当消费者进入商店寻找一款好用的洗碗机时，他们认为自己应该支付500欧元。但是，交易商和折扣电子商务网站却将重点放在低价商品上，试图以250欧元左右的价格销售。家电产品卷入了价值破坏过程，因为产品的售价低于消费者心理参考价格，消费者取得了自己未索取的额外收获。而且他们已经失去关于商品价值的标志性价格，其心理状态受到动摇。

这是价值的真正危机。制造商的任务就是再次向消费者传递产品的价值。在一些超市中，像飞利浦、克鲁伯和好运达（Rowenta）这类品牌就会教育消费者，真正高品质的咖啡壶要超过9欧元。这就解释了为什么向消费者提供建议的渠道商才能实现销售增长。

这一点被小型家电的销售额数据证实，对比商店和互联网渠道可以看出：在商店里购买商品的平均价格是52欧元，互联网上是68欧元。对于大型家电，结果也是一样的：430欧元对554欧元。

在商店里消费者很难找到一个销售员，尤其在高峰时段，而这个销售员也不知道如何销售昂贵的商品。销售员会马上推销低价商品，因为它要比其他商品更好卖。而在互联网上有很多选择，消费者也会购买很多商品。最后，通过互联网购买可以获取完善的信息。

这就是为什么品牌应该坚守互联网渠道：这是它们新的经营和教育领域。除了低廉的价格和较长的保质期限，自有品牌没有什么值得鼓吹的。而互联网就是解决方案，谁掌握了互联网谁就有了解决当前困境的方案。

那么这就是销售人员的结局吗？一个销售人员能了解100个产品吗？当然不能，而互联网可以。但是，若销售人员的任务就是带领消费者了解最近的创新技术并以此创造价值，销售人员能更好地理解客户的需求，然后做相应的引导。

只有创新能够避免通货紧缩趋势，让市场兴盛起来。苹果、三星Galaxy系列和黑莓（BlackBerry）手机的销售额会超过普通手机。法国赛博集团（SEB）的Actifry油炸锅是小型家电业的iPhone：它是整个市场上最畅销的产品。第二畅销的就是飞利浦Senseo咖啡机。但是，Actifry的价格比市场平均价格要高3倍。不像低成本生产商的作用，品牌的作用在于尽可能带动市场进步。

只有创新才能驱动市场。但是，创新必须通过品牌和交易活动才能接触到消费者。

市场的未来经济由分销领导者和品牌领导者的行为所决定。苹果通过与当地的知名运营商如Orange和沃达丰等签订独家经销协议，在世界各个国家都推出了iPhone。后来它被迫与其他运营商进行交易，但是仍然处于强势地位。苹果控制了它的价格和条件。

小型家电的知名分销商是家乐福，标志性制造商是法国赛博或者飞利浦，不存在任何产品价值降低现象。市场创造了价值并鼓励创新。在德国，标志性分销商是Saturn，但没有标志性制造商。结果，降价占领了实际管理活动，而创新活动受阻。

建立进入壁垒

由于只聚焦于消费者心理，品牌领域的学术研究忽视了商家自身管理的关键作用，而正是商家让竞争者无法进入市场。市场的不可进入性是商家最好的保证，百得的案例就揭示了这一点。

为什么在钻孔机械市场很难有分销商自有品牌？因为百得让它们进入市场没有经济上的可行性。当以下一个或多个条件满足时，分销商自有品牌就会萌芽：
- 市场上有较高的消费量；
- 产品创新少；
- 品牌很昂贵；
- 消费者的风险感知低；
- 消费者根据产品的有形特征来做决定；
- 可以通过低成本获得技术。

与之相反的是，钻孔市场很小，而且被分为多个细分市场。百得驱动市场，并以较快的技术进步速度来发展该市场。此外，百得还使其生产全球化：每个工厂只为全球市场生产单一的产品。所以，百得的生产水平无人能敌。尽管百得无意提高零售价格，它也没有给盲目模仿产品的厂家留出太多调整空间。最后，当消费者购买到这个知名又随处可见的品牌时，他们会感到很安心。

进入壁垒的主要来源有哪些呢？
- 生产成本是最重要的，它是一种长期持续的竞争优势。这是戴尔的战略，也是迪卡侬的战略。由于在欧洲制造产品而带来规模经济，在一些运动装备上迪卡侬可能会远超其他厂商成为欧洲最大制造商。
- 掌控技术和品质是宝洁、吉列、欧莱雅和3M公司成功的关键。减少产品和服务的提供使得分销商自有品牌对这些品牌的专有技术了解甚少，这些公司维持了自己主要的附加值杠杆作用。这就促使它们不断创新，一直是市场上的品质标杆。家乐氏甚至在包装盒上标注不供应分销商自有品牌。
- 通过分销和传播来统领市场是可口可乐的关键战略，尽管它并没有阻止凯马特（K-Mart）或者英百瑞借用较多的可口可乐的明显标识并以低价出售。在经济萧条时期，消费者的价格敏感度增强了。但是作为一个世界品牌，可口可乐利用对亚特兰大奥运会的赞助，将利益传递给全世界的瓶装商。这也是耐克、锐步和阿迪达斯的武器。可口可乐是一家已经创造了贸易进入壁垒的公司，它提供一系列完整的品牌组合（如可乐、芬达等）。一家批发商店不再需要任何其他的品牌。
- 对于想要追求未来的品牌而言，控制与意见领袖的关系是成功的关键因素之一。康颂对此给予了说明，它是 Arjo-Wiggins 集团下的一个校园物资品牌。对于一名学生，有什么比一张描图纸或绘图纸更常见呢？尽管超市有分销商自有品牌的描图纸或绘图纸产品，但是只有康颂的产品畅销。因为20多年来这个品牌与教师建立了一种紧密良好的关系，例如它在全国范围内组织班级间的绘画竞赛。康颂之所以在孩子们购买学校用品的清单上长时间存在，原因在于我们现在所称的关系营销——康颂的主要资产就是公共教育系统中忠诚的教师们。

惠普如何保护其业务

2008年在欧洲共销售700万台喷墨打印机，其领导品牌是占据44%市场份额的惠普，然后是占22%的佳能、占20%的爱普生（Epson）、占6%的美国利盟（Lexmark）和同样占6%的Brother。

一台打印机平均每年需要6～8个墨盒。打印机的价格令人难以置信地下跌了：现在是100欧元。消耗品的价格却在上涨：惠普338型号的黑色墨盒的价格为22欧元，惠普334型号的彩色墨盒的价格为39欧元。虽然价格很高，但是墨盒的零售利润很低：只有25%～30%。

为什么采用这种价格战略？制造商通过提供价格极低的高级打印机，再以强大品牌为保证到处进行分销就可以轻而易举获得市场份额。然后它们运用了吉列或者奈斯派索的商业模式：利润来源于消耗品。可以发现，每1/4盎司惠普彩色墨盒定价为22美元，比同等重量的进口俄罗斯鱼子酱还贵。英国的消费杂志指出一个惠普彩色墨盒的价格要比一瓶唐培里侬葡萄酒（Dom Perignon）贵7倍：每毫升1.7英镑对0.23英镑。2008年，惠普在成像和印刷业务上的营业额为290亿美元，其中消耗品就占到183亿美元（63%）。

如果打印机的利润很低，那么消耗品的利润就很高（70%～80%）。成像和印刷业务的利润率高达14.6%（整个惠普集团的利润率仅为10.5%）。

这样的利润很容易吸引竞争。在这个市场上也有一些兼容品牌（如Armor，Pelikan，NewCote等）或者自有品牌（欧迪办公等）。

为了保护巨大的利润空间，制造商创造了以下进入壁垒：
- 每推出一款新打印机就会开发一种新款墨盒；
- 利用每个墨盒的多种专利阻止兼容性；
- 增加芯片，打印机可以识别贴牌生产的墨盒，并且只在有芯片的情况下运作；
- 利用恐惧诉求来吸引消费者，如"你将会失去质保"；
- 激励贸易商：年末会有忠诚奖励、独占权和丰厚的利润；
- 在零售环节推出一个公开价格：没有零售商能够承担失去惠普的风险（没有市场领导品牌的货架失去了竞争力）；
- 亲自提供空盒再装业务，防止兼容厂商从事该类业务。

有两种兼容类型：针对惠普和利盟的再装业务（拥有完整的打印机针头）和针对康颂、爱普生和Brother的新型兼容墨盒。为什么是这两种？由于制造商的专利，墨盒再装业务的风险较低（对于惠普或利盟等品牌的针头打印机而言），但是成本较高，因此，对于非针头打印机而言，在中国重新制造墨盒更为经济。

除了拥有30%～50%的价格优惠外，兼容机的优势还在于：它们更生态化（墨盒是可回收和可再装的），没有任何塑料和芯片的浪费，而且中间商赚的钱较多（中间商利润率达到50%）。

如今兼容品牌受挫，它们被夹在了大品牌和自有品牌中间（见表10-2）。

表 10-2　与兼容品牌和自有品牌的竞争经济　　　　　　　　　　单位：欧元

	OEM	兼容品牌	自有品牌
零售公开价（欧元）	23.50	16.50	15.30
零售公开价（不包含增值税）	19.65	13.80	12.80
零售利润	4.91	5.52	6.40
零售利润百分比	25%	40%	50%
购买价格	14.74	8.28	6.40
发票外利润	1.96	0.69	0.64
发票外利润百分比	10%	5%	5%
总交易利润	6.87	6.21	7.04
总交易利润百分比	35%	45%	55%
净售价	12.78	7.59	5.96
生产利润	8.95	3.41	2.38
生产利润百分比	70%	45%	40%
生产成本	3.83	4.18	3.58

如何在消费升级中获得成功

对大多数品牌而言，消费升级已经成为它们在市场上立足的重要手段。如今，它们正面临更具竞争力的自有品牌和低成本供应商的挑战。你将如何与 Zara，H&M，Mango，C&A 等品牌竞争？作为牛仔品牌，你将如何与以 5 欧元销售的全球第二大零售商家乐福竞争？一旦自有品牌质量变差，离关门也就不远了。也许事实就是如此，零售商使用低质量的材料生产产品，以低薪雇用不合格员工并且缺乏管理。然而，如今的低价商品是基于高生产力和高效率的，比如，像利德尔和阿尔迪这样的德国折扣店精通生产和供应链的科学管理，产品售价极低但质量很好。这种情况也出现在宜家，它创造了新的产品流程来满足大众对低价商品的需求。紧随易捷和瑞安航空之后，西南航空公司也推出了低价航线。

价值竞争

大多数品牌别无选择，只能在价格上互相竞争。为此，它们必须放弃所有不具生产力的成本来源（例如间接成本、人员配置和日常支出）。价格竞争意味着给商品增加新的价值，使其更具竞争力，最终令溢价得到提升。

通过观察 15 年来的牛仔裤行业，可以发现迪赛（Diesel）在消费升级战略上投入了多少。1985 年，牛仔裤市场是由具有休闲形象的品牌驱动，这类品牌颇具西方真我意味，李维斯就是一个例子。但随着奢侈品牌开发了一个新细分市场（300 欧元以上），这个市场就成为时尚市场。李维斯大致上还保持原来的价位，但是迪赛的价格从 60 欧元上涨到了 150 欧元。迪赛虽算不上奢侈品牌，但它主攻超溢价市场。从表 10-3 可以看出最低成本的牛仔商品备受男演员的青睐。

表 10-3　牛仔市场的消费升级

	1985 年	2010 年
300～500 欧元		古驰，杜嘉班纳
130～300 欧元		迪赛
100～130 欧元		Calvin Klein，安普里奥·阿玛尼，Pepe Jeans，Replay
80～100 欧元	莫斯奇诺，安普里奥·阿玛尼	
70～90 欧元		李维斯，Lee
60～70 欧元		威格
50～60 欧元	迪赛，李维斯	
35～40 欧元	威格	Zara
30 欧元		家乐福的自有品牌
5 欧元		家乐福的无品牌商品

现在如果一个品牌没有增加任何附加值，销售商就不能抬高该品牌价格。只有像香奈儿、路易威登或者爱马仕这类真正的奢侈品牌，在 2009 年经济萧条的时候，为了弥补消费者的购买需求不足造成的损失而将价格提高了 15%。在那段时期，它们的利润和独一无二的形象都得到了提升。消费升级作为一项规则，已经被人们运用多年，它是一种营销组合的全面提升，包括向传递更高价值的产品类型延伸。

给足时间

消费升级需要时间，创造产品附加值也需要时间。

皮埃希（F. Piech）是一位颇具远见的 CEO，他花 20 年的时间成就了德国汽车生产巨头——奥迪。奥迪的长期目标是与宝马和奔驰竞争。奥迪是由以前的三家品牌公司（Auto Union，DKW 和 NSU Prinz）合并而成的，没有历史背景，也没有根基，它生产的首批轿车外观保守，并不受大众欢迎，前景渺茫。为了扭转局势，公司先后推出了奥迪夸特罗（Audi Quattro）、奥迪 100 和铝制引擎，这些产品是奥迪在技术、车身动感度和外形设计上的里程碑。当车型逐步实现升级换代时，车辆性能得以提升，价格也相应提高了。结果，奥迪之前的客户不再追随这个品牌，转向了大众。

詹姆森（Jameson）威士忌是爱尔兰威士忌中的领导品牌，但它在美国销路不佳。在爱尔兰的酒吧，人们常把它和著名的爱尔兰咖啡混合在一起喝，由于缺乏品牌意识，詹姆森威士忌被人们定义为异国的威士忌（来自爱尔兰）。但在 2000 年，掀起了一股白酒浪潮（伏特加、杜松子和龙舌兰等），顾客纷纷抛弃威士忌。结果，像尊尼获加红方威士忌（Johnnie Walker Red）和加拿大威士忌等典型的酒类品牌销量开始明显下滑。然而，这并没有影响杰克丹尼和美格波本（Maker's Mark）等优质的酒类品牌。于是，管理者决定将其定位在这些溢价品牌的对立面以使詹姆森威士忌的销量翻倍。詹姆森威士忌的市价不再以尊尼获加红方为参照，而是把价格上调 20%，达到了尊尼获加黑方的现有价格水平。

要达到消费升级的目的，需要具有"十年磨一剑"的意志，因为你必须：

- 通过广告投资来构建品牌意识；
- 为品牌进行合理定位（什么样的承诺？什么样的价值主张？）；

- 稍微改变产品包装，传递更多品牌地位信息；
- 让产品渗透到新的地区或分销渠道（包括现场消费情境和非现场消费情境），而不只限于爱尔兰酒吧；
- 在新的直销商店开展多次贸易活动，向品牌的新目标"年轻的社会精英"传递品牌价值。

细分分销渠道

消费升级意味着创造出传递更多价值的新产品，也意味着推出新服务和新体验。许多航空公司重新设立曾经取消的头等舱。

品牌进行消费升级时，会想方设法吸引那些重视可选择性的新顾客，可选择性是关键的无形价值。消费升级通常意味着要增加新分销渠道，并且这种渠道只销售升级后的产品。比如，当你在销售美国运通金卡（Amex Gold）和更普通的绿卡时，你就不会再去销售运通黑卡（Amex Black Centurion）。

如果品牌以前的分销商对新产品线要价很高，品牌应该予以拒绝。渠道就是信息，为产品构建更多的无形价值就需要另设销售渠道，至少要开辟一块单独的销售区域。唐培里侬香槟王的例子很有启发性。美国开市客（Costco）是香槟企业的头号模范客户，可它并不是一家魅力十足的贸易商。然而，为了推销这个品牌，开市客同意在门店里腾出部分专柜，把该品牌的香槟和一些高档白酒放在一起。

拉夫劳伦是一个品牌消费升级的典型案例：它开辟了两条全新的销售路线——将其"意大利时装"分成黑标（Black Lable）和紫标（Purple Lable）两类。由于价格昂贵，这些新产品只在位于少数城镇的拉夫劳伦大型商店中销售，还拥有单独的区域。

谨防子品牌

由于阿玛尼有合理的分销渠道划分和卓越的品牌架构，因而无论是消费升级还是降级，阿玛尼都能游刃有余。

阿玛尼通过创建子品牌 Armani Privé 达到消费升级的目的，这个品牌相当于法国的高级女士时装——在服装和化妆品市场颇具选择性和创意性，且是价格昂贵的品牌代表。而阿玛尼通过构建 Emporio Armani（对抗博柏利·珀松）和 Armani Jeans（对抗迪赛）两个子品牌达到消费降级的目的。Giorgio Armani 和 Armani Collezione 是介于这些极端品牌之间的两个子品牌。人们从未在同一家商店找到过阿玛尼的所有子品牌：Armani Privé 有它独有的直销渠道；Giorgio Armani 不仅是一个子品牌，更是一家具体的商店；Emporio Armani 亦是如此；其余的子品牌在各个大型商场都有自己的专柜。

关于阿玛尼的品牌架构，值得注意是它始终把阿玛尼的核心价值放在最重要的位置，拉夫劳伦也是如此：黑标和紫标系列的高价服装都明确表明其属于拉夫劳伦品牌。

由于绝对伏特加没有采取这一策略，它在 2004 年推出 Level 这一品牌时大败而归。灰雁品牌是进入超溢价市场的标志。在成为主流品牌的道路上，绝对伏特加受到自身销售量下滑和灰雁的双重威胁，要知道，后者正以高出它 20% 的价格与之竞争。最终，灰雁在特里贝克地区（纽约）流行起来，并在形象方面居绝对伏特加之上。为了予以还击，绝对伏特加推出了 Level 品牌，但 Level 并未凸显绝对伏特加的特色：

- 在 Level 的瓶子上，没有任何特征能让人联想到绝对伏特加的标志性酒瓶（你能想象尊尼获加威士忌推出的超溢价的黑牌、蓝牌或金牌系列没有标志性的方瓶吗？或者是梅赛德斯 S 系没有标志性的梅赛德斯阀盖？）。
- Level 没有在商标或者广告中强调绝对伏特加：它的独立运营导致其既没有受益于绝对伏特加的光环，也没有受益于绝对伏特加的品牌资产。
- 若没有强大的品牌主张，你不会以 40 美元销售一瓶伏特加。灰雁有这样的价值主张（世界上味道最好、最丝滑的伏特加）。如今，绝对伏特加无法摆脱竞争对手灰雁的理念，提出了"平衡的口感"的价值主张。绝对伏特加似乎忘了"价格定位越高，品牌特性越重要"这个道理。因为这并不是市场定位和产品竞争之间的较量（Kapferer and Bastien，2009）。

谨防难以捉摸的"光环效应"

佳洁士牙膏 Pro 产品线会提升佳洁士的品牌资产，进而提高佳洁士常规产品的销售额吗？但是，佳洁士从常规产品预算中借用的上百万经费并没有见效。玉兰油也是如此：由于公司的超溢价方案，现在它的产品价格从 4.99 美元到 60 美元。

所有公司都希望打造一条高端产品线，能为品牌低端的其他产品线带来光环效应，从而使它们更好地防御自有品牌、获得价格竞争力。因此，如果广告能在特定的高端产品上取得回报，在高端产品线上投入的广告费用要比以为的合理费用高得多。结果，公司削减甚至终止了对低端商品的广告投入，而这些产品的销量是最高的。

光环效应在奢侈品牌中最为常见，但在快速消费品行业中并不奏效，这是为什么呢？

香奈儿为它独特的珠宝商品投入了大量广告，远远超过了基于销售利润率计算的正常广告投资规模。高价珠宝（50 000 欧元以上）是不需要投入大量广告的，但广告的确会增强品牌可信度和品牌名称的魅力，也会在合理的价格水平下带动其他产品的销售。

光环效应也是葡萄酒行业中的一种典型策略。木桐嘉棣（Mouton Cadet）是波尔多（Bordeaux）红酒旗下的一个畅销品牌。实际上，早在第一批葡萄酒问世时，木桐嘉棣就已位列其中。民间有一则故事，说木桐嘉棣的成功和葡萄酒奢侈品牌木桐庄园（Mouton Rothschild）有着密不可分的联系。据说，木侗庄园葡萄园的葡萄生长情况不尽如人意，于是庄园主决定弃用木桐庄园的品牌名称，改用木桐嘉棣。从那以后，大众品牌木桐嘉棣就有了些许高端的韵味。这就是典型的光环效应案例。

然而，在快速消费品市场这种光环效应时常会令人失望。

美国的玉兰油就是一个例子。这个大众品牌曾经推出一系列功效更强、价格更高的新产品，这些产品也确实颇有效果。为了制造光环效应，公司在该品牌上投入了大量广告，努力提升玉兰油品牌资产，防御超市已有的低端产品品牌，如博姿等。玉兰油把广告预算都集中在新产品线上，减少了低价产品的广告投入，玉兰油的低端产品因此失去了市场份额。于是，公司不得不将从高端产品促销活动中获取的资金重新投入到广告和促销中。

现在问题来了,为什么光环效应没有像预期的那样起作用?光环效应到底在什么情况下才会出现?

在快速消费品市场,顾客购买某一品牌的产品,等于同时购买了有形功效和无形价值。而对于时尚和奢侈品牌,消费者购买的更多的是无形的品牌标识。

以玉兰油的畅销产品(4.99美元,在所有的超市中销售)为例:女性顾客熟知产品的成分,知道它会对皮肤产生什么效果。当听说玉兰油推出了全然不同且价格高昂的新产品后,这些女性顾客怎么会忘记她们几乎了如指掌的产品体验?高端技术和稀有成分组成的高端产品线怎么会推动超市里基本产品的销售?

树立品牌形象仅仅依靠广告是不够的,所有和这个品牌有关的事物都将影响品牌形象,这是惯例。

葡萄酒行业也是如此,消费者对于葡萄酒这种产品的期望很容易受品牌影响,但他们对于质量也有客观感知,如葡萄原汁、酿造期、产地、《葡萄酒观察家》(Wine Spectator)杂志的评论及评酒家罗伯特·帕克(Robert Parker)在博客上发表的言论等。

杰卡斯葡萄酒是英国首屈一指的进口葡萄酒品牌,原产地位于澳大利亚。在大约25年前,杰卡斯品牌开始出售红、白两种葡萄酒,市价均为1.99英镑。之后,杰卡斯品牌从未停止对该系列葡萄酒的生产,有些高档品牌的售价甚至达到约10英镑,这使它得到了《葡萄酒观察家》杂志的认可,从而为消费者所熟知。如今杰卡斯的首要任务是留住现有顾客,因为如果杰卡斯不向上延伸产品线,它的老顾客就会投奔它的竞争对手,去尝试更优的葡萄酒品牌。其次,杰卡斯要考虑销量增长对自身品牌形象的影响,其实,这种销量领先的葡萄酒品牌不会令顾客肯定其质量。传播的作用在于使品牌特征更加凸显。

杰卡斯的例子和玉兰油截然不同。在葡萄酒行业,消费者渴望消费升级。因为他们一旦开始饮用葡萄酒,就会愿意付更多的钱去尝试更好的品牌。延伸产品线不是为了防御基本产品,而是为了适应消费者需求。妮维雅的品牌延伸也是同样的道理。试问,买了妮维雅护肤品的顾客还会去购买妮维雅全效霜吗?答案是否定的。

据我们所知,光环效应多存在于价值的无形维度。因此时尚品牌会将无形资产(时尚)延伸到旗下的所有产品。大众汽车凭借其备受称赞的可靠性让所有产品都享受到了光环效应。但是,消费者在购买时无法评估可靠性。

然而,路虎揽胜(Range Rover)就从未助罗孚(Rover)一臂之力,因为两个品牌分属两条不同的产品线,人们甚至把它们当作两个截然不同的品牌。木桐嘉棣从木桐庄园的高知名度中获益,但至今没有木桐嘉棣的买家品尝过真正的木桐庄园。

揭开超溢价品牌的秘密

在许多公司总部,收益管理常常是头等大事。如今,高物价和低盈余的双重压力已经危及公司的正常收益。这是由经济萧条以及低成本生产商、折扣店、自有品牌和价格具有吸引力的大规模零售商（Zara、H&M、C&A、宜家等）的快速崛起而共同引发的。

战略收益管理需要对品牌及其产品组合、价格政策、渠道差异性、促销率、公司和中间商之间的利润分配等内容进行审计。

对公司而言，最重要的挑战之一是降低价格敏感度。最佳做法就是溢价化，即所谓的消费升级。溢价化就是将整个产品线从主流的产品和价格向更高品质、更好形象和更合理价格转移，最终提高利润率。如表10-4所示，许多快速消费品公司至少在三个细分市场达到投资组合平衡。特别关注超溢价细分市场可以发现，它们只占总销量的11%，却为公司贡献了约1/3的利润。

表10-4 溢价化的财务方程式

	主流产品	溢价产品	超溢价产品	（奢侈品）
利润贡献	21%	43%	36%	17%
净销售额	27%	39%	34%	15%
销量	46%	43%	11%	4%

资料来源：Transformed and adapted from FMCG companies.

诸如此类的溢价化随处可见：尊尼获加不为其知名品牌红方做广告，却在黑方上下足了功夫，为其创造了充足的消费升级空间。F1赛车推出了越来越高档的车型；维萨紧跟着美国运通推出了新业务，把它的客户从基本卡业务转移到了超级卡业务Premier；大众公司的目标是和梅赛德斯E级轿车竞争；地中海俱乐部用豪华别墅群和度假村取代了原来的简陋小屋和避暑村庄。

在快速消费品市场，市场领导者总是溢价产品。以帮宝适为例，尽管它拥有市场领导者的地位，但是它也遭遇了商店品牌和低成本品牌的挑战。盲目抬高商品价格过于冒险，因为很难维持现有的价格差距。

那么，公司为何不直接推出超溢价产品呢？

所有的大型公司都以超溢价品牌为标杆，试图揭开其成功的秘诀。奈斯派索、红牛和Innocent是令人艳羡的品牌，红牛的市场零售总额已经达到60亿美元，为帮宝适全球销售额的2/3。

通过我们自己的研究可以发现，从近期超溢价品牌的推出中可以学习到以下五点：

1. 超溢价品牌在初期发展得并不是很快，它不像其他品牌那样在第一年就能达到很高的市场渗透目标。很多品牌这样做的目的是向大规模零售商提供新品牌具有一定生存能力的证据，也可借此尽快实现收支平衡。超溢价品牌遵循有组织的市场发展战略。经过一段时间，这些公司对细节越发敏感：它们会纠正早期的错误做法，改善营销组合，并且建立起一种关注产品品质和产品细节的公司文化。

2. 超溢价品牌在进入市场初期会利用社交媒体而非大众传媒，因为它们是由小型或中型公司推出的，缺乏足够的预算。它们充分利用其真实可靠性，因为在脸书上讨论或是接电话的很可能是一位渴望建立公司的创始人。

它们不会进入大规模零售商，而是进入有品质保证的分销商、专卖店和"改变消费"的渠道商（大众消费的另一选择）。这些渠道是品牌资产和体验建议的关键所在。顾客可以观看、触摸、感受并讨论，而不是简单地接受广告。法国皇家

（Royal Canin）就是直接通过兽医诊所销售的。

3. 这些渠道触达的往往都是意见领袖、革新者和对产品质量意识极强的消费者，而他们常常会对新推出的品牌非常感兴趣，一方面因为品牌故事具有说服力，另一方面是产品本身吸引了他们。超溢价品牌在生产产品时并非注重投入市场的数量，而倾向于为顾客提供高质量的生活方式。它们促进消费模式的改变，这就是它们的改革运动。

4. 超溢价品牌可以在很短的时间内建立自己的消费者群体，因为它们向消费者介绍了产品问世的原因和生产过程。本杰瑞、Innocent、星巴克都拥有真实动人的品牌故事，赢得了顾客的好评，迅速引起了消费者共鸣。

5. 超溢价品牌不只是品牌，也是公司良好的服务对象和出色的合作伙伴。它们善于引起顾客共鸣，尤其当它们在市场上建立了良好的人际关系并提高知名度后。

图10-5显示了大众品牌与超溢价品牌的典型开发模式。

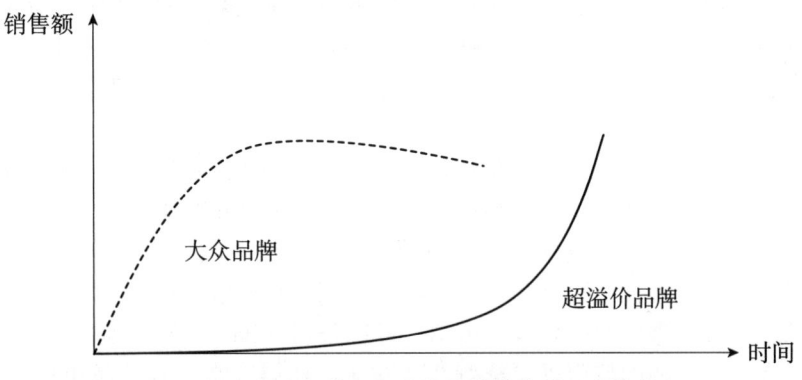

图10-5　大众品牌与超溢价品牌的典型开发模式

那么，快速消费品市场是否也会提供这些对品牌有利的销售因素呢？你不能将大众文化和超溢价文化混为一谈。IBM在大约40年前就决定在博卡拉顿建立专用网站，为的是让第一批个人计算机发明者不以IBM的方式去考虑问题。之后，雀巢公司也采用了同种模式来开发奈斯派索，丰田的雷克萨斯和宝马MINI都用了这种策略：它们将子品牌分离出来，是为了发展自己的文化和故事。

对大品牌而言，另一种策略就是等待时机成熟之后购买新兴企业，然后把它们发展壮大。但这样会涉及一个问题：品牌的自身文化还能保留下来吗？比如，多芬就失去了产品的真实面貌。本杰瑞也遭遇了同样的尴尬，因为顾客都知道，公司早已使用各种营销技巧对这些品牌进行管理。美体小铺在被欧莱雅收购后是否还会保持其产品原来的特色和风格？在这之前美体小铺的创始人安妮塔·罗迪克（Anita Roddick）用尽了毕生心血。现在美体小铺成了欧莱雅市场细分策略下的产品组合中的一员。

但也有例外，吉列收购了博朗（Braun）后让其自行发展。自从吉列成为宝洁旗下的品牌后，博朗公司的总部就搬到了日内瓦。这个曾经类似苹果的品牌现在渐渐失去它的独特风格和本来面貌。

品牌资产与顾客资产：相互依存

顾客资产和品牌资产谁更重要，这一问题的答案存在争议。这也是相当徒劳的争论。忠诚卡、折扣和礼物能够提高消费者忠诚度，但需要花费成本。这种做法当然会带来回报，但是品牌也需要培养"真爱"。从另一方面来说，顾客关系管理的确帮助品牌展现了它们对顾客的热爱，以及有效帮助顾客得到他们急需的产品。可以说，品牌资产与顾客资产两方面相互依存。

奢侈品牌建立了顾客数据库，这样旅行中的消费者可以在任何城市的任何分店被识别出来。顾客关系管理允许公司用电子邮件向顾客发送销售方案，这种方式非常定制化，满足了顾客的个性化需求。

品牌的经济价值是由未来预期回报与相应风险共同决定的。品牌只有拥有一定数量的忠诚顾客，才能成为强大品牌。20世纪80年代初，这引发了市场营销实践活动的变革：最大的关注点是忠诚度及其相关要素——顾客满意度。公司不再简单地与竞争对手抢夺顾客，而是竭尽所能留住自己的顾客。企业都希望做到这一点，但是由于产品供应充足，购买者总会从一个品牌换到另一个品牌，从一家制造商换到另一家制造商。相对于零违约，企业的目标是零背叛。

英国航空的终身顾客为公司带来的平均营业收入为48 000英镑，所以任何情况下都不能失去一位顾客。同样，家乐福的忠诚顾客每年创造3 550英镑的销售额。而且，忠诚顾客更有利可图。贝恩公司（Bain）的一项研究表明，一个家庭每月在最常光顾的超市里要花费330欧元，在第二常光顾的超市里花费85欧元，而在偶尔光顾的超市里仅消费22欧元。顾客不只是因为忠诚而花费较多，他们的支出会随着时间的推移不断增加，对价格也会越来越不敏感，他们还会对自己钟爱的超市或品牌进行积极的口碑营销。而且，维系他们的成本要比维系非忠诚顾客低5倍。这就是为什么贝恩的报告指出，降低5%的顾客流失率，就会获利25%~85%。

当前，所有强势品牌都在推动顾客忠诚计划，不过需要注意的是，没有任何计划可以弥补不适合或不够完善的服务。维系忠诚顾客需要达成两种目标：其一是防御，即不让顾客有任何理由放弃品牌或公司；其二则是进攻，即与顾客建立个性化关系，这也是建立更加亲密、顾客涉入度更高的情感联结的基础，美国人称之为"顾客纽带"（Cross and Smith，1994）。

防御策略最重要的部分是识别造成顾客不忠诚和不满意的原因。顾客不忠诚让英国航空损失了近500万英镑的销售额，其原因是顾客对飞机上的食物不满意；对座位不满意更让其损失了近2 000万英镑。令人不解的是，英国航空正在竭力寻找顾客的不满。的确，最糟糕的事情莫过于一位极其不满的顾客向航空公司代表保持缄默，却在其亲朋好友中散播负面言论。统计说明，良好的服务可以让原本不满的顾客改变态度，甚至变得更忠诚。当被问及以后是否再次选择英国航空时，从来没有提出投诉的顾客群中64%的人选择了"会"，而在有过投诉记录的顾客群中这一比例是84%。用认真、体贴和尊重的态度对待顾客的投诉成为提升顾客忠诚度的有力杠杆。

提升顾客满意度意味着要多一点管理精神，在这种精神里征服的欲望占据了统治地位。欧莱雅因此想成为当今具有征服性、创新性和企业家精神的公司。欧莱雅接连发布新产品，发型师偏爱欧莱雅的产品，而欧莱雅也十分了解他们的需求。不过，这也让欧莱雅在某种程度上忽略了管理精神，进行了错误的供货，造成了库存短缺现象和不公平折扣现象等。公司重视并很好地应对顾客的复杂需求，但有时忽略了更基本的需求。为了迎接周五的一位顾客，发型师在周二预订了浅金色染发剂，但公司不能保证按时到货。这会让造型师觉得，不能总是依赖这家公司。因此，尽管新产品发布很成功并吸引了顾客，欧莱雅的销售还是停滞不前。当我们重点讨论顾客满意度时，如果缺失基本服务，仅有产品本身的价值是远远不够的。

在进攻策略上，品牌必须成为引人注意的标杆。需要强调的是拉普和柯林斯（Rapp and Collins，1994）提出了不是针对顾客而是关注个人的"有爱的公司"的概念。这也标志着毫无特色的营销时代的结束。如果吸引消费者注意力是有效的，一定要对此进行定制化。但必须指出的是，市场研究术语将顾客区分成大、中、小等不同类型，然而直到最近也很少有公司专门为大客户设计营销方案，这类顾客通常是最忠诚的。不过需要识别忠诚顾客，公司需要首先确认他们，与之建立直接联系并给予特别关注。这就是为什么我们常提到的关系营销（McKenna，1991；Marconi，1994）通过数据库、顾客俱乐部和集体活动联结品牌的优质顾客。此外，人们越来越难以看到或接触到不与顾客建立直接联系的品牌——这种说法既形象又抽象——许多品牌走出电视广告，走下货架，与顾客建立直接联系。雀巢的消费者可以通过电话联系营养学家；任天堂游戏公司提供每周六天的服务，成功帮助了一万名沉迷视频游戏的孩子。网络提供了品牌为消费者服务的延伸渠道，对非忠诚顾客亦是如此。

在提高品牌忠诚度的努力中，品牌公司已经意识到它们不得不关注顾客资产或市场份额。换句话说，这些公司不仅应重视可改善心理态度的品牌偏好，还不能忽视品牌使用量的重要性，尤其是在最具前景的顾客即重度消费者中。例如，最近有研究发现，大众市场的品牌利润并不是来自大众市场，而是来自品类购买者中的前三位大客户。而且，品牌附加收益的最大潜力在于提高高收益产品即大客户品类产品的市场份额（Hallberg，1995）。

遗憾的是，广告无法与这些主要大客户产生接触。相反，它接触的主要是非购买者或小量购买者。另外，促销能够接触高收益细分市场。频繁购买者很容易遇到价格促销、优惠券和打折等。但是，促销活动让消费者对价格不再敏感，也降低了高潜力和高收益细分市场上消费者的品牌忠诚度。

结果，现在很多大品牌正在经历大规模的数据库营销。数据库营销的概念具有双重意义：

- 所有营销活动应该更有效地针对主要细分市场，目标是提高品牌使用率。
- 有效的目标要求公司识别每个顾客或家庭，当然这是名义上的。所有促销活动的副产品应该是数据库，该数据库应百分之百由高收益顾客构成。

宝洁在美国的数据库中有超过 4 800 万用户。达能在法国的数据库中有 200 万用户。雀巢正在每个主要国家建立自己的数据库，联合利华也是如此。这里还未考虑向小规模公司出租的中间商建立的数据库。

这些重要数据库的功能在于向具体的目标传递定制化服务，将商店的货架带回家（减少冲动购买和削弱分销商权力），在忠诚顾客和重度消费者中建立"私有形象"。一般而言，公司更易识别品牌涉入度较高的顾客，并向其提供特殊待遇。这些顾客也会获得具体信息来构建品牌形象和品牌资产。这些活动构建了"私有形象"，而不是广泛而通用的公众形象。

很多消费者对某个品牌会持非常赞赏的态度。但是，能够阻止他们向其他品牌转换的忠诚度水平还不够。只有向其提供量身定制的品牌促销计划，这些消费者才可能成为潜在的忠诚顾客。另外，一些重复购买的消费者是伪忠诚者：他们对品牌并不存在较强偏好。他们购买这个品牌可能只是因为它价格合适、容易买到。为了提升品牌偏好，需要对这些消费者的购买决策进一步强化，并提高其对品牌优越性的感知。最后，应该引导活跃型顾客和承诺忠诚的顾客尝试更多新产品，无论是产品线还是品牌延伸。图10-6描述了索尼的境况，承诺忠诚者占索尼整个顾客群体的19%，潜在忠诚者占4%，伪忠诚者占35%。为此，公司应对每个群体提出特定的营销主张。

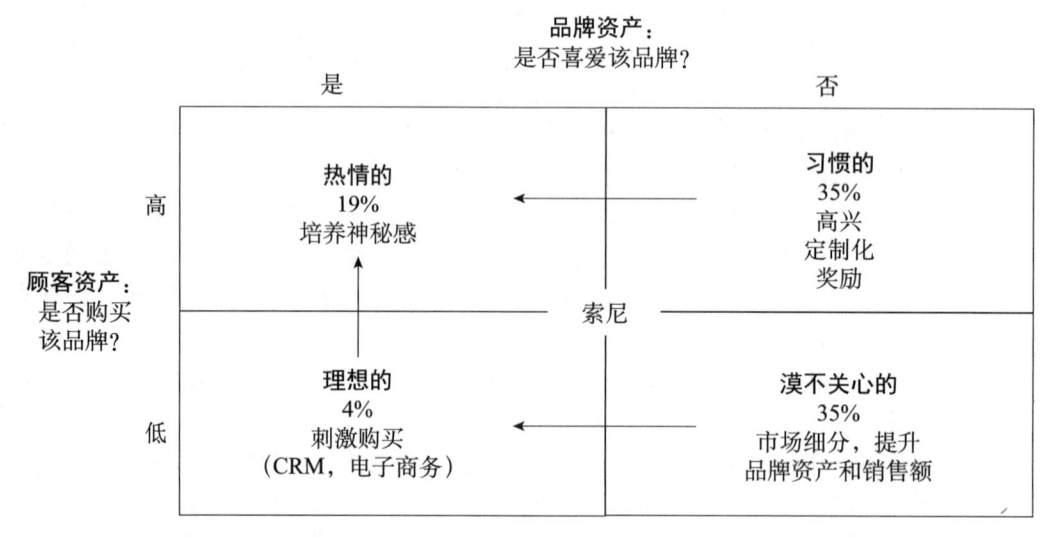

```
                    品牌资产：
                 是否喜爱该品牌？
              是                    否

        ┌──────────────┬──────────────┐
        │    热情的     │    习惯的     │
    高  │     19%      │     35%      │
        │  培养神秘感   │    高兴      │
        │              │   定制化     │
顾客资产：│              │    奖励      │
是否购买 ├────────── 索尼 ─────────────┤
该品牌？│              │              │
        │    理想的     │  漠不关心的   │
    低  │     4%       │     35%      │
        │   刺激购买    │  市场细分，提升│
        │ （CRM，电子商务）│品牌资产和销售额│
        └──────────────┴──────────────┘
```

图10-6 品牌资产和顾客资产

资料来源：Sofres, Megabrand system.

顾客的交流需求

尽管大多数品牌都声称将顾客需求放在第一位，但是这并没有促使企业建立对话机制。广告不能算是对话，企业与具有清晰营销目的的销售商的关系算不上对话，满意度问卷调查也算不上对话；这些在获得感知质量的反馈上很有作用，但是一系列问题终究不能构成对话。消费者杂志能够提供对话平台吗？同样不能。向顾客直接邮寄广告邀请消费者参观或试用新产品也是一样。

我们为什么要提"顾客需求"？因为顾客希望被珍惜、被倾听。他们不希望自己被视为细分市场上的平均统计值，而希望能被当作独立的个体。而且，新兴的互联网企业能够积累很多"智能"信息（从近期的电话或面对面交流中获得），并能在未来的联系中运用这种信息。这使这些企业习惯聆听并能及时回应。如今互联网通常是创造对话的最好方式，品牌可以借助脸书和推特变得易于接近。

从产品到关注：从顾客到 VIP

市场细分让我们快速认识到不是所有的顾客都有同样的销售潜力。同样，也不是所有的顾客对品牌涉入都有同样的兴趣，进而成为品牌的推广大使。如果没有忠诚的追随者和推广者，品牌就不会存活，尤其是品牌在其细分市场上拥有溢价定位的情况下：有些女性消费者会舍弃除了汰渍和碧浪等顶级品牌之外的其他洗衣粉品牌。在像汽车和化妆品这种高涉入度的市场更是如此。

传统观念上，这种市场一直被产品导向的理念驱动：这就是为什么世界领导品牌欧莱雅完全依赖于市场调查。由 1 000 位博士组成的调查团队的目标是开发出一种新产品，这种产品能够激发所有国家各个年龄段女性消费者关于青春永驻的梦想。欧莱雅集团旗下品牌巴黎欧莱雅目前发现关系营销尤为重要。另一个奢侈品牌兰蔻也是一样。南美经济衰退对购买力产生了很大冲击，就在这个时期兰蔻在关系营销上迈出了第一步。关系营销对于维系现有顾客至关重要，得以让企业存活。然而仅仅诠释产品的优点还不够：在这种环境下这么做是必要的，但还不是全部。兰蔻的本土团队需要通过创新来应对市场——不是凭借新产品而是凭借它对顾客的关注。更重要的是，这个案例还涉及零售商，同时创造了促使业务产生的贸易关系工具。

兰蔻要求被授权的零售商分发一种小型智能卡——兰蔻美容卡，当顾客出示这张卡时，零售商需用设备记录其最后一次交易。这是一种变革方法，因为零售商坚信，每一条顾客记录都是它的宝贵资产。为了获得这张卡，顾客的首次消费必须达到 100 美元。顾客只要参与了这一计划并有电子记录，无论在哪家商店进行消费，都可以积分。这些积分可以兑换兰蔻的产品、女士内衣、珠宝和名包。会员卡也会分发给记者和模特。一旦顾客数据库建立起来，公司就可以针对 VIP 客户开展活动，这些 VIP 通常都是身价不菲的人，他们经常光顾公司的销售点。

公司应采取的首要措施是向其顾客邮寄女性美容杂志，杂志由广告商（比如航空公司、珠宝商、内衣商和其他类似的公司）买单。"内部预览"会介绍新产品，消费者将会得到特别的样品，同时能够在 MyLancôme.VIP 网站上进行互动。在部分餐厅和商店可以使用 VIP 卡。最后，公司会有选择性地邀请顾客参加重要的公关事件和定期发布的时尚秀，提供与管理层见面的机会。

数据库也成为建立品牌和零售商关系的工具。它不仅能够协调新产品的促销活动，还能发挥日志功能（提醒店员关于顾客的重要日期，如生日，并提醒其进行售后电话回访）。这样做的目的不是让顾客经常光顾商店，而是让其意识到她自己的特别和唯一——可以获得定制化的关注，提高光顾店家的满意度。VIP 顾客总会希望获得这样的待遇。

紧随潮流的步伐

如今宏观的目标已经消失，统计研究带来的不是幻觉。实际上看似宏观的目标是由一些微观或微小的目标集合构成的。虽然大规模的广告战役还在沿用，但是品牌所需要的是共享形象，是在社会中与大众紧密相连的工具。长期发展一个品牌需要增进其与每一个战略微观目标的关系。这些战略目标是由很多关联的顾客即潜在顾客组成的。一旦这些潜在顾客介入其中，他们将作为影响者发挥作用，甚至可以让因岁月而蹉跎的品牌重新焕发生机。

面对新进入者，维持成熟品牌资产至关重要。这些品牌面临与社会中潮流引领者脱节的风险，而这种风险有可能让它们被视为明日黄花。重新创建与潮流引领者的联系是最重要的，甚至对不涉及时尚元素的品牌来说也是一样，否则这些品牌可能会沦落为超市的低端品牌。

在重建与关键群体的关系方面，里卡德（Ricard）通过长期的努力提供了典范。里卡德在茴香酒行业一直是市场领导者，这种酒代表了世界第五大烈性酒市场。里卡德曾引入旨在针对三种消费群体的相关计划，这三种消费群体分别是女性群体、社会经济地位高的阶层和年轻群体。里卡德既面对来自像威士忌、伏特加、荷兰酒、朗姆酒和龙舌兰酒等烈性酒的竞争，也面对与世界知名品牌诸如尊尼获加、珍宝威士忌（J&B）、绝对伏特加、百加得和酋长朗姆酒（Cacique）及时尚啤酒品牌的竞争。最终，里卡德在价格上要比分销商品牌和低成本茴香酒品牌高出40%，在抵御对手的进攻策略中，里卡德始终与核心顾客保持密切联系，并致力于与潮流引领者保持亲密关系，这些潮流引领者热衷于国际竞争。

女性消费者喜欢里卡德的口味，但不喜欢其品牌形象。她们认为里卡德是一种代表男性形象的知名品牌，并不代表优雅。针对这一现象，里卡德在时尚女性杂志上专门做广告宣传并赞助涉及女性的活动，还赞助女性作家文学作品的推广活动。里卡德是圣女凯瑟琳日——国家设计学院的一个推广活动的主要组织方。该品牌还尝试了其他的关系性运营活动，如与针对年轻人的美发机构 Mod's Hair 合作，在夏天为在美发沙龙等待的顾客提供里卡德酒。这种新模式——立即可饮——非常奏效。

艺术展览"Espace Ricard"活动则针对社会经济地位较高的男女老少群体，通过展出最新绘画作品拉近里卡德与顶尖艺术家和艺术爱好者的距离。除此之外，顶尖设计师还经常被邀请重新设计与里卡德品牌息息相关的基本"用具"，即酒瓶和烟灰缸。世界知名设计师加鲁斯特（Garouste）和博内蒂（Bonetti）就负责了最新的设计。

为了接近热爱音乐和体育的年轻人，里卡德发起了由专项基金支持的三项创新活动，第一个创新是建造 Paul Ricard 汽车环形赛车道，这个赛车道符合 F1 国际赛道标准，现在已经成为法国最现代最安全的赛道。此外，里卡德还主办了许多大型国际汽车拉力赛，这种活动一直延续到限制酒类企业赞助体育活动的相关法律出台。里卡德出售了赞助权，但其品牌名称被人们牢记在心。

第二个创新是举办里卡德现场音乐巡演，这类云集众多摇滚歌星的巡演成为欧洲最大的免费音乐盛事，每年都吸引约 100 万观众。里卡德现场音乐巡演也成为高品质音乐和音乐会的代名词。里卡德掌握了在城市中央举办露天音乐会的诀窍，并知道如何同步实施销售事件使协同效应最大化。每场音乐会都吸引了大量的媒体关注。

第三个创新以年轻人为导向，即里卡德举办的 1 000 场综合性晚会（为那些刚上大学的学生举办）和每年的毕业晚会。所有这些晚会的目标都是顶级商学院和工程学院的学生,因为他们将是未来的精英。

当然,如果不与关键顾客、现有忠诚购买者和所在细分市场建立紧密联系,就不能维持一个受欢迎的品牌(参见图9-1所示的细分市场组合)。从微观层面来看,地掷球竞赛仍然由普罗旺斯(品牌诞生地)和其他地方的品牌赞助。在夏季,一群里卡德"火辣女郎"在海滩上奔跑,为日光浴者提供免费饮料。品牌需要根据形象管理的目标决定宣传哪项公共关系活动。

从这个案例中可以学习以下九点:
- 变化一直存在,新的竞争会持续不断并且颇具诱惑力。因此,随着时间的推移,品牌形象会经常受到威胁。应该培育品牌内涵,最终再次建立亲近性。
- 品牌不能与该领域的潮流引领者脱节。
- 只有通过直接接触才能亲近消费者,从而建立强联系。
- 强联系必须是持续的:这不是权宜之计,而是一项可持续的决定。
- 活动必须要有大规模资金支持。
- 必须由有胆魄的人来完成品牌管理工作。创造潮流的群体不会等待目前并不时尚的品牌来靠近。相反,有时候他们会看不起这类品牌的推广者。
- 目标最重要。
- 创造力和破坏力对于创造惊喜和引发关注最为重要。
- 最后,应该有选择地建立关注度,需要决定重点关注哪种联系。

品牌应该追随它们的顾客吗

一般而言,会出现这样的问题:品牌应该针对现有消费者还是针对其未来购买者?品牌应该试图使现有消费者满意度最大化还是挖掘新一代顾客呢?

确切地说,目前全球的管理工作都聚焦在现有消费者身上,他们是现金流的最大来源。所有的公司和品牌都在投资建立大型消费者数据库和顾客关系管理软件,并对产品和服务相关的顾客满意度进行深度调查。这会带来必要的改善,理论上也会提高顾客忠诚度。我们说"理论上",是因为所有的汽车调查显示,在二次购买时未购买相同品牌的消费者中有60%对之前的品牌都是感到满意的。他们为什么会选择其他品牌呢?因为消费是情境化的,新情境会创造新体验:这就是"价值迁移"。新一代消费者也会有一系列新价值和新期望。

现有消费者对短期、中期的市场增长和利润率至关重要,但是过多倾听现有消费者的意见是企业缺乏创新的主要原因。克里斯滕森(Christensen)教授认为,一些公司之所以在市场上消失,主要是因为破坏式创新改变了市场,它们的产品或服务很快就被淘汰。是什么阻止了曾经很优秀的公司进行创新?可以说,它们管理良好(Christensen,1997)。管理良好的公司会选择让顾客满意的创新,其对盈利状况的预测往往可靠性很高。破坏式创新刚好相反:现有消费者感知不到这种创新,而它也无法为公司带来确定的高利润率。小型机淘汰了大型机,之后PC淘汰了小型机,颠覆了市场。

柯林斯和波拉斯(Collins and Porras,1994)已经提醒我们"两者兼顾"的力量。大多数人一直在关注如何进行选择的问题：品牌应该做这个还是那个？这是错误的，我们必须两个都做。品牌必须将现有顾客作为市场增长的直接来源，但也要关注未来消费者。

目前，斯米诺已经占据了英国伏特加市场的60%。对于大多数管理者而言，这已经很令人满意了。但是，斯米诺的管理层推出了绝对伏特加和芬兰伏特加来应对新进入者。最为重要的是，它为新一代消费者开发了一款伏特加。这类消费者并不像他们的父母对伏特加那么感兴趣，但是他们会在酒吧外的其他场景饮用伏特加，饮用时不使用酒杯，而是直接对着酒瓶喝，就像喝啤酒一样。这就是所谓的双线管理：已经考虑到新兴趋势、新行为和将会主导未来的新消费者。品牌都有目标，当顾客不再认可品牌目标时，就会转移至另一品牌。品牌如果不能扩展，就会被稀释。

第11章 品牌和产品：识别与变化

品牌成长的唯一方式就是不断进步，你不能指望在缺乏变化的情况下品牌还可以获得发展。品牌正在不断创造新市场和新的细分市场，在这些市场中，它可以成为其他品牌的标杆，从而达到其最重要的目标——成为市场领导者。

梅赛德斯本来完全可以不断地重复生产著名的四门轿车，却在不断改进这一车型，因为它们代表着全球奢侈轿车的形象，日本汽车雷克萨斯正是从这点出发参考了梅赛德斯汽车的外形设计。与此同时，消费者已经改变了。一些观念先进的消费者能够影响剩余的90％消费者的想法。他们改变了生活方式和参考点，不再坚持购买四门轿车，而是寻找针对利基市场的汽车设计来满足自身需求。品牌希望开发A级车型——"小型梅赛德斯"；接下来是M级车型，一种奢华的4×4越野车型；这打破了梅赛德斯与顾客之间的契约，它代表了一种颠覆，但并不是一种不协调或矛盾。梅赛德斯承担不起将自己局限在被少数人喜欢的汽车概念里的代价。梅赛德斯的使命是提供全世界最可靠的汽车，这一使命需要根据需求进行自我调整。

只有彻底的改变才是可见的。根据"知觉同化"的心理原理，我们的所见基于我们的知觉。因此，品牌在拓展其边界时要毫不犹豫地远离初始原型，以免在产品、地理和含义等方面倒退。如果为了在中期阶段（3～5年）管理品牌，则需要找到确定其边界的工具（如品牌识别棱镜）。定期回顾品牌十分有必要，这样才能适应不断变化的环境，甚至促进变革。一个全球品牌在持久的活动中保持平衡并不意味着维持静止状态，而是需要采取行动，进行一场持续的战斗。

美国的香水品牌令我们惊讶，因为它们的品牌形象并不连贯。美国时尚品牌Calvin Klein的理念从激发迷恋发展到永恒的理想主义。拉夫劳伦从来自波士顿的Polo跳转到倡导"走出非洲"的Safari。在实际中，一种产品不能完全重复先前的产品。重复一致性（repetitive coherence）是指将相同的概念永远延续下去，这将不可避免地导致品牌走下坡路。这些产品都是品牌发展的标志。Calvin Klein不是Obsession也不是Eternity，而是两者兼有。它很复杂，也比其他人想象的更加开放。雷诺由Mégane和Espace组成。未来属于那些能够管理这种兼顾不同的"和"式模式、抛弃分裂的"或"式选择模式的品牌。

这也是柯林斯和波拉斯在他们所著的《基业长青》（*Built to Last*）（1994）一

书中所传递的信息。香奈儿推出了 Coco 香水，并将其与凡妮莎·帕拉迪丝（Vanessa Paradis）联系在一起。这就打破了该品牌过去通过形象代言人卡洛尔·布盖（Carole Bouquet）所传递的形象。但是在与更加懂得如何诱惑年轻人的美国和意大利设计师竞争时，这一举措更能保障品牌的长期生存。

矛盾的是，与此同时，品牌只能在某种永久或持续的基础上发展。品牌识别的核心概念本身就意味着在品牌内部保持连续的"一致"：品牌的意义与表达。我们不应该忘记，品牌是一个参考点：它显示了一种主张和某些价值观，这是它的第一个功能。为了创造并建立参考点，品牌需要对自己有清晰的认识，而且要明确方向。某种程度的连续性对品牌建设和发展而言是必需的。

因此，品牌需要同时满足以上两种要求（一致和变化），我们也应该从两个角度认识品牌：不受时间影响的品牌基本内涵和品牌识别的角度，以及激进、颠覆性的新发展的角度。这就是本章的主题。

做更大还是更好的品牌

西方市场的主要特点是什么？对我们而言最重要的是，大多数需求已经得到满足，这值得关注。

首先，金砖国家正在实现经济增长。其次，只有刺激消费，经济增长才能依赖于可持续消费，这意味着品牌必须能激起消费者的欲望，这对品牌管理有很大指引意义。品牌应该传递体验，首先需要做的是让消费者惊喜。

成熟市场的另一个核心因素是更好地满足消费的愿望。对消费者而言，全球化成为现实，他们意识到，一流的公司在中国或巴西生产产品，发展中国家只能在交易更加公平合理的情况下发展，而且一些公司比其他公司更具生态意识。当消费者的主要问题是满足基本需求时，以上种种考虑对消费者都没有影响。马斯洛提醒我们，在低层次需要得到满足时高层次需要才变得重要。这意味着现代消费者需要的不是更大的品牌，而是更好的品牌。这时才需要可持续发展，而不是一时流行的时尚。许多公司都会在其年报中提到可持续发展，因为它们的竞争者是这么做的，又或许是因为它们不得不这么做。与此同时，它们的竞争者已经意识到可持续发展和公平交易是竞争优势的来源。

从使顾客安心到刺激欲望

毫无疑问，品牌管理的核心概念是识别，自 1990 年即本书第 1 版出版以来，我们就在强调这一点。"识别"意味着品牌应该尊重其核心价值并定义其属性。但是，过多的重复会造成无聊，太多的可预见性是现代市场的一种缺陷（表 11-1）。

表 11-1　从风险到渴望：现代品牌管理的困境

品牌＝资本	品牌＝刺激
资本化	令人惊奇的
重复	差异性
单调	多样化
一致性	引领变革

这就是现代品牌的作用是刺激消费者拥有新的体验的原因。品牌提供保证和信任的作用并没有消失，但远不止这些：品牌的新作用是鼓励消费者更加冒险、尝试更多新行为和新的未预料到的产品。为了做到这一点，颠覆性创新就十分重要。随着时间的推移，为了在保持品牌识别的同时持续发展，品牌应该在持续发展之路上表现出不一样的地方。

因此，我们需要新的研究工具。为什么现在所有的公司都开始倾听预测顾问和趋势观察员的意见？因为他们需要思考什么是消费者今天不会考虑但是未来会考虑的。经典的市场调研会分析品牌、产品或服务令人满意或不满意的来源，其结果能立刻带来持久的改进。但是这种市场调研能带来颠覆吗？满意度总是与顾客价值和目标联系在一起。调研也应该观测这些价值观和目标将如何改变，这能带来新的营销洞察。

核心要点与外围次要方面

品牌管理需要明确一系列边界，这称为品牌识别，包括如何界定品牌自身及品牌的价值、使命、技术秘诀和个性等。品牌识别的清晰界定十分重要，因为品牌的内涵将通过重复得到强化。另外，市场分割、竞争活力和对惊奇的需求不需要强化，而需要多样化。品牌管理将不断扮演钟摆的角色，从一致性的极端到多样性的极端（图 11-1）。这并没有什么错误，在本土/全球难题或道德与商业困境中仍然适用。

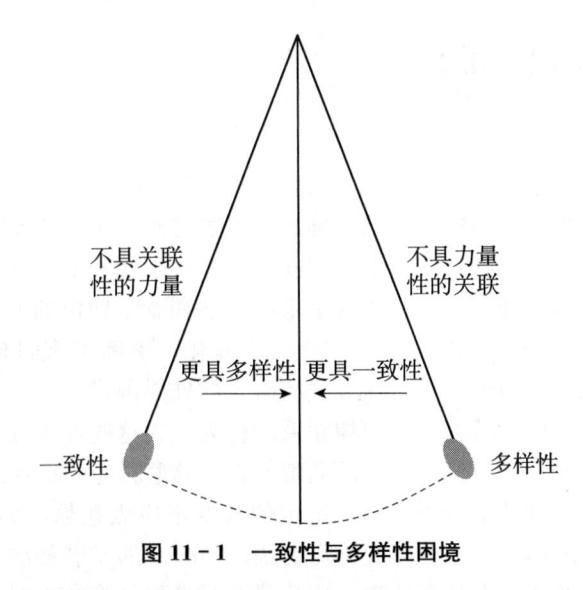

图 11-1　一致性与多样性困境

另外要了解品牌识别的必要性。品牌的核心是什么（品牌维持自己所必需的属性），有哪些特点可以展示出一些灵活性（外围次要方面）？如果品牌的所有属性都属于核心要素，也就是说，对于品牌识别而言这些属性都是必需的，则品牌变革的能力将受到阻碍。如果一个品牌被过于严格地界定，那么它又如何为顾客带来惊奇、获得品牌发展进而适应新的用途、环境和市场？外围属性能够改变，或是能够在一些产品中体现，但在其他产品中不体现。最终，创新会引入新的次要属性，这些次要属性可能会在某个时间点被纳入核心要素。这就是品牌随着时间不断发展的方式，也是创新对品牌识别施加影响的方式：次要特征在品牌内充当长期变革的核心原动力（Abric，1994；Michel，2000）。消费者掌握了识别品牌核心特征的工具，但其用法没有得到充分的传播。

最终能够生存下来的品牌是那些能够为其顾客带来惊喜，尤其是为未来的顾客带来惊喜的品牌。简单来说，这概括了现代品牌管理面对的挑战。品牌应该带来惊喜、促进变革，而不是寻找机会利用过去，即不断重复品牌本身。这就是"探索性功能"，发挥了品牌的认知作用（Heilbrunn，2003）。但是你怎么知道什么将使未来的顾客感到惊喜？

通过市场研究，我们能很好地理解今天的顾客，或者至少能了解顾客的期望。为了提高顾客满意度，需要做很多工作。读者从银行、汽车销售商和电话公司那里收到顾客满意度调查问卷是多久之前的事？

为了给顾客制造惊喜，你要有长远的眼光——品牌管理日益重视对发展趋势的研究和应用。趋势是发生在社会小群体内与改变有关的假设，这些改变有可能在大众中掀起一阵海啸。这些趋势以与未来社会中的人口、科技、社交和文化有关的组合信息为基础。

因此，我们需要定义三个层次的视野：长期、中期与短期。比如汽车行业中汽车的概念是由长期决策所主导的，作为七年生产计划的一部分，关于模型的决策则从中期角度加以考虑。

一致性不仅是重复

品牌宣传语及其传递的信息必然会不断变化，依云最初面向婴儿市场，接着打出来自阿尔卑斯山的口号，然后推出了平衡之水，再接着是平衡力量之水，现在则代表年轻的来源。这些定位上的改变发生在一个较长的时间段内：它们显示出消费者对水的态度的变化过程，体现了市场成熟和竞争地位的变化。水的功能和象征意义并不是固定的：取决于与都市化、工业化、重新发现自然、发现污染以及对身体、健康和食品卫生的新表达方式相联系的外界因素。定位是将品牌的一个方面与一系列顾客期望、需求和欲望相联系的行为。当这些需求随着时间变化时，品牌将不得不随之变化。但是，依云的品牌特性在这些再定位中始终保持一致。

在一个品牌的生命周期内，定位的改变不应太频繁，大概每四年或五年一次。但是，品牌的表达方式可以变化得更快以与时尚的发展相融合，比如采用新的叙述方式、现代的新标志和新外观。让消费者感受到品牌在与时俱进是很有必要的，尽管这些必要的调整和变革会使其冒失去识别要素的风险。

为了在变革的同时保持品牌的识别要素，品牌通常坚持其传播方式，即固定的视觉和声音风格。不可否认，这对品牌做出了贡献，使其代表的事物得到了认可。即使在没有出现品牌名称的情况下，可口可乐的商业广告也能被识别出来，因为它们的音乐和风格是独特的。但风格注定会过时，延续这种风格对可口可乐的品牌而言可能是致命的。

遗憾的是，我们必须承认，品牌舍弃原有传播方式很难，即使这样做是必要的。这是可以预料到的，因为它们害怕失去识别特征，但也很大程度上源于品牌管理的概念在本质上是静态的这一事实。尽管时间是市场中的一个关键参数，但是它并没有被纳入考虑范围。从这个意义上说，"传播领域"这一概念表达了一种比较实在的愿景：它与品牌在传递其定义以及象征意义时使用的所有可视信号有关。但是，仅通过符号定义自身，传递的意义容易改变。换句话说，品牌确实得到了识别，但对其含义无法控制。

品牌和产品：整合与分化

品牌如何具体地发挥作用？品牌和所销售的产品及提供的服务之间的关系如何表达？结果如何？什么是品牌一致性？

借用米歇尔（G. Michel，2000）的表述，品牌从根本上讲是整合与差异化的系统。品牌首先是一种整合（integration）工具：是保持一致性的工具，将一系列产品和服务置于同一品牌名称下，每个产品或服务都必须体现品牌的核心价值。品牌是一个明确的规范系统：企业内部员工和整合品牌的相关人员必须都了解品牌的核心价值。他们对品牌的核心价值负有责任，因此我们应该期望在产品、服务和传播中找到这些核心价值。不可否认的是，丰田汽车中处于产品线底部的车型可能并没有处于顶部的车型的所有品质，但必须体现丰田的所有核心价值（比如堪称典范的可靠性和出色的性价比）。因此，不能有过多的品牌核心价值。

品牌同时也是一种差异化（differentiation）工具：它的名称通过有形或无形的价值使其与所有产品分离开来。达能的核心价值是积极向上、身体健康，因为带有达能的标志，即使 Danette 的产品富含糖，也比通常与肥胖、奶油点心或雪糕联系在一起的玛氏棒或 Lion 棒看起来更健康（见图 11-2）。

和所有管理良好的品牌一样，维珍明确地陈述了其品牌价值，也就是众所周知的品牌平台。维珍有六个核心价值，属于其品牌识别的核心要素，它们是"欢乐、高性价比、质量、创新、挑战和出色的顾客服务"。这是维珍的品牌契约，不容置疑。事实上，在维珍的每项业务中，我们都能发现这六种价值。因此即使维珍的很多尝试都失败了，该品牌还是受到顾客的尊敬。这些价值是必要的，因为它们帮助管理者决定某一决策、行动、产品或服务是否足够"维珍化"来投放到市场上面对竞争。品牌提供的诸多产品或服务不能对同一品牌价值进行相同强度的表达，这与产品品类有关。维珍的一款软饮料强调其带给人很多"欢乐"，维珍航空公司的公务舱服务也需要一些"快乐"元素，否则就不是维珍了，因为正是这个元素将维珍与竞争对手的航空公司区分开来。

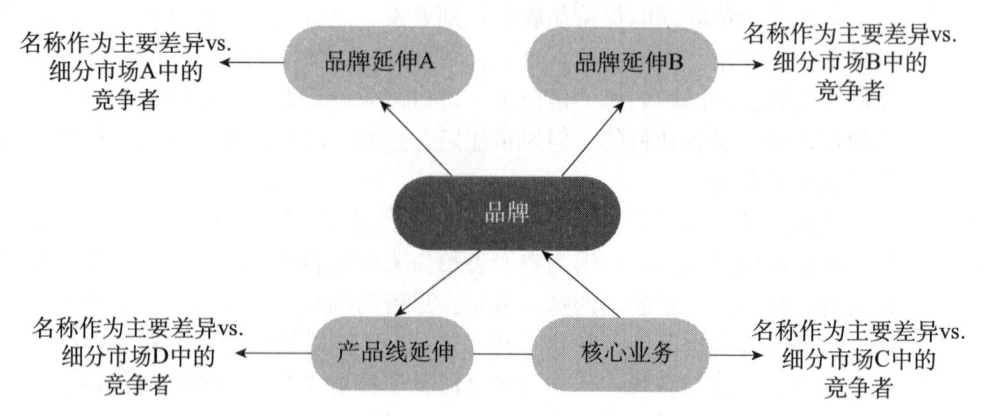

图 11-2 品牌的双重角色：整合或分化

资料来源：Michel, 2000.

这些品牌价值并不是创造出来的，而是来自品牌生产的第一款产品。这是携带着原来市场上未知的某个词语（品牌名称）意义的初始产品或服务。它在商业上的成功确定了这些价值之间的相关性，品类的延伸拓展强化了这一点并组成了"核心业务"。之后，品牌会延伸到其他业务、细分市场或市场，但总是会使用代表相同价值的名称，并将自己与每个市场或细分市场的竞争者区分开来。安德鲁（Andros）是法国洛特省的中小型企业（SME），发源于比亚尔，开始时发展大规模分销的果酱业务，之后成为核心业务。后来它在水果业务中的竞争力和拥有的顾客信任引导它渗透到其他细分市场：蜜饯市场（有梦果鲜（Materne）品牌）和果汁市场（有纯果乐、Joker 和其他品牌）。

品牌价值和细分市场预期

品牌的产品必须以各自的方式体现品牌的核心价值，因此，有必要限制核心价值的数量来避免品牌陷入瘫痪。公司通过在每一件事上强调一致性建立品牌，而顾客也会通过自身经历对品牌产生体验。

如果需要维护太多核心价值，那么品牌将无法继续发展。

因此必须区分"核心价值"，即不容置疑的价值和"次要价值"，次要价值可能在这里体现，但在其他地方没有体现，可能在一个细分市场体现，而在另一个细分市场中却没有体现。事实上，品牌的产品在各自的细分市场中面临不同的竞争者，因此应该具备一些独特的、不是来自品牌核心价值的"附加属性"。因此妮维雅的防晒霜必须是不易致敏的，这与妮维雅的核心价值（善待自己）相一致，但也融入了科学保证（不是妮维雅的核心价值），因为妮维雅面临来自化妆品巨头如欧莱雅与雅诗兰黛的防晒霜产品的竞争，而后者在市场上树立了基于科学保护皮肤不受阳光损伤的形象。

在操作层面上，为了管理品牌，首先需要明确品牌核心（品牌的核心价值和特征）的组成部分以及可变因素有哪些，因为这些可变因素是次要的，它们对应于每个细分市场。这种分类必须十分明确（写在品牌计划上并通过内部网络进行传播），不仅关注基本价值，还要关注品牌的个性特征和有形方面。值得注意的是，维珍添加了"欢乐"（个性特征）作为其品牌识别的核心。

在明确哪些是可商榷的甚至是可变的、可调整的因素时，必须同时考虑顾客体验。比如，对于诺富特酒店品牌而言，需要明确蓝色是不是可商榷的，明确每个酒店的接待区外观、房间安排及装饰和服务水平。在同一个国家甚至地区内，顾客体验不能有所不同：为了使品牌成为其所希望象征的品质的标杆，并通过这种品质建立声誉，必须付出努力。在不同洲之间，情况则不太一样。事实上，百老汇大道上的诺富特酒店与其他美式标准的酒店之间存在竞争。同样，曼谷的湄南河边的诺富特酒店与神秘的东方酒店（Hotel Oriental）之间也存在竞争：诺富特酒店必须达到亚洲标准，这也是世界上最高的标准。然而，在雅高酒店集团的产品组合里，等级制度总是备受推崇：曼谷的诺富特酒店提供服务的水平低于当地的索菲特酒店。

对于服务品牌，使顾客体验保持不变是一种挑战：法国航空公司拥有 15 000 名员工，在保持空中服务均质化时比德国汉莎航空（Lufthansa）或新加坡航空面临更多困难。从一个航班到下一个航班，传递的服务是可变的，因为每一位服务人员的表现是不同的。

图 11 - 3 提醒我们，品牌必须有有形的可体验和可感知的品牌标志，它不能简化为无形的事物。具体而言，同轩尼诗（Hennessy）干邑白兰地相比，什么是马爹利（Martell）干邑白兰地必需的有形标志？与雅诗兰黛的产品相比，兰蔻的有形标志又是什么？这些问题由兰蔻研发部门的研究员或马爹利的酒窖主管解决：消费者没有做出这种判断的敏锐性。

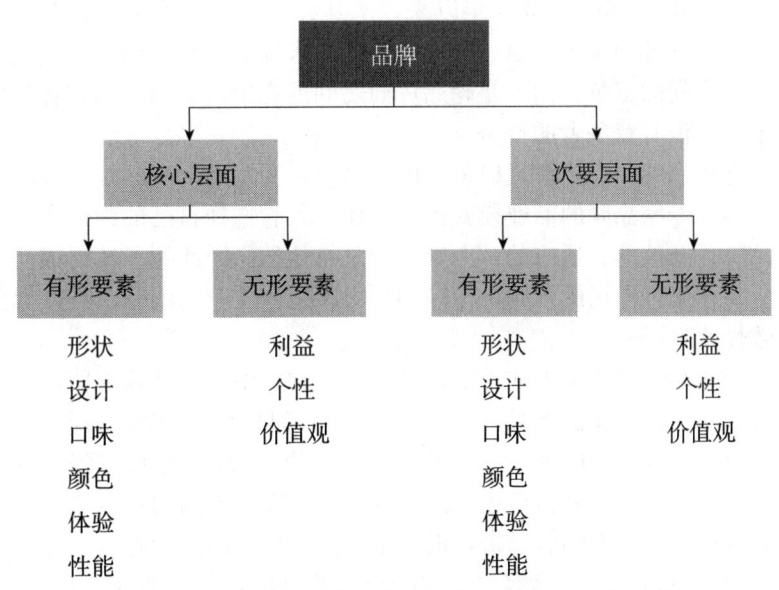

```
                品牌
         ┌───────┴───────┐
      核心层面          次要层面
     ┌───┴───┐        ┌───┴───┐
  有形要素  无形要素  有形要素  无形要素
   形状     利益      形状     利益
   设计     个性      设计     个性
   口味     价值观    口味     价值观
   颜色              颜色
   体验              体验
   性能              性能
```

图 11 - 3　区分品牌识别要素中不可变化和可变化内容

专家品牌和通用品牌

雷诺汽车品牌的管理方法与宝马汽车一样吗？巴黎老佛爷百货公司品牌的管理

方式与宜家相同吗？三星品牌的管理手法与苹果一致吗？通用品牌在一个名称下提供了广泛的产品，旨在涵盖所有细分市场的需求，具有普遍性、开放性。它的商业模式是利用顾客的双重价值观：通过 Clio 吸引年轻消费者，雷诺汽车希望赢得他们的忠诚，从而在以后能够根据其生命周期的发展以及随之而来的需求，向他们销售更大的车型。

专家品牌是排他的，它为自己设定目标细分市场，人们要么属于其中，要么不属于。专家品牌根据单一目标确定产品范围。比如，宝马以希望购买 20 000 英镑以上的汽车的顾客为目标。

管理品牌就是要采取 360 度全方位的方式实现一致性，创造差异化的感知，传递有形或无形的附加值。品牌实际上是通过所有事务的一致性建立起来的。这种一致性的建立就是品牌的核心识别，也就是品牌的必要层面，可长期定义品牌的特别之处。建立品牌的首要任务就是清晰、准确、公开地规定什么是品牌的不可变内容，并在所有活动中保持透明。这种初级工作称为建立品牌计划，对帮助权衡公司内部的日常决策以及知道如何拒绝是有必要的。我们可能需要考虑以下问题：

- 什么时候一辆汽车不再是一辆雷诺汽车？
- 什么时候雷诺的管理方式在管理顾客关系时不再有效？
- 受雷诺代理商欢迎的方式应该是什么样的？
- 什么时候忠诚计划不再能将雷诺品牌的价值和个性完全展现出来？
- 在雷诺的价值认可度低、全球声誉不好的情况下，雷诺还应该继续投资 F1 赛车吗？我们知道自 2007 年以来，米其林对该问题的回答是否定的。事实上，F1 赛车的主管部门希望只由一家轮胎制造商来服务所有车辆，所以更多地关注不同汽车厂商之间的竞争，而不是轮胎厂商之间的竞争。最偏离米其林深层次价值观的莫过于涉入没有竞争者的竞争。

通用品牌的商业模式以最广的产品范围为基础，目标是所有的市场和消费者细分市场，专家品牌的商业模式则与此相反：它选择自己的细分市场以及顾客群。通用品牌是开放的、适应的，专家品牌是排他的。因此为了获得成功，通用品牌必须适应每个细分市场的规则。但是如果必须适应所有的细分市场，你要如何确保品牌一致性呢？

通用品牌的吸引力在于可以规定通用的、中性的品牌价值，从而不用再为每个细分市场提供独特的产品。因此，通用品牌只是众所周知的名称，是品质的象征，并不具有激励人心的力量。在商店里，销售人员注意到：顾客总是关注折扣问题，对于最终是拥有一辆雷诺还是欧宝汽车并没有强烈的内在欲望。简言之，可以把通用品牌类比成模型的装饰带，而不是模型表现出的独特魅力。这就是通用品牌推出子品牌（如高尔夫、逍客（Qashqai））的原因，但是专家品牌只提升自己（如宝马）。通用品牌将旗下的车型变成具有独立个性的品牌，而不是专家品牌。

面对市场变得单调和唯价格论威胁到一线品牌的风险，通用品牌必须以超过其旗下所有模型总和的内在价值来促进发展。与通用品牌固有的全方位趋势相反，需要给通用品牌增加排他性的元价值（meta-value）和定位，即拒绝的力量。变得有选择性意味着失去短期营业额，但长期来看是有利可图的。

通用品牌必须覆盖所有细分市场，总是假设它能在某个细分市场留下品牌印记。它能够在某个细分市场留下自己强大、激励人心的核心价值吗？如果不能，那么该通用品牌就不应该进入这个市场。图 11-4 清楚地展示了即便通用品牌金字塔的底部明显更大,所有的模型也必须由共同的、强烈的愿景和理念所统领。当然模型本身也必须具有个性,才能通过附加值获得本质增长,但是模型之间必须有相同主旨,不能单纯只是形式相似。

价值

通用品牌
多重目标
产品作为子品牌出现

价值

专家品牌
单一目标
产品作为不同变体出现

图 11-4 通用品牌和专家品牌

法国标致是一个典型的通用品牌,它了解作为一个品牌应该在所有车型、行动和顾客关系上突出差异性以及价值,从小型的标致 107 到辉煌的标致 508,都拥有成为品牌特征之一的狮子设计,但不要被欺骗了,标致品牌不是斯沃琪,后者的差异化本质上都来自设计。标致品牌的狮子设计只是以个性的方式传递品牌的价值:胆识、活力、美感和可靠性。雪铁龙也知道如何管理通用品牌:不是像耙子一样抓住所有事物,而是将其作为精准的、极具差异化的及雄心勃勃的汽车项目进行管理。在每个细分市场,每个车型都要同时体现品牌识别要素中的三个核心价值,这是不可改变的。品牌必须根据其在不同细分市场中的定位确定价格区间。

品牌和产品之间的关系在这两种情况下也有所不同。专家品牌具有高度代表性、可识别、专一排外,通用品牌则与此相反。通过这种方式,我们可以从设计以及独特的驾驶体验上立刻识别出宝马汽车。宝马汽车拥有德国工艺的一切优点。然而,第一眼就认出大众汽车的难度较大。这并不是说大众的汽车没有共同的特征:这肯定是存在的,否则不同车型不能同时顶着"大众"这一品牌名称。不过,大众系列中各车型之间的差异比宝马更大。

大众和任何一个通用品牌一样将自己视作一个普通品牌:吸引寻找小型城市汽车的顾客的大众路波(Lupo),与从梅赛德斯 C 系列那里夺得市场份额的大众辉腾(Phaeton)不同。宝马 1 系和 7 系只有很小的差异,每一辆几乎都是百分百的宝马车,体现了宝马精神的基本层面并因此满足了顾客对宝马的期待。

作为一个专家品牌,宝马在决定一辆汽车能否被称为宝马汽车的问题上绝不妥协:它有一系列必不可少的特征。通用品牌则更加灵活:雷诺的产品包括雷诺 Twingo, Dacia Logan 及 Latitude(韩国三星 SM5 的复制品)。雷诺也有包容和排他的标准，但这些标准的设计目的是确保面向不同类型汽车购买者时雷诺有更大的开放性，比如有运动型雷诺车、温和型雷诺车、旅行车和小型货车等。沃尔沃也是一个专家品牌。当然，沃尔沃也想发展，但保持沃尔沃汽车安全、舒适和可靠的形象是第一位的。这也适用于卡车、吊车、公共工程设备等。通过这些做法，沃尔沃将自己与不把安全作为首要考虑因素的消费者隔绝开来。建立品牌就是要学会选择和拒绝。

通过一致性构建品牌

所有的品牌是通过多元化实现成长的。开始时，品牌推出最初的新产品或服务的变体以获得成功。这种产品差异化策略能够增加品牌相关性，扩大品牌在网络、分销商或货架等合适渠道的存在性和可视性，也提高了销量。

增长也来自最初的目标市场的扩大，以及品牌产品的不断改良。采用新的分销渠道通常可以避免渠道之间的冲突，但是会造成价格不一致等让人苦恼的问题。此外，通过商业代理、进口商甚至是子公司占领国际市场，可能会失去控制权。因此，品牌必须在当地得到重新诠释，并需要更多满足需求的新产品。

品牌增加了多样性，从而形成挑战：如何在不丧失一致性的前提下管理这种活跃的多样性？如何在不失去、不淡化品牌特异性的情况下增加多样性？这是品牌拥有必要的一致性所面临的问题。比如，什么是香奈儿5号和该品牌其他香水，比如"香奈儿邂逅"（Chance）或"自我男性"（Egoiste）香水之间的一致性？Clavin Klein 以青少年为目标对象的"邪恶"香水——Obsession 或 CK One 香水与象征着家庭赞美诗的 Eternity 和 Truth 香水之间有着怎样的一致性？

品牌通过产品或服务存在，因此只有具有总体的一致性才能传递共同的元素，即品牌识别。令人奇怪的是，在评价新的产品计划时很少考虑品牌一致性标准，而是以潜在销量和获利性、在相关渠道或国家成功的可能性为基础，同时也会考虑推出新产品时可使用的资源。与母品牌的联系是第二大标准，这种联系未被感知为战略性的，因此，通常倾向于建立短期联系而非长期联系。

为什么要获得品牌一致性

为什么要担心一致性？如果产品销售得好，公司会得到发展，公司的利润会增长，品牌认知度也会提高。但是，这种做法忘记了公司正努力完成的另一项任务：增加公司的账面和市场价值，而这些会受品牌力量的影响。在今天，建立应对市场上可能出现的廉价复制品的防御机制是有必要的。因此，如何建立一个强势品牌？有关品牌的每一件事都体现出一致性，能使品牌从众多竞争者中脱颖而出。

对管理者而言，品牌是从顶部到底部一步步建立起来的：首先确定品牌计划（创建品牌识别），其次是创造产品、服务以及能较好体现产品和服务的店内体验。对消费者而言，这是另一种情况：经验先于本质。顾客对产品的感知是通过长期经验所形成的一致性而建立起来的。这就使顾客与品牌的第一次接触成为形成品牌长期形象的决定因素：品牌在哪些产品或服务中会得到具体体现？通过何种渠道？经由哪些零售商、百货公司或分销商？处于哪个价格区间？使用哪些市场营销传播方式？管理者必须提前知道他们想要创造何种感知，并且随着时间的流逝坚持这种感知，消除任何不相符的行动、产品/服务。没有强有力的内部管理和强烈的外在一致性，创建品牌无从谈起。

创建品牌涉及建立对品牌独特性和独有刺激的附加值的感知。感知和教学一样，长时间的重复和一致性是不可缺少的。消费者必须暴露在通过多样化的方式讲述相同故事的产品和信息中。总而言之，如果产品拥有同样的品牌名称，一定是因为这些产品有共同点。不可否认的是，雷诺卡车在全球卡车市场上运营，隶属于沃尔沃集团，由于雷诺卡车有雷诺品牌的标识，因此不会引起冲突。

因此，为了建立品牌，必须确保一致性。良好的品牌管理要求制定品牌计划：它是一份非常简短的文件，详细说明品牌的独特之处（见第7章）。其基础是完整的、规范的：如果市场需要对品牌有一个清晰可辨的感知，就要坚持这个基础以建立必要的一致性。

当然，重复不应该意味着一模一样，过多的重复本身是无趣的：没有足够的创新，没有惊喜。多样化、差异性和惊喜是现代品牌的组成部分，品牌应该对此永远保持兴趣。然而，太多的差异会导致低效、分散和模糊的品牌感知（见图11-1）。

一致性的挑战本质上与通用品牌有关，因为通用品牌的商业模式完全覆盖了不同专家品牌的产品范围。而实现这种做法的方式是扩大规模，但可能会同时失去内在（管理者不再知道）和外在（客户之间）的独特感知。

没有家族相似性，品牌就不存在

为了理解品牌一致性的概念，可以通过一个拟人化的类比来继续我们的讨论。有两样事物赋予一个家族强势、庞大的特征：强烈的共同精神特质（共享的价值或个性特征）以及一定程度的有形相似性。我们一眼就能认出肯尼迪家族的成员。不可否认的是，就个性而言，肯尼迪家族的每个人都是独特的，但他们都有使其保持一致性的共同的精神特质和有形因素。

品牌也是如此。只要保持自身特征，即基础和识别要素，就会成长。家庭成员关系必须是可见的而不仅仅是可读的（所有的成员名称都一样）。此外，必须保证在没有看到名称的情况下就认出某成员属于某家族。

品牌名称是一个参考点，即附加值的标志。将产品置于某个品牌名称下，这样的分类方式强化了该产品完全属于某个品牌家族的事实。因此，将其形象化十分有必要，从这点出发，产品的包装、标签、设计以及在办公室前台、工厂和分销商处可见的每一件事物都很重要。这使增添反映家族关系的通用视觉元素成为可能。这是显而易见的，但在拓展产品范围时，管理者的首要举措是在品牌家族中引入较大差异性，尽可能地减少共同元素。

家族相似性不能只表现在外在。正如谚语说的那样，和尚之所以成为一个真正的和尚，不是因为他的僧衣，而是因为他的信仰。因此，确保品牌的所有产品都共享相同的信仰和价值是必要的，即使是用各自的方式展示、表达自我。

家族相似性的目的不仅是创建内部一致性和秩序，还是将本品牌与其他竞争品牌区分开来的关键因素。当然，每个产品都有自己的特点，但应该承载品牌的承诺，在竞争中形成自己的真实差异。雷诺卡车和达夫卡车（DAF）、依维柯（Iveco）或德国曼卡车（MAN）之间的差别只在于前者属于雷诺品牌。梅赛德斯的卡车也是如此。

以达能为例：达能冷冻产品品牌的核心价值是"积极向上，身体健康"。达能喜欢积极的生活方式并为之做出贡献，这不是一个医疗品牌或减肥品牌（如慧俪轻体）。达能拥有极宽的产品线，从酸奶碧悠和 Actimel 到浓奶油美食甜点 Danette。可以认为正是这导致了品牌的不一致性：美食品牌 Danette 不会使人自发地联想到"积极健康"，现实与此相反，附着在达能品牌名称上的光环将 Danette（来源于牛奶）与其竞争对手（吉百利、蒙布朗（Mont Blanc）奶油甜点和玛氏棒）区分开来。母品牌带来的积极、良好、健康的光环，是差异化的杠杆。

一致性不是指完全相同。在成熟市场，完全相同会扼杀欲望。然而，品牌通过拓展产品范围实现成长时必须坚持品牌的核心价值，否则就有稀释品牌独特性的风险。与此同时，品牌的型式（versions）与模式之间太过相似会有损革新的印象，从而造成在产品范围中无法表现出清晰的差异性。这个双重要求几乎是自相矛盾的：这就是当今品牌的挑战。

认知心理学告诉我们：存在不同程度的一致性

那么，我们该如何同时管理相似性与多样性？如何在不使产品完全相同的情况下考虑一致性？为了使实践工作更进一步，在理论上走一些弯路是有用的。准确来说，以上问题就是认知心理学的主题，是关于人们如何思考和建立类别的研究。一致性的概念不是二元的：一致性有不同程度。回到品牌上，这意味着不是所有产品都在用同样的方式、同样的程度代表着品牌。同样，不是所有家族成员都拥有同等程度的相似性。

认知心理学的中心主题之一是理解我们对实物进行分类的方式（Lakoff, 1987）。事实上，人类的思维在不停地整理，旨在将对象聚类，以减少多样性，使现实更简单、更容易理解。这种任务即称为分类。我们创造了分类。

现代的多形态品牌以不同的外观在不同市场上传播。不能简单地认为这种品牌属于单一类别。达能不是一种酸奶，当然它生产酸奶，但也生产瓶装水，还在亚洲销售饼干。雀巢这一品牌名称的使用范围涉及咖啡、巴西橙汁、巧克力、婴儿产品、冰激凌和冰红茶等。现代品牌本身实际上是一个抽象的分类，也是通过产品显示的概念。是否将这些产品置于"品牌"这把大伞之下，需要理解分类法。这种分析以心理学家如莱考夫（Lakoff, 1987）和鲍西（Boush, 1993）的主要工作为基础，他们的重要贡献促进了品牌管理实践的发展。

我们经常提及"品牌概念"，可从字面上理解：品牌是一个概念，就像"小鸟"或"游戏"是一个概念一样。概念是一种抽象事物，决定了哪些应该合并在一起，哪些有可能包含在同一个名称下。概念因此变成一个决定包含还是差异化的绝好工具。我们接下来分析概念与品牌之间的联系。

让我们以"小鸟"的概念为例，这个概念能让我们考虑如此不同的事物，比如蜂鸟、鹦鹉都属于鸟类，然而蝴蝶（也会飞）却不属于这一类。但是，鸵鸟——不会飞——却属于鸟类。概念因此成为一种分类机制，将外貌可能大不相同的事物归为一类。

为了分类、容纳或者排除对象，概念必须包括认可/排除的内容和规则：

- 概念依据事物的特征分类：比如，鸟是一种能生蛋、有羽毛并且大多都会飞（但不是所有）的生物。因此，我们发现某些特征是基本的（生蛋、羽毛），但其他特征不是必要的（飞行）。它要么是一只鸟，要么不是。"鸟"的界定相对清晰，蝴蝶没有羽毛，因此它不是鸟。
- 某些概念基于一组因素就可将事物归为一类。这些因素与对象效果之间的联系比与对象本身的联系要紧密一些。以"游戏"为例，什么是游戏？思考一下，游戏的概念比较复杂：扑克牌和跳房子游戏之间有什么联系？国际象棋和捉迷藏之间又有何关联？答案可能在于令我们在这些活动上花费时间的动机和满足感，而不在于不同的被称为"游戏"的日常活动的固有特征。
- 最后，有些概念以一种象征性的方式将事物归为一类：什么是"好"？在"好"的大伞下，我们必须能够包含一些完全不同的例子，并假设这些例子都代表了"好"。

从认知心理学上讲，上述讨论并没有偏离品牌的问题。

- 专家品牌属于第一种概念类型，它有一个具有高度代表性的产品。如萨博（Saab）通过它的设计、声音和驾驶体验得到识别。保时捷也是如此，但日本丰田与此不同。
- 沃尔沃属于第二种概念类型。沃尔沃可以用一个词语概括：安全。这对使用者而言是一大优势。沃尔沃与安全同义，即使是在完全不同的市场上，如公共工程设备、吊车、卡车和汽车等。
- 第三种概念类型称为"隐喻式"。以妮维雅为例：管理者会强调，妮维雅的理念概括起来就是"爱与关怀"。就化妆品而言，这就是关于"爱"的一种隐喻。关怀的概念既可表现在物质层面（皮肤护理），也可表现在心理层面（自我关怀）。

比较这三种概念，范德沃斯特（R. van der Vorst，2004）强调了它们整合存在广泛差异的不同产品的能力。第一种类型的概念（分类学）下的纳入标准有高度的独特性。因此，它只有很少的产品种类。品牌的边界十分精确。

在另一极端，某些关于成员本质的概念相对模糊。正如法国电信（France Telecom）所做的那样，"关系品牌"是相对非特定的，结果使品牌产品更多样。然而，品牌的边界不是很清晰。

在这点上，回归认知心理学十分有必要。认知心理学告诉我们，类别可以由边界界定，也可以由类别内的成员界定。事实上，如果我们以"游戏"为例，这个概念是没有边界的。任何事物都可称为游戏，只要人们从中获得乐趣。你可能会认为这太让人不解了，扯得有点远。

但是认知心理学教导我们，分类是整齐有序的：不是所有的成员都有相同的地位、代表相同的意义。有些是该类别非常好的例子，有些则不那么完美。比如每个人在听到"游戏"一词时会自发地联想到某个特别的游戏。对儿童而言，可能是跳房子游戏；对成人而言，可能是纸牌类游戏。我们可以根据对"游戏"概念代表性的感知程度对所有的游戏进行分类。最典型的游戏、最完美的例子称为"原型"（McGarty，1999）。概念可能没有清晰的界限，但它的核心是准确的，表现在最佳例子（原型）上。

回到品牌上，原型心理学被证明是有启发意义的。雀巢品牌的界限在哪里？品牌将自己的名称添加到越来越多不同的产品上，这使得品牌开始衰退。但是消费者能很轻松地根据代表性特征将标有雀巢的产品分类，从最具典型性的产品到最不具典型性的产品。一切都很顺利，好像他们将每个产品都与优质的雀巢婴儿牛奶原型做比较。原型不一定是一个产品：它也可以是一个人。理查德·布兰森就是维珍品牌的原型：敢作敢为、有趣并十分友好。史蒂夫·乔布斯也是如此，他展示了"苹果技术"，趋于衰落的品牌在他回归并取得掌控权之后东山再起。他同时也代表了苹果公司的价值：简约、欢乐与富有创造性。

概念和实例、品牌与产品之间的关系

概念如此，品牌也是如此。必须区分两种层面：抽象层面详细阐述了概念的含义（品牌意义，品牌识别的本质）；第二层是品牌的具体体现，即产品或服务。

在概念（品牌）层面，需要区别必要的识别方面（核心）和不是十分有必要的"次要方面"。这种区分基于社会和具象心理学的贡献。社会刻板印象的研究者如阿施（Asch，1946）和法国的阿布里克（Abric，1994），以及研究市场营销的米歇尔（Michel，2000）都强调要将那些一旦缺失品牌就不再是自己的识别层面与其他更加次要的层面区分开来。第一组是"核心层面"，对苹果公司而言，这一层面被总结为富有创造性、简约和欢乐。而苹果的设计是相对次要的层面，比如 iPod 或 iMac。

产品层面是品牌识别的具体化。将不同产品置于相同的名称下，是为了提示消费者并向消费者承诺，这些产品之间有某种程度的等同性。然而，不是所有产品都在同一程度上代表着品牌。范德沃斯特（R. van der Vorst，2004）指出，产品处于连续的竞争中。从这个观点出发，区分产品在某个细分市场与竞争对手不同、具有独特性的层面，以及不具有以上特征的层面是很重要的。因此，颜色而非存储容量是苹果电脑的高度差异化因素。

因此，识别产品和品牌之间以及产品的独特层面和品牌精髓（核心识别层面）之间的四种关系类型是可能的（见图 11-5）。

- "典型实例"关系。在这种情况下，品牌核心识别的各个方面同时也是产品的独特要素，反之亦然。
- "相似"关系。在这种情况下，产品的独特要素与核心识别相同，增加了产品特有的 1~2 种层面（比如 iMac 的颜色）。
- "转换"关系。在这种情况下，产品的独特要素可能会缺失核心识别的一个层面，比如苹果公司的 iTunes。
- "矛盾"关系。在这种情形中，产品不仅没有体现某个识别价值，而且产品的某个独特要素与识别价值相矛盾。例如，苹果公司生产的 Mac Quadra 的目标顾客是公司高管，这可以被视为"矛盾"关系类型。

品牌的发展可通过实例来说明。主要的畅销品变成品牌的"原型"，并塑造了品牌识别要素，成为活跃的、得到认可的标志。妮维雅的蓝色小瓶就是妮维雅的原型。事实上，妮维雅通过这款通用产品进入各国市场。这款产品体现了该品牌的本质（爱和关怀）以及相关价值（可获得性、普遍性、简约性和亲密性）。对全球消费者而言，这是与妮维雅的首次接触：每个人都使用带有令人愉悦香味的妮维雅滋润霜。之后，针对具体目标或特殊用途，该品牌开发了其他个人护理产

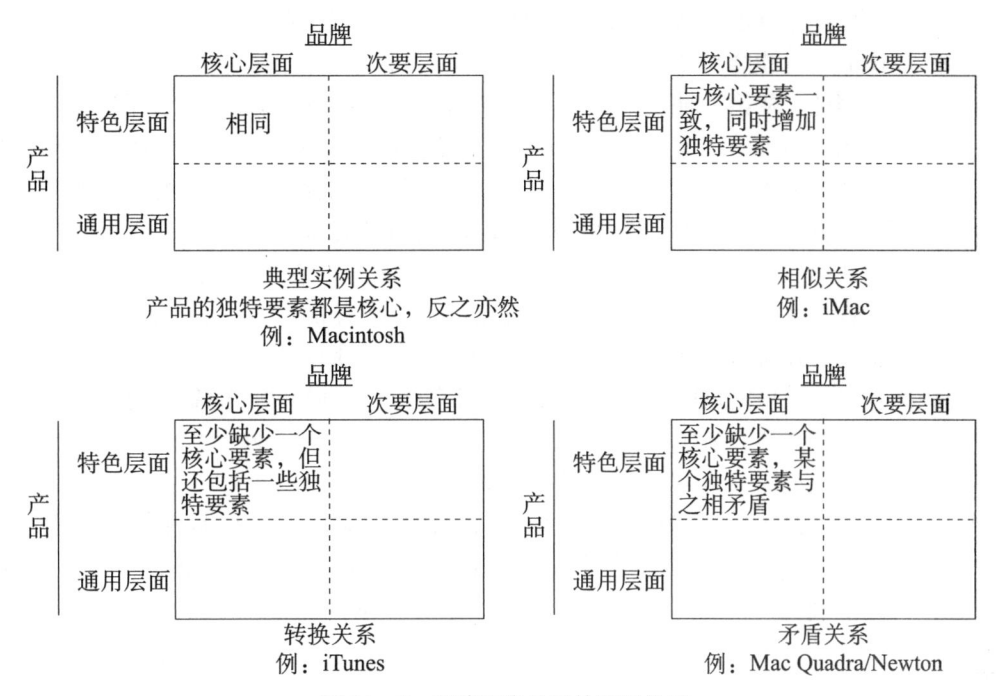

图 11-5 品牌和产品间的不同关系

左上：典型实例关系——产品的独特要素都是核心，反之亦然。例：Macintosh
右上：相似关系——与核心要素一致，同时增加独特要素。例：iMac
左下：转换关系——至少缺少一个核心要素，但还包括一些独特要素。例：iTunes
右下：矛盾关系——至少缺少一个核心要素，某个独特要素与之相矛盾。例：Mac Quadra/Newton

资料来源：adapted from R. van der Vorst (2004).

品，或是与原型十分相似的其他产品，如护手系列、防晒系列和婴儿产品等。当然每个产品都必须具有独特的要素，以应对细分市场的竞争。然而，它们用于差异化的秘密武器本质上来源于对品牌价值观的尊重以及品牌名称带来的地位。

之后，妮维雅通过引入属于品牌变体的产品线（产品的差异化要素中可能缺失一个核心要素）扩大产品线范围：除臭剂产品线、为男士研发的含酒精产品以及妮维雅彩妆系列。彩妆系列不再具备关怀要素，因为有一系列吸引人的彩妆产品（睫毛膏、唇膏和眼影等）范围很广。你可能会问，从这一点来看妮维雅彩妆系列是不是一个矛盾体：产品的独特层面缺失了关怀价值，它们的销售主张（魅力和人为制造美丽）与品牌精髓相矛盾。

成长、多样性与管理一致性

品牌一致性很少是从一开始就被灌输的，对品牌一致性的需求只有在销量停滞、利润降低和价格竞争更加激烈时才被感知到。然后，公司需要团结一致，寻找任何无效率的经营环节，从而将财务资源重新投入到创新和传播活动上。产品没有一致性地增长会导致精力和金钱的极大浪费，强势、与众不同、独特的品牌并没有建立起来。相反，产品之间彼此分离，却顶着同一品牌名称。因此，第一步还是从名称开始。

定义品牌的核心身份

在玛氏公司，一个根本性的争论将公司员工分成两个群体：什么是玛氏品牌的关键要素？对某些人而言，答案仅是口味和感官体验。对其他人而言，产品的口味和提供的能量（生理和心理上的）与品牌的独特性有关。这样的讨论并不是吹毛求疵。根据每食富（Masterfoods）在这两种关于玛氏品牌本质的观点上的选择，某些产品线可能会与品牌冲突从而造成不一致性，也可能不会。

因此，从第一种观点（口味和感官体验）出发，有杏仁的玛氏产品是一个错误。玛氏的确销售这种产品，但没有什么比杏仁又干又脆的味觉体验与玛氏著名的感官体验更矛盾的了。事实上，许多消费者一旦吃到带有杏仁的玛氏产品，对玛氏的喜爱就会减少一些。同样的情形也出现在玛氏饮料和玛氏巧克力蛋上。

从第二个观点出发，以口味和能量为基础，有杏仁的玛氏产品与此并不矛盾，玛氏饮料与此也不矛盾，但玛氏巧克力蛋（公司推出该产品对抗"健达奇趣蛋"，后者的品牌概念"这是家长赠送的礼物"十分牢固）与这种品牌关键要素仍存在冲突。我们发现，玛氏的两种观点并未对多样性提供相同的前景，两种观点下公司对不同的新产品和新顾客的考量也不同（van der Vorst，2004）。

将玛氏定义成"口味和感官体验"是根据产品的个性。这是有明确边界的概念，与产品的特点相联系。另外，这种概念对顾客利益和目标保持开放。这种心理模式没有阻止新产品的创造——当然是与玛氏品牌相一致的新产品——同时也与附加利益即能量相一致，与享受、礼物和分享相一致。此外，这种品牌观点使玛氏能够针对不同目标顾客推出不同产品：针对男性的是巧克力棒，针对女性的是"玛氏快乐"（Mars Delight），针对儿童的是"迷你玛氏"（Mars Mini）等。这种品牌主要是将产品分类，对顾客的分类相对少些（van der Vorst，2004）。

将玛氏定义为"口味和能量"带来了能够为顾客提供丰富感官体验的各种产品（巧克力棒、饮料、饼干和冰激凌等），但在顾客利益和目标方面限制性较大。这就形成了一种选择：对于顾客，能量是主要的期待。这种品牌主要是将顾客分类，对产品的分类相对少些。

品牌的核心识别如何界定？回忆一下核心准则：品牌的真相在于品牌本身。通过研究品牌的传统、根源与历史（品牌的基因），品牌核心的潜在层面能够得到识别。

但是，确定顾客本身的评价必须以此为基础，避免挖掘出的过去身份与当下实际（市场观点）之间有差距：身份不是一种观点。比如，"彻底的进步"绝对是雪铁龙的"基因"，但这仍旧归因于今天的品牌吗？因此，整合顾客和工业客户自己的感知也变得必要。除了与品牌相关的特征的形象研究，还必须展开另一项研究，以识别这些特征中哪些对品牌比较重要、哪些是相对次要的。米歇尔（Michel，2000）对此做出的贡献在于将社会心理学的方法论运用到市场营销上。

为了找到答案，可以询问受访者以下问题：一个新产品不具有某品牌某一形象特征，该新产品能否带有相关品牌名称。如果大多数人都说不可以，那么这个特征是不可变的，属于核心特质；次要特质可以根据细分市场及与其范围相对应的产品选择出现或者不出现（见图11-6）。

但是，如果核心身份过多地服从于不断变化的消费者判断，可能会造成偏离。对于宝马的主管而言，宝马会始终保持后轮驱动，因为这是该品牌汽车带来独特驾驶体验必不可少的有形标志。确实，某些潜在消费者表达出这样的观点：就算宝马变为前轮驱动也不会改变其对宝马品牌的热爱。但是宝马仍会坚持使用后轮驱动。管理不是跟随，而是坚持自己的态度。

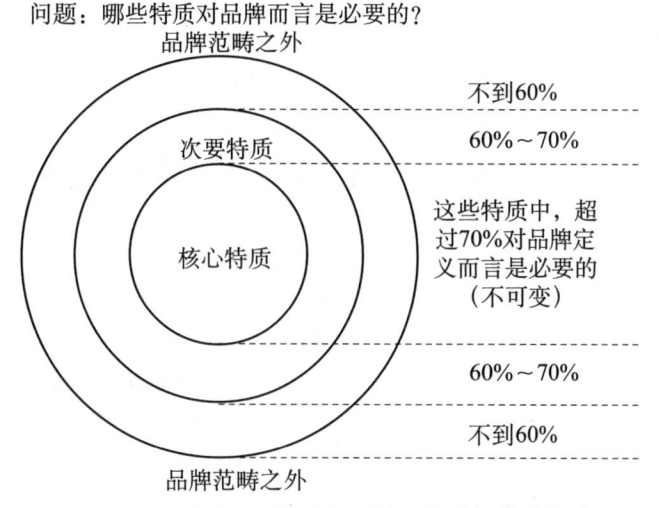

问题：哪些特质对品牌而言是必要的？

品牌范畴之外

次要特质 —— 不到60%

核心特质 —— 60%~70%

这些特质中，超过70%对品牌定义而言是必要的（不可变）

60%~70%

不到60%

品牌范畴之外

图11-6　如何通过研究识别核心特质与次要特质

确认在每个产品中都存在品牌的核心特质

并不存在品牌，只有与此有关的表达。这些表达塑造了品牌的形象。对于想要变得强势和独特的品牌，每一种表述都必须带有品牌识别层次的要素，并且品牌识别必须清晰可见。因此每个产品或每个子品牌都会被仔细分析——包括它们的包装、有形产品、传播、价格和商品化形象等——目的是确认核心识别的关键层面在产品和子品牌中是否充分表现出来、是否足够积极。图11-7展示了鳄鱼品牌不同

包、配饰　++舒适　+时尚

男士产品线　+时尚

职业体育产品线　+科技和年轻

识别鳄鱼品牌核心价值：优雅、自然、舒适

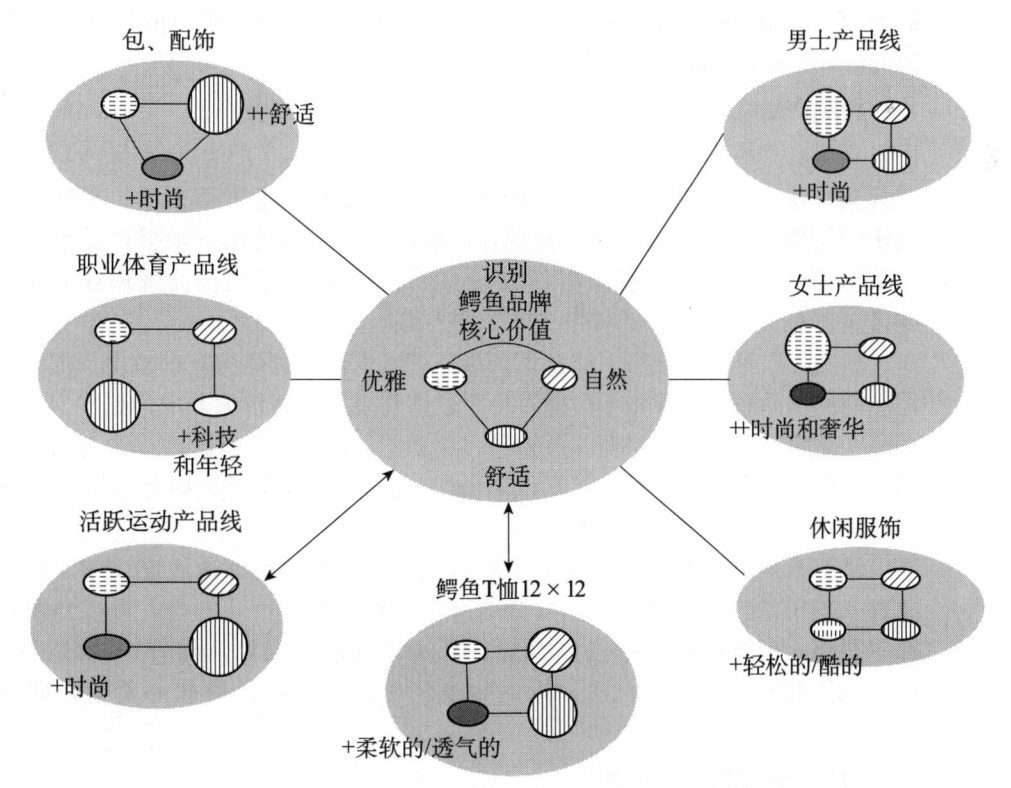

女士产品线　++时尚和奢华

活跃运动产品线　+时尚

鳄鱼T恤12×12　+柔软的/透气的

休闲服饰　+轻松的/酷的

图11-7　每个产品线体现其最核心要素并加入独特要素

的产品线是如何激活核心识别的三个层次（优雅、舒适和自然）并在不同的地方提供特别的触动（更多的技巧、欢乐、奢侈和时尚）的。如果不是这样的话，产品将不得不进行调整以与品牌保持一致，或是被抛弃。

在建设品牌时确认每个产品线的角色

现阶段，有必要理解每个产品线和每个子品牌与母品牌之间的联系。它是原型吗？它应该变成未来的原型吗？它是一个典型的例子吗？它与母品牌相似吗？它是母品牌的一种变形吗？它是否与母品牌存在矛盾？

根据每条产品线必须具有的联系，产品线本身的表达有或多或少的不同能够被接受。首先，期望有很强的内聚力：各产品线与母品牌之间的距离是由它们之间可被识别的联系强度决定的。其次，这种距离也会影响是否赋予产品线一个自己的名称（赋予子品牌的地位）的决策。最后，这会决定母品牌对产品的处理方式：我们将在下面的章节进一步探讨伞状品牌、来源品牌、背书品牌和制造商标志品牌等品牌架构（见第 13 章）。

每条产品线或每个子品牌的营销功能也需要明确：当然，它必须遵守和激活核心价值，也要做出新贡献。比如：

● 通过推出新原型令品牌现代化（达能碧悠是达能的新原型，代替了达能的旧原型自然酸乳酪）；

● 通过向更年轻的客户开放来复兴品牌；

● 增加品牌新元素，比如专业技术或欢乐维度；

● 强化品牌的某些支柱性的身份：比如，当国际竞争对手拉夫劳伦通过赞助 2006 年的温布尔登网球锦标赛推出温网服饰产品线时，鳄鱼的网球运动产品线 Musketeer René Lacoste 能强化其身份。

绘制产品线地图

品牌必须被当作一个概念，这个概念的意义统一了产品并将自己与竞争者区分开来。这个概念只通过产品、传播、店内活动和其他方面表达。理解总体的系统组织结构很重要，可为所有被视作品牌的产品绘制地图，根据产品距离品牌核心价值的远近确定其位置。在图 11-8 中，我们画出了玛氏品牌现在的体系。这样做可避免常见的误区：体系的中心是空白。

事实上，每个人都有可能意识到母品牌（也称为主品牌）的价值，但对于公司范围内的产品而言，根本不可能百分之百体现主品牌的价值并成为原型。通常的情形是，品牌有三个不同层面：层面 A、层面 B、层面 C；有的产品带有层面 A，有的带有层面 B，还有的带有层面 C。但是，这种情况不利于同时通过层面 A，B，C 构建品牌。

品牌不是平均值，不是完全不同的话语的总和。品牌通过连续的产品建立形象并实现销量。所有核心价值都必须有承载者，不可否认的是，可以强调这个或那个层面，但所有层面都必须良好、真实地反映。因此，溢价产品线"Club de Lacoste"实际上强调了优雅，同时也激活了另外两个品牌核心价值，即舒适和自然。

检查全球范围的一致性

以上做法应该在不同地理区域进行实践。在不同的洲，相同的产品看起来可

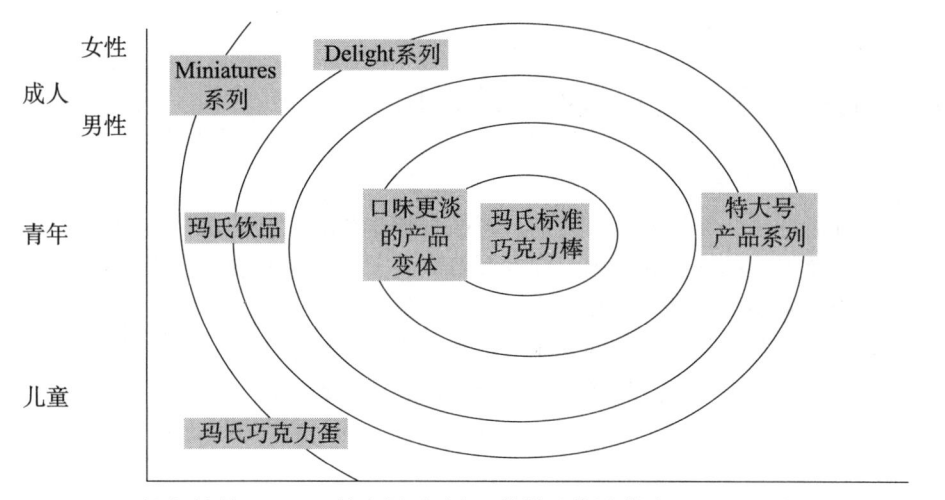

图 11-8 玛氏公司主品牌和产品的组织结构

资料来源：R. van der Vorst，2004.

能与母品牌并没有相同的联系，或没有相同的角色和定位。这些情形会导致效率低下，因此有必要根据当地特征进行调整。比如，标致这一品牌在以汽车制造工艺闻名世界的德国的原型是CC系列的207和307两款车型。实际上，这两款车代表了当时的德国汽车制造商没有提供的车型：敞篷车；它们占到标致在德国销量的35%，并体现了品牌的核心形象（活力、美学和价值），重点放在前两个方面。

因此，品牌全球化需要双重一致性：正如上面讨论的，与主品牌的核心层面有关的产品、世界各个区域与每个产品本身有关的识别特征都需要保持一致。图11-9总结了我们的观点。

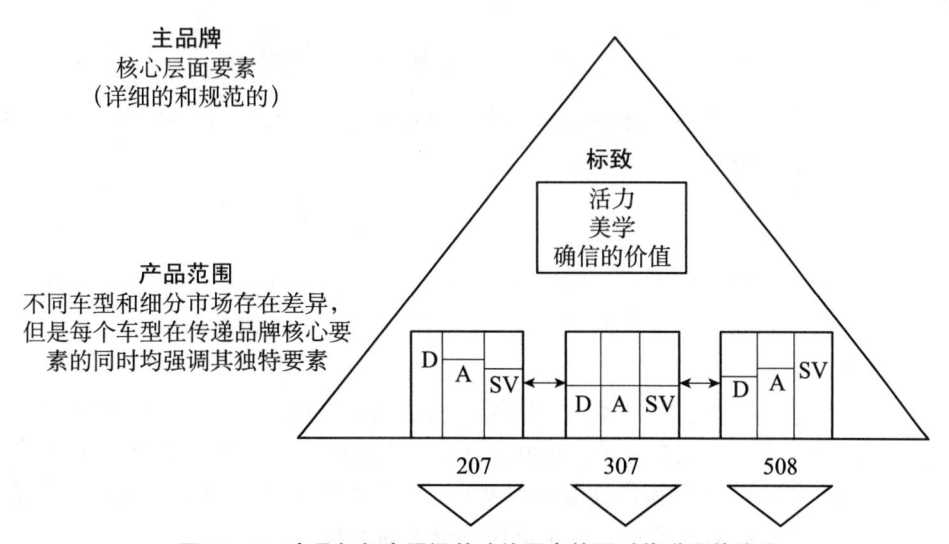

图 11-9 产品如何在强调其独特要素的同时传递品牌价值

品牌的三个层次：核心、准则和承诺

品牌的进化与发展需要方向。将品牌视作产品类别的愿景，了解品牌寻找的方向十分重要。品牌如同基因一样发挥着作用，帮助我们管理未来。我们必须知道是什么驱使着品牌，品牌存在的主要原因是什么。

所有这些概念（灵感的来源、陈述、规范和传播主题）在一个三层金字塔中共同作用，这个金字塔有助于管理变革和识别要素的平衡（见图11-10）。

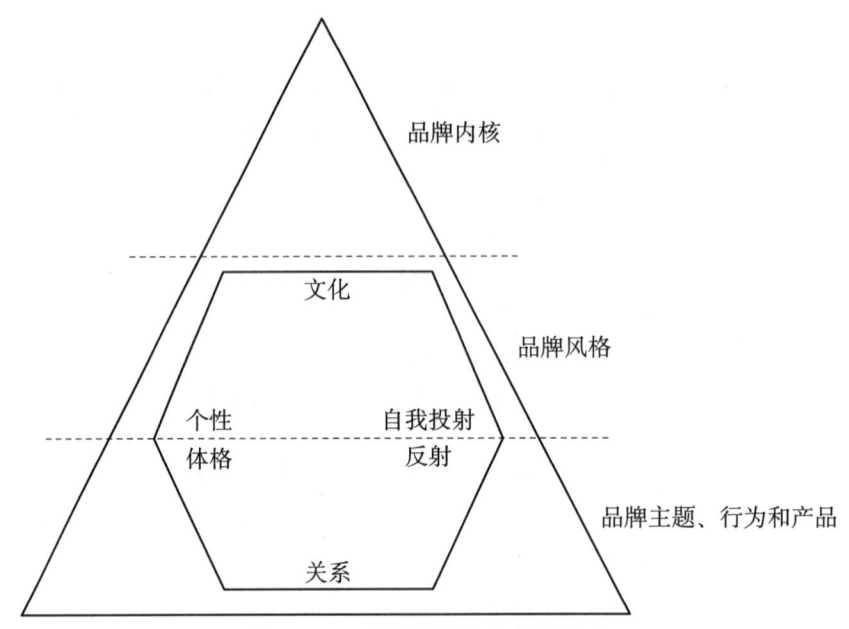

图11-10 品牌识别和金字塔模型

- 在金字塔的顶部是品牌内核，即品牌识别的来源。必须了解品牌内核，因为它传递了一致性和连贯性。
- 金字塔的底部是品牌主题，它是概念传播和产品定位的纽带，是与产品有关的承诺之间的纽带。
- 金字塔中部与品牌风格有关，即品牌交流的方式、使用何种形象。创作者根据自己（品牌）的风格确定主题，把自己作为一个品牌来形容。只有风格才能给人留下印象。

当然，品牌识别棱镜的不同侧面和品牌金字塔的三个层面之间有紧密的联系。仔细研究广告主题会发现，这些主题指向产品的物理属性或是顾客态度，或最终指向两者的关系（尤其是在服务品牌中）。这些是品牌识别的外在层面，是可视的，并且催生一些有形事物。风格就像一个人的书写，揭露了品牌的内在层面，即品牌的个性、文化以及品牌提供的自我概念。最后，品牌的基因密码即品牌的根源激发并产生了品牌的整体架构，同时培育了品牌文化。这是品牌的驱动机制。因此，风格准则和识别要素之间有密切的关系。在大众的案例中，大众的幽默感是协同一致的结果，因为它表明了对盲目崇拜的拒绝。狂热崇拜会导致驾驶者的等级排位，从而造成彼此的敌意。

品牌水平或层级的概念为品牌获得自由提供了工具，品牌不用再通过重复相同的主题来定义自己。对主题的选择必须切合时代的需求，这建立在产品和服务的实际情况的基础上。它与一个特定细分市场的关注点和期望相符。除了这些，还必须尊重品牌的一致性。

品牌传播在不同层面都有所不同，随着时间的推移，品牌主题首先是从外部开始，经历反射形象，最后在文化层面终结。贝纳通集团推出了彩色毛衣，赋予其活力以具有现代感，确定了一套价值观（友谊、种族包容性、地球村）。这种演变是常态：品牌从有形走向无形。品牌首先是一个新产品的名称、一项创新，然后获得其他含义和更多自主性。贝纳通现在是一个文化品牌，解决了一系列道德问题。耐克从产品传播转向了行为价值观（想做就做！）。

金字塔模型形成了不同的变革管理方式。如果品牌主题（定位）不再具有激励作用，就必须发展：很明显，依云的主题不得不从平衡转移到年轻。所有主题都会逐渐消逝，竞争者不会驻足不前。风格准则是对品牌个性和品牌文化的表达，必须更加稳定：这可以使品牌从一个主题缓和地转换到另一个主题，而不产生中断。最终，品牌的基因密码会得到固定。改变它意味着重塑另一个品牌，这是原先品牌的变形，但与之前的品牌是不同的。即使依云的定位随着时间在改变，从婴儿专用水到阿尔卑斯山脉的水和平衡力量的水，依云都有强烈的意识保留其基本识别。依云从来不是消极的，而是积极的，自然、充满爱意，是生命之源。依云的商标总是粉红色，这并不是没有缘故：粉红色与品牌的核心、本质识别和必要的特征联系在一起。没有这些，依云将会是另一个品牌。

最终，品牌的不同层次的概念使拥有很多产品的品牌具有独特的灵活性。在管理这些产品时，管理者必须尊重产品在各自市场的定位。不同的产品可能有不同的承诺，即使它们看起来都发源于同一种灵感。从这个角度讲，品牌的作用相当于上层建筑。

每个产品如何建立主品牌

没有产品就没有品牌。客户购买的是品牌化的产品；他们买的不仅仅是品牌，即使品牌名称在购买决策中占有很大分量。因此，产品必须与品牌保持一致，还要提供比竞争对手更好的价值。换言之，一根玛氏雪糕必须比梦龙（Magnum）好得多，一瓶玛氏饮料必须比其他巧克力冷饮更有吸引力。为此，玛氏雪糕的产品经理将思考：在今天，什么使人们喜爱冰激凌？顾客在寻找什么？对他们而言，想吃的冰激凌有哪些标志？这也同样适用于玛氏饮料。

结果是，每个产品都必须增加独特的利益或属性，并同时推销品牌。

产品可以有变体或子品牌。变体以较高的忠诚度重现品牌价值。所有的苹果产品都用相同的方式表达苹果的核心价值，尽管这些产品属于不同类别。这就是这些产品的命名方式十分相似的原因：iPod，iPhone 和 iPad 都体现了苹果的创造性、用户导向、美学、人体工程学和愉悦感等。子品牌在价值上都有一些差异,但子品牌不能简单地被认为是变体。子品牌的任务是为主品牌增添差异性,使主品牌更有吸引力。

表11-2描绘了妮维雅的体系,体现了每个子品牌是如何为核心品牌增加特定价值的:比如,妮维雅防晒霜是唯一需要强大科学保证的产品。人们害怕阳光造成的损伤,有妮维雅标志的产品必须提供保障。妮维雅的核心识别(与巴黎欧莱雅不同)并不包括科学这个要素,但是妮维雅防晒霜拥有这个要素,将其作为一个次要要素并增加到妮维雅品牌中。

表11-2 妮维雅:列举说明各子品牌如何帮助建立主品牌

子品牌	角色定义	主要个性
Nivea Gream(妮维雅面霜)	妮维雅系列的原型	简单
Nivea Soft(妮维雅柔美系列)	原型的复兴	现代
Nivea Body(妮维雅身体乳)	达到身心和谐	活力
Nivea Sun(妮维雅防晒霜)	增加专业性以提供高度保护	和谐家庭
Nivea Visage(妮维雅面部护理系列)	通过创新在化妆品领域树立消费者信心	女性
Nivea Vital(妮维雅抗衰老系列)	发展品牌在皮肤和面部护理产品领域的新细分市场:高端产品	诚实
Nivea Baby(妮维雅婴儿系列)	品质上做到最温和,以增加产品竞争力	温暖
Nivea Deo(妮维雅止汗系列)	增加功效维度	诚实
Nivea Bath Care(妮维雅洗浴护理系列)	增加愉悦维度	个体
Nivea Hair Care(妮维雅头发护理系列)	增加健康和美丽的维度	活跃、动力
Nivea for Men(妮维雅男士系列)	创新,增加广泛性	非大男子主义、自信

除此以外,每个子品牌在不同的细分市场中竞争,因此需要拥有理想的个性来应对细分市场中的竞争。

图11-11显示了奥林匹克的品牌架构,有助于我们理解前述内容。

奥林匹克标志是2012年伦敦奥运会的核心品牌。奥运会还受奥运愿景(人们可通过运动建立更美好的世界)及奥林匹克的三项核心价值(卓越、友谊及尊重)等驱动。五环的五种颜色代表不同的洲。

(a)

2012年伦敦奥运会不仅包含了奥林匹克的三项核心价值,还加入了独特要素,使其与历届夏季奥运会区分开来。伦敦奥运会的独特定位在于,这是一届开放的奥运会,每个人不仅仅通过观看比赛也可通过实际行动来参与该届奥运会。伦敦奥运会超越了运动本身,体现了文化、教育及环境等各种元素。

(b)

2014年索契冬奥会不仅发展了其独特要素，还加强了对奥林匹克三项核心价值的刻画。

(c)

2016年里约热内卢奥运会是首届在南半球举行的奥运会。巴西为该届奥运会赋予了独特的价值。

(d)

图11-11 奥林匹克的品牌架构：五环及运动会

第12章 通过品牌延伸实现增长

如今品牌延伸已成为品牌管理的经典做法。当企业试图进入从未涉足的产品类别并对其命名时，通常会使用另一个产品类别的已有品牌，而不会为了实现这一目标创立新品牌。品牌延伸并不是一种新现象（Gamble，1967）。在奢侈品行业中品牌延伸由来已久：由高级时装建立起来的奢侈品牌已经延伸到附属物，如高档皮具、珠宝、钟表，甚至餐具和化妆品。

同样，第一分销商品牌（如瑞士的米格罗斯、大不列颠的圣米高）也涉及若干差异化的产品类别。有些工业品牌在相同的品牌名称下，通过多样化的延伸活动进入了一系列初始产品类别之外的领域，如西门子、飞利浦和三菱公司一直在进行品牌延伸。甚至日本的企业集团也对品牌延伸进行了系统化的运用：三菱公司在三菱（三菱公司的视觉符号）这一品牌下不仅拥有造船厂、核电站、汽车、高保真系统和银行，还涉及食品行业。

品牌延伸已成为一种行业惯例。原本专属于奢侈品的品牌延伸逐渐成为一项常规的管理流程：玛氏不再只代表著名的巧克力棒，它还代表了冰激凌、巧克力饮料以及巧克力块；维珍包括从航空到软饮料的一切产品或服务；麦肯（McCain）的产品有法国薯条、比萨饼、小圆面包和冰红茶；依云矿泉水如今已成为化妆品的背书品牌。对于所有信奉"宝洁原则"的高管来说，当今的发展状况迫使管理层对此进行彻底反思。"宝洁原则"是指每一个品牌必须对应一种产品；玛氏已成为一个涉及不同细分市场和产品的伞状品牌。品牌延伸的发展是由于管理层意识到，在不断增长的市场上只有品牌才是企业真正的资产与竞争优势来源。

品牌延伸是品牌管理最热门的话题之一。大量关于品牌延伸的研究不断涌现。许多专家坚持认为应当避免品牌延伸（Trout and Ries，1981，2000）。然而，如今大部分企业已对其品牌进行了延伸，即使是那些从文化角度看最不倾向于延伸的企业也这么做了。事实上，正如我们将要证明的，品牌延伸作为一种战略举措，在品牌生命周期的某些节点上显得尤为必要。一旦用尽了其他可行的手段，品牌延伸就不失为一种保持品牌增长的必要途径。让我们记住品牌增长应通过以下方法实现：

首先，增加现有消费者在现有产品上的人均消费量（见第9章）。

其次，通过新产品开发和产品线延伸来增加品牌的关联性，并解决更有针对性的目标群体和特定情境中的需求问题。所谓的产品线延伸，实际上就是在现代超市中不断增加新产品。

再次，在提供高增长机会的国家中实现业务全球化发展（见第17章）。

最后，通过创新改变竞争状况，创造新的优势或开辟新的市场，从先驱优势中受益。

说到这里,如何为创新产品命名就成为一个非常重要的问题。企业应该通过增加一个新品牌(像可口可乐对其品牌组合新增 Tab 品牌一样)还是通过使用一个现有的品牌(如健怡可乐)来延伸品牌组合呢?

当一项创新不属于品牌核心的产品市场时,意味着品牌将在这一核心之外进行延伸,这就是品牌延伸过程,也是品牌延伸成为一个如此重要话题的原因所在:品牌延伸关乎对品牌意义的重新界定。如果不改变品牌的某些方面而妄想无限制地增长业务简直是天方夜谭。但问题是,这样做的话品牌的精髓还能完好无损吗?品牌延伸能保留住品牌的内核吗?品牌延伸除了能够增长业务之外还能给品牌资产和品牌形象带来什么影响呢?这些都是战略性的问题。

除了品牌化本身,延伸往往是以不同于之前业务的产品,通过多样化进入未知的市场(见表 12-1)。品牌延伸本身就是一种战略性举措。

表 12-1 延伸与战略间的联系

市场	产品	
	现有的	新的
现有的	集约型增长	市场开发
新的	市场扩张	多元化

品牌延伸的新观点

为什么品牌延伸能够成为一个如此重要的话题?事实上,近年来大多数企业才发现品牌延伸的优点。当然,大多数奢侈品牌已经通过品牌延伸实现快速发展,日本品牌和雀巢都是如此,但在北美地区,大多数营销者都是从宝洁式的营销视角接受培训的。宝洁公司自建立以来就以一个品牌对应一种产品的原则获得利益,于是形成了新产品必须对应新品牌的营销法则。宝洁公司的洗衣粉包括碧浪、汰渍,以及达诗和 Vizir。美国国内市场足够大,这种完全基于产品的做法在美国很奏效,但在其他国家不一定有效。这就是欧洲和日本营销者不采取这种做法的原因。

关于品牌延伸的观点提出了两大根本性变革。第一,主张一个品牌代表一个独立和长期的承诺,但是这个承诺要能够在不同的产品体现并表达出来,最终渗透到更多不同品类中。高露洁代表了柔软性,从这个角度看它推出香皂、洗洁精、剃须膏和洗发水等产品就显得很有意义。

第二,品牌延伸最终让我们通过将品牌嵌入一个更高层次的价值中来对品牌的历史价值重新界定。品牌延伸见证了品牌价值从有形到无形、从单一品牌承诺到更多的品牌利益的转换,从而使得品牌能够涵盖更大范围的产品种类。吉列代表的仅仅是最好的剃须产品还是如它在广告中所说的"男人能得到的最好的东西"呢?后者对品牌的定位能支持吉列对以不断提高男士剃须质量为目标的产品锋速 3 或 Fusion 进行开发。品牌延伸也能通过利用品牌声誉和品牌信誉来引入高盈利、高增长的男性化妆品产品线,从而加快品牌成长。

品牌延伸是一个关乎情感的话题，因为这意味着要再一次对品牌识别进行界定，即企业品牌长期所拥有的潜在前提遭到了质疑。除此之外，不同于产品线延伸，品牌延伸与多样化相关，因此会对企业整体造成很大的影响。多样化是一个战略性概念，与整个企业息息相关。面对新市场上的竞争压力企业能够获得新的能力吗？以何种价格获得？会耽误其他什么事情吗？代价是什么？企业值得这样做吗？能可持续发展吗？本书提出的关于品牌和业务的观点呼吁管理者在企业战略背景下重新考虑品牌延伸问题。

最后，品牌延伸之所以是一个参与度很高的话题，是因为它与新产品发布相联系。发布新产品需要对时间、精力和资源分配加以控制，但还是很难规避风险。比起产品线延伸，这种风险更大，因为品牌延伸使得品牌进入那些新的未知的市场，而这些市场被竞争对手主宰。品牌延伸不仅具有导致延伸失败的直接财务风险，还有可能通过分销渠道、交易过程和终端消费者给品牌形象带来潜在的损害。例如，梅赛德斯决定采取激进的向下延伸并与大众公司竞争，但是它在发布新 A 级车时遇到了问题：由于车型不能通过活力测试，梅赛德斯作为世界上最安全的汽车之一的光辉形象毁于一旦。因此，梅赛德斯汽车的全部理念需要重新界定。一家汽车企业的重要竞争优势不能简单地从制造后轮驱动的大型轿车转移到制造前轮驱动的小型轿车。不过话说回来，消费者也是首次能以大约 20 000 欧元的价格买到一辆崭新的梅赛德斯汽车。

这个例子说明不应该仅仅通过对消费者的研究来做出品牌延伸决策，因为消费者通常较为保守。他们对梅赛德斯的状况并没有一个全面的认识，因此也不能从长远的视角来看待梅赛德斯。比如很少有消费者知道入门级奔驰车——C 级车的购买者的平均年龄为 51 岁。也很少有人知道除非企业能迅速生产出超过 100 万辆车，否则即使是在高端市场上，也需要用很高的成本来维持现代竞争。而高生产成本不会给消费者带来任何价值。

品牌延伸还是产品线延伸

什么时候会提到产品线延伸或品牌延伸呢？在第 9 章我们研究了关于产品线延伸的案例。这是实现品牌增长所必需的步骤，主要通过以下途径：

- 通过多样化进行产品线延伸并丰富基本的品牌承诺（如给一个果酱品牌或果汁品牌比如美汁源提供新的风味）。
- 对需求进行更好的细分（如根据不同的头发类型、消费者年龄或某种头皮问题对某种洗发水品牌进行变体）。
- 提供补充性产品。正如在对产品线品牌架构（第 13 章）的讨论中所提出的，在一个品牌下应该包括解决一个消费者问题所需要的全部产品。比如，一种针对脱发问题的洗发水品牌不会局限于初始产品，而会拓展到凝胶、染发剂等其他产品类别。

通过这些产品线延伸，品牌的目的显然在于实现集约型增长。对于相同的消费者、相同的需求和同样的消费情境，它或多或少提高了企业解决问题的能力，但并不能被视为多样化（多样化包括不同的顾客和不同的产品）。

从另一个角度来看，所有人会接受品牌延伸而不是产品线延伸，如维珍航空、惠普数码照相业务、梅赛德斯 A 级车、保时捷卡宴（进入 4×4 市场）、雅马哈自行车（公司最早以乐器闻名）、卡特彼勒时尚系列、萨洛蒙新滑板（专为夏威夷和澳大利亚沙滩设计）、拉夫劳伦家用涂料、依云化妆品都是如此，苹果公司从计算机转向 iTunes 音乐商店，通用电气公司从电力延伸到资本投资。在这些具有代表性的品牌延伸中，品牌转向另一个与原产品关系不密切的品类，而它是否具备传递相同价值以及与品牌保持一致的能力还有待观察。延伸产品的顾客群和原有顾客群可能相同也可能不同，首次购买保时捷卡宴的顾客早已拥有两辆保时捷汽车。事实上，大多数关于品牌延伸的早期研究都集中于远延伸，即对初始产品的远距离延伸进行研究。有些品牌延伸并非简单的品牌延伸：它们属于真正的多样化。企业试图在那些能在未来的收益中占主导地位的新品类中不断发展壮大。当然卡特彼勒并不属于这种情况，对核心业务夹在戴尔和 IBM 之间的惠普公司而言却是再合适不过了。很少有人记得冷冻食品品牌芬达斯来源于斯堪的纳维亚公司（Scandinavian）的核心业务——水果产业。

产品线延伸到哪里才算结束，品牌延伸又从哪里开始呢？巴黎水就是一个恰当的例子。为了扩大规模，该品牌在三年内共发布了三款新产品。

● 2001 年它发布了第一款"宝特瓶"（聚酯瓶），该产品由于独特的形状而获得"小火箭"这一昵称。这是企业创立品牌（1847 年）以来首次推出非玻璃材质的瓶子。该产品主要针对流动顾客群以及户外消费情境（如体育馆和办公室）。

● 2002 年巴黎水推出了 Perrier Fluo：这是一种装在塑料荧光色小瓶中的芳香型饮用水。目标顾客为年轻人，主要与软饮料市场竞争。

● 2003 年，为了更好地进军餐用水市场，企业发布了 Eau ge Perrier。作为品牌核心的著名巴黎水很难吸引那些在吃饭时喜欢喝气泡较少的饮用水的消费者。这一延伸产品如圣培露（San Pellegrino）含有的气泡较少因而更健康，瓶子也更显优雅。

应该如何描述这些延伸呢？在巴黎水所在的雀巢公司，出于简化处理的目的将其称为产品线延伸。然而，尽管所有的新产品主要是饮用水产品，但是进入软饮料市场无疑最有资格被称作品牌延伸。软饮料产品开发的主要目的是进入一个被其他竞争者主宰的市场，它受其他成功因素的支配，同时以不同的消费者为主要目标群体。

对于任何拥有巴黎水这一品牌名称的产品而言，其满足软饮料市场需求的能力水平的确还有待考察，因此促销活动和销售位置的设计十分重要。同时，巴黎水这一品牌名称相比其他品牌而言并不会唤起更多的乐趣，这就是为什么最后的决策是将巴黎水作为产品的背书品牌而在瓶子上印有醒目的"Perrier Fluo"。瓶子的颜色非常奇怪，在黑暗中能够发出荧光，这在迪斯科舞厅和深夜酒吧中很常见。但是主要问题在于雀巢公司该如何提高分销与促销的能力。

根据阿克和凯勒（Aaker and Keller，1990）的定义，品牌延伸指的是将品牌名称运用到一个不同的产品类别中。比克的情况就是这样的，它在中欧地区逐渐从圆珠笔发展到一次性打火机、一次性剃须刀，甚至袜子和针织品，从而走向世界。从这一点来看，当品牌在相同的品类中发布新产品时才称得上是产品线延伸。因此健怡可乐应该属于产品线延伸。有趣的是，可口可乐公司声称其有两大世界领先品牌：可口可乐和健怡可乐（在欧洲被称为"Coke Light"），健怡可乐是公司的第二大品牌。这些感知上的差异性并不是一个学术问题。它们暗示了尽管产品可能相同，但是市场和品类可能并不同。品类管理的出现让我们知道了品类与产品并不是一回事（Nielsen，1992）。因此，对于那些关注延伸产品和母品牌核心产品之间表面相似性的人来说，Perrier Fluo无疑是产品线延伸：是与巴黎水基本相同的水。但对于我们而言，它却有资格被称为真正的品牌延伸，因为它针对的是在需求、使用情境、使用者和竞争方面都有所差异的产品种类。同样，对于依云喷雾剂（将水喷洒于脸上）而言理由就更充分了：这款产品是在1968年开发的，装着和依云矿泉水相同的水，但由于分销渠道不同而导致需求和使用方式大相径庭。

对于所有不同的概念采取的最佳策略就是认识到产品线延伸和品牌延伸是密切相关的，它们并不能简单地服从是或不是的决策分界点。我们应该意识到不仅存在高度连续性的延伸——明显利用实际的或感知的品牌知识（如惠普公司涉足数码市场），也存在高度不连续性的延伸——虽然没有利用这种品牌知识，却是基于一种使命和一组决定企业市场行为的价值观进行的延伸。接下来我们将对维珍这一案例进行分析。

有关品牌延伸不连续性的量表有很多作用，它可以测量企业面临的风险。当前有关品牌的文献主要聚焦于品牌的无形方面，或许是由于在会计核算中品牌常被看作企业的无形资产。但这只是语义上的混淆：以绩效为基础的品牌也是一种无形资产。忽视品牌的绩效来源使我们低估了企业能力的重要性。一些企业恰好缺少进入特定品类的品牌延伸所需的专业知识和必要资源。当然，它们可以通过使用许可经营的方式来避免这一问题：如依云Affinity化妆品系列是由强生公司管理的。另一种方法是进行外包，这是一种最经典、最快速的转移方式，并能从低进口价中获益。然而，如果大多数品牌都选择外包给一般贴牌生产商的话，品牌之间的感知差异就会减少。

另一个启示关系到品牌化战略本身。一个品牌是否应该用它自己的名称来为延伸产品命名以形成一个双层品牌架构（即背书品牌或来源品牌架构）？很显然，巴黎水跟所有背书品牌一样，对Perrier Fluo非常慎重。许多实验性文献都表明，给延伸产品不同的品牌名称可以防止对母品牌形象的稀释作用，特别是在向下延伸中——产品从高价转变为一般价格（Kirmani，Sood and Bridges，1999）。因此应该将"直接延伸"（没有特定的品牌名称）和"间接延伸"（除了母品牌之外还有一个特定的名称）区别开来（Farquhar et al.，1992）。

经典品牌概念的局限性

绝大多数的品牌局限都是品牌自身带来的。品牌延伸就算是品牌管理中最常规的做法也要经历很长一段时间才能出现，这也是一些学者不赞赏这种做法的原因所在。这些偏见都是基于对经典品牌概念的认知而产生的，这种概念在营销者与所有商学院盛行了将近一个世纪。然而，它并不能够抵御现代市场所带来的环境变化与挑战。

经典的品牌化概念主要基于以下方程式：

1个品牌＝1种产品＝1份承诺

以宝洁为例，宝洁的传统做法就是为每一种新产品创建一个特定的、与其他品牌完全独立的品牌名称。碧浪拥有其特定的品牌承诺，达诗和Vizir也各不相同。我们将这种命名法则和高露洁进行对比发现：高露洁不只是牙膏的名称，也是肥皂、剃须膏和洗洁精的名称；Ajax包括洗涤粉、家用清洁剂和窗户清洗液。

经典的品牌化观点导致品牌数量不断增加。如果一个品牌只对应于单独的产品和承诺，那么它就很难再运用到其他产品上去。在这种概念下，品牌是一个严格的标识符、一种产品的名称和一个特定的名词，就像亚里士多德是著名希腊哲学家的名字一样（Cabat，1989）。它为一个特定的实体命名，因为每一个商品名称都与一个特定的企业密切相关。

受这种品牌概念的影响，品牌延伸似乎不太可能发生。品牌事实上相当于一个菜谱名，所有能做的就是围绕核心菜单不断地扩大产品的范围，可以采取以下方法：

● 改良产品的性能质量，于是品牌就有了一个序列号：如从达诗1到达诗2再到达诗3；

● 增加产品的尺寸类型以适应不断改变的消费者行为（袋装、桶装和迷你桶装）；

● 增加产品的种类（如Woolite羊毛洗涤剂和人造纤维洗涤剂）。

根据这一经典品牌概念，品牌延伸基本都局限在非常相似的产品范围内。其核心概念就是产品或使用的相似性。

新的品牌化概念使得品牌延伸能够突破原有品类而进行。品牌并不代表初始产品，它只是作为一种处理产品间关系、改变产品和同时给予产品一组有形与无形附加值的方法：在这种方法下，斯沃琪汽车的出现也是很有可能的。若要做到这一点，斯沃琪只要与一家具备专业技术知识的企业（如梅赛德斯）建立联盟就足够了。这一通过合作方式建立的联盟既能保证汽车的质量，也能满足消费者的需求。

法国鳄鱼的案例帮助我们更好地对两种不同的品牌化概念产生的运营效果进行比较。鳄鱼在1933年通过由针织衫发展而来的polo衫获得声誉，因此对于鳄鱼而言，其延伸不只是局限于其他种类的针织衫，还可包括polo衫、运动衫和纺织品。在这一概念下，鞋子（除了网球鞋）与皮革制品被排除在外，因为它们没有和纺织品及针织品共享的品牌专有知识。鳄鱼更为广泛的品牌概念向人们传递了这样一种品牌态度：穿上鳄鱼，让你得体而不失休闲，休闲而不失魅力。因此，鳄鱼超越时尚成为经典。从这一角度看，只要鳄鱼保持其品牌独创性就能延伸到鞋子和皮革制品；但它不能为已经存在的产品冠名。另一种情况就是只对那些能体现品牌价值的产品印上鳄鱼的商标，这些价值表现为灵活性、休闲、完美、持久性、远离时尚以及男女皆宜，等等。能够使用鳄鱼这个品牌名称的产品并不是在表面上和鳄鱼适合，而是要考察这一产品是否符合鳄鱼的品牌文化及高标准。

这一新的品牌视角为品牌成长提供了新的思路。品牌不再只是产品品牌，它由一组附加值而非个例所定义（Rijkenberg，2001）。

为何品牌延伸是有必要的

品牌延伸是必须的。它是成熟市场竞争与媒体多元化带来的直接结果。品牌延伸的唯一目的就是实现品牌成长与盈利。

品牌延伸并非新兴产物，它是奢侈品牌的核心商业模式。品牌延伸能提高品牌竞争力与盈利能力。在高级成衣市场中，一般利润水平为53%，但是手袋和手表市场的平均利润水平达到了71%和80%。这就是时尚品牌迅速向这些品类延伸的原因。欧莱雅、宝洁或联合利华以特许经营方式销售的香水产品不仅能为品牌带来一笔特许权使用费，也能提高被延伸品牌的国际知名度。因此在时尚与奢侈品行业进行品牌延伸是十分具有战略性的。缺少品牌延伸，任何品牌都无法生存。购买一个品牌之后的第一件事就是利用资本投资进行品牌延伸。如果没有特许经营与品牌延伸，阿玛尼、拉夫劳伦和Calvin Klein又会变成什么样子呢？

通常情况下，香水是时尚品牌中知名度最高的产品，因为大量的广告费都投入其中。此外，香水可以增强品牌意识、体现梦想价值。梦想价值是进行其他延伸之前品牌的首要必备条件。那么在现实生活中，如果一个设计师品牌下没有香水产品，它还能成功吗？在现代竞争环境中，成功意味着企业具备获得市场规模和知名度的能力。尽管在品牌下发布香水产品不能每次都取得成功，但这的确是一种能够建立品牌的经典做法。有趣的是，这种做法对于一个小有名气的设计师品牌而言颇有争议，它曾控告宝洁公司，因为宝洁停止发布其旗下香水产品的计划从而对它造成了伤害。那么缺少了宝洁这一助力之后，这个品牌能否实现增长和盈利目标呢？

如果通过目前的客户与产品，或者通过对这些产品进行微小的变动（也称产品线延伸）就能获得增长与盈利的话，品牌延伸就毫无必要了。为了在世界范围内寻求新的消费市场而实施全球化战略也是一种常用方法，但它并不能解决品牌在趋于饱和的国内市场中的增长问题。品牌延伸使品牌能够在还未饱和的市场中竞争，并能够在未来实现增长与盈利，这里的前提是该品牌的资产与这些延伸市场中的资产一致。换句话说，品牌形象必须能够驱动其他市场中的顾客购买。

品牌延伸的成败依赖于企业是否有能力通过品牌声誉的杠杆作用在一个不断增长的、不同于现有产品的品类中创造竞争优势。这种大胆的做法常常使延伸品类中的竞争对手措手不及，并形成了以下五个重要假设。

- 该品牌拥有强大的品牌价值（即强大的品牌资产）：它与一系列顾客利益相联系（包括有形的和无形的），并能激发高度的顾客信任。
- 这些品牌资产能够转移到新的富有吸引力的目标品类中，该品牌的购买者依然相信并认为新产品（延伸）也同样具备原品牌所拥有的利益。
- 这些品牌利益与价值和新品类（延伸）的相关性非常强。实际上，品牌价值应该以一种事先无法预知的方式对新品类进行划分，从而使竞争对手措手不及。
- 由母品牌命名的产品与服务（延伸）将在顾客间与交易过程中传递可感知的竞争优势。
- 该品牌与企业能够长期在这一新品类中维持竞争，取决于企业是否拥有足够的资源在市场上获得领导者地位并持续保持盈利。

因此在品牌延伸流程中最重要的步骤就是对目标品类的选择。它需要企业对不同的战略指标进行评估：新品类的内在吸引力、企业在新品类中获得领导者地位的能力水平以及获得盈利的能力。这些因素不仅体现在品牌形象中，也体现在企业的综合能力与资源情况中。

推动企业进行品牌延伸的第二组原因更具防御性，或者说与效率及生产率因素的关系更大：

- 面对更高的媒体广告成本，大部分从一个产品品牌架构开始的企业已经意识到不可能对每种产品或每个品牌都保持不断增长的广告费用。它们已经将这些原本独立的产品或产品线转移到一个单独的大品牌中形成准品牌化组合，这个大品牌要么充当背书品牌（如卡夫或雀巢），要么充当来源品牌（如巴黎欧莱雅）。这就是品牌转化越来越频繁的原因所在。

- 一些品牌的产品品类正在走下坡路。为了避免品牌同产品一起消亡，品牌必须转移到另一个品类中。保时捷为什么在2003年进入越野车（4×4）市场呢？正如我们将在后面看到的，尽管不断地对产品进行样式翻新、改进和更新改造，但如果总是寄希望于同一种产品难免会遭遇风险。数据显示，小轿车在全世界汽车市场中的份额正在减小。如果保时捷不对此趋势做出回应而依然维持其原来的定位，它将继续在一个不断缩小的市场中竞争。

- 在B2B市场上，持续增加顾客价值的逻辑直接导致了品牌延伸。对于一家服务供应商如专门为医院提供清洁服务的公司而言，它应该如何通过核心客户增加销售额呢？要知道，在一天内不能对同一间房清洁两次或三次。因此，除了提供延伸服务，如为病房、会客室和办公室供应鲜花外，就没有其他增加收入的方法了。延伸是另外一种能力。

在放松管制之后，英国天然气公司（British Gas）遇到了同样的问题。它将如何应对新的天然气供应商带来的挑战并保护好自己的业务呢？企业意识到自身的优势在于和消费者的接近度较高：企业的工程师已经拜访过数以百万计的家庭，企业是时候平衡好能力和竞争优势并为已有顾客提供一组包括保险和金融服务在内的家庭服务了。为了使顾客更容易接受新服务，公司更改了名称。

- 拉贝利（Labeyrie）是一个从鹅肝酱行业发展而来的品牌。这是一个极具周期性的市场，大部分销售额集中在一年中的三个月内。为了通过广告宣传获得竞争优势，拉贝利决定将经营范围扩大至其他奢侈食品如熏制鲑鱼和鱼子酱。结果企业销售量增加，这也意味着电视广告成为一种实实在在的投资。

- 许多企业进行品牌延伸的原因是它们没有足够的资源同时在国内和国际市场上维持两个品牌。西班牙的当西蒙（Don Simon）在同一个品牌下出售葡萄酒、凉菜汤与橙汁，这个小企业将其所有的资源都投入到生产与质量监控中。在果汁市场上，当西蒙直接与纯果乐抗衡，并在整个欧洲市场进行延伸。之后我们可以看到，尽管这些延伸是公司不得已的选择，但事实证明这些决定是明智的。

- 一些行业在广告宣传方面越来越受限制，如香烟、酒精、啤酒和葡萄酒在广告类型和赞助方面都受到法律的限制。于是它们必须进行品牌延伸来避免这些限制，这些延伸实际上充当的是代理品牌。最知名、最成功的非万宝路经典系列莫属，它是香烟的一个分支品牌，如今在全世界已成为一个时尚大衣品牌。这一品牌具有十分独特的设计,并以专营店与授权经营的形式存在。这是以特许经营方式获得成功的典型例子。

在所有国家,制药厂都要在以下两个产品种类中做出选择:消费者可以直接购买的非处方药(OTC)与只能凭医生处方购买的处方药。非处方药允许进行广告宣传,但通常价格较贵。在法国,生产扑热息痛的市场领导品牌是多利潘。这是一种处方药,可以报销,没有处方也能自由购买。然而作为一种处方药,并不能进行广告宣传。为避开管制,多利潘推出了两款延伸产品:Doli'rhume 和 Doli'tabs(其中"rhume"用法语解释的意思是患上了感冒)。这两款产品只能在非处方药品市场上售卖,可以进行广告宣传。大量的广告宣传不仅增加了两款新产品的销售额,对其核心产品也产生了溢出效应。

对于卡特彼勒公司以年轻人为目标市场而推出的鞋子与服装产品线,大家有什么看法呢?一个卡车品牌有必要以这种方式进行延伸吗?当然没必要。公司这么做的理由是什么呢?公司 CEO 对这一问题的回答是,公司想通过超越其已有知名度的交易圈,提高品牌知名度以增大市场份额。许多小型投资者如今都购买卡特彼勒公司的股份,而知名的企业名称对于这些外行投资者而言充当了价值的象征。此外,卡特彼勒的鞋子和服装能够准确地表达企业的知名价值:辛苦工作、值得信赖、安全,等等。

同样,为什么在一个世纪以前米其林将其品牌从轮胎延伸到旅游指南呢?出版第一本《米其林红色指南》的目的在于告诉读者:汽车抛锚时如何找到一个车库。不久,为了吸引车主更加频繁地旅游,指南增加了关于旅馆和餐馆的建议。米其林是关系营销的典型例子,在关系营销一词出现之前就已存在。

最近米其林与合作伙伴(即特许经营公司)一起创立了一家名为 Michelin Life Style Limited 的全资子公司。该公司主要销售汽车的雪地防滑链,显然它与轮胎产品具有营销协同作用。企业计划将品牌延伸到运动装备如滑雪鞋和跑鞋,在这些领域,橡胶的使用能够增加产品的舒适度与安全性。这两点是米其林轮胎的主要价值所在。

与米其林略有不同的是,My First Sony 和 My First Bosch 这两款产品属于战术上的延伸,主要目的是在潜在顾客中初步建立品牌的熟悉度。

通过系统的延伸创建品牌:妮维雅

2003 年,三大巨头宝洁、德国汉高和欧莱雅以非常高的价格一同竞标妮维雅品牌,充分显示了它们对这个企业和品牌增长潜力的信心。对于一个在 1912 年成立于德国汉堡市的公司而言,这是一个多么令人惊讶的结果啊!当时的妮维雅只生产一种产品:由一个小型圆形蓝色金属盒包装的皮肤保湿霜,几乎被人当成药物来对待。

但是,公司与品牌在战后被强行分开了,像其他德国品牌(如宝莹)一样,它的资产也被用来赔偿损失而分给了世界上的其他公司。这就是为什么妮维雅要花大力气进行品牌重建,不论何时何地,只要一有机会公司就会买回自己的资产,如 1974

年在美国所做的。2003 年，妮维雅已经是世界领先的护肤品牌，每年的营业额达 25 亿欧元，平均增长率达 15%。品牌的增长完全依靠先进的、仔细计划并在各国重复实施的延伸方案实现。正如我们所见，当涉及新的市场与新的顾客需求时，每种延伸都是由品牌的一个特定方面构成的，却始终忠于品牌传统与核心价值。

妮维雅为管理良好的系统性延伸提供了一个很好的例子。这一世界领先护肤品牌的生命周期与增长主要取决于以下两个因素：原型产品的现代化——圆形蓝盒中的妮维雅面霜和通过子品牌（妮维雅称其为"副品牌"）进行的系统化品牌延伸。

小圆盒是妮维雅的原型并被赋予品牌价值。妮维雅在每个国家首先引入的就是这一产品，消费者在每个销售点都能买到。这也解释了为什么该产品能够渗入所有的社会环境。随后，公司以事先设计好的顺序引入延伸产品建立品牌：先是护理用品，紧接着是卫生保健用品，然后是护发产品，最后才是化妆品。子品牌凭借专业化，基于年龄（妮维雅婴儿系列）、使用目的（妮维雅防晒霜）和性别（妮维雅男士系列）等因素对产品品类进一步拓展（见图 12 - 1）。

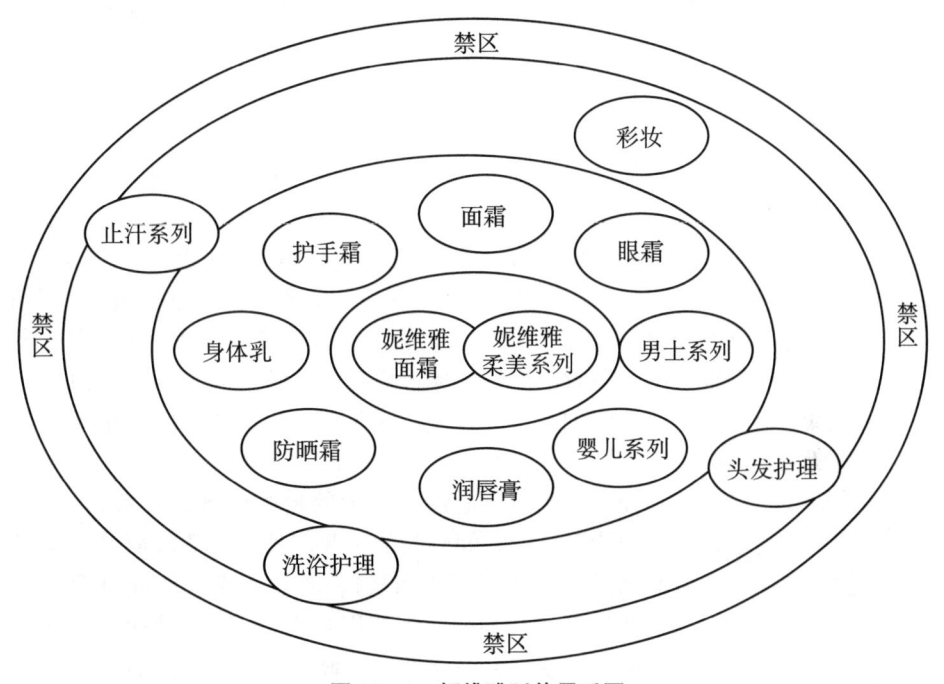

图 12 - 1　妮维雅延伸星系图

然而，如果该品牌想继续保持当前的态势，就必须努力重新利用其相关性进行创新。如今，每一个妮维雅子品牌的广告都强调创新。但是即使是妮维雅的原型产品也需要更新，于是就有了妮维雅柔美系列，它以白色盒身作为新一代面霜的外包装，面霜也比以前少一点油腻感并且能快速渗入肌肤。妮维雅柔美系列将妮维雅的基础产品带入了一个新的时代。

延伸很快就成为妮维雅商业模式的一部分。一项关于妮维雅品牌在全世界推出的新产品的研究表明，妮维雅有一个固定的、精心策划的发展模式。该品牌通过其基础产品（或初始/原型产品）在每个国家推出品牌，并将自己描述成一个健康护理品牌。接下来推出的是妮维雅的副品牌——妮维雅面部护理系列，它对妮维雅的长期业务发展起到关键作用。妮维雅面部护理系列是完美护理的象征，主张我们将自己的面容托付于它。

紧接着推出与各个国家具有很大关联性的子品牌，它深化了品牌角色与品牌使命，如妮维雅护手霜、妮维雅身体乳、妮维雅防晒霜和妮维雅润唇膏，以及三个由顾客类型进行细分的品牌——妮维雅男士系列、妮维雅抗衰老系列（面向年龄偏大的顾客群体）和妮维雅婴儿系列（最早被称为 Babyvea）。接下来，妮维雅又通过止汗系列和洗浴护理系列这两个子品牌推出了卫生保健类产品。最后，妮维雅又推出了头发护理系列和彩妆系列。

因此，品牌打入每个国家市场的顺序总是经过精心策划的：从护理产品开始，紧接着是卫生保健产品，然后是护发产品，最后是化妆品。同样，女士护理产品总是优先于男士：妮维雅面部护理系列总是在妮维雅男士系列前推出。妮维雅的经营哲学是，在每个国家可以根据市场潜力自由地选择推出子品牌的顺序，但是妮维雅面部护理系列非常重要。比如在巴西，比起卫生保健产品，护理产品的市场较小，但品牌建设的顺序仍然维持原状。毕竟妮维雅不同于多芬，后者（来自联合利华）是以卫生保健产品（作为其核心产品的一款香皂富含 25% 的保湿霜成分）为基础的，如今成功地延伸到全世界的卫生保健与美容市场。

妮维雅的品牌架构是一种伞形结构，即每个子品牌都是以描述性的方式命名的，因此代表的是对属于这一品类的品牌价值的陈述。但是每个子品牌的标签并不一致，这一细微的差异使得品牌更加开放、鲜活，不那么单调。此外，每个标签反映的是专属于该子品牌的个性与价值。从这一角度来看，妮维雅也算是一个拥有两个清晰的品牌层次的品牌化组合（来源品牌），尽管母品牌层占主导地位。

每个子品牌都有自己的个性，这也是品牌经过深思熟虑后做出的决策。此外，每次延伸不仅要深化品牌原有的核心竞争力（给肌肤爱的关怀），还要获得该品类下更大的市场渗透率，同时给品牌整体形象提供独特的元素。比如说，妮维雅防晒系列所传递的是家庭与保护方面的价值，因此其广告中展示的都是母亲与孩子或父亲与孩子在一起的画面。

同样，最后的延伸——距离核心品牌最远的是妮维雅彩妆系列。到现在为止，我们讨论的都是妮维雅旗下持续时间较长的一些产品，它们既简单又和谐。彩妆品类的关键词是加速产品系列更新（每年四次）、游戏、欢乐和魅力等。然而在高速发展的国家，这一延伸是很有必要的。它使妮维雅顾客群增加了许多年轻的女孩，她们原本不会选择妮维雅，现在反而会尝试品牌旗下的其他产品。它同时也给品牌形象增添了一些必要的特性：更现代、更时尚。

因此，我们可以看到在这一系统下，子品牌不是重复意义上的延伸，因为它们将成为某个假设的 X 品牌，而且它们很清楚自己将成为什么、还能做什么。在现实中，品牌通过子品牌的方式使其"大计划"得以成形。延伸预示着品牌具有长期愿景。建立强大品牌之前，需要明确品牌的目标。这些延伸不是传统意义上的延伸，而是一个事先计划好的整体规划的组成部分，这一规划通过延伸实现其内涵、一致性与规模。

对于任何新产品的推出，核心问题就是该产品与现有的竞争产品是否存在可感知差异。当然新产品会带来它们自身的无形资产和品牌形象，但是只靠这些是不够的：一个差异化的物质基础是必要的，这也成为以下产品的创新来源。

- 妮维雅面部护理系列在欧洲推出了 Patch（与日本的 Kiaoré 公司联合推出的

水果品牌）。
- 妮维雅男士系列为剃须提供了更多的护理产品。
- 妮维雅抗衰老系列正在发展成熟的肌肤护理概念。

最后，对于任何系统而言，总有那么几个禁区，如消脂产品。这并不是因为不存在这样的市场，事实上它确实存在而且正处于发展阶段。成为禁区的原因是现有产品的功效都不是很好。如果使另外一种并不能真正传递产品承诺的产品进入这一领域，会破坏消费者与妮维雅之间的信任关系——相对于这一领域的其他品牌而言，妮维雅想成为一个值得依赖的品牌。

识别潜在的延伸

在进行任何品牌延伸之前有必要充分地认识品牌，这一点是不言而喻的。品牌的属性是什么？它的个性是什么？它向购买者和使用者传递了什么？其潜在的品牌联想或品牌特性是什么？对这些问题的回答基于对目标受众的定量研究（为了了解品牌的知名度和品牌形象）和定性访谈。对品牌形象特征进行简单的罗列并不能全面地认识品牌，确定品牌识别棱镜需要进行定性研究。

拥有了这些信息之后，调研流程的第二步是推断品牌具有的特征以评估它们带来的效果。如果多芬的品牌个性是温和，那么还有其他哪些产品需要变得温和？Christofle 作为刀叉和调羹的品牌，能通过借代的方式延伸到玻璃杯、盘子或其他一般的餐具吗？既然 Rossignol 在某一运动领域（滑雪）表现活跃，它是否也能够延伸到网球拍和高尔夫球棍等业务上呢？

奢侈品牌似乎总能从自己的发展历史中找到延伸的理由和灵感。于是，莱俪（Lalique）的创始人勒内·拉利克（René Lalique）推出了珠宝、围巾和披肩产品。Baccarat 对于如珠宝、香水和灯具的小配件的延伸，也是抢占未开发领域的象征。

不论来源是什么，一长串的品牌延伸都是对品牌识别的反思、调研以及推断的过程，之后要进行内部的可行性分析。品牌延伸是一种战略选择，同时伴随着其他方面的变化，如生产、专业知识、分销渠道、传播以及企业文化。而这几个方面的变化必须获得企业内部或外部联盟的资金支持。因此，为了增加资源，宝诗龙（Boucheron）出售了其 22%的股份，这些股份并不属于其核心业务（最新款珠宝），而属于其经营"第一轮"延伸产品（珠宝、手表、镜架、钢笔和香水）的子公司。

对延伸最后的确定主要是通过对目标受众的测试来完成的。为了达到这一目标，通常使用的方法是民意调查。对于每一种延伸的提议，消费者将从兴趣的角度来评估产品，如"非常感兴趣、一般、不感兴趣"，这样就能得到对可能延伸产品的受欢迎度的评价。

这种方法简单易行，并且是用数字来进行评分，唯一的缺陷就是过于保守。当把关于一大批产品的一系列问题抛给受访者时，他们趋向于以品牌的突出特征为基础进行评价。因此，这一技术失之偏颇并太过保守。比克制造圆珠笔，其延伸战略就会致力于发掘文具制造的潜力，完全摒弃销售剃须刀的想法。

戴维森（Davidson，1987）在内核周围区分了许多的同心圆区：外核、延伸区和禁区（见图12-2）。调查中的封闭式问题只能提供紧邻于品牌的信息（外核）。深入的定性调研阶段探索了较远的延伸区。

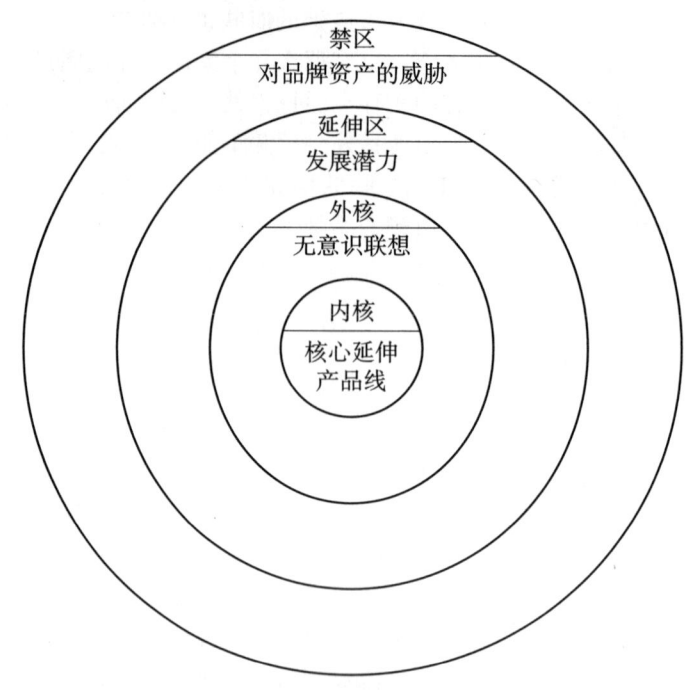

```
禁区
对品牌资产的威胁

延伸区
发展潜力

外核
无意识联想

内核
核心延伸
产品线
```

图12-2 品牌延伸界限

有必要再一次进行定性研究来发掘品牌的潜力，并看它是否能够采取这些延伸战略。通过同样的调研，我们还可以分辨出那些被淘汰的结果是不是由于与实际情况有关的保守态度、受访者缺乏想象力或延伸产品与品牌不协调。

定性研究是一个极具建设性的阶段。企业要始终铭记品牌必须为产品品类带来附加值，它们也急于知道在什么情况下想象中的产品对于品牌而言是合理的。产品若想拥有该品牌名称必须具备哪些特征（主观的或客观的）？产品如何比当今市场上的供应者更有优势？

因此，只说鳄鱼能够制造夹克衫是不够的，还应该对鳄鱼夹克衫和非鳄鱼夹克衫所具有的特征进行描述。鳄鱼的品牌识别棱镜包括以下特征：结实、完美、耐用、灵活、和谐、社会适合性、一致性和适应性。鳄鱼的初始产品以"人类的第二层皮肤"而著称：它引起了构成品牌核心价值的距离效应（distancing effect）。其品牌声誉造就了鳄鱼在个人与社会之间（个人舒适到社会舒适）灵活过渡的品牌形象。其透气的编织物与人类的皮肤和毛孔类似。这个品牌识别棱镜定义了那些不属于鳄鱼的领域，以及为了避免丢失品牌的特殊意义而应该避免的领域：

● 由于鳄鱼遵循运动理念，横向跨越了所有年龄与性别的障碍，因此它不应该将品牌名称用在专属于女性（事实上，鳄鱼有氧产品线是一个很大的败笔）或男性化（如打猎）的产品上；

● 鳄鱼既不出售带有花哨颜色的产品，也不涉足生命周期较短的"时尚"产品；

● 作为"第二层皮肤"，鳄鱼既不制造厚重的编织外套，也不制造有光泽的皮衣。

大家都知道为什么鳄鱼不生产皮夹克。皮夹克具有男性化与时尚的特点，并且不能持久。只有绒面羊皮符合鳄鱼的特点。

在定性研究阶段，应让使用者理解品牌的功能。品牌是属于自己的还是他人的符号呢？消费者喜欢在哪里看到品牌符号呢？这一信息对于品牌管理而言是很有必要的。在鳄鱼牌运动上衣的口袋上应该印有鳄鱼的商标、鳄鱼形象，还是鳄鱼俱乐部字样呢？

从根本上来说，在测试阶段不仅要搞清楚延伸品类的成功要素是否与品牌存在一致性，还要弄明白一旦产品失去了该品牌，能否依然比竞争者优秀。尽管有许多关于延伸失败的解释认为失败是品牌形象造成的，但最简单的原因是延伸产品不如已经存在的产品好而且价格更贵。综上所述，延伸意味着创新并应同时考虑其附加值。最后，这些投射技术能够解决品牌资产受到不利影响的问题。

品牌延伸经济学

通过利用品牌意识及与已有品牌相关的价值与品质，品牌延伸的实践能够增加新产品成功的机会并降低其推出成本。这两个结果已经得到证实。

如图 12-3 所示，只有 30% 的新品牌能够存活 4 年以上，但是对于品牌延伸而言，存活率超过了 50%。

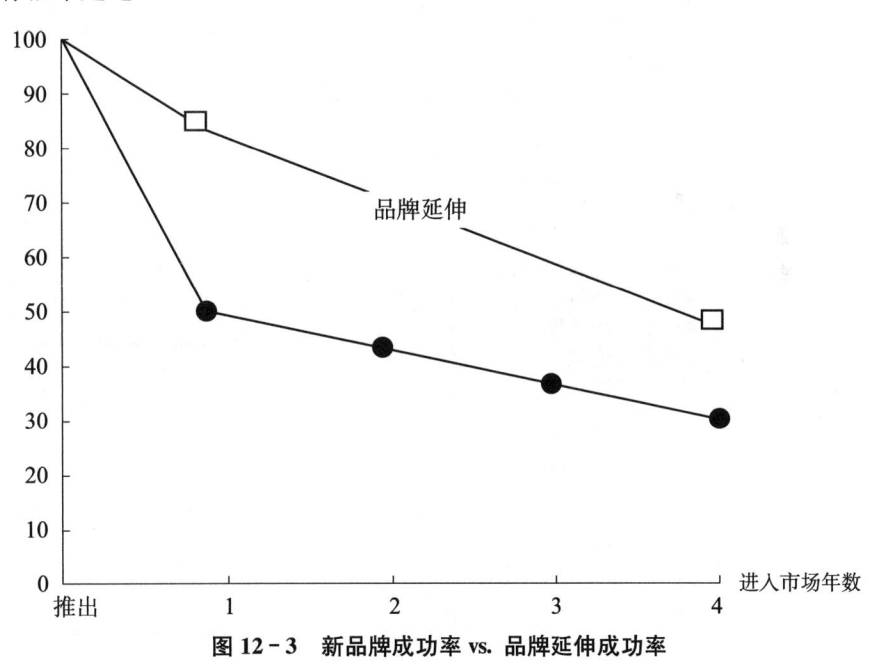

图 12-3　新品牌成功率 vs. 品牌延伸成功率

延伸如何提高产品的存活率呢？首先，比起新品牌，分销商会将更多的货架空间分配给已有的知名品牌。但是品牌延伸对消费者会在以下方面造成影响（见图 12-4）：

- 试用率，引起更高的试用率（品牌延伸 123 vs. 新品牌 100）；
- 转换率（品牌延伸 17% vs. 新品牌 13%）；
- 忠诚度（品牌延伸 161 vs. 新品牌 100）。

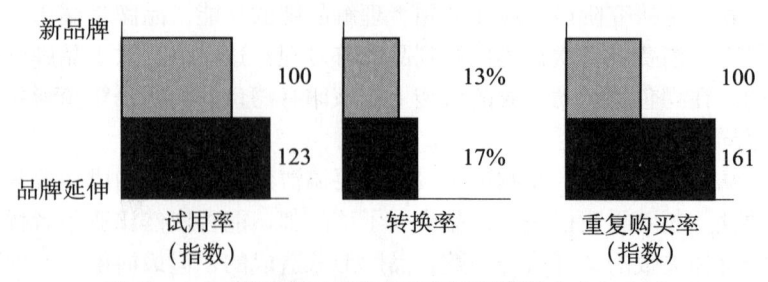

图 12-4　品牌延伸对消费者采购过程的影响（OC&C）

因此，正如第二个 OC&C 分析所展示的那样，对于外观相同、重点分销/非重点分销比率相同的产品而言，当产品以已有的品牌命名时，消费者选择该产品并试用、建立忠诚度的可能性更大。

追溯到 1969 年，克莱坎普（Claycamp）和利迪（Liddy）测量了"家族名称"（延伸）对新产品试用率的影响。他们所创造的艾耶尔预测模型是以 32 个品类中的 60 种新产品为基础的，其中半数属于食品行业。该模型的基本架构如图 12-5 所示。

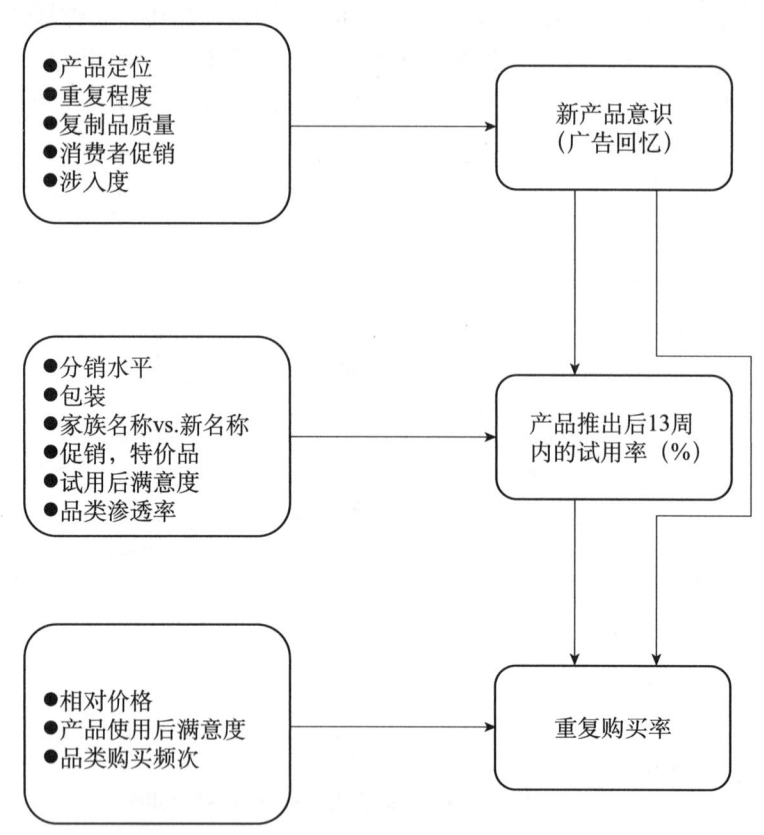

图 12-5　艾耶尔模型：家族名称如何影响新产品的销售

对该模型的指标测量（通过双回归的方法）得出的结果是"品牌延伸"这一变量的权数显著为正。一个原先为人熟知的品牌很有可能直接吸引消费者尝试其新产品。此外，利迪和克莱坎普还注意到，这一变量与广告回忆甚至是重点分销都无关。最后一点最令人感到诧异：与欧洲同行相比，美国经销商并不会为新产品的进入设置障碍。

从这些研究中可以得出什么结论呢？认为所有的新产品必须在一个为人熟知的品牌下推出这一想法是错误的。这忽略了多品牌组合在最大化市场覆盖率方面的重要作用。正如在后面将要讨论到的，有些品牌延伸会阻碍新产品获得成功并对品牌资产造成损害。因此，爱马仕拒绝以收取特许权使用费的方式将其品牌租赁给想要推出个人高质高价服务或旅游套餐服务的 Wagons-Lits Group。在异国涉足酒店服务业的风险对于爱马仕而言实在太大了，以至于爱马仕不愿将自己的品牌与该企业联系在一起。

这些图也显示出，消费者对于产品的看法远比管理者开放得多。很多时候，管理层因品牌的起源及品牌的发展史受到束缚。对于管理层而言，玛氏除了代表巧克力棒以外不能代表其他任何产品，但是玛氏雪糕和 2003 年推出的玛氏饼干都非常成功。这一点证明了消费者能更好地区分品牌与产品，至少他们不会绝对地将它们联系在一起。

关于品牌延伸是否合理的第二个经济学争议与成本有关：相对于在知名品牌下发布新产品，推出新品牌的成本往往更高。事实确实如此，对日用品的估算结果表明，在"推"式策略和"拉"式策略、促销活动（针对消费者，最主要是针对分销商）和媒体广告方面更低的花费可使品牌延伸节约 21% 的资金。由于试用率很高，就每次试用的成本而言，品牌延伸战略依然很经济（见表 12-2）。

表 12-2 品牌延伸对推出成本的影响

	新品牌	品牌延伸	%
推出预算			
——拉式	100	78	−22
——推式	30	24	−20
总额	130	102	−21
试用率	100	123	+23
成本/试用	1.3	0.83	−36

资料来源：OC&C.

然而，尼尔森（Nielsen）基于 115 种产品的研究给出了明显对立的结论：以新品牌推出的新产品能获得以原有品牌推出的产品两倍以上的市场份额（除了健康与美容产品，两者的结果基本相同：2.7% vs. 2.6%）（见图 12-6）。导致这种差异的原因可以从第二栏中看出。品牌延伸战略实际上是有效的，低市场份额实际上是因为管理层对品牌延伸的传播预算较少，从而降低了广告出现的频率。

当广告投放率相同时，在保健与美容市场中，品牌延伸导致相同的甚至更大的市场份额，消费者对此类产品的感知风险更大，因此更偏好知名品牌。

从这两项研究中我们能够推断出什么结论呢？它们是否相矛盾？第一项研究表明，即使是以低预算运营的延伸也会更有效率。考虑到许多管理者对品牌延伸的绩效有足够的信心并缩减其广告预算这一事实，两者之间的矛盾也就不复存在了（从而导致了图 12-6 第一栏中的结果）。对于相同的预算，延伸战略在清洁产品与食品行业中略占优势，但在保健与美容行业优势明显（0.46 vs. 0.39）。实际上 OC&C 分析了试用率的效率（与消费者对品牌的熟悉度紧密联系），而尼尔森的分析是基于超过 24 个月的市场份额进行的，反映了整体的市场营销组合与产品质量，这种情况可能对结果具有一定影响。最后，品牌延伸的预算较少可能和企业对品牌

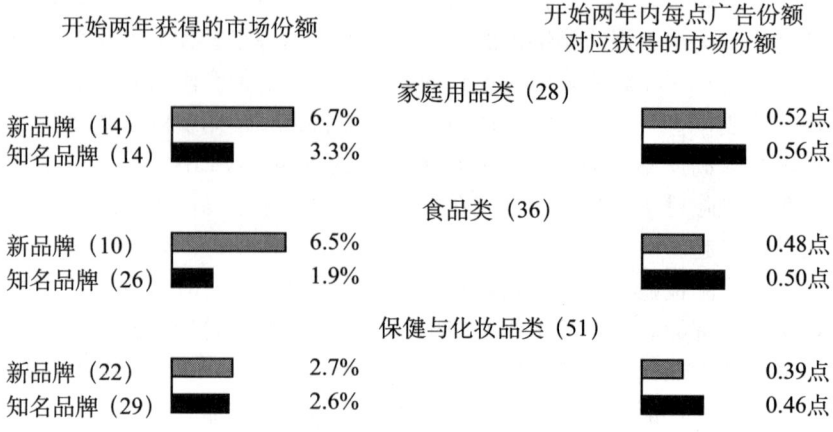

图 12-6 开始两年内的销售业绩对比（尼尔森）

开始两年获得的市场份额

家庭用品类（28）
- 新品牌（14）：6.7%
- 知名品牌（14）：3.3%

食品类（36）
- 新品牌（10）：6.5%
- 知名品牌（26）：1.9%

保健与化妆品类（51）
- 新品牌（22）：2.7%
- 知名品牌（29）：2.6%

开始两年内每点广告份额对应获得的市场份额

家庭用品类（28）
- 0.52点
- 0.56点

食品类（36）
- 0.48点
- 0.50点

保健与化妆品类（51）
- 0.39点
- 0.46点

核心产品做大量广告以保持其市场份额有关（这是一种错误的做法，忽略了对新产品进行广告宣传将对核心产品的销售产生溢出效应）（Balachander and Ghosse, 2003）。

隐藏在这两项研究背后的因素是产品进入市场的时机。不能以相同的方式进入同一个处于成熟阶段的市场，因为对于企业来说这一市场既陌生又充满风险。沙利文（Sullivan, 1991）对11个品类中96种产品的分析给出了一些有趣的描述性结论（见表12-3）。

表 12-3 两种品牌化战略的成功率

	市场发展	
	增长型	成熟型
推出新品牌	57%	43%
推出品牌延伸	46%	68%

资料来源：Sullivan (1991).

首先，这一分析指出企业更偏好以新品牌进入新市场。在研究的48种处于增长型市场的产品中只有13种属于品牌延伸。然而，在成熟市场的48种产品中就有40种属于品牌延伸。沙利文提出，使用自身品牌进入年轻市场的往往是相对较弱的品牌，如美国的Royal Crown Cola是第一个使用自己的品牌进入减肥可乐这一细分市场的。这种做法随后被百事可乐效仿并推出了百事轻怡。可口可乐更偏好推出Tab而不愿使其品牌资产遭受风险，最终推出了健怡可乐。这一研究表明在这类市场中成为领导者的品牌大多是新品牌（健怡可乐除外）。

为什么强势品牌对是否进入年轻市场犹豫不决呢？尽管它们会从没有竞争的市场中获得利益，但是建立一个新的市场对创建者而言风险更大（Schnaars, 1995），并可能对该品牌本身及品牌资产带来负面影响。在一个年轻的、没有完整定义的市场中，品牌必须足够灵活才能找到合适的定位，而品牌延伸却限制了这种灵活性。然而，品牌的属性必须得到尊重。此外，通过利用所谓的先驱优势，推出一个专属于新市场的品牌能够使品牌成为该市场的参照物（Carpenter and Nakamoto, 1990）。最终许多新的市场被创造出来以应对旧市场的冲击。如滑雪冲浪市场以一种反主流文化应对高山滑雪及其以竞争为导向的价值观；这一市场的支持者拥有他们自己的品牌并拒绝使用知名品牌 Rossignol 的冲浪板。

除了较弱的品牌试图主宰新市场外，在一个既没有供应也没有分销渠道并且消费者感知到高风险的市场上，成为唯一知名可靠的参照对象对企业来说有很大的吸引力。即便该产品与原有市场相差甚远，消费者也会认定该著名品牌的存在，因为只有名气与声誉才是最有价值的。这就是为什么法国特福以自身品牌进入刚刚起步的家用电器市场。

最后，对取决于市场成熟度的两种推出战略的成功率的分析还揭示了在市场初创阶段新品牌战略将略占优势；但随着时间的推移，品牌延伸战略的优势更加明显（见表 12-3）。

品牌延伸新进展

关于品牌延伸的研究

自 1990 年以来，延伸就已经吸引了较多市场研究学者的注意。尽管这一空白地带很吸引人但同时也伴随着高风险。这项研究以实验与定量研究为主，并聚焦于如何识别消费者对待延伸的态度：他们会欣赏这种做法吗？研究也试图找出那些会稀释品牌资产的延伸情况，它们通常是由延伸产品不能传递"品牌契约"造成的。那么品牌延伸对母品牌形象或其核心产品的销售会产生什么影响呢？

这项研究只针对品牌延伸过程的一小部分，包括以下八个步骤：

（1）评估品牌资产（包括品牌形象或情感资产，它们都是不同细分市场中的核心竞争力）。

（2）评估可能的延伸品类的内在吸引力。

（3）评估品牌资产对已选择的延伸品类的可转移性。

（4）评估这些品牌资产的相关性：它们能否为这一品类带来价值？

（5）评估企业是否有能力传递品牌所包含的预期价值。

（6）评估延伸产品相对于竞争者有哪些感知优越性。

（7）评估企业在延伸市场中是否有能力维持竞争并在一段时间内获得市场领导者地位。

（8）评估延伸对母品牌与核心产品销售情况产生的反馈效果，即延伸给品牌带来了什么（如新的客户、新的形象特征以及新的销售机会）？

学术研究主要解决了以上（1）（3）（8）中对应的三个问题，并对如下问题做了回答：

品牌资产何时可转移？消费者对延伸产生积极反应的原因是什么？什么时候品牌资产会遭到那些令人不满意的延伸的破坏？学术研究的主导范式是实验性研究，以消费者对延伸的评价（"我喜欢"和"我不喜欢"）作为被解释变量。直到最近研究者才对后台数据与市场进入者的先后顺序做出分析，聚焦于销售额与细分市场领导者并试图理解延伸成败的决定因素（见图 12-7）。

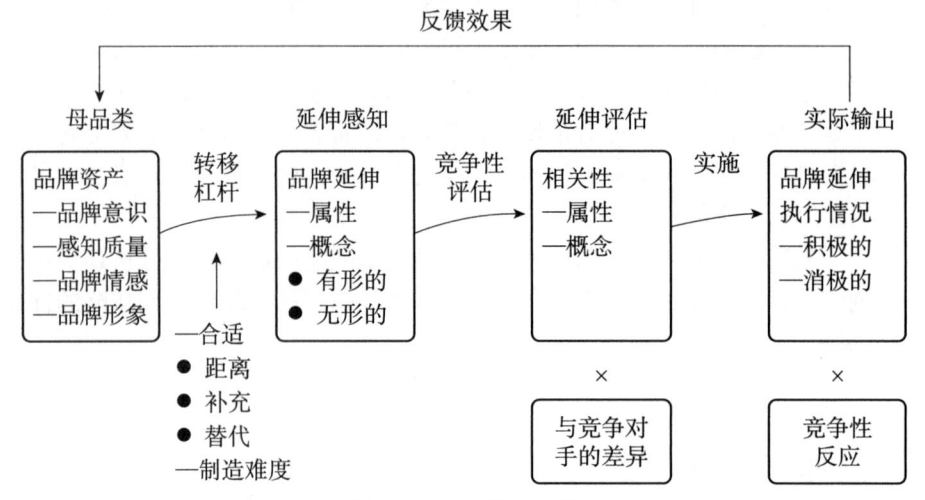

```
                            反馈效果
        ┌─────────────┬──────────────┬──────────────┐
        ↓             ↓              ↓              ↓
      母品类        延伸感知        延伸评估        实际输出
   ┌────────┐  转移 ┌────────┐ 竞争性 ┌────────┐ 实施 ┌────────┐
   │品牌资产│  杠杆 │品牌延伸│ 评估  │相关性  │────→│品牌延伸│
   │—品牌意识│ ────→│—属性   │─────→│—属性   │     │执行情况│
   │—感知质量│      │—概念   │      │—概念   │     │—积极的│
   │—品牌情感│      │● 有形的│      └────────┘     │—消极的│
   │—品牌形象│      │● 无形的│          ×          └────────┘
   └────────┘      └────────┘                          ×
               ↑  —合适
                  ● 距离                ┌────────┐   ┌────────┐
                  ● 补充                │与竞争对│   │竞争性  │
                  ● 替代                │手的差异│   │反应    │
                  —制造难度             └────────┘   └────────┘
```

图 12-7 品牌延伸过程

对品牌延伸的早期实验性研究

关于品牌延伸的第一个研究是在 1987 年明尼苏达大学的一个学术报告会上披露的。实验通过呈现对 6 个 Tarco 品牌计算器的评估测试结果，操纵被试者对这一虚构品牌的态度。实验组遇到不同的情况，包括没有计算器质量较差、仅有 1 个计算器质量较差、有 2 个计算器质量较差……有 6 个计算器质量较差。这会影响人们对这一品牌的一般态度。接着即将由 Tarco 推出的一系列新产品被呈现出来：这些产品从一款新的计算器和近延伸（微电脑、电子手表和收银机等）到远延伸（自行车、钢笔和办公椅等）依次排列。实验要求被试者在看到这些产品之前对每种产品发表看法。人们对 Tarco 的态度和对该品牌延伸产品的态度之间的相关性测量结果表明，延伸越近，相关性也就越强。简言之，品牌的原始产品类别与延伸产品类别之间的感知相似性能促进品牌态度在两者之间转移。

当然，对于感知相似性的判断因人而异。正如另一项研究中所说的，专家与非专家会使用不同的指标来评价两种产品间的相似度。以下面两种类型的延伸为例，将其展现给两种类型的人，即专家与非专家：

● 一种是利用表面相似性与关联性进行的表面延伸（如从网球鞋到网球拍）；

● 另一种是利用同样的专业知识进行的深层次延伸（如利用碳纤维合成方面的专业技术使得某高尔夫球杆品牌有能力生产网球拍）。

当被问及原始品类与最终品类之间的感知差异性时，非专家会发现表面延伸之间非常相似，专家却并不这么认为。从另一方面来讲，对于使用的过程与材料构成的解释更能说服专家们认为网球拍与高尔夫球杆是相似的产品，但是非专家仍然会认为两者很不相似。因此，相同的产品构成对于非专家而言并不是一个影响感知相似性的因素；他们往往将自己的看法建立在更为表面的符号上。他们对建立在产品间互补性与替代性关系上的延伸更为敏感，因为这才是真正意义上的"合适"：

● Uncle Ben 的沙司是 Uncle Ben 米饭的补充产品；

● 雀巢巧伴伴（Nesquik）麦片粥是巧伴伴牛奶巧克力的替代产品。

然而专家并不满足于这些外围线索，他们需要如 Look 的延伸一样的更强有力的证据。这一因滑雪固定绑带而出名的品牌将其在自动控制踏板与复合材料制造方面的优势延伸到了高端的山地车市场。

在第一项研究中，Tarco 这一虚构品牌是有意设置的。这样的话该品牌就没有了品牌资产，即不存在与品牌相关的独有的品牌信任与品牌情感。这一点证明了建立产品相似性标准对促进品牌态度转移的重要性。在正常情况下，如果品牌足够强势，就算延伸品类与原始产品品类差别较大，产品品类中核心价值的相关性也可决定该延伸的吸引力有多大（Broniarczyk and Alba，1994）。比克在钢笔、剃须刀和打火机产品上的成功就是最好的例子。

帕克（Park）和他的同事们在 1991 年首先意识到存在一种独立于产品并来自品牌本身的作用机制。他们给每个被采访者两个列表的产品，即功能性产品和表达性产品：

功能性产品	表达性产品
电视机	香水
光盘	鞋子
录音机	钱包
收音机	衬衫
录像带	包
录像机	钢笔
随身听	戒指
汽车收音机	手表
摄像机	皮带
留声机	水晶
耳机	领带

同时向被采访者提出以下两个问题：
（1）两列产品间的相似度；
（2）每一列产品之间的协调程度。
研究者以两种方式就以上问题提问：
（1）不涉及品牌而直接提问；
（2）明确品牌，这里第一列是索尼，第二列是古驰。
结论又如何呢？

- 对于表达性产品而言，不论是否提及品牌都无法改变产品间的低相似度。然而，由于古驰这一品牌的存在使得原本在无品牌情况下看起来并不协调的产品（3.68）突然之间就有了惊人的一致性（4.74）。
- 对于功能性产品而言，不论品牌是否被提及都不能改变对产品相似度与一致性的评价。

简言之，作者暗示了消费者对品牌延伸形成见解的两种过程：
- 如果品牌以功能性为主，对延伸的评价就根据原始产品和延伸产品之间的内在联系自下而上进行。消费者的评价主要依赖于产品品类之间的感知相似度。
- 如果品牌是象征性的，品牌的概念就会在原本没有关系的产品之间创造联系。在这种情况下，对延伸的判断与产品的物理特征无关。每一个延伸都是根据它对品牌概念的归属及与该品牌价值体系的一致性进行评估的。这是一个自上而下的过程。

一些延伸具有稀释品牌的风险，就好比一根橡皮筋被拉得太长就会变松。许多因素能够解释过度延伸对品牌造成的损害。对于这种风险的评估很有意义：推出气泡矿泉水会对乐堡啤酒这一品牌造成什么影响（这类延伸在希腊确实存在）？

一项研究证明了这一风险的存在。它主要聚焦于一个知名品牌露得清。研究向消费者展现了两种延伸，一种是露得清的非正常延伸，另外一种是露得清的典型延伸。实验前已告知消费者两种延伸在露得清的温和与高品质两方面表现很差，那么这样的表述会对露得清的品牌形象造成什么影响（Loken and Roedder John, 1993)？露得清其他产品所具有的温和与高品质的品牌形象也会因此受到影响吗？该研究认为，品牌原型产品 A1，83%的消费者会将该产品与露得清联系在一起；产品 A2，61%的消费者会将其与品牌相联系；产品 A3 为 55%；产品 A4 为 39%；产品 A5 为 5%。所得结论如下：

- 远延伸的产品质量差，却并不会破坏品牌形象或其他产品形象。这一现象被那些关注刻板印象的研究者普遍认可：例外的延伸不会破坏法则。因为该延伸是非典型的，不会对品牌核心造成影响。
- 对于该品牌的典型延伸而言情况则发生了变化。延伸产品的低质量水平不仅对品牌在主要特征上的形象造成影响，也会对与品牌相关的产品形象造成影响。对产品 A1，A2 和 A3 进行延伸后，温和这一品牌形象在统计上表现较差。延伸的确会对品牌产生负面影响，但是只在品牌延伸属于典型延伸的情况下。相比品牌延伸，该风险对产品线延伸的影响更大。

对待延伸的态度是如何形成的

已有许多关于品牌延伸的研究，这些研究让消费者评估有关延伸的想法（好想法/不好的想法；好/坏）。研究的目的在于理解消费者评价一系列潜在价值的决定因素，潜在价值有母品牌声誉、延伸品类与原始品类之间的感知适合性和进行延伸的感知难度。上述分析过程不考虑变量之间的交互作用。其中感知适合性是这一开创性研究中提出的重要变量，它测量的是品牌典型产品（即原型产品）与延伸产品之间的心理差距。一般情况下适合性是从三个角度进行测量的：延伸产品与原型产品之间的感知协同效应、感知可替代性和品牌专业知识的感知可转移性。

研究者对最初的研究及后续的七项重复研究进行了再分析（Echambady et al., 2006），得出以下结论：

- 消费者对延伸的评价首先受到对母品牌的感知质量的影响，且只有当两者存在高度的感知适合性时评价才高。关于适合性的维度有协同效应、专业知识的可转移性和可替代性。
- 这些评价同时也受到执行品牌延伸的感知难度的影响。
- 对于生产延伸产品的感知难度会对消费者的评价产生直接影响：难度越大评价就越高。对于热衷于过度地延伸到一些次要产品的品牌，消费者并不买账。但是在儿童用品市场中，品牌许可经营的成功对这些延伸受该变量影响的程度提出了质疑：如哈利·波特的名字出现在一些最普通的产品（练习本、橡皮、铅笔、钢笔和服装等）上。然而，这种影响或许对家长作用更大，他们眼看着孩子对许可产品的需求如潮水般涌来。对于技术类品牌也会产生这种效果，这就是它们不愿意通过生产过于简单的产品向下延伸的原因。

著名的阿克-凯勒（Aaker-Keller）范式提供了理解品牌的第一步。但显而易见的是，它根源于由品牌核心竞争力、客观特征与专业知识定义的对品牌的传统认知视角。为了评价延伸，消费者应该对延伸产品与他们心目中该品牌最具代表性的产品（即原型产品）之间的相似性进行分析。这是一种自下而上的研究方法：作为评价品牌延伸的一种方法，消费者进行评价的出发点是产品之间的相似性。这种方法非常适用于功能性品牌。

但是薯条与比萨之间的相似性又有多大呢？薯条与小圆面包之间呢？甚至是薯条与茶之间呢？从物理意义上来说，它们之间的相似性微乎其微，但正是这些产品构成了麦肯的产品系列。实际上，在品牌一致性与产品间适合性背后的共同因素并不是产品本身，而是品牌概念，即美国食物。麦肯在未来还打算出售布朗尼蛋糕和冰激凌。除了之前提出的评价适合性的三个维度，我们还可以假设有一种其他的测量方法：通过利用品牌本身的无形概念对产品间的适合性进行评价。在这种情况下，消费者会使用自上而下的评价方法。从概念出发，他们会问自己产品延伸是否符合品牌概念的规范。

此外，品牌延伸还有助于将一个基于产品的品牌（麦肯生产出色的冻薯条）转化成一个基于概念的品牌（麦肯生产美味的美国食物）。成为一个概念品牌能让品牌为将来对其他新产品进行延伸做充分的准备，从而增强了品牌的市场支配能力，增加了营业额，并提升了品牌形象与知名度：成为一个概念品牌即意味着成为一个大品牌。

获得了建立品牌识别的无形维度后，品牌离延伸也就不远了。因为只要该品牌仍然属于产品品牌，它就只局限于某一产品细分：如果你只卖比克圆珠笔，那么除了生产橡皮、马克笔和铅笔这些产品，你还能走多远呢？但如果把比克视作一个制造出色、简单、实用的塑料产品的品牌，它就能把品牌名称运用在圆珠笔和一次性剃须刀上，并成为这些产品市场甚至是一次性打火机市场的领导者。

对于该研究的总结如图12－8所示：延伸是同时以表面上与概念上的适合性为基础的。

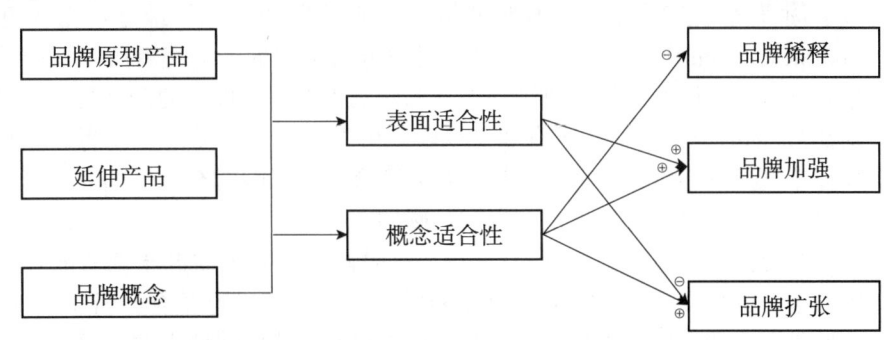

图 12－8　产品与品牌概念间适合与非适合的不同后果

资料来源：Michel，2000.

早期关于延伸研究的局限性

有谁认识川上源一（Genichi Kawakami）？他在雅马哈公司担任了52年CEO，于2002年去世。当他于1950年继承其父之职担任CEO时，雅马哈还是一个以制造风琴与钢琴为主的企业。该企业于 1954 年采取了一个激进的多样化策略进军摩托车市场，同时创造出了合成器与原声电子吉他，随后进入滑雪板、网球拍和碳基高尔夫球杆市场，后来又以生产优质产品为定位先后进入高保真音响市场与录像机市场，现在进入了多媒体市场。所有这些战略性行动的关键是基于这样一种信仰，即进行产品创新是进入这些市场并持续盈利的唯一方法。这些战略性行动由于这位 CEO 的独到眼光而取得成效。当然，川上源一从没想到过要用雅马哈之外的其他名称对任何创新产品命名。

但问题是根据早期对品牌延伸的研究（Aaker and Keller，1990），这些延伸都将面临失败，于是引发了对品牌延伸理论的质疑。

早期研究表明，消费者接受延伸的主要原因就是"适合性"，即在对产品感知质量高的情况下消费者对核心产品及延伸产品之间相似性的感受。这一结论得到一些后续研究的充分证实（Leif Heim Egil，2002；Bottomley and Holden，2001）。一架钢琴和一辆摩托车之间具有什么适合性与相似性呢？没有。但雅马哈却是世界第一乐器品牌和世界第二大摩托车制造商。圆珠笔和打火机之间，或者打火机与一次性剃须刀之间有什么相似性呢？也没有。但比克确实是这三种产品的世界领先品牌。它成功地在同一品牌下管理三种极不相似的延伸。用比克 CEO 的话来说，拥有同一个名称正是他们成功的决定因素之一。当企业在 1973 年打算以与圆珠笔（于 1950 年推出）或一次性剃须刀（于 1975 年推出）相同的品牌名推出打火机时，咨询顾问并不赞成这种做法，但是企业管理层另有打算。如今这三类产品在中北美地区占到总销售额的 53%。

为什么这一早期研究的发现和现实差距如此之大呢？事实上这一开创性研究（Aaker and Keller，1990）主要依赖于实验性研究。在这种特殊的实验背景下，消费者面对关于延伸的想法，需要立刻做出评价。在现实生活中，延伸产品通常都是作为新产品推出的，并伴随着一些关于延伸的内在价值以及由大众口口相传的有关品牌信赖的信息。但在实验性的研究环境下，被采访者并没有这些信息，因而主要依赖于感知适合性——一种全世界通用的测量方法，或者是延伸与产品之间的相似性。简言之，这项研究将消费者描述成非常保守的人。最近，克林克和史密斯（Klink and Smith，2001）证实结论是由方法决定的。消费者所掌握的信息太有限了，他们对品牌概念只接触了一次（和对真正以广告推出的产品的全方位接触形成对比），同时他们也不是愿意承受风险、最先尝试新产品的创新者。克林克和史密斯还证明了当消费者的创新意识增强，适合性的影响就会被削弱，对延伸产品与品牌进行全面接触后可以增加两者间的感知适合性。

在经过 20 多年的学术研究之后，是时候对所有关注源于调研的普遍观点同品牌与业务的现实情况之间的明显差异的文章或研究进行整合分析了。从现在看来，实验性研究会产生趋于保守的结论，而在现实生活中消费者往往掌握更为丰富的信息并能更好地对延伸做出评价。

关于典型延伸的新观点

我们在前面已经提到了典型延伸与非典型延伸，这便引发了一个新问题：如何判断延伸产品是属于品牌范围的核心、边缘还是外围？这一问题是对认知心理学研究中提出的一般问题的进一步深化：某对象是依据什么标准成为某品类中的一员的?

通过类别进行分类的心理学研究的主要目的在于,识别我们从形成类别到将某对象分配到某品类的一般过程。从这个意义上来说,品牌就是一个品类。

几十年来,主流的或经典的理论从以下方面回答了这一问题:如果某产品具有某品类必要的且充分的特点,就可以归入这一品类。这就引发了如何对概念(或品类)进行定义的问题,即对产品的品类归属起决定作用的本质特点是什么。这一模型适用于某些类别(如偶数),对于其他类别似乎并不那么有说服力。专业车或小众车制造商如宝马或瑞典萨博拥有明确的品牌形象与特征,因此可以对新车是否属于该品牌进行限定。但对于通用品牌如福特、欧宝、沃克斯豪尔(Vauxhall)和日产而言,情况并非如此。博朗和飞利浦之间的竞争也存在这种情况。

在这个经典的模型中,特定类别下的所有具体实例都是相同的,因为它们都具有这些必要的和充分的特点:2,18,40都是偶数!所有具有宝马特点的车都叫宝马!

经验证明对于许多类别而言情况并非如此。比如说,有些动物比其他属于鸟的动物更像鸟,如蝴蝶比起鸵鸟似乎更像鸟。是否属于某一类别,并不是简单的判断,而是一种概念性的判断。鸟与昆虫之间的边界并不是很清晰,而这一点并不影响对这两个类别的划分:我们脑海中存在着鸟与昆虫的原型,不可能将这两者混为一谈。可是每一类别的边界并不是那么清晰(见第11章)。

因此,由罗施(Rosch,1978)和莱考夫(Lakoff,1987)引导的关于分类研究的新趋势承认,不同的类别可以形成没有边界的群组,这些群组是由一个原型产品(即最好的典范)定义的,而不是由一系列必要且充分的特征来确定的。

如果延伸与消费者对母品牌的看法相适应,那么该延伸基本上就是可接受的。消费者的这种感知要么建立在延伸产品与该品牌原型产品间的高度相似性上,要么建立在延伸产品与品牌契约(也称品牌概念或品牌识别)之间一致性的基础上。

当延伸远离母品牌时,属于母品牌的哪些特征转移到了延伸产品上,哪些又没有呢?由于距离这一概念与延伸产品和品牌原型产品之间的对比有关,因此品牌的客观特征很少能够转移到远延伸上。相反,那些无形的和象征性的特征根本不在乎距离远近而对所有延伸都产生影响。由本书作者指导的加利(Galt,1993)的博士论文对这一点进行了演示。该研究让消费者根据不同的形象维度对德国美诺(Miele)这一品牌做出评价,然后再根据相同的维度评价美诺的原型产品(洗衣机)和两款延伸产品(电视机和微计算机)。

该研究揭示了什么

- 首先,极其非典型的延伸基本不具备美诺的功能性价值。
- 一般来说,客观质量并不像象征性质量一样进行转移。因此,转移到两种延伸产品形象中的美诺的典型物理特征——优质、创新和信赖微乎其微。相反,延伸产品重新获得了以下特征:年轻的一代、尽情炫耀、为创新者而生。鉴于此,在不同的情境下，奢侈品牌更容易进行延伸活动甚至可以延伸到极其不相似的品类。它们主要的象征性品质忽略了具体对象之间的距离并能轻松转移。

延伸如何影响品牌：对效果的分类

除了销售额与利润的增长，品牌延伸以六种不同的方式影响品牌与品牌资产。

1. 有些延伸利用品牌资产提高新产品的销售业绩。在品牌产品与市场上的竞争者之间没有任何差异时就会出现这种情况：品牌虽然还未完全扮演其进行转换的角色，但它使得产品从品牌形象中受益。若过于频繁地实施这种做法，如采取宽松的许可经营策略，品牌资产就会随着品牌与现有普通产品之间的联系和不正当的溢价而逐渐消耗殆尽。工业品牌经常通过从竞争者那里购买自身没有的产品来填补产品线空白。复印机市场就是一个典型的例子。

2. 有些延伸会破坏品牌资产，如向下延伸。保时捷已经取消了924系列，因为这一系列的汽车只是凭借其声名远播的品牌名称与竞争对手（Golf GTi）形成相当大的价格差距。在924型车上找不到任何主观或客观的保时捷价值：既没有男性化特点也没有技术元素。这一车型仿佛宣告了保时捷神话的终结。从那时起，保时捷不再参与F1赛车，也逐渐淡出了法国勒芒24小时耐力赛，它唯一的品牌传播要素就是广告，其中大部分都集中于924系列。为了回到原始状态，保时捷不得不停止生产924系列，转而重新对911系列进行投资。

3. 有些延伸会对品牌资产产生中性的影响。产品与消费者对品牌的期望之间并不是不适合而是相互协调的。这主要体现在家用电器领域，人们认为有些品牌会在实际生产产品的基础上提供更多类型的产品，即便它们真正决定进入这些市场，品牌形象也不会受到影响。这一点说明消费者具有不同于制造商的品牌感知，他们将品牌的成功归于其超越且不受制于现有产品的核心竞争力。

4. 有些延伸会影响品牌的意义：当Rossignol新增了冠名的网球拍产品后，其品牌地位也发生了变化。如今Rossignol的专业化水平更低并以兴趣广泛为主要特征。但是对品牌所覆盖的两款运动商品的选择并非随意为之：该品牌依然为消费者提供可以舒展身体从而使身心愉悦的运动器材。雀巢通过与达能在超新鲜产品（如酸奶）市场上的正面竞争增加了品牌的现代感。

5. 有些延伸有助于实现品牌复兴。它们活化了品牌核心价值，并且以一种全新的、更有力的方式对品牌基本价值进行描述。因此，经典绿色运动上衣是鳄鱼的复兴产品，它表现了鳄鱼品牌的特征间的一种罕见的共生关系，即一致性、灵活性、社交性以及与时尚的距离。相对于蓝色运动上衣（对鳄鱼品牌来说过于正式），绿色显得更为休闲，并代表了位于温布尔顿网球场上的绿色草坪。绿色上衣在对鳄鱼品牌进行更新的同时也表达了品牌的核心价值。

6. 最后，虽然有些延伸对品牌而言并不是那么理想，但在保护品牌资产方面是很有必要的：它们的主要目的在于防止其他企业以本企业的品牌对其他品类的产品命名。因此，尽管卡地亚不想延伸到某些品类中，但它不得不这么做，因为只有这样才能防止其他企业在全球范围内的纺织品品类中使用卡地亚这一品牌名称。

避免品牌稀释的风险

在许多关于品牌延伸的咨询任务中,重复出现的问题主要涉及延伸对品牌形象与品牌资产产生的稀释作用。从市场的角度来看,业务延伸会损害品牌声誉以及构成品牌价值的特征等品牌资产吗?举例说明,如果达能推出矿泉水,如果梅赛德斯生产A级产品系列,如果香奈儿决定在特许连锁折扣眼镜商店Afflelou出售香奈儿眼镜,如果一向从事专业化经营的企业如今开始以大众为目标客户,如果将品牌延伸到了低价产品,如果比克除了出售钢笔还出售打火机和剃须刀,会对品牌形象造成什么长期影响呢?

正如这些典型问题所示,关键问题在于如何测量延伸带来的长期影响。首先,没有任何研究可以准确地预测未来。其次,对于该问题的回答在很大程度上依赖于企业成功执行延伸策略的能力。毕竟延伸并不仅仅是对品牌的延伸:更重要的是,延伸是经过反复尝试和检验的品牌核心竞争力范围之外的活动。延伸需要经过长时间的学习,这一点是非常有必要的。比如小型A级轿车揭示了梅赛德斯的发动机和底盘质量不够稳定,因而违背了传统的基本品牌契约以及它的三个必要特点:可靠、安全与持久。

延伸除了会导致与品牌形象相关的风险,也会产生其他风险。品牌延伸通常会导致目标市场、分销商(从大规模零售角度来看甚至有可能是购买者)、价格、生产与物流方面的改变。种种变化会对品牌的历史分销渠道、意见领袖或已有顾客带来烦恼。因此,延伸确实会带来一定的经营风险并影响现有旗舰产品的销售情况,而这些产品是主要交易平台的重要组成部分。

品牌稀释的例子:薇姿

薇姿在其品牌发展史上的变化导致了品牌识别与品牌价值的流失。它从一开始的化妆品品牌发展成一个专业皮肤科医师品牌。然而为了增加销售额,薇姿放弃了这一标签,开始开发基础的化妆品产品。摆脱了皮肤科的标签以后,该品牌在电视上进行广告宣传,也能够根据女性的意愿来开发产品,而且更侧重于化妆品能获得更大的收益。每年品牌在市场上投放更多的新产品,因为不需要再对产品做完整的临床测试。在短短几年内,它就成为另一个普通的药店产品。

薇姿的销售额与利润同步快速增长,但同时其品牌形象受到了损害。尽管从短期来看这一策略可以获得成功,但是在消费者眼中品牌识别已受损,他们不再将薇姿视为具有独特性与附加值的品牌。它也不再是药商想要的品牌,虽然整个药商渠道曾通过寻求所谓的"药店产品"的权力来重建其合法性以对抗新的分销渠道。

薇姿的业务模式与品牌使命又回到了原点。薇姿这一专业的药商品牌需要对它的分销渠道多一些鼓励。该品牌围绕健康这一主题进行重新定位,因此品牌口号变成了"健康从肌肤开始"。最重要的是,所有与该经营哲学不适应的项目与产品都被削减了。

像这种丧失品牌识别的例子非常普遍:大集团经常从收购中寻求利益并强制一

些具有较强品牌识别的小品牌迅速转移到其他分销渠道和品类中。比如露得清正面临这一威胁：它在世界范围内向食品渠道进行扩张的同时面临失去那些使品牌独一无二的核心价值的风险。

消费者是记账还是分型

学术研究为品牌形象稀释风险提供了大量的信息。然而遗憾的是，研究只聚焦于延伸和品牌形象之间的不适合性：它并没有考虑到风险还来源于那些伴随着延伸而在分销和目标顾客中发生的战略变化。

在关于品牌稀释的研究中，最重要的范式就是延伸无法兑现基本的品牌契约。那么由品牌产生的期望由于延伸而落空的原因到底是什么呢？除了延伸本身的失败以外，是否会对品牌形象或现有产品的销售情况产生风险呢？基础研究（Loken and Roedder John，1993）表明，任何未能兑现基本品牌契约的情况都会对品牌与品牌形象造成负面影响，特别是那些被品牌形象忽略的方面。品牌是由消费者记忆中所积累的对于品牌所有印象的总和组成的。唯一的例外就是当消费者发现自己产生了这样的疑问：不那么令人满意的延伸是品牌的典型延伸还是非典型延伸？如果消费者感知到的是非典型延伸，那么品牌形象就很安全；但如果他们认为延伸属于品牌的典型延伸，那么一旦其无法兑现品牌契约，就会最大限度地稀释原品牌。问题是无法保证消费者是否会提出这样的疑问。在上面提到的研究中，研究者只对一半被试者提出了这一问题。消费者仿佛采取了一种"记账"方式，品牌应该对其所做的一切全权负责，不论好坏。

第二个最近的研究考虑到在延伸过程中打破品牌契约对现有旗舰产品销售情况的影响（Roedder John，Loken，Joiner，1998）。就构成品牌差异化价值的属性"柔和"而言，消费者对强生公司品牌延伸的不满确实损害了品牌形象，但是其原型产品或旗舰产品并没有受到影响。这一点暗示了"经验效应"的存在：已经使用过强生产品的消费者对产品质量有足够的信心，尽管他们不看好品牌延伸，但不会改变对旗舰产品的信任。可是当消费者对强生的产品线延伸（对基础产品进行简单的改变）产生不满时，其旗舰产品（婴儿洗发水）确实受到了影响。联系如此紧密的延伸会对旗舰产品的销售业绩附带造成最严重的损害。

向下延伸的风险

价格暗示质量是众所周知的事实，并且高价本身能够创造出高地位的产品形象。寻求更大的客户群这一驱动因素促使一些高端奢侈品牌开始出售廉价产品：梅赛德斯的A级车与卡地亚的唯我独尊产品系列都采用了这种方法。企业的这种行为会对该品牌的现有顾客产生什么影响呢？

考虑到奢侈品牌的价值在某种程度上来源于该品牌暗示了消费者有一定的经济实力来购买奢侈品（消费者对品牌的印象）这一事实，存在负面反应也就不足为奇了：对于品牌地位的传播慢慢减少，品牌的地位随之下降。这一点被一项关于"消费者应对品牌延伸时的所有权效应"的研究所证实（Kirmani，Sood and Bridges，1999）。对于不购买奢侈品的消费者而言（本研究中使用的是宝马品牌），他们对能以可接受的价格水平买到奢侈品的延伸乐此不疲；已购买者却并不会受触动。相反，比起非购买者他们更欣赏溢价的向上延伸。对于那些地位并不是很高的品牌

（如本田讴歌汽车）而言就不会出现这种情况。这项研究也证实了在低价的向下延伸中使用子品牌能够防止高端品牌受到延伸带来的稀释。卡地亚在推出"唯我独尊"系列产品时就是这么做的，"唯我独尊"作为卡地亚的子品牌，通过在大型零售商店内出售钢笔、打火机和皮革制品扩展了客户群并提高了品牌知名度，从那以后该品牌就专属于富裕的精英阶层了。

另一项有趣的研究（Buchanan，Simmons and Bickart，1999）对奢侈品进入一个无声望市场中时采用特定销售渠道对降低品牌价值的风险进行了分析。比如，奢侈美发品牌 J Dessange 许可欧莱雅使用其品牌在超市中出售洗发水。该研究的结论表明，风险完全取决于商品的推销计划，在这一案例中，主要取决于三个因素：相对知名度、价格差距以及与低端品牌之间的距离。那么这三者具体是指什么呢？如果品牌的相对知名度、与低端品牌之间的距离和价格差距与消费者对品牌地位的印象一致，风险就能够降低。如果不一致，消费者会从心理上降低该品牌的地位。比如说，对于一个地位高的品牌而言，拥有区别于竞争者的独立的品牌陈列货架显得至关重要；否则与其他地位较低的品牌混在一起，会令消费者认为这是零售商（可能是专家）发出的信号，即低端品牌和高端品牌一样好。

在这项关于品牌稀释风险的研究中我们可以得出什么结论呢？首先，我们可以得知，购买奢侈品牌的消费者很满足于自己的现状并相对保守，他们对品牌与企业所面临的经济难题一无所知。戴姆勒-奔驰公司的 CEO 于尔根·施伦普（Jürgen Schremp）在 1998 年提出，梅赛德斯要么保持原状，和劳斯莱斯一样逐渐走向破产，要么改变以出售超过 100 万辆汽车。考虑到企业将面临与现有消费者失去联系的风险，品牌采取了下列预防措施：

- 即使在低成本的延伸中也必须兑现品牌契约，而且首先要考虑质量。
- 品牌在管理向下延伸的同时应该支持确保其继续成为高端品牌的"传奇"产品。例如，在推出 A 级车之后，梅赛德斯又推出了被专家认定为世界顶级车的 S 级车以及更为奢侈的车型——Maytag。
- 品牌可以使用一个子品牌向下延伸。
- 品牌也可以将它的分销划分为几个部分。香奈儿精品店专注于售价至少为 1 000 欧元的产品，而香奈儿眼镜与化妆品的目的在于拓宽销售渠道。
- 现有购买者受益于获得高关注度和独特的认知标志，这种现象与信用卡所建立的商业模式是一致的。每个人都拥有一张基本卡，同时也会拥有专属的金卡和白金卡以标榜与其他持卡人之间的差异性。

品牌通过改变其影响范围进行延伸以获得增长。想在保持一成不变的同时实现增长几乎是不可能的。

对于那些无声望的品牌而言，品牌稀释风险通常会被夸大。比如说，所有的白酒品牌在进军即饮（RTD）含酒精饮料市场之前都会问自己这么做会有什么影响。在购买斯米诺、里卡德、尊尼获加和百加得等品牌的基础产品的消费者中，怎样进行延伸才不会对这些品牌的形象造成影响呢？对企业进行的研究表明，事实并非如此。有些知名老品牌的消费者很高兴看到这些品牌能被如今的年轻人购买，尽管有些时候他们这么做只是为了讨好长辈。这样的延伸并非不存在风险，因为这些风险都与经营相关。第一个风险就是推出的新产品将面临失败。第二个风险就是有较大购买潜力的老顾客会被年轻的一代取代，而后者往往消费量很小（至少在消费初期如此)。这种错觉会促使企业推迟从即饮产品转向更具盈利能力的"真正"产品的时间。即使百加得冰锐和之前的 Smirnoff Mule 或 Smirnoff Ice 一样,在世界范围内取得了成功,即使其产品由于低酒精含量(5%)而利润丰厚,百加得马天尼这一白酒集团依然追求高利润的白酒市场,而不是低利润的即饮含酒精饮料市场。企业面临的挑战就是如何令现有即饮市场中的消费者转向斯米诺与百加得产品。我们应该补充说明一点,真正的风险在于,企业已无计可施,无法调整其产品、消费方式、销售地点和价格以适应新消费者的需求,眼睁睁看着年轻人抛弃品牌。因此,延伸是很有必要的。

平衡识别与适合延伸的细分市场

品牌延伸会利用品牌资产。品牌延伸希望在考虑到母品类与延伸品类之间的客观感知相似性之后在这两大品类间对这些资产进行转移。这就涉及如何利用品牌识别的问题,即预期的结果应该是基于可识别的品牌。

然而,延伸的成功取决于它将价值传递给顾客的能力。这些资产是以何种方式相关联的?又是什么使它们超越竞争者呢?这又提出了延伸是否有能力开发真正的市场机会与该市场上的顾客洞察力的相关问题。

因此,需要在以上这两个同样合理的要求之间达成一种平衡。既然品牌被视为一种承诺,就不能用不同的产品做出不同的承诺;但同时与目标市场之间的不匹配是新产品失败的原因;每个市场都有自己的驱动因素和顾客偏好杠杆。

延伸品类是根据其对塑造未来品牌的贡献程度来选择的。如妮维雅就拥有许多子品牌,每个子品牌都定位于那些在未来对塑造妮维雅品牌起较大作用的延伸上。保健与美容市场是由卫生及护理用品和化妆品构成的。为什么一个在世界各地成功地推出护肤品组合的品牌如妮维雅会使用妮维雅彩妆系列,和美宝莲、蜜丝佛陀(Max Factor)和妙巴黎(Bourjois)等知名品牌竞争呢?

回答不外乎品牌增长、形象和盈利这几方面,毕竟化妆品市场持续保持两位数的增长。此外,化妆品市场能够吸引更多的年轻消费者,时尚潮流使得品牌形象更富有现代感。这也是一个盈利能力强的品类。

然而,妮维雅还是想要进入该领域。对妮维雅彩妆系列投放的第一个广告以失败而告终;在延伸的过程中,比起目标市场中的消费者,品牌通常(也许是自然地)更专注于自身的品牌识别。妮维雅依赖的顾客洞察力较弱。妮维雅子品牌的定位"全部关怀"对于大众渠道中的年轻目标顾客而言并不是一个与品牌相关的承诺。但药店是另一种情况,因此就出现了理肤泉和 Roc 化妆品品牌。妮维雅根据市场定位与长期的竞争弱点对其美容系列产品进行了重新定位,新的品牌承诺变为"做最美的自己"。

正如我们所见,这一品牌承诺不再是对品牌精髓(对肌肤的亲切关怀)的直接描述,但与品牌资产之间也不存在矛盾。妮维雅美容系列的品牌承诺是保留女性的天然美,它利用了妮维雅的基本无形价值:尊重、人性化、关爱、自然与简约。该承诺源自对顾客的洞察以反对其他化妆品与美容品牌所采取的极权路线,即鼓励每位女士成为超模或明星。这一次的新品发布获得了成功。延伸的挑战在于如何平衡好市场适合性与品牌识别忠实度：这是由连续不断的品牌调整达成的。

关于麦肯的例子也证明了品牌延伸的固有难度。麦肯是一个在全世界运营的加拿大公司，它拥有三个产品分支：冷冻薯条（供应给全世界的麦当劳门店）、冷冻比萨和软饮料。1998年，注意到茶饮料在软饮料市场中越来越流行，企业决定推出一款名为Colorado的冰红茶饮料。企业利用其原有的卓越品牌形象（鉴于麦肯已经在相关国家推出了麦肯薯条和比萨）证明了采用背书品牌架构的合理性。消费者开始购买充满年轻活力的得克萨斯-墨西哥式的Colorado冰红茶，它也就逐渐融入美式的品牌识别中。

营销团队并没有将自己局限于品牌形象。意识到市场的竞争性本质，它又创造出一款高度差异化的产品，嵌入了麦肯的品牌识别特点中的必要元素：慷慨。结果，每罐茶的容量为330毫升，不同于竞争者通常采用的250毫升的规格。这一决策基于良好的逻辑推理：它同时在品牌的无形资产与有形资产方面使延伸具有差异化的特点。遗憾的是，这一决策正是导致延伸失败的原因之一。在现实生活中，这种嵌入品牌慷慨精神（适合传统美国人的大容量）的差异化确实存在问题。这种包装罐比这一品类中的其他标准罐都要高：

- 不受分销商欢迎，它们总想让库存问题越简单越好；
- 消费者会觉得量太大，很少有人可以一次喝完；
- 零售价显得更高，即使每一毫升的价格是一样的。

这一差异化导致了长期的不满意——企业犯下了一个在呈两位数增长的残酷环境中不应该犯的错误。

这一延伸所面临的最严重的问题可能是它面对世界第一茶品牌立顿所带来的压力。立顿利用相关的促销经费雄心勃勃地将其两大品牌（立顿冰红茶和Liptonic）进行推广并试图占领茶饮料市场。即使是和可口可乐公司形成战略联盟并以可口可乐自动贩卖机作为销售渠道的雀巢冰爽茶也难以与立顿匹敌。在大卖场等家庭消费市场中雀巢冰爽茶对立顿无能为力。

从这一点来看，我们应该换一种角度来思考为什么对延伸进行战略分析比市场分析更为重要。

为品牌远延伸做准备

不是所有品牌都需要延伸，有些品牌只能通过它们的原型产品或专业知识进行定义。美妆品牌娇韵诗、Roc和薇姿就是这样的例子，它们的延伸领域受由"科技与美丽"组成的相关边界的限制。

其他品牌就像教派一样具有类似的原则：马莎集团旗下的品牌圣米高覆盖了从食物到服装、从玩具到仿制药甚至装饰品的所有品类。通过品牌标签，它向所有人证明了延伸的合理性及与马莎价值观的一致性。像一个守护神一样（从词源学上讲，这里的守护神意指形式，即要遵循的模式），品牌改变并提升了其认可的所有产品。

如果品牌想在消费者心目中保持完整性并不想被分割成许多没有联系的单元，则必须考虑进行远延伸的一些必要条件。为了让远延伸品类看上去具有相关性，就必须对品牌意义进行更深层次的挖掘。从这一点来看，可以假设品牌要么已经具有品牌意义，要么具备获得品牌意义的潜力。瑞士品牌——卡达（Caran d'Ache）通过销售质优价高的铅笔和书写工具建立了品牌声誉，然而其对围巾、手表和皮革品的延伸却遭遇了失败。因为该品牌缺少必要的深层次含义。

图12-9展现了品牌延伸带来的需求增长情况。每次改变产品的差异化程度都会同时改变品牌意义与品牌地位。近延伸（B）和产品或技术品牌之间是相容的：亨氏食品公司不仅销售番茄酱，也售卖芥末沙司。更远一点的延伸（C）与品牌利益相符：高露洁使其所有产品都具有柔软的特点；比克简化了从钢笔到剃须刀再到打火机的系列产品，使它们成为一次性用品并且更便宜。更远一点的延伸（D）为了与原始产品（A）相协调便假设品牌具有个性特点。在一开始的时候，索尼品牌专门生产高保真系统设备。在短短几年内它就在电视机与录像机领域有了名气并因此改变了品牌形象与品牌意义，但它的核心价值仍然是科技、精确与创新，并具有一种特定的典雅精致的品牌个性。最远的延伸（E）假定一个品牌具有更深层次的意义，维珍就是一个很好的例子。

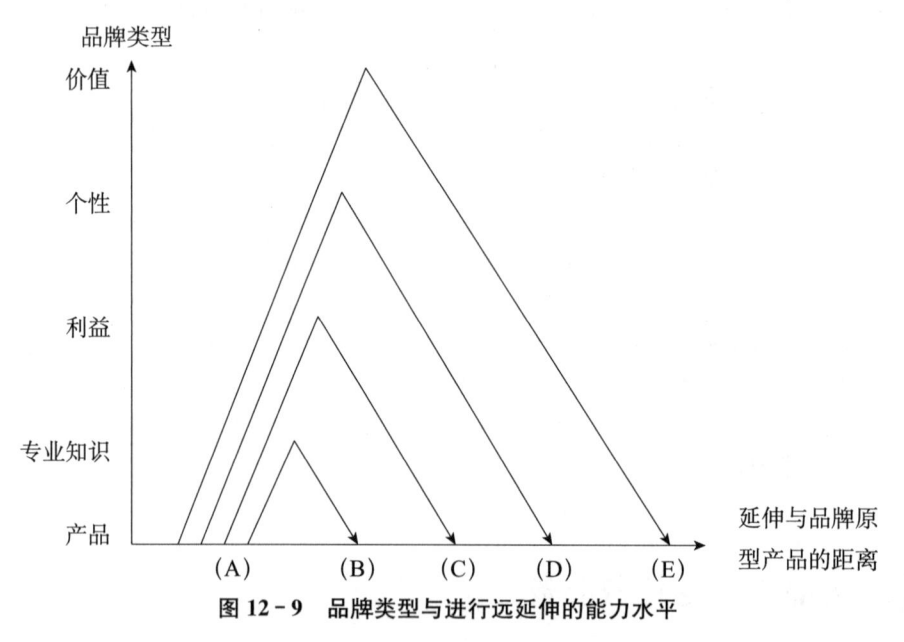

图12-9　品牌类型与进行远延伸的能力水平

因此，品牌若想给一组延伸赋予一种独特的意义，唯一的方法就是从更高的视角来看待这些延伸。为了使远延伸更适应品牌，品牌本身应该远离产品，充当灵感与价值体系的来源并内嵌到不同的产品中去。雀巢就是这样一个拥有大量产品线的品牌。距离在品牌与其应用于不同产品上的能力之间形成了一定的角度：夹角越大，品牌在产品上施加影响的力度就越大（从 A 到 E）；夹角越小，品牌可以施加到产品上使其保持一致性的影响也就越小。就好比一根被过度拉伸的橡皮筋，品牌会逐渐变弱，直至失去控制最终断裂。

再具体一点，只有一个有形方面（如一种产品、一种方法）且没有无形品牌识别的品牌是无法进行远延伸的。它们除了被稀释，最后只剩下几个财务数字，什么都不是了。三菱就是这样的例子。三菱不再作为一个统一的品牌进行经营而只是作为企业名称与工厂标志。该品牌除了具有代表日本技术的一般特征及与组织相关的工业强国形象以外不具有任何含义，不论是三菱汽车、三菱电视机还是工具都没有任何特别的理念。从某种程度上来说，飞利浦也是如此。

在品牌版图的另一端是一些尚未开发的品牌。这些品牌虽然只覆盖了小范围的产品却富有内涵，确保了品牌能在大范围的产品上使用。都乐（Dole）就是一个典型的待开发的品牌。这一品牌在很长一段时间内低估了自身的增长潜力，管理层也只是将它视作一个菠萝汁产品品牌。但对于消费者而言，都乐代表着更多的含义。除了一般特点（美味、新鲜与自然），它还具有更深层的核心意义：阳光。都乐是一个充满阳光的品牌，以其能力完全可以覆盖果汁饮料以外的其他产品，如冰激凌。一向很有名气的鞋品牌菲拉格慕（Salvatore Ferragamo）如今已成功地进入女士手提包、羊毛衫和领带市场，实现了多元化经营。

如图12-9所示，品牌若想远离其原始产品走得更远，它的无形意义就要更深刻。

研究表明，对于中间延伸的顺序安排会影响消费者对最终延伸的反应。因此在实验中给消费者展现了多个品牌五种延伸的排列，这五种延伸代表与品牌之间的五种感知距离和感知适合性程度。在一种情况下，消费者看到的是一个按顺序排列的延伸序列（从近到远）；在另一种情况下，他们看到的是没有按顺序排列的延伸序列（Dawar and Anderson，1992）。实验得出两个结论。

第一个结论是，如预想的，延伸产品与品牌现有产品之间的感知一致性随着距离的扩大变得越来越低。但是当消费者在看过一系列随着距离不断增加而进行的前期延伸之后再来看远延伸时，这种感知一致性的降低幅度就显得更小了。每一次延伸都扮演了垫脚石的角色并促进了"链条式"品类（品牌）延伸机制的形成（Lakoff，1987）。消费者对延伸产品的购买可能性的测量结果也是如此。

有趣的是，在评估最远的延伸与品牌之间的一致性时，如果该延伸是在一系列按顺序排列的延伸最后出现的，那么被试者进行评估所花的时间就更少（4秒vs. 4.34秒）。实际上，排列顺序本身就已经改变了品牌的意义，更明确了品牌不仅仅是一种产品的品牌，更是覆盖了更广泛的产品范围的大品牌。

在现实生活中，麦肯又一次对这一过程进行了演示。该品牌首先进入的是冰冻薯条市场，两年后又先后进入更大的美国比萨和小圆面包市场，最近又进入了快速增长的冰红茶市场。现在麦肯的品牌内涵很明确：美国货、简单的产品、分量大、充满乐趣以及品类创新。这一品牌版图决定了麦肯的未来延伸范围。

第二个实验结论说明了品牌延伸的另一个基本原则：只有延伸产品之间的一致性才能创造出品牌版图。两个不同的延伸可能距离品牌核心一样远，但是延伸的方向不同。当一个远延伸是在同一方向的一个中间延伸之后展现给消费者的，这种顺序可以提高远延伸与品牌之间的感知一致性与购买可能性（与不是同方向的中间延伸相比较而言）（Dawar and Anderson，1992）。

评估延伸的实践框架

在实践中，市场营销者应该如何对可能的延伸进行评估呢？我们已经分析了如何识别延伸的可能性，但要在决定采取行动前进行相关的SWOT分析或评估风险水平的话，他们又该提出什么问题呢（见图12-10）？

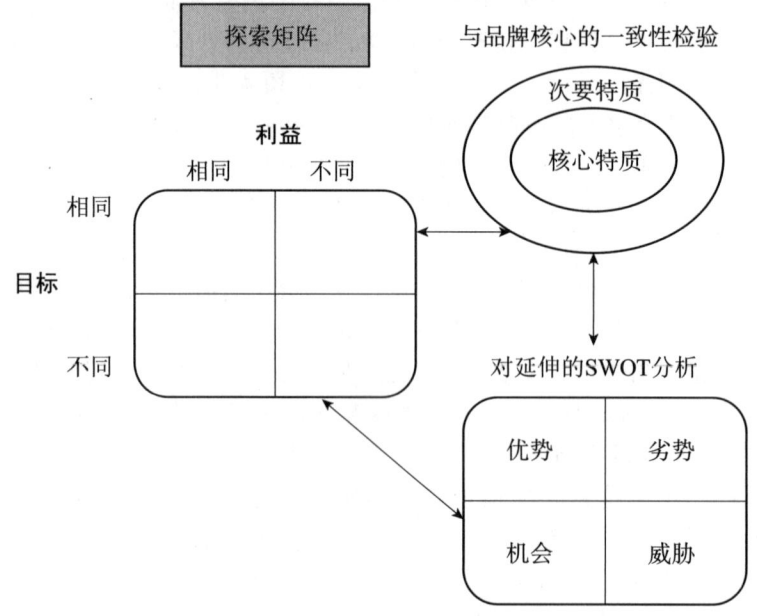

图12-10 评估延伸的管理流程

避免两种风险显得特别重要：一种是接受不会给品牌带来任何真正价值的延伸方案（还不如对核心产品进行升级）；另一种风险就是由于过度谨慎而错失了一个大有前途的机会。Apericube就是第二种风险的例子。

不该存在的延伸：Apericube

Apericube是法国贝勒集团最早的品牌延伸之一，贝勒集团是在全球经营的奶酪制造公司，以其世界知名品牌乐芝牛而出名。尽管这一具有品牌标志性特征的著名奶酪以整个家庭为目标，尤其聚焦于儿童市场，而Apericube却主打开胃食品（正如其来源于"aperitif 开胃酒"的品牌名所暗示的那样）。这一小块奶酪（与乐芝牛一样）通常在社交场合中与啤酒或其他酒类一同食用，与花生、薯片、橄榄和人们在社交场合中饮酒时食用的其他新型零食形成竞争。

为什么会选择这个品牌延伸作为案例呢？因为它算得上是一次成功的延伸，它在几十年前被意外创建，如今依然在全球销售。然而，如果是在今天将它推出，这个想法会马上被管理层否决，至少不会在第一时间考虑：一个专注于家庭和儿童的品牌怎么会想到在酒类消费市场上进行品牌延伸呢？很明显品牌核心价值与延伸产品之间存在矛盾。从学术理论的角度来看，Apericube是失败的，在现实中却是一个长期盈利的成功之举。

如今，一些风险规避型组织或跨国企业存在的主要问题就是，如何不错失非常有前途的增长机会。

许多品牌延伸理论都很保守：可能会建议比克坚守文具业务并尽可能进行与圆珠笔相关的近延伸。但是，品牌通常都会受到一些无形价值的激励而显得格外活跃。以将无形价值转化为有形的消费者利益而进行的产品品类选择就是战略。苹果公司如果没有决定跳出个人电脑业务也就不会成为如今的苹果公司——品牌从新产品品类中提取外围价值然后使其成为品牌核心价值的一部分。

让我们回到Apericube的例子。需要注意的是，生产用铝箔纸包装的奶酪块以及可防止手指碰到奶酪的开启装置，使生产流程变得相当复杂。这种微型化流程至今还没有被竞争者复制。

评估延伸的六大问题

Apericube的延伸是在偶然中推出的，因此缺乏对未来的战略性思考。但是在事后对其进行分析时，虽然与典型的品牌延伸选择标准相违背，但还是能得出有趣的结论。这一点说明了该品牌延伸是非常有前途的。

1. 新品类的吸引点是什么？与酒精饮料搭配的零食市场正在蓬勃发展。此外，这一市场的价格敏感度也很低。消费者只关注酒精饮料的价格，而不会在意花生或薯片的价格。

2. 与现有的零食产品相比，该产品的优势是什么？
——新鲜（如果该产品是保存在冰箱中的话）。
——清爽而不油腻（不像花生、橄榄和薯片）。

3. 产品优势如何才能保持持久性？
——说服零售商将其放置于冷冻货架上。
——利用贝勒集团的微型化技术。

4. 市场竞争的防御级别或者反击力量如何？
——微弱。虽然有许多产品但不存在强势品牌或较多的广告。

5. 如何使延伸显得合情合理？
——品牌标识（乐芝牛）是一只微笑的牛，给消费环境带来幽默感。
——这是一个知名品牌，受广大消费者信任。
——乐芝牛奶酪的口味受广大消费者喜爱。
——这是一款供每个人（孩子和父母）享用的家庭产品。
——乐芝牛的品牌资产（以家庭为目标、安全、健康、合意、保护）和使用该产品的场合（通常是成年人，在大部分情况下是男性在家里或酒吧喝酒的情景）之间看上去存在很大的矛盾。该品牌这么做是不是显得过于叛逆，像是驱使你重回童年并采取冒险的行动（喝酒）呢？大部分管理者会因为这一点阻止这一项目推进。

6. 延伸会给母品牌带来什么（即反馈效应）？
——会不会存在品牌稀释的风险或降低品牌信任、弱化品牌特征？如果该延伸获得了大部分的广告投入，当然会导致这样的后果。然而情况并非如此，更何况使用Apericube作为子品牌、乐芝牛作为背书品牌的决策会降低一定的风险。
——一旦孩子不想被看成孩子，一些以儿童为目标客户的产品就面临沦为幼稚产品的风险。如今的儿童品牌生命周期普遍都较短。Apericube 的延伸能够抵消这种风险，使乐芝牛品牌看上去不那么幼稚。毕竟，可口可乐是最常见的与酒精进行混合的饮料：从自由古巴（Cuba Libre，即由朗姆酒和可乐组成的混合饮料）发展到将威士忌和可乐进行混合。虽然这样做并没有对可口可乐的品牌形象造成损害，但是可口可乐公司还是决定谨慎对待它的核心业务——可口可乐。

从这一案例中我们可以吸取什么教训呢？学术上对于延伸的研究过多地集中于品牌形象与目标品类之间的一致性，往往显得过于保守。企业经营关乎如何抓住那些能够推进品牌向前发展的机会。品牌延伸如果想留下痕迹就必须带给消费者一定的惊喜。它们必须在保持始终如一的同时出人意料。

以苹果公司为例，它的每一次延伸都震惊市场：它是如何进入音乐业务（iPod，iTunes）然后进入手机领域的呢？接下来又会是哪里？比克和雅马哈也是如此。一旦决定了延伸的品类是什么，接下来的主要问题就是在开发品牌资产以充分利用产品优势的同时，该如何在产品附加值方面应对市场竞争者带来的挑战。

图 12-11 显示了评估延伸的框架。

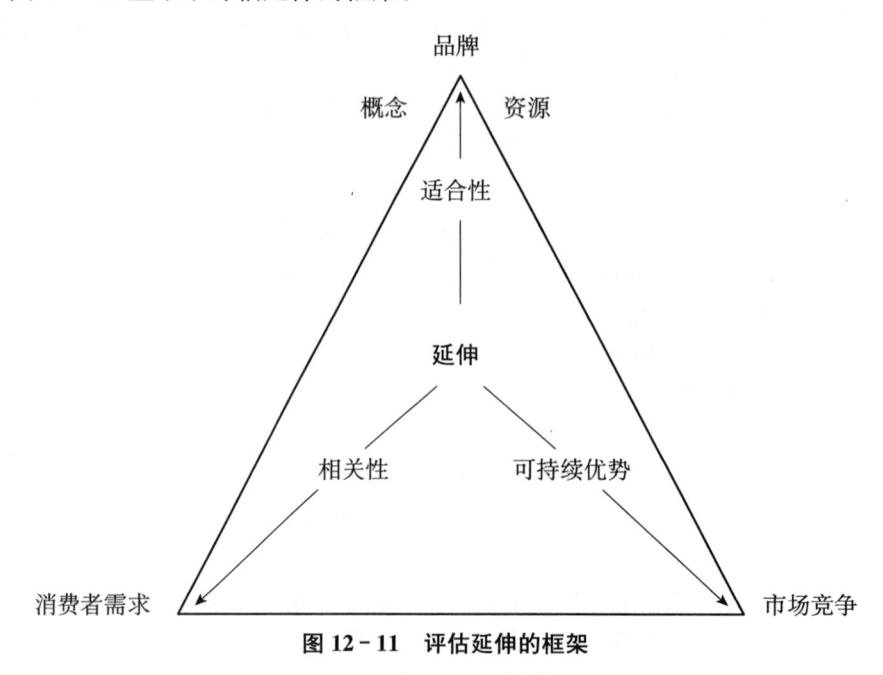

图 12-11 评估延伸的框架

品牌延伸成功的关键

品牌价值会给延伸带来附加值吗

"延伸"是一个以品牌为核心的词，消费者不会过多地讨论品牌延伸，他们只会说市场上又出现了新的东西并将其评价为一种创新。有些创新想法不错，但将之应用于市场的品牌往往不是最合适的。

这就是为什么品牌延伸管理评估需要经历两个阶段：对创新想法的内在吸引力

评估以及品牌的销售能力评估。

品牌为什么得到认可？对此最经典的描述就是"适合性"、"一致性"与"相关性"。消费者判断附属于品牌的资产（其核心价值）是否会给创新产品增加价值。

消费者评价的另一个维度就是创新产品给人带来的意外程度。人们看到香奈儿冲浪板的第一反应肯定是出乎意料，但它的确是合理的（即适合性）。适合性与出乎意料提高了创新的附加值。

比克是最具创新精神的企业之一。作为一个家族企业，比克始终保持着企业家精神。从生产圆珠笔开始，它通过价值创新定期开发新的市场，这种战略现在也称为蓝海战略或破坏性创新（Dru，1996）。比克开发了一次性剃须刀市场，然后转向低价香料与廉价手机市场，但最后以失败而告终。从这一点看来，蓝海战略并不能保证一定会成功。

比克手机的推出颇具创意：多数手机运营商试图通过更多的特点、更强大的能力、改善网络和相机功能对手机进行升级；而比克恰恰相反，它的目标客户是那些被遗忘的、只想以最低的价格购买一部手机的人群——追求方便的老年人、需要一部临时手机的旅行者以及 35 岁以上生活贫困的人。比克通过给 Orange 公司许可经营的方式进入这一市场，但失败了。

比克品牌在某些方面确实起到了很好的作用，在某些方面却并非如此。比克只出售一次性商品，这与手机的特点存在一致性，即针对暂时性的使用而开发。但是"一次性"这个词在消费者眼中往往意味着质量低劣，这种负面的品牌联想导致了不确定性：人们还会购买那些由于品牌而引起信任风险的产品吗？

这种风险原本可以通过店内销售员的解释抵消，但由于被许可方 Orange 公司采取低成本的方式，以自助购买的形式将手机放在包装内出售，店内没有人将手机推荐给消费者。

考虑延伸的完整营销组合

延伸不是简单地推出一款新产品或一项新服务，它包括一个新的完整的营销组合。延伸需要组织更多地考虑消费者而非品牌。当耐克推出其女士系列延伸产品时，管理层由于过分关注品牌本身而忽略了消费者。它失败的原因是：女士产品（鞋子和服装）的设计与男士相同，只对尺寸做了调整。因此耐克女士系列并不是真正针对女士的产品线。企业发现如果想在这一延伸市场获得成功，首先要做的就是创造出合适的产品，因此耐克雇用了一些女设计师对产品和店铺进行重新设计。

延伸也需要满足行业预期

为了保持在英国市场上的主要份额，斯米诺采取了双重策略。一方面在成年人市场即现有目标市场推出 Smirnoff Blue，Smirnoff Lemon 和 Smirnoff Black，与绝对伏特加和芬兰伏特加竞争。另一方面在年轻人市场推出了 Smirnoff Mule 和 Smirnoff Ice，这两款混合型饮料获得了成功，不久就被同行模仿。Smirnoff Mule 的畅销证明了创新必须为分销商和消费者带来价值。

斯米诺的战略目标是为年轻人的消费提供新产品。在周五或周六的夜晚，许多酒吧都人满为患，很多人被迫挤在门外。Smirnoff Mule 为调酒师提供了一种比生啤更快捷的方法为顾客服务，盈利也更大：他们不需要使用酒杯只需把酒瓶交给顾客即可。与此同时，不像那些没有品牌的啤酒，它在酒瓶上非常明显的品牌标签对消费者而言就是一种身份的象征。这对于那些对自己形象没有安全感的 18～24 岁的年轻人来说无疑是一种重要的激励。此外，广告更强化了这种新型饮料的现代身份特点。企业为了在年轻男士市场上推出 Smirnoff Ice（Smirnoff Mule 目前的主要消费者为女性）花费了超过 450 万英镑。

资源问题

延伸失败的主要根源是缺乏推出新产品的资源。企业应该明确如果想在一个完全不同的市场上进行延伸，就应该把它当作新产品一样看待。然而，许多企业将品牌延伸与发布新品牌相比，认为品牌延伸是一种节省开支的方法，并认为在常规的 30 秒电视广告之后只要稍微提一下便足够了。这对于简单的产品线延伸即产品变体而言可能有效，却不适合品牌延伸。

企业对是否将用于核心产品的投资转移到延伸中犹豫不决，它们会认为这样做会将核心产品推向竞争市场所带来的危险处境中。因此，企业往往在最后一刻决定放弃对延伸进行必要的预算支持。这样的推理低估了具有互惠作用的溢出效应，即对新产品的利益进行传播会对核心产品的销售造成影响（见第 9 章）。这也是覆盖了多种产品的大品牌所具有的优点之一：通过对新产品的传播获得新的活力。

品牌延伸需要子品牌吗

为什么香奈儿以 Precision 进入化妆品市场呢？为什么碧欧泉以 Homme 进入男士市场呢？很明显品牌名称与品牌架构是不能分离的（见第 13 章）。

对产品的命名决策必须满足两点要求：首先，名称要有助于延伸获得成功。可以利用名称来强调延伸的特质或利益，以抵消可能产生的负面影响；其次，名称不应该稀释母品牌资产。

时尚与香水品牌在科技含量高的化妆品市场上并未得到认可，在这一市场中女性不断寻找创新成分而不仅仅是梦想或时尚。香奈儿选择 Precision 避免了该延伸举措令消费者对这一香水和时尚女装品牌产生偏见。

为了将品牌延伸到女性市场，吉列（一个男士品牌）选择了一个子品牌：维纳斯（Venus）。

检查延伸对品牌的反馈效果

延伸通常会利用品牌资产。这并不奇怪，因为品牌是一种业务开发工具。因此，我们应该在新的增长性品类中有效利用品牌资产，这种开发资产的想法是符合逻辑的，但同时必须保证双赢。那么品牌延伸究竟会带来什么呢？只带来销售额的增长是远远不够的。对于品牌延伸能够带来的利益必须详细说明。

健达糖果的每一次延伸都是针对特定的市场、年龄段或者产品使用情境。每次延伸给品牌带来更广的相关性，同时使品牌形象不再那么狭隘了。这一点必须在延伸前进行清楚的界定并在结束后进行测量检查。

当然，我们必须更加谨慎以避免任何品牌稀释的风险。当与延伸品类相关的价值和品牌价值产生矛盾时，或者当延伸将面临风险时，品牌稀释的风险就会发生。毕竟延伸是消费者可看到的。

自制还是购买：联邦快递

联邦快递是洲际快递市场中的领导者。它建立的转运中心能够保证包裹按时到达世界的任何角落。联邦快递在欧洲航空快运市场上排名第二。现在对于联邦快递而言，合理的延伸应该是进入欧洲各国本土市场。大多数企业只有一家快递供应商，公司内部负责选择供应商的那个人不因目的地的改变而改变。这就是为什么联邦快递会考虑进入另一个有经常性需求的企业市场，以提升品牌在盈利高的洲际市场和欧洲市场的地位。一方面，企业市场是建立品牌意识与品牌知名度的地方（通过品牌代言人及收件员或配送员得以实现：建立品牌信任与品牌资产的关键一环）。另一方面，作为一项基于卡车运送的服务，进入这一市场意味着企业有责任建立新的工厂并选择新的流程。在这里转运中心系统不再起作用，必须通过卡车进行点对点对接。当然卡车也会对建立品牌意识产生影响，但联邦快递必须在自己提供服务和向第三方购买服务之间做出选择。从头开始学习新的专业知识需要付出什么代价呢？将联邦快递的声誉委托给第三方又会面临哪些风险呢？是否存在能覆盖整个欧洲市场的合作伙伴呢？

纵向品牌延伸的成功

纵向品牌延伸意味着品牌试图进入一个至今从未涉足的更高价或更低价的细分市场。

向上延伸的目的在于进入一个产品利润更高的细分市场，用更高的成本收获更大的价值。另一个目的是从光环效应中获取更多的利益：建立昂贵的高档品的口碑，就能通过证明其价格溢价的合理性来增加品牌资产，从而促进低价格产品的销售。

向下垂直延伸意味着品牌试图使其更容易被人获得。将价格溢价作为测量品牌资产方式的奢侈品牌不会忽视盈利性目标：它们在非昂贵产品中试图利用品牌知名度增加销售量。

但这两种战略都存在一定的风险。

向上品牌延伸

向上延伸的主要风险在于品牌可信度。对高价目标市场中的购买者而言，该品牌来自"下层"。价格范围就像是一个私人俱乐部，它对新进入者具有很大的选择性，一旦新进入者的背景不够强大就会被排除在外。这就是为什么大众汽车重新推出奥迪这一品牌并使其地位远高于大众。这种战略后来被丰田效仿推出了雷克萨斯。汽车品牌象征着企业所用原料与专业技术水平。大众汽车的顶级品牌辉腾就是一款完美的高档车：除了名字不叫梅赛德斯，它完全可以与梅赛德斯C级车相提并论。辉腾所表达的意思是驾驶者买不起梅赛德斯。一般说来，只有原来的大众粉丝才愿意对该品牌不离不弃并选择购买其顶级车；对于具有卓越创造性的雪铁龙C6的购买者而言，情况也是如此。这就是辉腾失败的原因所在。

向上延伸的第二个风险就是忘记了品牌的 DNA：品牌沉迷于遵守向上细分市场的标准而失去了固有的独特性。有时候品牌进入向上细分市场只是因为想与创造这一市场的竞争者匹敌。在这两种情况下，模仿的驱动力量主宰着管理者的思想并最终走向灭亡。

绝对伏特加在 2004 年试图进入由雪树和灰雁等新进入者创建的美国高档伏特加市场时，经历过同样的悲剧。早在 20 年前，绝对伏特加就通过高于世界领导者斯米诺 20%的价格定位创建了高端伏特加市场。新品牌灰雁只是以与绝对伏特加相当的代价重复了这一战略手段。绝对伏特加通过在美国市场——世界第一高端伏特加市场上发布 Level 品牌进行反击。但是，Level 缺少使绝对伏特加成为世界标志性产品的特点：丝毫没有创造性，其明显受到灰雁和雪树影响的酒瓶抛弃了象征绝对伏特加的形状。Level 与绝对伏特加没有任何联系，也不具备清晰的价值主张。最终，由于 Level 这一子品牌名称中缺少关于绝对伏特加的明显提示，并没有受益于光环效应。

迪赛的向上延伸

2007 年，迪赛为了进入一个更高端的服装市场与时尚品牌的中等产品线（杜嘉班纳（D&G）、马克·雅各布的马克（Marc）等）竞争，推出了一条新的服装产品线 Diesel Black Gold（DBG）。其目的在于对整体的品牌感知进行升级以证明其高价定位的合理性。结果连续两年业绩欠佳，企业于 2010 年新任命一位经理来扭转局面。

DBG 是一条激进的新型产品线，它改变了迪赛的设计、材料、传播以及销售渠道：

- 在设计方面，企业雇用了一名来自 prêt-a-porter 公司的设计师，其风格不同于企业原有的设计师。这个系列的产品外观比起主要品牌更显优雅、成熟和精致，即使品牌 DNA 没发生任何变化。
- 在材料方面，所有 DBG 牛仔裤都采用高质量的意大利和日本面料，并在意大利制作完成。对于服装，迪赛也专门采用了意大利面料。
- 在传播方面，DBG 在纽约时装周期间举办了一场时装秀，在米兰男装时装周期间也举行了一场时装秀。为了支持更高端优雅的市场定位，迪赛还改变了产品标签和包装。
- 在销售渠道方面，虽然以同样的百货商店作为目标销售地点，DBG 选择不同的楼层，与水平相当的品牌相邻。DBG 也将意见领袖商店（如巴黎的 L'Eclaireur，纽约的巴尼斯精品店）作为目标销售渠道来更明确地对两种品牌标签进行区分。另外，DBG 仍然在全世界 40 家最大的迪赛门店（约占 15%的销售网络）进行销售，在这些店中专门为 DBG 商品留出一定的空间。

为什么当拉夫劳伦的黑标和紫标都获得成功时迪赛却遇到了麻烦呢？从垂直延伸的角度来看，拉夫劳伦与迪赛存在很大的差异。

拉夫劳伦提出的是一种生活理想：波士顿中产阶级新教徒式的理想化与梦幻般的生活，即了不起的盖茨比拥有的那种生活。除了马球之外，再无其他高贵的运动。拉夫劳伦模特在电视广告中即使穿着休闲，看上去依然显得正式，符合中产阶层人士的着装标准。这意味着拉夫劳伦的向上延伸并没有与品牌核心与品牌文化愿景相背离。

一想到迪赛，就会联想到占主导地位的品牌文化被分离。作为反主流文化代表的迪赛，现在还会计划推出一条具有其早前强烈指责的文化元素的产品线吗？晚礼裙与品牌DNA之间存在矛盾。只需要问一个问题即可：如果迪赛的创始人伦佐·罗索（Renzo Rosso）去参加好莱坞奥斯卡颁奖典礼，他该穿什么衣服？礼服显然超出了品牌的产品范围。罗索必须亲身参与产品的设计研讨会才能发现问题所在。

向下品牌延伸

进行向下延伸会产生另一种风险，即品牌稀释。研究者已经证明了什么是所有权效应（Kirmani, Sood and Bridges, 1999）。高端品牌的购买者比较厌恶向下延伸，对其评价很低，因为向下延伸会破坏高端品牌的某项核心价值：一种专属性的感觉。品牌以失去现有消费者的荣耀感为代价去获取更大的消费群体，虽然可以提高销售量，但同时也损害了品牌价值。捷豹汽车就是这样一个例子。如今该车型已经被福特的高档车部门出售给了印度的塔塔汽车公司。捷豹没有意识到作为一个奢侈品牌应该不断提高价格（Kapferer and Bastien, 2009）：企业在创造出新型的高价产品（梅赛德斯S级车）的情况下才能创造可获得性强的产品。梅赛德斯A级车是一款安装了许多塑胶配件的敏捷性城市车型。它的溢价为20 000欧元，也就是驾驶梅赛德斯时获得自豪感的代价。现在来看这种做法很成功，因为不管是戛纳电影节还是好莱坞奥斯卡之夜，S级车或E级车都非常引人注目，而这些车型也是全世界超级富豪的贴身座驾。

当一个快消品牌如达能推出一款低价酸奶时，就不会出现这种情况。品牌的这一做法很受消费者的欢迎。只有零售商才会抵制该做法，因为低价的达能产品侵入了零售商市场，与其自有品牌形成了竞争：这就是达能失败的原因。消费者本可以买到低价酸奶，但他们很难找到这些酸奶，因为许多零售商并不会将其列入销售清单。

市场真的富有魅力吗

在品牌延伸中首先要评估的并不是延伸本身，而是延伸品类的吸引力。评估品牌延伸的关键问题就是如何评价市场的内在价值，主要从业务与品牌的视角对其进行测量。假设我们同时考虑该品类的现状与未来的发展情况，因为延伸并不是一朝一夕就能完成的，它标志着企业试图对某个新市场进行投资。延伸本身就是企业进一步发展的立足点，因此有必要对实践中存在的优势、威胁与机会进行分析。很明显这种分析类似于传统的SWOT分析模型（见图12-10）。

机会源自延伸品类的成功要素与组织的有形与无形的核心竞争力之间的联系紧密度。机会也来自品牌能否根据自身的价值对品类进行细分的能力，即创造相关差异性的能力。战略性分析包括未来的竞争情况与组织的相对优势。品牌进入该市场是否会引起竞争性的反应，程度如何？要回答这一问题，就需要评估该品类对竞争对手而言有多重要。

再重复一遍，品牌可以延伸并不意味着它应该延伸。在延伸之前，必须同时考虑未来市场的竞争情况以及在该品类中占据重要地位所要付出的代价（创新率、新品发布率、营销与销售投入等）。延伸并不是企业的内部行为：它必须展示可持续发展的优势。如许多食品企业试图推出冰冻比萨，但是它们怎样才能从宝康利（Buitoni）和麦肯那里抢占货架空间并保护自己的市场份额呢？在延伸中期，谁来负责对产品进行经常性的创新呢？表12-4展现了一个多标准的战略性评估体系。

表12-4 对延伸的战略性评估体系

	延伸1	延伸2	延伸3
这个市场在不断发展吗？			
该品类的成功要素与我们的优势接近吗？			
品牌资产可否转移？			
品牌资产在这个市场中还是资产吗？			
该品类会对品牌资产产生积极的影响吗？			
竞争者有多强势？			
它们模仿的速度有多快？			
产品具有明显的差异性吗？			
这种差异具有激励性吗？			
企业能生产这种产品吗？			
企业能以正常的成本生产吗？			
分销商会接受这种产品吗？			
该品类是否与品牌或企业识别一致？			
它是否利用了品牌或企业的现有消费者资源？			
该品类是否与品牌或企业定位一致？			
是否利用了品牌的专业技术： 生产能力？			
广告？			
物流？			
销售能力？			
零售地点？			
价格/促销？			
是否满足企业的盈利性目标？			
企业是否能维持竞争力（即企业是否具备竞争所需的财务资源）？			

合伙经营与许可经营应只选其一吗

一个企业很难同时掌握延伸所需的所有新的竞争能力。这就是为什么有那么多企业选择以企业联盟的方式经营：

● 雀巢通过与技术合作伙伴美国通用磨坊形成联盟打败了欧洲市场的竞争者家乐氏。

● 慧俪轻体通过与预制饭菜市场中的领导品牌Fleury Michon签订联合品牌协议成功地进入了该市场。

- 依云委托可口可乐公司在美国市场上销售其产品,因为它亟须在美国市场上提高其核心品牌的可获得性。同时又委托强生在世界范围内开发依云亲和系列化妆品。

企业该如何管理许可经营呢?

通过许可经营进行品牌延伸

闲逛于首尔或上海的街头就会发现专门销售休闲服饰的路虎或兰博基尼门店。在欧洲,B2B品牌卡特彼勒以年轻人为目标顾客在城市商店里销售安全鞋系列。女性杂志 *Elle* 在全世界拥有250项授权,要么是具有民族地方特色的 *Elle* 杂志,要么是其他产品与配饰(如儿童服装、休闲服、眼镜、家用装饰品,甚至餐馆等)。每年4亿欧元的销售额中就有2 000万欧元的特许权使用费。没有许可协议的话,这些超出核心业务范围的延伸根本无法实现。

许可经营就是某产品类别或某国家的品牌对开发、生产和分销进行的委托。许可方授权第三方(即被许可方)使用其品牌并对产品的开发、生产和销售进行严格的控制。授权根据被许可方就销售目标确定的合同来进行。作为交换,许可方可以获得一笔称为特许权使用费的收入,通常占销售收入的一定百分比,并且企业在任何情况下都能获得最低的保证金额。作为最纯粹的品牌估值方式,特许权使用费可以估计品牌的财务价值:它们暗示了由品牌名称带来的收益占净销售额的比例(见第18章)。

对许可方而言,采用许可经营的方式有助于企业迅速延伸到其不具备竞争力或专业知识的品类或市场。它的作用在于引导品牌与精通该领域的运营商合作。许可经营包括生产与分销。对消费者来说,由于被许可方的隐蔽性,品牌仍具一致性。对前端系统的管理也与品牌识别标准保持一致。

如果没有许可经营,万宝路永远不会从一个香烟品牌延伸到服装业务。卡特彼勒也是如此。许多年轻的时尚品牌都渴望找到一款香水来许可经营,这样它们的品牌意识就会通过香水市场中的巨大媒体投入而增强。许可经营也有助于品牌走进世界新市场:1990年在日本的许可经营可以称得上是博柏利唯一盈利的业务(称为紫标)。罗丝·玛丽·布拉沃(Rose Marie Bravo)成功地让博柏利品牌起死回生。

对被许可方而言,许可经营要么是一种完整的经营战略,要么只是对现代分销造成的利润减少状况的逃避。有些企业专注于许可经营:如眼镜制造商陆逊梯卡(Luxottica)或夏蒙(Charmant),手表品牌斯沃琪,鞋品牌Pentland,手机品牌Mobilabs,欧莱雅,宝洁高档产品部或时尚设计师香水品牌科蒂(Coty)。

其他喜欢在超市销售商品的企业只是想通过高利润的许可产品来弥补其低收益的不足。如奥林匹亚是法国大众销售渠道中袜子的领导品牌。由于大部分市场份额已经被一些自有品牌占领,销售情况不容乐观,于是奥林匹亚被迫火力全开,利用整个工厂的生产能力制造自有品牌商品。不断下滑的销售业绩促使管理人员开始寻求许可经营的机会(Burlington、阿迪达斯、欧威尔(Airwell)等)。专业制造文具与办公用品的瑞典企业易达(Esselte)也是这么做的:如今它也生产经品牌许可的学生用活页夹(迪赛等)。

通过许可经营摆脱信誉危机

当品牌形象不允许品牌延伸到一个更有吸引力或更具盈利性的新品类时,许可经营通常是最好的解决方法。虽然比克在它创建的一次性剃须刀市场中是领导者,但是吉列随后开发的相似产品给比克带来了压力。在剃须刀市场,刀片是一座黄金宝库,就好比打印机针头是惠普公司的盈利来源一样。比克也想进入这一市场,因为它也拥有生产高质量刀片的专业技术。然而,由于一次性刀片通常适合青年与女性消费者使用,因此比克缺乏进入刀片市场,尤其是男性消费市场的品牌资产。那么比克应该如何与具有高度代表性的吉列品牌("真正"男人的最佳选择)竞争呢?看上去这是个不可能完成的任务。解决方法就是不用比克这个品牌而使用一个许可品牌:某些男性名牌可能适合,或者是波雨果博斯或花花公子等时尚品牌。

说来也奇怪,家乐福是得到迪士尼卡通形象许可经营的第一大客户。家乐福作为世界第一零售商,其经营理念立足于不断提升自有品牌,品牌价值占欧洲市场上食品与药品销售额的40%。那么它应该如何与帮宝适和好奇纸尿裤这两大市场领导者竞争呢?答案是通过迪士尼的许可经营,包装上的卡通人物形象迅速吸引了儿童与母亲的注意。由于商场品牌无法与宝洁的技术优势竞争,只能使用情感化的品牌战略。

企业对待许可经营的态度

对于许可经营,不同品牌的态度不尽相同。如皮尔卡丹(Pierre Cardin)、丹尼爱特(Daniel Hechter)和鳄鱼等品牌专门采用许可经营的方式。其他品牌则将许可经营与自身开发、生产与销售相结合(博柏利)。真正的奢侈品牌往往拒绝许可经营:奢侈品牌的运营模式是通过垂直整合获得更大的控制权。

鳄鱼是一个十分独特的企业和品牌,由世界网球冠军勒内·拉科斯特于1933年创立。企业拥有以下经营哲学:从不拥有一座工厂或一家门店。它是百分百的许可方。企业从成立开始,就与德旺莱(Devanlay)建立合作伙伴关系销售著名的polo衫,被许可方德旺莱是世界著名服装生产与销售企业。鳄鱼的每一产品品类都是由不同的被许可方管理的。鳄鱼本身的任务就是管理品牌形象与传播,并向通过不同销售渠道与批发商进行销售的被许可方灌输品牌一致性的理念。

对于奢侈品牌来说,许可经营的风险太大了:被许可方并不参与品牌资产的建设。加上要支付许可方高昂的特许权使用费,它们需要通过销售商品来获利。尽管从理论上来说,从生产到零售商选择再到产品推销,许可方已经施加了完全的控制,但是被许可方以销售额为目标的本质特点还是会造成品牌稀释。这就是为什么如拉夫劳伦等奢侈品牌已经买下了其许可经营权。这么做不仅能重新获得对消费者体验的控制,也能在减少店面的同时整合分销商利润。这也是真正的奢侈品牌不使用许可经营的原因。路易威登在其门店中销售的产品都是它自己生产的,因为除了路易威登门店外都不能销售其产品,所以它不需要许可经营。于是也就不存在路易威登香水:香水需要在专卖店如丝芙兰或道格拉斯(Douglas)进行销售才能增加销售量。该做法与奢侈品战略相违背(Kapferer and Bastien,2009)。

许可经营的意外后果

多年来许可经营早已声名狼藉。单纯为了追求财务收益而缺乏对被许可方尤其是海外被许可方的严格控制,通常是导致经营失败或品牌资产稀释的原因。

第一个关于许可经营的幻灭来自分销商。品牌发现其在销售点的产品远远低于自己的标准——印度尼西亚或泰国的被许可方可能没有很好地理解这些标准。对质量、专一性与声誉概念的理解在不同国家也是不同的。当 Calvin Klein 的牛仔裤在大型零售商店中销售时,它立即对其主要的美国被许可方提出控告。

另一个令人惊讶的现象就是许可方发现当地主要的被许可方未事先协商就推出了某些延伸产品。Elle 杂志发现在日本出现了由其许可制造的马桶垫产品,占当地所有被许可业务销售总额的 20%。

第二个问题就是许可方与被许可方之间的权力关系问题。被许可方通常都有一个许可经营组合,根据业务销量与盈利性以及品牌知名度来安排优先顺序。

最后,许可方管理者的资质也会起到一定的作用。许可方可能不会获得其应该得到的或希望得到的关注,因为被许可方在做决策的同时可能不会遵守必要的协议或根本不把许可方考虑在内。

因此,以合约的形式来确保能够获得所有应得的特许权使用费是明智的做法。这并非出于防止欺骗,而是因为错综复杂的交易环境以及计税差别等不确定因素可能会给企业带来一定的损失。

许可经营有些时候也会适得其反:世界上大多数人都会认为登喜路是一个香烟品牌。实际上香烟只是该品牌的一款许可产品而已,它本身是著名的服装、皮革与香水品牌。韩国消费者以为登喜路和万宝路或印度第一高端品牌 Wills 一样从香烟市场延伸到了时尚产品。

基于延伸的商业模式:维珍

大多数品牌能让人将之与一种产品或服务的形象联系到一起:如耐克鞋、达能酸奶、比克圆珠笔和地中海俱乐部的度假村等。这一点也不奇怪,因为在它们成为品牌之前,就是受到营销与销售的驱动从一款简单的产品或服务开始发展的。但维珍是一个例外:谁会把维珍只与一种产品或服务联系在一起呢?确实,维珍在全世界范围内共拥有 200 多家企业和 25 000 位员工,其营业额超过 70 亿欧元并已经成为世界前 50 强品牌之一。即使是在一些没有业务的国家,维珍也是家喻户晓的品牌。

维珍于 1969 年成立,那时理查德·布兰森决定启用一种直接进行唱片销售的运营模式,这使一些没有分销渠道却拥有专业技术的企业能够获得进入大众消费市场的机会。从品牌的创建中可以清楚地看到品牌 DNA:布兰森想在被"不当"竞争所抑制的市场中寻求发展的机会。他问自己如何以不同于市场领导者——那些利用自身优势占据市场份额的企业的方式运营。选择维珍作为品牌名称是因为它既友好又有现代感,并能在除音乐之外的所有行业中使用。这就预示了维珍未来会采用的商业模式。

维珍的创意来源于它的所有产品都是由一种无形的"胶水"——品牌联系在一起的。因此，维珍采用的是伞状品牌结构。每年，维珍都会在新的行业中发布新产品，同时从其他行业中退出。多年来，理查德·布兰森已经将品牌延伸到了以下行业（随后又从几个行业中退出）：

- 第一个行业：邮购（1969年）。
- 唱片：维珍唱片（商标于1973年创立，并于1992年出售给百代唱片公司（EMI））。
- 广播：维珍电台。
- 电子游戏：维珍游戏（1983年）。
- 分销渠道：维珍影视（1983年），维珍大卖场（1988年）和为准新娘建立的维珍新娘婚礼服务业务（1996年）。
- 化妆品：维珍唯系列。
- 饮料：维珍可乐，维珍伏特加（1994年）。
- 电脑：由ICL富士通制造的个人电脑（1996年），由互联网设备网络（Internet Appliance Network）制造的互联网终端（2000年）。
- 航空运输：维珍大西洋航空公司（1984年），维珍航空（1984年），维珍快递（1996年）。
- 铁路运输：维珍铁路（1997年）。
- 旅游：维珍假日（1895年），旅行社，维珍阳光。
- 旅店与养老保险：维珍旅店，维珍养老保险（针对老年人）。
- 金融服务：维珍直接金融服务（以电话方式，1995年），维珍银行。
- 网络：维珍网（1996年）。
- 公共设施：维珍发电站（2000年）；水、电、煤。

从某种意义上说，维珍就好比日本松散的商业联盟，即由共享同一名称与相同价值观的独立企业组成的横向结构的企业集团。没有特定胜任能力的品牌如何用最少的投资进入多个业务领域呢？当然，品牌在一些明显不同的延伸中的跨度更大，由维珍的品牌价值所构成的一种无形联结也更紧密（见图12-12）。维珍的延伸实际上形成了一个共享维珍品牌价值的独立企业组成的企业群。

为了支持延伸，布兰森经常从合适的合作伙伴那里寻求支持并尽可能地减少自己的投资，即使这意味着他不能成为大股东。合作伙伴会以一个企业家的身份为企业投入行业知识、资金与自身精力。如史密斯集团（Smith Group）拥有维珍在英国大型商场75%的股份。同样，维珍伏特加由威廉·格兰特（William Grant）与布兰森各以50%的控股权进行制造与分销。

作为给初创企业的"诞生礼"，维珍允许它们采用"维珍"这一世界品牌名起步，这大大减少了广告支出，尤其是当布兰森意识到多次公关活动——如他乘热气球环游世界或者为了庆祝维珍可乐的发布而开着巴顿坦克驶入第五大道——所带来的好处。但只有在增加消费者认为有价值的内容之后，布兰森才会对业务进行转让。如法国大型商场被卖给了拉卡戴尔（Lagardère），维珍航空公司也被转到了新加坡航空公司名下。当然，维珍品牌依然是维珍公司的资产，后者是品牌唯一的所有者。

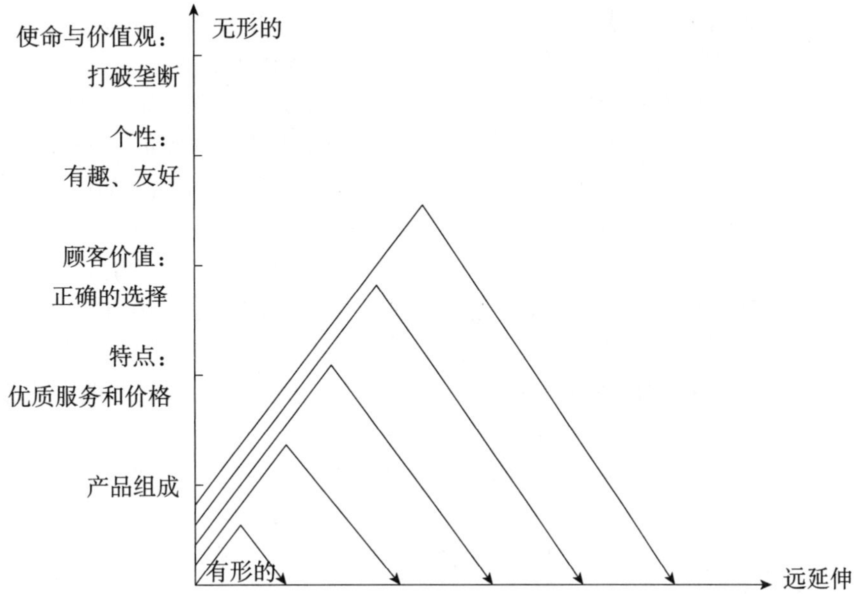

不同于从产品的使用或利益出发，维珍从更无形的品牌维度开始延伸

使命与价值观：
打破垄断

个性：
有趣、友好

顾客价值：
正确的选择

特点：
优质服务和价格

产品组成

无形的

有形的　　　　　　　　　　　　　　　　　　　　　远延伸

图 12-12　维珍延伸模型

维珍的延伸可谓非凡卓越，因为它们是真正基于对行业的战略性分析而进行的。但与此同时，它们也和任何明智的延伸一样，向消费者传递了除品牌之外的更多东西：它们代表了与品牌价值相一致的真正创新。如品牌名称所暗示的，维珍立志成为一个全新的品牌，试图更接近市场并以一种不同于多数企业的方式运营。维珍具有反叛与外向的性格特点。它的目标是通过连接市场将游离于市场领导者之间做无意义选择的消费者解放出来。维珍的广告定位就是创新、质量与乐趣。这使维珍的产品系列完全不同于竞争者，以更年轻的消费者为目标客户并且提供更好的价值体验，而所有的一切都受到维珍这一颇具号召力品牌的保护。

总之，如果想获得成功，每一个阶段都需要创新，即使创新意味着被模仿。维珍航空公司就是第一家派车接商务舱客户的企业，同时在目的地机场为客户提供盥洗室。在飞机上，维珍率先推出了个人电子显示屏，提供轻松资讯等。另一个例子就是维珍可乐，其创新之处在于为消费者提供卓越的口味，由加拿大企业考特（1998年被维珍公司收购）负责生产，并以名义上低于可口可乐10%～15%的价格大范围销售。

然而，维珍的延伸体系也存在一定的局限性：不是每一次延伸都能获得成功（和其他企业一样，维珍也会遇到问题）。距离英国越远，维珍品牌所具有的情感因素就会越弱越少。这时，大型商场中拥有高知名度的音乐与娱乐品牌就会吸引世界各地的年轻人。

但是，维珍的失败并没有给其商业模式带来损害。在这种情况下许多品牌肯定会打退堂鼓，维珍却继续在其他领域进行扩张。但问题是这一品牌与商业模式能否永远存在呢？如果延伸失败过于频繁，答案肯定是否定的。一项关于延伸失败的分析展示了在哪些情况下延伸是不合适的：

● 当延伸只会加剧竞争时。维珍服饰就是由于这个原因在2000年被企业抛弃。伦敦市场中早已充斥着创造者、反叛者以及反对随大流者。在一个价格变化极大的细分市场中维珍能够增添点什么呢？

维珍可乐的情况也是如此。在欧洲市场，百事早已是可口可乐的手下败将。一些跨国购物中心不会选择百事这一品牌，于是百事就失去了接触广大消费者的机会。同样的问题也威胁着维珍：尽管维珍航空公司在与英国航空公司的竞争中扮演了象征性的角色，但当维珍推出另一条低成本航线与瑞安航空公司竞争时却有违品牌使命。由于在这一领域中不存在市场领导者，因此消费者并没有感觉受到限制。

- 当延伸所需的投资规模将实现承诺推到遥远的未来时。这种情况发生在维珍铁路上。维珍在进入英国的铁路市场后并没有给乘客的日常生活带来任何变化：它不能传递一种更好的消费者体验。的确，当破败的铁道车辆与基础设施被交给维珍时就注定了不会有奇迹发生：运输网络不可能那么快就发生改变。同样，维珍于1995年接管的美国米高梅电影公司（MGM）所遇到的盈利问题阻止维珍采取任何降价行为——品牌合同中的条款之一。

如果没有理查德·布兰森，维珍能获得成功吗？考虑到创始人自身的光环以及他吸引媒体注意、聚集投资者的能力，可以认为维珍就是布兰森本人的写照。这既是品牌优势也是品牌劣势。对于奢侈品牌，我们应该知道品牌只有在失去其创始人后才真正开始发展。

执行过程如何抹杀一个好想法：易捷租车

易捷航空的成功众所周知，但是该品牌延伸的失败却鲜为人知。在这里，我们将考察一个表面上看起来很好的延伸想法是如何导致重大财务损失的。

易捷航空和瑞安航空是欧洲两大最著名的低成本企业，它们都采用了世界第一低成本航空公司——美国西南航空公司的创始人赫布·凯莱赫（Herb Kelleher）的想法。这一战略性想法将目标市场定位于那些从未坐过飞机而不是经常乘坐飞机的客户。前者市场很庞大并且未被开发，而激烈的竞争和高运营成本使得后者逐渐沦为红海市场。因此，可以很形象地将前者市场比喻成"一片蓝海"。它们必须找到一条途径来满足可能的市场需求。唯一的阻碍就是机票的价格，机会确实存在，只要企业可以将价格降到消费者的心理极限以下，这一价格相当于乘坐出租车到机场的花费。

为了达到这种价格，企业必须建立一种新的商业模式、一个新的经济方程式，并提供一种从未有过却能彻底改变消费需求的品牌价值主张。这一目的首先是通过压缩成本而不是降低安全性实现的，安全性往往会抬高机票的价格。因此，它们会对以下成本进行相应的削减。

- 所有的销售成本：强制性规定只能在网上购票。
- 飞机上的所有服务成本：很少提供食物和饮料，任何东西都需要付费。因此消费者在飞机上消费得很少，厕所使用率也相应降低，这使得减少厕所空间以增加座位成为可能，这样做反而为企业带来更多的客户从而赢得更多的利润。
- 中途停留时飞机的清洁成本：由乘务人员自己清洗。
- 中途停留时的停机成本：飞机在地面上多待一分钟就要多花钱。企业通过使每天的飞行时间和排班次数最大化以使停留时间最小化。瑞安航空公司通常会利用一些小型的没有名气的空闲机场（如距离巴黎 142 千米的 Amiens 机场，而不是只有 30 千米远的戴高乐国际机场）。这些小型机场的收费通常更低，而且当地政府会给这些低成本航空公司提供一定的奖励，因为它们把数以千计的游客带到当地促进了区域经济的发展。

- 飞机维修成本：采取单一供应商策略。通过从波音公司购买相同型号的飞机简化了所有流程并降低了成本。
- 员工成本：与其他企业相比，这些公司支付给员工的工资更低并很少提供福利。
- 广告成本：如公司的创始董事们可以通过指控英国航空公司来制造一些常规的媒体事件或提供惊喜优惠（10 张免费机票等）。任何事都能上演一出好戏。
- 与服务不到位相关的成本：对于飞机延误（时常发生）或行李丢失等情况，这些公司拒绝提供任何补偿。它们声称消费者不能要求在享受最低价服务的同时获得补偿。飞行后的服务也存在缺陷，公司通常不提供这些服务。

易捷航空的创始人斯泰利奥斯·哈吉-约安努受到美国西南航空公司的激励，决定将企业的商业模式延伸到其他业务中，因此他模仿了理查德·布兰森对维珍品牌所采用的方法。他创立了易捷集团，并推出了诸如 easyMoney、easyValue、easyInternet Café 和易捷租车（easyCar）等产品系列。

汽车租赁市场确实是一个寡头垄断市场，在世界范围内主要受到两大巨头赫兹（Hertz）和安士飞（Avis）的控制，它们的利润与运营显示，这一市场存在大幅度降低成本和价格的空间。此外，还有什么方法比通过给离开易捷航空的游客提供更简化的服务来降低租车价格更合乎常理的呢？在易捷航空花 30 欧元购买了机票之后，这些消费者往往不会花 100 欧元向赫兹和安飞士租借一天汽车。易捷想为乘坐飞机的管理人员以 9 欧元一天的价格提供一辆富有吸引力的汽车（梅赛德斯 A 级车）。

然而，飞机和汽车之间存在许多差异性。对于易捷航空，从机票预订到下飞机的整个过程中消费者都必须服从一系列强制的规定，而且飞机的资产并没有交付给消费者。而对于汽车，情况恰恰相反。消费者拒绝受到约束，资产（即汽车）也是交给消费者管理的。迟到的消费者（由于航班很少准时，消费者通常都会迟到）需要在易捷租车柜台前排起长队，由于人手不足，排队时间通常会延长；消费者对公司各方面的指责与抱怨瞬间全部爆发。最后，消费者会匆匆忙忙将车还回来，把手续搞得一团糟。收到账单只会增加后续需要处理的问题，因为消费者往往不会像对待自己的车一样关心租来的车。易捷租车很快就因为顾客投诉和难以负担的维修成本而变得一蹶不振。

为了实现增长，易捷租车在市政中心建立了代理处，专门吸引那些喜欢讨价还价并渴望以 9 欧元的价格体验梅赛德斯车的顾客群体。这种做法导致大量汽车出现非正常的损坏，企业很难马上把这些损坏的汽车租给其他人。企业可以让它的飞行乘务员清理机舱却不能让租车者清洗汽车，因此影响到汽车的循环使用并使物流更复杂，难以预料的成本支出为企业收益亮起了红灯，恼怒的消费者也会向他人传递不满情绪。选择梅赛德斯 A 级车虽然很明智，却需要很高的维护成本，而且汽车的回购价格（在糟糕的状态下）比预料的要低得多。

第13章 品牌架构

品牌只有一个需要：在维护声誉、赚取利润的同时不断成长。品牌利用初创产品或服务所取得的成功，可以通过一系列延伸来实现成长。品牌不仅可以在产品线、产品范围内进行延伸，还可以涉足新的产品品类，扩大自身经营范围。

一旦品牌开始延伸，关于品牌架构的战略性问题就会出现。对该类问题的解答，将给公司的价值创造及品牌资产的建立带来深远影响。品牌架构问题并不关乎审美，而与效率息息相关。

品牌架构中的关键问题

共有五类问题：

- 如何为新产品命名？是给新产品一个描述性名称，还是一个全新的品牌名称？当发明出革命性的顺滑的液体混凝土时，对于这款新型产品，拉法基应该简单地将其称作液体水泥，还是 Agilia？如果选择后者，公司如何在子品牌 Agilia 及母品牌拉法基之间建立联系？我们应该称其为 Lafarge Agilia，还是由拉法基生产的Agilia？这一准则适用于所有子品牌吗？如何在产品包装、分销商货架以及贸易展览会的公司展台等不同场合展示新产品名称？
- 品牌应该分为几级？公司内部只应该建立一个品牌吗？这是大多数亚洲公司的选择。这一做法意味着，对公司旗下所有产品进行描述性命名，所有产品都围绕着一个品牌。这样，我们才看到三星电视、三星手机及三星数码相机。同样，还有博朗咖啡机、博朗剃须刀、博朗电动刷及博朗电吹风。相反，几十年来飞利浦生产的剃须刀以 Philishave 闻名，我们曾谈论苹果公司生产的电脑 iMac，如今我们又谈论它生产的 iPod。
- 集团名称、公司名称及团队名称的可见度如何？公司的所有产品都应该只有一个名称，如西门子和法国安盛公司（Axa）；还是公司名称应为其子品牌提供担保作用，如 3M 及达能那样？所有的 3M 产品（思高胶带、便利贴等）上都印有明显的 3M 标记。与之相反，依云矿泉水的塑料瓶只有转过来才能发现达能的标志。对于宝洁公司的产品和品牌（碧浪、汰渍、达诗、护舒宝等）而言，需要非常仔细才能在包装上看到印刷得很小的当地子公司名称。医药产品在这些问题上的解决方式又有所不同：根据药品是处方药、非处方药还是一般性药品，产品包装上标注的公司名称也有所不同（Moss，2007）。

在集团内部，品牌应该放在公司层级（如雅高），还是部门和业务单元层级（如雅高赌场）或包括一系列知名产品品牌（如一级方程式、Motel 6、Red Roof、Etap、美居、诺富特、索菲特、Suite Hotel 等）的雅高酒店集团？

● 更普遍的问题是，公司名称和商业品牌的名称应该相同吗？现在，法国电信是公司的名称，而 Orange 是其唯一的商业品牌。

● 相同的品牌架构无论在品牌原产国、欧洲、美国还是亚洲都适用吗？

以上都是必要且重要的问题。通过思考这些问题，可以让消费者更加容易理解公司不断更新的产品或服务，同时公司在提供产品或服务的过程中可以建立品牌声誉。

通常"品牌化战略"一词被用在以下几项决策中：

● 品牌层级的数目；

● 公司在产品价值传递中的作用：完全隐去、显著标明还是附带标注；

● 不同品牌的相对重要性及其在各类文件、包装、产品自身、生产基地、办公室和公司员工名片上出现时的考量；

● 品牌架构的全球化问题。

针对以上问题，已经存在一些比较典型的回答，我们将这些共识称作品牌化战略。下面将具体阐述，但首要任务是回归到有关品牌架构的几个关键性问题上。品牌架构是一项战略性问题，针对该问题的决策可能是理想的，也可能导致公司效率下降甚至业务完全瘫痪。无论如何，有关公司品牌架构的决策都应该连贯、清晰、有理有据。即便激烈的竞争环境使公司之前的品牌架构变得无效、成本高，公司在改变品牌架构时仍需延续先前的决策。事实上，公司改变品牌架构的尝试从未停止，以下例子便是最好的证明。

最开始，巴黎欧莱雅只作为其旗下各类品牌（如 Elnètt，Elseve，Studio Line）的背书品牌，谨慎地在产品包装上标注这一名称。但在 1990 年，巴黎欧莱雅彻底改变了这一做法，给予"巴黎欧莱雅"关键地位，将以上所有明星品牌都汇集于巴黎欧莱雅之下，从而在整体上传递一系列价值观并保持一致的传播风格。

在 B2B 领域，亨利·拉赫曼（Henri Lachmann）接替迪迪埃·皮诺·瓦朗西安纳（Didier Pineau Valenciennes）成为施耐德电气集团的行政总裁后实施了重大变革。瓦朗西安纳改变了施耐德电气在电气行业中不堪一击的市场地位，通过几项对全球著名公司如梅兰日兰、Telemecanique、Yorshire Switchgear、意大利公司 Modicon 及美国公司 Square D 等的收购，成为专注于工业电子设备的全球性高科技公司。Pineau Valenciennes 想尽快建立起独特的公司品牌，而该公司品牌在某种程度上也能扮演商业品牌的角色。正如施耐德的竞争对手西门子、ABB、通用电气、罗格朗和海格一样，施耐德电气这一品牌是其提供的所有产品的共同基础。这一改变涉及逐渐拆分 Telemecanique、梅兰日兰等子公司，将子品牌降到产品层次等。在接手公司后，拉赫曼却有不同的想法。他认为在世界范围内重振子品牌、提高认知度很有必要。因为这些子品牌是施耐德电气公司的主要资产。然而在实施变革之后，该公司仍只有一个品牌：施耐德电气。

2005 年，快消领域巨头联合利华实施了一项重要变革：在世界范围内，该公司所有产品的包装上必须印有明显的 U 型标记。在此之前，除非当地法律明确规定（如印度的"Lever Industan Ltd"），联合利华的公司标志都不会刻意出现在产品包装上。该变化迎合了主流趋势，但联合利华的主要竞争对手宝洁公司并没有这样做。事实上，宝洁公司隐去公司标志，是为了应对长期以来的谣言（Kapferer，1987）。

2006年，环境服务（水和废物处理、能源、授权公共交通服务等）领域的世界领导者威立雅环境集团（Veolia）决定取消创立之初就一直存在的三个分支品牌：交通服务品牌Connex、能源品牌Dalkia及废物处理品牌Onyx，取而代之的是单一品牌威立雅。因此，这些分支品牌变成了威立雅交通、威立雅能源等。

显然，品牌架构不是技术性或策略性问题，而属于战略课题。关于品牌架构的决策，其影响很可能长达数年，是导致企业成本缩减或公司效率低下的根本原因。

品牌化的类型

拿出一卷胶带，最上方的几个大写字母标注了众所周知的商业品牌思高。下方左边是3M标志，也是公司品牌。"Scotch"字样下方还有一行小字用来介绍产品：可移除魔力胶带（Removable Magic™ Tape）。

确实，这里共有三个层级的品牌以及一个标志性符号：

- 企业本身的公司品牌3M；
- 作为伞状品牌的商业品牌思高，是该公司所有通用产品的品牌；
- 产品线品牌魔力胶带（Magic™ Tape）；
- 指明该魔力胶带的类型：可移除的（Removable）。

3M的很多产品中都存在这种三个层级的品牌架构。

诺基亚的战略更简单，只有一个层级。什么产品都冠以诺基亚的名称，再接上一串数字或代号以供识别。由于手机制造领域的技术升级速度快，这些手机型号很可能在半年之后就不复存在。人们经常说的是，我准备买一部"诺基亚"手机，并不用其他名称加以指代。消费者会向销售人员描述他们所需产品的性能，以指代特定的手机型号（如"那台手机有这样或那样的功能，形状是扁平的"，等等）。

苹果公司的品牌则有两个层级：苹果本身和iPod，iMac等。除了早期建立了公司声誉的一些产品，苹果的明星产品都拥有自己特有的品牌名称（子品牌）。该公司的产品都被称作"Apples"（按1，2，3的顺序），再接一个不同的名称。欧莱雅公司的策略也是如此，不提及集团名称，为明星产品（亦称作特许授权的产品）建立特有的品牌，例如卡尼尔在果味产品线上建立了独有的声誉。雷诺汽车公司旗下的各个品牌都有自己专属的名称（如Twingo，Clio，Laguna，Scenic，Latitude等）。

那么，公司应该怎样选择品牌架构的层级数目呢？主要影响因素包括市场情况、细分市场水平、是否依靠公司品牌支持等。

升级换代速度快的产品一般会采取单一的品牌名称（如诺基亚、三星、索尼爱立信、赛捷等），因为建立特定的产品品牌往往需要时间。

大型制造行业中，工作是按项目完成的：品牌名称代表了的竞争力、声望、能力、员工专业化程度及潜在公司文化。因此，该行业中的公司倾向于采用单一的品牌名称。但是，由于公共设施的招标往往通过贸易机构完成，这些公司往往采用两个层级的品牌架构。如万喜代表处于行业领先地位的一家公司，Via 则是其旗下一个享誉全球的道路建设品牌。

在大众市场，产品同质性较高，非常有必要建立产品的可感知差异点。品牌名称就可起到这一作用。Pepito by Lu 针对 6～10 周岁的儿童，Prince by Lu 则针对 15 周岁的青少年。与分销商的仿制品相比，第一层级的品牌名称还为产品赋予了无形的人格特性，为产品增添了附加值。

品牌的不同作用

在前述 3M 公司的可移除魔力胶带的例子中，可以发现不同层级的品牌发挥了不同作用。消费者提及产品的不同方式可以表明，哪一级品牌起到了领导作用，哪一级品牌发挥了激励作用，哪一级品牌蕴含了产品的感知价值。一般消费者很少会说：" 我要买一个 3M 产品。" 诊所或医院的负责人、服务人员或医生却经常这么说。对他们而言，3M 公司的专业性通过创新得以体现，创新可以为外科医生制造可在外科手术等重要场合使用的医疗器械。

你在购买雀巢的奇巧（KitKat）爽脆巧克力时，很大程度上是在购买 " 奇巧 " 这一品牌（这里的 " 爽脆 " 只是为了增强消费者对产品的感知）。雀巢广为人知的品牌意义 " 更好的生活 " 只是你购买巧克力的前提。巧克力的包装上，你会看到雀巢这一品牌名称及公司标志。这只是该公司为其在世界范围内生产的众多产品所做出的最高质量保证。值得注意的是，制造商品牌雀巢的标志也出现在欧洲地方性肉类加工品牌 Herta 的产品包装上。

以上例子告诉我们，品牌的作用有以下几种：

- 激励作用。品牌可以确立品牌价值，还是促进消费者做出购买决策的动力因素。从特定角度而言，只有发挥这一作用的品牌才是真正的品牌：品牌代表了差异化因素，能够创造消费者期望。
- 产品价值的源泉。商业品牌雀巢为其所有产品提供了一种保证，同时传递了美味、健康与家庭等价值。
- 厂商的道德担保和责任。公司为消费者提供了一个电话号码。无论在世界何地，只要认为产品与其期望有所偏离，消费者都可拨打该电话。这是企业社会责任的集中体现。过去我们常常说，"规模大意味着成功"；而现在我们说，"规模大意味着承担责任"。
- 特指对话中的特定物品。人们常常用 " 奇巧 " 来指代自己想买的产品。
- 识别产品的来源。制造商品牌往往发挥了这一作用。

品牌层级过多会影响消费者对不同品牌的识别及购买，因此只有那些不可或缺的品牌层级才应保留。大众市场上的产品对应的公司品牌是否需要保留，这一问题仅仅通过询问消费者并不能得到妥善解决。当询问消费者是否需要保留产品包装上的 3M 标志时，大部分被访者会说 " 不用保留 "，因为他们根本就不知道 3M。由于这一标志对其而言没有任何意义，消费者就会认为没有必要保留。但是有关该项战略的决策并不能只从消费者角度出发。出于提升集团整体股价的考虑，集团公司不能仅仅依靠巨额的广告费提升知名度，还应从品牌的日常运营工作着手。在产品包装上悄悄标明集团公司名称，即能有效达到该目的。

由于这个原因，人们可在雅高集团旗下的各酒店大堂看到公司标志，而非品牌标志。这向消费者明确传递了一个信息：这些酒店尽管看上去相互独立或互为竞争对手，其实它们都属于一个集团。尽管这一措施削弱了这些酒店的差异化特征，淡化了消费者对不同酒店的独有情感，但雅高集团迅速提升了识别度，成为欧洲旅馆及服务行业的巨头。

首要选择：品牌化组合还是多品牌组合

公司品牌架构的确定需要综合考虑以下三个问题：

- 应该采取几个品牌层级？换言之，品牌应该用来指代不同活动、不同部门还是不同的产品？
- 各品牌层级之间的联系应该是怎样的？对该问题的回答需要回到单个品牌各自不同的作用上：品牌的价值在哪里？哪个品牌为某个品牌提供了担保？等等。
- 公司品牌的可见度如何？公司品牌的作用应该是什么？

有关这些问题的答案不应该是相互独立的。事实上，总体而言，共有六种不同的品牌架构的战略选择，每种选择都不仅仅囿于对品牌的基本描述（如应该放大或缩小什么名称或标志，将这些名称或标志放在上面还是正面等）或对品牌本身的关注。这些选择能够影响品牌的内容、价值，即品牌在其名称下的多样性程度。现在我们将对这六种品牌架构一一阐述。

- 产品品牌战略及其变体，产品线品牌和范围品牌；
- 灵活的伞状品牌战略；
- 主品牌战略；
- 制造商标记战略；
- 背书品牌战略；
- 来源品牌战略。

这些战略是对不同市场的回应。如图 13-1 所示，这六类战略的分布可通过两条坐标轴进行划分，纵轴表示品牌带来的价值与品牌能力和声望的关联程度，横轴表示该价值与品牌个性化差异及可识别度的相关性。

图的左上角是公司主品牌战略（master brand strategy）。该战略下只提供一层独特的品牌，通常是该公司的名称，代表公司本身。整个公司的所有活动都必须与该品牌价值保持一致，即必须能够传递这些品牌价值。比如，要么是 IBM，要么不是。制造业、公共设施或服务行业（银行业、保险业、咨询行业等）的公司往往采取这种战略。这里，声誉是规模及能力的保证。

图的右下角是产品品牌战略（product-brand strategy）。该战略下很难识别公司本身。路易威登集团及宝洁公司就采取了这一战略。宝洁公司旗下的各个品牌（碧浪、汰渍、帮宝适、护舒宝、达诗、Swiffer 等）都没有突出公司品牌。这有利于公司在同一市场运营不同品牌。以洗衣粉为例，具有明显竞争关系的几种品牌往往在同一市场竞争。汽车制造商 PSA 同样采取了产品品牌战略：消费者可以购买标致汽车或雪铁龙汽车，但买不到 PSA 品牌的汽车。

不低于两层的品牌架构是推动单一垄断性品牌（主品牌）的能力要求与推动细分子品牌的个性化要求相互妥协的结果。事实上，汽车制造商往往在集中建立公司

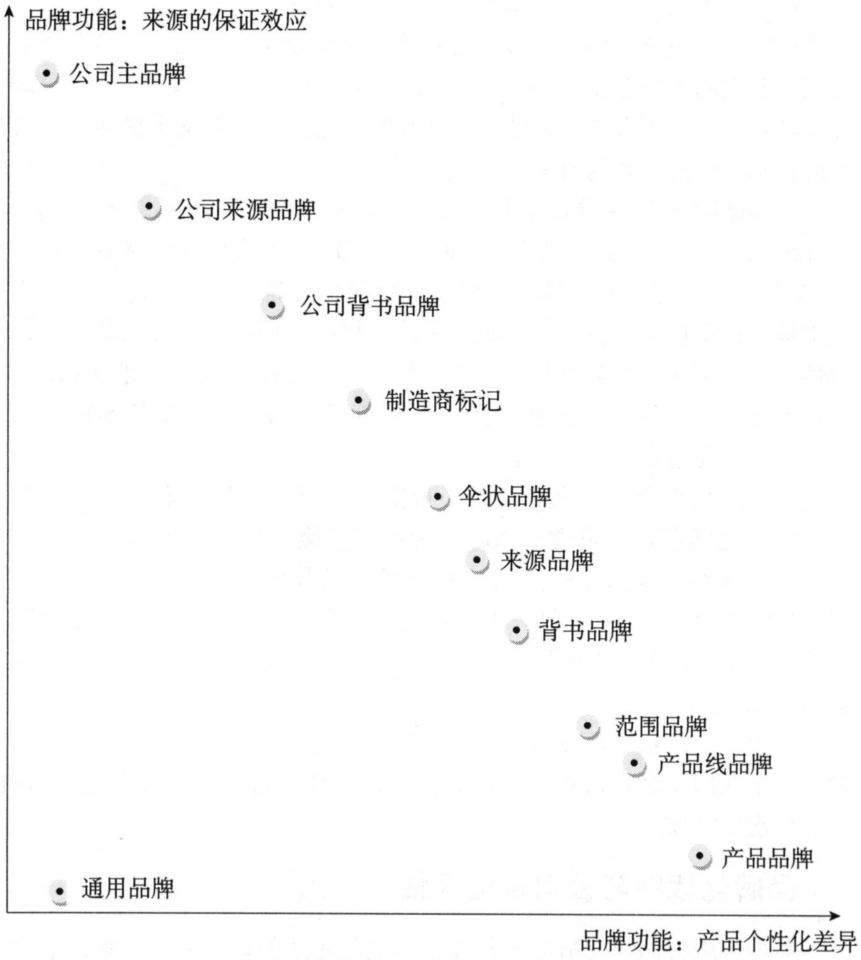

品牌功能：来源的保证效应

- 公司主品牌
- 公司来源品牌
- 公司背书品牌
- 制造商标记
- 伞状品牌
- 来源品牌
- 背书品牌
- 范围品牌
- 产品线品牌
- 产品品牌
- 通用品牌

品牌功能：产品个性化差异

图 13-1　选择品牌定位战略

品牌（如大众、丰田）的同时，通过为不同车型创建品牌（如高尔夫、帕萨特、广汽丰田、一汽丰田等）来提升各自的吸引力。

根据品牌架构在业务、产品及市场上的约束程度，能够识别其不同类型。美国学者区分了两类基本选择：多品牌组合（house of brands，也称品牌屋）和品牌化组合（branded house，即在同一保护伞下包含各种不同的品牌或活动），如表 13-1 所示。这两类选择分别代表了产品及市场不同程度的约束及一致性。两类选择下的各品牌架构在管理实践活动中非常不同。

表 13-1　多品牌组合或者品牌化组合

多品牌组合	品牌化组合
产品—品牌	来源品牌
产品线品牌	
品类（范围）品牌	
制造商标记	
背书品牌	
灵活的伞状品牌	主品牌

在第一类选择（多品牌组合）下，公司对各个品牌、下属子公司、部门及活动的管理给予了充分自由。大多数日本公司就是如此。例如，三菱公司的汽车分部和电气分部之间很少合作。虽然名称相同，同处于一家公司，每个分部却自主运营，发布各自的广告，宣传各自的主张及品牌价值。经济意义上的成功以及提高三菱品牌的识别度是最重要的目标。

正如戴维·阿克（David Aaker，1995）和凯文·莱恩·凯勒（Kevin Lane Keller，2007）指出的，品牌组合战略不仅仅与产品品牌战略有关，伞状品牌战略（整个公司只拥有一个品牌）也属于品牌组合战略。伞状品牌战略下，公司根据不同市场的特定目标，自上而下制定决策、接触市场，公司在整体形象上无须保持一致性。几十年来，米其林都坚持这一战略。米其林的卡车分部与米其林私家车、米其林航空公司之间没有合作关系。不同市场上均只有一个特定的、标准的品牌名称，公司并无意愿对其进行改变。

在品牌化组合下，品牌的核心价值在市场及产品层面都得以体现，且公司的各项活动之间存在连贯性。该路径为第二层级的各子品牌提供了规范化框架，包括主品牌战略及来源品牌战略。妮维雅、巴黎欧莱雅和健达都采取了这一战略。第二层品牌必须体现母品牌的主要价值，只有这样才能为各子品牌注入一致性和凝聚性，第 11 章对该问题进行了详细阐述。品牌化组合是拥有高度内在一致性的品牌家族。

因此，我们可以通过矩阵模型对各品牌架构战略进行区分。主要区分指标是品牌架构采取的层级数目和公司自上而下在市场上进行产品或服务定位的自由程度。下面依次展开阐述。

品牌化战略与公司价值评估

我们不应将品牌化战略看作需要解决的正式的设计问题，而应将其当作需要考虑的公司不同部门及产品间的价值流问题。因此，品牌化战略影响公司的价值。

天使投资和投资基金对该问题的认识是准确的。例如，在化妆品领域，转售品牌化组合比转售由各种品牌混合而成的多品牌组合收益更大。特别地，卡尼尔已经成为品牌化组合，该组合拥有统一的精神和价值，可以影响卡尼尔各子品牌的定位。卡尼尔本身也属于具有特殊识别形象的品牌。SCAD 则属于多品牌组合，该品牌旗下的子品牌各具特色，如 Dop、Vivelle、Dessange 及 J L David 等。从这一角度而言，SCAD 品牌只是一个便于开展营销活动的商业性组织结构。

在化妆品领域，对多品牌组合的估计价值一般是其利润的 6 倍，而对品牌化组合 P/E 比率的估计则高达 7 或 8 倍。类似地，一旦公司登陆股票市场，公司内部的所有分裂趋势，如刻意使子品牌的标志区别于公司品牌等行为都会停止。之前所有微不足道的影响将会变得难以承受。

研究发现（Rao，Agarwall and Dalhoff，2006），品牌化战略与公司股价有联系。数据统计结果显示，采取单一品牌战略（品牌化组合）的公司，股票市场价值最高。其次是采取混合战略的公司。该结果并不让人意外，但很可能产生误导，引领公司管理人员做出错误决策。

审视现在华尔街上的明星公司，我们可以发现它们分布在一些互联网行业（谷歌、亚马逊及 eBay）、高科技行业（思科、微软、苹果和戴尔）或服务行业（IBM

等）。这些公司不是只提供单一服务，就是只针对单一市场。eBay 本身是一个产品品牌，也是上市公司名称。亚马逊也是如此。这说明，在高速发展的现代经济中，新兴公司虽只关注市场的单一需求，提供单一产品或服务，但仍拥有极高的投资回报率及股票估值倍数。这些公司的品牌化战略仅仅与上述参数有关，并不是创造利润的根本来源。像宝洁、路易威登这样的公司情况又如何呢？这些公司通过掌握某些专门技术（如营销技术、奢侈品管理技术等）和管理诸多相对独立的品牌得以发展，各品牌在各自的细分市场上都处于领先地位。宝洁公司会像日韩公司那样，放弃现有的品牌化战略，只使用单一品牌吗？这样做的话，宝洁公司不太可能像现在这样，依靠多个品牌进入同一市场，占据市场统治地位（如洗衣粉市场上的达诗、碧浪等品牌）。既然宝洁这一公司名称已在快消品领域成为卓越的象征，它还会改名为汰渍公司或是吉列公司吗？

品牌架构及公司内部组织

品牌架构对公司职能也有深远影响。如果没有主品牌，就不会有主品牌战略或来源品牌战略。主品牌的作用如同神庙的守卫者，在所有国家和地区都规定一致的品牌标志、建立品牌的其他正式识别元素，用以保证必要的一致性。当然，我们需要进一步审视主品牌的特性、排列及标志上的图形构造（通常将其称作商标）等。

事实上，公司越倾向于采取品牌化组合，其品牌架构就越需要强调协作精神、具备较强能力。因此，施耐德电气及赛博集团都建立了品牌委员会。品牌委员会的主要成员并非广告传播人员，而是各业务单元或各部门的经理人员。委员会成员对公司下属品牌的描述更精确，能更准确地反映公司看待品牌及品牌化的态度。

在日本公司，不同业务的管理往往由各部门各自负责。这种组织形式虽然有一定优越性，但会损害品牌的情感质量及凝聚力。各部门总是强调产品的功能性特征，并没有特定部门为品牌价值负责。由于这一原因，1999 年东芝集团将其前任研发总监任命为"品牌先生"。值得注意的是，三星、LG 等韩国公司很早就意识到这一问题。这些公司很快任命了专门的品牌管理人员，负责全球范围内各个品牌的管理工作。

仔细审视品牌架构，将两层削减为一层，反映了公司关于组织结构及权力分配的态度。威立雅一开始采取的是多品牌组合战略。该公司的前身是维旺迪环球集团（Vivendi Universal）的公共设施业务部，但品牌价值主要在于各业务层面。因此，Connex 品牌负责全球所有私营火车、汽车及地铁业务，Onyx 品牌负责全球的废物处理业务，Dalkia 品牌则负责能源业务。该架构中，市场是最主要的划分指标，但公司权力得以协调。

取消这些分支品牌意味着对公司外部的现有及潜在客户和内部员工传递了强烈的信号：融合。客户可以预料，该公司的 IT 业务分部将不复存在，取而代之的是纯粹的网络经理。如果没有采取这一措施，公司的组织架构与品牌战略将会出现分歧。

品牌架构的主要类型

下面我们逐一分析品牌架构的主要类型。我们先介绍在传播及产品管理上都具有极高灵活度的几种品牌架构。在这类品牌架构中，企业价值观与各部门、业务活动及产品之间的联系都是极为松散的。我们将这些品牌架构类型统称为"品牌组合"。然后我们介绍管理更为严格的另一类品牌架构。在这些品牌架构类型中，各品牌都拥有具体的品牌含义，且品牌含义都可以反映在品牌架构的核心价值中（见图13-2）。

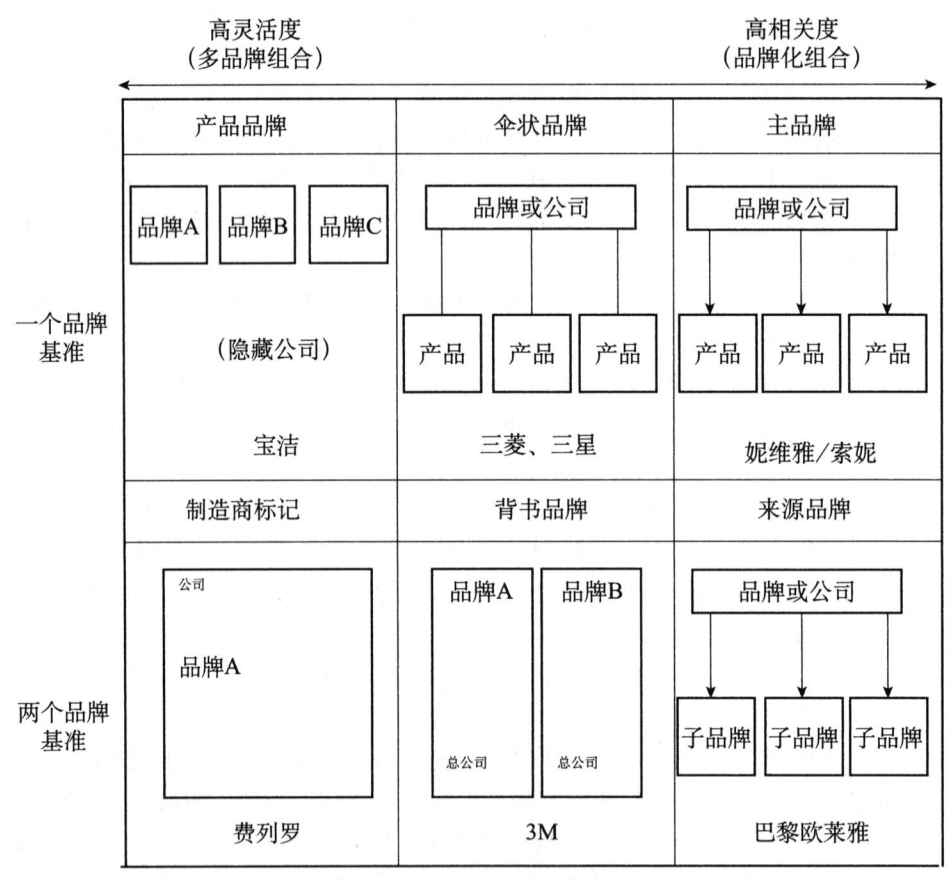

	高灵活度 （多品牌组合）		高相关度 （品牌化组合）
一个品牌基准	产品品牌 品牌A 品牌B 品牌C （隐藏公司） 宝洁	伞状品牌 品牌或公司 ↓ ↓ ↓ 产品 产品 产品 三菱、三星	主品牌 品牌或公司 ↓ ↓ ↓ 产品 产品 产品 妮维雅/索妮
两个品牌基准	制造商标记 公司 品牌A 费列罗	背书品牌 品牌A 品牌B 总公司 总公司 3M	来源品牌 品牌或公司 ↓ ↓ ↓ 子品牌 子品牌 子品牌 巴黎欧莱雅

图13-2 六个主要品牌架构

产品品牌战略

一般认为，品牌同时是一种标志、一个词组、一件物品或一个概念。品牌是一种标志，因为品牌包含了商标、徽章、色彩、形状、包装及设计等形象符号；品牌是一个词组，因为人们往往在口头或书面表达中传递品牌名称；品牌是一件物品，因为品牌使特定产品或服务区别于其他的产品或服务；品牌是一个概念，因为像其他标志一样，品牌传达了自身独有的重要性，也即其自身的意义。

产品品牌战略赋予每一种产品（或产品线）独有的名称及定位。每种新产品都拥有自己专属的品牌名称。如图 13-3 所示，该战略下公司的产品组合与其品牌组合相对应。

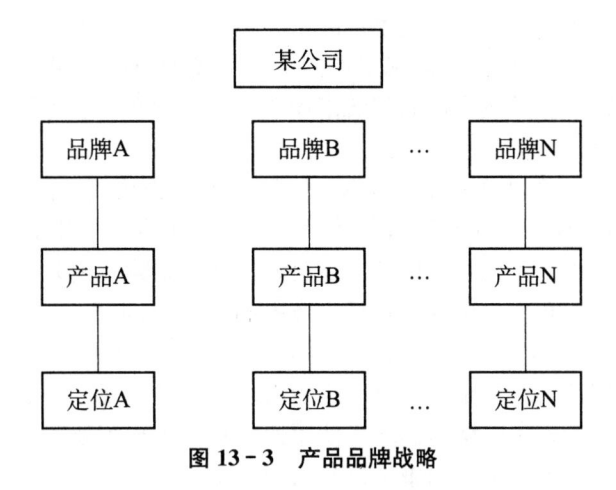

```
                    ┌─────────┐
                    │  某公司  │
                    └─────────┘
    ┌─────────┐    ┌─────────┐         ┌─────────┐
    │  品牌A  │    │  品牌B  │   ...   │  品牌N  │
    └─────────┘    └─────────┘         └─────────┘
         │              │                   │
    ┌─────────┐    ┌─────────┐         ┌─────────┐
    │  产品A  │    │  产品B  │   ...   │  产品N  │
    └─────────┘    └─────────┘         └─────────┘
         │              │                   │
    ┌─────────┐    ┌─────────┐         ┌─────────┐
    │  定位A  │    │  定位B  │   ...   │  定位N  │
    └─────────┘    └─────────┘         └─────────┘
```

图 13-3　产品品牌战略

酒店业的雅高集团即采取了这种战略。雅高集团为旗下的各种品牌都设计了独特精准的定位，如索菲特、诺富特、Suite Hotel、宜必思、一级方程式及 Motel 6。宝洁公司的产品品牌战略已经成为公司进行品牌管理的核心哲学。通过碧浪、Vizir、达诗等洗衣粉品牌，以及卡玫尔（Camay）、Zest 等肥皂品牌，宝洁占据了欧洲清洁剂及肥皂市场的领先地位。每一种产品都有其准确、精心设计的定位，分别对应某特定的细分市场。卡玫尔意味着魅惑与优雅，Zest 则是能量与激情的代名词。碧浪将自己定位为市场上最好的清洁剂，而达诗在中端市场上主打高性价比这一卖点。这两个品牌都开发了包括洗衣粉、洗衣液及洗衣片等一系列产品在内的产品线。

食品领域的创新型公司给其生产的各种新型食品赋予了独特的品牌名称。因此，这些公司拥有巨大的品牌产品组合。奶酪生产商保健然（Bongrain）旗下拥有 10 多个品牌，如 St Moret，Caprice des Dieux，Chaumes 等。矿泉水市场也大都由产品品牌组成，如依云、康婷、伟图等。该市场上的消费者清楚自己需要购买的品牌，各品牌之间并无混淆。这里的品牌或者说产品名称是消费者进行识别的精确指标。

存在一种极端的情况：某种产品过于特别，没有其他产品能与之匹敌。此时，这种产品已不仅仅是产品，还代表了整个产品类别。一些学者将这种现象称作"品牌产品"（branduct）（Swiners，1979）。这类产品十分特别，其品牌名称就代表着该类产品。对应的例子有便利贴、百利甜酒、马利宝椰子酒、玛氏、邦迪创可贴（Bounty）和 Nuts 等。

产品品牌战略下，一种产品对应一个品牌名称及一种独特的地位。那么如何对这种绝对关系进行长期管理呢？首先，实现品牌延伸的唯一方法是更新产品。为保持产品最初的定位及市场高度，自 1969 年面市以来，碧浪的产品配方一直都在调整。宝洁对该品牌投入了顶尖的科技与化工技术（联合利华对其品牌 Skip 也是如此）（Kapferer and Thoenig，1989）。其次，为了表明产品已经升级换代，产品的品牌名称后往往会加上数字（如达诗1、达诗2、达诗3）。最后，为了应对不断变化的市场需求，同一品牌的产品往往还有不同形式（可以是纸包装或圆桶装，可以是粉末状或液体）。

产品品牌战略的优点是什么呢？对于专注于单一市场的公司而言，这种战略是以占领整个市场为目的的进攻性战略。通过对同一市场投放多个品牌（宝洁拥有四个清洁剂品牌），公司可以满足不同细分市场的不同需求与消费者期望，以迅速占领市场份额，从而成为该品类的市场领先者。然而，这种行为会使消费者不太了解公司的名称。

一些公司希望隐去公司名称，使消费者更关注其产品品牌。宝洁、联合利华、每食富、Bestfoods都属于这种情况。然而，伊利诺伊工具制造公司（ITW）采取了不同的措施。该公司价值几十亿美元，经常收购其他公司，其旗下的子公司不少于500家，遍布世界各地，包括生产木制品的Paslode和Duo-Fast，生产钢铁和水泥的Spit和Buidex。该公司的目标是，为专业工人提供专业工具。这实际上是一种利基品牌策略，侧重各细分市场的需求。为了实现这一目标，公司需要面对各种手工艺者，管理不同渠道。木工使用的工具肯定与其他工人的需求有所差异，这种差异需要在工具上体现出来。ITW不想令消费者失望，因此致力于将ITW作为背书品牌予以大力发展。ITW的成功与宝洁等是截然不同的。

当细分市场之间的差异并不明显时，给每种产品赋予单独的品牌名称能够帮助消费者有效感知不同品牌之间的差异。当消费者认为每种产品都很相似时，这样做尤为必要。因此，虽然消费者认为所有的清洁剂的基本成分大体相同，但各成分所占比例会根据不同品牌强调的优点而变化，如去污力强、适用于合成衣料、不褪色、不伤手等。特定品牌与特定需求的联系暗示了产品本身的功能差异。

创新型公司往往希望获得先发优势，因此多使用产品品牌战略。事实上，如果在一个新的细分市场上投放某一全新的品牌，且该品牌的业绩较好，则该品牌在这一市场上便具有了先发优势。消费者提到这类产品，往往会想到这一品牌，甚至用该品牌直接代称这类产品。品牌名称要创新，这在那些容易引发其他公司模仿行为的市场中显得尤为重要。医药领域就常常出现模仿行为，因此，医药公司往往为每一款新药注册两个名称：一个名称是产品及配方本身，另一个则是品牌名称。即使两种药品的配方完全相同，原始的品牌名称不同（如善胃得、泰胃美），可为未来产品生产提供法律保护及排他性。如果法律无法提供保护，其他公司则会尽可能地剽窃及模仿该产品，最大程度利用该品牌的潜在价值。这就是大型零售商常常使用产品品牌的原因。如Fortini模仿了Martini（马天尼），Whip模仿了Skip。目前，制造商害怕零售商停止销售它的产品，往往不敢对这些零售商的非法模仿或剽窃行为提出质疑或诉讼。

产品品牌战略使得公司需要在新市场上承担一定的风险。在液体清洁剂的前景尚不明朗的情况下，宝洁推出了单独的产品品牌Vizir。推出碧浪品牌的液体去污剂可能会损害碧浪的品牌形象；而将该产品冠以达诗的品牌名称，其过于强劲的去污能力可能与该品牌本身的定位不符，反噬原有品牌。可口可乐在进军低热量饮料市场时也推出了单独的Tab品牌。

产品品牌战略意味着产品背后的公司品牌与产品品牌并不一致，且并不广为人知。这样公司可以随时随地进行各种管理，特别是在其进军新市场时。宝洁在1882年推出了肥皂品牌象牙（Ivory），在1911年及1926年分别推出了烹饪品牌Crisco

和 Chipso，在 1933 年推出了机洗洗衣粉品牌 Dreft，在 1946 年推出了汰渍，在 1950 年推出了洗碗剂 Joy，在 1955 年推出了达诗及牙膏品牌佳洁士，在 1956 年推出了花生黄油品牌 Jif，在 1961 年推出了帮宝适，在 1963 年推出了咖啡品牌 Folgers，在 1965 年同时推出抗菌漱口水品牌 Scope 和家用卷纸品牌 Bounce，在 1968 年推出品客薯片（Pringle Chips），在 1974 年推出卫生棉条品牌 Rely，稍后又推出了护舒宝及 Sunny Delight。

由于每个品牌都具有自身的独特性，任一品牌的失败都不会给其他品牌或公司本身（当消费者不太了解公司品牌，且公司品牌与产品品牌不同时）带来负面影响。

最后，分销商也可受益于这种品牌战略：零售商根据（强势）品牌数量给每家公司分配货架空间。当同一品牌下含有众多产品时，零售商可能选择不在货架上陈列部分产品。在产品品牌战略下，每个品牌所对应的是一种产品或一条产品线。

根本而言，产品品牌战略的缺点往往在于经济方面。保守的公司不太适合实施多品牌战略。

事实上，新产品发布总是伴随着新品牌的诞生。考虑到当下高昂的媒体成本，推出一个新产品需要在广告和促销上投入巨资。而且，零售商总是不愿意在发展前景不清晰的新产品上冒险，只有当它们确信公司会为新产品上市投入大量费用之后才会考虑进货。

逐渐狭窄的市场细分下出现了各式各样的产品品牌，这些多样化的品牌大大促进了投资的快速收回。只有达到一定的销售量才能证明研发、设备、销售和营销上的投资是正确的，对于只要很小的份额就能带来高销售量的成长型市场而言，采取产品品牌战略无疑是实现这一目标的理想战略。但是当市场饱和时，这种可能性就会消失。相反，在一个稳定的市场中，利用创新方式建立一个现有品牌比在现有品牌名称下开发一个新产品以试图建立产品品牌地位更有优势。

面临危机时产品品牌之间的隔离十分重要，但是在其他情况下，这种隔离会阻碍某一产品品牌受益于该公司旗下其他产品品牌的积极效应。品牌 A 的成功不会帮助品牌 B，C，D，因为这些产品的名称与品牌 A 不同，无法产生任何联系。我们可以看出在这种策略中，品牌完全成为一个独立的存在，几乎不显示任何品牌来源。新产品无法从已有的著名品牌或是来源制造商中获得好处。另外，对那些熟知产品品牌背后享有盛誉的公司的分销商而言，这种优势也消失了。

产品线品牌战略

德格洛德实验室（Deglaude Laboratory）推出了一个产品品牌丰添（Foltène），这是一个具有促进头发重新生长功能的独立品牌。强劲的电视广告活动为丰添打开了市场，丰添仅以一种产品就成为该领域的领导品牌，拥有 55% 的市场份额。丰添原本会一直保持单一产品状态，但是消费者的需求战胜了一切。备受秃顶困扰的消费者无法满足于单一产品，他们需要的是全方位服务。有些消费者写信给德格洛德实验室，希望丰添的护理产品能融合洗发水的元素。1982 年，德格洛德实验室推出了一种柔和型洗发水（之后根据头发类型分类），随之又推出了一种日用洗涤剂，这些产品都是为响应消费者的需求而推出的。

迪奥推出了一个新品牌 Capture，该品牌的产品抗肌肤衰老。该产品大获成功后，紧接着 Capture 又推出了一系列相关产品：从 Capture 眼影到 Capture 唇彩以及其他用于身体各部位的产品。至此，Capture 的生产线诞生了。

因此，按照博顿和塞加拉（Botton and Cegarra，1990）的定义，产品线是指同一产品品类中密切相关的一组产品，通过提供互补的产品，以类似的方式起作用。产品线品牌战略包括提供多样化的产品（如 Capture 或者芳香型须后水）以及提供具有同种特定效用的不同产品（如丰添）这两种做法。巴黎欧莱雅的 Studio Line 秀发系列产品也采用了这种做法，建立了结构化的产品系列，包括发胶、发蜡、喷雾剂等。美洁时（Benckier）的一个品牌 Calgon 将碗盘洗涤粉、碗盘洗涤剂和水垢抑制剂组合销售。这些产品对制造商而言是完全不同的，在消费者眼中却是相互联系的。

我们应该清晰地认识到，产品线涉及通过延伸来充分利用成功经验，但同时也需要保持与原始产品（比如 Capture 美容液或是丰添护发品）的紧密联系。在其他情况下，产品线以一套完整产品集合的形式推出，包括由一个简单的中心理念（对于 Studio 而言，这个中心理念就是让年轻人设计自己的头发和外形）贯穿的许多互补产品。产品线的最终延伸仅涉及与零售商的折扣和组合销售有关的边际成本。不需要广告，需要考虑所能获取的边际顾客量。产品线品牌战略提供了多种优势：

- 加强了品牌的销售力并建立了强势品牌形象；
- 有利于每次产品线延伸时分销渠道的建立；
- 降低新品发布的成本。

产品线品牌战略的缺点在于容易让人忘记一条产品线是有极限的。只有在产品创新与现有产品关系十分紧密时，产品线延伸才可行。另外，一个强有力的创新可能会减缓其本身的发展速度。因此，尽管 Capture 是迪奥公司和 Pasteur 研究所联手花了七年时间通过市场调查才建立起来的品牌，同时获得了三项专利并提出了具有革命性意义的抗衰老原理，迪奥公司还是决定将 Capture 添加到现有的抗衰老产品线当中去。这个决定并没有使 Capture 走向失败，但在将 Capture 添加到产品线的最初阶段，Capture 的发展遭遇了不必要的延迟与停滞。

范围品牌战略

金宝汤、家乐（Knorr）、Birds Eye 和易酷乐（Igloo）都有超过 100 种冷冻食品产品，但不是所有的品牌范围都这么宽泛。泰诺（Tylenol）品牌包括的产品没有这么多。范围品牌授予众多产品同一个品牌名称，并使用处在同一竞争地位的、同一类产品共享的唯一承诺来进行营销。在范围品牌架构中，每个独立的产品保卫其共有的品牌（比如 Birds Eye 的 fish à la provencale、蘑菇比萨饼和火腿奶酪烤薄饼）。在娇韵诗的化妆品分类中，产品被命名为植物洁肤面膜、鲜活细胞萃取物、多感官爽肤水和日夜润肤膏等。

范围品牌架构多见于食品领域（绿巨人、金宝汤、亨氏和伟嘉（Whiskas）等）、设备领域（法国万能牌电器、法国赛博家电企业、德国好运达和新秀丽（Samsonite））或工业领域（Steelcase 代表的办公家具行业和日本富士通（Facom）代表的计算机行业），这些品牌通过图 13-4 所示的独特原则和品牌理念将其所有的产品融合在一起。该结构的优缺点如下所示：

- 集中在一个单独的品牌下，避免了传播的随意分散，已建立的品牌知名度能为所有产品所共享。此外，这样的结构使得品牌传播能够以一种通用的方式通过建立独特的品牌理念进行。因而，宠物食物的范围品牌 Fido 囊括了许多产品，但是它的广告中只有一条充当品尝师角色的狗，它在产品上留下爪印以显示对该产品的认可。这则广告传达了该品牌对动物的关注和在该领域的卓越表现。另一种方法是集中宣传最具代表性产品来传递品牌理念，这些产品的品牌最能表达品牌含义并传递顾客利益，该品类中其他未被直接提及的产品能共享这种品牌理念。

- 品牌能容易地分销与其使命一致并且属于同一分类的新产品，而且这种新产品的上市成本较低。

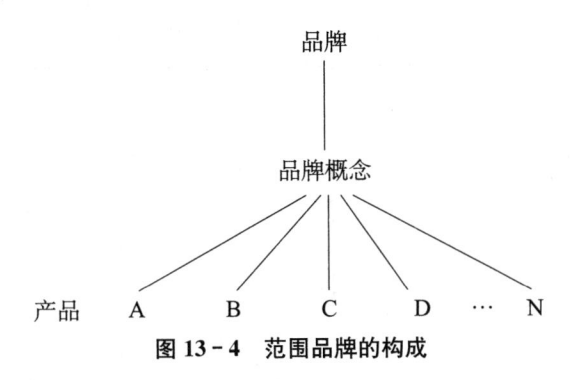

图 13-4 范围品牌的构成

最常见的问题是，品牌扩张过程中产生的不透明现象。芬达斯品牌生产众多可口的冷冻食品，质优、现代，被誉为"冷冻产品领域的专家和通才"。多年来，产品都以食谱名称命名，但是这种方法显得老套、平庸，任何一个品牌都可以声称自己拥有相同的食谱。为了丰富品牌内涵并表现品牌个性，帮助消费者从众多产品中做出选择，在品牌和每个产品名称之间必须创造出一个层次的类别。具体产品线的作用如下：

- "瘦身特餐"系列重新组合了 18 种菜肴，并将包装统一设计为白色；
- "传统"系列包括 9 种菜品，外部包装统一为栗色；
- "海产品"生产线由 9 种菜品和其他各种各样的产品（之前只是简单地称为鳕鱼片、鳕鱼排等）组成，都包装成蓝色。

这些名称使各种产品清晰可见，像零售商整理货架一样使品类结构化。划分并创造产品家族的标准取决于品牌本身，因此，我们是应该根据内容（一家肉店中的家禽肉、牛肉和猪肉等）还是顾客利益（轻便、传统、独特性、家庭导向等）来做出区分呢？

产品线使得多样化程度高但拥有相同功能的产品结构化，因此，在娇韵诗的范围品牌中，产品供给也是通过产品线变得更加清晰、结构化。为了帮助顾客理解产品包装上的术语，品牌建议每个产品线给出相关指示加以说明，比如：

- 针对敏感性肤质的润肤产品线包括温和型日霜、温和型晚霜以及胶囊装的美容液；
- 紧致、紧肤产品线重组了角质磨砂膏、紧肤沐浴液、超激活控油面霜和防水产品。

娇韵诗不再提供一长串包括面霜、精华液、润肤露和凝胶等在内的产品系列，而是建立起一种如图 13-5 所示的具有结构化和内部一致性的产品群。

```
                        ┌─────────┐
                        │  娇韵诗  │
                        └────┬────┘
                             │
                    ┌────────┴────────┐
                    │ 概念：美容护理专家 │
                    └────────┬────────┘
                             │
                            产品
```

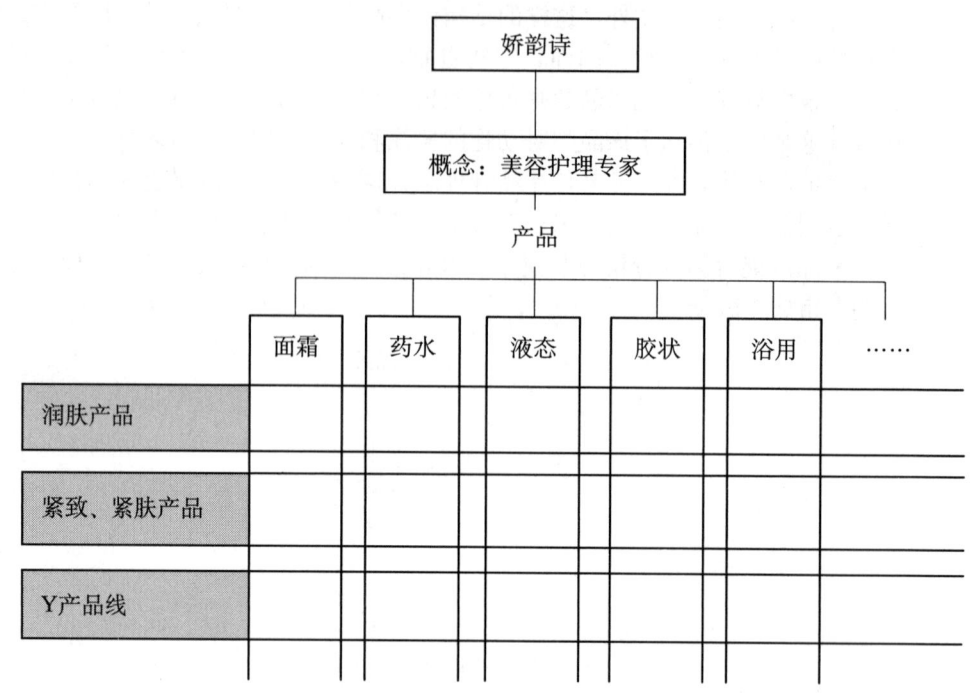

	面霜	药水	液态	胶状	浴用	……
润肤产品						
紧致、紧肤产品						
Y产品线						

图 13-5　生产线中范围品牌的构成

制造商标记战略

多年来，贝勒的标志一直出现在乐芝牛、凯芮（Kiri）、小贝勒、雷达美、波尔斯因（Boursin）等品牌生产的奶酪的包装上，贝勒究竟意味着什么？没有任何关于贝勒的解释。贝勒只是制造商的一种标记、印记，一种原型品牌（proto-brand），它并没有试图为自己在含义或情感上做出界定。贝勒公司将标记添加到包装上是为了证实产品的可靠性并保证来源。这种制造商标记战略的功能是建立一种识别标志以识别制造该产品的企业。消费者对此并不关注，这种标记本质上是一种针对分销商和部门管理人员的策略，对于企业内部这种标记也是十分重要的，它让全球的奶酪制造公司都将自己看作贝勒家族的一员。

与之前完全没有公司品牌的结构相比，制造商标记战略谨慎地给出了一个公司标记，凸显商业品牌。在某种意义上，消费者一定会对3M公司的标记出现在其所有大众市场产品上感到不解，如果他们曾注意到这个标记的话。3M的品牌架构与制造商标记战略很相似。在3M公司久负盛名的美国，3M的标记更多的是在发挥背书效应。

背书品牌战略

在美国，每个人都会认出像庞蒂克（Pontiac）、别克、雪佛兰这样一些著名的汽车品牌，正如欧宝在欧洲的知名度一样。在这些品牌标记的旁边我们总会看到"通用汽车公司"几个字，很明显，通用汽车公司充当了背书品牌的角色。那么Pledge、Wizard空气清新剂、洁厕得（Toilet Duck）几个品牌之间又有什么联系呢？它们都是强生的产品。背书品牌为多种产品品牌、产品线品牌和范围品牌下的产品提供认证，强生保证旗下产品的高质量和高安全性能。每种产品都可以自由地展示其来源，这使得同种品类中出现了不同品牌名称。

图13-6用符号表示了背书品牌战略（也可称为担保品牌战略）。你可以看到，背书品牌在图中处于较低位置，这是因为它充当了基本保证者的角色。消费者购买的是庞蒂克或欧宝，换句话说，是庞蒂克或欧宝促使顾客做出购买决策，而通用汽车公司和强生只是支撑品牌，处于第二位。

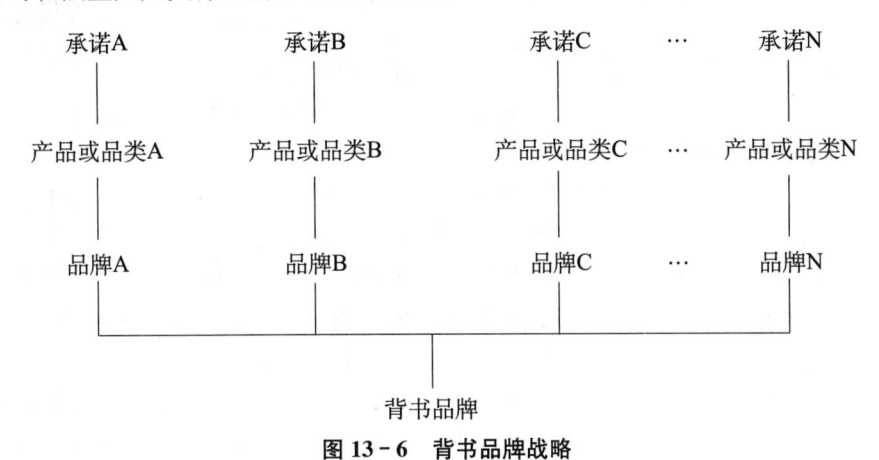

```
承诺A        承诺B        承诺C    …    承诺N
  |            |            |              |
产品或品类A   产品或品类B   产品或品类C …  产品或品类N
  |            |            |              |
品牌A        品牌B        品牌C    …    品牌N
              |
           背书品牌
```

图13-6 背书品牌战略

实现品牌的背书保证，可以在被背书品牌名称的旁边（如果放在被背书品牌的上方，则是制造商的标记）放上背书品牌的符号，或是仅附上背书品牌的名称。

使用背书品牌的优势之一就是品牌可以在更大程度上自由行动。与来源品牌不同，背书品牌从它的产品中获得的利益较少。每一个独特的品牌名称都能在顾客脑海中唤起强有力的品牌形象，让顾客回忆起该品牌，但对背书品牌的联想度较低。

背书品牌战略是丰富公司品牌并获取最低品牌地位的方法中成本最低的方法之一，因此我们可以在园艺产品的包装上看到拜耳（Bayer）的标记，在Round Up上看到孟山都公司（Monsanto）的名称，这些企业名称保证了产品的高质量。另外，通过出现在人们的日常生活中，这些背书品牌逐渐被人们熟悉，与顾客之间的关系更加亲密。现在，产品的科技特性已经可以通过，背书品牌得到保证，产品品牌可以花费更多精力来表现其品牌个性的其他方面。

因此，在品牌化层级的不同阶段，背书品牌充当着不同角色，背书品牌为所有品牌都需要的品质做担保，但在今天，保证的范围不再局限于质量和科学知识，还涉及社会责任、道德和环境保护。其他的品牌功能如差异化、个性化甚至给顾客提供快乐则可以通过具体的品牌名称来获得（Kapferer and Laurent，1992）。

伞状品牌战略

根据"伞状品牌"这个术语，我们发现事实上在公司内部有两种模式的实施策略，一种是给予产品及其附属品相对的自由，另一种则实施真正意义上的掌控。我们应该依次检查：一个是实际存在的多品牌组合，另一个是品牌化组合。

灵活的伞状品牌

伞状品牌战略中只有一个品牌层级：为了在产品目录或价格单中识别每个产品，产品可能有代号，但是没有子品牌名称。飞利浦电视机被叫作"电视机"（索尼的电视机以"特丽珑"(Trinitron)著称),飞利浦的剃须刀则被称为"剃须刀"等。

与一个品牌对应一个独立产品的产品品牌不同,飞利浦的例子强调了伞状品牌涵盖了好几种产品类别,这是伞状品牌战略的主要优势。此外,一个共同的品牌名称好比一把共同的伞,覆盖了一个多样性的产品品类。

在分析的过程中,根据给予产品或其分支产品的自由度的大小来区分伞状品牌的形式是十分重要的。灵活的伞状品牌战略目前较多运用于日本、韩国和中国的品牌,日本三菱公司的产品有汽车、电气产品、电梯和核电站,但三菱公司的 Three Diamonds 品牌(三菱的标志由三个钻石组成)还生产食品。在欧洲市场,东芝只卖笔记本电脑,但是在日本东京的商店里你会看到东芝缝纫机、东芝煎锅等,日本的东芝就像欧洲的飞利浦。

事实上,伞状品牌的结构与亚洲典型的组织结构相似(见图 13-7),在日本、韩国、中国企业的组织结构中,销售部门比较自由,它们的任务是在国内建立自己品牌的地位,而不是在市场上掀起大风浪或是占领市场。历史上,日本通过出口本国生产的产品(如收音机、高保真音响、电视机、摄影机、复印机、IT 产品和游戏等)渗透美国和欧洲市场。销售部门的唯一任务就是将这些产品卖出去;由于日本人不喜欢在国外工作,因而这些任务通常由当地人完成。由于销售部门主要由该国管理人员负责,强调本土化,所以这些国外子公司开展销售工作十分方便。除了销售目标、企业道德以外,公司对经理们几乎没有什么限制。关于品牌地图要注意一点,如果不是以图形方式展示的,就没有价值。日本企业在全球范围内取得成功是基于其产品的优势和低价,这些产品同属于一个伞状品牌,其分布有助于品牌建立知名度。伞状品牌是一个名称,不是某产品或服务的视觉体现,通常是工业集团的公司名称。

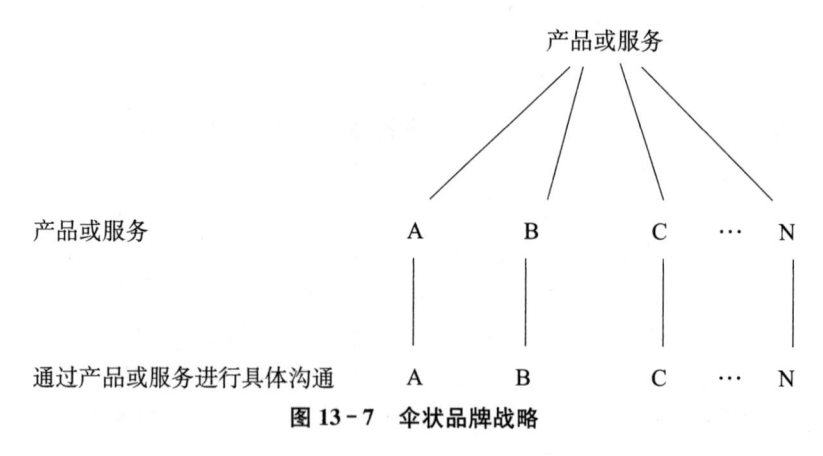

图 13-7 伞状品牌战略

这就是为什么分公司或子公司拥有较高的自由度:它们的市场营销传播活动必须在当地进行。在同一个国家内,东芝高保真音响、东芝低保真音响、东芝电视机还有东芝微型电脑的广告宣传活动多年来都没有内在关联性,每种产品都有各自的品牌宣传语并强调不同价值,甚至使用不同的广告代理商。

品牌战略都是具有组织性的,灵活的伞状品牌架构让子公司拥有高度自治权,这种自治权可以激励它们并更容易吸引有管理经验的人到公司工作,这在占领市场份额阶段非常重要。全球统一体是通过从日本进口的产品建立起来的。

另一个优势是,由于伞状品牌多为公司名称而不是品牌名称,在将其放到关联性较低的产品（比如缝纫机、炖锅和微型计算机）上时就不必犹豫，这与现在已经不存在的汤臣品牌不同。但是，在亚洲一个集团越强大就越受人尊敬，因此，生产任何产品都有助于增强品牌实力。

在传播时，产品的具体品质和优点是重点，因此基本没有无形的附加值，但是一旦占据市场，附加值就会变得十分重要。当市场逐渐成熟，产品之间不再有较大差异时，创造更高层次的吸引点和附加物就很有必要了，这也有助于建立本土品牌。

这种方法的缺点是使产品产生一种处于品牌生命周期后期的感觉，它缺乏情感：既不是激情的来源，也不是默契与情感依附的来源。不可否认的是，伞状品牌在给人们带来高品质感知的同时又显得冷漠与遥不可及。正如某天晚上东芝（处理这种情形的新的标杆企业）的全球总监告诉我们的，品牌就像一个技术高超的同事，你可能会向他寻求帮助，但你绝不会请他到家中做客。

在西方，品牌知名度建立在专业水平的知名度的基础上，宝洁公司建立了一个学术流派，多年来世界各地的商学院都在传授该学派的思想，即一个品牌只做一件事，一种产品可以根据其形式（洗衣粉、洗衣液、洗衣片或洗衣丸）创造差异。我们知道这种观点是有局限性的，一个品牌当然可以拥有一个价值体系并做出核心承诺，但这些可以被运用到不同产品上，比克的全球性成功证明了这一点，拥有类似做法的还有妮维雅、巴黎欧莱雅、维珍和亚马逊，更不用提那些分销商品牌，如建立了多种产品类别的家乐福等。灵活伞状品牌的问题在于这种架构无法传递其价值体系；正是通过这些价值，默契和情感关系才得以建立，超越了与产品或服务相关联的满意度。因此，这里有两个地方出现了断裂：在公司和产品之间或在产品和产品类别之间无法体现价值联系。

将品牌名称印在产品包装上却不解释原因会对品牌产生稀释作用。在第 12 章我们了解到，品牌的确可以将本质上不相关的产品组合在一起，只要给予它们相同的内涵，这种方法适用于奢侈品牌，同样也适用于维珍、苹果等。品牌提供一个理念，从而有能力将第一眼看上去没有什么关系的物体融合。在圆珠笔、剃须刀、雪茄打火机和独木舟等产品上标注"比克"是为了显示被标注的每种产品都有比克的灵魂。因此，共同的名称代表了一组共同的价值，这些价值在不同的类别中得以体现。灵活的伞状品牌架构除了提供通用的价值主张如"生产高质量产品"，不具备以上所说的任何功能。为了具备这些功能，必须向伞状战略或主品牌战略转移。

伞状品牌联盟战略（主品牌战略）

这是伞状品牌的第二个版本，第一眼看上去，就形式而言，与第一个版本没有什么差异，公司依旧只采用一个品牌来代表所有产品，并不断地在产品和服务或部门和分公司中使用描述性的名称，于是出现了子品牌。

但是在实际生产运作中，伞状品牌的两种不同形式差异很大。母品牌占据主导地位：它不仅提供一个名称，同时还具有参考框架和需要遵守的准则，从而使品牌具体化，成为公司的代言人，在这里，品牌是框架。这是我们对"品牌化组合"最清晰的一个阐述。

主品牌战略的原型是妮维雅，我们往往一眼就可以认出妮维雅的产品或是媒体传播手段。妮维雅在许多品类的产品中都十分活跃：保湿霜、防晒霜、除臭剂、洗发水、美容产品和化妆品等。在每个品类中，妮维雅都会遇到强大的竞争对手，妮维雅通过将品牌的两个核心价值——"爱与关怀"注入产品来对抗对手的专业性，这体现为产品成分的无害性、柔和性，以及传播方式，每种事物都通过中心化的方式得以显性化。主品牌是强大的，因为它赋予很大范围的产品高度差异化的共同价值。在妮维雅，每种产品在出售时都使用妮维雅这一名称的变体，这些变体是对功能或目标市场的描述，比如妮维雅身体护理、妮维雅专业防晒、妮维雅手部护理及妮维雅脸部保养等。

B2B领域有一些品牌也使用这种品牌战略，比如罗格朗和生产低压电器产品的海格。

伞状品牌架构也被称作主品牌架构，主品牌像是一个守护者。主品牌不是意见不同的标志，而是没有充分体现品牌中心价值的一个工程、创新甚至广告，这削弱了品牌承诺的力量。品牌再强大也受限于它最脆弱的环节。

品牌架构赋予的品牌力量只要被正确使用就会有惊人的威力，它提供与产品多样性和市场覆盖率相关的规模经济，同时创造品牌认知（即一组在每个市场中都高度差异化且彼此相关的价值）。

多年前模仿日本企业乃至其灵活伞状品牌实践的韩国公司，通过改变品牌架构在全球建立了强势品牌形象。LG公司拥有一个清晰的品牌平台，被用于公司的所有部门和所在国家，三星也是这么做的。

在欧洲，自2004年以来，飞利浦一直尝试成为主品牌，建立强大的覆盖性框架。新任总经理为全球所有公司及其部门设立了一个"唯一品牌"（One Brand）的新警言，仅通过如此简单的宣言我们难以想象在该企业内部会发生哪些变革。我们可以思考一下，这场改革将使该公司在2004年之后发生哪些变化？在一次去荷兰的咨询工作中，我获得了如下信息：

● 在全球各地，飞利浦以另一个品牌名称积极开展营销活动。在美国，飞利浦剃须刀冠以"力科"（Norelco）出售，这就是飞利浦在美国不出名的原因。因此，有必要在美国用一个不为世人所知的名称来替代这一著名的剃须刀品牌。

● 在电视机、医用设备和电灯泡产品上只使用飞利浦的名字，但在世界上的任何地方，它的电动剃须刀都叫Philishave，因此Philishave的名称必须被废除。

● 小型家电产品部门使用著名品牌来区别于竞争品牌并使自己成为明星产品，由于该部门是全集团利润最高的，因此有必要停止这种实践。

然而，不能通过使公司分裂成众多相互敌对的品牌来把自己塑造成一个大品牌，它需要最高管理层的支持和一个平台（核心价值和识别）。产品、部门和分支机构必须重新定位，这样才能向国内外展示自己的核心价值。一项研究定义了飞利浦的品牌平台，并在新产品或服务和传播两个层次上考虑其影响。

来源品牌战略

来源品牌战略与伞状品牌战略几乎一致，除了一点——在来源品牌战略中，产品拥有自己的品牌名称。它们不再被统一称作eau de淡香水或eau de浓香水，每个产品都有自己的名称，比如爵士（Jazz）、毒药（Poison）、Opium、Nina和Loulou等，这种双层品牌结构又被称作双重品牌化，如图13-8所示。

```
                           来源品牌
                    ┌─────────┼─────────┐
单个品牌名称        品牌A      品牌B      品牌C
                     │         │         │
                     │         │         │
具体传播            承诺A      承诺B      承诺C
                     │         │         │
                     │         │         │
产品           产品A或产品线A  产品B或产品线B  产品C或产品线C
```

图 13-8 来源品牌战略

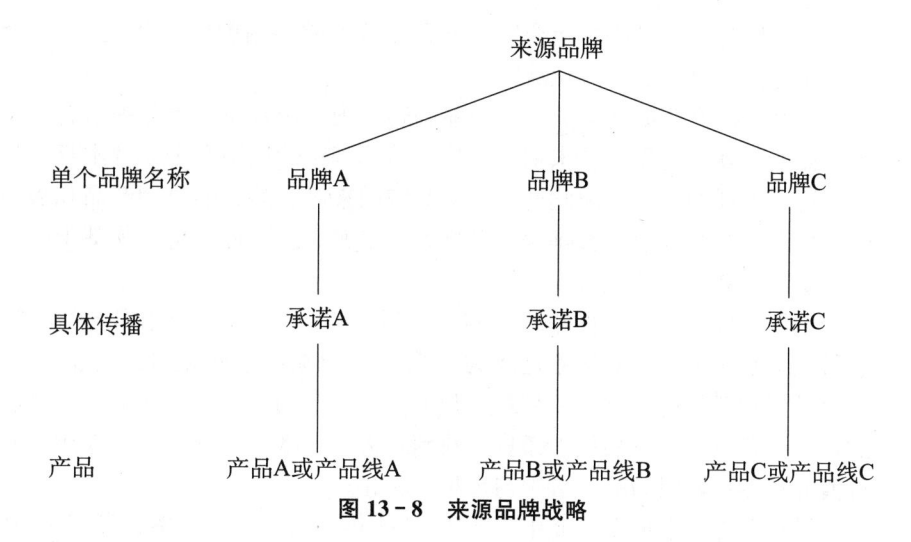

由于这种品牌战略总是和背书品牌战略相混淆，因此在一开始就弄清两者之间的差异是十分必要的。当雀巢将自己的品牌名称用在 Crunch 和 Galak 巧克力，Yes、Nuts 和奇巧巧克力棒，雀巢咖啡以及巧伴伴等产品上时，公司品牌作为背书品牌和制造商标记保证了产品的质量。雀巢只提供一种潜在保证，左右顾客决策的是产品本身，产品才是主角，Crunch 的顾客中几乎没有人会把它看成是雀巢的产品。相反，当我们在香水品牌如爵士上看到圣罗兰的名称时，这个名称不仅是一种背书，而且处在支配地位并赋予爵士认可和荣耀。此时，圣罗兰是购买行为的促使者，而爵士是打开圣罗兰文化世界的另一把钥匙。许多品牌所面临的问题是它们从来源品牌的地位降到背书品牌，在来源品牌中，母品牌的品牌精神仍占主导地位，尽管其子品牌都有自己的名称。但是在背书品牌中，产品是自由发展的，只有背书品牌具有一致性。今天，雀巢、家乐氏和卡夫处在什么地位呢？杜邦（Du Pont）、拜耳、葛兰素和默克（Merck）又怎样呢？

来源品牌战略的好处在于它能够提供有关品牌差异和深度的双重感知。不用任何个性化的词语来突出一种产品或提供一项建议是十分困难的。母品牌提供了品牌含义和识别，由子品牌来修饰和丰富，以此来吸引特定的顾客群，让需要维持自身形象的品牌可以赢得新的顾客类别和新的产品领域。

来源品牌战略的局限在于必须尊重母品牌的核心、精神和地位。这定义了严格的界限，不能逾越该界限进行品牌延伸和产品宣传。只有与母品牌活动相关的名称才可以与它联系起来，所有的产品辅助活动都必须源于同一种精神。如果要寻求更大的自由，那么背书品牌战略更合适。

卡尼尔想要从背书品牌变成来源品牌，这是一个棘手的过程，因为这意味着从混合体走向统一联合体。

成为一个来源品牌：从混合品牌到品牌联盟

公司需要提高工作效率，方法之一就是消除品牌和识别的自然分离，在适当的母品牌结构下重新组织供应，使母品牌发挥的作用超越担保作用。这些母品牌是所有产品和子品牌共享的强大、差异化、独特价值的来源，这些产品和子品牌也有基于目标顾客群、产品领域和特殊功能的独特的个性。目前所称的"来源品牌"对应于一些人所称的"品牌化组合"（与混合品牌或多品牌组合相反）。与伞状品牌不同，来源品牌是双层品牌化战略。

那么一家企业如何才能将混合品牌转变为一个真正的多品牌组合呢？第一件必须要做的事就是定义品牌未来的地位。品牌真正的识别在于品牌本身，品牌的未来在于适应市场的能力，因此通过分析品牌的来源、品牌的早期产品和表现，有可能会分离出其核心价值、影响力和合理性的来源。但这种分析必须基于未来的市场和消费者的发展并谨慎进行。

卡尼尔提供了一个很好的案例。直到2002年，这个全球闻名的品牌仍以卡尼尔研究中心著称，它的任务是成为大众市场中除巴黎欧莱雅之外的另一个全球品牌。巴黎欧莱雅也是化妆品品牌，与卡尼尔拥有相同的产品品类，但是巴黎欧莱雅的定位更有魅力，产品更加昂贵。找到积极、有激情、具有激励作用、有号召力的价值并不容易，因为品牌必须与市场紧密相连。

纵观历史，卡尼尔研究中心始于1904年，那时卡尼尔率先发明了植物润发素，这个原始产品代表了该品牌的一些核心特征——自然和美容护理。过了一段时间，也就是第二次世界大战之后，被叫作 Moëlle Garnier 的洗发水大获成功，这不仅使卡尼尔品牌的基因复活，而且促进了业务增长。1986年，卡尼尔研究中心推出了子品牌 Synergie（化妆品）、Ambre Solaire（防晒护理）、Graphic（头发护理）、Ultra Doux（皮肤护理）和 Lumia（染色剂），拓展了品牌范围。

该品牌享誉全球，在欧洲多个市场建立了强大的品牌地位，但是它的子品牌的受欢迎度降低了，而且地域性增强。只有一个例外——Fructis 在欧洲以外的市场大获成功，并符合全球各地年轻人的喜好，是第一款包含水果精华的强力洗发水。Fructis 是卡尼尔产品线最直接的继承者，但更具现代气息。Fructis Style 的诞生伴随一场真正的品牌再造，包括水果发蜡在内的一系列定型产品给人带来强烈的触觉感受——水果的颜色、芳香和稠度。随着 Fructis 的成长，新一代产品诞生了。

但是，为了征服全球市场，品牌需要一个全新的身份。对全球的年轻人而言，它的原始品牌不再具有吸引力。Fructis，尤其是 Fructis Style 将成为品牌的新原型，其随意、调侃的风格将为品牌再造奠定基础。

这对卡尼尔有何影响？为了变得富有吸引力、容易接近年轻人，卡尼尔研究中心必须改成卡尼尔。这不再是一个高科技的或法国的品牌，而是一个随处可见的全球品牌。此外，它的品牌承诺、核心价值都将用英语表述。

卡尼尔是如何定义其目标的呢？卡尼尔相信可以从自然中获取美丽，它研发了一些自然成分来丰富产品，帮助顾客看起来更加健康并且每天都感觉良好。这个承诺可以细分成六个核心价值。

- 自然高科技（以此与伊夫黎雪（Yves Rocher）和巴黎欧莱雅区分开来，前者没有高科技，后者不专注于自然元素）。
- 健康的美：卡尼尔是一个健康品牌，不使用顶级模特，而选择不知名但看起来很健康的模特（就像邻家女孩）。
- 全方位体验：卡尼尔不仅仅是在出售一种产品，而且提供迎合五种感官需求的完全体验。
- 通用性：卡尼尔适合多种族、多民族以及多代人。
- 易获性：正如价格和分销渠道表明的那样。

- 积极又随意：在卡尼尔的所有广告中都可以发现这个独特的个性。

这个新身份是如何渗透到卡尼尔所有的子品牌中去的呢？

- 第一步是品牌识别。除了修改名称，还设计了新的标志，有红、黄、绿三色，不仅是水果的颜色，也是交通信号灯的颜色。
- 第二步是保持品牌组合与来源品牌之间的一致性。卡尼尔是来源品牌，因而它的子品牌必须反映卡尼尔的核心价值，所以子品牌 Neutralia（沐浴露）被抛弃了，该子品牌的洁净形象与卡尼尔整个组合的形象不再一致。与此同时，Ultra Doux 得以扩展以取代 Neutralia，类似地，Synergie（化妆品）变为丝可恩（Skin Natural），后者与卡尼尔的价值主张更加一致。
- 第三步是通过组织一次对成长型市场的进攻来发展业务。即决定子品牌的目标市场、目标国家和目标细分市场。只考虑类别以及同时对多个利基市场（普遍价值）展开进攻的后果是什么？
- 第四步是决定如何推出广告。怎样可以使卡尼尔的广告独树一帜？卡尼尔所有的广告都从一段轻松愉快的问题陈述开始，接着展示解决方案。广告中有各种各样的人，赏心悦目，展示出目标国家文化、种族的多样性。广告语是"呵护自己"。
- 第五步是建立促销原则——品牌易获取且提供全方位体验。卡尼尔制作了大量样品在大街上促销，可以与消费者直接接触。

卡尼尔的官方网站取名为 GarnierBeautyBar.com，这十分有意义，由此可以看出，它的架构像一座房子，你可以参观每个房间，体验卡尼尔的子品牌。品牌化组合建立起一座虚拟房屋，里面有家族中所有的品牌，提供丰富的产品体验。卡尼尔的所有顾客（男性和女性）通过"卡尼尔走廊"可以走进"美丽休息厅"、"造型屋"、"滋润区"和"游戏地盘"，看到未来的样子，接受个性化诊断，或只是体验、建立顾客忠诚度等。

可以看出，来源品牌重新组合了所有部分。许多企业使用这种品牌架构来对多样的产品类别施加影响，使这些子品牌向一个共有品牌的形象上聚集。比如，所有的达能产品和品牌都聚焦于来源品牌的核心价值——健康，鉴于有七种类型的健康，因此有七种不同的方式展示达能的健康理念。达能也将自己的地位从背书品牌转变成了来源品牌。

不同战略的混合使用

前述品牌化战略中有六种是品牌化的典型例子。在实际运作中，企业通常采用混合结构，同样的品牌可以是产品品牌、范围品牌、伞状品牌、母品牌或背书品牌。打个比方，巴黎欧莱雅是唇膏的范围品牌，是 Studio, Elsève 或 Plénitude 的来源品牌。欧莱雅品牌混合使用的特点以及采取的策略反映了它想要适应不同子市场（如头发护理产品、香水或化妆品）中消费者的决策制定过程或者所依赖的分销渠道（比如自助服务或专卖店）。在某些情况下，欧莱雅为产品的可靠性和科技实力提供担保。在其他情况下，欧莱雅想要获得认可（比如在化妆品行业），则需要冲在最前线。还有一种情况是，为了避免与低端产品相联系，或损害原有的高端产品形象，欧莱雅必须隐藏在子品牌的背后。尽管如此，新产品推出时可能有一些决定会导致混杂的情况出现。由于缺少对品牌和产品之间联系的总体规划，总是有一些品牌化决策缺乏内部一致性。

3M公司采取了五步措施将分散的品牌化决策集中起来，详见图13-9。3M公司致力于工业和家用胶黏剂产品的高新技术研究，这个宽泛的领域包括胶水、胶卷、盒式磁带、医用石膏、幻灯片和高架投影仪等。3M这一名称作为严谨、力量和高研发投入的代名词，同时也给人留下冷漠的印象。因此，为了使公司与一般购买者之间的联系更加人性化，伞状品牌思高诞生，这一品牌名称被直接用于录像带、胶棒和透明胶带等产品。另外，公司为百洁布产品创立了思高 Brite 这一产品线品牌。为了应对竞争对手 Spontex（它将产品简单地称为百洁布）的产品带来的挑战，思高用一个独特的名称"Raccoon"（和大众甲壳虫的做法一致）来取代其通用的品牌名称。公司以这种独特的方式使其产品具有差异性，在诠释其产品优势的同时给人一种更亲近友好的品牌形象。

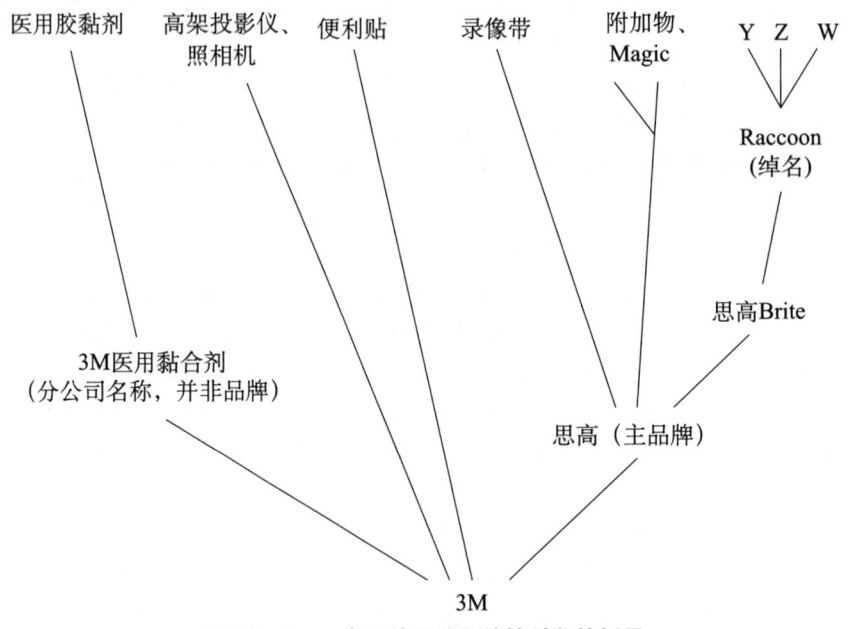

图 13-9　一个品牌扩散和特性稀释的例子

根据产品不同的形状及用途，Raccoon 品牌已经拓展出许多不同的版本——绿色、蓝色和红色。对于一般消费品如海绵和胶水，3M 公司采取了背书品牌战略，仅在包装上呈现"3M"两个小字。但令人奇怪的是，在思高磁带的包装上几乎看不到"3M"字样。同那些标有明显的"3M"字样并且有专业用途的录像带相比，公司这样做难道是为了更好地和它们区分开吗？事实上，尽管 3M 公司为它的一般消费品提供了良好性能和品牌担保，但对于专业产品 3M 依然是靠伞状品牌起作用的：3M 的品牌实力和品牌内涵都反映在如照相机、高架投影仪和牙科黏合剂（来自 3M 卫生保健业务）等产品中。著名的"作为记忆工具与信息载体的可粘便笺"——便利贴，也被命名为"3M"。为了以一种更好的方式称呼这项发明并更改上述对便利贴冗长的定义，有必要给便利贴取一个合适的名字。

因此，可以选择以一种突出的或者更具独占性的方式将便利贴命名为"3M"，而这又取决于一个产品的最终用途的专业化水平，以及对最新的卓越形象与性能的需求程度。即便不这样做，3M 也可以通过思高这个品牌得以呈现，或许这就是透明胶带和思高隐形胶带只是将 3M 这个名称当作一种引人回忆的工具的原因所在。

另外，通信专家所使用的气雾胶产品，品牌名称思高字号很小，而 3M 却以较大字号呈现。除此之外还有许多针对 Raccoon 品牌、普通透明胶带、思高磁带以及便利贴等的差异化广告。除了背书品牌以外，已经没有符合通用规范且内容和形式又独立的表达方式了。

选择合适的品牌化战略

什么才是最好的品牌化战略？坚持采用产品品牌战略的宝洁公司与更具灵活性的竞争对手欧莱雅相比，在品牌化战略的选择上究竟谁略胜一筹呢？

正如前面所描述的，任何一种品牌战略都有优势与劣势。然而，简单地罗列优势与劣势并不能为特定市场中的特定企业提供决策方案。品牌战略的选择并不是简单的形式性工作，而是一种提升产品品类的独特性与建立长期品牌资产的战略性决策。它应该包括三个重要因素：产品或服务、消费者行为以及公司竞争地位。品牌战略反映的是一个公司在一种情境下所选择的战略。

那么，在选择品牌化战略时应该考虑什么呢？

1. 与公司战略结合。品牌化战略象征着公司战略。举例来说，施耐德电气作为配电与工业控制领域的领导者之一，在 2003 年决定振兴其旗下的两大品牌：梅兰日兰和 Telemecanique。这两大品牌对于全世界的研究机构、电气集成商和安装商而言十分熟悉。施耐德改变了过去 10 年所提出的倡议，用一个单一集团品牌代替独立产品品牌。公司新的 CEO 来自办公家具制造商 Steelcase，他概述了施耐德电气与通用电气、ABB 和西门子公司竞争的战略定位。与这些综合的电气和电子巨头相比，施耐德电气公司并非处于弱势地位，但它更倾向于将自己看成一个多元化的专业公司。事实上，它出售的是中间产品，而顾客寻找的是一个专业承包商。另外，与其他专业化的竞争对手相比，施耐德显然属于综合性电气公司。所以，如果施耐德想将自己定位为多元化的专业公司，就必须把专业品牌与一个集团品牌和单一实体结合起来，以体现专业化并不断促进顾客关系。施耐德决定不走独立品牌路线，而是将 50 个产品品牌统一放在三个综合的、遍布于 130 多个国家的国际化品牌之下：梅兰日兰、Telemecanique 和美国公司的 Square D。按照消费者类型，施耐德公司内部成立了一个管理决策部门和一支销售队伍，消费者会购买不同品牌的产品。

另一个后果是分销商将再次成为梅兰日兰或 Telemecanique 的官方分销商，这样的话分销商就不会像过去一样同时涉及两个品牌。

同样，小家电行业龙头企业赛博集团决定将自己变成一个多品牌集团，其旗下有四个国际知名品牌：万能、特福、克鲁伯和好运达。为什么赛博集团不像飞利浦一样采取极具吸引力的单一品牌战略呢？原因正是飞利浦的做法充分展示了该战略的艺术——与众不同。对于享誉全球的飞利浦而言，单一品牌战略确实具有优势。飞利浦的产品，小至电灯泡都遍布世界各地。理论上，现在模仿飞利浦的做法为时已晚。在如今分散的市场中，利用活跃的分销网络和消费者细分市场去提升品牌声誉（如产品和价值）再好不过了，而消费者选择这些品牌也正是因为它们是品牌。

2. 与商业模式结合。就这一点来说，比较拥有相同部门的公司就会非常有趣，不同公司的品牌战略往往反映了它们的商业模式，同时也是公司竞争优势与盈利能力的驱动力。这一点可以通过比较欧洲奶酪行业的三大巨头加以说明：贝勒集团、保健然和拉克塔利斯集团。贝勒集团以创新型产品为核心发展了许多范围品牌，因此产生了以乐芝牛、凯芮和小贝勒为品牌名称的一系列产品。保利然开发了产品品牌如 Chaumes，Vieux Pané，Caprices des Dienx，Haut Ségur，而拉克塔利斯集团使用了单一品牌即总统牌（Président）作为旗下所有奶酪和黄油产品的伞状品牌，对于俄罗斯和西班牙的牛奶也不例外。为什么不同的公司会采取不同的品牌战略呢？

事实上，这些公司由于商业模式的不同而采取了不同的品牌战略。贝勒集团将自己看作现代化、反传统主义、可接近性与日常生活价值的创造者。它不经营那些周末款待客人的奶酪，而是利用奶酪独特的形状和特征来创造品牌，并在促销的基础上建立品牌资产。保健然决定开发经加工的 AOC（法定产区）奶酪以使其在口味、价格、保存与用法上更容易被人接受。Vieux Pané 是一个名为"Pont l'Evêque"的 AOC 奶酪的加工版，但是公司没有权利使用该品牌名称。因此，保健然必须采取产品品牌战略为每一种产品取一个新的名称。这种战略的缺点是必须对每种新品牌进行促销，同时通过广告来支持许多市场规模较小的品牌。拉克塔利斯集团的商业模式是通过区分一般的产品品类使其在更具现代化的同时与人们的生活方式保持一致。这种模式直接催生了伞状品牌战略：在单一品牌（总统牌）的领导下，每个产品种类与花式品种都对应着一个描述性的名称，比如低脂黄油依然是高质量的黄油，埃曼塔奶酪（Emmental）是真正的埃曼塔奶酪，布里干酪（Brie）也是真正的布里干酪。

3. 文化因素。美国已经形成了产品品牌的文化，即每种产品对应一个品牌名称。宝洁公司的较早品牌象牙，不论是现在还是未来都只代表肥皂这一产品。过去，即使有一些学者如特劳特和里斯对此表示反对，公司仍然不愿意进行品牌延伸。美国国内市场却偏好这种品牌化战略。另外，这也很好地说明了为什么欧洲和日本成为伞状品牌战略的主要倡导者。妮维雅和雀巢只是欧洲品牌的两个例子。在日本，除了国内市场的规模，公司理念也具有十分重大的意义，这种观念认为一个公司涵盖的产品与行业越多，其声誉也就越高。这种情况是不会发生在一个不使用公司名称来促进品牌延伸的日本领导者企业中的。雅马哈是一个典型的例子，它将公司的名称应用到摩托车和钢琴等产品中。

4. 与创新节奏一致。在一个每年产品都升级换代的行业中应该如何开发产品品牌呢？在这种情况下，采取单一品牌战略更为可取，如诺基亚、索尼-爱立信、阿尔卡特、三星甚至是惠普和通用电气都是这么做的。

5. 附加值。产品以附加值作为杠杆。这一要点在图 13-1 中有所阐述，图中给出了不同战略的相对定位。当一个市场中的附加值与质量保证、声誉和规模相联系时，推荐使用伞状品牌战略（在工业领域通常使用公司名称），尽管拥有两个层次的来源品牌战略效果也不错，如卡尼尔或巴黎欧莱雅的品牌化组合战略。然而，市场越分散，对于高质量和个性化产品而言就越倾向于选择欧莱雅的品牌化组合战略或支持子品牌的背书品牌战略（如乳制品制造商达能和雀巢）。

6. 资源问题。在资金不足的情况下，公司应该将精力集中于单个品牌，特别是当这个品牌是国际品牌时。在考虑其他方面之前首先需要为品牌赢得一定关注度。然而，采取联合品牌化战略，就不可能做到这一点：这就是为什么飞利浦和Douwe Egberts（一个领先的咖啡公司）创立了一个独立的品牌 Senseo 来表明它们在咖啡机上的联合创新。

7. 品牌愿景。品牌愿景会影响品牌架构。在化妆品市场上有成千上万的产品与科学术语，因此创新非常有必要，但这也容易导致市场不透明。品牌受到高度重视，人们不断提出疑问：究竟该采取什么命名策略？这个问题并没有唯一的答案，很大程度上取决于品牌自身的理念。

兰蔻偏好单一产品战略，只对主要产品进行小幅度的延伸（如对面霜、眼线笔、抗皱霜等产品进行改良）。兰蔻最近发布了身体护理产品，每一款产品都有自己的品牌名称，如身体乳 Cadence、身体磨砂膏 Exfoliance 和纤体塑型霜 Sculptural，而不是在同一个品牌下构成一条产品线。兰蔻并不是一个背书品牌，它想成为一个来源品牌并由此创造一个明确的体现法式优雅的品牌愿景。品牌充当了以下信息的载体：

- 产品的技术水平与性能。
- 法式的奢侈，即天然的成熟；兰蔻使实验室更具魅力。

兰蔻通过其产品及与产品有关的服务（销售员的对话与建议）来表现自己的内涵。它追求的是一种同时在消费者和销售员两个层面上建立核心地位并且易于理解的品牌化战略。但事实上消费者对这一行业的品牌战略反响并不好：他们通常记不起品牌名称，进入商店之后也只是简单地寻找兰蔻的润肤霜。这时候销售员就会向顾客解释兰蔻有两种润肤霜：Hydrix 和 Transhydrix，这两个名称帮助销售员向消费者解释有多种产品存在。通过不同产品的名称，消费者能够了解不同的产品，销售员也可以利用产品的具体特点强调其独特功效，从而向消费者进行推销。因此兰蔻会给每种产品一个不同的名称来反映产品的独特功能（Nutrix 滋润肌肤，Hydrix 令肌肤保湿，Forte-Vital 令皮肤更紧致）或者产品所具有的变革性的主要成分（Niosome 中包含泡囊，Oligo-Majors 中有益生元成分）。这种命名策略使得销售定位更加清晰，因为它对产品之间的不同点以及定位相近的产品进行了区分，避免同一名称下和同一产品线上的产品相混淆。

就化妆品而言，产品品牌与产品线品牌之间并不存在争议，因为人们往往偏爱产品品牌。但是娇韵诗将所有的 70 多种产品都聚集成一条条的产品线。娇韵诗毕竟不是兰蔻，它的品牌形象、品牌识别以及品牌理念都与兰蔻有差别。娇韵诗将自己设计成一个美容研究所，美容师的专业水平对它而言十分重要。这种理念暗示着人们使用同一产品线上的不同产品就好比服用一张处方上的不同药品。单一产品无法同时满足所有的需求，于是能够协同运作的产品线应运而生。娇韵诗想要创造出具有稳定性的产品线，不仅能经久不衰，而且要与品牌识别、品牌个性与品牌文化相适应。娇韵诗更相信目标性的产品承诺，而不是在某个方面对单个产品进行过度的宣传如"抗衰老"，这在美容行业引发了一场关于产品品牌名称的风波。这些名称都是对产品的具体描述，与迪奥发布 Capture 品牌时聚焦于梦幻与美妙不同。在娇韵诗，品牌名称通常由二到三个单词构成，比如"多重修复乳液"。

以前，新产品通常会伴随着一个新品牌同时出现。产品经理在为产品命名的同时也赋予其生命，没有名称的产品事实上并不存在，产品一旦拥有了名称就有了生命。1981年，3M公司创立并注册了244个品牌，但在1991年3M公司只创立了4个新品牌。雀巢也是如此：公司在1991年开发了101种新产品，但是新品牌只有5个。单纯增加品牌的时代已经过去了，究竟是什么原因导致了这种变化？

主要原因在于公司意识到只有品牌才是公司真正的资产。若想有效利用几个品牌，公司必须通过持续创新与产品延伸来维持股价。因此，问题从"我们应该选择什么产品名称"转变成"我们应该将哪一个新产品放在哪一个已有的品牌名称下"。

分权管理的公司特别容易受到品牌扩散的影响。因此，尽管3M公司在《财富》500强中排名靠前，但是它的6万多种产品依然不为众人所知。1500多个商标已经让公司不堪重负，为了解决这一问题，3M公司决定抓住重点并成立了品牌委员会（企业品牌政策委员会），其主要职责是建立一套明确的品牌政策规范，任何新品牌的创立都要经过委员会的批准。为了使3M成为真正的公司品牌，公司决定从此将3M只作为所有品牌的符号和保证（除化妆品产品线外）。公司做出的第二个决定是通过禁止在同一个产品上使用两个以上的名称（如思高Magic）来消除品牌重复的现象，如图13-9所示。为了促进以利用大品牌（也叫伞状品牌或强势品牌）为主的新品牌政策的整合，3M公司为每个子公司都分配了一个指导者为新产品的品牌化战略提供政策指导。这种指导制度直接导致申请创立新品牌的数量急剧下降，更多地考虑新品牌应该以母品牌（如思高）还是子品牌（如Magic）的形式存在。

图13-10所示的决策树使得每一个创新品牌都要通过四个问题的检验，这四个问题好比是过滤器，用来限制为某些非常具体的物品（如便利贴）创造新品牌的

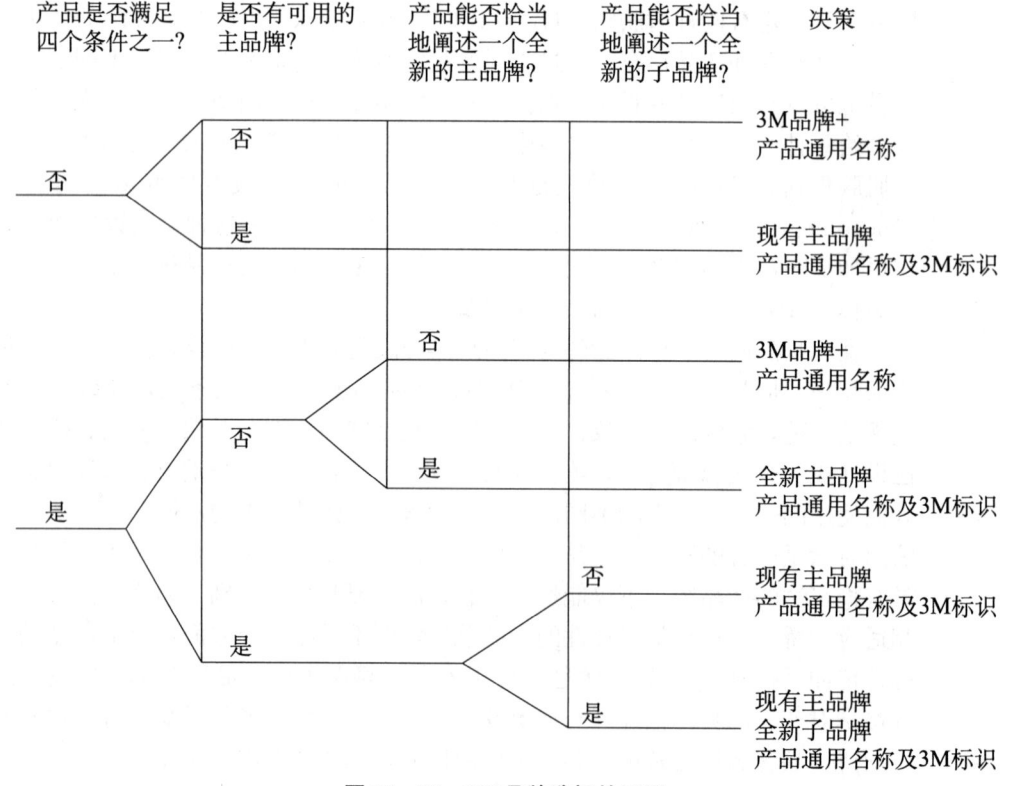

问题1	问题2	问题3	问题4	决策
产品是否满足四个条件之一？	是否有可用的主品牌？	产品能否恰当地阐述一个全新的主品牌？	产品能否恰当地阐述一个全新的子品牌？	

否 → 否 → 3M品牌+产品通用名称
否 → 是 → 现有主品牌 产品通用名称及3M标识
是 → 否 → 否 → 3M品牌+产品通用名称
是 → 否 → 是 → 全新主品牌 产品通用名称及3M标识
是 → 是 → 否 → 现有主品牌 产品通用名称及3M标识
是 → 是 → 是 → 现有主品牌 全新子品牌 产品通用名称及3M标识

图13-10　3M品牌选择的回顾

情况。第一个过滤问题考察的是新品牌是否符合以下四个标准中的任何一个：它是不是最优先的创新？它是否创造了新型的价格质量关系？它是否创造了一个全新产品品类？它是不是收购所导致的结果？第二个过滤问题考察了这个品牌能否对3M的主要品牌组合中的母品牌产生促进作用。第三个过滤问题寻求发现新品牌是否有创造一个母品牌的机会。最后一个过滤问题用来评估新产品的实力，从而证明创造一个子品牌的正确性。基于可测量的市场参数，在决策树中形成了六种可选的品牌化战略，由最简单的（如3M公司高架投影仪上的幻灯片）到多层次的（如思高Magic和3M公司的透明胶带）。同预料的一样，创立新品牌（主品牌或副品牌）不再是公司的既定法则，而是一个例外，在创立新品牌之前首先必须满足一些约束条件：新品牌能创造出新的基本需求，而这种需求是现有的主要品牌无法满足的。

品牌化战略的新趋势

公司的品牌化战略在不断发展，一项针对其国际行为的研究揭示了一些重大发展趋势。

品牌化组合的出现

对品牌架构进行的一个有趣分类是将其分为"品牌化组合"与"多品牌组合"。正如字面意思所暗示的，多品牌组合指的是一个公司通过一些知名品牌来运营公司，但它在不隐藏自身的情况下保持谨慎，如美国伊利诺伊工具制造公司就是通过Paslode和Spit这两个品牌来运营的，在专业领域非常著名。宝洁公司和佐治亚太平洋公司（Georgia Pacific）也是以这种方式运营的。

品牌化组合正好相反：公司除了作为一个独立品牌，还在产品宣传和品牌联合方面发挥了作用。研究者认为，品牌化组合最典型的代表是通用电气（如通用电气金融服务公司、通用医疗等）和维珍（Aaker and Joachimstahler，2000）。但事实上，将品牌化组合完全等同于这种类型的案例又未免不合理。品牌化组合可以通过两种品牌架构来实现：伞状品牌（如索尼、飞利浦、通用电气和维珍）和来源品牌。也就是说主要领导者为母公司，但其旗下有副品牌或挂牌子公司，汇丰银行就采取了这种战略，只要其子公司保留原来的名称，它就会将自己的名称和商标放在子公司的名称之前。

多品牌组合也有两种品牌架构：产品品牌和背书品牌。当3M公司将公司名称放到它所有商品的包装底部时，是否真的能够驱动顾客的价值感知呢？答案是否定的。尽管3M公司目前的情况如此，很明显它依然保持着谨慎的态度而将其作为组合化品牌的符号，组合中的品牌在执行过程中是非常独立的。

自相矛盾的是，一些公司的伞状品牌与准品牌组合也非常接近。这一点推翻了之前所探讨的内容。实际上，主要问题还是在于权力分配与组织结构。就拿东芝来说，这个企业是由不同的业务单元组成的，包括电脑、高保真音响设备、电视机和炊具（主要在日本）等。集团每个业务部门的管理者是完全独立的，不仅如此，连区域经理也是非常独立的个体，他们的任务就是负责销售来自日本的产品。这样做很难激发业务部门之间协调交流的欲望，更不要说不同国家之间对同一业务进行交流了。结果表明，尽管不同产品有相同的品牌名称，东芝高保真音响设备的品牌形象与东芝电脑、东芝电视机等产品截然不同。东芝从未把自己看成一个需要在世界范围内进行管理的品牌。直到近年，公司才任命了一位副总裁来实现这个目标。他在世界范围内拥有决策权，他的首要任务就是建立一个东芝品牌平台，并在全球推广。飞利浦现在的行动都是在"One Philips"这一口号下进行的。

为什么现在很多企业即使旗下品牌个性各异、彼此分离，仍试图通过建立品牌化组合重新明确其品牌识别度呢？与新兴市场不同的是，现代化的成熟市场已经为众人所知晓，一个品牌需要做的就是不断地让人联想起一系列产品的价值并引起消费者情感上的共鸣，做到这一点就意味着要遵守公司规定并减少自主权。以销售为导向的组织，如韩国和日本的一些公司，会给区域经理设定很高的销售目标，但同时又给他们极大的自由作为交换。这就是他们的交流通常是在地方层面上进行的原因。创造一个品牌化组合总会遇到自主管理程度受限的阻碍，且设计广告的自由程度也会受到影响。然而，不能机械地将品牌化组合等同于一项全球性的运动：品牌精神可以通过不同的甚至是当地化的交流传递。

横向品牌提高顾客忠诚度

改变品牌化战略的另外一个主要原因在于企业正逐步将焦点从产品转向顾客，从占领新市场转向建立顾客忠诚度。欧洲酒店行业的龙头雅高酒店集团对其品牌政策的某些基本准则进行了适当的调整。雅高的两位创始人凭借其创造性的才智造就了公司如今的辉煌。雅高的第一家连锁酒店诺富特是在这样的总体标准下建立起来的：不管顾客住在哪一家酒店，不论是谁都会有种在家的感觉，就连房间的布局设计和装饰品也都恰到好处。然后公司再利用其他产品品牌覆盖不同的细分市场，如一级方程式、Etap、宜必思、美居、诺富特、索菲特和欧洲的 Suite Hotel 以及美国的 Motel 6。

根据原来的逻辑，雅高作为控股公司的名称，其功能限制在某一个方面，因此这个名称在企业运营过程中几乎隐形。后来考虑到证交所评估的需要，公司决定让其名称更加明显。在正式成为每个产品的商标之前，雅高的名称就开始在酒店小册子上出现了。

雅高的市场份额呈稳步上升的态势，引发了管理层新的思考，雅高决定将每个品牌的个人用户忠诚度计划转化为企业忠诚度计划（雅高酒店最受欢迎顾客）。

同样，为了提高顾客忠诚度，巴黎欧莱雅结束了过去的品牌战略。由于妮维雅的品牌战略对品牌忠诚度极为重视，其不断扩张的子品牌组合与欧莱雅品牌形成直接的竞争，因此欧莱雅的这一决策是为了更好地应对妮维雅带来的威胁。欧莱雅意识到了旗舰品牌战略的局限性，因为欧莱雅只是作为许多独立子品牌（如 Elsève，Elnet，Plénitude 等）的背书品牌存在。除了广告预算是独立的，品牌也没有形成有效的资产。因此组织便从品牌组合逻辑（如作为背书品牌的巴黎欧莱雅）逐渐转向品牌化组合逻辑，即创立一个形式基本统一但又与众不同的来源品牌。当由国际名模和巨星组成的"梦之队"出现在国际荧屏上的时候，每个人都用相同的创意与广告词"你值得拥有"极力推销欧莱雅品牌组合中的每一个子品牌。与此同时，巴黎欧莱雅这个品牌名称不论是在包装上还是店内，相对于诸如 Elsève 等子品牌更加突出。最后，这种命名逻辑被运用到产品品类的品牌延伸中，由于人们惯性地将欧莱雅与美发产品联系在一起，因此这种产品品类还没有完全与品牌相联系。与妮维雅竞争的 Plénitude 最后被公司舍弃，取而代之的是 Dermo Expertise, Pure Zone, Solar Expertise, 这些极具描述性的名称立即在相关市场显示出竞争优势。

除此之外，巴黎欧莱雅也致力于横跨不同品牌来建立真正的顾客忠诚度，并由此来缩小和妮维雅在建立顾客忠诚度的时长上的差距。

品牌化对制造业的重要性

对于制造业而言，品牌化战略似乎不在其考虑范围之内。制造业的推销活动不是通过昂贵的广告宣传而是通过产品目录、销售团队和贸易展览进行的，因此公司会毫不犹豫地注册商标（如法国液化空气集团已经注册了几百个商标作为品牌名称），这和之前的说法似相矛盾。

这些商标意味着巨大的花费，还会造成销售团队与产品目录容易混淆产品线。问题在于品牌都希望被口口相传："我要买一些 X"，但这几乎是不可能的，因为实在有太多的品牌了。这就是为什么制造业开始整合背书品牌或来源品牌的概念，就连那些为一系列专有产品创造伞状品牌的强势品牌也不例外。

品牌架构的国际化

公司应该使它们的品牌架构全球化吗？在进入新的国家时应该仅仅复制它们的品牌吗？事实上，大多数品牌架构在国内市场的创建都是很缓慢的，它们通过低成本的媒体宣传来盈利，但同时竞争力会减弱，这就是我们经常发现存在产品品牌架构的原因。一家公司被其主要对手收购之后，为了避免失去市场份额，收购方往往决定采用分散化的品牌策略。在进入美国和俄罗斯市场的时候可以采用相同的组合策略吗？

俄罗斯有一个独特的机遇，只要不存在西方竞争者，一旦进行快速巨额投资就能占领市场主导地位，同时媒体宣传成本也相当低。菲多利公司（Frito Lay）就是这么做的。这意味着充分利用一个品牌，将其作为来源品牌或背书品牌就能快速地将新产品投放到不同的细分市场中。

在美国，最大的挑战莫过于媒体和分销成本。公司有义务将产品归入有待开发的伞状品牌下，结果我们可以看到被称作垂直覆盖（vertical crunch）的品牌架构。实际上有两种垂直覆盖模式。第一种是从下往上覆盖的品牌架构模式，在这种模式下产品描述形成了驱动力（消费者称呼他们所购买物品的名称）。举一个欧洲的例子，巴黎欧莱雅的洗发水系列都是在 Elsève 品牌下销售的，Elsève 旗下许多产品都有各自的名称如 Color Vive 和 Energance。在美国，Elsève 还没有进入市场。在美国市场上只有两个层次的产品品牌，即巴黎欧莱雅和一系列名为 Vita Vive, Nutir Vive, Hydra Vive, Curl Vive, Color Vive 和 Body Vive 的产品。

另一种是从上往下覆盖的品牌架构模式，即仅把背书品牌作为驱动力。例如，欧洲著名的特色饼干 Pim's 在美国就叫 Lu Pim's。

公司也开发当地的品牌资源来支持国际品牌。比如，联合利华旗下的全球冰激凌品牌（梦龙、和路雪（Solero）等）都由一个本土的自有品牌做担保，用长期以来在当地建立的亲近感与知名度为所有品牌提供保证。

几种典型的品牌混乱问题

品牌构建像任何计划一样，计划是一回事，实施起来又是另外一回事。在实际中，我们发现了四种典型的品牌混乱问题。

母品牌被子品牌吞并

事实上，有些时候一个子品牌能够发展得特别好并吸引全部的广告投资，最终导致母品牌被这种排他性的宣传所创造的品牌形象取而代之。母品牌无法再担负其职责，也不能创立其他的子品牌。这是成功的代价：明星产品不仅打压了其他产品，同时也抢夺了母品牌的份额。多年来，Nina Ricci 品牌一直生产一款香水 L'air du temps，这款香水在全球获得了成功。这引发了品牌授权方面的根本性思考：一个奢侈品牌通过授权来盈利。然而，Nina Ricci 不再拥有自身的品牌识别，而潜在的被许可方却又不想做 L'air du temps 品牌的被许可方，而想做母品牌的被许可方。因此公司有必要重新设立母品牌的品牌识别。

在形象和销售方面，大众被高尔夫吞并，大众原本是一个知名的汽车品牌，它象征了 20 世纪 80 年代的汽车行业。

公司与产品分离

依视路是世界上排名第一的光学矫正镜片生产商。当一位顾客拿着一份眼睛检验单去一家英国眼镜商那里时，眼镜商会把单据发送给依视路公司，公司会连夜在它位于葡萄牙的高度自动化和现代化的工厂里生产镜片，并在第二天经由联邦快递发送给顾客。作为一种成功的企业间商业合作模式，这项服务是多么不可思议啊！

威力视（Varilux）则是一个例外，它是因依视路而享誉世界的一个先进的多焦点镜片品牌。它在消费者层面上已经取得了相当好的广告效益，因此消费者会选择购买威力视镜片。而现在市场格局正在发生改变：多产业链的眼镜制造商在不断发展，比如 Grand Optical 和 Afflelou。它们的创新之处是在一小时内可以直接在店里生产大量不同度数的镜片。因此依视路受到了威胁，它并不为消费者所知晓，而只是被光学仪器厂商了解和看重。现在一些光学仪器厂商开始合作并逐步动摇了依视路在高难度镜片生产领域的主导地位。

在 B2B 行业中，赛捷公司就是这个问题的例证。在市场产品方面它做得非常出色，是世界第三大软件公司，但是在公司形象宣传上它做得很不到位，也正因如此人们只记住了思爱普、微软、甲骨文和 Cegid 这些公司。赛捷公司的管理结构确实比较分散，产品宣传由市场买单，随后便分摊到每一个卖出的产品上。这将造成两种后果：未来有发展潜力的产品没有得到充分的宣传，同时宣传的重点放到了产品上，而赛捷这个品牌没有受到重视。这就会极大地阻碍公司的有机增长。赛捷这个品牌为广大会计员所熟知，他们会购买其销量最好的会计软件，但是公司其他职能部门的同事知道赛捷的很少——而他们是赛捷公司未来发展的主要目标。

品牌分裂化

如果子品牌或差异化品牌在母品牌的支持下被创立，那么母品牌就会逐渐"枯竭"而演化为背书品牌。它将无力再对品牌框架、品牌愿景、品牌识别或品牌价值施加影响。每个母品牌都拥有一个品牌故事却不为人所知，现在这个故事已经被它的子品牌借助媒体演绎的故事所取代。

比如，Dim 在打响了子品牌之后，自己的品牌延伸之路到此也就结束了。Dim 成了紧身衣和长袜包装上的一个标签，它的弱势与子品牌形成了强烈的对比（比如 Macadam，Dim'up，Diam's 等）。永远保持一致性的品牌可以说是不存在的，但是母品牌 Dim 的目标就是要存活下来。为了达到目标，它必须保持内在吸引力——顾客期望的源泉。不可否认，Dim 做到了。Dim 通过它的子品牌确保它和现在不断发展的细分市场保持联系。尽管如此，一旦子品牌与市场失去联系，它就必须消失并创立新的子品牌。因此，很有必要确保母品牌的卓越品质不受损害。要达到这一目标就需要做到以下三点：

- 重新定义母品牌的品牌识别；
- 重新定义一个真正的来源品牌战略并保证母品牌的优越性；
- 把子品牌纳入由母品牌所定义的品牌框架。

母品牌毕竟是一个总框架。从细节处对母品牌给予关注是必要的，因为需要定期执行这一过程以纠正偏差。

新产品叫什么

一个公司是通过开发新产品促进发展的：它们使公司在竞争中形成产品与服务的差异化。同时新产品使得公司将广告聚焦于一些吸引市场的新亮点。最终，新产品为战略性品牌形象特征的复兴提供了一个跳板。对于每一个投放市场的特定新产品，其开发者总会提出一个相同的问题：我们该叫它什么？

为新产品命名非常重要，这完全不是名称是否好听的问题，而是最根本的问题。在现实中，最开始应该问的问题是：我们需要给它命名吗？

为什么 3M 公司要给原本可以叫作"可移除魔力胶带"的产品取名为便利贴呢？因为思高是 3M 公司的一个知名品牌，它意味着"带黏性的产品"。便利贴难道不是思高胶带中的一个创新产品吗？在这个案例中，思高品牌只有不断地创新才能得到巩固。现在我们来看另一个 B2B 的例子：拉法基的一个创新产品 Agilia。这是一种革命性的、快干的优质水泥，变干后表面极为平整。是否应该为这个产品取一个新名称使其有潜力成为拉法基的一个新产品或者系列产品，还是简单地命名为"新式拉法基快干平整水泥"并将其置于主品牌或伞状品牌之下呢（见图 13-11）？产品命名提出了品牌战略的一个根本性问题，即品牌有几个层次，公司和产品之间是什么关系。

```
关注品牌 ←――――――――――――――――――――――――――――――――→ 关注创新
```

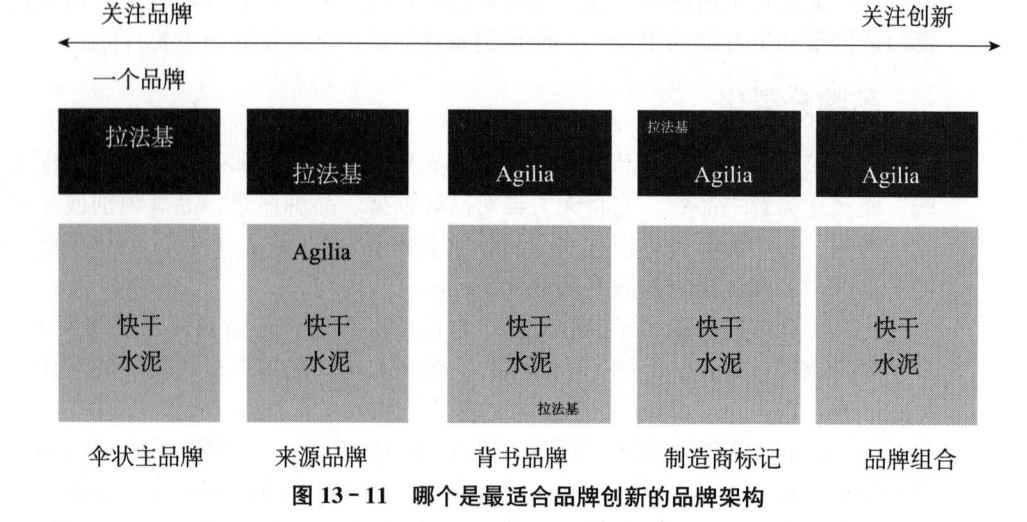

一个品牌

拉法基	拉法基	Agilia	拉法基 Agilia	Agilia
快干 水泥	Agilia 快干 水泥	快干 水泥 拉法基	快干 水泥	快干 水泥
伞状主品牌	来源品牌	背书品牌	制造商标记	品牌组合

图 13-11　哪个是最适合品牌创新的品牌架构

何时创立子品牌

　　当一个新产品诞生时，公司很可能会为它创立一个专门的品牌。这很容易理解，开发者就像那些对自己孩子感到自豪的父母一样，给新产品命名。但是，名称是身份的象征，对营销预算进行永久性投入的目的就是塑造子品牌身份并让其得到认可。此外，在现实中对子品牌的关注往往会导致母品牌让步到幕后，这就转变为对品牌资产进行定期监控研究的问题。母品牌的品牌认知和品牌形象不知不觉就下降了。

　　这种做法是为了改变子品牌的地位并将其变成一个单纯的产品。例如Bouygues 电信的预付卡从一开始就被视作一个相对独立的子品牌——Nomad。之后它变成了 Bouygues 电信 Nomad 卡。那么一个公司究竟何时才能创立一个子品牌呢？

● 第 11 章中展示了产品与品牌之间的四种关系类型：改变[①]、相似、转换和矛盾。越具有"改变"这个特点，单纯地给产品一个描述性名称就显得越自然，甚至在讨论中就可以确定这个名称。Walkman 究竟是一个品牌还是很快变成用来描述索尼公司发明的新设备的一个专属名词呢？就像人们会说"新飞利浦电视机"一样。相反，我们越不选择通过新产品直接复制品牌核心价值，子品牌就越合理。

● 一个新的产品名称对于创立产品品类而言是十分有必要的，比如 iPhone，它本来可以被称为苹果智能手机，但是在大众传媒中很有必要将技术、社会和文化分离。因此，在有效利用先驱品牌优势的情况下，产品品类的构建应该围绕先驱品牌来展开。新的市场进入者会使自己的定位与 iPhone 相关。

● 虽然产品在宣传方面有长期的投资支持，但对创新的保护要求提高时，一个新的产品名称就显得很有必要。当法国牛奶品牌肯迪雅开发了含有维生素的牛奶时，可以称之为"保证含有维生素的牛奶"或者"维生素牛奶"。毕竟，人们通常说半脱脂牛奶或者调味奶。然而，我们必须考虑竞争者的反应。家乐福注意到，大

[①] 原书第 11 章表述为"典型实例"，此处与之不一致，疑误。——译者

部分成功的品牌创新不会在分销商品牌下缓慢地推出新产品：家乐福保证含有维生素的牛奶。通过在 Viva 品牌下发布含有维生素的牛奶以及依靠长期广告活动打下的基础，肯迪雅可以打造出一种独特的光环效应。但是 Viva 不仅创造了细分市场，而且唤起了顾客的健康意识，这样 Viva 就不仅仅是一个（牛奶）产品，更是一个真正的（子）品牌。

- 在抵消由于创新带来的负面效应时，一个新的产品名称是必需的。Aoste 是一家香肠公司（现已被莎莉集团收购），开发了第一款工业化香肠：这些香肠拥有一样的重量和长度。这对于老式香肠的制作来说是一次突破，之前的香肠在外观、重量和长度上都略微有些不同，但是大型分销商对此的反馈是：存在经济成本问题。事实上，没有必要去称每个产品的重量，由此可以节省时间、人力和金钱。但是，很有必要给它一个产品名称，因为这么做可以纠正甚至消除人们一看到这种产品所产生的反应（这是一款极具工业化和标准化特点的产品）。最后，为了给这款工业化产品塑造一种乡村质朴的形象，该产品在 Justin Bridou（法国香肠品牌）下更名为"Shepherd's Stick"——它也成为该细分领域的领导品牌。

- 在服务领域，为了给创新带来新鲜活力，通常需要一个新的产品名称。2004年，法国燃气（Gaz de Franch，一家天然气配送公司）想要为其 1 000 万用户提供全球模块化的服务。读者可能会问这项提议在哪方面实现了创新。毕竟，那不就是以顾客为中心的最低要求吗？事实是，这些普通的词汇使得这项创新提议听起来很平庸。这就是为什么法国燃气公司要将这项提议命名为"Dolce Vita"，并在所有的广告中使用这个名称和消费者建立情感联结，从而使它成为一个子品牌。英国天然气公司在服务领域建立了自己的子品牌 Goldfish。

- 当母品牌在一个目标市场没有形成合适形象的时候，就需要一个媒介物，而新产品名称的目标就是提供这样的一个媒介物。吉列这一极具男子气概的品牌通过维纳斯这个新的品牌来涉入女性目标市场。东风标致的摩托车和踏板车使用过很多的新名称：在束缚中寻求解放的年轻人需要一种身份的象征，购买 15 年前的标致车已经不能有效地满足这个需求，即使这款产品本身是卓越的，因此需要像 Booster 这样的新名称。

雀巢与母性的联系没有使自己涉足咖啡领域合理化。雀巢是有历史的，它首先以婴儿奶粉出现在每个人的生活中，因此推出雀巢咖啡是不可行的。但是雀巢通过"速溶、粉状"使得咖啡的推出变为可能，"雀巢咖啡"这个名称给予顾客安心和保证的同时也远离了之前母亲般的形象。这使雀巢进入了前所未有的细分市场。相反，飞利浦的市场地位显示了其技术水平，从而可以公开地支持其新产品剃须刀。将剃须刀称为 Philishave 而不是 Philips 并没有带来什么新意："shave"并没有带来任何附加价值，并且导致新产品与飞利浦的品牌特点相去甚远。事实上，德国博朗只是简单地将它的剃须刀称为博朗剃须刀。

为了更迅速地想出一个新产品的名称，在推出子品牌之前需要留意几个问题。

- 新产品名称需要伴随主要的、长期的广告投资，否则这个新产品只能出现在货架或者产品目录上。如果产品名称难以理解，那么顾客很难快速了解这个新产品提供的信息。通常在决定名称（可以快速了解）和预算定位（可能在最后一刻发生变化）上存在滞后现象。

- 第二个问题与未来相关。这个子品牌可以为其他产品提供伞状保护作用吗？

是否可以把将来的其他产品放在该品牌下和该名称一致（比如，拉法基旗下的 Agilia）？这些标准是必需的：如果不遵守这些标准，公司会陷入经济困境。事实上，很难通过广告和传播来支持一个单独的产品。只有在市场上推出系列产品或新产品，才有可能形成规模，达到营销传播费的临界点。

● 母品牌是否足够知名从而可以拥有子品牌？因为是通过母品牌给予子品牌意义的。苹果的第一款产品问世花了多长时间，超过 10 年？Apple1，Apple2，Apple3，后来，麦金塔这一名称取代了原本应该出现的 Apple4，很明显不连贯。低成本的电话接线公司 Free 如何称呼它提供的整合性产品？Free Box。法国电信公司 Orange 将它们独立的固定电话和移动电话业务称为 Orange Unix。达能的产品都称为达能，或者是达能的变体（如 Danette 冰激凌、Danessa、Danino 酸奶、Dan'up 等）。

在制造业，威立雅环境集团取消了所有的子品牌，威立雅并不是一个知名的集团：它迫切需要使自己闻名世界。因此，它的国际子品牌 Connex，Dalkia 和 Onyx 更名为威立雅运输、威立雅能源、威立雅废料处理。

● 在创立新的子品牌之前，在现有的子品牌下推出创新产品是否不合适？因为每个子品牌都要通过创新来避免自身陈旧过时。在新的品牌名称下系统地创新影响原有品牌。

一个很好的例子：汽车领域的命名

汽车让我们着迷，这个领域通过创新来生存，从而激发我们换新车的欲望。不同的汽车制造商对它们的新车型有不同的策略。雷诺公司给每款车型合适的名称：Latitude，Laguna，Twingo 和 Clio 等。标致车名的三位数字中都有一个零在中间，迫使保时捷的第一款 901 车为了避免法律诉讼更名为 911。雪铁龙在回到最初的命名 C1，C2，C3，C4 等之前，选择使用的品牌名称是雪铁龙 Xsara、雪铁龙 Saxo、雪铁龙 Xantia。就像宝马车的一系列数字一样：1，3，5 系或者顶级的 7 系。这样选择品牌命名方式的逻辑是什么呢？

第一个结构决定因素关系到制定者的战略：是通才型还是专家型？通才型战略专注于市场的所有细分领域以及所有的顾客。通才型战略向所有顾客推销汽车，因此它们的形象不如专家型战略那么强。结果，它们在推出新车型时影响力不够，难以带来更多的情感附加值。这些都是可靠的品牌，通过网络而不是需求获得保证。专家型战略则不同，它通过市场细分定位在较高端的市场。专家型战略的汽车是人们梦寐以求的：宝马、萨博、沃尔沃、摩根（Morgan）、MINI，等等。根据他们的设想，消费者对车型的选择一定程度上满足了其梦想，如 1，3 系列或者之后的 5，7 系列。就像人们经常购买梅赛德斯汽车的 A，B，C，M，E，S 等系列。

但是对于通才型战略就不存在梦想问题，因此它必须通过情感等形象附加值来提高自身车型的形象，需要一个极易引起回忆或者唤起情感的名称。还记得大众高尔夫来自哪里吗？德国大众公司。为了和梅赛德斯竞争，大众专注于辉腾，后来大众把自己定义为"人们的车"。

然而，其他因素也开始发挥作用。事实上，为什么标致作为通才型企业，选择数字而不是车型名称来命名？在我们回答这个问题之前，先来回忆一下数字在品牌中起的作用，像香奈儿 5 号香水、007 或者贝克汉姆在曼联时球衣上的数字 23，所有这些数字都有唤起感情的潜力。同样，代表车型的数字 205 或者 911 与特定群体相联系，205 代表了一个时代，911 则影响了好几代人。

标致的做法解释了对于品牌的特殊定位：它想成为通才中最具专家特性的一个。这就是此通才型品牌突出其与众不同的特质和明显激进的设计方式的原因。

对于雪铁龙政策的转变，可以解释为子品牌政策带来的成本问题所致。如果一个车型超过六年时间未曾改变，很有必要在认知和形象上加大投入。另外，雪铁龙的目标是强化它的形象。将重点放在一个发展缓慢且耗费成本的新产品上，并不会对母品牌的形象产生强烈的不良影响。于是便出现了将雪铁龙这一单一品牌下的各款车型进行组合的决策。这样一来，我们就可以根据 C1，C2 和 C3 等不同细分市场的车型做出购买决策了。

图 13-12 显示了如何通过产品命名影响品牌或非品牌的感知价值。

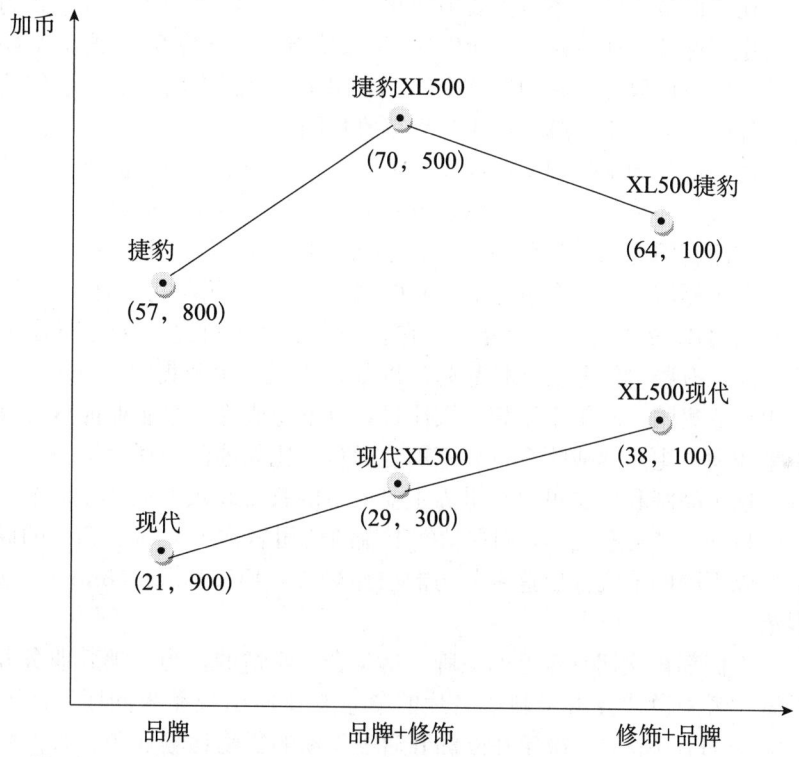

图 13-12　如何通过产品命名影响品牌或非品牌的感知价值（心理价格）

B2B 混合组织、子公司和品牌

B2B 为品牌架构的决策带来特殊的问题。B2B 是企业间的运营模式，当品牌架构模型与产品或服务（洗发水、酸奶、计算机、汽车和旅店）相关时就变得很容易识别。B2B 中十分复杂甚至混乱，因为有三个问题交叉影响：

- 集团法律结构；
- 集团组织结构；

- 品牌架构。

法律结构是由集团的特殊目标决定的：税务优化，保留所有权，实现股东之间的权力平衡，减弱工会力量，控制社会动荡的风险，建立多重赔偿制度的能力，对分散管理的员工的激励，等等。

组织决策（是否建立一个集团或者只是一个控股公司，部门、分支机构和业务单元的数量，报告的结构等）的目的是使公司尽可能高效地为顾客提供利益。

问题是，在公司内部，大部分经理（甚至高层管理者）并不了解品牌决策有什么不同。法律和组织想在权力和责任关系或者所有权关系网络范围内，将整体划分为各个实体；品牌旨在通过利用尽可能少的质量和声誉象征物来影响市场。从定义来看，品牌是一个符号，对公司内外所有顾客都代表着某些含义。

组织更关注集团的创建，尤其是一个通过收购和兼并成长的公司。集团层面和子公司层面员工的关系也需要清晰化。品牌会了解这个集团是否致力于成为这个市场的主要标杆。如果回答"否"，它将保持谨慎并被称为 X 或者 Y 集团。如果回答"是"，它应该放弃"集团"这个词。集团是一个组织的概念：不需要考虑市场。市场信任的是欧莱雅品牌，而不是欧莱雅集团。

对于部门和子公司来说同样如此。三星电子不是一个品牌，三星才是品牌。三星电子只是一个负责三星全球业务发展的营利性组织，驱动了三星全球品牌资产升值。访问美国通用电气公司（GE）网站会很受启发：GE 是一个联合大企业，它涵盖了多个领域（比如金融、能源和电气），尽管如此，它只有一个品牌和一个标志，即 GE。GE 资本只是一个分支，它有一个法律名称是为了方便公司在既定国家履行职能。有些时候分支就是品牌。例如，法国苏伊士集团（Suez Group）——一个公用事业集团，多年来不想引人注目，也不想成为一个企业品牌和商业品牌。苏伊士集团通过主品牌战略在世界范围内运行，比如苏伊士环境子公司 Sita 负责垃圾处理。这个品牌和标志可以在世界主要城市的日常垃圾回收车上看到。Sita 通过并购 Eric Böhm 进入德国，人们在信笺上端的公司名称中发现了 Sita 的商标和符号，在下方以不同的形式标出这家公司的法律名称：Eric Böhm GmbH，这样便不会引起混淆。

人们都喜欢拥有自己的品牌，这是合乎常情的。当一项新业务开始时，对于高层管理者来说，会由于制作名片的紧急需要而出现品牌问题。例如，威立雅运输（Veolia Transport）决定在欧洲开启一项新的货物运输业务。有人经常认为这是威立雅货物运输（Veolia Transport Cargo），甚至认为是威立雅货物（Veolia Cargo）的品牌。组织的身份和品牌不应该令人困惑。

只有当公司决定一个部门应该面向公众（比如在证券交易所交易）的时候才会出现例外。比如，法国电力集团（EDF）是欧洲排名第一的电力集团，也是世界上原子核能的领导者。它向许多国家销售民用核电站和电力传输网络。EDF 是一个面向大众的公司，它决定成立一个叫 EDF Energies Nouvelles 的子公司，该公司旨在发展专有技术，并且向其他国家销售和风能及太阳能相关的服务。为了将部门独立出来，并且在股票交易市场上有较高的识别度，EDF Energies Nouvelles 设计了与 EDF 不同的绿色椭圆形商标。

将 B2B 品牌作为一面旗帜会是一个有用的规则。一个独立的国家不可能有两面旗。然而，联邦国家有州，比如德国有 Länder，如果它们有自己的旗帜，显然会是一个子公司的性质,这两面旗帜不在同一水平上。

最后一个来自现实的难题是,在兼并和收购中,集团购买那些以创始人名字命名的公司,其创始人仍然在以后的几十年内管理着公司。改变这个公司的名称是一个敏感问题:因为它不仅仅是一个名称。

我们的建议很简单:兼并和收购阶段是协商改变名称的最好时机,应该迅速公布新的名称。如果不可能做到,至少应该强制其采用公司的商标,一旦创始人辞职或者退休,立即换成集团的名称。

公司品牌

从1990年开始,公司品牌越来越明显地出现在它们的产品上,这逐渐成为一个趋势。Pharmaceutical Laboratories 把自身作为一个品牌,更加关注并确保品牌名称清晰地标示在药品包装上。雀巢所有的产品上都有公司的品牌名称以及服务电话。达能的做法也是如此,它非常注重建立公司品牌,这不同于达能使用在亚洲地区冷冻产品、水以及饼干上的商业品牌。

这种趋势部分源于明确责任和提高透明度。公司将自己作为终极代言人,而不再隐藏在品牌背后。这也会提高其知名度,从而吸引学生、主管和就业市场。在亚洲,广告的最后几秒会出现宝洁和联合利华的品牌名称以凸显公司,在美国和欧洲并非如此。尽管受到亚洲实际情况的影响,联合利华一直在努力提高公众关注度来促进公司的品牌投资组合。

最后,一旦公司在证券交易所上市,就会试图影响股价以及定期发布的财务报告,这时市场预测受到公司名称和声誉的影响。所以任何让人们充满期待的事件都会提高企业的声誉。

有的公司频繁更换它们的名称,并以其旗舰品牌来命名。例如,之前一家叫BSN的公司已更名为达能(它差点变成依云),德国大众集团和欧莱雅集团都以它们的旗舰品牌来命名。而玛氏公司改名为每食富(Masterfoods),与Bestfoods(联合利华的品牌)或者General Foods等类似。是什么原因导致了这两种截然相反的态度?

旗舰品牌和公司品牌有不同的信息来源,其不同的品牌形象会影响人们的感知,将旗舰品牌用到集团名称中可以充分利用光环效应带来的优势。例如,新闻报道指出大众并不是一个品牌,实际上,这个多品牌的集团通过每个品牌累积的销量获得了欧洲第一品牌的称号。

欧莱雅集团并没有做太多的广告。然而,它的每个品牌都投入了大量的广告,还将科研作为主要武器。通过分享巴黎欧莱雅的品牌魅力,欧莱雅集团获得了良好的国际形象,并增强了股东的信心。

玛氏公司采用每食富这样一个不易察觉的名称,是由于完全相反的原因。显然,很难在玛氏公司或集团品牌下去销售宠物食品,如宝路狗粮和伟嘉猫粮等,具体原因是玛氏只会使人联想到一种产品,即家喻户晓的巧克力棒,这种巧克力在一个极其细分的市场中的增长是十分有限的。另外在财务预测上也存在负面的光环效应风险。路易威登集团同时采用了两个策略。其一，专家熟悉这个缩略词的含义，它指的是享有国际声誉的奢侈品牌。其二，通过保留这个缩略词，该集团表明了它们仍然谨慎地将重点放在品牌层面而不是公司层面，并且通过品牌自身的创新性、公众性和分销的质量来提升品牌。从这一点可以看出，公司品牌的地位和它的子公司之间的关系实际上反映了公司组织结构。

有关集团战略的内容稍后阐述。

集团和子公司的关系

在主要依靠外部增长的工业领域，出现了被收购公司品牌的地位问题。它们应该独立吗？它们应该消失吗？它们应该以简单的视觉符号的形式得到母公司支持吗？或者是使用母公司的品牌名称？如果它们仅仅是充当控股公司的话，就不应该奇怪为何公众认知度如此低。例如，尽管阿克苏诺贝尔创立于1969年，是世界上最大的化学品公司之一，但是至今仍不为人所知。毫无疑问，所有靠自己的努力创建的公司都保留了公司名称和品牌名称，例如Warner Lambert公司、Stauffer化学公司、Montedison公司、Diamond Salt公司，等等。阿克苏诺贝尔公司不太引人注目，技术形象较差，它是世界上最大的不太出名的公司。

通用电气（GE）有四个品牌策略，并明确了应用条件。这四个品牌策略是：

● 单一策略，GE就像一个伞状品牌，在购买公司的过程中（立即或者在两个品牌的过渡时期之后）就取代了该公司品牌的名称。GE硅酮胶（GE Silicon）、GE电动机（GE Motor）和GE飞机发动机集团（GE Aircraft Engine）等品牌都是在这个过程中产生的。

● 背书策略，就是GE在其收购的公司或者产品名称旁边加上自己公司的名称。

● 财务策略，是指GE充当控股公司的角色并被谨慎提及（X公司，GE集团的成员）。

● 自主权策略，是指GE收购的公司或者产品并不提到GE的名称。

为了根据品牌策略做出决定，GE使用了六个选择标准：

（1）GE是否掌控该公司？
（2）GE对该公司是否有长期的承诺？
（3）该产品类别是否有形象价值？是不是动态的？
（4）该行业对于GE的质量是否有较高的要求？
（5）购买的公司品牌是否强势？
（6）对于GE来说，将会引发什么样的反应？

集团管理方法和品牌战略

每隔一段时间，主要的产业集团会问自己：品牌战略是否足够有效？在产业集团内部可以实施三种正规的战略。尽管在这种情况下会用到"子公司（附属公司）"、"控股公司"和"公司"这些术语，但从结构上来解释它们代表的是三种典型的品牌战略——来源品牌（A）、背书品牌（B）和伞状品牌（C）。除了上面这些术语，一级子公司（子品牌）的影响很显然是不一样的。总之，每个品牌架构都受到其组织结构的影响，在每个集团与其子公司或孙公司的关系中发挥着不同的作用：
- 在实行来源品牌的公司扮演着管弦乐队指挥者或者品牌领导者的角色。
- 在实行伞状品牌的公司扮演着统一者的角色。
- 在实行背书品牌的战略扮演着协调者的角色。

很显然，品牌决策并不能决定一个特定集团的管理方式（这会导致角色颠倒），但是品牌决策应该能够解释公司对管理方式的选择以及这些选择所依据的标准。

公司品牌和产品品牌

多年来，许多公司隐藏在它们的产品背后。由于谨慎以及害怕受到品牌失败的影响，公司名称和它的产品品牌名称往往是分开的。因此，当宝洁公司的品牌碧浪和帮宝适已经是明星产品的时候，宝洁依然不为公众所知。事实上，正是采取了这种方式，即使出现有关公司的有谣言，它的营业额依然稳定。尽管这种情况极少发生，企业考虑到社会沟通责任更趋透明；越来越多的消费者也想知道谁是产品品牌的幕后设计者；记者想要揭开"品牌背后的品牌"。这也解释了为什么那么多公司选用了最出名的品牌名作为公司名，比如阿尔卡特·阿尔斯通（Alcatel-Alsthom）和达能，它们由此获得了更高的关注度和认可度。这也可以帮助那些并不是专家或者消息不太灵通的股票投资者更好地了解所购买的股票。但这也可能为品牌本身带来困惑。在收购了奥迪、西雅特和斯柯达后，大众集团获得了欧洲领导者的位置。然而，很多人都误以为大众是欧洲第一品牌。

其他原因也会导致公司名称受到关注。分销就是其中之一：分销商、零售商和超市连锁店对品牌并不是很感兴趣。它们和公司而不是品牌有根深蒂固的关系，这是B2B关系，因此，强大的公司名称对这种关系是强有力的提醒。

只有公司名称能够赋予品牌声望（这是公司名称的一个附加功能，它需要获得人们的尊重）。如果人们不知道奥迪属于大众集团，它可能成功复苏吗？对于西雅特和斯柯达来说也是如此。由于日产现在属于雷诺集团，它的市场地位将会发生变化。如果某汽车只有品牌，而该品牌又不属于一个具有创新力的大公司，就会令消费者产生感知风险，威胁到其生存。

许多公司同时在工业和商业市场销售产品。这样就会出现一个问题，即选择产品品牌还是公司声望来支持产品。这取决于公司可以担保的产品质量，以及公司想要引人注目的程度。事实上，产品品牌和公司品牌应被赋予权重，具体取决于在目标市场上它们所带来的回报。表13-2给出了这种分析方法的概要。

表13-2 公司品牌和产品品牌的作用

目标	产品品牌	公司品牌
顾客	+++++	+
贸易协会	++++	+
雇员	+++	++

续表

目标	产品品牌	公司品牌
供应商	+++	+++
新闻界	+++	+++
出版社	++	++++
当地社团	++	++++
学术界	++	++++
监管机构	+	++++
政府委员会	+	++++
金融市场	+	+++++
股东	+	+++++

英国帝国化学工业集团（ICI）使用了三种品牌策略（见图 13-13）。

ICI Fibres品牌 　　　　　　　　　　　　　　　　　　　　　　　　Tactel品牌

公司　　　　品牌

产品　　　　品牌

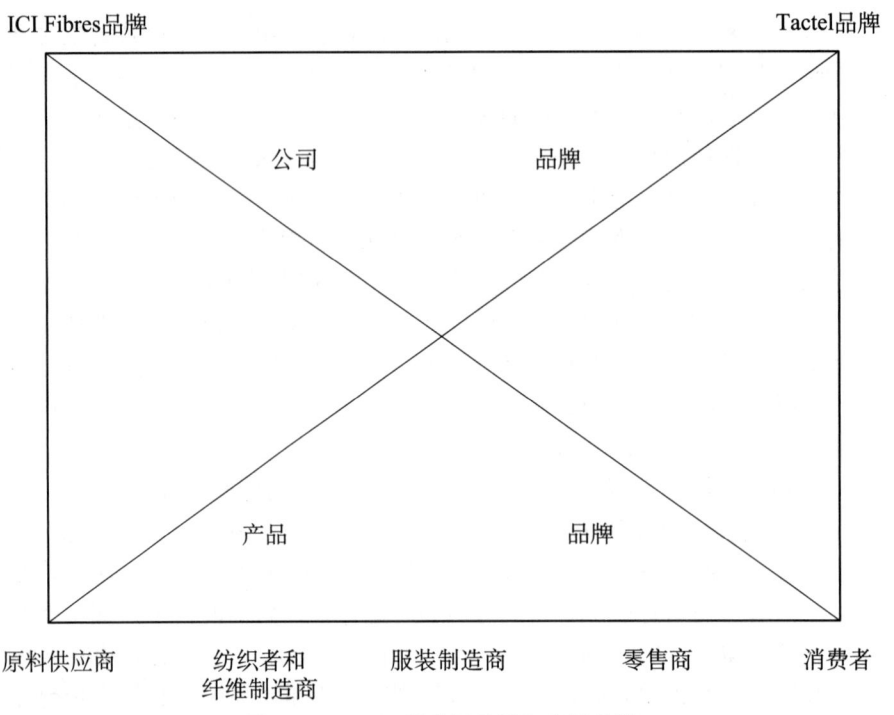

原料供应商　　纺织者和　　服装制造商　　零售商　　消费者
　　　　　　　纤维制造商

图 13-13　ICI 的公司品牌和产品品牌

第一种策略是经典的伞状品牌，产品保留其一般名称的同时标上公司名称。大多数情况下，这种做法关系到原料和非差异化产品。企业既要保证非差异化产品的质量，也要保证其他差异化产品的盈利能力，即根据具体情况提供给顾客特别的产品或服务，比如 ICI 聚氨酯。

第二种策略是背书品牌，公司在产品品牌旁边加上自己的名称，这样可以强调高科技地位以及保证产品的可靠性。因此，在多乐士（Dulux）油漆上标有 ICI 的商标。

第三种策略是利用产品品牌的独特用处。Tactel 是销量最好的尼龙纤维产品之一，但是它从来不提及 ICI。该产品销售给纺织行业并流行全球，它觉得提起 ICI 的名称会改变 Tactel 产品的正面形象。类似地，在全球畅销的杀虫剂 Karate 也不提及 ICI 的名称。ICI 的这种做法是否与它不想涉足生态领域从而避免由于杀虫剂对地表水质造成有害影响而受谴责有关呢？这种情况不仅会随着时间改变，也会随着公司改变。杀虫剂领导品牌敌杀死（Decis）在包装上提到了它的公司 Roussel Uclaf（德国艾格福公司的部门）。类似地，为利用创新获益，杜邦公司以"来自杜邦的莱卡"来宣传莱卡品牌，该布料彻底改变了女性贴身衣物的用料。

产品创新为应对品牌化策略的基本问题提供了理想的契机。

第14章 多品牌组合

品牌延伸有局限性：单个品牌不能吸引所有顾客。宝马只能吸引全球20%的高档汽车购买者，但公司拒绝稀释宝马这一品牌，选择走向国际市场以图发展。它收购了Mini和劳斯莱斯等汽车品牌。

作为品牌延伸的一种替代方法，打造新品牌来迎合现有品牌不能满足的顾客需求，是公司寻求发展的另一途径。然而，推出及定位新品牌是需要勇气的。

原因在于：当公司致力于品牌延伸时，人们不愿意承认，即使是强大品牌也存在一定的局限性。公司往往将失败归结于生产问题，这样就可以反复试错。美泰公司正面临"吞世代"（tweens）危机（Lindstrom，2003）。"吞世代"是指不是真正意义上的儿童，但也不完全是青少年的一类群体。商业领域流传着一句话：现在，孩子们成熟得比以前早得多。

具体而言，这意味着20世纪70年代、80年代以及90年代的商业模式将不再适用。过去美泰公司把4~10岁的儿童看作同一年龄群体，对其实施的商业决策也很一致。这一做法的主要优势在于降低了成本（规模经济的作用）——公司向所有的孩子售卖同一款芭比娃娃，该产品占公司总销售额的40%。

美泰公司应对"吞世代"危机的第一项举措是，细分目标客户群体，并为8~10岁的儿童专门设计了一款芭比娃娃——新一代芭比女孩（Barbie Generation Girl），同时带有芭比签名。接着，为了对抗MGA公司针对8~12岁儿童推出的贝兹娃娃，美泰公司重新推出了"我的主张"系列芭比。该系列的芭比娃娃仍带有独特的芭比签名，但规格较小。然而，公司还需下定决心进行冒险，建立全新品牌，而不是仅仅进行品牌延伸。2003年，该跨国公司推出了代替芭比娃娃的Flavas街舞娃娃。毕竟，每个小女孩都会有不再想和芭比娃娃一起玩的那一天。

李维斯在尝试了简单的品牌延伸——李维斯经典剪裁系列之后，又试着推出码头工人（Dockers）品牌，因为同一品牌不能既代表反抗精神，又反映经典设计。而在汽车行业，品牌似乎代表着社会阶层上升的过程。由于世界各地的消费者都将更换汽车品牌等同于拥有较强的经济实力，本田汽车在美国推出了讴歌（Acura）品牌，正如丰田汽车推出了雷克萨斯和日产极限等品牌。这也正是雷诺差点儿收购沃尔沃品牌，并将其作为高端产品加入公司产品组合的主要原因。

分销网络也遵循同样的逻辑。例如，世界最大的服装品牌恒适（Hanes）只在大型百货公司销售，而不在超级市场销售。因此，恒适专门为超级市场这一销售渠道推出了L'Eggs品牌。

多品牌组合的目的在于更好地满足细分市场的需求，对品牌组合的任何重新评估都会带来保留哪些细分市场的疑问。

为什么要合理化品牌组合

到底需要在每个市场上保留多少个品牌？这是所有高级营销经理都关注的主要问题。事实上，由于历史原因，大多数企业不得不同时管理多个品牌。企业谋求发展时，往往通过建立新品牌进入新的细分市场或分销渠道。这一举措不会与公司原来的细分市场及渠道产生冲突，也不会对其原有品牌造成损害。并购风潮为公司引入了很多管理人员难以经营或难以与原有品牌相融合的其他品牌。因此，品牌组合越来越大，越来越复杂，造成的浪费也越来越多。

时代正在改变，现在的趋势是尽快缩小品牌组合的规模。造成该趋势的原因如下：

- 尽管在工业领域，为缓和与分销商之间的关系，企业经常为同一产品创立不同品牌，但在零售市场，这种做法几乎行不通。最直接的后果是，只有少数品牌得以发展，组合中的其他品牌会被放弃或者清除。
- 分销贸易的集中性减少了零售商数量，甚至给某些零售渠道和小企业也带来了压力。过去由特定渠道分销、只在特定商店售卖的品牌，现在只能在批发商或采购集团里找到。这种情况减少了品牌数量。贸易的发展也促使分销商建立自己的品牌，而超市货架空间十分有限，分给分销商品牌以外的品牌的空间越来越小。这也是品牌数量减少的原因。
- 工业生产的集中性日益提高。跨国竞争的重点在于提高生产力、降低成本，从而引发了生产单元及研发活动的重组。即使产品各不相同，只要它们由相同工厂生产、出自同一生产线，保留大规模品牌组合的理由就不充分。
- 消费者仍然拥有最终话语权。尽管品牌的目标在于明确市场，但是消费者常常抱怨，他们难以区分越来越多的品牌。如果一家企业向顾客销售两个不同的品牌，而品牌下的产品却极其相似，它就是在愚弄顾客。因此，制造商开始削减品牌数，使其品牌组合更具合理性。

那么，一个品牌组合应该保留多少个品牌呢？显然，现阶段并不存在能够解决该问题的神奇公式或数字。这一问题与品牌的战略作用及地位息息相关。在保持单一品牌的情况下，我们通常假设伞状品牌战略在相关市场中具有可行性，并且是合适的。几十年来，飞利浦品牌同时包括黑色及白色家电产品，但后来飞利浦将白色家电业务出售给惠而浦公司，分离了这两项业务。因此，确定保留的品牌数量，应该结合品牌在各自市场上发挥的作用。任何市场都可依据产品、消费者预期或顾客类型进行细分，但这并不意味着需要针对六个细分市场推出六个对应品牌，这取决于品牌各自的功能（公司需要背书品牌、伞状品牌、范围品牌还是产品品牌）、企业长期目标、竞争激烈程度及公司现有资源。企业应该保留的合理的品牌数量是多阶段、多标准的决策过程的结果，在此过程中，企业需要考虑并衡量不同观点。米其林的例子可以很好地说明这一过程。

从单一品牌到多品牌：米其林

　　企业对于品牌的态度一直在变化：企业应该采取单一品牌策略，还是以多品牌策略进入市场？一些企业决定发展一小部分国际品牌，同时在本国发展强势的当地品牌。一些企业集中发展单个品牌（飞利浦），也有企业从单一品牌策略转向品牌组合策略，如世界领先的轮胎制造商米其林。

　　最开始米其林认为不需要采取品牌组合策略，公司的成功得益于在同一品牌名称下开展提高产品质量的各种研发活动。其品牌是公司整个产品家族的名称，为公司创造了一系列价值，也是公司实现长期稳定战略的主要途径。就文化而言，米其林公司的一切活动都围绕米其林品牌进行。当然公司也拥有其他品牌，但这些品牌大多是各地工厂的地方品牌，公司通过收购这些品牌打入当地市场——米其林在世界各地共拥有80家工厂。这些工厂不接受公司任何形式的创新或市场支持，其拥有的地方品牌仅仅是战术品牌。

　　问题在于市场是可细分的。举例来说，美国汽车市场上固然存在一批重视产品质量的顾客，但在世界各地，也有顾客想要一个性价比较高的主流品牌，或希望只用100美元就能买到一整套轮胎。还有一些关注潮流变化的越野车和皮卡司机对定制化轮胎非常感兴趣。对于这类顾客，米其林轮胎实在过于古板。单一品牌无法满足如此多元化的需求，但一组品牌可以做到。因此米其林推出了百路驰（BF Goodrich），该品牌面向新兴的运动轮胎市场（越野轮胎市场），该市场消费者对价格并不敏感。

　　在美国，通用汽车推荐永耐驰（Uniroyal）汽车轮胎，该品牌主要针对关注成本的顾客群体。在欧洲市场上，永耐驰由米其林公司的主要竞争对手——德国大陆集团（Continental AG）运营，但永耐驰针对的细分群体大多使用Kleber品牌的轮胎。在中国，本土品牌回力（Warrior）享有该细分市场的最大份额。与此同时，由于分销商希望推出其自有品牌的高质量轮胎，米其林公司还需考虑分销商的众多要求。这种情况下，米其林公司可以采取两种不同的策略。第一种策略是按照分销商要求，为其提供分销商自有品牌的轮胎。米其林为Liberator品牌制造的轮胎只在美国的沃尔玛超市出售。而在欧洲，米其林为Norauto品牌制造轮胎。第二种策略是向分销商提供米其林旗下的品牌产品。因此，中国中端市场的回力品牌在欧美市场上主要面向成本较低的低端市场。类似的情况多见于日本品牌Riken、匈牙利品牌Taurus及捷克品牌Kormoran。

　　首先，米其林的全球战略旨在促使顾客由购买批量生产产品转向消费中高端产品，公司的不同品牌使顾客更易了解不同产品的感知差异。其次，米其林的全球战略包括适应不同市场。例如，长久以来人们认为，中国市场上的高档汽车所占比例较高，因此该市场是小规模的精英市场。日本普利司通-风驰通公司生产的轮胎存在的质量问题曾导致F1赛车的严重事故。受此影响，消费者对米其林产品的需求上升，从而创造了米其林在中国市场上的领先地位。米其林在不损害世界最高质量品牌的声誉的前提下，向中端及经济型细分市场提供产品（否则公司将被边缘化）。

通过收购当地领先品牌回力,米其林完善了其品牌组合。在日本和韩国市场上,也有细分市场的顾客需要美国制造的产品。米其林通过收购美国公司百路驰,成功满足了这类需求。

最后,由于轮胎的运输成本相对较低,轮胎市场(不同于汽车市场)是真正意义上的全球市场。目前,米其林公司在中国的工厂主要为分销商自有品牌制造产品,之后将为米其林北美公司生产永耐驰、百路驰等品牌产品。终有一天,这些工厂会生产真正的米其林轮胎。此外,生产全球化使得企业能够有效规避关税壁垒。例如,日本汽车制造商无法向美国市场出口汽车,除非这些汽车上的部分零件在美国本地生产。因此,日本汽车上的轮胎大多是美国本地工厂生产的米其林轮胎。

米其林的案例向我们展示了品牌组合带来的灵活性及适应性——从本土品牌、中端品牌向高端品牌拓展的同时,通过分销商自有品牌建立起与分销网络的联系。这促进了全球细分市场的建立,形成了全球化产品平台。尽管如此,米其林集团的分公司之间彼此独立,各个品牌的定位在航空航天、农业、卡车制造及轿车制造等行业的差异也很大。

多角度进入市场的优势

我们分析了企业应该缩减品牌数量,甚至只保持单一品牌的实际原因,企业旨在通过低成本战略赢得市场统治地位、取得竞争优势。这一战略下,进行市场细分很有必要,但一般情况下该过程不应在品牌层面进行,而应只在产品层面进行。

相反,多品牌策略是差异化战略指导下的产物。采取多品牌策略,意味着企业的规模经济效应下降,技术专业化程度提高,需要建立特定的销售网络,进行必要的广告投资。因此,多品牌策略无法与低成本战略共存。然而,奢侈品牌却是例外。为了增加产量,企业最终会考虑产品差异化而倾向于进行生产链分割,获取学习曲线收益。家用电器行业、食品加工业及汽车制造业符合上述情况,使得产业重组成为必然。实施通用品牌策略的汽车制造公司能够最大限度地发挥生产及企业传播等方面的协同作用,同时也能够最大限度地培育消费者忠诚,因为消费者往往从一款车型升级到相同制造模式下的另一款车型。

既然单一品牌策略的优势如此明显,为何在同一市场上企业要同时拥有多个品牌呢?

首要原因在于要发展市场。单一品牌无法独自开发市场,即使品牌最初以单一形象出现并开创了市场,对该市场的开发也需要越来越多的品牌,每个品牌都具有不同特点。除了不同品牌的差异之外,同时为多个品牌做广告有利于强调该产品品类的共同优势。因此,几个品牌同时出现有利于促进整个市场的发展。对于飞利浦而言,电动剃须刀市场的竞争对手全部消失并不是件好事。这只会减少市场上关于电动剃须刀优势的宣传信息,反而有利于吉列和威尔金森(Wilkinson)剃须刀的发展。飞利浦应该收购某一电动剃须刀品牌,并使其在市场上保持活跃。在制药领域,发现全新配方的实验机构应该与其他实验机构一起推广其最新的研究成果,扩大该发现的影响力,从而获益。阿斯巴甜的案例正是如此。

多品牌策略有利于达到最佳市场覆盖范围。任何单一品牌都无法独自覆盖整个市场。随着市场不断成熟，差异化需求开始产生，企业有必要向市场提供更多的产品选择——市场开始细分。单一品牌可以同时反映多个属性，但很难不失去其特性。无论如何，消费者和零售商会拒绝进一步提高品牌的支配地位。我们利用Rossignol公司的案例来说明这一双重过程。Rossignol公司采取了双重品牌战略。

- 单一品牌多产品策略：公司旗下的著名品牌Rossignol覆盖了雪具、雪服及雪靴（该业务通过收购Le Trappeur品牌得到，收购完成后公司更改了品牌名称）；
- 多品牌单产品策略：包括生产雪具的Dynastar品牌、生产雪杖的Kerma品牌及生产雪靴的Lange品牌等。

Rossignol公司的全球市场份额高达20%，是世界领先的制造商。它在高端滑雪市场上的份额更高，至少达到40%。因此，期望人们从头到脚都配有Rossignol滑雪装备并不过分。如果这一行业领导者谋求更大发展，应该扩大顾客的产品选择范围。这一工作不应该由Rossignol的竞争对手完成。滑雪市场上，主要由数量众多的小型独立零售商分销产品。这些零售商担心市场被单个强大的供应商控制。由于这一原因，公司旗下的不同品牌拥有不同的销售团队。在美国，Rossignol由两家独立的公司——Dynastar股份有限公司和Rossignol股份有限公司组成。制造业领域的两大巨头——富士通和罗格朗通过建立多个区别明显、分开管理的品牌，成功地抓住主要市场。这一举措能够让分销商很容易就拥有与同区域其他零售商完全不同的品牌，从而有利于公司发展新分销商。

多品牌策略的灵活性还体现在对竞争对手品牌延伸领域的限制上。欧洲箱包制造巨头法国大使（Delsey）就以这种方式将新秀丽逼入绝境。法国大使推出了全新品牌，使新秀丽大幅降价。同时，法国大使也限制新秀丽进入高端市场。

多品牌策略可以阻止新的竞争对手进入市场。通过为不同细分市场提供不同品牌，向整个市场供应全新的产品线，企业可以建立强大的市场进入壁垒。在欧洲市场，软饮料公司通过提供市场所需的全线产品（可乐、芬达、雪碧等），成功建立了市场进入壁垒。

为保护品牌的主要形象，实施多品牌策略是必要的。这也在一定程度上解释了为什么迪士尼公司在电影制作业务上同时拥有多个品牌，如博伟（Buena Vista）、试金石（Touchstone）等。这使得公司能够制作不同类型的影片，但不损害迪士尼广受喜爱的品牌形象。类似地，如果公司并不确定某一创新是否能够取得成功，贸然将现有的成功品牌与这项创新联系起来是十分愚蠢的。宝洁公司将其首次推出的液体去污剂放在Vizir品牌之下，而没有放在市场领导品牌碧浪之下，就是出于上述考虑。吉百利史威士集团公司（Cadbury Schweppes）推出新款汽水时则采取了相反的策略：公司并未将该款汽水放在Wipps品牌之下，而是放在怡泉品牌之下。这不仅仅因为怡泉这一名称可以增加销量，还因为如果将该汽水置于全新的Wipps品牌下，会强化怡泉略显古板、高傲自大的品牌形象，长期而言将损害品牌价值。为了防止旗下的主要产品降价，3M公司推出了子品牌Tartan，该子品牌只覆盖3M公司拥有统治地位的产品。该举措可使公司不愿看到的同类蚕食减至最小。在3M品牌尚未取得绝对优势而只是处于挑战者地位的产品市场，零售商更愿意直接选择3M公司旗下价格最低的品牌。

品牌组合与市场细分

通过品牌组合，企业不仅可以通过差异化产品，还可以通过不同品牌乃至不同特性更好地迎合市场需求。品牌组合的结构反映了企业选择的细分市场类型。费列罗（健达）公司的市场细分主要基于有限的年龄群体及顾客地位，欧莱雅公司的市场细分基于分销渠道，罗格朗公司的市场细分基于消费者激励因素的类型，宝洁公司和大众汽车的市场细分基于价格区间，赛博集团的市场细分基于消费者人口特征及价值观体系，依云的市场细分基于消费者对水的利益诉求，吉尼斯啤酒（Guinness）的市场细分基于使用场合。

下面的内容阐释了品牌组合是如何与市场细分产生联系的。

基于社会-人口统计变量的细分

尽管有人认为基于社会-人口统计变量的细分方法有些过时，但该方法仍是理解消费者行为的有力工具，因此也可用于确定品牌组合。费列罗（健达）公司是欧洲领先的糖果制造商。不同于玛氏巧克力块，健达的品牌组合严格按照年龄进行细分——从针对孩童推出的健达奇趣蛋，到健达牛奶巧克力、健达狄妮诗（Delice）、健达Pingui、健达康脆麦（Country）及面向年轻人的健达缤纷乐（Bueno）等。杂志编辑根据年龄和性别对杂志进行命名。不同杂志面向特定年龄段的群体，反映了读者的学业进程或皮亚杰的认知发展阶段理论。乐高玩具的品牌组合同样基于从孩童到青少年的不同年龄群体。

基于心理统计变量的细分

在中国市场上，保乐力加公司向哪些顾客销售百龄坛酒？向哪些顾客销售芝华士酒？两种酒都是苏格兰出产的顶级产品。显然基于社会-人口统计变量的细分方法在这种情况下作用不大。但上海新富的生活方式及价值观、对待传统及现代的态度却各有不同。

基于利益诉求的细分

细分市场的重要标准之一是消费者追求的主要利益。在管理品牌组合时，只要品牌可以盈利，企业可将不同品牌定位于不同的激励因素或主要利益。达能在欧洲的品牌组合就是基于利益诉求进行划分的。市场研究结果揭示了如下促进消费者购买的因素：地位和较高的生活品质（13%）、健康（57%）及价格（30%）。消费者对于健康的利益诉求比较宽泛，可对其进一步细分：16%的消费者将健康视作体形健美，15%的消费者认为健康代表生命活力，26%的消费者将健康与具体疾病联系一起。达能公司水业务的品牌组合结构如下：

- 依云主要面向占整个市场29%的追求地位及体形健美的消费者；
- 富维克定位于生命活力（占整个市场的15%），其主要竞争对手是雀巢的伟图；

- 基于消费者心理需求打造的新品牌：如旨在保持消费者体形、用于对抗雀巢旗下康婷的 Taillefine，以及另一新品牌 Talians；
- 对数处水源的掌握使公司能为低成本的新分销商自有品牌制造产品。

在上述品牌组合中，依云的角色定位是成为具有市场标杆作用的产品，从而可以最大限度地稳定水产品价格（另外，阿尔卑斯山孕育原始水源需要时间，因此依云矿泉水的市场供应比较有限，这与上述定位一致）。因此，依云品牌不可延伸到某些领域，如新兴的芳香水产品等。集团的另一水品牌富维克，定价约为依云的 90%，却可以进行上述品牌延伸而刺激市场增长。Taillefine（在一些国家也称作 Vitalinea）实际上是脱脂乳制品品牌在水产品领域的延伸。为了争夺注意保持体重的消费者群体，与康婷（雀巢旗下的品牌，该细分市场上的领先品牌）展开竞争，达能并未草率推出新品牌，而是决定将 Taillefine 这一全球知名品牌延伸至水产品领域。

基于态度的细分

不同于大多数根据由高到低的价格区间管理品牌组合的汽车制造商，标致雪铁龙集团开发了两个类似的通用品牌，即标致和雪铁龙。2010 年，标致雪铁龙集团是欧洲第二大汽车制造企业，集团的市场细分究竟基于哪种标准呢？标致有其根源、特征和核心价值（可靠、质量上乘但又富有活力和美感），以吸引喜爱驾驶，希望能够掌控自己的座驾并从中得到驾驶乐趣的消费者。尽管雪铁龙汽车上 60% 的隐藏零件都与标致汽车相同，但雪铁龙品牌向消费者传递了完全不同的驾驶及生活方式，强调个性、精巧和创新。在被标致收购之前，该品牌曾经两度破产。集团重新注资雪铁龙后，将其发展成可迎合特定消费者需求的汽车品牌，消费者认为汽车能够反映生活方式的革新（Folz, 2003）。

两个类似的品牌可以共享制造基地，企业因此能够从中获得超额收益。因为两个品牌针对的是同一个价格细分市场，当一个品牌下的某款车型步入生命周期的衰退阶段，另一品牌可以推出新款车型。这样，公司创新的速度比价格细分市场中的竞争对手要快得多，而这正是企业在现代市场上取得成功的关键因素。另外，标致雪铁龙集团旗下只有两个品牌，避免了发生在大众汽车上的问题。大众汽车共有四个品牌，但这四个品牌的目标市场有重叠，严重影响了整个品牌组合的盈利能力。销售人员在销售入门级品牌斯柯达和西雅特时，往往强调这两个品牌的汽车与大众汽车并无不同，从而吸引消费者购买。但目前斯柯达和西雅特面临发展问题：这两个品牌应该往何处发展？为了利用近期建立的品牌忠诚度，斯柯达和西雅特希望向品牌现有顾客销售定价更高的车型，但这很可能为公司带来同类竞争的风险，也会使大众汽车低端产品线的差异化程度大大降低。

基于渠道的细分

这是目前使用越来越广泛的市场细分和品牌管理模式。其背后原理是，渠道之间是有冲突的。将不同品牌分配到不同渠道，有助于避免争端、价格协调问题，也可使品牌最大限度地满足不同渠道分销商的需求。以小型家电行业为例，选择只在沃尔玛超市出售，意味着消费者不会在其他分销渠道中看到这些商品，而后者至少占整个美国市场的 55%。这正说明了品牌组合有利于企业将不同品牌分配至不同渠道。

一个经典的案例是欧莱雅，该公司的所有品牌只通过以下渠道销售。

- 针对高档精品商店和百货商场的品牌：如兰蔻、赫莲娜、碧欧泉、科颜氏和植村秀等；
- 针对大众渠道的品牌：如巴黎欧莱雅、卡尼尔和美宝莲等；
- 针对药房的品牌：如理肤泉、薇姿等；
- 针对邮购直销的品牌：如巴黎创意美家（CCB，即 Club des Créateurs de Beauté，事实上该名称并不利于品牌的全球推广）；
- 针对专业发廊渠道的品牌：巴黎欧莱雅专业系列、丽得康（Redken）、美奇丝（Matrix）、巴黎卡诗（Kerastase）及 Inné 等；
- 自身拥有商店的品牌：科颜氏和美体小铺。

如果在某一国家尚未出现某种渠道，欧莱雅会自行建立。由于对应渠道的品牌不止一种，渠道的建设成本可被分摊。例如，如果加拿大的药店不出售化妆品，公司可以考虑在百货商场设立理肤泉和薇姿的品牌专柜，同时配备药剂师帮助顾客选购。

当然欧莱雅还采取了另一种市场细分标准：价格。针对每类分销渠道，公司通常会设置高档品牌和大众品牌。每个品牌都代表了一种流行的审美观念。在大众渠道，巴黎欧莱雅象征着巴黎，美宝莲则代表美式的美丽标准。

欧莱雅良好的盈利能力主要取决于上述完整的基于渠道的品牌组合管理体系。该体系紧紧抓住了一个事实——不同渠道及消费场合下消费者的价格敏感度有差异。这使公司得以在不同渠道赋予相同产品不同的价格。例如，消费者能以 9 英镑在美发沙龙买到 Tecni Art 修复发胶（巴黎欧莱雅专业系列下的产品），但专业发型师用一半的价钱就能买到。而用这一半的价钱，普通消费者可在大众渠道买到 Fructis 洗发水（卡尼尔下的系列产品）或 Studio Line 闪亮强力造型摩丝（巴黎欧莱雅下的系列产品）。美发沙龙向消费者出售巴黎卡诗洗发水的价格是 8 英镑，而同样的产品以 Elséve 品牌名在零售渠道出售，价格仅为 2.5 英镑。

同样的道理也适用于制造业企业圣戈班。该公司为搭建品牌架构设立了一系列商店。

- Platforme du Bâtiment：专为小型普通承包商开设，以现金付款，货物当场可取；
- 大众零售商店 Point P：专为工匠开设；
- Lapeyre：针对 DIY 爱好者，消费者无须专业指导即可安装在此购买的产品；
- K par K：小型连锁商店，主要出售客户定制的新产品，商店负责安装产品。

当然，最后一类商店所出售的产品定价最高（一切费用包括在内，更换一扇窗户需要 1 000 英镑）。但大多数情况下，顾客需要更换的窗户的尺寸和设计都符合普通标准。因此，除了一般零售商不提供任何形式的服务，本质上顾客从圣戈班购买的普通窗户（非定制）与其从法国零售商巨头 Lapeyre 购买的产品并无不同。圣戈班旗下的其他品牌也遵循上述原理。

基于消费情境的细分

越来越多的公司意识到基于消费情境的细分方法的重要性（见第 9 章）。事实上，所有产品都是在特定的消费情境下购买或销售。因此，关键在于影响产品消费情境而非消费者本身。即使在同一天内，如果遇到几种截然不同的消费情境，同一顾客对相同产品的消费方式也可能完全不同。由于品牌遭遇的情况不会重复，不同消费情境会引发顾客不同的预期，也会为品牌带来不同类型的竞争。

在吉尼斯的案例中，消费情境不仅仅形成了品牌组合的基础，还影响了其对营销活动的管理。有些企业专门设置了品牌经理的职位，也有企业专门设置了场合经理（occasion manager）。因此，吉尼斯定位于酒吧环境下常见的"交友"场景，嘉士伯（Carlsberg）针对夜店中的"释放"场景，百威则针对"在家放松"的场景。

基于消费情境细分市场时，企业在推出全新品牌之前，首先必须考虑现阶段尚未进入的情境或场合，仅仅通过产品线延伸能否让特定品牌站稳脚跟、取得发展。产品线延伸存在局限性，企业需要引入品牌组合策略。

基于价格的细分

这是品牌组合最经典的划分方式。大众汽车的整个品牌组合就是基于价格进行划分的，从低端品牌斯柯达、西雅特，到大众、奥迪乃至高端品牌宾利等。欧洲顶尖酒店集团雅高通过推出一系列针对不同价格区间的产品品牌取得成功。香奈儿-妙巴黎公司（Chanel-Bourjois）拥有两个品牌，奢侈品牌香奈尔及大众品牌妙巴黎。

在建筑行业，威卢克斯是众多国际品牌之一；它在全球40多个国家开展屋顶天窗业务。公司面向价格敏感群体推出了低价的Roof Light品牌，该品牌产品的价格比威卢克斯品牌产品要低30%，与威卢克斯主要竞争对手诺托（Roto）和法克罗（Fakro）产品的价差达20%。该品牌也作为大型零售商的自有品牌在DIY市场上销售。

事实上，几乎没有品牌可以成功覆盖极其宽泛的价格区间。通才型汽车制造企业如雷诺建立了宽泛的汽车产品线，从Twingo到Latitude，但这些品牌都无法真正打入高端汽车市场。这就是雷诺公司积极与沃尔沃公司建立商业联盟的主要原因——消费者更易将沃尔沃品牌与高端汽车联系起来。丰田汽车采取了打造全新品牌雷克萨斯的措施。品牌组合允许公司覆盖不同价格区间的市场，同时不会损害各品牌自身的声誉。桑福德集团在接管了派克（Parker）、威迪文（Waterman）及比百美（Paper Mate）等品牌之后，依据价格及样式的差异，对不同品牌进行专门管理。从声誉角度而言，派克品牌代表了各产品品类（从圆珠笔到钢笔）的顶级水平，而威迪文品牌主打中端市场。惠而浦集团为每一品牌都确定了价格区间，平均价格必须保持在市场中游水平。Laden品牌的平均价格对应较低端市场，Bauknecht品牌则主打高端市场（见图14-1）。

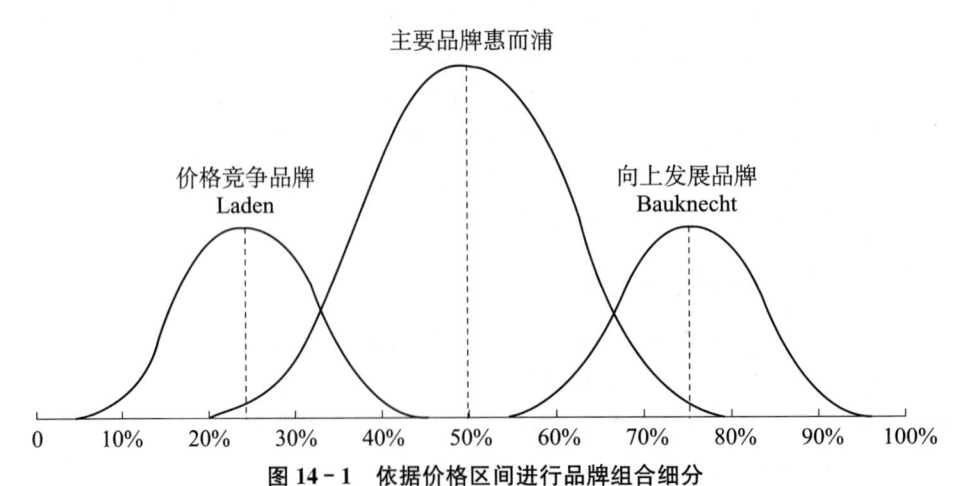

图14-1 依据价格区间进行品牌组合细分

品牌组合与细分市场

在 B2B 领域，企业所选择的关键影响因素类型形成了市场细分的战略标准。事实上，可根据决策制定过程进行市场细分。价值分配链上的多个参与者均有其重要作用，不同品牌对参与者所发挥作用的认识并不相同。

例如，在针对房地产及服务领域的铝制建筑系统市场，欧洲巨头海德鲁建筑系统公司（Hydro Building Systems）旗下拥有三个品牌——德国的威克纳、意大利的 Domal 及法国的特科纳。根据市场的成熟度和发展水平，这些品牌代表了欧洲的不同等级。事实上，每个品牌都有各自的运营-决策者：

- 威克纳主要面向建筑师、研发机构及工程公司。
- Domal 主要面向安装公司和获得建筑工地投标的一般公司。该品牌向消费者供应灵活性高、价格低的挤压式铝制建筑系统。这些产品多由小型工厂出品。
- 特科纳通过电视媒介、知名的安装公司网络等直接面向终端用户。后者也为推广该品牌投入广告资金。

欧洲领先的电气公司罗格朗采取了类似的管理方式。该公司的扩张战略主要基于外部增长。在电气领域，为了防止他国企业进入本国市场，各国的技术标准差异很大，想要建立长期的当地市场网络的运营商也进行了游说。公司打入这类市场的唯一途径是收购当地主要企业。因此罗格朗收购了意大利的 Bticino 公司，同时确定了不同品牌的作用：它将 Bticino 作为决策者品牌，为其设置办公室及研发机构；同时将罗格朗作为安装者的品牌，提供全面的产品线，安装便利是该品牌的主要优点。

另一个案例是 Arjo-Wiggins 公司，它最初为企业及专业机构提供高档纸张。公司重组了旗下的多个品牌，旨在建立若干强大品牌。每个新形成的强大品牌应该囊括先前规模甚小的众多产品品牌。对于强大品牌而言，规模十分重要。新的品牌组合结构如下：

- AW Curious Collection 主要面向广告或设计公司的创意开发者和设计师。项目方案完成的重要前提是创新及创意活动，因此创意开发者和设计师是项目方案完成的关键影响因素。
- AW Impressions 主要面向印刷公司。对于其他企业的业务（如印有信头的信纸等），印刷公司是关键的决定因素。
- Conqueror 主要面向普通顾客，即希望通过使用高档纸张彰显公司及自身形象的产品最终使用者。

全球品牌组合战略

过去，大型集团公司一方面通过收购或建立合作伙伴关系在其品牌组合中加入其他品牌，另一方面不断延伸其原有品牌的产品线。通过收购美国的三花（Carnation）及斯托佛（Stouffer）品牌、英国的糖果公司 Rowntree、意大利的食品厂商宝康利及法国的巴黎水，雀巢一跃成为世界最大的食品加工公司。

企业之所以不断扩张规模，是因为：第一，研发、物流、生产、分销及销售等各方面力量的联合可为企业带来超额收益；第二，如果要在全球市场进行竞争，财务及人力资源是必需的；第三，企业希望通过收购占据行业统治地位，或将市场转变为双头垄断市场或寡头垄断市场；第四，扩大规模有助于企业对抗过度集中的分销商力量。

值得注意的是，除了品牌数量上的增加，品牌组合也暗含了特定市场或品类竞争的全球视野。品牌组合促使人们考虑某一品牌与组合下的其他品牌之间的关系，从而有助于强化该品牌的品牌价值。有几种决策矩阵工具可帮助我们分析这一问题，其中最著名的是波士顿矩阵。这就是为什么在保乐力加公司常常有人提到增长型产品、贡献型产品及著名的现金牛产品。这些形成了战略品牌的概念：Pacific，一款不含酒精的茴香味饮料，或许不能为企业带来很多财务收益，但从长期来看十分重要，因为这款产品可培养未来顾客对茴香这一口味的消费习惯。玛氏公司通过由 Ronron、Kit-e-Kat、伟嘉及希宝（Sheba）等品牌构成的组合，占领了猫粮市场的半壁江山。这些品牌可归纳为战略品牌、价值品牌及战术品牌。伟嘉的战略目标在于，通过提供最丰富的产品类型、赢得最高的财务利润、抓住消费者的核心利益诉求（最佳营养）以及开展成本高昂的广告活动，成为猫粮市场上的绝对领导者。希宝属于价值品牌，用金额计算该品牌的市场份额所得数字是用销量计算该品牌市场份额所得数字的 3 倍。希宝品牌的产品质量很好，主要面向最关心宠物的主人群体。Ronron 属于缓冲品牌（buffer brand），定价较低，很难得到广告投入。公司用该品牌对抗分销商自有品牌。喜力啤酒公司（Heineken）旗下也有战略品牌、利基品牌及战术品牌。

工业品牌组合

在工业领域，品牌不需要做电视广告，多品牌战略所受限制很少，企业往往拥有较多品牌。

以化工产业在农业市场为例。由于每个除草剂品牌有特定的有效成分，一家化工企业甚至可以同时拥有 500 多个商标。

如果品牌具有战略意义，且企业的品牌组合也与最终市场的细分情况相符，品牌就不应只反映名称或设计标志的区别。因此，巴斯夫公司（BASF）曾以鹦鹉（Glasurit）和雅亮（RM）两个品牌向世界各地的长途客车制造商销售油漆。实际上，两个品牌的产品完全相同。在汽车行业，提供两种不同质量的产品是存在问题的——没有顾客希望买到质量较差的产品。因此，这两种品牌实际上是彼此促进的，而不是互为补充的。

鹦鹉面向的是技术先进的长途客车制造商。正如其国际口号所称，它要成为首选的技术合作伙伴。如雅亮的口号所表明的，它是长途客车制造商可以信赖的合作伙伴，这是其成功的关键。它针对的是另一细分市场，这些客户希望获得服务以增加力量。这些品牌将自己视为公司的引领者而不是油漆生产者。

为了提高成功概率，巴斯夫公司为每种品牌提供了必要的防御措施。为品牌指定经营内容会削弱品牌，为其竞争对手阿克苏诺贝尔提供进攻机会。于是巴斯夫公司采取了其他措施：
- 在两个国家设立两支独立的管理团队（而不是该行业长期以来设立的一般营销部门）；
- 为了使内部同类竞争最小化，设立了两支负责产品分销的独立销售队伍；
- 为了增加消费者对两个品牌的感知差异，尽量避免呈现品牌与母公司巴斯夫之间的联系；
- 为各个品牌的不同定位开发相应服务；
- 在世界范围开展不同的广告活动。

以上就是巴斯夫公司为扩大其全球市场份额所采取的措施。该公司抓住制造商的独特心理，将其产品定位于两个截然不同的汽车整修市场。例如，梅赛德斯当然不希望其油漆供应商也向俄罗斯品牌拉达（Lada）提供商品。

在工业领域，多品牌战略并没有严格受限，这里的品牌只是名称，便于指代各型号产品。当品牌直接针对战略性细分市场时，放宽限制会削弱甚至破坏企业战略。在工业电气设备领域，制造商必须决定偏向设备安装公司、分销商和最终使用者中的一方。梅兰日兰品牌致力于为分销商服务，因此失去了其与安装公司的联系。如果公司的其他品牌与梅兰日兰的联系都不明显，这种方法可让公司扩大其可接触市场的份额。然而实际上，在梅兰日兰品牌和 Sarel 品牌同时开展业务的国家，由于两种品牌的营业额有所不同，为了缩减制造成本，总公司往往会忽略多品牌战略的限制条件。
- 有时 Sarel 会将办公大楼选在梅兰日兰总部的所在地附近。
- 公开的组织关系图并未掩饰 Sarel 与梅兰日兰的联系。尽管 Sarel 的规模较小，前线精明的管理人员可以转而声称，Sarel 与它们共同的母公司施耐德电气直接联系，而与梅兰日兰并无直接联系。
- 有时为了节约经费，Sarel 与梅兰日兰共用贸易展览会展台。

B2B 领域的品牌管理有其应该解决的特殊问题。例如，工业领域中公司的扩张主要基于收购其他公司，因此往往需要做出如下决策：企业是否需要保留新收购公司的原有品牌名称？公司应该给予被收购公司多大的独立经营权？

另外，制造业的传统是，产品对于公司最为重要，而品牌只是附加物，主要用于方便称呼。这就是世界范围内注册商标越来越多的原因。这些商标几乎成为公司法律部门的全部工作内容，也引起人们对品牌名称数量过多的频繁抱怨。然而，尽管这些品牌在法律意义上成立，但我们有充分的理由相信，这些品牌不是具备市场力量的真正品牌。

因此，企业需要减少品牌组合内的品牌数量，重组组合内的剩余品牌，将其集中于少数几个实力雄厚的强大品牌之下。公司将这几个强大品牌视作伞状品牌，是一系列小品牌的核心。从该角度而言，合理化品牌组合的任务实际上也暗示了企业重组业务的需求。那么，如何管理涵盖数个业务单元、拥有多个产品的强大品牌呢？需要特别设立横跨多个业务单元的品牌委员会，以解决发展品牌过程中经常出现的决策一致性问题，包括产品与服务、不同市场上的价格定位、广告活动及产品目录问题。在这一阶段，大多数行业开始考虑发展速度"较慢"的其他领域如大众消费品领域和快速消费品领域是如何解决这类问题的。

销售团队在品牌组合管理设计工作中的角色

在B2B领域，在考虑品牌管理工作时，加入对销售活动的考量十分重要。因为只有销售团队、技术和商务工程师及一线办事处等才能代表品牌。因此，我们需要区分四类品牌：

- 集合品牌（integrating brand）。该类型的品牌通常是向单个客户销售整套服务的公司品牌。这种品牌以客户为中心。为了达到该目的，品牌集中了不同业务单元的技术，发挥协同作用。一线办事处及销售团队代表了集团名称。典型的例子是万喜、施耐德电气以及Suez Industrial Solutions。

集合品牌（通常是集团公司）通常可以一次性覆盖品类下所有产品品牌、产品交易及共同愿景（如品牌/集团公司开展关于"安全"的传播活动）。

- 整合品牌（integrated brand）。该类型品牌通常是公司收购的子公司的名称。该名称通常在特定应用、特定需求及特定领域专门技术方面十分闻名。但是，一线办事处和销售团队以集团公司的名义开展各种活动。

- 背书品牌（endorsed brand）。该品牌只将集团公司的名称作为背书，自己拥有独立的名称及一线办事处。这种情形通常发生在品牌使用的商业模式与公司擅长的专业领域并不一致的时候。

- 独立品牌（independent brand）。独立品牌呈现的形象通常是独立的，与集团公司并无联系。理论上独立品牌在不同国家拥有独自的营业处。因此，独立品牌拥有自己的品牌名称和一线办事处，与集团公司的联系并不密切。当集团公司品牌已经处于市场统治地位时，该类型的品牌能够摆脱市场扩张的困境。因此，当集团旗下的某个品牌已经占有50%的市场份额时，没有品牌希望与领导品牌竞争，因此最合理的办法是推出独立品牌。另外，为了扩大市场覆盖率，避免集团陷入困境，公司常常利用独立品牌发展与集团公司战略有冲突的战略。

品牌组合和企业战略

公司应该在市场上投放多少个品牌？公司应该采取单一品牌模式还是多品牌组合模式？这些都是现代企业管理人员经常提出的疑问。企业往往从增加市场份额及诊断盈利瓶颈的原因等过程中吸取教训，调整集团战略。

正如前文中提到的，尽管市场公认米其林的轮胎产品（包括F1赛车轮胎）质量出众，但它还是一度达到全球市场发展的上限而止步不前。在采用了多年的单一品牌战略后，米其林决定调整公司战略。当然，米其林品牌还是公司的旗舰品牌，但不再是公司唯一专注于创新技术和创意广告的品牌。在私人汽车市场，米其林开始意识到细分市场双重标准的优势——其一是价格标准，其二是高档轮胎的发展趋势。世界各地总有这样的顾客，他们追求性价比较高的产品，也承认米其林品牌的卓越性，但购买米其林轮胎的动机不强。公司应该延续过去的做法，直接放弃这些顾客，让其转向普利司通公司（Bridgestone）吗？相反，米其林应该满足这一细分市场的顾客需求。因此，米其林在欧洲拥有Kleber（公司品牌组合中的一个老品牌，通过创新如防穿刺轮胎得以重新发展），在美国拥有永耐驰。

但在欧美，还存在针对皮卡和越野车司机的细分市场。对这些司机而言，轮胎是身份的象征。他们希望自己车上的轮胎亮光闪闪、引人注目，却不偏爱米其林。在他们看来，米其林关注安全、性能并注重长期发展，但品牌形象过于传统，不够时尚，差异化程度不高。因此，米其林针对这类顾客推出了美国品牌百路驰，提供经常更新的丰富产品类型及定制化产品。Kleber 的价格比米其林要低，百路驰的定价区间与 Kleber 相同。

世界顶尖的小家电制造商——法国赛博集团决定在全球市场上集中发展四个主要品牌（万能、特福、好运达和克鲁伯）与飞利浦竞争，但同时保留了如 Calor、赛博、Arno 等地方品牌。但曾有一段时间，赛博集团为了与飞利浦竞争，在国内市场也采取单一品牌战略。如果采取这一战略，赛博集团就会犯下严重错误，因为模仿较小规模市场（不那么明显也不够成功）上的领导者是毫无意义的。

房地产及服务领域小型电气设备的巨头罗格朗通过收购专家品牌占据市场领先地位。罗格朗选取了 80% 的产品，将其"罗格朗化"。之后，这些产品更为简单，更符合人体工程学，对安装工人及电气工程师而言也更具亲和性，最重要的是，更能与公司其他产品（基于乐高模型）兼容。由此，罗格朗成为行业的标杆，这一商业模式也广为世界各地的企业所效仿。那么，罗格朗如何处理它收购的那些品牌？它将这些品牌作为保护性壁垒，利用其防御作用，保证罗格朗的绝对统治地位。电气安装市场与其他市场并无不同，而罗格朗也与其他市场领导者一样，希望针对不同的顾客保持不同的形象，使顾客确信罗格朗不同于其竞争对手和合作伙伴。因此，罗格朗遵循了提供专用型品牌（尽管数量上大大减少）的传统，避免特殊细分市场中的顾客投向竞争对手。这些品牌也为罗格朗构筑了保护性壁垒。对批发商而言，试图打入市场的新公司无法取代罗格朗。罗格朗也会针对新公司推出小型专用型品牌。

分销战略上还有一些因素可以解释为何沃尔沃在收购了雷诺公司的卡车业务之后，仍然保留雷诺原有的品牌名称。只有结合欧洲轿车和汽车市场开放后制造商通常采取的一般战略，我们才能深入理解该现象。现在，代理商不再只局限于销售一种品牌的汽车。为了防止其他汽车制造商填补市场空白，最好的办法是提供两种完全不同的品牌，但两种品牌归属于同一集团公司。这就是沃尔沃公司的做法。为了规避进入低端市场可能带来的风险（大众汽车就遇到了这一问题），沃尔沃对雷诺卡车重新评估与定价，大大改善了该业务分部的盈利状况。

欧莱雅集团一直在收购新品牌，扩大其品牌组合规模。事实上，这家公司已走出欧洲，锁定美国市场。欧莱雅还在亚洲市场发展，不断扩大业务规模。

为了配合这一扩张战略，欧莱雅集团收购了当地的强势品牌，因为这些品牌在其细分市场中处于领导地位，或者代表了未来的发展趋势。这就是欧莱雅收购美国主流化妆品品牌——美宝莲，以及为非裔美国人设计护发品牌 Softsheen Carson 的原因。欧莱雅还收购了美国时尚的专业护发品牌丽得康，以及化妆品"利基"品牌科颜氏。在日本，欧莱雅收购了 Sue Uemura 品牌。有趣的是，欧莱雅紧接着就将这些当地品牌全球化了。

管理多品牌组合的关键准则

在竞争激烈的市场上要使多品牌战略的优势最大化，需要遵循以下准则。尽管说起来简单，依据其他准则（而不是品牌逻辑）建立或管理的组织要实施这些准则却存在困难。

品牌组合需要高效协调

品牌组合不能自我管理，品牌之间需要协调，甚至需要在品牌层级上加以协调。经验表明，公司里各种信息无孔不入，创意无处不在。因此，尽管并非出于本意，同一品牌组合下的品牌很可能雷同。如何分配创新成果也存在困难，每个品牌都想先于其他品牌获得创新优势。为了解决这些难题，企业开始引入品牌协调人或建立品牌委员会。

根据品牌的不同定位分配创新成果

众所周知，创新之所以是品牌的血液，是因为它更新了品牌的相关性与差异性。因此，为每个品牌确立精准的定位（一系列特征）是十分必要的——品牌独特的定位也有助于明晰品牌发展和创新的主要路径。这样，企业才能根据品牌价值分配创新成果，而不受到希望每个品牌都享有同样优势的销售团队的压力。实际情况则往往相反，品牌通过创新成果揭示其特性。因此，区分独特优势（如标致的轿跑）和可在一段时间内引入的优势（如分阶段的创新方法）非常重要。此外，企业必须确定向品牌分配创新成果的顺序。

除了品牌价值，定位及市场份额也是影响创新成果分配的关键因素。例如，向大众消费品市场分派专业创新成果（针对一小部分家庭）的做法毫无根据。最好的做法是为高端品牌保留独特创新成果，因为高端品牌本来针对的就是少数顾客。法格白朗（Fagor Brandt）公司就是基于上述原理协调其大众品牌白朗与高端品牌帝泽（De Dietrich）之间的创新成果分配。

创新成果分配可用于建立品牌识别要素的规则，却与另一原则即节约成本的原则有所冲突。例如，平台中不同品牌共享的部分越来越多，这本身就违反了按照价值分配创新成果的原则。雪铁龙的油气混合悬挂系统是提高乘客舒适体验的突破性技术，也是雪铁龙品牌的重要识别要素及品牌精髓。只有集团下的豪华车型 DS 才配备这一具有划时代意义的系统。但是如果不得不在当下开发出油气混合悬挂系统，还有哪家按照生产平台进行管理的公司同意只将该创新成果应用于单个品牌甚至单个车型呢？

相反，为了提高标致 607 这款车型的相关性，有必要在该款车上装备德国高端车型才配备的堪称国际水准的后轮驱动系统。607 这款车由雪铁龙的高端车生产平台制造，众所周知该生产平台原本采用的是前轮驱动技术。是否应该只在单个品牌的豪华车型上应用后轮驱动技术？标致雪铁龙这样的大型国际企业曾在这一问题上犹豫不决。如果考虑设计问题及生产线成本问题，我们便不难理解。未来发展的关键在于与其他制造商建立合作关系。

不要"拆东墙补西墙"

企业的最终目标在于建立拥有强大品牌的品牌组合,因此必须避免犯下这种错误。尽管常见做法是明确并区分组合下各个品牌的定位,从而强调该品牌面向目标细分市场的合理性,但企业不应该妨碍品牌发展壮大。对于标致雪铁龙集团旗下的通用品牌标致和雪铁龙而言,创新不可或缺。限制一个品牌的创新会妨碍另一品牌的发展。在汽车行业,缺乏创新的品牌是没有未来的。

品牌组合不应是独立品牌的简单累积,而应是全球市场主导战略的反映

对于美国联邦政府和欧盟委员会而言,接受或拒绝合并或收购草案的关键在于能否维持充分的竞争。因此,这些机构实施的流程或干预活动显得相当矛盾。掩盖这一明显的事实是毫无意义的。企业合并或品牌收购活动主要受一个目标驱动——通过集中投入各项资源,发挥协同效应或节约成本,最终控制市场。为什么可口可乐公司出资10亿美元试图收购优秀的本土品牌法奇那?只因为法奇那很可能会将百事可乐驱逐出市场。在此之前,由于没有相应的橙味汽水产品对抗可口可乐的芬达,百事公司与法奇那签订了战略性经销协议。

因此,品牌组合是应对竞争格局的全球措施,品牌组合给每个品牌进行准确定位。企业应该给予品牌经理一系列指导,只有这样,品牌经理才能明确其岗位职责,即便在一段时间内实施一系列独立措施,也不会偏离企业整体计划。

品牌组合不是企业突发奇想地将多个品牌简单地归集到一起,而是结构良好、凝聚性强、各品牌目标与作用明确的群体。

- 品牌可发挥融资作用,即一个品牌可为另一品牌提供资金。处于市场领先地位的本土品牌经常发挥这一作用。企业一直将这类品牌作为保证尚未完善的品牌组合整体发展的重要促进因素。
- 品牌可用于保护领先品牌。高露洁棕榄公司认为,在其旗下品牌Soupline处于领先地位的织物柔软剂市场,价格战即将打响。为了防止其主要品牌价格下降,高露洁棕榄公司下调了其"侧翼"品牌Doulinge的价格。罗格朗通过为公司原有的通用品牌及新收购的专家品牌(Arnoult,Planet Watthom等)进行精准定位,成功覆盖了整个市场,也保护其主要品牌不受竞争对手的攻击。罗格朗的外国竞争对手曾试图进入市场,但这些专家品牌从批发商层面为企业构筑了防线。如果批发商想放弃与罗格朗公司的合作,转而选择其他新进入市场的公司,会放弃"侧翼"品牌,而非罗格朗的旗舰品牌。
- 品牌可发挥公司整体品牌的作用,尤其当该品牌与公司名称一致时。
- 值得注意的是,上述理论还适用于子品牌及其对母品牌的开发、加强及保护。我们已经看到,妮维雅旗下的14个子品牌,除了针对特定需求或客户进行具体定位,还对妮维雅家族做出了贡献,如产品有不同功能,子品牌侧重创新、享乐及时尚等。毫无疑问,这些子品牌都拥有妮维雅品牌的共同特征,但也有各自的个性风格。虽然品牌组合呈现了强大的妮维雅特性,对品牌的展示有严格规定,妮维雅的品牌组合并不是完全统一的。

● 品牌组合的原理告诉我们，占据领先地位的品牌必须伴有其他小品牌，否则会陷入危机。如果施耐德电气成功地与罗格朗合并，首要任务是建立保护绩效的专家品牌网络，形成保护公司明星品牌罗格朗的有效屏障。但公司接受外来资金特别是投资基金时，这些投资者往往缺乏远见，经常没有考虑小品牌对整体品牌组合的作用，就转售这些品牌。

大公司内重复的趋势不可抵挡

法国赛博集团共有四个主要品牌：万能、特福、好运达和克鲁伯。我们如何防止公司某个品牌的创意和设计被其他品牌管理团队知晓并采用，从而模糊了品牌特性？

必须杜绝这种现象，因为它有损品牌的竞争力及人们关于品牌的想象。出现该现象的部分原因是价格竞争无处不在，而企业的基本职能在于尽可能集中资源以降低成本。公司的主要威胁在于，由于一味追求经济效益（这很自然），企业过度突出本应淡化的品牌之间的共性，或是过度宣传不同品牌有相同的生产平台，从而损害了组合内的品牌识别特征。企业应该保证不同品牌的所有可见部分都有差异。这里，"可见部分"并不单指设计，收购卡车业务的公司还会检验引擎及卡车的其他隐蔽的技术零件，对长途汽车而言尤是如此。对于沃尔沃 AG（Volvo AG）而言，保持沃尔沃、Mack 及雷诺三个长途汽车品牌的差异化优势极有挑战。应将品牌定位作为指导方针。

让组合内的每个品牌聚焦不同的竞争对手

除了品牌委员会或品牌协调人的监督，这也是防止组合内品牌相互重复的手段之一。这种方法可以提醒管理人员，扩大市场份额的最佳办法在于实施多品牌策略，而不是"缩小焦点"。为每个品牌选择目标竞争对手，增加了品牌实现自身目标的机会，这也指明了品牌应该击败的对象。

品牌组合的传统威胁在于其复杂性

品牌区分过细使得每个品牌很难达到较大规模，这也是工业领域公司亟须解决的问题。即便是注册的品牌，也不过是一个名称，不能获得长期关注，也不是推广媒介。这就是制造业企业的法律部门不堪注册及管理商标（品牌名称）的重负的原因。法国液化空气集团在 2003 年重新评估了旗下 700 多个品牌。当重新考虑分销商品牌（自有品牌）时，分销商也容易受到相同的威胁。迪卡侬公司的管理措施规避了这一陷阱，当公司将单一品牌迪卡侬变更为"激情品牌"组合时，曾经设计了多达 13 个品牌，经过一系列合并，最后只留下 7 个品牌。

大众汽车集团正经历这种危机。尽管理论上斯柯达和西雅特的主要销售地域应与其他品牌有所区分，但是大众旗下的四个品牌斯柯达、西雅特、大众及奥迪仍同时出现于一些国家，每个品牌拥有各自的代理商网络。维持独立的商业网络需要品牌提供比较丰富的产品类型，也要求品牌具备塑造顾客忠诚的能力。这意味着斯柯达和西雅特必须打入更高端的市场。但发展到哪个阶段就需要停止呢？两个品牌的新车型如何与大众和奥迪类似的新车型区别开呢？定价是种解决方案。但广告宣传表明，这四种品牌的车型出产于相同的工厂乃至生产平台。这直接引发了公司旗下同类产品的相互竞争，但斯柯达和西雅特的代理商总是将此作为主要卖点。

设计对于管理品牌组合越来越重要

设计在差异化竞争中的作用十分重要。设计塑造了消费者预期,激发了品牌价值,创造了可见差异,也在成熟市场上发展了新的偏好。因此,我们需要注意几条关键原则:

● 激进原则(principle of radicalization)。设计不应是模糊不清的,因为战略的目的在于用少数品牌进攻相关市场,所以这些品牌必须界定清楚并有各自特定的设计。更何况组织有软化边界的趋势,这将导致品牌在货架上的相似性,从而对感知差异产生极大影响。基于工业逻辑的生产平台导致商品的差异性越来越小,激进的设计应该弥补这一缺陷。在目前的成熟市场上,品牌不认真设计将无立足之地。如果设计需要反映品牌识别要素,那么该要素一定要明确可见。

● 外部化原则(principle of externalization)。当企业负定义各品牌的基本情况也即明确品牌特征时,如果设计工作需要寻求外部帮助,最重要的措施是为每个品牌指派一位可全力为该品牌服务的设计师。汤姆森公司(Thomson)的做法违背了这一原则:公司让一位设计师菲利普·斯塔克(Philippe Starck)负责四个品牌汤姆森、Saba、德律风根(Telefunken)和白朗(Brandt),而这位设计师本人也拥有一个品牌。这提醒我们,为了避免品牌之间雷同,企业需要进行强有力的协调,还需要在品牌层面而非公司层面明确设计的定位。为了有效规避这种风险,企业可为每个品牌指派一位企业外部设计师,每位设计师负责各自的战略单元。

● 商业原则(principle of business)。设计的职能在于促进和发展业务,而不是实现艺术价值。设计不应该是自娱自乐的。例如,一款咖啡壶的设计目标不在于让顾客邀请周围朋友共同欣赏这款咖啡壶,而在于为顾客提供口味不错的咖啡。简言之,设计的目的不仅仅在于让产品变得美观,还要让产品变得高效。

● 勇气原则(principle of courage)。设计的关键在于,一项设计能否被恰当地检验。当然,公司总会从用户角度测试产品是否符合人体工程学,功能是否发挥良好。但是这种测试总在产品推出的前几周甚至前几年进行,所征询的对象也只是理论上的意见领袖(新闻媒体)。然而少数人关于某项设计的意见能否真正反映实际情况不得而知,设计本身就存在风险。以汽车行业为例,即使现在某个品牌被视为潮流领导者,我们可以断言四年之后人们仍认为其时尚吗?雷诺汽车冒险推出了极其大胆的设计,我们并不能保证四年后人们对这项设计的态度究竟如何。

企业组织结构与品牌组合匹配吗

只有当决定生产的各项要素相互协调、积极运作时,品牌才能获得成功。没有分析公司的组织结构及发展前景,我们不能评估公司及品牌组合成功的可能性。由于很少有人了解组织结构，甚至有人故意低估组织结构的重要性，人们往往忽视这一要素对于成功的品牌组合战略所起到的促进作用。

品牌组合的主要风险在于，随着时间的推移，凸显品牌的动力会逐渐减弱，品牌甚至会沦为并无差异的外壳，无异于一般宣传工具。财经媒体经常从企业角度发表评论，向公众传递这样的事实：曾经不同的品牌现在开始由同一家公司生产。凸显品牌的动力因此更弱了。财经媒体的读者大多是意见领袖，他们总是发出疑问：除了产品的外壳，还存在哪些品牌特征？捷豹汽车的引擎仍由捷豹制造，还是产自福特？在加入通用汽车公司之后，萨博的特征是否会消失？

品牌的本质在于差异化。对于品牌而言，背离这一核心的所有事物都是威胁，即便可以带来良好的经济收益。

从某种程度上说，过度集中化是导致差异化缺失的原因。在菲亚特公司，同一部门同时管理阿尔法·罗密欧（Alfa Romeo）、蓝旗亚和菲亚特等不同品牌。这种组织结构让人不禁怀疑：菲亚特公司还相信旗下品牌吗？标致雪铁龙公司使用相同的工厂制造汽车，但标致和雪铁龙两个品牌仍由不同部门管理，拥有各自的产品计划、营销活动、设计方案、推广计划、赞助商和经销网络（Folz, 2003）。大众取消了 VAG（大众奥迪）网络，为各品牌建立了各自的经销网络。必须指出的是，VAG 网络总是倾向于推广大众车型，而不是定价至少高出 10% 的奥迪同类车型。

施格兰（Seagram）的问题部分源于对其国际品牌的过度集权管理。集权式组织总是在所有价格水平上发起全球竞争活动。对于施格兰的收购者而言，首要任务是对品牌组合进行分权式管理。因此，公司重新在白兰地之乡科涅克生产法国白兰地的标杆产品马爹利，在伦敦生产芝华士。

世界奢侈品行业巨头路易威登集团拥有多个著名品牌，如迪奥、克里斯汀·拉克鲁瓦（Christian Lacroix）、路易威登、酩悦（Moet）、轩尼诗和泰格豪雅（Tag Heuer）等。这家公司的商业模式很有意思。集团公司共管理 60 个奢侈品牌。当被问到公司品牌组合拥有的品牌数量最多可为多少时，集团 CEO 伯纳德·阿诺特（B. Arnault）的回答是：并没有具体的数量标准。事实上，奢侈品行业的成功取决于设计、管理及营销等三类人员的合作，这里的合作并不是以集权形式进行。在路易威登，每个品牌都是独立的家族，是单独的微型企业，这为重要人才提供了理想工作状态，不同领域的员工可以一起为公司创造竞争优势。这些员工的内心受到品牌-公司的激励，其酬劳直接与品牌的财务绩效及国际声誉成正比。

尽管知道的人不多，欧莱雅的组织管理模式也是如此。在欧莱雅内部，常将卡尼尔称作卡尼尔家族，将兰蔻称作兰蔻家族，等等。这些家族都是独立运营的单元，在全球范围内开展业务经营。

对于分销商自有品牌，从单一品牌（通常是商店品牌）转变为自有品牌也会影响组织结构。迪卡侬由单一品牌变成了激情品牌组合。这一转变对组织结构的影响是深远的。公司可以在集权结构下发展激情品牌组合吗？最先受到影响的是公司内部人员，包括管理人员及其团队、联合设计师、品牌爱好者及意见领袖等。公司有必要重新建立正式的品牌自治体系。

品牌组合战略审计

公司经常评估其品牌组合的相关性。已有多种矩阵工具可用于分析,这些工具大多来源于波士顿咨询公司、麦肯锡公司和美世公司(Mercier)的咨询人员开发的用于业务组合评估的矩阵,衡量的主要内容包括盈利能力、竞争状况、增长潜力等。但原先用于业务组合评估的分析工具可以直接用于品牌组合的评估吗?

一般而言,可以在两种层面上进行分析。第一种是品牌内层面(intra-brand level),主要依据上述标准评估品牌的产品组合(子品牌或副品牌)——这些品牌正在衰退或者不能吸引现金流吗?未来的发展方向应该是怎样的?第二种分析发生在多品牌层面(multi-brand level),主要评估公司现在及未来的整体竞争格局。矩阵的横轴和纵轴分别对应增长率和盈利率。通常用圆圈表示各个市场,圆圈的大小反映了市场实际规模的大小。用圆圈(市场)的不同部分代表不同品牌,不同部分反映了其市场份额大小。

构造品牌组合最为常见的做法是,按照吸引程度及主要功能对品牌进行分类。主要可分为:

- 全球品牌。理论上,全球品牌应是品牌增长的主要来源。因此,全球品牌应接受大部分广告及推广投资。
- 增长性区域或本土品牌。这些品牌有潜力发展成全球品牌。
- 防御性区域或本土品牌。这些品牌一度占据了市场领先地位,地位稳固、盈利能力强。因此,保留这些本土品牌具有战略意义,企业可将其作为在当地市场发展全球品牌的资金保证。这些品牌大多存在于主要细分市场。
- "现金牛"区域或本土品牌。这类品牌增长速度慢,但边际收益高。

另一种审计方法通过经常评估现有品牌组合的能力,保证公司对未来市场的覆盖有利可图。现有的品牌组合能够完全反映市场发展趋势和竞争格局吗?

因此,在保险业,每家公司都了解电话、互联网等销售渠道。不利用这些渠道,企业将遭受巨大的损失。然而,由于这些渠道的实际情况与传统的代理人和经纪人网络下的情况不尽相同,公司需要针对新兴渠道发展专家品牌。出于这一考虑,英国保险公司英杰华重新构造了其品牌组合,使 Eurofil 面向新兴的低成本汽车保险市场,从而避免与公司的其他保险经销网络产生冲突。

依据用户地位进行市场细分的方法(将使用数量、消费者预期、竞争对手与产品的使用状况联系起来)有助于识别现有品牌组合下尚未利用的增长机会。首先需要考虑的问题是,仅通过产品范围延伸是否可使公司在该领域立足。就这一角度而言,妮维雅所有的子品牌都利用妮维雅这个品牌的价值,反映了其希望抓住美容护理市场上所有潜在发展机会的决心。

如果无法实现以上目标,企业必须拥有推出新品牌的勇气。例如,在芭比品牌下进行多次尝试后,美泰公司在 2003 年推出了新品牌 Flavas。

对品牌组合进行审计还可说明企业是否成功构筑了针对竞争对手的市场进入壁垒,或促使竞争对手离开当前市场的刺激因素。比如说,即使法奇那是法国排名第二的软饮料品牌，但在该国的高速列车、大多数飞机场及火车站仍很难见到法奇那产品。咖啡厅—旅馆—饭店经销网络中管理者的逻辑是，选择一家可以提供全线产品（包括可乐、柠檬水、果汁等）的分销商。因此，可口可乐公司的客户也接受芬达（橙味汽水饮料）和美汁源（新鲜橙汁饮品），而不是法奇那的产品。这导致了可口可乐对市场的绝对垄断，消除了终端消费者自由选择的可能。

品牌组合管理：依据品牌发展潜能分配投资

对品牌组合的管理永远与权衡利弊有关：企业不可能同时对所有品牌进行投资。公司应该对最有可能在未来取得高投资回报率的品牌进行投资。帝亚吉欧（Diageo）分离出 8 个品牌，公司的大部分营销投资都流向这些品牌。欧莱雅集中发展 10 个品牌，这些品牌的营销-销售比率（marketing-sales ratio）大多为 30%。

品牌的竞争能力及长期盈利能力主要取决于两个因素：现有市场地位及抵御外来风险的能力。第一个因素的关键绩效指标包括相对市场份额（某一品牌与其他品牌市场份额之比）、市场规模大小及其未来可能的发展能力等。防御能力则取决于品牌资产本身（消费者对品牌的情感联结强度、消费者对品牌的信念等）。

品牌的未来发展趋势还取决于消费者对品牌创新能力的感知和品牌对市场革新的塑造能力。最后，对于依赖大规模零售商的品牌而言，拥有零售商需要的库存备件，前景更为光明，因为它们可以帮助零售商创建一个可靠的货架。为了保持这些备件的内在可得性和相关性（见图 14-2），企业应该通过渐进式创新给予这些库存备件更多关注。

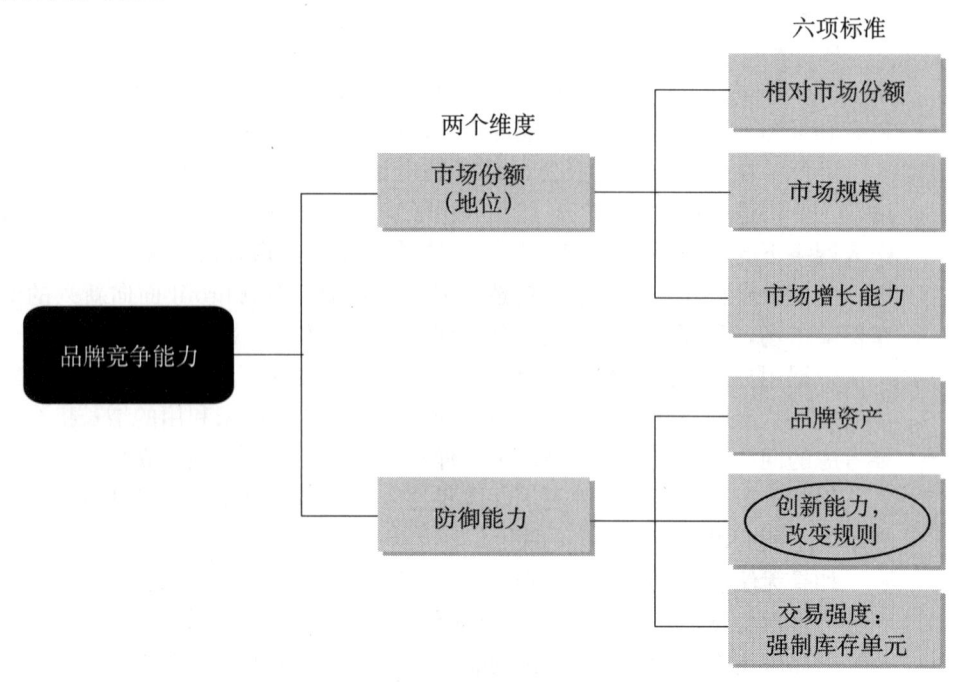

图 14-2 评估品牌长期盈利能力的六项标准

地方及全球品牌组合：雀巢

跨国企业如何在管理品牌组合的同时改善品牌效率？雀巢的案例有趣地回答了这一问题。

雀巢的品牌组合拥有多达 8 500 个品牌，大多按照地理及功能标准进行区分管理。这些品牌共同组成了"品牌层级结构"。在层级结构内，每种产品至少与不同层级的两个品牌有关（对于烹饪调料品牌更是如此）。按照地理标准，公司的所有品牌可为分三类：国际品牌、区域品牌及本土品牌。

由于顾客的不同，这些品牌的功能与角色各有不同，分别代表品牌架构的主要家族。品牌可分为"家族品牌（或称来源品牌）"、范围品牌、产品品牌及背书品牌。雀巢公司80%的活动都以六项战略性公司品牌的名义完成，包括雀巢、雀巢咖啡、雀巢茶饮料、美极、宝康利和普瑞纳（Purina）等。此外，还有 70 多个战略性国际品牌在这六项公司品牌之下（当然也有例外），与其共同形成了伞状品牌架构。这些国际品牌大多是范围品牌或产品品牌，包括巧伴伴（一条巧克力牛奶产品的延伸产品线），以及产品品牌如奇巧、狮王（Lion）、喜跃（Friskies）和矿泉水品牌巴黎水、圣培露、伟图及雀巢优活等。

战略性区域品牌共有 83 个，包括矿泉水品牌 Aquarel 和康婷、酒吧品牌 Nuts 和冷鲜肉品牌 Herta 等。最后一类品牌是只在产地销售的本土品牌。

雀巢品牌共分为以下几个层级，分别发挥不同作用：

- 公司品牌为公司旗下所有产品和品牌担保。这意味着公司品牌通常出现在包装一侧或产品背后的标签上。
- 雀巢也是六个战略性公司品牌之一，与家族品牌或来源品牌的地位相当。雀巢旗下的产品非常丰富，包括婴儿产品、儿童产品、巧克力、冰激凌、巧克力块及鲜奶制品等。
- 雀巢有时也只作为产品品牌或范围品牌出现。例如，雀巢巧克力和雀巢浓缩奶等。这些都是基本产品，是雀巢家族中名副其实的核心产品。

为了区分作为商业品牌的雀巢的不同延伸内容，不同产品品类的符号有所不同。这意味着，除了整体一致性，还必须明确：消费者对于酸奶产品的期望与对婴儿产品的期望是不尽相同的。类似地，作为公司品牌，雀巢也有相应的标志和商标，用于指代整个雀巢公司。

需要指出的是，雀巢 20% 的营业额并不出自这六个著名的战略性公司品牌。矿泉水业务的情况就是如此。成人休闲饮品巴黎水实际上由雀巢水业务分部经营。但是水业务分部并不拥有任何品牌，只是一种内部管理机构。对于世界各地的客户而言，巴黎水只是巴黎水。

品牌取消和业务保护

当一个品牌不再盈利,企业应该剔除这一品牌。但是,为了保留其现有消费者,该品牌下的产品应该转入品牌组合中的其他品牌。下一章将具体分析品牌转化的过程。

第15章 处理名称变更和品牌转化

品牌管理最重要的工作之一，也是最具风险的工作之一，就是处理品牌更名问题。我们可以立即想到众多案例：飞利浦更名为惠而浦，Raider 更名为 Twix，安达信（Andersen）更名为埃森哲（Accenture），Pal 更名为宝路，达特桑（Datsun）更名为日产等。在工业领域，为了实地增长，企业常常收购公司，或是通过协调公司原本彼此分离的特征建立集团公司，如诺华公司、阿斯利康公司（Astrazeneca）、威立雅公司和施耐德电气公司等。

通过品牌转化实现增长的做法是很寻常的：这是现代品牌管理的关键环节，也是资本化的最终结果。重组品牌组合、减少品牌数量，意味着被取消的品牌之下的产品必须转移到其他现有品牌之下。对于公司也是如此。但这一做法存在风险：取消品牌意味着市场将会失去某一行业基准、某一选择甚至某一忠诚顾客最中意的选择，即公司失去部分当前市场份额的风险极大。因此，品牌取消是项必须仔细考虑的战略决策。目前针对这一问题的实证研究不是数量过少（Riezebos and Snellen，1993），就是没有公开（Greig and Poynter，1994）。庆幸的是，已有的十余个案例累积的经验使得在本土或跨国层面上明确品牌名称成功变更所需的条件成为可能。

品牌转化不仅仅是名称变更

尽管名称变更毫无疑问是品牌转化中最具风险的一环，但是不能将品牌转化简单地理解为名称变更。对于消费者而言，一个知名的品牌名称往往与某些情感联结、移情作用和个人偏好相关。然而，品牌有多个组成部分，单一的名称不能完全代表品牌。事实上，无数欧美案例表明：事情没有那么简单，许多品牌转化的过程还涉及营销组合要素的变更。

有时，品牌的变更也是产品的变更。对于 Treets 品牌的爱好者而言，困扰不仅仅是由品牌名称的改变带来的，更是因为变更后的 M&M's 品牌包含了两种不同的产品：包裹花生仁的巧克力和一种与聪明豆（Smarties）产品类似的糖果。因此，这是一种从简单熟悉的情境向模糊情境的转变。壳牌公司将其原油产品由 Puissance更名为喜力（Helix）时，也改变了产品的特征，但是，壳牌的这些产品特征实际上隐藏的，消费者很难感知到它们的存在。因此，对于壳牌公司而言，这项改变措施的风险不大。改变原油产品的配方，可作为公司引入新名称的托词。

品牌名称变更所带来的风险大小，很大程度上取决于公司目前经营的是产品品牌、伞状品牌、背书品牌还是来源品牌。前两项分别对应了Raider/Twix和飞利浦/惠而浦的案例，这种变更只对单个产品有影响，且变化的只是产品的符号。与此相对，Puissance虽更名为喜力，但还是位于母品牌壳牌之下。当产品基于品牌层级命名时，品牌名称的变更工作相对简单。

对于自助式销售而言，视觉识别是帮助消费者迅速选中品牌的重要辅助手段。分销商自有品牌就利用这种方式迷惑消费者，越来越少地依赖相似的名称（如Sablito对Pépito的模仿），越来越多地模仿目标货架上全国性品牌的包装颜色（Kapferer and Thoenig, 1992）。在英国，零售商森宝利超市以这种方式与可口可乐展开了激烈竞争。森宝利推出的可乐的包装色彩几乎与可口可乐的产品完全一样：经典可乐的包装用红色，无糖可乐的包装用白色，含糖且无咖啡因可乐的包装用金色。有时品牌的变更也伴随着颜色代码的复杂变更。例如，棕色的壳牌Puissance 5号油罐变成了黄色的壳牌喜力标准油罐。Pal更名为宝路是一个循序渐进的过程，伴随着在世界范围内采用更具冲击力、更吸引眼球的新包装颜色——亮黄色，以强化产品在货架上的影响力。由于顾客在自助购买时最先注意到的是颜色，与此相关的变更有很大的风险。

包装的形状是视觉识别中第二重要的因素。这可以解释为何采用典型的欧式油罐可以节约成本，壳牌公司拒绝放弃其更显眼、更具实用价值的喷口式油罐。壳牌公司原油产品的部分附加值正是来源于这种包装。此外，品牌转换会伴随着商标、标识或者视觉标志的改变。品牌视觉标志的变化带来的影响不容忽视。巧伴伴为了保持全球一致性，在某些国家将其品牌形象由巨人绅士Groquick改成兔子，影响了孩子与巧伴伴的关系。这对于与某个品牌具有情感联结的人来说也是如此。取消具有象征意义的图形标志会给品牌带来严重后果。

最后，我们必须意识到受版权保护的音乐与广告语的重要性，因为人们能够记住的往往就是这些。当Raider更名为Twix之时，尽管一度犹豫，玛氏还是决定不再保留原有的品牌音乐。音乐是品牌个性的承载工具之一。广告语也是品牌不可或缺的重要部分，现在也受版权保护。Treets在变成M&M's时，取消了其著名广告语"只溶在口，不溶在手"（Melts in your mouth not in your hand）。

品牌转化的理由

目睹了众多的品牌转化案例，其背后的目标究竟是什么呢？转化的理由有很多：

- 很多公司收购本土品牌的主要目的在于将这些本土品牌的经营活动转移到旗下的国际品牌。这样，公司的国际品牌才能真正走向全球。伊莱克斯公司在全球的活动就是如此。

- 建立全球性大公司也需要进行品牌转化。汽巴-嘉基（Ciba-Geigy）和山德士（Sandoz）合并形成了新的品牌诺华。

- 有时为了终止某些经营活动，企业也会决定进行品牌转化。当通用电气计划撤出小型家用电器市场时，通过协议规定接手该业务的百得只能在限定时间内继续使用通用的品牌名称。没有公司会让自己的部分品牌形象由其他公司控制。飞利浦和惠而浦的案例也证明了这一点，后者收购了飞利浦的白色家电业务，但收购协议规定，惠而浦只能在有限时间内使用飞利浦的品牌名称。为了集中精力发展黑色家用电器和小型家用电器业务，飞利浦只允许惠而浦暂时使用其品牌名称。惠而浦进行此项收购的目的是在短时间内扩大其在欧洲市场上的份额，成为世界顶尖的家用电器制造商。

- 扩大企业规模的诉求也是企业进行品牌转化的原因。玛氏集团放弃了其欧洲品牌 Treets 和 Bonitos，将其重组为 M&M's。为了与麦当劳抗衡，欧洲品牌 Quick 收购了 Free Time，并变更了品牌名称。

- 品牌转化是企业试图进入外国市场时常用的策略。本质而言这与特洛伊木马（Trojan Horse）策略相同。一个国家通常制定各种规定对本土产业进行高度保护，以防止外国产品入侵。国外公司往往通过购买当地的一个领导品牌，以在将来改为全球品牌。

- 随着时间的推移，品牌的名称也会成为品牌发展过程中的负担，影响开展新业务、进军国际市场或重振某个品牌等。不能获得广泛关注的公司也应该改名，例如，菲利普·莫里斯更名为奥驰亚（Altria Group），维旺迪环境更名为威立雅环境。BSN 集团的全称如果不采用首字母缩写，会显得过于冗长，因此，它更名为达能集团以迅速获得国际识别。

- 公司诉讼失败也可能导致品牌转化。例如，在一些国家，圣罗兰集团不得不将其香水产品的品牌名称由"香槟"（Champagne）改为"醉爱"（Yvresse）。新西兰的酒类品牌蒙大拿（Montana）不得不改变名称，因为它与美国一个州的名称相同。受欧盟条约对 Bio 名称的管制，达能的 Bio 品牌不得不更名为碧悠。

还可将众多本土品牌名称整合成单一的品牌名称，如一个美国名称。在这个外来名称下，公司可以在各地建立生产基地，而不受当地机构管制。采取这一做法也是出于财务角度的考量：外来名称的使用可以让母公司从子公司那里收取特许经营费，从而减轻公司在当地的税收负担。

资产分拆和部分投资转让

卓达（Zodiac）在一个世纪之前只是一家航空设备公司，主要生产飞艇用织布和气球，之后衍生出世界著名的分支业务：卓达救生艇。但从长期来看，该业务会影响公司在股市上的整体形象。因此，公司将其船舶制造业务连带卓达的品牌名称整体出售给一家对冲基金机构。为了向人们强调公司只专注于航空业务，公司更名为卓达宇航集团（Zodiac Aerospace）。

类似地，3M 公司的股市估值受到其电子产品（如高架投影仪、软盘等）的影响，于是分拆了这一部分业务，单独设立了怡敏信公司（Imation），自己则专注于黏合剂和医药产品的生产。这一举措使人们对 3M 公司的股价重新估值。

品牌转化的挑战

　　品牌转化无处不在，因为我们处在一个合并与收购的时代。合并与收购可帮助企业合理管理其运营范围、产品种类及品牌组合。公司必须在与其现有运营范围类似且互为竞争关系的品牌之间进行选择。在增速放缓的成熟市场，出于实现成本节约、发挥协同作用、提高效率等需要，企业也会选择进行品牌转化。最后，全球化趋势使得企业可以通过品牌转化发展全球品牌。基于上述理由，减少品牌数量顺理成章。

　　如果你能理解众多报道背后的含义，你会意识到品牌转化的时代即将到来。例如，世界家用电器巨头瑞典公司伊莱克斯准备在全球范围内对旗下的本土品牌进行转化——这些本土品牌由伊莱克斯在各个国家收购，一度占据当地市场的领先地位。在公司的促销推广活动中，伊莱克斯为这些本土品牌背书，如在英国有伊莱克斯扎努西品牌（Zanussi Electrolux），在法国有伊莱克斯阿瑟·马丁品牌（Arthur Martin Electrolux），在意大利有伊莱克斯雷克斯品牌（Rex Electrolux），等等。必须指出的是，2003年公司只有15%的销售额来自这一国际集团的品牌名称。公司的目标是在2010年之前，将这一数字增至60%～70%。这样，世界上55%的顾客在进入家用电器商店时，脑中最先浮现的三个品牌中总会包括伊莱克斯——通常把这称作"唤起集"或"考虑集"。2001年，对应的数字只有21%。2007年，这些本土品牌统一变更为伊莱克斯品牌。

　　世界各地的财务分析师指出，目前营业额超过10亿美元的全球品牌数量不多。联合利华集团在其发展过程中大幅削减旗下的品牌数量，集团下属的Elida-Fabergé业务分部率先将品牌数量由13个减少到8个，业务增长率由不到2%上升到11%。

　　但是这种缩小品牌组合规模的做法也会给特定品类带来威胁。当要合并的品牌声誉良好且各自具有不同的市场定位时，缩小品牌组合规模会给某些品类带来威胁。例如，由于营销成本极高，市场过于分散，洗涤剂产品比其他品类的盈利能力要差。很多小品牌无法得到公司的营销支持。在欧洲，联合利华在三个基于价格细分的市场上管理其品牌组合——针对高价细分市场推出Skip（与宝洁的碧浪竞争），针对注重性价比的顾客推出奥妙等品牌，针对低价市场推出宝莹（尽管出于历史原因，在英国市场用宝莹取代了Skip）。问题由此出现：出于对市场份额的考虑，加上联合利华向市场表明，公司将围绕强势品牌开展业务经营活动，那么如何将针对注重性价比的顾客推出的品牌和针对成本节约型细分市场推出的品牌结合到一起呢？在很多国家这些品牌发展良好，并且在消费者心中建立了特殊的情感纽带，这使得上述问题更显复杂。解决这一问题，需要在全欧洲范围内，联合既注重低价市场又将联合利华的品牌看得比分销商自有品牌更重要的分销商的力量。公司应该保留这一细分市场吗？

　　当风险过大时，最好的方法是避免这些问题而选择其他的品牌战略。

不应进行品牌转化的情形

公司的国际化发展带来了品牌组合全球化的问题。这一过程涉及将知名度高、流行度高的本土品牌的名称改成知名度较低、消费者不太熟悉的国际品牌名称。然而，在决定采取引发品牌转化的各项举措之前，还应考虑其他因素。在一些情形下，如果可能损害企业的经营业务及品牌资产，企业就不应进行品牌转化。因此，2003年收购了德国亚拉（Aral）服务运营公司后，英国石油公司（BP）决定不遵循其在加利福尼亚州收购 Arco 的做法，即不变更其原有的品牌名称。同年，壳牌公司收购了另一家大型服务运营公司 DEA，但决定将 DEA 的品牌名称置于壳牌的品牌名称之下。哪种做法更胜一筹呢？

事实上，两家公司的做法都没有错。亚拉是一个非常强大的本土品牌，几乎是整个国家的标志，相当于为所有在欧洲生产的奔驰汽车提供轮胎的德国大陆集团。BP 公司为什么要冒险切断这一不可多得的引发消费者忠诚的纽带呢？相反，尽管 DEA 向消费者提供的服务也很好，但消费者对于公司并未形成情感依恋，变更其品牌名称的风险较低。顾客服务关系主要由公司的雇员建立。因此，只要这些雇员仍为公司服务，消费者的满意度和忠诚度也就得到保持和保证。

有些时候不应对刚推出的全球性新品牌进行品牌转化，保留原有的本土品牌名称效果更佳，例如品牌名称推向全球后，可能会引起其他国家消费者的误解。宝洁的德国竞争对手汉高无法在英国推广其产品品牌 Somat，该产品的主要用途是清洗玻璃器皿，而在英国，"matt"正好是清洁的反义词。

对于外国公司而言，本土品牌仅仅是历史的产物，只有当地消费者才将其视作某种标志。这样的案例很多。跨国大企业常常将很多领先的东欧品牌替换成欧美的全球品牌。但这些跨国企业没有考虑到的是，消费者往往与这些本土品牌有很强的情感联结，本土品牌已经成为其日常生活及记忆的一部分。达能集团曾在捷克扭转其决策——在将当地的品牌 Opavia 变更成全球品牌达能之后，公司不得不重新推出 Opavia 品牌。原因在于，该品牌的饼干最有名，该品牌是捷克人最喜爱的食品品牌，甚至可以视为国家象征。

为此，有人曾建议法国贝勒集团不实施品牌转化，不将以加工奶酪闻名的德国品牌 Adler 变更为集团的国际大品牌乐芝牛，后者也主要生产加工奶酪。德国人熟悉的 Adler 的品牌标志是一只白肩雕。很难想象两个彼此不协调的动物标志放在一起是什么样子。

对于品牌转化，欧莱雅的态度更加务实。与公司公开的意图一致，欧莱雅希望发展17个全球品牌，因此收购了美国大众化妆品品牌美宝莲。短短几年间，公司在80个国家推出了这一品牌。完成这一过程涉及在一些主要国家转化本土品牌。它的困难在于，本土品牌往往是强势品牌，在当地分销商和顾客中都很流行，如德国的 Jade、巴西的 Colorama、阿根廷的 Missiland 和法国的 Gemey 等。而在这些国家，美宝莲的影响很小。经过深思熟虑，欧莱雅决定在五年内实施双品牌策略。随后，公司引入了越来越多的美国观念和创新成果。尽管如此，逐步淘汰本土品牌的具体日期仍未确定。然而，对于主要的跨国分销商和财务分析师而言，欧莱雅已经取得了预期成效——通过增加各个国家的联合品牌产品销量，公司可以对外宣称，美宝莲是大众化妆品领域的领先国际品牌。

品牌转化的失败案例

过分自信的公司往往低估本土品牌已经建立的情感联结，全球化的拥护者总是在很短时间内就将这些本土品牌取消。这样，这些公司无法知晓品牌转化对品牌价值的损害程度，更没有意识到这对市场份额带来的冲击。以德国市场上的Fairy品牌为例进行说明。2000年，宝洁公司的热门词是不惜代价进行"全球化"。在欧洲，宝洁公司引入了完整的细分市场体系，同时淘汰了所有无法归入该体系的品牌（Kapferer，2001）。另外，根据细分市场的情况，一些本土品牌名称改为全球品牌名称。

宝洁公司已成功在德国推广Fairy牌洗涤精多年，该品牌的市场份额曾达到12%。2000年中期，宝洁将Fairy更名为其旗下的国际品牌Dawn。除了品牌名称，其他一切都没有改变。然而，名称体现了品牌力量。尽管宝洁投入巨大的财力告诉人们Fairy已更名为Dawn，但市场份额还是大幅下降，在2001年第四季度甚至低至4.7%。而就在更名前一天，市场份额还有11.9%。据估计，2001年宝洁在德国市场上损失的营业额高达800万美元（Schroiff and Arnold，2003）。在澳大利亚，公司也犯下了同样的错误：将Bold更名为达诗。鉴于这两个决策引起的高额损失，公司决定恢复先前的品牌名称。

这两个品牌转化案例背后的理由究竟是什么？Fairy的消费者的利益诉求与Dawn一样，都是去除油脂，宝洁认为这一品牌转化非常容易。然而在英国品牌转化没有取得成功，原因可能在于Fairy的消费者定位与Dawn并不相同。品牌不仅仅是一项称谓，也象征了对特定产品的保证。本土品牌通过原产地、成为消费者日常生活的一部分、亲近性和自信来激发顾客忠诚（Schuiling and Kapferer，2003）。与福尼尔（Fournier，2001）指出的一致，消费者与特定品牌的联结中，存在真正的情感维度（见图15-1）。

那么，我们从这些案例中可以得到什么经验教训呢？首先，品牌转化需要考虑消费者的想法。品牌转化必须为消费者提供利益或创造价值，这是品牌转化取得成功的关键。其次，在跨国公司进行整合的过程中，生产力的根本来源是产品平台。但是人们往往过于关注产品的有形部分，而名称的改变（事实上并不局限于此）很难引起人们的注意。名称同质化应该是全球化过程中最后需要解决的问题。通过整合或减少不同的包装、非标准化的零部件及产品平台，企业也能获得很多附加利益。最后，整合品牌平台可以大幅提高生产效率，这样企业可以只采用一家代理商，用最好的设计师。产品是否在不同地区拥有不同的名称，这点并不重要。这里举三个例子，欧洲顶尖的男士化妆品品牌艾科在英国被称作凌仕，欧洲洗衣液品牌Skip在英国被称作宝莹，欧洲欧宝汽车在英国被称作沃克斯豪尔。

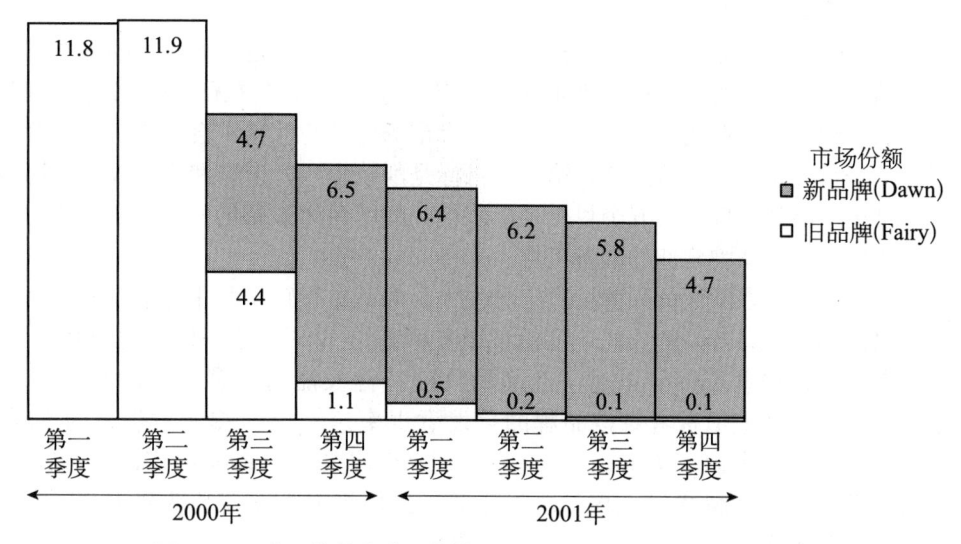

图 15-1　当品牌转化遭遇失败：从 Fairy 到 Dawn（宝洁的案例）

最佳案例分析

很少有关于品牌转化的学术研究，然而我们可以分析一些品牌及商业模式来明确品牌转化取得成功的条件。根据市场情况和品牌角色的不同，本书选取了如下品牌或商业模式，涵盖从一时冲动到高风险的购买决策，从产品到服务。

Raider 更名为 Twix

1991 年秋，一场大型广告活动席卷了整个欧洲，广告内容与巧克力棒 Raider 更名为 Twix 有关，Twix 成为在世界各地（从纽约到东京再到伦敦）使用的名称。与之前将包括产品在内的一切要素都改变的品牌转化（由 Treets 变更为 M&M's）不同，这一次，玛氏除了变更品牌名称其他方面都不变，以使对顾客造成的困扰最小化。这次更名成功了。

为什么这次品牌转化是必要的？玛氏前营销总监菲利普·维尔斯（Philippe Villemus）指出（Villemus，1996），玛氏是拥有六个市值超过 10 亿美元的品牌的全球性集团，它的目标是只保留满足以下五个条件的强势品牌：

- 能够迎合重要、持久、全球性的需求；
- 代表高质量；
- 无处不在，每个消费者都能买得起并能买得到；
- 公信度高；
- 在其细分市场处于领先地位（如果不是，品牌将会被清除，如 Treets 和 Bonitos）。

由于法律原因，公司可能无法在特定国家或地区注册商标。Twix 在欧洲便是如此。在特定国家获得合法权利之后，公司立刻毫不犹豫地对 Raider 更名，换了一个适合欧洲的全球品牌名称。

那么这次品牌转化的目标是什么呢？第一个目标是获得更大的市场份额、促进销售额增长。否则，按照维尔斯的观点，这一举措将毫无意义。最需要牢记的是，品牌转化不是形式上的改变，而是扩大市场份额的独特机会，是一个竞争行为。第二个目标是建立全球品牌，第三个目标是削减生产、包装和广告成本，第四个目标是便于品牌管理，第五个目标是采取单一品牌名称来简化公司后期向新业务（如冰激凌）进行品牌延伸的准备工作。

Raider 在欧洲的品牌资产十分强大，对其进行转化并非易事。该品牌是仅次于玛氏的巧克力棒品牌，其年度销量增长率高达 12%。这一优秀的市场业绩归功于它独特的概念及口号描述了产品的物理特性及能为顾客提供的利益。以法国为例，该市场上消费者对该品牌的自发意识率达 43%，提示意识率为 96%，广告口号的提示意识率为 88%。85% 的青少年购买过 Raider 的产品，44% 的青少年经常购买该品牌产品。基于这些数据，公司将 Raider 定位为针对 15～25 岁青少年的理想零食。

尽管在顾客看来这次品牌转化非常迅速，但实际完成时间却长达一年。从 1990 年 10 月到 1991 年 10 月，Raider 的包装纸上一直印有"在全球各地被称作 Twix"的字样。6 个月之后，该字样变成"Raider 的新名称"。

营销总监认为此次活动的传播目标在于：
- 简洁明了地表明只有名称有所变化；
- 将 Raider 的所有价值转移到 Twix；
- 在目标群体中快速获取高品牌知名度（30% 的自发意识率，80% 的提示意识率）；
- 为了使新名称受欢迎，公司的理由是：新名称与全球其他地区一致，Twix 是针对世界各地年轻群体的国际品牌。

这次品牌转化能够取得成功，关键在于整个战略的具体实施过程毫无缺点：
- 完成迅速，仅用 15 天就在整个国家内改变了一切（整个欧洲市场的品牌转化用时 3 个月）；
- 玛氏将该品牌转化放在重要位置，最大限度突出其可见性及品牌识别度；
- 在销售网点进行的促销活动扩大了 Twix 的影响力并提高了试用率；
- 最后，公司特别注重与门店现场活动相关的协调工作。公司决定，在变更日当天，门店不应留下任何 Raider 品牌的存货。

进一步分析此次转化所采取的不同传播手段，我们可以发现产品包装是最先取胜的传播媒介。早在品牌转化的一年前，公司就利用产品包装提醒顾客，让他们熟悉产品的新品牌名称，用长达 6 个月的时间来说明进行品牌转化的原因。为了完成传播目标，广告活动应该注重：
- 给予特写以使品牌识别最大化；
- 在品牌转化前 6 个月停止所有关于 Raider 品牌的传播活动，从而加速降低消费者对该品牌的认知度；
- 起用富有影响力的欧洲商业广告代言人大卫·鲍伊（David Bowie）；
- 集中使用传播手段：在近三个星期的时间内，相当于公司两年的广告预算都投入到电视广告上（现在我们很容易理解，为何从所有销售网点撤出所有 Raider 包装的产品如此重要）。

商店也对 Twix 产品相当重视，其货架陈列位置比较显眼。Twix 是所有销售团队的重中之重，其他品牌的产品都放在次要位置，以突出 Twix。当然，玛氏也事先告知各超市，商品条形码并无变化，这样超市不会将 Twix 视作一个新品牌，也就不会向公司收取上架费用。

在如此运营 6 个月之后，Twix 的市场份额与 Raider 基本相当。但品牌转化完成后，公司只保留了一个品牌名称、一家工厂，品牌运营的复杂性大大降低。由于 Twix 的历史不长，又是国际品牌，Twix 的品牌形象比 Raider 要时尚得多。

回顾这一过程，玛氏采取的所有决策都显得顺理成章，所有取得成功的经营活动看上去都不困难。但是，这些决策的实施并不是没有引起公司内部的争论。例如，有人提议改进产品说明，向消费者传递"更优"的信息。但是在反思 Treets/M&M's 的案例之后，公司最终决定尽量不改变产品的实质内容。在 Raider 向 Twix 转化的广告片中保留原有的广告音乐或许也是个好主意。是否有必要做出改变？有人认为改变会丢掉一些顾客。这也正说明品牌的广告音乐是品牌特征及品牌个性的重要组成部分。

飞利浦更名为惠而浦

1989 年 1 月 1 日，飞利浦公司和惠而浦公司合资成立了世界上最大的家用电器集团惠而浦国际公司，其中惠而浦控股 53%，飞利浦控股 47%。其主要目的在于形成全球规模，保证该制造业公司的长期发展。另外，飞利浦希望集中精力发展其核心业务。最后，两家公司的工厂布局、制造能力、创新成果及市场地理位置分布等互补。飞利浦曾经是欧洲最重要的家用电器品牌之一，而惠而浦在美国、墨西哥及巴西等市场上排名第一。飞利浦和惠而浦的合资公司可生产世界 11.1% 的电器产品，取代伊莱克斯（9.6%）成为世界家用电器市场的领导品牌。1990 年，飞利浦惠而浦（Philips Whirlpool）品牌发起大规模的广告战（5 000 万美元），在欧洲推出该品牌。1991 年，惠而浦收购了飞利浦 47% 的股份。1993 年 1 月，在所有传播活动中，飞利浦惠而浦品牌统一更名为惠而浦品牌，但产品包装上仍标明联合品牌的标志。1996 年，在进行品牌转化的最后几个国家，惠而浦将产品包装上飞利浦的标志取消了。通过此次品牌转化，惠而浦成为世界排名第一的家用电器品牌。顾客在购买通常被视为高风险投资的耐用品时十分重视品牌，由此可见品牌转化过程面临风险。朗涛公司的一项研究结果显示，在欧洲，飞利浦在所有商品领域是排名第二的强势品牌。也有研究结果显示，在法国，当消费者被要求列举其最先想到的任何品牌时，飞利浦继雷诺、标致、阿迪达斯及雪铁龙之后，是排名第五的强势品牌（Kapferer，1996）。尽管如此，飞利浦的市场份额和公众品牌识别度在不同国家有所不同。这就解释了为何在不同的欧洲国家同时进行品牌转化并不可行。同样，家用电器市场上品牌的保证作用也排除了进行突然快速的品牌转化的可能性，就像 Raider/Twix 的案例。

1990 年 1 月，惠而浦在欧洲没有什么品牌知名度。因此，公司决定采取分步式的阶段性发展策略，其中包括在完全放弃飞利浦品牌之前与飞利浦进行品牌联合。此处的案例与百得收购通用电气在美国的家用电器业务的情况并不相同，百得和通用电气两个品牌都具有良好的声誉。

另一原因也促使惠而浦采取阶段性发展策略。为了在全球范围内保证一致性，与 Raider 更名为 Twix 一样，公司本应该购回留在各门店的所有飞利浦产品。但是考虑到实际操作和资金，这一做法并不可行。

那么惠而浦的转化战略究竟是什么呢？为何公司采取了这种战略呢？早期的调查结果显示，消费者对飞利浦和惠而浦的合作持赞同态度。两家公司的形象不同。惠而浦求新求变、富有活力，具有为品牌转化提供积极形象的一切理想特质。两家公司的融合为飞利浦惠而浦品牌提供了理想的、有活力的品牌形象。调查显示，受访者认为飞利浦惠而浦联合品牌的形象是"可行且富有活力，可靠且稳健，经典又时尚，可信赖又极具创新性"。欧洲消费者普遍认为，惠而浦为飞利浦注入了新的动力，为这一经典品牌注入了高科技元素，也为这个以经验见长的品牌带来了一些想象空间。

最先需要确定的是联合品牌的性质和视觉形象。第一个问题是联合品牌的名称应该是惠而浦飞利浦还是飞利浦惠而浦？调查表明，前者无法显示公司自信，还会引发顾客认知混淆。人们容易将其与水流按摩浴缸及其他卫浴设备联系到一起。另外，飞利浦惠而浦的名称让消费者感到这次合作是公平的或者飞利浦略有优势。只有少数人认为飞利浦惠而浦指代的是飞利浦旗下的一条产品线，如飞利浦 Tracer 电动剃须刀。第二个问题有关图形商标：两家公司的名称应该并排放置，还是上下排列？惠而浦公司最终选择了前者，因为这种形式让消费者认识到两家公司正在合作，同时这种形式看上去更美观。

传播活动方面，公司的目标是什么？显然首先应该考虑的是分销商。只有 20% 的家电购买者在进店前就已经确定特定的品牌，最终只有 10% 会真正购买该品牌。这突出了销售家用电器的过程中销售网点人员的重要性。1990 年起，惠而浦针对零售商展开了大规模的传播活动——这是品牌转化中大家较少关注的。该传播活动主要面向欧洲、各国零售商巨头，惠而浦的销售团队也会将该活动传递给顾客、商店店主及销售人员，这些人员的观点对消费者很有影响力。另外，惠而浦的形象是创新领导者，将其局限于产品和服务的创新是不够的。惠而浦在生产者-分销商关系上发起了一场革命，这是一种分销商不习惯的新方式。这种新形式不仅涉及服务，还涉及市场信息及其他内容。就顾客而言，公司的计划旨在尽快消除其疑虑，快速获取较高的品牌识别度、建立高质量且颇具创新性的强势形象。

这些传播目标对公司的具体经营产生了重要影响。惠而浦希望塑造高质量且颇具创新性的品牌形象，这意味着公司必须快速完成品牌转化工作，且该过程需与推出新产品及活化飞利浦原有产品线等活动保持一致，否则，该转化过程很可能重现塔尔博特-克莱斯勒综合征（Talbot-Chrysler syndrome）。在后者案例中，汽车上唯一更改的是阀盖上的名称。惠而浦的品牌名称不应出现在公司的原有产品上。推出新品牌意味着公司必须重点关注品牌早期给欧洲消费者留下的印象。为了塑造惠而浦高质量的品牌形象，公司必须在整个欧洲停止各传播渠道上的促销广告活动。最后，由于公司无法在同一时间内既塑造高质量品牌形象又获取高品牌知名度，因此应在传统的广告活动之外采取其他宣传方式，以在最终品牌转化前快速获取预期的品牌关注，即达到飞利浦提示后知名度的 2/3。当然，对于耐用品而言，如果消费者未真正考虑购买，涉入度通常较低。此时需采取特定的劝说手段。当顾客的注意力比较分散时，应优先使用的是多触点方法（multiple contact approach），即使消费者只是顺带看一眼。这要求广告的总收视率（gross rating point，GRP）达到相当高的水平。在此情况下，观众不易反感，在愉快的氛围中接收广告传递的信息，而相应的积极情感也能有效地转移到新品牌中。如果消费者还未产生认知动力，最好的办法是向消费者反复强调品牌给其带来的利益，而不是指出特定产品间的差异。

这就是惠而浦在某些国家斥巨资赞助黄金时段电视节目的原因。这一举措并非偶然：这些电视节目让观众度过愉快时光，通常与轻松自在的家庭氛围联系在一起。受益于这一战略，消费者对新品牌的认知度显著提升。而在仅采取了传统商业广告策略的国家，品牌认知度并不高。

在传播媒体及销售网点与飞利浦品牌分开也很重要。传播媒介要尽快避免提及该品牌，否则，公司努力降低对该品牌的自发认知度，消费者对该品牌的关注反而加强。这就是为何飞利浦惠而浦品牌广告以联合品牌结尾，却只用了惠而浦的标志。这一举措主要向观众表明，惠而浦品牌是创新成果的来源。

早在1993年1月，公司决定从所有电视广告中撤走飞利浦品牌，这一措施彻底结束了对该品牌知名度的推广。另外，这也向各大零售商表明，市场领导者惠而浦不再需要飞利浦品牌背书，品牌转化行动提前开始了。

在整个欧洲范围内，公司需要处理的与国家相关的多样性程度究竟如何？考虑到飞利浦在不同国家的市场份额和品牌资产均有所差异，公司不准备采取单一计划。在一些国家公司希望迅速向市场引进惠而浦品牌，但在另一些国家，飞利浦的品牌声誉极高，公司既保持原有的市场份额，还要利用品牌转化的契机扩大市场，因此要求飞利浦一夜之间在市场上消失并不可行，在这些国家需要用更长的时间完成这一过程。在各个国家进行品牌转化的顺序主要依据以下分析：

- 飞利浦的市场份额；
- 分销商的预期反应（基于专项调查得出）；
- 基于消费者的品牌强度（品牌识别度、唤起集及消费者偏好）；
- 零售商对消费者决策的影响程度；
- 位于该国公司管理者关于放弃飞利浦品牌的态度。

一项关于本土品牌Libertel向沃达丰转化的调查显示，联合品牌事实上不能将前者的品牌价值转移到后者之中。品牌价值是需要创造的，简单的联合命名策略不能完全将品牌价值转移。将两个品牌名称联系到一起，可以创造又一新品牌。在飞利浦-惠而浦案例中，联合品牌名称引起了人们对惠而浦的广泛关注（品牌知名度），但未将飞利浦的品牌价值转移到惠而浦之中。该案例的首要目标在于保持消费者或顾客忠诚度，以及品牌的专营权。惠而浦作为一个来自美国的名不见经传的市场新进入者，如果不用飞利浦背书，很可能会失去与飞利浦相关的顾客忠诚和品牌专营权。

转化服务品牌

我们需要单独分析服务品牌。一方面，不同于产品品牌，服务品牌关乎无形资产，没有实质内容可以向消费者展示，名称就是该品牌存在意义的保证。对服务品牌而言，品牌知名度和品牌显著度特别重要。另一方面，服务品牌的特性使得对其进行品牌转化相对容易，因为这些品牌通常与具体地点（传递服务的具体地点，或称作服务生产的地点）联系在一起。另外，顾客忠诚的驱动因素是与销售人员、代理商或员工的直接联系。但是这并不意味着品牌不重要：当英国石油公司和壳牌公司各收购了一家德国当地的汽油经销商，两家公司都特别关注收购后出现的情况的处理，而没有意识到加油站的品牌名称及视觉标志对很多德国消费者的影响力。

然而，全球品牌的建立过程总是需要用全球性的品牌名称代替本土的市场领先者。法国安盛公司收购本土领导品牌，并将这些本土品牌移入安盛的品牌之下，从而在全球范围内建立了品牌知名度。对于公司内部而言，这种战略实质上将本土品牌当作安盛在各地的代表与延伸。在服务行业，犹豫不决或联合品牌策略或许会引起公司内部对未来战略的某些怀疑，使得人们倾向于维护原先的品牌特征，而不是考虑其未来发展。结果就是，在服务品牌转化中，最先需要处理、最具重要意义的阶段就是解决公司内部疑虑。公司需要建立很多讨论小组，用于商议传播内容及手段、解决矛盾。在该讨论阶段，被收购公司的各个部门均需表达各自的观点：在它们眼中，公司的未来究竟如何？如何将本土品牌转化为全球性新品牌的有效组成部分？具体的发展路径应该是怎样的？这里介绍两个案例，即埃森哲和 Orange。

埃森哲的案例

2000 年 8 月 7 日，国际仲裁法庭就安达信咨询公司（Andersen Consulting）与安达信会计师事务所（Arthur Andersen）之间的纠纷做出判决：2001 年 1 月 1 日之后，安达信咨询公司不得在咨询业务上使用现有的"安达信"商标。安达信咨询公司需要将原先拥有的技术先进、声誉良好的品牌资产转移到新品牌中去，但剩下的时间只有不到 145 天。

安达信咨询公司首先采取的步骤是，在公司内部展开广泛深入的调查，希望明确人们期望从新品牌中得到些什么：

- 新品牌应该孕育哪些新价值？
- 新品牌应该吸引哪种新类型的咨询客户？
- 新品牌怎样才能促进公司业务的发展？
- 新品牌如何强调差异化特征？
- 新品牌应该暗示哪些改变？

公司对新名称的选择也在内部通过头脑风暴完成，公司要求所有员工参与。2000 年 9 月 1 日，世界著名的朗涛品牌咨询公司提出了 2 000 多个方案。9 月 21 日，公司内部提出了 2 677 个备选名称，包括 Future Creation Group, Global Already, Deep Thought, Mind Rocket 及 Global Curve 等。10 月 5 日，公司依据多重标准筛选出 68 个名称，包括从法律角度这些名称是否可以注册，世界各地的人们是否理解这些名称的字面含义，对应的网络域名是否可用等。10 月 12 日，公司最终选取了 29 个候选名称，提交到公司在迈阿密召开的大会进行投票。23 日，公司的品牌管理委员会对选出的 10 个名称进行讨论。最后，在 10 月 25 日，公司决定选用埃森哲作为新的公司名称。该名称由一位挪威籍高级经理提出，意在表达将重点放在未来。为了完成公司使命（在新经济背景下再造公司业务），该品牌的关键词是机敏、富有远见、社会关系良好和极富激情。

按照惯例，新品牌的主要传播目标是在短时间内迅速提高无提示知名度，同时传递品牌的新价值。为了在原先彼此联系紧密的五大会计/咨询公司中重获一席之地，公司采取了闪电式的传播战略，共投入1.75亿美元，以完成上述两个主要目标，具体目的是在3个月内将知名度提高到30%。

需要再次强调的是，服务品牌的重点在于员工。为了形成有效的品牌联盟，公司建立了50个工作小组，负责137个国家的名称变更的具体事宜。这包括建立新的公司网站、配置新的内部通信设备、与客户公司约20 000位管理人员和数千位潜在客户进行沟通，以及在资本市场传递公司更名信息等。随着这些全球性活动的开展，安达信咨询公司正式更名为埃森哲，其品牌内涵也得以重新定义，由此公司重获新生。

向Orange进发

2000年5月30日，法国国家电信运营商法国电信集团收购了英国排名第三的电信运营商Orange。正如其他垄断者的做法，法国电信需要一个商业品牌向市场提供服务，最终在全球范围内将其业务延伸至其他服务领域。英国天然气公司就是这样的先例：公司建立了新的商业品牌，为家庭用户提供服务。服务内容涵盖传统的天然气设施、保险业务及金融服务等多个领域。法国电信的最终目标是将Orange打造成继沃达丰之后的欧洲第二大电信运营商。

法国电信采取的主要战略是，在各国将当地电信运营公司更名为Orange，同时利用本土企业的优势，抓住消费率较高的年轻顾客群体。在此之前，其他垄断性电信运营企业对这些年轻人并无吸引力。Orange在英国市场上的成功主要基于其对移动电话业务采取的颠覆性措施。这项举措将Orange作为简洁的代号。事实上，Orange的六项主要的品牌价值包括活力、时尚、简洁、透明、亲近和责任。这与英国的前电信市场垄断企业英国电信集团（British Telecom）截然相反。在英国，Orange是个竞争性品牌，它向顾客提出维持真实关系的理念，也在市场被垄断多年之后向消费者提供创新性技术与成果。

在Orange目前开展业务的国家，该品牌所面临的挑战是劝说当地市场的垄断企业接受Orange品牌及其价值。这些本土垄断企业大多也是市场领导者。此次品牌转化的首要目的是让市场理解"Orange态度"。困难在于，如何在每个国家将当地公司、企业雇员和新的品牌价值结合到一起。这一过程共分三个步骤："一起建立Orange品牌"（明确并理解品牌价值），"一起以Orange的方式生活"（了解如何实现品牌价值），"一起推出Orange品牌"（向市场传播并推出Orange品牌）。

第二个步骤包括使每个公司员工深入理解新的品牌价值。无论是从个人角度，还是在其职能团队内部，均是如此。应通过焦点小组、内部会议及公司全体大会在一年之内逐步加深员工对品牌价值的理解。

人力资源总监会自然地成为"一起以Orange的方式生活"过程的一部分。例如，公司建立了评价网格，用于衡量每位参与者在实现品牌价值过程中的不同作用。另外，为了培养团队凝聚力，该表格由团队的所有成员共同填写，作为他人评价个体绩效的标准之一。另外两项常见指标"全店"和"全线"被用来帮助员工在实践中理解Orange销售活动的挑战。

第三个阶段,"一起推出 Orange 品牌",旨在塑造强大的品牌形象,着重声明市场上已经出现全新的产品。在传递这一品牌形象、快速获取新顾客的过程中,媒体的作用非常重要。公司员工也参与其中,公司为每位员工发放了一盒磁带及一张CD,向其描述推出品牌的完整过程。最后,公司单独联系所有现有客户,告知他们品牌更名事项以及这对他们而言意味着什么。

收购后多久可以进行品牌更名

公司实现增长的途径有两种:内部有机增长,或是收购公司外部的品牌或产品。公司越来越依赖外部增长途径。事实上,我们经常听到某家公司收购其他公司的消息,如谷歌收购了 YouTube 及 MySpace。在工业电气设备领域,海格公司在欧洲的发展主要通过收购本土品牌(如英国的 Ashley 和 Klik)完成,这些本土品牌多为当地市场领导者,拥有各自的市场份额、品牌声誉、忠诚顾客基础及分销商网络。问题也随之产生:由于这些本土品牌在当地市场和技术上的声誉都很好,公司是否应当保留其品牌名称呢?

四类因素解释了公司采取外部增长途径的动机。

- 这是市场饱和的结果:通过购买其他公司扩大市场份额,公司可以实现增长。其他公司的市场份额通常与某个明星产品、某项创新成果或某个品牌有关。

- 公司通常对内部创新的结果不甚满意。寻求外部增长机会、抢购其他产品或品牌是更便捷的发展手段。

- 这是公司重返其核心业务,着重发展其最擅长的领域,充分利用其竞争优势的最终结果。由于这一原因,集团公司向外出售其所谓的次要业务。因此,2003年,法国贝勒集团(其核心品牌包括乐芝牛、凯芮等)向拉克塔利斯集团(其核心品牌包括总统牌、Société 等)出售了旗下的"区域性"奶酪业务(如 le Rouy)。在这些收购案中,有关品牌名称和品牌架构的问题开始浮现。比如,le Rouy 奶酪是否应该更名为总统牌 le Rouy 奶酪?

- 最后,这些收购行为通常是公司战略计划的组成部分。这些战略计划不仅旨在获取市场份额,还希望发展全欧洲乃至世界性品牌。

公司进行外部收购后,内部品牌架构创新问题会随之出现。收购企业可以一开始就将被收购业务改用企业名称,而保证不失去客户或者让客户失望吗?例如,飞利浦曾经收购了专注于口腔清洁的 Sonicare 公司(该公司与索尼无关)。这家公司出售一款以公司名称命名的创新型产品,即具有划时代意义的电动牙刷。很多牙医向病人推荐这一产品。飞利浦获得这项创新技术之后,应该将这项技术命名为什么呢?对应的品牌又应该是什么呢?Sonicare 在美国和日本市场上都享有良好的声誉,但在欧洲市场上并非如此。飞利浦的情况则恰恰相反。公司是应该依据全球化惯例沿用相同的品牌架构体系,还是应该根据市场情况进行调整?

从根本上说,我们需要考虑决策过程中的主要问题。

首先,一致性问题。这项创新成果可否与公司希望建立的品牌保持一致?飞利浦希望在世界范围内重建其简单、理性的品牌形象;希望能够被识别——比目前的辨识度更高——以成为专注于观念创新的领导者,而这些创新要贴近生活,令消费者的日常生活更轻松。这两项核心价值特质要求公司按照标准对创新技术及收购的决定做出选择。事实上,Sonicare 与飞利浦希望打造的品牌形象非常相似甚至是一致的。相反,当我们为雪铁龙重新定位时,该品牌的执行总裁提醒我们,公司在三四年前就设计出一些产品,但仍未推向市场。重新定位几乎是不可能完成的任务。新定位很可能与公司即将推出的新款车型冲突,因为这些车型本身就是按原有雪铁龙品牌的定位设计的。

其次,战略问题。产品应该单独上市,还是成为战略联盟的一部分?在战略联盟的情况下,最有必要采取的是子品牌战略,因为联合品牌下没有任何品牌可以得到充分发展。

例如,飞利浦与荷兰的咖啡业巨头 Douwe Egberts 结成联盟,共同推出了 Senseo 咖啡机。消费者不用购买昂贵的雀巢奈斯派索胶囊咖啡机,即可在家制作顶级咖啡。需注意的是,雀巢的咖啡机业务已经取得了统治地位,这款胶囊咖啡机由法国赛博集团旗下的克鲁伯公司生产。

再次,市场接受性问题。简而言之,品牌的 10 年愿景与其在特定目标下所处的实际环境可能存在差异。我们不应错将期望当作现实。因此,品牌不应单独采取行动,而需要引入中介或同盟:这就是子品牌能够发挥的作用。例如,为了打入女性剃刀市场并取得统治地位,吉列公司推出了世界性子品牌维纳斯。另外,吉列采取了背书品牌的架构。产品包装上,维纳斯以大写字母的形式呈现,吉列的标志用小字印在包装底部。

吉列本身是个男士品牌,有人认为它极具男子气概。"完美男性"是吉列推广的全球宣传语。这种品牌形象很难取悦广大女性消费者,也很难在大多数女性群体中形成实际价值。尽管吉列的品牌形象能够给女性剃刀产品带来某些利益,但女性消费者仍会坚持其独有的自我概念。为此,吉列采取的措施是务实谨慎的,它推出的维纳斯品牌本身就是对女性的赞美。这一案例清楚地向我们展现,对品牌名称的选择根本上应源自对品牌架构的选择。事实上,维纳斯品牌应该叫作吉列-维纳斯品牌。

品牌的现实情况可能与预期创新目标存在差距,因此公司应该选择不同类型的品牌架构。品牌的形象越不利,公司越应该选择掩饰该品牌(制造商标识结构)。否则,公司应该选择联合品牌或来源品牌结构。

最后,发展计划问题。事实上,第一阶段所选择的品牌架构只是暂时的。创新的功能之一在于为品牌提供其原本缺乏的核心特质。只要品牌取得了这些特质,原本存在于品牌及其目标之间的分歧得以填补,最初选择的品牌架构就没有任何存在的意义,需要根据实际情况发展原有的品牌架构。如图 15-2 所示,荷兰咨询公司 VODW 开发的决策制定模型阐明了上述过程。

如果公司员工对品牌转化的最终目标并无疑义,接下来最重要的是制定具体运营活动时间表。如图中所示,受传播活动及时间推移的影响,品牌逐渐符合市场预期,产品包装上应突出品牌名称,而品牌架构也应从背书品牌结构或制造商标识结构转向最终的来源品牌或主品牌结构。

图 15-2 中的决策树是对目标客户进行形象诊断的图形化结果——在特定国家,品牌整体(之后会成为唯一的品牌)是否能够符合特定产品品类的预期?符合

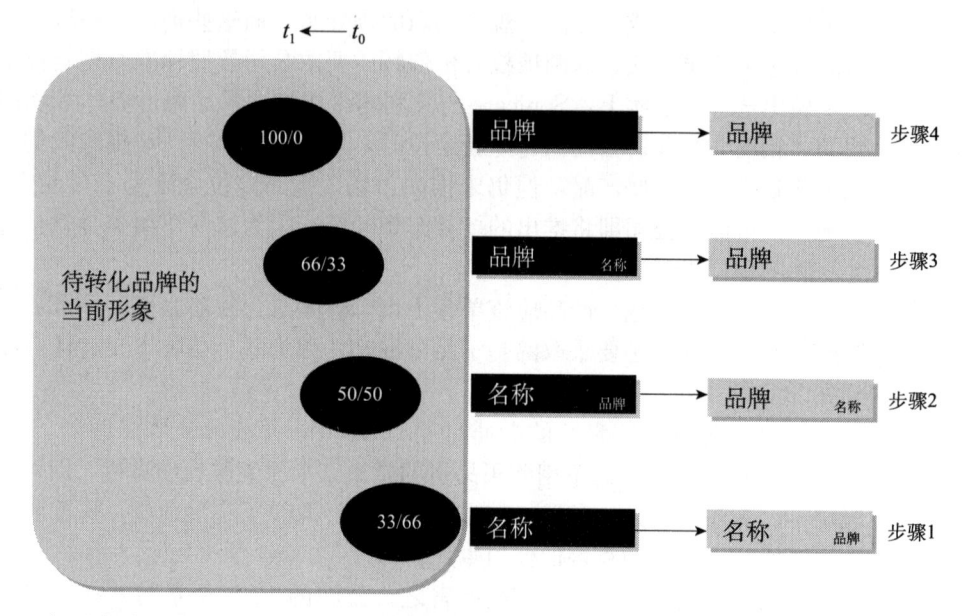

图 15-2　进行品牌转化的阶段性步骤（将转化速度与形象差距相联系）（Kapferer/VODW）

程度达到多少？如果达到100%，企业则需进行快速的品牌变更。如果符合程度较低，通才型品牌的形象会面临犯下各种错误、损害产品销量的风险，最终使竞争对手销售人员的工作更容易。当通才型品牌的收购专业化程度很高且主要针对特定细分市场的专用品牌时，尤其如此。最重要的是牢记最终目标（最后只保留唯一的品牌名称）。当然实现这一终极目标需要逐步完成。

我们已经在图中标出从产品品牌发展成全球品牌的不同阶段。经过这些阶段，对品牌会有不同认知，使得该全球品牌的形象更加符合对应品类细分市场或其他细分市场上的消费者预期，品牌也更有可能实现其最终目标。这一过程应在区域层面完成：即便是全球品牌，其业务也在地方市场上开展。因此，品牌转化应该依据品牌在不同地域的形象分析结果，在当地逐步实施阶段性计划表。

品牌变更在管理上的阻力

品牌变更会引起人们的敌意，从而将市场份额置于危险境地。反对的声音可能来自消费者、分销商及公司内部。从客户的角度出发，品牌变更并不是表面行为，它会影响产品的核心特征。因此，人们往往认为品牌变更会带来潜在风险，在新兴市场尤其如此。人们还有可能将设计有所改变的产品误认作假货。在服务行业也是如此，当缺少有形要素时，品牌成为所有契约关系的核心。另外，只有在被认为合理的情况下，品牌才能成功延伸到新的产品品类（见第9章）。这是百得公司收购通用电气的家用电器业务时遇到的主要挑战。

成功的品牌转化需要考虑分销商。在工业领域，营销渠道通常较长，零售商倾向于选择一些可互为补充的品牌。推销这些品牌，说明企业将品牌、品牌声誉及顾客忠诚联系在一起。对品牌进行变更，意味着对10年或15年形成的良好、忠诚的服务提出质疑。零售商忠于选择某品牌，也希望从品牌那里获利。即使产品完全一样，简单地用品牌Y替换品牌X是没有说服力的。除了自有品牌，超级市场对其他品牌并不关心。它们考虑的问题更加实际：是借机收取新品牌的上架费用，还是顺便为品牌转化带来短暂的麻烦？另外，有些公司将弱势品牌放在强势品牌的伞状结构之下，希望借此提高弱势品牌在货架上的可见性。对于这种行为，分销商总是不假思索就给予批评。

最后，我们不能忽视公司内部及人员对品牌转化的反对。通常而言，品牌变更必须取得品牌管理人员的同意。为了赋予太阳琥珀（Ambre Solaire）现代、高科技的特征，欧莱雅决定将其放在伞状品牌卡尼尔之下，而卡尼尔在欧洲并不受消费者欢迎。在英国，太阳琥珀享有良好的声誉，而卡尼尔却不为消费者所知。反对品牌转化的人认为，卡尼尔的前景并不明朗，很难获得消费者关注。但在法国，情况正好相反：卡尼尔的管理团队认为，太阳琥珀的品牌声誉较差，进行品牌转化可能令卡尼尔的品牌贬值。最终，欧莱雅还是进行了这次品牌转化，太阳琥珀的销售额由400万欧元增至2 000万欧元。

英国帝国化学工业集团（ICI）曾经完成一项无关紧要的品牌转化，即将法国市场上具有领导地位的油漆品牌Valentine更名为"ICI Dulux Valentine"。帝国化学工业公司的案例提醒我们在品牌转化过程中要考虑以上三种阻力。要关注公司员工在该过程中的参与程度。Valentine的员工与该品牌的联系极其紧密，员工将自身视为品牌的托管人，像打理自己的财产一样管理该品牌，极其重视任何与品牌有关的改变。面对品牌转化，员工可能认为品牌将失去自身特征，甚至认为品牌会被淘汰。如果公司希望避免这些想法，内部沟通的重要性不言而喻。

最后，公司首先要做的是制定选择性信息政策，只告知与该项目有紧密联系的员工项目的进度。为防止泄密，项目只有代号，而不是具体的名称。之后，当项目完成的最终期限即将来临时，公司才向全体员工告知这一计划。公司应向员工表明，被帝国化学工业公司收购，是公司向前发展的关键一步，而不代表Valentine公司的彻底终结。

公司将销售人员聚集在一起，向其展示欧洲市场、帝国化学工业公司以及多乐士品牌的演变过程，侧重介绍多乐士品牌在全球的重要性、悠久的历史（1930年设立）、可引发消费者共鸣而又轻松的传播策略（向人们播放品牌广告）、运营内容和该品牌对公司产生的作用。销售人员应该理解，品牌转化是公司发展过程中必然经历的阶段，会为顾客带来真正重要的利益。

这一活动在品牌转化6个月前组织，之后公司内部不再有任何谣言。

一些分销商很早就得知品牌更名的消息，需要指出的是，它们也是促使公司做出更名决策的主要原因之一。因为分销商会受益于品牌向欧洲其他地区的延伸活动，它们也希望看到Valentine发展成为欧洲知名品牌。因此，分销商不会反对此次品牌变更。针对分销商，公司需要做的只是向其展示公司会尽一切努力保证品牌转化顺利进行。

早在品牌转化一年前，当只有少数负责该项目的员工知悉品牌即将变更的消息时，公司管理人员已将消息告知一些零售商。另外，商店店主提前3个月接到了公司销售代表的通知。最后，品牌变更前夕，即1992年3月23日，部门经理和货架经理才收到邮件通知，知道ICI Valentine将更名为ICI Dulux Valentine。随邮件附上的还有Valentine吉祥物美洲豹的免费高级徽章。之后当Valentine的销售人员再次登门时，还为他们带来了ICI Dulux Valentine手表（表盘背景为蓝色，12颗黄星代表不同刻度，表盘中央还有美洲豹的标志）。这种策略广受欢迎，直至今日，仍有人佩戴。

事实上，这次品牌转化进展顺利的主要原因在于，公司让零售商感到此次活动旨在满足零售商提出的要求，考虑更多的是零售商利益，而不是公司的一项革命性品牌变更活动。另外，新包装减轻了分销商的工作量，明确了产品信息，让消费者更易理解，也让货架的产品陈列更加协调。

从客户角度出发，根据产品用途（用于粉刷地板还是屋顶、用于粉刷木制材料还是钢制材料）而非品牌名称管理货架。新包装让消费者能够更方便地看到所需要的产品信息，如用于粉刷厨房还是卧室等。

另外，Valentine公司向分销商明确，品牌变更活动不会扰乱其原来的货架陈列，不会额外增加他们的工作量。Valentine还决定，无论在什么时候，同一货架上都不能同时出现两个不同的品牌名称。因此在620家商店，公司共派出180位员工为原来的产品贴上新标签。Valentine公司还向零售商提供了免费电话号码，以防问题发生。

在品牌变更之前，公司还进行了一系列试验，预测消费者的可能反应。速示器（Tachytoscope）测试（连续展示新旧产品包装）结果显示，两种包装能同样有效地与品牌联系起来。

顾客得到的另一好处是，他们可以根据不同用途对所有产品类型快速区分。在通常情况下，这一过程需耗时3年。当顾客不清楚用于房屋或物体表面的油漆有何区别时，这为顾客选择产品带来了方便。

品牌成功转化的要素

尽管相关案例的内容及具体情况各不相同，我们仍能从中概括品牌转化的重要经验。玛氏前营销总监菲利普·维尔斯对快速消费品领域的品牌转化进行了总结（Villemus，1996）：

第一，品牌转化需要公司生产、物流、销售、营销及综合管理等各个部门的共同协作。公司需要考虑各个方面，任何小错误都可能引发大麻烦。

第二，公司应将品牌转化视作发展机会，而不是一个限制条件。品牌转化让公司能够重新评估品牌的优势与劣势。品牌转化使公司得以获取新的市场份额，新品牌带来的额外关注让企业可以从中获利。从这一角度出发，公司员工、分销商以及消费者应积极看待品牌转化，公司应详细说明新品牌为各方带来的具体利益。

第三，品牌转化不应随心所欲，而应该进行充分准备。公司应该提前通知零售商、决策制定者、意见领袖和公司员工等。

第四，时机非常重要。公司必须等到所有顾客都意识到品牌改变即将发生再着手展开活动。如果需要迅速完成这一过程，公司必须在其力所能及的范围内利用各种传播手段让消费者了解。

第五，公司不能强迫零售商配合公司进行品牌转化。公司需要提前通知零售商，并做出一切努力为零售商提供便利。这意味着零售商不能同时备有新旧两种品牌的存货。此外，产品的条形码不应变化。这一举措不仅可以帮助公司免除上架费用，还有助于新品牌的销售。具体而言，如果商店核心运营部门还没来得及使用新条形码，或是零售商电脑系统并未注册新条形码，结账处的扫描仪很可能无法识别。

尽管品牌真正进行转化之前还可采取类似联合品牌策略来过渡，公司仍然希望尽快完成品牌转化。公司需要将平均购买频率纳入考量；生鲜食品和油漆的购买频率完全不同，所对应的最短过渡时间也有差异。过渡时间过长，会让公司深陷泥沼，品牌转化难以继续进行。Pal 更名为宝路的过程就长达数年。相应地，如果过渡用时很短，公司就会从中受益。例如，在 Raider/Twix 的案例中，在广告活动的强力推动下，整个转化过程极其迅速。

对于消费者而言，没有事先通知、没有相应信息或解释的情况下，"既成事实"最让人感到震惊。这种欠考虑的行为如同突然背叛消费者，顾客对品牌的忠诚度会大打折扣。从 Treets/M&M's 的失败中我们已经汲取了教训。

1985年5月8日，可口可乐的经典可乐突然变成新可口可乐是典型的"既成事实"案例。这一事件被称为20世纪营销领域最大的失误之一。事实上，这次品牌转化几乎引发了一场革命。人们要求货架上重新摆放经典可乐产品，并将新可乐逐出市场。可口可乐曾花费长达一个世纪的时间向消费者宣称它们的产品货真价实，不事先通知消费者而突然改变产品的行为十分奇怪。消费者应该受到尊重，他们希望知道品牌改变会给自己带来怎样的价值。品牌延伸有助于维护消费者自由选择的权利，品牌转化则或多或少对消费者的权利有所侵害。品牌不仅仅是名称，更是一种情感联结（Fournier，2000）。人们失去朋友后总会感到受伤、痛苦甚至愤怒。

如今，大部分公司都会向客户或消费者解释品牌转化行为。公司会提前通知消费者，同时向其保证品牌转化会顺利进行。消费者能够了解品牌转化会为其提供更多价值。另外，为了防止顾客流失，公司在一段时间内仍会保留先前的品牌标志，转化完成后，在产品包装上添加一行说明文字，提醒顾客"这是……的新名称"。

为了取得品牌转化的成功，最重要的是要明确：在顾客眼中品牌的特征究竟是什么？品牌资产位于何处？下面借用壳牌喜力的案例进行说明。壳牌决定用单一的欧洲知名品牌替代当地的润滑油品牌，但在实际操作过程中，壳牌没有协调好公司与子公司之间的关系。法国市场的问题尤其明显，因为该国超过50%的机动车润滑油市场被自助服务超市占有。公司的战略是，在1992年9月向市场推出名为壳牌超凡喜力（Shell Helix Ultra）的高级润滑油。公司将该款产品放在本土品牌 Puissance 的产品线下，并保留了颇具实用性的特色油罐包装，但包装换成了灰色。

尽管 Puissance 的品牌识别度很高，但是该品牌的品牌强度与其颜色而非品牌名称关系密切。公司本应告知顾客产品包装将从棕色变成黄色，而非仅仅事先向其宣布品牌名称将会改变。

在耐用品及服务领域，实际上在所有高风险行业，强调内部沟通十分重要。品牌不是抽象概念。顾客通过品牌识别产品，品牌变更令顾客对产品的识别发生变化，两者应该有所呼应。公司进行品牌变更时，这一点尤其重要。

一项前提：通知品牌拥戴者

说起来或许有些奇怪，有些营销人员尚未意识到，品牌不仅属于其法定拥有者，更属于普通大众。Gap 曾经一度迷失，但在 2010 年 10 月付出高昂代价后吸取了教训。Gap 遭遇过一场识别危机，当时公司决定在不通知任何人的情况下更换品牌商标。10 月 8 日，公司发布了似乎更加时尚的新商标。这一改变在各大社交媒体上引起了品牌拥戴者的强烈反对，大家一致要求重新使用旧商标。显然，Gap 公司管理层没有从新可乐的案例中吸取教训。在消费者权益时代，具有标志性的品牌必须谨慎，力求不失去其品牌拥戴者的支持。这是宝马 MINI 成功的关键。宝马公司提前通知世界各地的 MINI 会员俱乐部，同时征询了会员意见。如果这些会员提出负面反馈，MINI 当年的销量就不会增长到 250 000 辆。

名称更改为企业提供了探讨未来发展、咨询客户及征求建议的机会。品牌拥戴者希望参与企业的经营活动，为其提供建议，也希望与企业一同进行创造。企业应该与品牌拥戴者一起进行营销，而不是向其展开营销活动。

变更公司品牌

当需要变更公司名称时，我们需要提前了解更多注意事项，因为该过程对公司内部和外部公众产生的影响都很大。

首先需要解决的问题是谣言。品牌转化过程中的谣言总是与事实有所出入。公司内部员工总将企业更名看作危机、经营困难或股东施压的结果。当新的大股东入主公司，这种情况更为严重。公司外部公众则大多低估了企业内部困难。由于企业更名不能为其带来任何收益，外部公众没有理由过多关注这一事件。但是，如果外部公众了解到该决策会影响他们，则会对公司更名产生兴趣。所以，公司应使外部公众与公司更名产生联系。最后，公司需要针对不同的利益群体需求采取不同措施。从这一角度而言，首先需要针对的是股票交易员。如果公司在世界 10 余个资本市场上市，在公司更名次日，所有金融家都希望在报纸财经版面上看到相应的消息。

1999 年 7 月，一家小型能源企业道达尔公司（Total）接管了大型公司埃尔夫（Elf），一跃成为世界排名第四的能源公司（这也是唯一的非英国公司）。当然，这项合并案的成功已经超出了本章的探讨范畴，将话题局限于名称变更无异于管中窥豹。但在该合并案中，企业名称确实发挥了一定作用。道达尔没有立即改变企业名称以提高业务经营成功的可能性。

按照道达尔菲纳埃尔夫公司（TotalFinaElf）管理层的说法，收购取得成功的原因如下：

- 接管方进行了充分的准备。例如，道达尔分析了目标公司的人事情况。接管完成一个月之后，公司发布了新的组织架构图，全体员工能在短时间内明确其岗位职责。
- 接管方不以胜利者的姿态出现，而是勇气可嘉地对所有转让资产、团队及员工按50：50的比例分配。
- 道达尔成立了上百个临时委员会探讨各项问题。昔日的对手敌意减弱，双方能够相互了解，最终成为朋友。
- 合并完成后，公司的名称变为道达尔菲纳埃尔夫。这个名称被保留了三年之久。选择这个名称有其内在原因，它说明收购中没有公司是输家。保留被接管公司的名称代表着尊重。对外而言，这个名称是力量的象征。
- 在多次进行内部调查后，2003年公司名称终于变成了道达尔。此时，公司标志也发生了变化，新标志传递了这一欧洲能源巨头新的价值观。合并是企业取得巨大进步的重要契机。为什么要回归原有的公司名称，而不像诺华公司（其前身是汽巴山德士公司）或安万特公司（其前身是赫司特罗纳普朗克公司（Hoechst Rhone Poulenc））那样，创造新的公司名称呢？这些实验机构的医药产品品牌就是资产，而能源公司的资产主要基于其石油储备，很大程度上依赖于50多年来公司在石油出产国开展经营活动所建立的声誉。道达尔就是一项重要的资产，它在世界范围内意味着信任。另外，国际金融组织预测，道达尔的财务管理团队能够继续发挥作用，而这一良好势头也消除了这些金融组织的疑虑。

企业名称变更是否影响股票价值

有些企业名称的变更只起修饰作用。例如，阿尔斯通公司决定去掉名称中的"h"，由Alsthom变为Alstom。有些企业名称的变更只是虚张声势，并无实际意义。例如，巴黎银行由Bank Paribas更名为Paribas，施耐德电气从Group Schneider Electric变成Schneider Electric。还有些名称变更是企业最新动态的反映。例如，道达尔菲纳埃尔夫公司重新更名为道达尔（道达尔公司在名称变更前两年又收购了两家企业）。然而，有些重要的名称改变与新组织或企业的成立有关。例如，Adia和Ecco的合并产生了新的公司阿第克（Adecco），而斯奈克玛-萨基姆公司（Snecma and Sagem）决定缩短冗长且难以发音的联合名称，改为赛峰（Safran）。

改变公司名称意味着向资本市场传递强有力的公司内外部信息。表面上，新项目完成，宣告了新公司的诞生。那么，正式的公司更名公告能否带来股价上涨呢？资本市场是否在公告宣布前就已经洞悉这一变化？

目前的研究尚未取得统一结论。例如，研究发现，企业名称变更能在一定程度上带来公司的利润增长（Horsky and Swyngedow, 1987）。当然，仅仅改变名称并不能带来上述结果，还应有新组织诞生。然而，博施和赫斯切（Bosch and Hirschey, 1989）发现，在公告宣布前的一段时间内，企业股价有所下跌，调和了公告发布日前后的股价上升为企业带来的利润增长。有研究分析了公告正式发布日前后10天的股价变化（Akhme and Kapferer, 2006）。之所以选取这一时期，主要是因为资本市场上的谣言大多盛行于这一时期（Kapferer, 1990）。结果表明，资本市场能够在公告正式发布前预测到企业名称的变更。因此，一旦公告发布，企业股价会相应下跌。

如图15-3所示,企业名称变更对其市场价值具有一定影响。彻底改变名称,影响更大。不是所有的名称改变都能给人们带来惊喜,也不是所有的名称改变都能传递重要信息。值得注意的是,该影响发生在正式公告日之前。对于服务业公司而言,该影响更大,金融行业受到的影响次之。

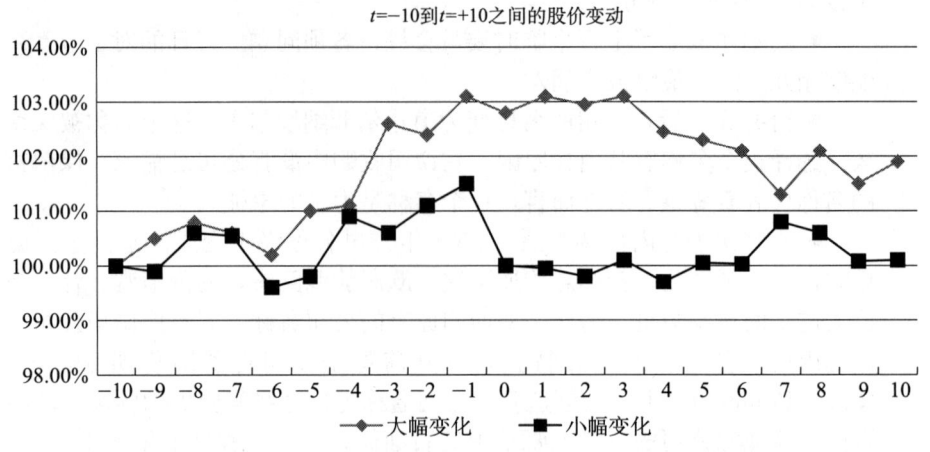

图15-3 企业名称变更可产生多大的股价超额收益

资料来源:Akhme and Kapferer(2006).

第16章 品牌蜕变与品牌复兴

沉寂已久的传统品牌近年来重整旗鼓重磅归来。新的管理层或投资基金决定重新注资这些知名品牌，为现代顾客提供新的服务和产品。投资基金和商业天使青睐"睡美人"品牌，首先是因为它们能够唤起我们记忆的共鸣。作为资产，这些品牌仍具有品牌意识、品牌特性和品牌信仰：相较于从零开始，在这些已有基础的品牌上投资花费要少得多。这就是2001年宝马重新推出英国标志性汽车品牌MINI的原因。

其次，老品牌可以唤起怀旧情绪，即一种强化感情的价值。在当今老龄化社会中，一部分年轻消费者开始感叹生命的流逝和一去不复返的美好时光。一些顾客想要重温老品牌情怀，以象征性地阻止时光流逝（Brown et al.，2003）。最后，它们的品牌价值对当今的顾客仍有吸引力。

有必要先区分一系列相似或相关的概念：老产品重新上线（上市）、产品再创新、品牌复兴和产品改款。

- 老产品重新上线是指获取过去的产品，并按照原有的方式进行销售。2001年，沃尔玛推出了一款全新的产品Lorina，这个品牌属于一家销售柠檬汁的小公司。对于所有的分销商来说，柠檬水就是一种越便宜越好的商品。一升柠檬水的售价大约是25欧分，而Lorina要卖4欧元。它完全效仿20世纪50年代的柠檬水：经典的玻璃瓶、别致的瓶盖，连配方都和当时一样。谁会买呢？50岁以上的顾客。

- 产品再创新的一个范例就是大众甲壳虫。除了收藏者，没有人现在还想开着一辆旧式的甲壳虫汽车：按现代的标准来说它不够安全也不够舒适。大众决定在保留其独特造型的同时进行细微的外观改造，并且彻底改善了汽车性能来迎合当代顾客的最低期望。谁会买呢？老顾客和那些喜欢老品牌的年轻人。

- 品牌复兴或蜕变指的是重新实现销售的持续增长，让品牌重现生机，重新处于上升坡道。要达到这一点需要两个条件：在全球市场上保持老品牌产品自身的特性（以保留其特许经营权），同时重新研发产品以满足新的年轻顾客的需求（我们可以问这样一个问题：如果我们必须从零开始研发这个产品来满足现代消费者的需要，那这个产品在今天会是什么样的？）。博柏利就是一个典型的例子。

- 产品改款（Lehu，2006）是指产品性能升级和（或）产品设计升级以跟上市场竞争的步伐。大众开发高尔夫7系就是一个很好的例子。

品牌复兴吸引了多方的注意：

- 新兴的投资者或风险投资家。他们低价买入正在衰退的品牌（通常是老品牌），以期几年后复兴该品牌并赚取利润。这就是伯纳德·阿诺特成功的原因：低价买入迪奥。

- 没有资金创造自己品牌的小商家。它们愿意以合理的价钱收购之前流行的品牌。例如，10年前雀巢在停止欧洲酸奶品牌Chambourcy的产品销售之后，想要把它卖掉。一个小公司收购了这个品牌，但是Chambourcy并没有让这家公司兴盛起来，相反它很快就宣告破产。因为没有一个可行的经营模式，单单一个品牌是没有用的。（当然，雀巢对Chambourcy品牌的使用有一系列限制条件，因为它并不希望看到Chambourcy与自己竞争。）除此之外，一个品牌的热销不仅取决于品牌对顾客的吸引力，也在于运营公司的实力。相较于公司拥有一个为人所知但逐渐没落的品牌，现代大型零售商更加重视公司的持续竞争力和高效运送货物的能力。

- 大型公司对复兴大品牌感兴趣的前提是这些品牌并没有被看作日渐衰落的品牌（和当今市场脱节，只与那些年老的消费者有关系）。举例来说，当初福特收购捷豹之后，福特不得不投入一大笔钱使捷豹重新面市，让它成为优质汽车的代名词。福特仍然采用传统的营销方法来销售豪车，结果失败了。

- 跨国公司会通过收购当地的领导品牌来促进自身国际名品在当地的发展，并为其发展提供资金。当地品牌是当地经销的敲门砖。然而，这些所谓的当地领导品牌常常会带有老龄化的特点（没有创新，年轻消费者过少，很少挑战传统模式，缺少系统的包装、设计和传播渠道）。

品牌资产贬值

即使品牌的商业活动停止，品牌资产也不会马上消失。历史告诉我们，品牌形象不会轻易地从消费者的长期记忆中抹去。的确，许多年后一个品牌仍然可以引起很多正面或者负面的联想，真正失去的是品牌的核心资产——品牌的卓越性，即一个品牌应该具有这样一种能力：当消费者想要买某种类型的产品时，这个品牌会立刻浮现在消费者的脑海中。这就解释了为什么"位于消费者激活域内"是衡量品牌资产的一个重要指标——这体现了品牌的现实存在感，以及它与消费需求之间独特的感知关联。

表16-1展示了品牌资产是如何随着时间的流逝而贬值的。品牌X是一个非常流行的快消食品品牌，几乎占据了100%的市场份额。直到近几年，这个品牌才滑到第二位。然后它被市场份额占有量排名第三的公司收购，紧接着品牌X的全部工厂被变卖，品牌收购的利润马上得以实现。更重要的是，公司停止了品牌X的商业活动，从而使其市场销售量位居第二、市场价值位居第一位。八年后，品牌资产仍然没有完全消失：消费者第一选择从13%降至5%，提示后品牌知名度从86%降到55%。有趣的是，仍有13%的顾客称他们在过去一年中至少买过一次这个品牌的产品，这个数据对这类快消产品的品牌资产指标的可信度提出了质疑：似乎这种指标仅仅是对消费者自发认知的反映。

表 16-1　品牌资产如何随时间流逝而贬值

品牌停止商业活动之后的年数	1	2	3	4	5	6	7	8
消费者第一选择（卓越性）	13	12	7	7	6	3	1	5
总体无提示品牌知名度	26	28	20	29	15	14	11	16
提示后品牌知名度	86	83	76	73	68	50	55	55
过去一年的销量	27	29	17	19	12	15	10	13

注：快消食品品牌；样本量为 450/年；所有数值都为百分比。

如果品牌拥有者决定出售这个品牌，它还值多少钱？几乎是零。拥有者永远不会冒出售品牌后让它在市场上重新崛起的风险。一旦退出市场，它就只是一个名称以及褪色的信誉凭证。不会有消费者再去买它。拥有者能自己复兴这个品牌吗？也许只能在特定的细分市场或利基市场中，但只要涉及主流市场，重回货架几乎是不可能的。商场的货架已经被挤满了，首先是商场自有品牌，其次是一些制造商的大品牌。通常来说，改变销售渠道是一种可行方案。比如说，一个饮料品牌可以采用以经营场所为基础的销售策略（比如说餐厅和餐馆中的消费），前提是这个渠道可以增值且能避免激烈竞争。正是由于这个原因，销售渠道和（产品）使用的改变是品牌复兴的典型形式。

这个例子也证明了一个长久被忽视的事实：一个品牌的价值并不在于它的资产，而在于公司利用这些资产获利的能力。在停止商业活动八年后，商业环境已经改变。只要这个品牌从商店中消失，货架就会被其他品牌填满。要想再次销售原先的品牌，就要挤走货架上的现有品牌，其成本很高，成功的概率很小。因此，品牌需要创新才能东山再起。

这样一来，防止品牌衰落的必要性和品牌在停止商业活动一段时间后如何失去价值便一目了然了。但是衰落的因素有哪些呢？

衰落与消亡的因素

根据第 10 章中对于影响品牌寿命因素的分析，我们可以这样讲：当品牌开始不受重视时，它们就开始衰落了。事实上，品牌衰落往往源自经营不善。当一家公司开始对自己的品牌失去兴趣时（从而导致缺乏创新、宣传和生产力），消费者自然而然也会对品牌失去兴趣。如果品牌失去了活力、能量，并且显示出越来越弱的生命力，怎么可能激发消费热情、产生吸引力呢？抛开这些基本的不可忽视的规律不说，还有一些因素会加速品牌衰落。接下来我们一一研究。

忽视质量

首先，品牌衰落必然是产品质量下降导致的，即品牌不再是质量的象征。低价竞争迫使企业在生产上偷工减料，即使不是在生产的主要环节上也易被发现。比如说，当欧莱雅买下浪凡的全部产权之后，主打香水 Arpège 就变得徒有虚名了。制作香水的天然植物油被大量人工原料取代，连香水瓶也不再是之前的圆形。Arpège 的质量下降得如此厉害，全世界的顾客都意识到它不再受重视。欧莱雅首先让香水恢复了包装和原料，与消费者之间的联系以及令品牌被消费者接受的基础得以重建。

注意非显著性差异

一个产品质量水准的变化不会突然发生，而是源自统计学测试的隐含逻辑。每个变化前后进行对比测试，如果顾客对改进后的产品评价不高，但统计分析显示差异并不显著，公司便会毫不犹豫地推出新产品。问题在于"无显著性差异"这种表述方式，所有的决定都基于所谓的"α 风险阈值"（通常是 5%）。只要在样本中观察到的差异受偶然因素影响不到 5%，便被称为非显著。在科学界，这种高风险阈值旨在避免对一个事实上不存在的现象信以为真。在市场销售中，真正应该考虑的应是"β 风险"，其目的在于避免对实际上真实的假说信以为假。因为哪怕是最小限度的产品修改，也会冒一定的风险。消费者并不傻，他们先是不买这个产品，接下来就会抛弃它，甚至口口相传负面评价。如果对这个产品的评价低于标准产品，对它的任何改动都需谨慎，即使差异被认为是非显著的。

错失新潮

衰落的第三个因素是拒绝紧跟变革潮流。举例来说，长时间以来泰勒梅（Taylor Made）一直是全球高尔夫俱乐部的代名词，它没有想到商业巨头卡拉威发布的带有暗示意义的大贝尔莎（Big Bertha）[①] 球杆会异军突起。泰勒梅坚守的理念对作为市场主体的普通球员来说要求过高，因而泰勒梅很快就失去了主导地位。同样，索尼也错失了互联网大潮和 MP3 潮流，因此索尼的名字就和随身听联系在一起，而苹果与 iPod 联合在一起。

2001 年，据美国专业市场营销研究公司 Zandl 的统计，牛仔裤仍是青年人穿着的首选。然而，他们喜欢的牛仔裤品牌多达 112 个。市场正呈多元化发展，这对李维斯来说是一个挑战，因为它的形象和销售很大程度上只和单一产品 501 联系在一起。

多元化发展使得一些小群体更偏好新款牛仔裤，他们更喜欢新的穿法和新的品牌。因此，这一市场中涌入了很多新兴的竞争者。佩普（Pepe）和迪赛设计具有城市反叛精神、看重自我者喜好的地下街头服饰。Gap 也是一个有力的竞争者。李维斯之前不相信地下街头服饰的前景，忽略了说唱歌手和饶舌歌手的需求，事实上他们才是新一代青年中的意见领袖。紧身 501 系列完全不适合滑板和直排轮滑，他们想穿 XXXXL 号的牛仔裤，这样可以把裤腿卷到膝盖以上；说唱歌手喜欢多口袋的牛仔裤。在消费市场的另一端，女生喜欢汤米·希尔费格（Tommy Hilfiger）和保罗（Polo）的牛仔裤，更别提阿玛尼和范思哲（Versace）牛仔裤。很明显这是大众市场的终结，李维斯没有预见到，更糟糕的是，当潮流正盛时它也没有及时采取行动。

单一产品综合征

从产品政策层面来说，只有单一产品的品牌承担的风险更大。该产品一旦衰

[①] 大贝尔莎原指第一次世界大战中德军使用的大口径远射程大炮，后指远程精准的东西。——译者

落，品牌就会遭遇风险。这也是发生在李维斯身上的情况，它过久地和传奇性的501联系在一起。Wonderbra是另一个落入单一产品陷阱的典型例子。

谁没有听说过Wonderbra呢？几乎没有，无论男女。它有较长的历史（1953年由Canadelle公司在加拿大创立），进入欧洲市场却是在1994年。莎莉集团收购了这家公司并委托倍儿乐（Playtex）负责在欧洲推广Wonderbra。经典的广告语"Hello Boys"及与之相伴的宣传使得这一品牌家喻户晓。这个品牌帮助那些觉得自己胸部不够丰满的女性看上去更性感进而获得自信。它开创了一个新的领域。1995年，它在欧洲卖出了500万件胸罩，86%的顾客年龄小于35岁。而现在Wonderbra在干什么呢？不是在防止品牌衰败，就是在寻求发展渠道。尽管其提示知名度达到了70%，但在一些国家，它在贸易渠道的商誉正在恶化。

1995年Wonderbra的销量达到顶峰，之后开始下滑。其他著名品牌也加入了这一领域的竞争。

问题就在于Wonderbra与一种产品而不是一个品牌联系在一起，它的品牌名称成为泛指的产品：人们会说"那些Wonderbra"。这一科技含量很高的产品（有42个部件，需要特殊的生产技术）在公司内部备受青睐，每个人都为之自豪。但它将走向何方？如果创新是市场渗透的核心，那品牌就不能只是一个产品的名称。Wonderbra的创新力度不大，消费者就不会重复购买它的产品。如今，61%买Wonderbra的消费者都只有一件Wonderbra。他们只在特殊的场合穿戴，而不会在工作日穿戴。如果Wonderbra可以根据不同的消费需求提供不同种类的产品，那它早就可能在其性感定位上一骑绝尘。同样，如果它可以提供不同材质、不同形状的产品，也可能在这一领域称霸。然而，它的款式过少，消费者无法自由地选择这一品牌的产品。

另一难题是品牌的全球化管理。因为倍儿乐（莎莉）的过度集权，新的文胸款式主要是针对其欧洲主要市场（英国）研发的。管理层没有意识到意大利、法国或者西班牙女性的消费需求和英国女性会有所不同，因而欧洲市场变成了英国市场。

渠道不畅

如果一个品牌没有达到人们对其新的预期，它和销售渠道之间的关系也会导致其衰落。诸如欧莱雅这样的公司会针对超市研发特定的品牌，比如化妆品品牌Plénitude。薇姿在药妆界的地位受到了威胁，去药店买药妆的消费者希望这些产品可以具有与实验室质量保证相符的质量。然而，薇姿已经成为一个全方位品牌（generalist brand），它更重视生活方式而不是质量。2000年，它发现自己已经不是消费者想在药店买的产品。薇姿的复兴很大程度上依靠高质量的产品升级和通过皮肤改善健康这一重新定位。

有一些品牌则轰然倒塌，它们任由自身陷入衰落的销售网络。近年来，日本大型酒类产品商店的兴起挤垮了小型便利店，导致公众认知度不够高的品牌迅速衰落。在小型便利店中，它们并不需要认知度：店家给顾客推销这些品牌。现代销售理念则要求品牌自我推销，需要市场拉动。

倾向线下投资

传播方式不当会加速品牌的衰落。受自有品牌的影响，许多品牌削减广告预算以降价促销更多的产品，这些品牌很快就会消亡。2011年宝洁增加电视广告支出正是由于这一原因。

过多的子品牌也可能导致一个品牌衰亡。如果子品牌的曝光度过高，母品牌就会受到影响，给人以它正在衰落的感觉。针织品牌Dim就是一个例子。尽管到目前为止它仍在针织品市场乃至一般纺织品市场上占据一席之地，但它看上去正在衰落，没有以往活跃。这种在市场上拥有的发言权和感知到的活力衰退之间的不平衡一直困扰着莎莉集团。事实上，原因很明显：子品牌的促销策略过于深入以至于弱化了母品牌的形象。给针对不同消费需求的产品不同的名称来彰显Dim广泛的产品领域无可厚非，它拥有Sublim、Diam's和其他产品线，但是此举肢解了Dim的品牌形象，有时为了照顾子品牌的利益，Dim不得不消失。

这种现象首先反映在包装上。不同种类产品的包装不再有相同之处，母品牌在多个方面扮演着次要的背书品牌这一角色。此外，在组织层面变革的大背景下，产品经历了更细的分类（紧身裤、贴身内衣、男士用品）。遗憾的是，不再有人担负维护产品品类间的一致性以及保护母品牌资产的责任。Dim的商标只出现在低端产品的包装上，在高端产品上则不见踪影，这进一步加深了人们对其质量下降的感知。与此同时，市场上流行连裤袜这种耐用的高端产品，令Dim成为质量差的象征。

为了修正这些危险的错误印象，Dim开始着手增加包括最基础产品在内所有产品的附加值，升级包装，把顾客熟知的品牌名称放在次要位置来凸显母品牌的重要地位，广告语为"Dim呈供新品Diam's"而不是"Diam's由Dim呈现"。（这个例子表明，在不经意间，这种趋势对一个品牌来说是致命的：它逐渐远离最好的新产品，从而把自身束缚在一成不变的、过时的或即将被淘汰的产品中。）

大型企业如何削弱刚并购的品牌

大型企业的优势在于其市场敏锐度、生产流程和规模经济。它们嫉妒那些享有高客户忠诚度的优质品牌，这种忠诚度使得客户不会过分关注产品的价格。对如何发布优质产品毫无头绪的大型企业，一看到这些优质品牌获得成功，便迫不及待地进行收购。问题是如何在这些品牌被并入大型企业框架之后仍然保持它们的发展动力。欧莱雅如何保持安妮塔·罗迪克的产品的原汁原味和创始人在连锁零售中打拼注入的大量心血？大型企业如何保持使用柜台销售策略的科颜氏的独特性？风险很高，原因是：

- 国际企业有较高的质量标准，并把它们强加在这些品牌上。这看起来是个好主意，但这些品牌之所以兴盛正是因为它们在生产流程上与众不同。
- 国际企业的官僚式决策流程会扼杀创造力。如果一个决定需要四个人点头同意，这个决定就不可能有创意。这些品牌的发展往往依靠直觉营销和简洁、及时反馈的决策流程。
- 国际企业为了节省开销，往往在同一屋檐下重组其全部品牌。博朗本可以成为配饰界的苹果。为了获取成功，博朗应该在公司领导层中建立一种富有创造力的串联方式，拥有高度的自治权并与组织保持距离。然而宝洁将博朗并入自己的体系。马爹利被施格兰收购之后，它的决策中心搬到位于纽约的施格兰大厦。保乐力加从施格兰手中买下马爹利之后做的第一件事就是把它送回发源地：科尼亚克小镇。这个品牌现在又以前所未有的速度发展起来。

当品牌成为通用名称

品牌附加值最大程度的稀释发生在这个品牌成为通用名称之后。这时品牌被认为是个描述性单词，没有独特的品牌属性。经典的例子广为人知：透明胶带（思高）、纸巾（舒洁）、复印机（施乐）、尼龙（Nylon）和采光窗（威卢克斯）。什么会导致一个品牌沦为通用名称？放弃任何有关品牌特质和目标的宣传会导致品牌衰败。因此，任何新产品的主导品牌都有成为通用名称的风险。我们可以采取预防措施来规避这种风险，例如：

- 创造一个新词来特指品牌的产品。
- 永远不要单独使用品牌名称，而要和产品的大致用途联系在一起。
- 永远不要把品牌的名称用作动词（比如在美国，"xerox"的意思是复印）或名词，而要用作形容词。
- 有序地抵制第三方或媒体将品牌名称用作普通名词，比如要求发布勘误说明。正因为缺乏强有力的反应机制，杜邦公司失去了尼龙和特氟龙（Teflon）的所有权，从此以后它们便成为通用名称。
- 利用有形资产或无形价值培养品牌和竞争产品之间的感知差异，尽量在任何活动中都推介新产品。

防止品牌老化与消亡

人们经常会说一个品牌正在变老，显示出老龄化或者衰老的迹象。顾客、潜在顾客、供应商、分销商和企业员工可以识别品牌和竞争对手的差异，也可以感觉到品牌变老的迹象。百龄坛、马天尼、黑与白（Black & White）、地中海俱乐部、圣罗兰和姬龙雪（Guy Laroche）都被人们视为正在衰老的品牌。

事实上，品牌老化有两种含义：

- 广义上来说，品牌老化指的是在较长一段时间内逐步显示出衰落的迹象。品牌并不会一夜之间迅速衰亡，而会不可避免地慢慢淡出人们的视线。品牌在昨天还活力四射，今天就可能变得平淡无奇，只依赖其最忠诚的客户，其特点之一就是自发性认知和提示后认知之间的差距逐渐拉大。品牌仍会唤起人们的回忆，但不再对市场有影响力。它不会像一线品牌那样频繁地发布新品。它不再令顾客惊喜，而是一成不变。
- 第二种含义是就消费者本身表现的形象来说的。每件事都表明主体客户正在变老。哪怕对一家市场定位是老年消费者的公司来说，和老龄化的顾客群过于紧密地联系在一起也不可取。Damart 的市场定位是日益增大的老龄化顾客群体（年龄大于 50 岁的消费者），它必须确保不会和 60 岁甚至 70 岁的顾客群联系在一起。圣罗兰的顾客没那么老，但在年轻人看来它代表的客户群的年龄比迪奥和香奈儿要大。

什么会使人们产生品牌老化的印象？大多数情况下原因很明确：品牌不再属于这个时代，并且失去了其内部活力。

许多品牌任由自己和另一个时代的产品联系起来。另一个时代指的是完结的过去。在所有由技术主导的市场中，产品过时的速度极快。对于一个和过时技术联系在一起的品牌，或者没有跟上时代节奏或互联网发展步伐的品牌而言，几乎无能为力。

一个品牌会过时，并受到老化的威胁。欧莱雅针对超市发布的香水 Eau Jeune（Young Water）受到的一大挑战是：在下一代 18~25 岁的消费者眼中仍是 Eau Jeune，但这些顾客的特点截然不同。如果这个品牌之前不研发多种产品，它也许早就消失了。但在 1997 年代表年轻的标志并不适用于 2012 年。

品牌在市场上表达的观点有时也会突然被新的主流观念取代。只要有关倍儿乐在欧洲市场上的决策是由美国管理层做出的，它就可能永远不会考虑到女士的特点。产品的质量很高，但它们仅仅是功能性产品，以解决胸部支撑这一问题为基础。在美国与女性身体相关的东西，对英国女性来说可能有完全相反的含义。

尽管萨洛蒙仍是世界领先的滑雪系列产品品牌，它最近也意识到面临老化的风险。事实上，萨洛蒙和 Rossignol 一样，半个世纪以来一直代表着高山滑雪的核心价值：努力、有序、竞争、争分夺秒、以微秒胜出。新一代则不再拥有这些价值：起源于冲浪运动的一种反文化主导了滑雪运动，随之而来的是新型运动和新价值。被称为"滑板一代"的他们不了解高山滑雪，可能永远都不会去尝试。冬天，他们本能地在斜坡上练单板滑雪，在街上练单排轮滑。他们把友谊和感情放在至高无上的地位；他们回避竞争和过时的品牌。他们有自己的选择：Burton、Airwalk、Quiksilver 和 Oxbow。所有这些品牌都是新型品牌，象征着体育运动的另一种愿景。

品牌外部标志一成不变意味着它并未努力吸引新顾客。

一些品牌的发展停滞不前，因为它们一直和同一批名人联系在一起。圣罗兰看起来比迪奥或香奈儿过时的原因和日渐衰老的品牌创始人以及代言明星凯瑟琳·德纳芙（Catherine Deneuve）有关。兰蔻则足够敏感，它请年轻的国际明星代言。

至于客户群，失去与年轻人的直接联系是品牌衰老的最典型特征。这一点足以把尊尼获加与杰克丹尼、马天尼与百加得区分开来。

品牌并不一定要去吸引 20~25 岁的年轻人，但一定要对未来的消费者有吸引力。当今天 40 岁的顾客年龄增长到 50 岁的时候，他们会对产品的功能产生不同的需求，但他们想使用常用的品牌显示自己并没有发生什么变化，不会支持那些标志着他们进入老年的低档不知名品牌。可乐是年纪大的人喜欢的软饮料品牌，但它看上去却不是这样。Damart 保暖内衣的主要消费群体是老年人，但是它的未来取决于它在 45~55 岁消费者心中的形象。他们不应该把这个品牌看作是老年的标志，否则，他们在 10 年内都不会购买这个品牌的产品。因此，Damart 必须致力于更新形象，而不是它的目标客户群。

正如之前所说的，保持与年轻人的联系意味着在管理层将发生一场文化变革。在年龄逐渐增长的内部团队看来，需要付出的努力是巨大的。他们往往会因为自身稳固的地位而忽略正在面临的危险。随着消费者寿命变长，顾客群老龄化的影响会在不经意间产生。品牌衰落是缓慢且细微的，衰落的迹象不够明显，人们无法及时做出反应，等发现时为时已晚。

必须进行彻底的改革以激活逐渐老化的组织，应毫不犹豫地雇用年轻员工来更新整个管理层。品牌复兴通常从内部管理层的大规模年轻化开始。

品牌蜕变：奥迪

一个一般品牌可以摇身一变成为优质品牌吗？这就叫作品牌蜕变。奥迪就是一个经典的成功案例。2010年在欧洲，奥迪紧随法拉利之后位列消费者购买愿望榜第二位，汽车年均销量超过100万辆。

然而，很少有人记得奥迪在1980年是什么样子。在那时它只是一个普通德国汽车制造商品牌，中等价格，没有品牌形象。它的故事从三个品牌（NSU Prinz，Auto Union和DKW）合并开始。

它的未来由大众集团首席执行官费迪南德·皮耶希（Ferdinand Piech）一手设计，目标是成为该集团旗下奢侈品牌。皮耶希还加上了时间限制：这个品牌获得成功需要20年。自此，该品牌一直保持着这种长期愿景。大多数品牌瞄准的是未来两年的市场，而奥迪总是谈论10年后会发生什么，这早已深入其DNA。

为什么是20年？在汽车行业中，你无法一夜之间改变人们的想法。在时尚行业，博柏利花了5年时间实现品牌蜕变和复兴。在汽车行业，对奥迪来说有一种滞后效应。从提出想法到第一辆车问世，要花6年的时间。此外，当新车发布之时，在街上还能看到很多老款的奥迪车，提示着之前的品牌形象和精神联系。

奥迪的品牌平台从一开始就清晰明确。因为奥迪是一个没有历史的品牌，它有的只能是未来。奥迪的核心价值是先锋前卫。它的核心信仰或执念是科技带来进步，事实上，进步的唯一途径只能是科技。第二个价值是质量：奥迪永远不会在质量上吝啬金钱，奢侈体现在细节之处。

奥迪必须开发一类新型奢侈品：没有历史的奢侈品，这有点像苹果公司。它的竞争者如梅赛德斯奔驰、宝马、捷豹都借助历史塑造声望和地位。奢侈品卖的是浓缩的时间，这就是皮耶希理解的奥迪需要20年的原因。

那时奥迪在大众集团里的地位很低，它只赔不赚。想赢得一场战争，需要战士，然而没有人愿意离开大众为奥迪工作。最终，只有特立独行的人、即将退休的员工和没有经验的年轻人选择了奥迪。然而，这令一个新成立的公司有了一种独特的精神和一股反败为胜的劲头。这也是奥迪员工平均年龄较小的原因。

为了改变一种形象，必须要有新的原型。认知理论告诉我们：人们只通过例子来理解抽象的概念。其中一些是最佳的例子，那它们就是概念的原型。品牌也同理。奥迪是一种概念，只要人们看不到奥迪，这一概念就会十分模糊。

奥迪"卡特罗"概念车是通往汽车工业领域先驱路上的第一个原型。它的价格昂贵，并不是因为它是奢侈品，而是因为它是运动型跑车。虽然仪表盘和方向盘由塑料制成，但它是集高科技于一身的四轮驱动跑车。它在竞速比赛中屡战屡胜，成为英雄跑车。

1990年，作为奥迪80的替代品，奥迪A4问世了。A4代表了奥迪一直想要主张的形象：设计感、纯正、科技感、性能和谨慎。奥迪也和重量更轻、造型更现代的铝制引擎联系在了一起。

奥迪 A4 故意把价格定得比奥迪 80 高 25％，于是它失去了所有拥有奥迪 80 的车主，因为他们负担不起高昂的维修保养费用。这也是建立奢侈品牌的一种方法：排除一些顾客以容纳另外一些。这一举动造成了意想不到的后果：许多奥迪经销商想要退出。以这个价格，他们的推销员必须寻找那些考虑购买梅赛德斯或是宝马的客户，在那时奥迪的品牌资产并不像今天这样强大。

为了证明提高价格的合理性，奥迪已经不可能再和大众一起销售了。奢侈品需要在自己的领域来打造自身魅力。

奥迪接下来迎接的挑战是服务。奢侈品都有配套的服务，而服务是由人提供的。为了提供符合优质品牌的服务，奥迪经销商必须投钱重建车库和展厅，因为提供服务的场所可以深刻地影响人们对服务的印象。问题就在于奥迪的经销商不想花这笔钱。汽车经销的商业模式依靠三大支柱：新车销售、售后和二手车交易。对奥迪来说，作为一个新兴的奢侈品牌，经销商只通过新车销售就足以赚钱。事实上，它们要有长远的眼光，考虑维持品牌资产，而不仅仅是眼下的边际收益。除此以外，购买昂贵的奥迪车的客户不会一直接受他们得到的服务和期待的 VIP 服务之间存在如此大的差距。

复兴老品牌

人们应该怎样复兴老品牌？一个过往品牌如何重生？一个持续衰落的品牌如何重新获得持久的增长？尽管情况各异，但目标一致：使品牌重获生机。这就引出了一个核心问题：怎样的生机？谁的生机？按照一般规律来说，老品牌不会像之前的那样。

尊重历史和关注过去之间有很大的不同。复兴、复活都基于在保持部分品牌识别的同时，升级品牌提供的产品和服务的整体质量。复兴意味着把目标定位于新兴的增长市场，品牌必须找到新的相关性和差异性。品牌复兴这一术语其实并不准确，因为它总是在暗示产品、市场或目标市场发生变化。它确实是一种重新发布，但并不一定面向与之前相同的顾客，通过同样的销售渠道，拥有同样的用途等。消费者、市场和竞争都会随时间的流逝而发生变化。

成功的品牌复兴：MINI

宝马以 MINI 重新发布 Mini 是一个成功的案例，它强调了在尊重原有品牌及产品特征与为了实现更安全、表现更优和更舒适而进行现代化改革之间应达到的细微平衡。Mini 于 1959 年由天才工程师、梦想家亚历克·伊西戈尼斯（Alec Issigonis）在英国创立。苏伊士运河危机之后，他预见到石油短缺的风险，研发了一款体积小、耗油量少的汽车，由于横置发动机，车内有 80％ 的空间供乘客乘坐（可容纳四个成年人）。这款汽车计划成为一款城市用车，驾驶便捷，提供了单座赛车的驾驶体验，底盘低、动力强。Mini Cooper S 款多次赢得在阿尔卑斯山举办的蒙特卡洛拉力赛，为品牌营造了一种光环效应。很快 Mini 成为风雨飘摇的 20 世纪 60 年代和英国领导的文化变革的另一象征（流行音乐、街头时尚等）。为了进一步发展，Mini 扩大了产品类型的范围，从旅行车到敞篷车。Mini 成为广受追捧的品牌：它被认为是现代设计的标志。它不仅仅是一辆车，还是一份自我陈述，表达了与现代英国文化先导紧密相连的强烈价值观。品牌的拥趸者遍布世界各地，建立了网站、论坛、脸书主页，还举办了车主会议和竞赛。

从 1959 年到 2000 年，Mini 的全球销量达到 550 万辆，但是从来没有盈利。宝马想要这个小众品牌，不得不买入罗孚使其加入全球业务。后来宝马出售了罗孚留下了 MINI。多亏宝马理解这个品牌的 DNA，防止品牌过度德国化，创造了一个神话。

什么被保留下来了呢？Mini 这个名称变成了 MINI，该设计得到了尊重和认同。工厂仍设在英国，但是为了生产平均花费 3 万欧元就能买到的汽车，工厂进行了重建和自动化改造。汽车的整体概念是广受敬重（见表 16-2）。

表 16-2 对比 Mini 和 MINI

	Mini	MINI
车长	3.05 米	3.699 米
车重	635 千克	1 135 千克
马力	34	90
引擎	843 cm^3	1 000 cm^3
最高时速	每小时 120 千米	每小时 185 千米
舒适度	四名成年人	四名成年人
质量	中等	优质
品牌体验	单座赛车	活跃、互动性强、安全
品牌个性	有趣	刺激
品牌文化	时尚	引领潮流、优雅别致
顾客映像	金发女郎	内心年轻

有趣的是，全世界 MINI 购买者的平均年龄为 40 岁，却有意传递了一种更年轻的顾客自我形象。

我们不妨比较一下之前和现在的品牌定位。Mini Austin 的品牌定位是"有型的英国非传统的经济型运动汽车"。MINI 的新定位是"无法抵挡的、可以从一堆车中脱颖而出的小型车"。实际上，世界上没有两辆相同的 MINI 车：每个买家要在 300 种内饰和 370 种外饰中做出选择。因此，汽车的平均购买价格达到 3 万欧元（1959 年 Mini 问世时不到 600 英镑）。

MINI 现在采用了奢侈品战略（Kapferer and Bastien，2009）。MINI 这个例子体现了怎样一个循序渐进的过程呢？

重新定义品牌本质

即便是被人们遗忘的品牌也有内在意义和有待探索的合理性。品牌复兴的首要任务是确定品牌还有哪些高度相关的价值，哪些价值已不复存在。博柏利就重新找回了它的 DNA：它可以代表英伦时尚中经典又独特华丽的风格。老品牌引起了人们的点滴回忆，对于非消费者和新一代消费者也是如此。对这些回忆进行分析至关重要。剩下的品牌本质是什么？从中显现出的发展潜力是什么？市场机会在哪里？通过图 16-1 可以进行分析。

```
                    显著联想
                       |
                       |
         消极  ————————+———————— 积极
                       |
                       |
                    潜在联想
```

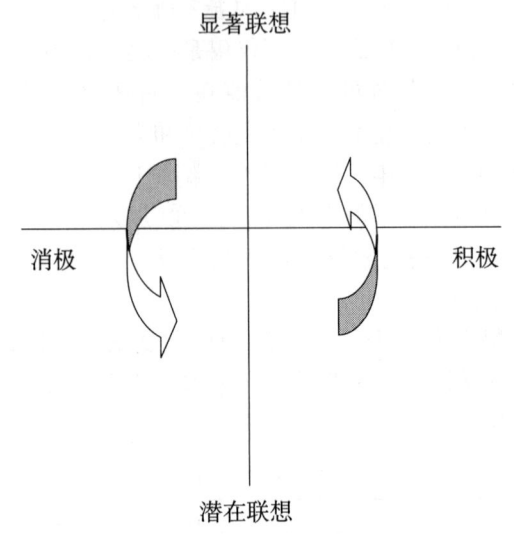

图 16-1　分析与管理老品牌潜力

衰落的品牌很难唤起积极显著的联想，就算可以也是泛泛的、缺乏个性差异的联想，这已经成为一种金科玉律。品牌真正的发展潜力在于其潜在联想，市场决定了从这些潜在的积极联想中选择哪些有利的联想，然后品牌就必须在针对新目标客户的新产品或服务和销售渠道中体现这些有利联想。

开发新用途实现复兴

品牌复兴通常会另辟蹊径，走一条完全不同于当初引领其走向成功的道路。如果品牌衰落的话，就是因为这些道路不再通往新的市场或无法实现财富的增长。

品牌复兴需要为品牌建立新的测量参数。正因为原先的顾客不能再确保品牌的成功，品牌必须吸引新的客户群、开发新的使用场合、建立全新的销售渠道和消费者网络。

白兰地就是一个典型的例子。传统上它通常与"餐后""和鉴赏家共享白兰地"这种类型的场合联系在一起。正是这种形象和场合导致了世界范围内白兰地销量的大幅下降。面对更易饮用、更时髦的白烈酒（百家得、绝对伏特加、施格兰琴酒）的竞争，白兰地衰落了多年，但近年来它在美国的销量迅猛增长。但有一差异引人注目：在美国，近 50% 的白兰地都卖给了占美国人口总数 12% 的黑人。在凸显社会地位的社交场合，它成为非洲裔美国男性最喜欢的鸡尾酒饮品。他们会点马爹利、轩尼诗、萨克莱琴酒（Thackeray）和路易王妃水晶香槟（Crystal Roederer）。

为了获得新的消费群体，一家企业必须做好质疑其传统消费市场、为新目标群体重新定义最佳营销组合的准备。这一流程从新顾客以及他们的生活方式和消费、购买产品的新场合出发。因此，创新是老品牌复兴的核心。

改变分销方式实现复兴

事实上，经典的品牌复兴战略是在不同的分销方式中采用熟悉的品牌名称。例如，一个超市食品品牌可以改用依靠推式营销而不是拉式营销的销售渠道。这就是人们在餐厅或者公司食堂看到很多昔日著名品牌的原因。在客户眼中，它可以创造价值（其价值大于不知名品牌或自有品牌），且比著名的主导品牌要便宜。有一家公司专注于收购传统医药品牌，虽然这些品牌仍有百分之百的提示后认知度，但人们已经不再购买，其中一些品牌已经成为通用名称。在这种情况下，营销策略就是把它们放在超市的货架上，唤起人们的认知和信任。

通过创新实现复兴

多年前，梅赛德斯曾面临着品牌危机。当时这个品牌仍享有国际知名度，但种种迹象显示，它的前景不容乐观。在新的消费潮流正盛的加利福尼亚州，梅赛德斯不再是人们梦寐以求的品牌，它的地位被丰田的高端品牌雷克萨斯所取代。在欧洲，梅赛德斯当时最小 C 级车型买主的平均年龄为 51 岁。

很明显，梅赛德斯正在成为老年人的品牌。公司 CEO 做出了一个艰难但一针见血的决策：要么一成不变坐等破产（就像劳斯莱斯一样），要么就破茧重生。

复兴的第一步是重建利于良性经济发展的条件——公司需要生产 100 万辆汽车，使生产成本降低到可接受的程度。第二步是吸引年轻的消费群体——不能让他们到了 51 岁时才选择购买梅赛德斯。为了实现复兴，公司必须打破过去梅赛德斯汽车的标准设计。

梅赛德斯实现复兴的方法是发布 A 级汽车。这种直接与大众高尔夫竞争的小型车成为梅赛德斯在欧洲的新原型。它与梅赛德斯汽车的传统形象有两点不同：采用前轮驱动以及全新的设计，但仍保留了 C 级的车内设计和 E 级的安全系数。它现在占梅赛德斯欧洲市场销量的 30%。总之，它吸引了更年轻的消费群（平均年龄为 37 岁）、更多的女车主和时尚达人。

在美国，梅赛德斯的新原型是豪华型 4×4 M 级，它重建了与加利福尼亚州和其他地方潮流之间的联系。

为了吸引更多的年轻消费者，造型优美的 CLK 敞篷跑车（CLK Roadster）以诱人的价格进行了精心定位。它的优美造型、感光度和设计如今已经成为梅赛德斯新品牌契约的一部分。当然，任何形式的延伸都会改变原先的品牌，梅赛德斯已不再单单是一种奢侈品牌。梅赛德斯新的管理层更加多元化，更能理解消费者的需求和他们的生活方式。品牌通过以 S 级为代表的顶级产品强化其作为世界领先汽车制造商的地位。

通过产品多样化实现复兴

为了复兴博柏利这一品牌，罗丝·玛丽·布拉沃清楚她必须使产品系列多样化并发展子品牌。博柏利伦敦系列（Burberry London）为老客户提供了新产品，博柏利珀松（Burberry Prorsum）集时尚与现代于一体，托马斯博柏利（Thomas Burberry）则主要针对青少年。第一个产品系列确保了现金流转，让博柏利可以冒险尝试成为时尚商店。同理，杰尼亚（Zegna）推出了杰尼亚运动系列（Zegna Sport）。

通过与新意见领袖交流实现复兴

为什么暇步士（Hush Puppies）可以在 1993 年在美国再度流行（Gladwell, 2000）？因为曼哈顿东岸的时尚达人觉得它讨人喜欢，能够满足他们不断变化的需求。

老化的品牌通常会失去时尚达人的关注，他们预示着潮流的变换。如果没有这些潮流引领者的大力支持，广告宣传和产品创新都无济于事。和多年未联系的人重新交朋友并非易事，更何况在这些年里他们被竞争者包括新进入者所吸引。老化的品牌不仅被认为是过去的象征，而且可能会引起负商誉，而不是正商誉。

通过直接交流和共同情感经历来重建亲近感并不容易，却是任何品牌想要回归的必要条件。萨洛蒙之前失去了与其未来客户之间的联系，不得不进行一场内部的文化变革，改变其管理体系，雇用年轻职工，因为他们更有能力重建已失去的联系。

之前属于联合-道麦克（Allied Domecq）的百龄坛，发现它和年轻人之间也失去了联系。经理们更关心在这个行业的并购大潮中自己的命运，他们重视品牌的核心客户，而不是未来客户。他们忘记了维持品牌资产意味着要同等重视现有业务和未来业务。例如，1995年品牌资产监控的调查显示，在欧洲一些国家，过去七年中品牌在18~24岁消费者中的自发认知度从47%降到了13%。

仅仅改变品牌的广告宣传就想解决问题几乎不可能。有时公司需要推出一款新产品，因为消费者、消费者习惯、竞争、消费场所等都变了。

重建联系只是一个开始。品牌并不是一个有名称的产品，而是一种关系。百龄坛在经历多年的冷落甚至是无视之后，决定重建失去的联系。在一些国家它可能仍独占市场鳌头，但那只是因为一群正在变老的老主顾。品牌决心在欧洲和南美洲大规模投资于消费者接触以重建亲近感，这被认为是保乐力加的最佳实践。确定目标很重要：核心群体是谁？管理层把单板滑雪看作新一代的核心价值主张。

第一步，通过和与国际滑雪联合会（International Ski Federation）竞争的国际单板滑雪联合会（International Snowboarding Federation）合作，百龄坛成为所有高山单板滑雪赛事的赞助商，并且在迪斯科舞厅中推出了夜间活动。然而，为了与消费者重新接触，要在赞助上下功夫，而不是仅仅把品牌名称贴满赛事的每个角落。品牌必须成为赛事的核心，或者说是赛事的核心盟友。

第二步要意识到城市年轻人才是目标。百龄坛决定通过"百龄坛城市狂欢"大游行把单板滑雪带入城市。在从柏林到里约热内卢的首都城市中或是它们的沙滩上，百龄坛建造了一个大型斜坡，由人造雪覆盖，举办为期三天的全国竞赛来发掘最好的单板滑雪自由职业者。在此之前先举办全国范围的海选，通过人们的口口相传营造声势。赛事激发了人们的参与热情。系列赛事的第一站于1995年在柏林举行，地点象征性地选在了勃兰登堡门，因为年轻人常在这里聚集，在比赛期间还举办了露天音乐会（乐队Prodigy曾出演）、浪人时尚秀，在柏林城内所有迪斯科舞厅开展夜间促销活动。此外，百龄坛还建造了一个巨大的移动帐篷——百龄坛环游，仅限时尚达人入场体验电子音乐。继柏林之后，活动转到布拉格，然后是米兰、莫斯科、里约热内卢等。

从这个案例中可以学到：在今天，亲近感意味着品牌要融入目标群体的日常生活，而不仅仅是一个被动的赞助商。百龄坛开创了一个融合时尚、体育、音乐、舞蹈、娱乐和电子游戏的多维赛事，显示出投资的高水平和对目标群体需求的准确理解。公司打造了"百龄坛城市狂欢"这个特别商标，它最终可以成为注册产品的商标（服装系列、音乐等），当然还可以建网站，未来设立连锁专卖店。

赛事通过全国范围的海选和品牌展示进行了充分准备。柏林赛的投入高达60万欧元，吸引了大概10万名年轻人参加（大概人均花费5欧元来建立一种拥有长期情感记忆和品牌投入的联系）。

改变商业模式

曾经，大胆的企业家会收购衰退的品牌并进行品牌复兴。大型企业也会这样做。品牌复兴通常表现为商业模式的改变。在第1章中我们强调不能提供利益的品牌没有真正的价值。利益指的是财务效益和支付资本成本后的经济附加值（见第18章）。让一个衰老的品牌更具价值的方法就是建立新商业模式。

多年来，附属于哈金森公司（Hutchinson）的艾高（l'Aigle）以其胶靴闻名。它的名称也是它的象征：它的名称直接源自秃鹫①。它在渔夫、猎人、自然爱好者和土地拥有者中广受欢迎。但是在中国的经销出现了太多问题，公司破产，随后被负债收购。现在艾高的店面又在全球各地兴盛起来。这个品牌变了吗？从名称上来说少了一个字母，从 l'Aigle 变成了 Aigle，更简洁、更国际化。最重要的是，依照品牌核心价值，它从一个靴子品牌变成了一个休闲服饰品牌，它的原型（最具标志性的产品）从胶靴变成风雪大衣。略显过时的胶靴依旧维持其神话，但生意却通过新原型产品得到了发展。这种商业模式的改变益处多多：

- 过度依赖单一产品的品牌风险较高，因为一旦销量下降，它很难全身而退。当天气变干燥时，靴子的销量就会下降。而且，靴子的质量很好，可以穿很长时间。品牌忠诚度高但在两次购买之间时间间隔较长。
- 业务范围拓展到休闲服饰可以使品牌逃脱现代分销商的魔掌，有选择性地建立自己的分销网络。业务拓展后，填满每家商店的货架就更加容易。
- 休闲服饰更贴近时尚：人们每年都会买新衣服，即使他们已经有几件相似的衣服。这个领域对价格也不那么敏感。

这个例子提醒我们：品牌复兴的成功往往归功于"品牌"，因为在企业本身、战略、后勤部门等方面存在信息缺乏的情况。品牌声誉是一种无价的资产，但只要这种资产没有强有力的商业模式的支持，很快就会失去价值。

奥林匹克品牌是如何永葆年轻的

奥林匹克是全世界最有影响力的品牌之一，它被96%的人熟知，广受人们的尊敬及喜爱。尽管它的标志上没有名称，但它依然代表着顾拜旦（Baron Pierre de Coubertin）于1894年复兴的奥林匹克运动。以五环（一环代表一个大洲）为标志的奥林匹克运动代表着人们可以通过体育运动促进和平与进步。它的价值观是卓越、友谊和尊重。国际奥委会的首要任务是组织把全世界人民团结在一起的顶尖赛事：奥运会。

1894年以来，奥林匹克标志的影响力从未如此深远：被人熟知、敬仰和追随。这个百年品牌保持活力、经得住时间考验的秘密是什么呢？

第一，奥运会每四年举办一次。对运动员来说，奥运会是他们成就的巅峰。四年间他们要么梦想着争金夺银功成名就的一刻，要么担心四年的备战付之东流。奥运会有深远的影响力，但四年才举办一次。这避免了兴趣的减弱和消失：两届奥运

---

① l'Aigle 在法语中意为"秃鹫"。——译者

会之间的时间间隔重新激发了欲望，并能保持新鲜感。

第二个影响这种持久延续的新鲜感的因素是，奥运会像凤凰一样，每届比赛都是一种涅槃重生。奥运会举办地点的选择基于两套评价标准。第一套是技术标准：举办地必须有能力举办赛事，并为上百万游客提供有全方位安全保障的住宿条件。第二套是文化标准：举办地必须体现对现时和未来都意义深远的价值观。除此之外，竞选城市的候选资格依赖于其在比赛期间想要向外界传递的价值主张。奥林匹克的价值观是不可协商、永恒持久的；它们源自古希腊，被写入奥林匹克宪章。然而，每个竞选城市都必须把比赛和当今时代联系起来。因而，人们会谈论奥林匹克商标和它的旗舰产品——奥运会，比赛通过举办城市的变化不断更新，就像建立子品牌一样。

2012年伦敦奥运会代表着什么？在尊重遗产的同时，它保留了个性：它旨在将奥运会打造成所有人的盛会，成为一届开放的奥运会，不仅是体育比赛，更是教育、文化和环境的盛会，不仅有传统的大规模赛事，还有相关的大量亲身体验，鼓励人人参与。"人人参与"可以作为品牌标语。可以看出，子品牌的名称由时间和地点构成。2016年在里约热内卢举办的奥运会则融入了代表巴西、南半球、生态和自然的价值观。

每个奥运会举办地和每届奥运会特殊的价值体系令品牌每四年更新或重生。

身老心不老

路易威登已经150岁了，但它仍是亚洲最时尚的奢侈品牌。理解品牌复兴的一种方法是想想那些还没衰退的品牌。它们是怎么做到的？通常来说，经得住时间考验的品牌都有双重逻辑，正如妮维雅和法国鳄鱼。为了紧随行业典范并保持年轻，一个品牌必须采取三项针对产品开发的行动，这也可被看作重新发布品牌的一个范式。

改款、重新研发和创新

一个品牌的管理涉及在维持现状的同时规划未来。正是现在提供了收入来源，因而可以开发未来的增值产品。如图16-2所示，为了保持年轻，一个品牌必须同时采取三项行动。

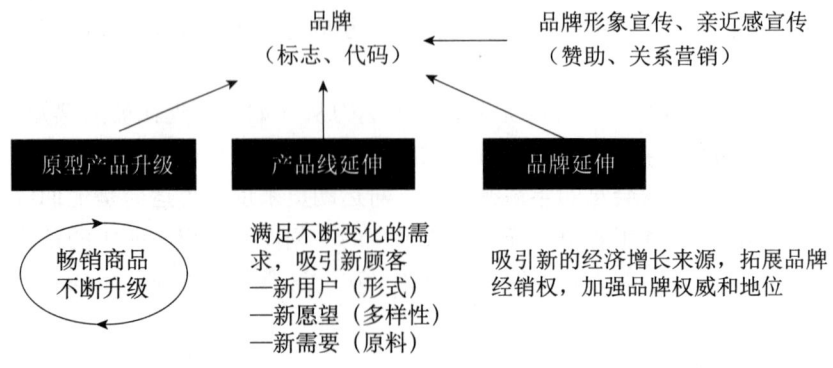

图16-2 长期维持品牌资产：实践中的双重管理

- 它必须持续不断地更新原型产品，正如妮维雅推出柔美润肤霜来更新经典金属蓝瓶的基本款。妮维雅柔美润肤霜更清爽、不油腻，并以白色瓶出售。法国鳄鱼定期从用料、颜色、袖子等方面改进其著名的 12×12 polo 衫。
- 它必须重新研发原型产品，例如，2005 年，鳄鱼根据女性穿着潮流推出莱卡紧身上衣，立即大卖。再比如，假设一个护发品牌的基本产品是洗发水，它必须更新包装，升级配方。但它必须首先考虑如今消费者使用这个产品的方式：人们很可能不再把洗发水揉搓在头上。在这个案例中，开发另一种使用方法就是最好的创新。只要想想率先发明喷涂型防晒霜的妮维雅就一目了然了。
- 最后，它必须通过积极寻求年轻消费群体中的主流趋势和行为来进行创新，因为他们是在未来可以产生顾客忠诚度的群体。回到护发品牌的例子，它显然负担不起不研发新产品的代价（当然新产品与品牌契约相一致）。年轻人对洗发水、造型产品和发色近乎痴狂。这些市场显然已经存在，但是品牌可以在这些市场中开创有利于品牌发展的新领域。

积极寻求新的行为方式意味着要开放心态去探寻新的营销渠道，因为新的行为方式通常与新场合联系在一起。这些创新也会为发布崭新的、具有开创性的宣传活动提供机遇，不仅与基础结构有关，更与风格有关。以这种方式，品牌可以发出强烈的重塑信号。与此同时，这些宣传活动旨在开展创新产品的商业活动，就像其他新产品一样。

诊断衰老品牌

品牌是依靠与顾客联系过程中创造价值的一切行为的总和建立起来的。这就是品牌应该定期监测自身行为的原因。品牌衰落有很多明确的症状，可归为以下七种。

缺乏对未来的准备

- 年销售量中新产品的比例过低。
- 专利注册率较低。
- 商标注册率较低（显示出品牌几乎不需要命名新产品和新服务）。
- 缺乏研发、市场感知、潮流洞察等方面的投资。
- 缺乏对新用法和新兴使用场合的了解。
- 未确定为解决这些问题召开的最后一次执委会会议的日期。

缺乏双重管理

- 缺乏对非消费者、现代消费者和未来消费者的了解。
- 客户数量越来越少。
- 紧跟现有客户的需求，而没有预见到市场上的变化。
- 客户平均年龄缓慢但稳步地增长。

缺乏抓住新兴发展机遇的能力

- 只通过过去的产品看待这个品牌，没有做好迎接新材料和新需求的准备。
- 过于看重品牌一致性，限制了品牌拓展的种类。

缺乏意义

- 当前的定位和价值减弱。

- 价值实现方式减少。
- 最后一次顾客满意度调查过去很久。
- 最后一次采访流失顾客过去很久。
- 声称"一般满意"的顾客比例增大。
- 最后一次盲测过去很久。
- 重复购买率降低。
- 品牌即时认知度降低（显著性）。
- 转发媒体报道的数量和网络宣传声势下降。

接触缺乏活力

- 缺少定期的品牌质量升级和品牌视觉标志升级。
- 最后一次改变或更新包装（设计）过去很久。
- 缺少定期的商店、店铺翻新。
- 缺少有组织的推销活动，缺少定期反思的计划。
- 缺乏呼叫中心、网站和社交媒体上的服务。
- 缺乏增加品牌亲密度的营销。
- 缺乏广告宣传。

缺乏自我激励

- 缺乏好奇心。
- 缺乏给人惊喜的欲望。
- 缺乏公关活动。
- 缺乏与新的意见领袖和媒体的接触和交流。

员工设置不当

- 缺乏年轻经理。
- 高管的性别不平衡（全为男性或全为女性）。

面向未来

一个品牌的衰落往往与忘记品牌使命密切相关。微小调整被一点点加入品牌战略，日积月累，品牌逐渐偏离既定道路，这也就是一些折扣商店的折扣变小、奢侈品牌不再奢侈、女性品牌女性化程度下降的原因。"回到核心"是重获活力的经典战略，这并不意味着纠缠过去，如果早期的愿景和目标依旧有效，就要在意识到产品可能需要更新的同时回归原来的目标。

为预防偏离目标的情况发生，许多集团会定期检查它们的定位、公司实际运营与战略一致性之间的相关性。例如，迪卡侬增高的营业利润率引起管理层的警觉。迪卡侬深层次的企业文化是通过运动和体育活动带给人们快乐，而这需要通过最佳性价比这样卓有成效的政策来实现。更高的利润率可能意味着产品性价比不如其预期。

这一点在酒店管理中也十分典型。在雅高酒店集团，每个品牌都会定期举行名为"面向未来"的研讨会，评估品牌战略是被遵守了还是发生了细微变化，如果是后者，分析为了重新实现品牌使命应该剔除或增加哪些服务。

品牌即将消亡时的财务战略

哪些战略可以推迟品牌的消亡？从财务方面来说，公司倾向于停止对该品牌的投资，尽可能多地获取营业利润。另一个方式是人为提高销售额以利于品牌出售，与此同时保持该品牌依旧具有真正的品牌资产（意识、形象、影响等）的表象。第三个方式就是特许，即品牌所有者停止开展该品牌的活动，继而在一些市场上授权，向基于特许权使用费收入的财务战略转变。

爱克发（Agfa）就是一个典型的例子。它在大众市场上的销量短时间内大幅下滑，濒临破产。数码相机和智能手机的流行标志着传统照相行业的终结。该品牌目前为德国的爱克发照片公司（Agfaphoto Holding GmbH）所有，该公司在相关市场上寻找授权对象，在德国找到了五家公司：Sagem——电子相框；Peach——便携式打印机针头；CCM（创意化学品生产）——清洁个人电脑和数据处理器的产品；GBT（德国电池贸易）——电池；Plawa——数码相机。据称提成率为8%。

据称，皮尔卡丹在全世界有200多个授权许可证，该品牌目前只通过授权生存。虽然品牌已不再有上升势头，但在许多国家都有其各领域授权产品的踪影，包括服装、厨房用具、家具、装饰品、浴室用纺织品，甚至包括马桶座。该品牌在新的国家开拓其剩余声誉的价值。在发达国家，特别是它的创始国，皮尔卡丹以面向社会中下层群体的低端奢侈品形象出现。事实上，它是目前利润最大的男装品牌之一。

第17章 管理全球品牌

地理扩张是品牌必然的命运，它依赖于品牌在经济规模和生产力方面的成长速度、创新和维持竞争优势的能力。因此，营销总监不再关注全球化扩张的原则，转而关注全球化扩张得以实现的手段。他们问自己这样一些问题：我们应该进入哪些市场？在一个跨越语言和国界的全球品牌和一个考虑当地需求和具体环境的品牌之间怎样取得平衡？哪些品牌注定要具有全球意义，哪些品牌应该继续立足于本国？我们应该如何将全国性品牌组合合理化，使之成为少数全球品牌？必须认真思考。

20世纪80年代，莱维特（Levitt，1983）、奎尔奇与霍夫（Quelch and Hoff，1986）的文章将品牌全球化拥护者与全面适应当地市场的倡导者之间的争论发展成了学术辩论热点。人们不得不在意识形态上选择阵营。许多年以后，我们或多或少能从中学到些什么。在全球范围内，我们无法否认某些因素的存在，这些因素使不同的国家与文化走到了一起，我们必须了解这种融合的速度有时候比我们估计的要慢一些。此外，如果从一般性或社会和文化发展趋势的水平来看，多国消费者会表现出相同的动机和期望，但是仔细观察就会发现细微的差异，我们必须考虑这些差异。本章促使我们采取务实的态度，万宝路或可口可乐得益于特定的历史和时间因素，因此它们建立的帝国不会被复制。万宝路花了35年的时间占领全球市场，而麦当劳用了22年！不过，它们的商业模式对于某些企业而言也可能不适用。比如，达能的品牌形象在不同国家各不相同，因为达能用于渗透不同国家市场的产品是有差异的：在德国是奶油甜点，在法国是原味酸奶，在英国则是水果优酪乳。如果在具体情形中，品牌提供的产品在每个市场或国家各不相同，那么如何建立统一的、以健康为主题的形象？这是今天大多数品牌要解决的问题。那些建立起新品类的品牌模范（可口可乐、亚马逊、IBM和香奈儿）在这方面能够给予的帮助很少。当经营现有品类时，企业需要从有过类似经历的其他品牌模范那里获得启示。

从全球化到后全球化

1983年，西奥多·莱维特（Theodore Levitt）教授的文章《市场的全球化》（*The Globalization of Markets*）发表在《哈佛商业评论》（*Harvard Business Review*）上，简单直接的论点使它成为企业管理领域引用最多、最有影响力的文章之一。莱维特教授认为，全球化产品和品牌的发展以及成本的降低使国家差异和偏好不再具有任何影响力。人们可实地旅游，或通过电视周游世界，购买他国的产品和品牌的欲望更大（Friedman，2005）。

简而言之，当企业意识到世界其实是圆的，而将世界看成平的，把全球当作一个市场时，企业将从中获得既定利益。这是可口可乐、麦当劳、微软和效仿它们的公司所采用的战略。市场全球化的主要障碍在于分散的组织机构和遍布各国的营销总监，他们为了确保自己的职位而提出不同的观点。

如今，关于全球化市场的预言实现了多少呢？每个旅行者都会发现同一品牌，无论是飞利浦、米其林、索尼、雨果·博斯、耐克、汇丰银行还是法国安盛，出现在世界各地。然而，企业对待全球品牌的态度是怎样的呢？这依旧是它们想要的吗？仍然是理想的吗？

首先应该指出的是，莱维特教授的预言本质上基于与生产有关的因素，以及规模经济带来的明显的竞争优势。事实上，大部分全球化发生在生产层面，这就是全球化一直被反全球化游说议员指责的原因。娜奥米·克莱恩在其一本十分有趣的书——《拒绝品牌》中抨击了那些没有自己工厂的企业，所有的生产都在亚洲分包商落后的工厂里进行。耐克就是典型的例子。相比之下，万能牌的创始人琼·芒泰尔（Jean Mantelet）不惜一切代价坚持招收上诺曼底的员工，最终失去了公司（并没有失去品牌）。因此，在上游（生产）采取全球化的行动是不可避免的。成功的企业已经将其工厂和供应链全球化，使它们更接近市场，可利用低成本优势。汽车产业就是一个典型的例子。

然而我们应该意识到，移向上游的行动对产品的影响大于对服务的影响。当现金流、信息流的流转不再有任何障碍且即时进行时，对诸如财务信息、数据文件和银行数据库处理的重新部署还只是个开始。英国银行和保险公司已经在班加罗尔找到了"印度的硅谷"——这里有素质非常好且更便宜的劳动力。服务于法国顾客的呼叫中心通常建在毛里求斯的小岛上。

关于全球化市场的预测可能会受到挑战：对于下游阶段的品牌和产品，距离标准化有很长的路要走。在全球各地都能发现保时捷和捷豹的踪影，但这些品牌像香奈儿一样是出口品牌。它们是特定国家或文化的标准的代表，吸引着全球的客户。为什么全球化产品的概念事实上是一个神话？汽车行业给出了很好的诠释。在汽车行业曾经最具全球化特性的产品是福特著名的T系列车——完全标准化，在世界各地生产并出售2 000万辆。尽管到目前为止它的主要市场还是本国市场，但T系列是真正意义上的全球化产品。1981年，著名的"福特护卫者"（Ford Escort）在美国和欧洲推出，看起来是全球化的标志，但事实上，美国款和欧洲款只有一个部件——水箱盖是相同的，这怎么能算是全球化产品？后来，福特福克斯在欧洲（1990）和美国（2000）相继推出，这一次两个地区的汽车有65%的地方是相同的。但福特并不认为自己可以做得更好——有太多结构性因素和长期因素的干扰，这些因素具体有哪些呢？

第一，美国的能源十分便宜，而欧洲与之相反。在欧洲，低能耗创新能提高价值，在美国却被视为无关紧要。这就是两个地区车型的发动机类型不可能一致的原因。

第二，车辆标准和检测仍保持国别性、地方性。因此，制造商必须调整车辆以适应当地测试中心的具体要求。美国的安全标准没有欧洲和亚洲那么严格。

第三个因素主要是结构性差异，比如道路类型、气候以及由此引起的车辆使用情况。因此这涉及大西洋两岸驾驶者完全不同的偏好。

第四个因素是顾客本身。大多数人喜欢舒适的车型，而英国人和法国人喜欢另一种。今天，制造商正涌向中国——世界汽车市场增长的25%来自中国，它们建造工厂，建立像标致雪铁龙这样的合资企业，但并不是盲目地复制欧洲车型。因为如果不考虑消费者，是不可能吸引有财力的中国顾客的。

市场开始进入"后全球化品牌"（postglobal brand）时代——品牌不再毫无保留地坚持完全全球化的模式，这不再是一种理想方式。当然，对于很多领域而言，上游的全球化或生产阶段仍是优先考虑的重点。比如汽车行业通过共享生产平台降低了成本，如果有需要的话，公司还可以创建少数生产差异化产品的平台，以节约更多资金，服务业也可以从上游全球化中受益。

但是在一个国家中，越往下游发展、越接近顾客，全球化概念被本土化概念取代的趋势就越明显。因此，永远不会有一辆真正意义上的全球汽车，只会有更适合美国人的美国车，以及其他具有欧洲和中国特点的款式，这种情况同样发生在大众消费市场。例如，美国宝洁公司的战略就是基于区域化。美国的主打品牌汰渍、护舒宝和伊卡璐（Clairol），在欧洲演变成碧浪、Allways 和威娜（Wella）。该公司还在欧洲设立了一个工厂，生产所有清洁剂。

企业越来越普遍地根据地理区域的具体要求研发产品，正是通过这种方式，轩尼诗为欧洲市场创造了轩尼诗干邑白兰地（Pure White，以年轻人为对象推出的全新产品）。达能（美国）无法在欧洲销售可饮用的低脂酸奶，因为这种产品既不符合当地人的口味，也不满足当地食品标准的要求。事实上，为了打开像欧盟、南方共同市场和希腊这样的区域市场而采取的主动行动，使区域的含义在更广意义上变成相关细分市场。此外，在区域层次上，企业的历史和文化更易渗透。

最终，即使一个品牌表现出全球性，在各国得以流通并享有盛名，但对其仔细观察后会发现：该品牌的产品根本谈不上标准化——更像是标准化程度很低、混合的、高度适应化的产品。比如，欧莱雅对所谓的全球品牌下的化妆品实现差异化的方式是基于中国四种类型的气候，因为四种类型的气候决定了四种不同肤质。

全球市场的理念及其反映的标准化帮助所有企业展开基本活动，但过度全球化会导致关联性缺失，这是1983年以来大多数企业付出代价所得到的教训。如今的品牌是后全球化的——它们不完全放弃全球市场但似乎又远离它。今天，选择性全球化（selective globalization）是一种更合适的方法。

为什么在意识形态上美国品牌更加全球化而欧洲品牌略微逊色呢？我们假设美国的全球品牌是已经花费许多年、找到在美国本土的最佳运作方式和定位的一些成功品牌的输出物。由于美国本土已经形成一个非同质化的市场，成功的经验直接运用到其他地方似乎理所应当。举个例子，沃尔玛第一次将超市开在美国之外——墨西哥，是在沃尔玛成立30年之后（Bell，Lal and Salmon，2003）；它的全球竞争者家乐福在1969年开设了第一家国外大型超级市场，仅在家乐福成立第一家商店6年之后。沃尔玛运用了在美国成功的做法和规定，这一点也不令人惊奇，但在某些国家比如巴西，"每天低价"（everyday low price）的黄金法则似乎失效了，该国比墨西哥到美国的距离更远，巴西的消费者更加渴望从特别优惠中获利。家乐福对于自己的最佳方案并不十分有把握，因此根据新目标市场国家的具体情况采取了更加开放的态度。

雀巢——世界第一大食品公司也采取了同样的做法。一家来自瑞士的公司怎么能确定其他地方与国内的情形是一致的呢？事实上，雀巢成立4个月之后，用国际化的方式向四个国家推出了第一款产品——奶粉。

我们倾向于选择极端的解决方案（全球化或非全球化），因为它们更具挑衅性，但现实往往介于二者之间且更加复杂。人们在组织内必须联合起来，然后考虑如何建立一个协作组织（Hansen and Nohria，2003）。

接下来要分析什么？全球化中的现实主义，后全球化品牌的标志。

重心已回归本土

品牌全球化是一个战略，它旨在通过只有全球品牌才能创造的三个主要优势赢得当地竞争：
- 通过规模经济降低价格（以宜家为例）；
- 持续创新（以欧莱雅、三星、谷歌或日本丰田为例）；
- 在流动、年轻的细分市场中打造更具吸引力的全球形象（以拉夫劳伦或阿玛尼为例）。

许多企业已经从根本上调整组织结构以适应全球化的需要。

最重要的调整是建立全球的横向结构，把世界当成一个整体。来源国（country of origin）是诸多国家中的一个，全球企业的目标是利用规模经济、协同作用和各国之间的相互交流来降低成本、增加收益。这就是这些公司的理想选择是统一的营销组合的原因。毕竟，香奈儿5号就是全球性产品。

1990年以来，"严格的全球化"一直是占主导地位的企业信念，对本地特殊化的要求都被视为管理的倒退。几乎没有文章提到本土品牌的情况（Schuilling et al.，1996）。品牌必须尽可能表现出全球性：一样的产品、一样的价格、一样的渠道以及相同的营销传播。

一些迹象表明企业的管理重心已经回归。了解到顾客总是本土化的，对当地适应性和当地需求用户化的要求与日俱增，昨天不可能做的事情今天变得可行。

这里有些典型的例子：
- 在奢侈品行业，同质化是一种规范。由于垂直整合以及对所有细节的完全操控，这个领域被认为是全球化的典范。但是在沙特阿拉伯，阿玛尼的商标被翻译成阿拉伯文，同样的事情也发生在倩碧护肤品上。2010年，碧欧泉决定启用韩国男模特来拍摄韩国所有广告，结束了20年来西方男模特代言全球广告的历史，之后销量提高了15%。在选择适合自己的面霜时，亚洲人更倾向于信任亚洲模特。兰蔻决定在中国投放电视广告来建立品牌知名度，以在顾客的心目中建立领军品牌的感知，成为世界奢侈品市场未来的头号品牌。
- 雪铁龙为南美市场尤其是巴西开发了一种独特的车型。这个独特市场对于雪铁龙而言具有战略意义：在那里雪铁龙拥有一座工厂。梅赛德斯和宝马在中国推出了一款加长型的汽车，后座更加舒适，中国车主还希望有一个大的后备厢，这是地位的一种象征。

● 为了深入欧洲市场，拉夫劳伦开发了两条独特的高价位生产线：黑标系列和紫标系列，都产于意大利。

有趣的是，曾经发誓只发展全球品牌的组织现在正在寻找并有意购买当地品牌。例如，在摩洛哥有很多保养精油品牌，这些品牌的产品品质优良，像欧莱雅这样的组织可能有兴趣收购这些品牌。和所有企业一样，欧莱雅目前的问题是：欧洲市场疲软，总的来说，成熟国家的市场需求也不旺盛。要去哪里寻求未来的增长？新兴国家有较高的人口增长率，同时，只要品牌容易接触到，人们就有消费的欲望。当然本土品牌比全球品牌更容易接触到顾客，但最终这些本土品牌会出口，至少变成区域品牌，更别提处于金字塔底部的品牌了。

当然，这并不意味着全球品牌的末日，宜家的产品目录手册在全球是一致的。但有迹象显示，忠诚是靠移情作用产生的：调整麦当劳的菜单使之更符合中国消费者的口味，这是麦当劳征服中国顾客的钱包和情感的最佳方式。

面对假冒产品和标志

品牌的作用和钞票如出一辙，它们都象征着价值。一美元钞票是值钱的，就像一件保罗T恤上的品牌名称是有价值的。法国鳄鱼价值85美元，它花了75年的时间来创造这一价值。

如同世界各地都有伪造（比如假美元或假欧元），夺取品牌价值的行业正在蓬勃发展，以下是一些例子：

● 众多零售商用自有商标仿造大品牌的外贸服饰（Kapferer，1995；Zaichkowsky，2006）。它们模仿大品牌的颜色代码、设计，甚至是名称。

● 它们将你在某一领域多年建立声誉的品牌用在另外一个领域。

● 它们会利用某品牌在部分地区建立起来的声誉，在该品牌还未到达的另一个地方使用与该品牌相同的名称和策略。这就是几十年前鳄鱼品牌未进入亚洲时鳄鱼恤（Crocodile）的做法。

● 制假行业正冲击着汽车零部件、体育用品、医药产品、化学产品、香烟、高保真音响设备和奢侈品行业。

● 在这里应该提及埋伏营销（ambush marketing）。在每一次奥林匹克运动会期间，快速消费品在设计中使用圈和环（只允许官方赞助商和合作伙伴在联合品牌中使用奥运五环）来促销。

维持品牌价值必须得到法律部门强有力的支持，同时要对所有试图偷窃你的品牌资产的行为保持高度敏感性。

捍卫品牌，以防止声誉稀释

在保护知识产权方面，专业化准则盛行。一个组织不能只注册一个品牌名称来涵盖所有产品和服务种类，这会成为自由贸易的壁垒。一个品牌名称要想顺利注册，必须明确一个产品类别。贝纳通既是著名的服装品牌，同时也是一个历史悠久的小文具品牌。这个准则看似简单，但当品牌延伸变得流行时，一系列法律问题开始出现。曾经有两个苹果公司：一家是美国的电脑公司，另一家是英国公司，制作了披头士乐队的音乐。30年后，随着iPod和iTunes的推出，美国的苹果公司进军音乐领域，因此侵犯了从事音乐行业的英国苹果公司的权益，只有休战协议能够解决两家公司之间的争端。

为保证充分有效，新品牌的名称必须被实际使用。品牌只有通过商业运作才能获得价值，品牌财务评估也是如此（参见第18章）：需要一份商业计划来评估品牌对未来收益的贡献。如果新的名称在五年内没有被使用，那么注册该品牌名称的公司可能会失去使用权：真实商业活动的证据必须是可见的，否则一些企业可能会注册数千个名称来阻止竞争对手的进入。

这个专业化准则有一个例外：当品牌的名声已经超越了初始的专业特性之时。一些奢侈品牌像卡地亚或者路易威登对此十分谨慎：它们会检查全世界范围内对其品牌名称的任何形式的使用，而不管产品类别。中国大力保护国外著名品牌，以避免当地公司对其品牌声誉的不当利用。2008年10月，米其林注意到有一家中国公司正以Miqolin的名称出售高保真音响设备。辩护人声称在轮胎和高保真音响设备之间是不可能引起混淆的。然而，即使在产品类别上不会引起混淆，2010年10月广州法院还是将之裁定为一起假冒案件。理由如下：

- 米其林是一个著名品牌（其品牌知名度在中国超过60%）。
- 米其林的声誉在全球各地与百年专业化轮胎制造紧密联系在一起。
- 该中国公司在没有事先征得米其林公司的同意或支付特许权使用费的情况下，试图利用与该品牌名称联系在一起的高质量光环获取自己的利益。
- 对该品牌的滥用有可能稀释米其林的品牌资产，降低特殊性（品牌延伸会损害品牌在单个产品类别的专业化形象）。

为了对假冒行为实施有效打击，必须对假冒产品供应方和需求方采取不同的措施。eBay对商家在其网站上销售假冒奢侈品的行为漠不关心（参见第18章），该事件表明：即使在美国，保护知识产权的理念实际上还没有被完全接受。路易威登控告该网站从假冒产品的非法交易中获利，结果eBay败诉。

品牌全球化的模式

在我们继续讨论之前，详细说明全球化的含义是很重要的。对大多数经理而言，当一个品牌在世界各地销售时，这个品牌就是全球化品牌。在世界各地的机场都能看到诺基亚、戴尔、IBM或是阿尔卡特的广告，这似乎是真正全球化的表现，但也可能只是表象。

我们从第1章了解到品牌是一个与三个方面有关的体系，这个三方面分别是概念、名称以及产品或服务，构成一个三角形。因此，当提及全球化时，应该具体说明哪些方面呢？

一些令人信服的经济因素促使全球化产品或平台形成，有很多理由令我们使用相同名称，比如利用单一名称挖掘全球感知的额外价值。一些概念反映了全球细分市场的存在。表17-1列出了八种从全球化到本土化可能的战略。

表17-1　从全球化到本土化：全球化的八种可选模式

（是=全球化，否=本土化）

类型	1	2	3	4	5	6	7	8
名称	是	是	是	是	否	否	否	否
定位	是	否	是	否	是	否	是	否
产品	是	是	否	否	是	是	否	否
举例：	可口可乐、香奈儿、美国运通、索尼	玛氏、马爹利	雀巢、卡尼尔	宝莹	碧浪/汰渍沃克斯豪尔/欧宝	大众汽车（集团）、利洁时	Cycleurope（集团）	完全本土化

当人们提及全球化时，它通常是一种松散模糊的含义，表明品牌有名称、随处可见、可买到。当我们在国外旅行时，一些品牌看起来的确是全球化的：我们一下飞机就能在广告牌上看到这些品牌。正是这些现象使人们对全球化形成了负面印象——给人无处回避的感觉，国家间的差异性消失了。世界各地的商业中心销售同样的东西、同样的品牌，人类的丰富性和多样性似乎正被规模经济效应侵蚀。当然，那些不经常旅行的人非常乐意有机会买到在电视上看到的国外产品与品牌。

如表17-1所示，我们可以得到品牌在全球化与本土化方面的八种结构类型。

● 类型1是完全全球化模式。这种情形下，除了一些细节，几乎没有调整。

● 类型2指出了不同定位战略下的需求：玛氏公司的产品在英国可以代替一顿主食（每天来根玛氏棒），在欧洲却是一种兴奋剂。汽车行业采用了相同的方法，在德国市场上卖小型车，在葡萄牙却卖家庭用车。

● 类型3认可重要产品调整的需要。不同国家的消费者对咖啡有不同的口味偏好。巴西人的皮肤和发质与阿根廷人的并不完全相同。根据欧莱雅集团的说法，由于气候的差异，中国人有四种不同肤质。Connex是一家全球地面运输品牌：经当地政府许可，经营火车、公共汽车和地铁系统。安全这一词语的内涵在运营地铁系统的斯德哥尔摩和里约热内卢却大不相同，因此，拥有相同的品牌价值观并不意味着在任何地方都提供相同的安全产品。比如，斯堪的纳维亚的当地期望或者说支付能力没有南美那么高。

● 类型4是品牌在不同公司分类的结果。宝莹就是这种类型：由联合利华和德国汉高共同经营。Gervais也是同样的情况，既是雀巢的一个冰激凌品牌，同时也是达能乳制品的一个分类品牌。

● 类型5是公司由于法律原因不能在每个地方使用相同品牌名称造成的。比如，英国的品牌名称沃克斯豪尔在欧洲就变成了德国欧宝。

● 类型6是当大多数相似产品采用不同的价格定位，以两个全球品牌出售时产生的。大众汽车的高端产品系列就是如此，这些车与奥迪入门级车型十分相近，甚至在设计上都十分相似。

● 类型7是自行车市场的领导品牌——Cycleurope的业务模式。Cycleurope是一家瑞典公司，已经收购了其他国家的自行车市场领导品牌，这些都是典型的本土品牌，得到顾客认可，与当地顾客关系亲近。荷兰人、瑞典人、德国人、法国人和意大利人对自行车标准的期望大不相同：在轮子的尺寸、传动装置、自行车的高度等方面都不相同。标准化仅体现在车架上。

- 类型 8 是完全本土化的模式。

进一步观察品牌名称和产品平台（产品相同或存在巨大差异）这两个变量，得出四种策略（见表 17-2）。

表 17-2　全球化矩阵

	不同品牌	各地相同的品牌
相同产品或概念	不同品牌，相同平台 （联合利华、达能） （B）	全球品牌，产品不做任何调整 （可口可乐、香奈儿和索尼） （D）
不同产品或概念	当地需求的总和， 特许经营 （A）	雀巢（雀巢咖啡）、优诺酸奶、总统牌乳脂品 （C）

例如，达能和联合利华一样不喜欢使用同一个名称，却喜欢创造每年全球营业额达到 10 亿欧元的产品/概念。达能 CEO 弗兰克·里布（Frank Riboud）声明："我们的志向不在于培育全球第一的品牌，而是拥有全球化理念/产品的本土化第一品牌。"比如，Taillefine 的品牌名称随着国家而改变（在美国是 Light'fit，在加拿大是 Silhouette，在巴西是 Corpus，在阿根廷是 Ser，在西班牙是 Vitalinea，在意大利是 Vitasnella，在希腊是 Vitaline），该品牌产品的概念是为成年人提供美味食品，目标对象是坚持低脂肪饮食的顾客群，并延伸到达能集团的三个部门：乳制品、饮用水和饼干。因此，你会发现该理念下的产品有来源品牌 Lu 族下的纯净水、饼干或者是达能品牌旗下的乳制品。但是在阿根廷，该集团保留了具有背书作用、拥有 65% 的市场占有率的本土品牌 Serenissima 来提高自身竞争力。这个在阿根廷排名第一的本土品牌现在为全球化概念背书。

另一个全球化概念是 Actimel，一种专门用来提高人体自然免疫系统的酸奶。该产品在全球 22 个国家销售，销售额为 5 亿欧元，2012 年的销售增长率是 40%。还有一个例子是一种加味水，在英国作为达能 Activ'Aro 品牌旗下的产品，在法国称为 Volvic Magic，在墨西哥称为 Bonafont Levite。整体而言，达能集团超过 60% 的销量都是在成为当地市场领先品牌的理念下实现的。

联合利华因拥有超过 1 400 种品牌且没有达到世界大型品牌的严格标准（10 亿美元）而受到指责，现在联合利华正加紧减少品牌数量。以冰激凌业务为例，其运营依靠的是以前著名的当地市场领导品牌（英国的 Walls、法国的 Miko 等）的背书作用，所有产品都呈现统一的国际标识。但其销量是通过在全球销售并被当作真正品牌进行管理的强势产品获得的，这些品牌包括梦龙、和路雪等。在人造黄油业务中，信任是一个重要因素，因此当地品牌得以保留下来。但整个公司面向欧洲市场时，分别在四个不同的典型产品平台上运营业务。

表 17-2 的矩阵提醒我们：大多数公司从象限 A 开始。在拥有品牌资产和意识到必须将业务全球化之前，它们的销售已经国际化了。它们大多在现有品类中运作，且从不把可口可乐和麦当劳当作参考基准。

它们可以从象限 A 移动到象限 B 或 C。转移到象限 B 需要对产品进行合理化处理：这是利润和协同优势的主要来源。象限 C 意味着要进行一些品牌转化来减少品牌数量。品牌的产出没有先前强劲但风险更高。为了解决新产品的混乱问题，诸如 Actimel 应该采取象限 D 中的战略。

我们无意建立一个单一的全球品牌

有谁听说过柏隆集团？这家企业在欧洲和巴西拥有卡戈拉司品牌，在美国拥有沙夫利特品牌，在英国和爱尔兰拥有 Autoglass 品牌，在新西兰有 Smith & Smith 品牌，在澳大利亚有奥布赖恩（O'Brien）品牌。它是风挡修理商中的领导者，在全球有 1 700 个修理点、8 000 辆移动修理车和 1 000 万用户，是世界上首个汽车玻璃购买商。观察这么一个异质的品牌组合，大部分顾问会立刻建议进行全球品牌重构，并采用单一的全球品牌。

这正是 Belron 不会采取的做法。在该领域，第一提及品牌意识（top-of-mind awareness）是首要标准。当顾客遭遇车祸，风挡损坏，他们会十分焦急并期望得到快速可靠的帮助。Belron 致力于成为当地首要经营者，通过采用被证明在全世界都有效的方法（服务、与汽车保险公司建立关系、大量电视和广播广告宣传）突出其领导地位，它们采取的是政策 B。

品牌再造会对品牌资产造成极大损害：丧失当地品牌的地位（市场占有率通常超过 65%，第一竞争者为 10%）。当然，如果公司今天刚刚成立，它会选择一个全球名称（政策 D）。

在当下转变为一个全球品牌在业务上没有任何收益：车主大部分都是在本国使用 Belron 的服务。开汽车旅行的人在欧洲也会有同样的选择，因为品牌遍布 20 多个国家。此外，由于有语言差异，大部分人会观看本国的电视节目，因此没有人会意识到法国的卡戈拉司就是美国的沙夫利特。

然而，为了使国家之间的协同效用最大化，Belron 已经将在所有国家提供的服务统一。Belron 试图通过相同的广告形式来创造单一的品牌个性，这将有利于利用各国最佳实践。

为什么全球化

经济必然性

很少有人会怀疑业务国际化的必要性，世界贸易自骆驼队将香料从亚洲运到欧洲时就已经开始了。15 世纪和 16 世纪伟大的航海探险家也被找到新的货物来源的预期所激励。殖民也是出于一些经济动机：获得原材料、黄金，然后是粮食、石油。

生产不受地域限制，财务是国际化的，现在是进行市场营销的时候了。为什么要变成全球知名品牌？为什么不是使本地品牌国际化或多样化？

在这场竞技比赛中，规模经济提供了一个战略杠杆，因为它有助于获得有竞争力的价格。设计汽车时考虑全球市场潜力的企业比只关注本地市场的生产商有竞争优势，尽管后者可能生产出更符合本国消费者需求的车型，但由于日本或韩国汽车生产商从一开始设计时就将全球市场置于脑中，其所提供的价格差异会逐渐使最具爱国情怀的车主开始犹豫。这就是为什么雷诺 Twingo——低价是人性化车型定位的关键要素——从一开始，其设计就面向整个大陆：所有地方的产品都相同。

本土企业即使定位于利基市场，除了扩大网点、进行创新，也没有其他办法来克服价格上的障碍。地理扩张是生存竞争的一个必要状态。

如果品牌要保持竞争力，它的创新必须要以尽可能低的价格尽快提供给所有顾客。每个特色要素革新的边际成本与日俱增。即使只是尝试创新，也需要上百个研发人员。必须进行产业投资和研发投入来提高单位利润。使用已有的知名度和公众信心，品牌可以帮助公司不断扩大网点。如果没有这些，投资就不会得到经济回报。制造商的品牌打开了进步之门，同时也把产品带给了千家万户。

全球名称：一种优势来源

在某些市场领域中，全球品牌是必需的，然而在其他很多案例中，全球品牌是在传播中开发、利用新机会的一种手段。

当客户已经进行全球化运作时，单一品牌是必需的。在伦敦使用 IBM 或戴尔电脑的公司，如果在波哥大或是吉隆坡的办公室内使用相同的设备，但品牌名称不相同，会被认为是不明智的。同样的道理适用于大多数科技行业。卡特彼勒、住友集团（Sumitomo）、斯伦贝谢（Schlumberger）、西门子和阿尔卡特都不可避免地成为世界大型品牌——即使撇开它们是全球企业的事实。

当品牌使用创始人本人的签名或设计时，保持单一品牌是有必要的。比方说奢侈品贸易，无论产品在何处，皮尔卡丹就是皮尔卡丹，拉夫劳伦就是拉夫劳伦。它们的创新产品在全球都可以买到，因为它们的签名本身就见证了创造者的价值。不论创造者是否还在世都不会改变这个定律：单一名称来自单一来源。

除了以上案例，单一品牌能够开发新的国际机会：

- 比如，随着旅游业的发展，某些产品在不同国家使用不同名称会带来劣势。如果情况并非如此，旅游者就会找到自己的品牌。看到来自全球各地的游客在麦当劳门前安心地排着队，而不是去快客汉堡，就足以让人信服。但是这一点在某些领域比在其他行业适用性更强：食品行业比内衣行业更适用，车用油行业比食用油行业更适用。但是主要的优势与协同作用联系在一起：一位美国经理接触欧洲的 DHL 时会得益于 DHL 在美国的名誉。当品牌具有国际吸引力时，可信度将提升。这就是 1989 年碧浪推出首款以欧洲不同国家家庭主妇为对象的商业广告的原因。
- 国际媒体发展程度越高，为单一品牌提供的机会越大。在传统媒体环境下，一直以来都是这种情况，现在还包括卫星电视、有线电视和网络。真正为全球覆盖提供机会的是像大满贯网球赛事、环法自行车赛、世界杯足球赛、奥运会和一级方程式赛车这样的大型活动。通过赞助法网比赛，法国巴黎银行的名声远扬至加利福尼亚州，在这里人们把法网比赛称为法国锦标赛（BNP Tournament），就像有个奖项被称作沃尔沃大奖（Volvo Grand Prix）一样。这些活动面向全球观众，因此排除了现场的当地品牌，因为人们不会采取付出巨大成本却只吸引一部分观众的做法。只有全球品牌才会出现在像奥林匹克运动会和一级方程式赛车这样的国际赛事中。只有全球品牌可以在赞助像泰格·伍兹或罗杰·费德勒这样的国际巨星之后获利。

全球细分市场的出现

所有社会文化研究都强调生活方式的融合。德国和日本的高级经理之间的差异比德国经理和普通员工之间的差异小得多。除此之外，世界范围内的辨识模式还表现在：一些中国女性认同美国女性，一些人则效仿法国女性，而且越来越多的人开始推崇韩国式美丽。这就是欧莱雅开发一系列全球品牌的原因，与推崇一致性不同，该集团正在扩散异质性。因此，欧莱雅推出品牌时格外小心，品牌不是只代表一种美，而是所有类型的美，如从为全球黑人群体设计的 Softsheen Carson 到植村秀和美宝莲正体现了这一点。谨慎起见，欧莱雅还将每种品牌的总部设在本国来保持特异性。但是，它们必须将自己的理念、产品和传播全球化，全球细分市场应根据每个细分市场的需求设置各自的全球品牌。

定价问题

最后，价格因素是未来品牌战略同质化的关键组成部分。事实上，所有事物都指向更小的价格区间，在这个价格区间内，相同的品牌能从一个国家发展到另一个国家，从一个地域到另一个地域。

- 分销商在区域或国际层次上的集中，对有意实施本土最优化价格政策的品牌造成了威胁。从欧洲来看，没有什么能阻止分销商的最低价格要求。比如在葡萄牙或其他国家，降价就是竞争的一种手段。
- 需要避免平行市场的形成，因为这将动摇一国正常的分销渠道，从而影响品牌和分销商之间的关系。

事实上，价格定位和市场定位之间存在紧密联系。一个品牌不能在一个地方的市场上是最贵的，同时在另一个地方的市场上却是个大众都买得起的主流品牌。价格水平要与品牌的感知质量、品牌表现和声誉相匹配。比如在陈年香槟市场上，成为最贵的品牌，或是和唐培里侬的价格一致或者比它便宜，并不能定位竞争者凯歌（Veuve Clicquot）。缩小品牌的国际价格差异是促进统一定位的一个因素，进一步来说，这将影响整体品牌政策。除非政策允许最佳当地价格以及国与国之间有较大的价格差异，否则在不同国家，相同的产品需要以不同的品牌名称销售。这正是利洁时遵循的战略——购买强势的本土品牌。事实上，研发活动必须在欧洲开展，这遵循的是新产品开发和营销组合中的原则。

对抗灰色市场

经济发展多样性的一个典型后果就是出现灰色市场。为了接近大众消费者，品牌的定价必须符合当地经济水平。但是，当相距并不是很远的国家之间存在价格差异时，灰色市场开始衍生，在平行进口大批涌入的国家，销售被打乱，贸易商誉被毁坏。当然，对建立选择性分销协议的奢侈品而言，第一反应就是配置一些追踪仪器，找出违背协议、在规定区域外销售产品的代理商。

第二种方法是改变品牌名称。在北欧，一种名叫 Viakal 的抗水垢家居产品更名为 Antikal，来阻断在意大利以便宜 30% 的价格销售 Viakal 产品。轩尼诗干邑白兰地没有选择这种极端方法，而是在西欧市场停止高级白兰地的销售，取而代之的是一种叫作精细干邑（Fine de Cognac）的定制化产品。总之，欧洲对高级白兰地的消费越来越少，却变成了俄罗斯市场的货源之一。其实，纵观全球，因为这些商业因素，全球品牌正在推出越来越多的区域品牌。

最后一种方法是在区域或洲内的所有国家间建立价格走廊，这能降低灰色市场滋长的风险。但如果为了尊重国际走廊而对品牌定价过高，则可能阻碍销售。

全球形象的好处

有许多讲述全球品牌的文章，但我们对全球品牌到底了解多少呢？事实上很少。直到近年这个问题才通过相关研究得到进一步阐述。其中两篇文章聚焦于拥有全球形象的好处。感知品牌全球性（perceived brand globalness，PBG）如何创造价值？有许多创造全球品牌的原因——规模经济、国家之间的协同作用、全球产生的创新投放到市场的速度、可开发的全球细分市场，以及之前提及的拥有国际形象的好处。今天，在文化融合的时代，现代性通过国际化表现出来，因此全球感知将提高感知价值。全球各地的趋势是：年轻人更喜欢国际品牌，成人的喜好则相反。

一项研究（Steenkamp，Batra and Alden，2003）试图证实这个假设。通过在美国和韩国展开的定量研究，研究者证实了感知全球性（感知到在全球各地销售产品的事实）对购买决策有较大影响。但与预期相反的是，这种影响并不是由于感知全球性使消费者参与到全球文化中形成的，事实上感知全球性首先影响品牌的感知质量，其次是感知声望。但这对民族中心主义者即更关注本土价值的人的影响没有那么强烈。这篇文章得出的结论需要在其他国家进一步证实，并包含更多消费者细分的标准，因为韩国和美国之间的文化联系是众所周知的。

第二项研究由霍尔特、奎尔奇和泰勒（Holt，Quelch and Taylor，2003）在研究全球感知如何产生价值时完成，该研究包含来自12个国家的1 800名调查对象的样本。根据该研究，感知全球性通过五个杠杆来影响品牌偏好：

● 作为质量的一个指标（感知全球性产生更高的质量）。这个效用是最重要的，解释了研究中观察到的偏好方差的34%。

● 第二大作用是感知全球性赋予品牌更高的地位。这解释了12%的方差并与先前的研究一致。

● 第三个杠杆与个别国家的形象和特性有关。全球品牌总是与来源国联系在一起，从而形成特定能力，比如钟表（瑞士）和TGV高速列车（法国）。这解释了10%的方差。

● 感知品牌全球性增加了责任。因为这些品牌出现在全球各地，有更高的知名度，因此必须比其他品牌更具环境和社会意识，规模大意味着承担更多责任。这个作用只解释了8%的方差。但这对22%的被调查者极为重要，对41%的人重要。

● 最后，美国形象或者美国梦与很多全球品牌相联系。当消费者被当作一个整体时，没有解释品牌之间偏好的方差。一旦这些国际消费者被细分，美国形象对39%的被访者而言是一个梦想，这使其成为偏好的一个因素。与此同时，对29%的人而言这是一个令人厌恶的事物，从而变成负面因素，被消费者拒绝。

值得肯定的是，霍尔特等人对消费者进行了细分，从"支持西方"到"反对全球化"共有七个划分，与五个杠杆的层次结构完全不同。人们如何理解并评估全球品牌是很不一样的。国家之间的异质化程度也很高，印度尼西亚、土耳其和埃及受全球感知的影响较大。但被访者并非外行而是富裕群体，可能还拥有西方生活方式。全球感知对印度、巴西和南非的人影响较小，受品牌全球感知影响最小的是美国消费者。这是因为他们有强烈的令自己十分自豪的当地文化吗？

  这并不意外：美国人并不认为选择其他国家是合适的。这是一个有种族优越感的国家。同时，因为这么多所谓的全球品牌都来自美国，它们的地位变得模棱两可，它们在全世界销售产品，但看起来又像一个深厚的本土品牌。

  舒伊林和卡普费雷尔（Schuiling and Kapferer，2004）比较了与众不同的本土和国际食品品牌的差异性，但是将本国的国际品牌和其他国家的相同品牌分开进行了比较。事实上，数据显示，最好的品牌轮廓是本国的国际品牌。毫无疑问，各国出口的都是本国的一流品牌。数据还显示了国际品牌与当地品牌之间有何不同。根据对由9 739个受访者和四个国家507个品牌组成的数据库的研究，舒伊林和卡普费雷尔将每种类型品牌的差异性特征都分离开来：本土品牌（不论公众的感知如何，只在一个国家销售）和国际品牌（不论公众的感知如何，在所有国家销售）。研究者首次发现，总体而言，在一国内存在较长时间的本土品牌比新出现的国际品牌被赋予了更高的品牌知名度分值。由于品牌知名度与形象联系在一起，形象差异仅仅是品牌知名度差异导致的结果吗？根据知名度调整数据后，在形象上的确有一些差异，一些是消极的，另一些则是积极的，从表17-3可以看出。

表17-3 全球品牌与本土品牌的对比（百分制，经过品牌知名度水平调整）

	本土品牌（B. Aw＝85%）	全球品牌（B. Aw＝85%）	全球—本土
高品质	25.29	27.07	＋1.78
信任	22.11	20.23	－1.88
可靠的	22.11	19.06	－3.05
时尚的	14.04	15.50	＋1.46
原创的	13.57	14.64	＋1.07
有差异的	12.56	13.70	＋1.14
共鸣的	11.74	13.19	＋1.45
有趣的	9.76	12.90	＋3.14
令人愉悦	7.08	12.90	＋5.82
健康价值	15.56	12.27	－3.29
创新	6.08	11.50	＋5.42
领导者	8.07	9.33	＋1.26
独特性	4.40	7.61	＋3.21

资料来源：Schuiling and Kapferer（2004）.
注：基于9 739名受访者和507个品牌.

  值得注意的是，与本土品牌相比，全球品牌有一些明显的不足：
- 健康价值（－3.29%）；
- 可靠的（－3.05%）；
- 信任（－1.88%）。

  另外，全球品牌在以下方面比本土品牌做得更好：
- 令人愉悦（＋5.82%）；
- 创新（＋5.42%）；

- 独特性（+3.21%）；
- 有趣的（+3.14%）；
- 高品质（+1.78%）；
- 时尚的（+1.46%）；
- 共鸣的（+1.45%）。

有利于全球品牌的条件

某些情形能使全球传播和品牌政策简单化，这些情形与产品、市场、品牌识别的力量和公司的组织结构联系在一起。

文化和社会变革为全球品牌提供了一个有利平台，在这些情形下，部分市场不再认同长久建立起来的本土价值，开始寻找新的模型来建立品牌识别。它们不再信奉盛行的本国价值，而对来自国外的影响保持开放的态度。喝着可口可乐，我们体验着美国神话——新鲜、开放、冒着气泡、年轻而富有活力的美国式的形象。年轻人在寻求一种身份识别和自己的参照点时形成了一个特定目标。为了与众不同，他们从人格化媒体的文化模型中提取自己的识别来源。李维斯牛仔裤与一个走在孤独漫长的逃离之路上的神秘形象——反叛者联系在一起。耐克鼓励人们奋力超越自我，突破种族和文化界限。女性经常会寻找新的形象，雅诗兰黛可以描绘出一个自由、独立且有魅力的女性形象，并用这个形象实施全球化。反映新的饮食习惯的品牌不得不强有力地利用自己的全球视野，来聚集寻求改变的消费者。通过这种方式，品牌会被视为一个新的鼓动者。

显然，全新的未开发的行业还未继承一整套价值体系，所有事物都有待开创，做不做、怎么做都由品牌来决定。这就是没有什么能阻止高科技、计算机、网络、摄影、电子和远程通信或是服务品牌的全球营销的原因。戴尔有能力并且必须在全球范围内传播品牌，因为这些品牌本身就是这些市场的唯一参照点。只有活动的主题会随着国家经济发展水平发生改变，因此这成了品牌的当务之急。全球化也适用于新服务：赫兹公司、安飞士出租汽车公司和Europcar在全球营销活动中描绘了一个忙碌的商务人士形象——无论如何，一个意大利商人会更愿意认同一个商人，而不是一个意大利人。这种新奇的说法同样也适用于麦当劳、马利宝或是科罗娜啤酒（Corona）。

随着科技力量不断增强，这个世界逐渐标准化——这是莱维特的观点（Levitt，1983）。产品不再起源于当地文化而是属于我们的时代，是科学和时代的产物。因此，产品避免了阻碍全球传播的当地文化造成的偶然事件。

一般而言，全球化在围绕流动性运营的市场中是可能发生的，并且确实是理想的。这适用于多媒体、酒店、汽车租赁、航空以及影音传输等行业。当一个品牌被认为是国际品牌时，它的权威性和专业性也就自动被接受了。再者，品牌有机会去构建细分市场。它们的角色是部署价值体系，这一价值体系只有在面对流动性客户时才具有独特性。

当一个品牌完全嵌入一种固定文化模式时，全球化是可能的。德国通用电气、博世、西门子、梅赛德斯和宝马仰仗于打开全球市场的"德国制造"模式，因为这种刻板印象是打破国家边界的集体象征，使人认为该品牌在任何国家都会有强劲表现。百味来（Barilla）的名称是建立在番茄酱、意大利面、无忧无虑的生活、音乐和阳光等经典意大利形象之上的另一种刻板印象。沃尔沃、爱立信、ABB 和萨博汽车则是瑞典的缩影。

最后，根据萨尔特曼（Zaltman）的说法，某些品牌代表着原型或"普遍真理"（Wathieu, Zaltman and Liu, 2003）。Snuggles 织物柔软剂不仅会在所有国家唤起相同想法——温柔（柔软剂本身并不具有），还会唤起一个人童年中的依赖、爱和安全的印象，就像泰迪熊象征的那样。为了传递"依偎、爱抚和甜言蜜语"的概念，该品牌名称在法国被译为 Cajoline[①]，在德国被译为 Kuchelweib，在土耳其被译为 Yumos，在西班牙被译为 Mimosin，在意大利被译为 Cocolino。与慈爱母亲的原型相一致的荷兰乐芝牛也是按照类似方式翻译的（Die Lächende Kuhe 或 Laughing Cow）。万宝路将一个铁血男儿的形象具体呈现出来——在征服美国的西部传奇中，他孤独、坚毅、真诚，但也充满现代气息，在全球都很受欢迎。美宝莲传递了一种美国式美丽，兰蔻则表现出法国女性的美。

以上几种因素解释了为什么奢侈品牌和设计师能获得全球吸引力。首先，他们承载了一种信息——每个创造者都在表达自己的价值观。这不是通过任何对多国的市场调查或顾客分析构思出来的，是创造者及其表达个人价值观的渴望构成了品牌识别的基础，不论在哪个国家都是如此。其次，在每个奢侈品牌背后都有一个指导标准，有时甚至是一个原型。卡夏尔（Cacharel）和莲娜丽姿（Nina Ricci）代表了女性魅力，害羞且谦和。圣罗兰代表了女性独立，甚至是反叛。最后，"法国制造"的标签以及巴黎神话给这些品牌灌输了明确的文化含义。以上是这些品牌能够通过自己的视野对国家远景施加影响的原因。和任何宗教信仰一样，打算改变信仰的品牌必须相信自己所传递的信息准确无误地在群众中传播。

总的来说，聚焦于产品及其根源的品牌更容易实现全球化。杰克丹尼威士忌从它的酿酒厂和传统中构造了品牌识别的核心，使其广告随着时间的流逝呈现出显著的稳定性，不同国家之间的广告也是如此。虽然杰克丹尼威士忌和不同代理商合作，但要求代理商制作的每一条广告或公告都带有典型的杰克丹尼风格。

特定的组织因素也能加快品牌全球化进程。个人独资公司和以在世创始人的名字命名的品牌，从一开始就更全球化。当地几乎不能对拉夫劳伦的特征进行本土化调整，因为公司的负责人就是拉夫·劳伦。比克或毕加索也是这种情形。

考虑到美国在社会和文化上的多样性，美国公司全球化的准备更加充分，因为在本国市场进行营销本质上就是一种全球营销。组织因素也指向了同一方向，当公司向欧洲扩张时，一开始会在欧洲设立总部，通常是设在布鲁塞尔或者伦敦。在美国看来，设立欧洲运营中心的需求很早就有，因为欧洲是一个独立且同质性程度较高的区域。

最后，在欧洲或者南美建立独立生产中心同样也是全球化的一个重要因素，至少对于产品而言是这样的。由一个工厂集中生产宝洁在整个欧洲市场的清洁剂将会促使全

[①] 法语意为"熊宝贝"。——译者

球产品的标准化，与此同时，可以将科技创新传播到全球。在产品优势是品牌定位的关键的市场中，这种生产和研发的集中化几乎没有为基于当地的差异化留下任何空间。

产品破坏与产品最优化

除了与市场或组织自身相关的因素，根据产品的地位，公司可能不得不遵循两种不同的政策。一种分析解释是，观察到的行为之间的差异与市场的类型相关。某些产品可能是现有的最优产品，某些产品则与现有需求、创新相背离，以至于创造出一个前所未有的细分市场。这种差异对国际化政策的选择具有一定影响。当需要适应当地环境时，最优化营销会带来更多灵活性。但是，传递新视野的高度创新趋向于将自己的观点强加到所有国家，几乎不做任何调整，比如说苹果手机。

一般而言，一个强大的新概念能够打破规则和界限。比如，酒精饮料大多使用本土化战略进行营销。还有什么比酒更具文化气息？此外，这种饮料的消费对象是成年人，随着年龄的增长，人们的口味和偏好会逐渐固化（不像年轻人喝的软饮料）。但是，该领域内全新的概念能产生全球性影响，比如科罗娜啤酒、绝对伏特加、百利甜酒和马利宝。在奶酪行业也是如此，荷兰乐芝牛就是一个全球概念。

全球化的障碍

全球化最大的障碍是什么？对经理而言，使全球化难以进行甚至不可能成功的因素有哪些？表17-4显示了这方面的问题。

表17-4 国家之间的什么差异会迫使你调整品牌的营销组合

差异类型	必要的调整（%）
法律	55
竞争	47
消费习惯	41
分销结构	39
品牌知名度	38
品牌分销水平	37
媒体受众	37
市场营销项目的成功	34
消费者需求	33
媒体可用性	32
品牌形象	30.5
产品生产规范	27.5
品牌历史	25.2
生活方式	25
文化	25
子公司销售	23
消费者的购买力	22
消费者的年龄	12

资料来源：Kapferer/Eurocom pan-European survey.

对大多数受访者（55.2%）而言，第一个且唯一一个解释了全球化战略受阻的因素是法律差异。事实如此，例如，规定产品定义、销售权利、对酒类产品的授权和广告方式以及儿童广告代言人使用的法律条文在各国有很大的不同。但是，《单一欧洲法案》（Single European Act）、南方共同市场或关税及贸易总协定在立法上的差异必须消除才能克服全球化的主要阻碍。第二个因素与当地竞争状况有关（竞争者数量和实力、品牌意识的水平、分销类型和水平、产品生命周期的阶段）。再次以法奇那公司为例，在英国，法奇那公司占领了高档橙味碳酸软饮料的利基市场，并与当地主导品牌芬达、新奇士橙汁（Sunkist）和坦格（Tango）竞争。它不可能像进入英国市场那样，紧跟可口可乐成为第二大品牌。这对市场战略和定位有非常深远的影响，尽管如此，法奇那的品牌识别却仍然是相同的。此外，由于事先对这些市场有所了解，制作广告时可以考虑不同的情况。在法奇那知名度较低的地方，广告中需要更长的产品镜头和摇晃饮料中果肉的镜头，在其知名度较高的国家，广告中可减少这些场景。这个因素与当地竞争状况有关，在一定程度上解释了玛氏、吉列、麦当劳、可口可乐、百利、戴尔、eBay、瑞安航空公司和法国尚飞等品牌的全球性成功。事实上它们并没有什么竞争者，它们是新产品，创造了新的细分市场，揭示了潜在的跨国需求的发端。它们受到这样一种感觉的激励——它们拥有出色的产品，要将其项目推广到所有国家。第三个阻碍全球化的因素是消费者习惯的差异：正如我们所见，这对产品是致命的，比如深深植根于一种特定的文化中的里卡德（茴香酒品牌）。此外，为了实现真正的全球化，品牌必须淡化种族成分。只要百利依旧定位于爱尔兰奶油，它的发展潜力就会受到限制。这种远道而来的充满异国情调的饮料，它的陌生感使其只拥有较低的销售量，只获得爱尔兰粉丝的喜爱；晚上，这些爱尔兰粉丝会坐在壁炉旁细细品味它，但全世界有多少人知道爱尔兰呢？谁还会把酒当作甜酒饮用呢？百利的全球化包括从甜酒的印象——"百利时刻，无所不在"（The Bailey's moment is whenever）中脱离出来，将爱尔兰当作一个旅游胜地推广，用"冰上百利"（Baileys on ice）的概念进行推广。表17-5展示了对于泛欧洲品牌而言最容易全球化的方面。

表17-5 品牌组合的哪些方面最经常进行全球化？（Kapferer/Eurocom）

方面	%
标志、商标	93
品牌名称	81
产品特征	67
包装	53
售后服务	48
分销渠道	46
赞助（艺术）	32
赞助（体育）	29
广告定位	29
广告执行	25
相对定价	24
直接营销	18
促销	10

正如我们所见，品牌组合中各个方面进行全球化的比例从10%到93%不等。造成这种差异的原因是"品牌全球化"这一表述指的是识别和行动（营销组合）两个方面。品牌的固有形象（商标）是最容易全球化的，这表明图像优于声音。重要的是，即使包装上没有写"可口可乐"几个字，全世界都知道可口可乐的独特包装设计和红色。联合利华并不是在所有地方都使用Motta这一冰激凌品牌，但是当地的对应产品都使用一样的颜色和信号规则。排在第二的是品牌名称，大多数公司有一些奇怪的情况——意大利的达诗在欧洲却叫碧浪，等等。如果品牌在当地有一定实力，不宜冒险过快进行标准化发展。市场营销组合的运营会自然地适应当地市场，当我们参与线下的活动，或是与价格有关、当地财务最优化的活动时更应如此。在电视和多媒体的时代，影像比言语更胜一筹。颜色代码和图像必须全球一致：可口可乐是红色的，喜力啤酒是绿色的。但即使是最强大的品牌在面临巨大的中国市场时也会犹豫：这些品牌该怎么命名呢（见后文）？

让我们深入分析这些障碍是如何影响品牌国际化的。

应对服务本土化

全球品牌如何融合世界经济、立法和文化的多样性？在如此异质化的情形下，如何建立全球品牌？品牌能真正实现全球化吗？

品牌全球化，服务本土化

为了盈利，全球化变成了一个简单化的过程。但当简单化超越临界点变成过分简单化时，就会对品牌造成损害。比如在沙特阿拉伯，一个著名的西方护肤品牌调整了包装，文字全是阿拉伯文，并参考当地人的使用习惯来定位自己的产品（"精油以外的选择"）时，销量立刻上升。

在每个地方，全球品牌都必须做出这样的选择。如果使顾客体验百分百全球化但并不为当地带来价值，也没有进行相应的定位，还有什么意义呢？比如，在美国，法国鳄鱼从一个有趣的鳄鱼品牌升级为代表高级生活方式的品牌；但在没有网球或高尔夫球文化的国家，人们认为鳄鱼品牌和大量仿冒品牌没有差异。在这种情况下，法国鳄鱼能在美国和其他国家采取同样的管理方式吗？在欧洲，路易威登象征着创造力。在中国，路易威登意味着成功。

差异的另一个来源是品牌及其全球化所传递的服务水平。

- 在日本和韩国，为礼物包装是必须的，但在美国就没必要，因为美国的文化由功能性和金钱价值所主导。此外，在西方国家，拯救地球组织会批评过度包装的品牌。
- 排队可接受性：在主题公园中，中国人可接受的排队等待时间是15分钟，美国人为21分钟。
- 交货：在印度，奢侈品通常会装在一个普通塑料袋中送达你所住的酒店，但西方的商店绝不会这么做，除非顾客要求。
- 在中东，在家里试用产品可能是首选的服务模式，因为在商店里试穿会使女性觉得不舒服。这与欧洲完全不同。

经济异构性：金字塔底部

人们每天的收入不到一美元的经济体给跨国公司带来了巨大挑战。大多数品牌在这里无法销售，这并不仅是因为这些产品太昂贵。以乳制品行业的达能公司为例，达能的产品需要一条能完全控制温度的冷链，这在孟加拉国是难以保证的，这里的道路和分销系统使达能不能实现"最后一公里"的承诺，无法将产品送达穷人手上。考虑完全不同的业务、生产制造和分销体系是很重要的。比如，在孟加拉国，上百人每天都用自行车装运少量货物，这还多亏了像诺贝尔奖得主穆罕默德·尤努斯开设的孟加拉乡村银行（Grameen Bank）这样的小额信贷机构的存在。达能正尝试不同情境和模型来找出在盈利的情况下向全球供应食物的方式。除非这个问题被解决，否则数百万人都将依靠人类互助基金生存下去。

命名问题

全球化成功的最终象征是能在全世界使用相同的名称。然而，品牌名称总是为全球化带来问题。主要的问题罗列如下：

首先是当地公司预先注册的问题。比如，欧洲之星的名称早已被一家服务公司注册，它不得不从该公司那里买过来，但这种方法并不是总能成功。当法国鳄鱼准备进入亚洲市场时，发现鳄鱼这个名称已被一家中国公司注册。

其次，品牌名称在特定语言环境中也可能引起问题。有许多关于品牌名称在其他国家引起性联想的趣闻。

再次，对描述性品牌名称的翻译存在问题。传统上，美国人不翻译描述性品牌名称——帮宝适在全球都叫作 Pampers，海飞丝也是如此。但对于像乐芝牛这样的国际奶酪品牌，名称很重要，因为品牌名称传递了一种信息，使品牌标志（牛头）能被正确翻译出来。如果没有做到这点，这头牛可能显得愚蠢、疯狂。在这种情况下，品牌名称和品牌符号之间是有联系的。接下来的问题是要不要在每个国家都将描述性品牌名称翻译出来？是否仍引用法语品牌名称？那么引用法语品牌名称与本土的翻译如何选择？鉴于这些回答都建立在所渴求的附加值之上，答案是否会因地区不同而不同？

在某些区域的确存在假冒产品，因此有必要使顾客确信本产品是正品。在某些区域（如沙特阿拉伯、中东和德国），附加值来源于对法国品牌名称的引用。

最后，在中国各地方言迥异，带来了一个特定问题。

在中国为品牌命名

在中国为品牌命名经常迫使经理们面对这样一个选择：根据语义还是发音命名（Schmitt and Zhang, 2001）？面临的两难困境如下：即使对当地人而言没有含义、发音和记忆上的问题也要尊重品牌名称的原音，还是尊重原有概念，即使与品牌名称的国际发音相背离？当然最理想的情况是既有含义，也符合原有发音，即中文发音应该与国际发音类似，但含义也必须是恰当的。比如，微软意味着微小、灵活和柔软，听起来也很顺耳。可口可乐和家乐福找到了在发音和语义上都恰当的翻译。杀虫剂的世界领导品牌——安万特公司的 Decis 的发音是"Di-Cha-Seu"（敌杀死）。有些品牌就没有这么幸运了。

但过度将品牌名称在中国进行本土化也有风险，国外品牌现在比本土品牌更有价值。从长远来看，所有强调本土品牌感知的迹象都可能会侵蚀品牌资产。

巧妙实现本土化与全球化之间的平衡

每个公司都必须在两者——本土化（调整产品以适应当地市场）和全球化（通过降低成本获得竞争优势）——之间找到平衡。因此可以说，在一对一地调整产品和标志来适应一个特定的国家、细分市场甚至民族、社群和个人以创造价值的需求与降低成本的经济要求之间存在矛盾。与其他困境一样，所有企业都知道没有单一的解决方案，如果对本土化或标准化过于重视，仅仅渐进地调整，乃至对政策进行审查都是毫无意义的。

化妆品集团（比如雅诗兰黛、资生堂和欧莱雅）和汽车制造商对这个困境时常感到头疼，因为它们既注重高科技也十分强调个性化。众所周知，全球化诞生于科技，而科技成本的日益降低促进了研究的传播。但是化妆品品牌以单个女性的美为目标，因此这些品牌必须极度敏感故而需要高度个性化，以尽量适应各国女性的生理特点及其基本文化特征。人们对于美不再有总体性的概念，而是接受同一国家内、不同年代之间存在不同类型的美这一多样性。当一辆车并不是简单地定位成低价交通工具时，这种困境对于汽车行业同样严峻。一辆车对于每个客户而言都有着特别的意义。由于每个顾客都是不同的，顾客不仅对品牌的多样性心存期待，而且对于车型、产品线延伸甚至与品牌建立个性化关系方面都有所期待。

每个品牌实现各自的平衡

以化妆品品类为例，重要的是，定位于大众市场的品牌比所谓的精英品牌更需要发展亲近性。因此，化妆品品牌不仅会最大限度地利用直接接触式的市场营销策略，而且应倾向于在界定完善的品牌识别框架和品牌经营中更多地调整产品和宣传活动。因此，美宝莲和卡尼尔比兰蔻调整的幅度更大，而且卡尼尔的调整是自发进行的，由外而内展开。打个比方，卡尼尔提供了多种化妆品来满足欧洲和美国消费者不同皮肤和发质的需求。子公司根据每个国家的情况挑选最适合本国顾客的产品。差异化设定在国家层面而不是区域或时区层面上，因为韩国、中国和日本虽然地理位置靠近，但各国的女性有截然不同的期望。另外，兰蔻的消费者游历广，希望能够在东京或巴黎买到同样的产品——如果过多调整，可能会使产品失去原有的地位。为此，兰蔻开发了特定的美白产品来满足亚洲女性的强烈需求。

所以企业如何进行这种微调以及实现平衡呢？将经济平衡作为接受调整的标准。因此，对每年注册超过 500 种专利的欧莱雅而言，创新保证了其地位。这种创新有三种来源：

- 来自四所基础研究实验室：两家在美国，一家在欧洲，另一家在日本；
- 来自全球的品牌营销团队；
- 来自任意一家全国零售分销子公司。

有时，某个国家会出现强烈的当地需求。比如，1997年，巴西顾客要求推出一种独特的护发产品，因为巴西人的头发呈现出典型的干燥、难打理等特征，需要使用保湿护发素。巴西女性以自己的头发为骄傲，对她们而言，头发是性感的一种象征，甚至比脸还重要。因此，她们希望自己的头发秀长而柔顺，随着身体飘动，这就是巴西人所谓的 "Cacheado"，或是卷曲的、像波浪一样的，所以欧洲实验室研发了一种独特的配方。此时，欧莱雅开始考虑经营状况，这种新产品能在巴西以及其他地方实现足够的销量吗？欧莱雅将该产品命名为 Elsève 平衡保湿洗发水，这款产品迅速成为巴西最受欢迎的护发产品，随后被推广到其他国家。

将当地需求全球化

美宝莲是另一种类型。尽管美宝莲是美国品牌，团队大本营设在纽约，但日本的实验室发现了一种创新性的活性成分，该成分能满足时尚、追求潮流的日本年轻女性——典型的东京涩谷女性对一种特殊唇膏的需求。在日本，女性的嘴唇很小，珍珠母也很流行，这种分子能创造出水漾动人的效果，使嘴唇看上去很水润。经过认真分析之后，这款产品以美宝莲水晶炫钻唇膏（Maybelline Watershine Diamonds）之名在日本推出。一年之内，这款产品使美宝莲成为日本大众化妆品市场最畅销的品牌，随后被推广到美国和欧洲，它在这些地方也迅速取得了成功。

在这两个案例中，当地创新只有在被认为有能实现全球成功的潜力时才被接受。这与"放眼全球，本地行动"（think global，act local）的商业模式大不相同，而更符合"本地思维，全球行动"（think local，act global）的模式。

通过适应获得竞争优势

不惜成本进行全球化是有代价的，那就是失败。另外，一些没有完全公开的案例表明了市场适应是如何帮助企业盈利并逐渐获得市场领导地位的。

年复一年，雀巢与家乐氏在谷物市场上竞争，这是很正常的，因为谷物和雀巢的核心产品——牛奶非常相近，它们的目标群体相同（儿童），并推崇相同的顾客利益：成长。

雀巢若只模仿家乐氏就无法取得成功。此外，雀巢不具备关于谷物产品的知识和技术，它需要与其他公司联合。美国的通用磨坊也在寻求继家乐氏、桂格燕麦（Quaker Oats）以及多个强势甚至占主导地位的零售商自有品牌之后进入欧洲市场的方式。与领导品牌竞争需要创新。由于雀巢的分散文化，当地附属机构拥有一些自治权，法国子公司识别出一种目前家乐氏还未满足的需求：孩子们喜爱巧克力，他们想在早餐中吃到巧克力。家乐氏为什么没有发现这个需求？第一，这是一个当地需求，而集中化的全球企业不适应当地需求；第二，这与满足成长和健康需求的谷物产品的理念不符；第三，领导者总是趋向于维持已有的地位而不是寻找新的市场（Christensen，1997）。同时，作为一个巧克力品牌，雀巢对这个市场有更多洞察力。结果是，借助通用磨坊的专有技术，通过雀巢的营销和分销渠道推出了一个本土新品牌 Chocapic，这是一种巧克力味的谷物产品。很快，这种产品占有了11%的市场，成为市场领导者。所有的零售商都必须出售这种产品。这就是雀巢成功回击的故事。它在市场上大胆创新，将 Chocapic 迅速推广到其他国家。

大家都听说过马利宝椰子酒，这是一种白色朗姆椰子低度酒。那 Soho 或是 Ditta 呢？这两个品牌最近的销量和销售额都超过马利宝，Soho 和 Ditta 是同一种产品的两个不同名称，是一种基于荔枝的混合饮料。为什么有两个不同名称呢？因为不可能使用相同的方法在日本（在这里它是第一品牌）和欧洲销售荔枝混合饮料。在日本，Ditta 的目标群体是经常去酒吧聚会（日本的传统社交行为）的年轻女性，因而营销传播的对象是推销新品鸡尾酒的酒吧员工。在欧洲，这款产品被称为 Soho，由于店内开展试验活动，大部分零售商只将产品卖给在店外喝的顾客，目标市场是将其作为鸡尾酒主要成分（比如混合葡萄柚）的女性。在这里，品牌的领导地位也源于适应。

适应：成长的必经之路

最后一个例子是百味来，这是一个主流的意大利面品牌，在意大利排名第一。百味来决定在欧洲扩张，采用了与本国完全不同的定位：在欧洲建立高端意大利面市场。百味来几乎是作为一个奢侈品牌被引进的。通过设计独特的纸盒包装以及推出大多数国家不知道的意大利面种类来实施这一定位。其价格比当地主导品牌高25%，这些本土品牌大多拥有一个意大利名称，但并不利用这个形象维度，因此这些品牌早就失去了与意大利的所有联想。

百味来的目标不是所有国外市场中的利基市场，而是第二品牌，前提是如果无法成为第一品牌的话。这需要百味来强调当地一般顾客的习惯，而不是那些优秀人物的习惯。因此，品牌必须在新生产线上扩大经营范围，降低价格，来适应儿童和家庭消费，即使这意味着生产不具有意大利特色的产品，而是更能吸引当地大部分消费者的产品（像面条）。这也要求产品包装不再那么高档（不再用纸盒包装）。最后，广告应使品牌更接近市场：不再被顾客感知为意大利品牌。品牌定位成"一个受本国消费者偏爱的品牌"会加强品牌的异域形象。有些顾客可能喜欢模仿外国人的选择，但成为一个当地领导者意味着要满足本地市场的需求，即成为本地市场中第一个被联想到的相关品牌。

整合因素

一家公司如何在一国内加速感知整合并获得理想水平的同化呢？这个问题甚至涉及高科技公司，如果它们不想被感知为冷漠、遥不可及、对公众焦点漠不关心、仅仅满足于销售，从而变成掠夺性跨国企业的话。第一件事是与当地需求协调一致，然后开展营销活动——在大街上，在体育馆中，成为当地生活的一部分。媒体广告应该在直接接触营销和融入日常生活之间取得平衡。卡尼尔推出新产品 Fructis Style 的媒介之一就是每个国家100多辆公共汽车，这并不是偶然的举措——公共汽车在城镇里穿梭，可以和大众直接接触。

要谨记的是，品牌和公司在公众眼中是同一种事物，在品牌进入的国家开设工厂生产产品会带来独特的优势。这不仅帮助企业站稳脚跟，而且提高了其在当地市场的地位，因为它提供了就业。如果该公司还有良好的社会福利政策，人们会夸赞企业的这种行为，为企业赢得尊敬和信任。该品牌会被看作是在寻求与当地人共享成功，而不是一个入侵者。墨西哥当地对达能公司社会倡议的宣传，帮助达能加快在该国的品牌同化过程。正如我们所见，在讲究责任和道德的品牌时代里，公司不再躲在品牌背后渗透国外市场。

本土品牌会卷土重来

谁知道滨波？这是拉夫劳伦在韩国的主要竞争对手，比汤米·希尔费格、法国鳄鱼和佛莱德派瑞（Fred Perry）加在一起还要强大。但滨波是一个看起来比拉夫劳伦还要美国化的本土品牌。值得考虑的是，有多少主导品牌事实上并不是本土品牌？在果汁、啤酒、食用油、黄油和奶酪等市场上，主导品牌都是本土品牌。有人可能会说，这些都是传统产品。但在韩国和日本，汉堡包的第一品牌不是麦当劳或汉堡王，而是乐天利快餐店（Lotteria）（乐天百货公司的一个分支）。在比利时也是如此，美国巨头进入比利时市场多年，可 Quick 仍是市场领导者。"先行者优势"（first mover advantage）解释了这个悖论。在这些国家里，是本土品牌建立起了汉堡包市场。这些竞争者之间没有什么差异，但任何一家餐馆成功的核心要素是门店选址——当麦当劳来到韩国和比利时时，最好的位置已经没有了。

今天，许多全球品牌承认它们努力不让自己显得全球化。达能在四个国家都是法律意义上的本土品牌。达能是 1919 年由艾萨克·卡拉索（Isaac Carasso）在西班牙创立的，他用自己儿子的姓名命名了这个品牌。1929 年达能在法国注册。1942 年，他的儿子移民到美国，在纽约创立了达能牛奶产品有限公司（Dannon Milk Products, Inc.），接下来该品牌延伸到墨西哥。在这四个国家里，达能都被当作一个本土品牌。更奇怪的是，根据德国品牌妮维雅的主管的说法，妮维雅也渴求被感知为一个本土品牌，即使它是全球知名品牌。同样的情形也发生在丹麦品牌威卢克斯——屋顶天窗第一制造商上，以及比克、卡尼尔和其他一些品牌上。

1998 年，不惜一切代价实现全球化的潮流开始兴起，在收购了捷克公司 Opavia 之后，达能集团决定用自己的全球品牌代替这个本土品牌。但是，达能严重低估了本土品牌的实力，不得不改变立场和做法。Opavia 在捷克占据了超过 70% 的市场份额，此外，Opavia 是捷克一个城镇的名字，这使得 Opavia 变成一个带有爱国色彩的品牌。每个国家都有自己的品牌图标，全球化根本无法承受忽视顾客所付出的代价。

前面提到的国际研究（Schuiling and Kapferer，2004）发现了本土品牌特有的杠杆——自信和亲近。如果本土品牌也知道如何有效推广产品，就能成功。

发展本土品牌

很多品牌现在和将来都会保持本土化，在面对国际竞争时如何发展？这些品牌的发展进程和商业模型是具体的，它们能更容易接触大众市场，在新兴经济体中，它们代表了一种广受欢迎的、未来无限增长的来源。本土品牌的力量以及与全球品牌相比所具有的优势已经得到证实（Schuiling and Kapferer，2004）。但自信和亲近不会提供无限的保护，战略就显得尤其重要。但是强调本土品牌的劣势也同样重要——年轻的新一代消费者认为，本土品牌缺乏创新、趣味和时尚。本土品牌还受到一系列管理水平上的劣势和限制的困扰，这些劣势和限制罗列如下：

- 排第一位的总是惯性——由于品牌历史而非品牌追求的缘故，品牌总是习惯于仅仅保持现有状态。本土品牌缺乏抱负，缺乏活力。因此品牌需要从内而外恢复生机，重新清晰地定义品牌愿景、使命和优势。

- 本土品牌总是资源分散。因此，重新将资源聚集在某些有望主导或至少成为联合领导者的市场或细分市场上的品牌是十分重要的。同时，它们还需要舍弃一些业务来将资源集中到有潜力成为主导品牌的细分市场。另一种选择是瞄准利基市场，它规模虽小但有利可图，而且跨国公司无法涉足该领域。

- 本土品牌总是缺乏创新——它们过度依赖顾客忠诚，将之视为偏好的驱动因素，因此失去了关联性，它们的产品不够时尚或未充分满足当下的需求。创新是产品的生命线。创新有多种形式，一些创新要求对研发的大量投入，超出本土品牌的承受力，另一些创新形式与产品的用户价值更相关，也更容易实现。还有一种方式与基础研究没有太大关联（新的活性成分），而与寻找和消费者洞察相联系的新概念更相关。

- 本土品牌倾向于建立稳定的管理模式，因此需要引入涉足新细分市场因而了解新细分市场的新经理，他们可以识别出消费者想法并把这种想法转化为构思。

- 本土品牌太过于限制自我。在全球化兴盛的时代，几乎没有支持本土品牌的建议或文章（Kapferer，2001）。它们太过限制自我，是很冒险的。拿挪威公司DBS来说，DBS是当地自行车市场领导品牌。它认为面对捷安特（Giant）或美国公司肯诺戴尔（Cannondale）的竞争，不能以己之名来销售现代山地自行车。事实上，它已经获得了巨大成功——消费者很高兴在整个挪威都能买到国产品牌的高品质产品（该品牌扩大了分销渠道）。当然，只愿意买国际品牌的消费者总是存在的，但考虑不痴迷于国际品牌的大众是很重要的。

- 还有另外一种地理上的自我限制。一个本土品牌没有理由不在邻国寻找发展机会，因为邻国对本国的品牌比较熟悉，而且两国有文化相似性，这有利于品牌的同质化。因此，爱沙尼亚的本土品牌在立陶宛、拉脱维亚销售产品，波兰品牌在匈牙利和捷克销售产品都是很正常的。但是在地理区域上可以延伸到更远的地方。中小企业成功的一个关键因素就是发展初期在国际上的同质化（Simon，2000）。沃尔玛的一个开发团队曾周游全球去寻找创新产品，以使其产品种类与竞争对手不同从而为消费者带来惊喜。重新推出过去很流行的"orange crush"饮料的微型公司Lorina就是在成立一年后，在一个新产品贸易展会上被发现并引入美国的。这种合作会签订独家经营协议，以保证品牌国际发展的某种连续性。

- 最后，本土品牌必须看起来不本土。除了与特定地域相关的种族的或传统的手工艺品，时尚是通过文化融合表达的。谁知道好莱坞口香糖到底是不是一个本土品牌？Gemey、Dop、坦格以及Wall牌冰激凌呢？从销量来看，世界最大的苏格兰威士忌酒市场（法国）中前三大品牌都是本土品牌。当然这些威士忌酒来自苏格兰，但这些品牌是由葡萄酒和烈性酒商人创造的——两个低价品牌威廉彼乐、Label5和主流品牌苏格兰金堡（Clan Campbell）。正是这些比国际大品牌便宜的品牌使法国市场的规模在15年内扩大了一倍。

面对日益激烈的国际竞争，本土品牌加强了管理。爱茉莉太平洋是韩国一家充满活力的化妆品企业，由于广泛的品牌组合而成为强大的市场领导者。爱茉莉太平洋是如何积极强化其品牌的呢？

第一，确定品牌的分销路线：一个品牌一个渠道。这包括主要的直接销售渠道（挨家挨户，或是顾客主导派对）、进口品牌无法渗透的渠道（因为这需要专门知识和技术，以及进口品牌所不具备的资源）。

第二，小品牌被大品牌吞并，从而创造品牌巨头达到更大的规模，这是对营销进行更大规模投入的一个条件。

第三，永远通过创新来培育品牌。

第四，本土品牌看起来一点也不本土化。比如兰芝（La Neige）的目标是年轻人市场，有着看起来像法国品牌的名称并利用其与法国消费者的亲近性。赫妍（Hera）（一个希腊女神的名字）是兰蔻和雅诗兰黛的一个直接竞争者，因此，它出现在所有高档百货商店和韩国机场的免税区。

第五，将最好的品牌延伸到其他国家和地区。兰芝与赫妍成功地在中国的香港和上海推出。在亚洲，人们越来越要求亚洲品牌比西方进口品牌更加了解亚洲女性。

品牌全球化的进程

品牌全球化的进程有几大关键步骤：
- 定义全球品牌识别；
- 选择地区和国家；
- 进入选定市场；
- 调整品牌架构；
- 创造适合市场的产品；
- 发起全球活动。

定义全球品牌识别

品牌全球化意味着品牌的定义也要全球化。也就是说，品牌必须包含一种能作为品牌全球化媒介的识别，这种识别可以是有形的，也可以是无形的。因此，公司必须从定义品牌识别、为品牌识别编写参数开始。这是达到内在一致性所必需的，在全球化大大增加品牌的离心趋势、每个人都想以自己的方式阐述时更是如此。为了限制这些趋势，必须有一个简洁明了且带有明确要点和内容的平台。

应该谨记现代品牌不再是简单的"标准以上的产品"（product plus）（对具有附加值的产品的简单定义，就像"帮助预防蛀牙的最好牙膏"），它是定义的一种方式。为了避免理解和翻译困难，全球化经常涉及使用多用途词语，这有助于在全球建立一致性，比如"高质量""聚焦于顾客""充满活力的""有能力的"。但是对于全球统一要保持谨慎，这是很重要的，因为这种一致性经常反映出品牌定义的某种弱点，从而反映出品牌识别的不足之处。

品牌基于差异化而建立，它们必须具有个性，有突出、原始的要点。但是，如果在当下，万宝路在推出品牌时还敢使用孤独的、粗犷英俊的铁血男儿形象吗？

全球品牌是通用模板

每个品牌都应该建立在消费者洞察的基础上，这是一条规律。"洞察"字面上的意思是对消费者或顾客的观察，简言之就品牌正在响应的消费者思维、期望或态度。

因此，全球品牌倾向于强调普适性的真理和全球性洞察。以烈性酒市场为例，酒的普适性真理是什么？在这里，消费是显而易见的：通过饮酒，男人试图强化他们的男性地位。借助其象征性的个性和提倡的价值（"勇往直前"），尊尼获加代表着成年男人的成就；这种成就关乎努力奋斗和男子气概，关乎成为一个纵横世界的真男人。珍宝威士忌（J&B）象征着在社会上的成功，芝华士倡导快乐和外显性消费，百加得则是逃往天堂的象征。

让你的品牌识别锐利明晰

以下几种方法能防止品牌识别的突出要点在全球化的进程中丧失掉：
- 为品牌识别的每个方面提供一组对比，说明品牌是什么以及品牌不是什么；
- 在文字旁附上图片（品牌概念板）；
- 通过培养首创精神和创建本土品牌来强化品牌识别的不同方面；
- 不将战略实施（如广告和网络）授权给当地的组织。

区分本土和国际定位

一个品牌离开来源国就会蜕变，改变本性。比如，百味来在意大利是一个广受欢迎的主流意大利品牌，性价比高并能激发自信。正如表17-6所示，在其他国家，百味来定位为意大利的必备品，拥有顶级品质，传统又时尚，但失去了原有的高性价比和自信等特色——建立起信心需要花一定时间。

表17-6 百味来的国际形象和本土形象

感知到该品牌的以下特征的百分比	意大利	法国	德国
高品质	34.9	56.9	40.6
可靠	56.6	44.8	17.4
高性价比	33.8	26.8	17.2
时尚	11.0	19.6	26.1
真品	8.9	16.0	13.7

资料来源：Schuiling and Kapferer (2004)。

一般而言，出口品牌必须定位于品类的高端，因为它们必须支付运输成本和关税。此外，这是利用感知品牌全球性（PBG）的溢出效应（spillover effect）的一个机会。通过这种途径，瑞典的绝对伏特加酒在美国开创了顶级（高端）细分市场，售价高于本土市场领导者斯米诺20%，而斯米诺的工厂遍布美国。

选择地区和国家

对全球品牌进行仔细研究会发现，这些品牌远不像我们被误导的那样，在全球各地广泛分销。当然，这可能是因为占领世界市场是一个渐进的过程，一个品牌必须首先在本国市场建立领导者地位。比如，沃尔玛直到1991年才在国外开店，距其美国连锁店第一家门店设立过去30多年；麦当劳也是逐步进入其他市场的。

但是，存在另一种解释——并不是所有国家都有该品牌的潜在顾客。比如，乳制品不是亚洲文化的一部分，这阻碍了达能在亚洲的发展。类似地，酸奶不是美国文化的一部分，这阻碍了达能在美国的发展，尽管达能（美国）早在1942年就已经建立，但它依旧无法成为一个主要品牌。日本人不愿自己的香水气味影响到其他人，这对所有气味浓烈的香水品牌都是一个很大的阻碍。像毕加索这种体现西班牙价值观和特质的品牌在得克萨斯州、加利福尼亚州以及欧洲南部卖得更好，在另一些国家（比如德国）也很畅销，因为这些国家的游客会游历欧洲南部。

在这个阶段，应该进行战略分析来评价每个国家的潜力和市场进入壁垒。分析应该包括：

- 现有市场的规模；
- 增长指标和/或该市场的潜力，以及可细分性——社会文化的发展以及购买力的增长；
- 关于顾客对快速发展的期望的洞察；
- 任何竞争的本质和反应能力——该品牌有差异化的潜能吗？有创造附加值的潜力吗？
- 在一国或地区内存在基本的品牌资产（通过旅游业或国际媒体，将品牌形象传递到千家万户）；
- 有充分的分销渠道，有可能促进品牌概念的传播；
- 有媒体网络；
- 在当地有足够的商业广告合作伙伴；
- 不存在市场进入壁垒——关税、正式和非正式规定；
- 注册或购买品牌名称的可能性（检查该品牌名称是否已经在当地注册）。

贸易壁垒的存在造成了有些国家因担心以公司为媒介的新殖民主义而长期拒绝进口。这在理论上是存在可能的，比如，要在某个国家为一个主要品牌制造汽车，就需要分包商。如果没有分包商或足够的合作伙伴，在这个国家就有违反品牌合同的风险——汽车能销售出去，但是质量会降低。这也是长久以来巴西面临的一个问题。

对相关国家进行战略分析的结果有时候解释了国际品牌销售的分布情况。乐芝牛品牌有三个主要国家市场——它的原产国、德国和沙特阿拉伯，这些国家气温太高，成人和儿童日常食用经过加工的奶酪而非牛奶。在摩洛哥和埃及建造工厂还解决了海关壁垒的问题。

在全球化背景下，进入国家、地区和洲的顺序同样是一个战略问题。比如，爱茉莉太平洋品牌作为其公司的国际主打品牌，使自己的专业技术、价值和道德更具体化。同时，它也是一个在不摒弃亚洲根基的同时，追求与西方美的概念相结合的时尚品牌。2003年，爱茉莉太平洋面临先进入美国市场还是欧洲市场的问题。公司还考虑了应该先在欧洲宣传成功再进入美国，还是反之；哪种对自己最有利。假设感知品牌全球性在美国不是偏好的一个驱动因素，或至少作用比在欧洲小（Holt, Quelch and Taylor, 2003），公司会决定先进入美国市场。此外，同欧洲相比，美国看起来在地理、社会和文化方面与韩国更接近。欧洲不仅遥远，而且已有一些成熟的大品牌。

意料之中的是，今天，所有的西方品牌都将目光投向了东方。

进入选定市场

在全球范围内，进入国家市场有两大主要战略，即创造一个新品类或细分一个已有品类。

创造一个新品类

卡尼尔是创造新品类的典型例子。若母品牌发布了一个子品牌，而该子品牌成为新品类的参照物和先锋，拥有先发优势，几乎或完全没有竞争，并且能很容易地与那些渴望创新和价值而非仅仅想在竞争中改变品牌的分销商谈判，那么母品牌就稳固了自己的地位。该战略的缺点是，它需要大量的市场营销和广告宣传投入。子品牌的成功同时也确立了母品牌的意义，这使母品牌之后有能力推出其他子品牌。

虽然妮维雅是伞状品牌架构，但它也采取了相同的战略。妮维雅在还未涉足面部和身体护理领域前就推出了妮维雅润肤霜——这是建立长期自信的关键。

细分一个已有品类

另一个可供选择的战略是通过推出差异化的产品快速开发大量业务，以品牌价值为基础，但涉及大量当地产品类别。比如在黎巴嫩，优诺酸奶首先推出两款当地传统的乳制品产品：Laban 和 Labneh。其目标是通过向该国提供一个大型工业公司所提供的——卓越和一致的品质，更加精致的口感，更卫生、保质期更长的产品，以及更加实用的包装——从而迅速成为传统新鲜乳制品的典范。

国际奶酪产业巨头拉克塔利斯使用了相同的方法将其伞状品牌总统牌全球化。总统牌的业务模式是对通用品类进行细分。它始创于 1968 年，先是成为法国奶酪行业的主导品牌（卡门贝尔奶酪（Camembert）），然后又成为黄油行业的主导品牌；随后，它开发了其他产品如布里干酪和埃曼塔奶酪。通过细分通用品类，总统牌提升了现代品质、实用性、适应性等。尝试通过出口卡门贝尔奶酪使总统牌全球化的做法可能是一个错误——比如，为什么西班牙人、俄罗斯人或哈萨克人会喜欢吃卡门贝尔奶酪？它至多只能吸引一个小众市场（利基市场）。这不是重新创造一个主导品牌的方式——这才是关键所在。

需要全球化的是品牌的业务模式，对于总统牌而言，这涉及在俄罗斯、哈萨克斯坦、西班牙或其他国家，通过细分一个具有大市场容量的传统当地品类，重塑曾经用来成功建立原始品牌的首创精神。

值得注意的是，无法在亚洲创造乳制品这一新品类的达能公司，决定通过细分一个现有类别来体现其核心价值——健康。在全球各地，达能以其酸奶和矿泉水而闻名。在亚洲，达能通过像 Prince and Pepito 这样的全球子品牌，或是为像印度尼西亚、泰国和新加坡的雅各布（Jacob's）、中国的"老虎"（Tiger）这样的超人气本土领导品牌提供背书，把自己的名称加到饼干上——向家长和孩子们承诺健康（成长和维生素）。

调整品牌架构

品牌架构在所有国家都应该保持一致吗？或许应该，但品牌能做到吗？拥有两个层次的品牌（包括来源品牌和背书品牌）在循序渐进的全球化过程中会遇到这种问题。同时，调整是由现实考虑主导的——在其他市场（包括来源国），没有时间压力和盈利压力，是不可能成功的。品牌架构的类型由国家决定，包括水平压缩（horizontal crunch）和/或垂直压缩（vertical crunch）。

水平压缩涉及减少水平范围内的品牌，为某些品牌在其他品牌下找到合适的位置。在美国，你可能会发现小贝勒芝士有 Bonbel 的口味，乐芝牛为其提供背书。然而，在法国和德国，这三个名称对应三个不同的品牌。当一家公司进军美国市场时，所遇到的问题与其说是通过一系列专业产品的组合来保证更大的市场覆盖，还不如说是通过资本化生存下来。一个独立品牌变成子品牌或同一品牌名称下的附加品目（产品线延伸）正是这种情况。

垂直压缩有相反的效果——出于效率和实用性目的，垂直品牌架构的三个品牌层级减少到两个。这种压缩还可以分为自上而下的压缩（top-down crunch）和自下而上的压缩（bottom-up crunch）。

自下而上的压缩通过取消中间的层级、提高底部的层级，来帮助减少层级数目。在欧洲，巴黎欧莱雅在洗发水市场由 Elsève 品牌代表，Elsève 品牌产品的名称（如 Color Vive）描述了产品的功能。因此，这些产品被称为"欧莱雅 Elsève 的 Color Vive"。驱动因素（消费者真正购买的）是 Elsève，而巴黎欧莱雅扮演了为品牌背书的角色。

而在美国，不再使用 Elsève 品牌，所有产品都归入以 Vive 为后缀的系列：Nutri Vive，Vita Vive，Color Vive，Curl Vive，Hydra Vive 和 Body Vive。这使欧莱雅与其产品之间的关系更加紧密直接，反过来，这也促进了互惠关系的形成。该品牌现在有了一个"领航员"，因为美国消费者买的不是欧莱雅的洗发水或 Color Vive 产品，而是这两者的结合——欧莱雅 Color Vive。这也避免了在媒体成本极高的国家分开宣传两种品牌的情形。

当背书品牌变成驱动因素并将子品牌降为描述者的角色时，便发生了自上而下的压缩。在欧洲，饼干品牌 Lu 通过一些专业品牌销售。从包装上我们可以看出，Lu 受到其子品牌王子（Prince）、Pim's 和 Mikado 的保护，在这些名称下，每种特定产品都能被描述成比如"已添加能量"的饼干。

在品牌即将进军的国家（比如美国），Lu 从一个背书品牌升级为一个范围品牌，此时，其他品牌变成了描述者，品牌名称在包装上也不再那么突出。

创造适合市场的产品

在印度，力士（Lux）洗发水以独立包装小袋的形式出现。同时管理业务增长和品牌建设意味着要不断调整营销策略——因此也要不断调整产品范围——来适应市场，但必须保证在一个定义明确、保持内在一致性的国际战略的框架内。如前所述，原型必须作为将要创造的形象的"函数"。进口商基于短期需求决定进口哪些产品的时代已经一去不复返了，这些进口商是商人和中介机构，而不是企业股东，因此他们没有长远目标。这就是许多品牌在靠近来源国的国家通过不同产品得以推出的原因。这导致了品牌形象的不一致，从而在价格溢价上造成显著差异。

产品是品牌快速成长的基础，但也要考虑品牌在一段时间内产生影响的范围。产品活动，尤其是初期的活动，能够帮助品牌实现这些目的。通过产品调整来适应不同国家和区域，已经被证实是摆脱本土化-全球化尴尬困境的一种方法。

发起全球活动

不是所有品牌都想进行全球化传播。传统上，日本企业会赋予其所有子公司的所有分支机构在当地很大的自由权。当然，这也会造成一种不统一的印象，因为一国内不同分支机构所设计的品牌形象有很大差异。但从文化视角来看，大型日本集团——韩国企业也加入其中——希望允许当地子公司有更大自由来抵消全球产品的极端标准化（规模经济的来源）。这些当地子公司大多是销售子公司，它们的目标是在特定国家使全球产品的销售最优化，因为考核当地经理的指标是销售情况，而不是他们对品牌资产创造的贡献。他们的营销架构本质上是可操作的营销体系，除了已经在其他国家发展了自己的品牌概念的索尼公司，以及在美国发展的丰田公司。

另外一个偏爱本土路径的品牌是百蔬乐，这是欧洲蔬菜市场的领导企业，在欧洲，它必须面对惊人的多样性。例如，在西班牙，该品牌必须通过冷冻食品行业进入该市场，在俄罗斯则是通过甜玉米罐头进入市场。百蔬乐的主打产品豌豆在不同国家都不一样：德国人和荷兰人喜欢个大、绿色的豌豆；而法国人更喜欢个小、甜味、优质的豌豆；在意大利、德国和荷兰，豌豆主要用来装饰食物（做沙拉）。基于此，百蔬乐的克雷亚沙拉（Crea Salad）诞生了。面对这种多样性，公司将全球化的重点放在内部价值和公司对话上。此外，尽管宣传广告依旧当地化，但所有产品的名称、商标和包装都保持一致。

越来越多的品牌想要掌控它们的全球形象，从创造一个品牌识别平台入手是很重要的。除非在全球体现出一致性，否则这个平台不发挥任何作用。所以，如果一个品牌已经决定实施全球化，就需要制定发起全球活动的方案。

全球化传播：进程和问题

很多品牌想实施广告全球化，但在某些情形下是不可行的，存在许多问题。品牌如何在不损害促销创意的前提下发起全球活动？如何避免挫伤相关国家的积极性？如何为公司注入积极的元素、在所有相关国家治愈"非我发明综合征"（Not-Invented-Here Syndrome）？在该领域所取得的巨大进步提供了标杆，供后人从中吸取教训。在接下来的分析中我们将指出：首要的是，这些活动识别出了是哪些因素统一了品牌，即哪些是它想要全球化的对象：

- 品牌灵魂，品牌识别的参量；
- 品牌可视化的识别；
- 战略产品（原型）；
- 活动的执行代码。

在进一步向一个完全相同的副本战略、共同的创新性概念，甚至全球活动发展之前，这些必须得到确认。根据是否规定一定的原则或鼓励寻求标准化，每个公司的情况都不相同。

麦当劳在进行品牌广告宣传时，并不像看起来那么规范。当然营销和产品一样是全球化的。虽有一些例外和调整（媒体注意力的焦点），但是麦当劳的品牌概念十分强势，因为它在全球都是标准化的——虽然麦当劳是由几乎独立的子公司运作的。至于广告宣传，麦当劳的企业总部拍摄麦当劳叔叔的电影、举办一些慈善活动并在不施加任何形式的义务和控制的前提下提供指导。麦当劳的商业模式可以解释这种行为——广告的模式不能强加在为此支付成本的特许经营者身上，各国特许经营者为获得特许经营权需要支付占营业额4%的费用。每个月，在每个国家的执行总部都会进行一次关于未来活动的投票。

即便如此，在所有特许经营国家的电视广告上，麦当劳传递出了令人难以置信的共性。但这不是任何强制行为的结果——在麦当劳，非正式性是统一的准则，这是麦当劳全球各地的广告经理对以下因素深入理解和分享的结果。

● 品牌的精神状态，品牌的理念（食物、家庭和欢乐，简单的人间真理）和本质（我们内心的童真）；
● 传统的"梯式递进"（特点、功能、回报、价值和个性）所表达的品牌承诺；
● 广告的黄金法则（麦当劳广告的原则），比如"麦当劳的每条广告都是品牌的广告"或"体现人际关系"、"保持与时俱进：理解我这个顾客"或"融入当地的每日生活"、"始终投入情感"。

结果是，虽然每个国家的基准大不相同，但都代表了相同的来源和识别，无论广告语是"今天来个巨无霸吧"（澳大利亚）、"每一刻都如此美好"（德国）、"微笑"（南美），还是"你从小就认识我们"（波兰）。

为了在不损害麦当劳商业模式的前提下进一步标准化，定期举办的创意品牌研讨会会展示来自全球各地的广告宣传片。这鼓励各国分公司使用极具创意的宣传片，这些宣传片在不同国家制作完成，但彼此之间有很大关联。最佳方案会被挂在企业内部网上展示，麦当劳汉堡大学的课堂也会对这些最佳方案进行讨论。麦当劳也鼓励各分公司使用其他国家的广告宣传片。如今，麦当劳50%的电视广告都是以共享和使用这些最佳方案为基础的。

汽车制造集团大众在市场营销方面高度集中化，但在广告宣传上，大众在强大的品牌架构范围内给予各国较大的自由发挥空间。比如，每个国家都能为市场上最受欢迎的车型制作不同的广告宣传片（基于相同的战略和创意纲要），因为有创意的广告宣传不是集中化的。但是，对于不那么"主流"的产品，比如4×4途锐或者辉腾，则由德国集团总部为它们单独制作广告片。

大众Polo汽车是创新过程的一个例子，它建立在十分强势的大众品牌平台之上。在过去，品牌概念围绕着可靠性和这样一种基调——以隐含的对消费者的理解（幽默）为特征。今天，由于斯柯达和西雅特品牌的存在，品牌的概念得以进化——基于卓越的民主化。接下来便有了子品牌的平台、车型定位的框架，以及对大众汽车广告的基调和风格框架内所有模型的考虑。这个框架是对1960年以来DDB公司使用过的原则的总结。这家广告代理公司为大众汽车的广告宣传创造了卓越的独特性，并赋予了大众独特的个性。它包括的原则如下："不要夸张，直言不讳""不要大声呼喊，他可以听见你，尤其当你言之有理时""保持真诚、人性化、开放以及易接近""让人们思考并微笑""保持挑逗性和隐晦性：只有在提示之后人们才能明白"，最重要的是"保持原汁原味"。在DDB的广告中，大众的汽车几乎是静止的。

为大众 Polo 提供全球框架的定位是"Polo 激发自信,因为你可以感觉到,Polo 是同等级的车中唯一没有犹豫就生产的"。之后,一份有创造力的简报诞生了,这份简报概括了广告宣传的目标、对象、消费者洞察(我感觉我可以掌控世界)、产品范围以及相信的理由。利用这份简报,当地的 DDB 代理公司开始工作并推出了最终被采纳的创意:"同大众 Polo 一样古灵精怪"。然后,每个国家的当地团队依据这个创意理念制作了不同的广告宣传片。

为了打造全球品牌,飞利浦被重新构造成一个集中化的组织,总部设在荷兰。独特的新品牌概念因此建立了——"一种独特的体验"——对三个细分市场都有效(家庭娱乐、个人表现和专业商务产品)。如今公司高层决定推出跨国产品来建立品牌宣传的基础。飞利浦将简报集中化,与当地设计团队合作开展广告活动。前测程序和制作是集中进行的,在广告拍摄阶段增设了项目,以降低生产线延伸的成本。

妮维雅使用了类似的模型,并对品牌识别、每个子品牌的个性以及运作宣传的严格条件都提出了具体的指导;尽管妮维雅品牌广告多种多样,但所有广告都体现了典型的妮维雅风格。妮维雅全球营销总监任命了三个地方营销总监,他们将与当地的 TBWA 广告代理公司合作,共同完成一项计划。他们是从全球挑选出来的,他们的任务是打造创意平台。之后这个创意平台会交给三个营销总监所在地的 TBWA 代理商,由它们提供有创造性的概念和后续活动。被选中的活动必须在所有国家执行,除非不得不定制化。重新推广妮维雅柔美润肤霜的活动就发生了这种情况,妮维雅柔美润肤霜推广活动的创意是"像清晨的雨水一样柔和",但这种创意必须在三个国家——雨水很多的英国、基本不下雨的沙特阿拉伯以及因雨水和季风而受灾的印度尼西亚——做相应调整。为以上三个国家调整过的概念如下:

- 为肌肤带来如此轻柔的触感(英国和澳大利亚);
- 感觉就像在树荫下一样清凉(印度尼西亚);
- 感觉就像夏天的雨水一样(沙特阿拉伯)。

这些案例研究呈现了谋求广告全球化的集团的典型经历。但需要记住的是,全球化必须是实际的,并且需要考虑地区差异(不同的竞争者、不同的顾客需求)。因此我们建议:

- 全球化从区域层面开始。比如,从亚洲开始,然后进入美国、欧洲,或采取相反的顺序。
- 建立共同的品牌平台,通过分享品牌精神来创造一种含蓄的亲密关系。
- 为控制广告宣传建立指南,这些广告宣传要么使用共同的识别符号,要么为了体现品牌个性而超越行为界限。
- 如果有必要,承认宣传的视角根据不同的地区在不同的市场上不一样(针对竞争对手的定位、独特的竞争优势)。
- 虽然单个广告在追求经济性这一目标上是正当合理的,但记住,品牌化的目标不是节约资金而是促进业务的增长。在全球展开工作需要付出高昂的成本,因为要建立国际架构,组织许多会议,等等。
- 如果可能,共同的战略性产品应该比本土的战术性产品更加规范。

总之,定义与有关国家的关系十分重要——这涉及供应商与顾客之间的逻辑或者决策者与下属之间的权威。根据不同的可能性,可以选择集中式管理或分散式管理。如图 17-1 所示,存在六种关系类型或不同的管理功能,这些可以运用到品牌营销的所有元素上。在营销组合元素、与相关国家的关系类型的交叉处做标记（画一个叉），就可以用这个网格体现每个公司的全球化过程。

品牌组合	功能						
	忽视	通知	说服	同意	决定	强制
产品 概念 定位 价格 分销 客户关系管理 网络活动 激活 促销 广告 —创新的概念 —执行指南 —制作						
	分散式管理			集中式管理		

图 17-1　在总部和子公司之间管理全球化进程

资料来源：TBWA.

聚集本土品牌

全球化的一个传统战略是统一集团成长过程中产生的本土品牌。纵观历史可以发现，大企业总是通过收购强势的本土品牌来实现外部增长。工业领域总是运用这种战略：比如，施耐德从来没有停止过收购本土领导电子品牌。通过收购这些根基稳健的知名品牌，企业在当地市场的发展更加顺利。这种方法也适用于快速消费品行业：原美国 BSN 运动营养品集团接手了著名的比利时饼干品牌布克拉（Beukelaer）——与 Lu 品牌不相上下的本土品牌；瑞典集团 Mölnycke 收购了法国的 Nana，之后又收购了斯堪的纳维亚的卫生用品品牌——轻曲线（Libresse）。

考虑到在这种情形下品牌组合不太标准化，公司会继续围绕同一定位进行品牌重组。

以下两种情况是可能发生的：

● 公司改变本土品牌的名称——用自己的品牌名称取而代之。

● 公司决定保持与品牌名称联系在一起的本土品牌资产。通用汽车在欧洲的子品牌欧宝在英国被称为沃克斯豪尔。但这些品牌需要集中起来。

品牌组合协调一致的过程是如此微妙，必须在自愿的基础上实施，因为每个独立品牌名称的原始状况不一样。必须实施依据产品基础和风格进行统一的系统性方案。从这个角度看，Mölnycke 是一个有趣的例子。在女性卫生保健市场，与顾客逐渐建立的亲密关系是品牌资产的一个关键因素，当然，产品利益是存在的，但品牌识别还包括关系氛围，这种关系必须保持。Mölnycke 做出了这样的判断：它必须在欧洲南部保留依附于 Nana 的品牌资产，在欧洲北部保留附着于轻曲线的品牌资产。就在宝洁带着 Always 品牌进入市场时，Mölnycke 集团也以三步走的形式向前推进。

第一步包括决定这两个品牌可以建立什么样的独特定位，定位围绕什么东西是"自然的"这一概念。深入调查发现，在被调查的国家中，人们对自然有不同的解读。在轻曲线的本土市场——斯堪的纳维亚，自然的严格定义是"唤醒"；而在 Nana 的本土市场，自然意味着"自发性"。第二步，拉近轻曲线和 Nana 的品牌形象，因为它们在一开始就有很大差异。轻曲线必须建立一个更加女性化、更幽默的形象，与它在广告中加入男性的第一个广告情形截然不同。至于 Nana，女性在其商业广告中应有一些变化，更加自然，少一些轻浮，回归本质，同时变得更加有思想。

第二步由具体的传播活动展开，在品牌获得了一个单一概念之后，第三步是发布两个品牌联合推出的新产品，并使用相同的广告。

总之，国际化战略的分析定义了在所有国家、存在相似约束的前提下都可遵循的典型路径。这个过程由七个基本步骤组成（见表 17－7）。品牌核心是这七个步骤的基本出发点，通过可见的标志如商标、代码、基调和风格来体现。最终阶段是寻找彼此越来越相似的广告，直至一个具有代表性的广告形成。

表 17－7　如何聚集本土品牌

第一步	国际化是必要的吗？对这一（些）品牌而言，全球化的相关性有哪些？
第二步	品牌的哪个方面应该实现国际化？哪些方面不应该？
第三步	对共同的品牌核心、品牌平台、品牌识别棱镜和定位组成的网络商定一致的描述。
第四步	对共同的可视方面，如图像特征、包装特征、广告表现特征进行定义。
第五步	对共同的文案战略进行定义。
第六步	对共同的广告执行进行界定。
第七步	共同产品的全球发布。

资料来源：Adapted from F Bonnal/DDB.

现在，读者可能已经理解：是否拥有共同的广告传播不是什么重要的事情。我们不能把全球化问题简化为仅仅知道能否制作一则标准化的商业广告。

更重要的是，是否存在一个共同的不可见的核心、有竞争力的定位以及生产上的规模经济。

第Ⅳ篇　品牌评估

第18章　品牌的财务评估与会计核算

第18章 品牌的财务评估与会计核算

从数量众多的文献中可以看到,品牌的财务评估与会计核算已经引起广泛关注和讨论。对于该问题的探讨涉及技术、经济和财务等多个方面,尤其反映了现代企业中无形资产投资的重要性,以及品牌在特定情形下产生的增长效应。这是一个国际性问题,对大型跨国企业有一定的影响,需要同时考量新国际会计准则,因此,企业应该对品牌进行公允、经常性的评估。

1985年前,少有学者或企业对品牌的财务评估感兴趣。引发关注的主要原因是有关品牌并购的案例越来越多,因商誉而产生的新问题对公司财务状况及纳税情况影响极大。

每年国际品牌咨询公司Interbrand和市场调研公司明略行(Millward Brown)都会分别公布排名前100的全球品牌财务价值评估结果。不同公司的财务评估结果差异很大,但品牌的财务价值逐年攀升(见表1-5和表18-2),引发了关注及讨论。这些数据消除了营销部门的疑虑,使其对终将面临低成本或新技术竞争的品牌持乐观态度。只有那些能获得所有品牌和公司数据的人即企业内部人员才能对品牌进行财务评估。本章旨在告诉读者如何进行品牌的财务评估,重点不在于介绍具体的技术和方法,品牌估值的核心在于探寻品牌是如何创造价值的。

当一个公司被另一个公司收购时,公司资产的账面价值和支付价格之间存在很大差异。尤其是当公司拥有强势品牌和积极的增长预期时,差异更为明显。这一差异被称为商誉:它实际测量的是财务市场对公司未来发展的积极态度。从会计核算角度看,用于收购企业的支付价格必须包含企业资产负债表中可以实际购买的内容(资产减去负债),这样支付价格和不同要素间才能匹配(见图18-1)。

在现代会计核算体系和标准中,商誉必须被分配到具体的来源项目上。同专利权、专有技术及数据库资源一样,品牌也能够创造商誉。因此可以认为,品牌的估值问题源于收购大型企业时所必须考虑的商誉。其他情形下也需要对品牌进行价值评估,例如,当企业收购一个品牌时,必须明确该资产的具体价值。

会计核算的首要原则是谨慎性原则。会计核算过程必须有理有据、明确清晰、可重复进行。因此,只有当品牌被单独收购或当品牌的收购价格包含在对公司的收购价格中时,其价格才会在收购方企业的资产负债表中公布。所支付的整体价格构成了品牌价值的上限。到目前为止,在谨慎性原则下,各国及国际会计核算准则和

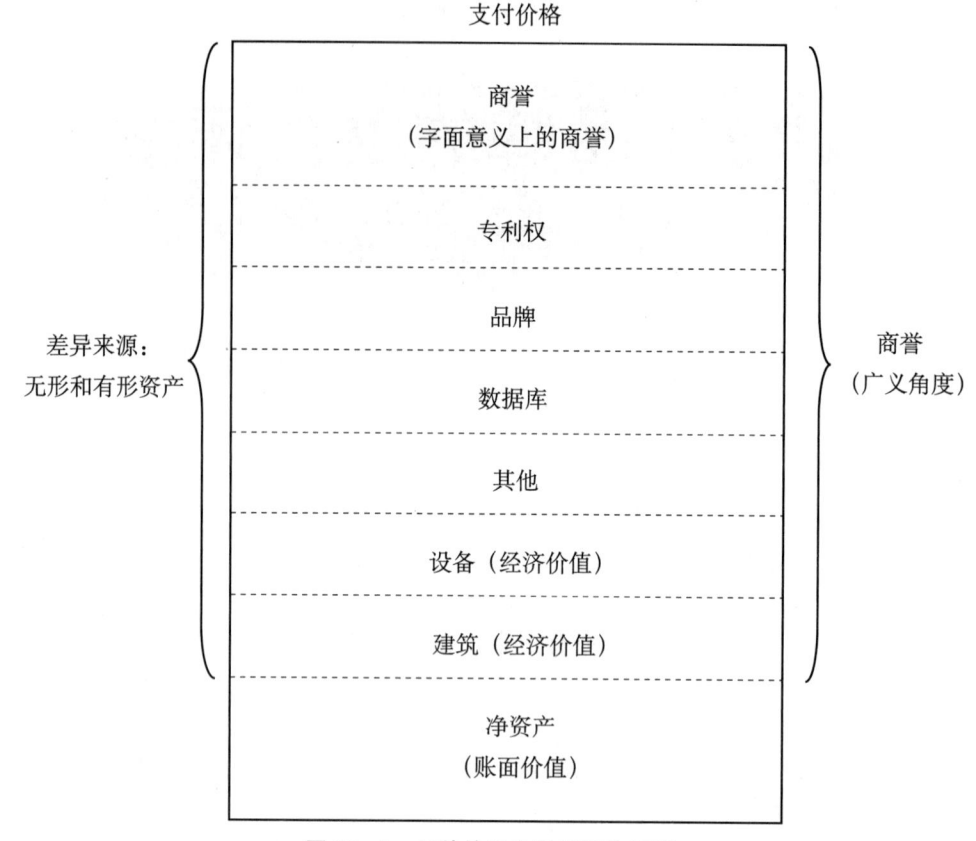

```
                    支付价格
         ┌─────────────────────────┐
         │         商誉            │
         │   （字面意义上的商誉）   │
         │- - - - - - - - - - - - -│
         │        专利权           │
         │- - - - - - - - - - - - -│
         │         品牌            │
差异来源：│- - - - - - - - - - - - -│商誉
无形和有形资产│      数据库         │（广义角度）
         │- - - - - - - - - - - - -│
         │         其他            │
         │- - - - - - - - - - - - -│
         │    设备（经济价值）     │
         │- - - - - - - - - - - - -│
         │    建筑（经济价值）     │
         │- - - - - - - - - - - - -│
         │        净资产           │
         │     （账面价值）        │
         └─────────────────────────┘
```

图 18-1　品牌的公允价值评估问题

标准都禁止将在公司内部发展的品牌纳入资产负债表。当然，人们还是可以进行品牌估值。但只要品牌不被买进或卖出，人们对于品牌财务评估过程的可靠性就存在诸多疑虑。品牌只有通过市场才能获得价值。

品牌会计核算的争议

关于品牌（无论是收购品牌还是公司自有品牌）的争论，对会计的本质提出了质疑。资产负债表和公司账户存在的理由是什么？是合理估计（当然属于主观估计）公司真正的财务价值，还是遵循会计的谨慎性原则，只利用客观数据评估已记录的历史交易？各国普遍采取后一种做法：公司只记录涉及企业外部品牌的交易。若要记录内部发展的品牌，则需以可靠性及会计核算的一致性为代价，在核算过程中遵循真实性原则。事实上，我们应如何看待不合规范、有时甚至主观估计的资产负债表？在资产负债表中纳入对被收购品牌的估计，并不违背以历史成本记账的基本会计准则。那么，如何对公司自行发展的品牌进行财务评估呢？本章稍后将会探讨，以历史成本或重置成本进行会计估计的方法不够完善。最佳方法是将品牌未来的可能收入予以折现，不过这种做法带有主观性。在资产负债表中披露这类品牌的财务价值存在一定的不确定性和差异性，违背了谨慎性原则。

有人断言，对于公司自行开发的无形资产，会计的职能在于提供识别和处理与之有关的商业费用的框架。目前，这些支出被当作费用，从企业当年的收入中扣除，减少了企业当年所需缴纳的税费。然而，一些税务机构开始取消该退税。举例而言，税务机构不再将广告开支当作费用，而将其作为投资，不再从企业应缴税费中扣除。

同税务部门一样，会计人员也很关注成本记录（如费用或投资）问题。在财务分析中，特定资产的折价是有关该项资产未来可产生收入的可能性的函数。因此，特定品牌不可能只有一项价值，因为估值目的不同，所采用的估值方法也不同。现有的会计准则允许保留品牌建立过程中应计的成本。对于财务人员而言，这意味着根据不同方法对品牌资产的市场价值进行估计。这种做法已普遍适用于企业名下的建筑物资产，现可延伸到品牌资产领域。

现在，我们可以得出关于品牌的货币价值的第一个结论：人们普遍接受的估计方法应该同时适用于待收购品牌及企业自行开发的品牌，同时满足金融和财务目标。但这种情况不可能存在。

对价值的看法很大程度上取决于人们的立场。对于股东而言，Rowntree 只值 10 亿英镑，而雀巢公司支付了 24 亿英镑！对于米特兰银行（Midland Bank），浪凡只值 4 亿英镑，而对于 Henri Racamier 和欧莱雅集团而言，该品牌价值 5 亿英镑。最重要的是，会计核算要考虑谨慎性原则、一致性原则及不同的目标。也就是说，不同竞争者在估值过程中的思路和行动有所不同。竞争者不希望过分谨慎，总是按照主观想法展开行动。合并和收购背景下的品牌估值是一次性行为：它意味着一开始给出的价格能够考量收购或合并的目标，以及品牌能为企业带来的协同作用。对于品牌的会计核算则应遵循不同规范，因为会计观点下的品牌价值来源有所不同。在不涉及品牌交易的情况下，企业内部开发的品牌的价值等于应计成本或与日常使用情况有关（无关其他企业可对该品牌展开的运营活动）。因此，企业购买品牌时所支付的价格与品牌的建立成本之间存在差距。另外，如果按照规定企业可在其资产负债表中披露品牌价值，由于财务评估从主观角度出发，总与品牌的实际价值有所出入，经常对品牌进行估值会削弱公司账目的可靠性。在欧洲，为了防止可靠性被削弱，企业每年只在相关账户进行一次关于存货价值的披露。因此我们可以理解，伦敦商学院的会计专家为什么对于企业自行开发的品牌价值的资产负债表核算问题持反对态度（Barwist，1989）。

矛盾的是，支持品牌价值核算的大多是营销人员。也许他们更希望找到一种财务及金融人员接受的方法，来衡量市场决策的长期影响。然而，尽管大家都口头表示市场决策（如广告）在长期和短期内都有影响，企业财务人员衡量的却总是短时间内的品牌表现。产品或品牌经理每年不得不力争运营良好、盈利甚高。对品牌的评估和管理是以年度为基础的，这就促使管理人员采取短期内即有成效的决策。营销人员希望抑制这种注重短期绩效的倾向，因为虽然企业当年的收入增长了，但快速促销、向与核心业务无关的领域延伸等短视行为最终会损害品牌资产。另外，对品牌盲目投资以期得到利润增长的做法并不总能改善品牌资产。因此，企业应该避免这种行为，将资金投入更有实效的其他领域。

通常情况下，如果能够确定品牌的价值来源，则可对品牌进行财务评估。也就是说，对品牌进行估值意味着理解品牌的价值。因此，营销人员更感兴趣的不是最终的财务数据，而是品牌获取价值的过程，即理解品牌的作用机制、发展过程及价值的涨跌。对这些问题的理解是一种经验学习的过程，需要运用逻辑分析方法对特定领域进行思考，这也为营销、财务、金融、税收及法律等不同领域的人员提供了实际的沟通途径。最后，出于对税收问题的考虑，也为了遵循客观性及一致性原则，人们仍不赞成在资产负债表中纳入对公司内部品牌的核算，相关实践也不多见。由于上述原因，需要对内部品牌估值问题展开深入探讨。尽管受到媒体关注，但合并和收购活动毕竟不是企业的日常经营活动，对品牌的估值也不应仅限于合并和收购场合。从管理者的角度来讲，品牌估值可为企业带来利益：它有助于公司的决策制定、管理控制、信息系统建设、市场培训及对品牌或产品经理的教育等。当前很多人认为，品牌的力量大大减弱，人们需要了解品牌的识别度、形象及公众好评的真实价值。品牌资产是从消费者角度基于心理指标衡量的。只有当品牌能为企业带来实际的额外收益时，品牌资产才真正具有价值。由公司财务记录产生的需求和由股东及投资者信息产生的需求本质上并无不同，但由公司的管理控制系统产生的需求是另一回事。由于它们的目标及所受限制并不相同，我们不应混淆这两类需求。对于品牌而言，并不只存在一种价值。

价值的定义本身就很模糊，人们对其有多种误解。应该明确，品牌的价值并不只有一种；事实上，由于估值目标不同，一个品牌存在多种价值：

- 强制销售情形下，流动资产的价值；
- 企业的账面价值；
- 促使银行给公司放贷所需的最低公司价值；
- 负面事件发生时，品牌价值可能遭受的损失；
- 用于估计许可证价格的价值；
- 根据经理鼓励的行为所确定的管理控制价值；
- 出售部分资产的价值；
- 其他企业接管、收购或合并该品牌的价值。

对于最后一种情形，品牌购买者只会考虑一个问题：收购一家拥有强势品牌的企业，公司能够实际增加多少收入？为了回答这个问题，公司会评估收购该企业可能为公司带来的任何协同作用、成本节约（来自生产、物流、经销网络及市场等各个环节），以及可能影响分销商决策、品牌延伸可能性及公司全球化进程的能力。收购方提出的价格应该包含对以上问题的考量。然而，上述任何问题都不会对公司旗下品牌的账面价值产生影响。

现在，我们可以得到什么结论呢？在进行品牌的财务估值工作时，应该举行涉及公司所有部门（营销、审计、财务、生产、税务等）的全体会议。为了应对年度估值措施可能带来的负面影响，公司应该引入长期资本观点。需要明确的是，公司的财富不再仅仅来自土地、厂房或设备，还来源于无形资产（如专业技术、专利权、品牌等）。

关于品牌价值的争论以及将其作为资产进行核算的方法都属于会计学探讨的范畴。坚持对品牌的年度经营活动进行披露，并不能从根本上为企业带来收益，但能整合营销及广告决策中的品牌价值。这里需要注意，评估营销及广告决策中的品牌价值并不存在单一标准。在讨论不同的估值方法前，我们必须牢记：由于估值的目的（方便企业进行品牌收购，还是仅仅披露品牌的账面价值，抑或便于进行品牌管理?）不同，对应的估值标准也有所差异。尽管这些需求彼此并不兼容，我们必须选择一种估值目的：更有效还是更真实？更主观还是更客观？基于净现值还是历史成本？

什么是财务性品牌资产

20世纪90年代，学者对于品牌资产概念的探讨（Aaker，1990；Kapferer，1990）非常激烈。将财务观点（权益）与明显的营销观点（品牌）相结合，反映了人们日益关注品牌的财务价值。起初，人们只在广告和营销领域探讨品牌的财务价值。由于权益十分重要，品牌的财务价值成为对企业整体管理工作都有重要影响的关键因素（见图18-2）。

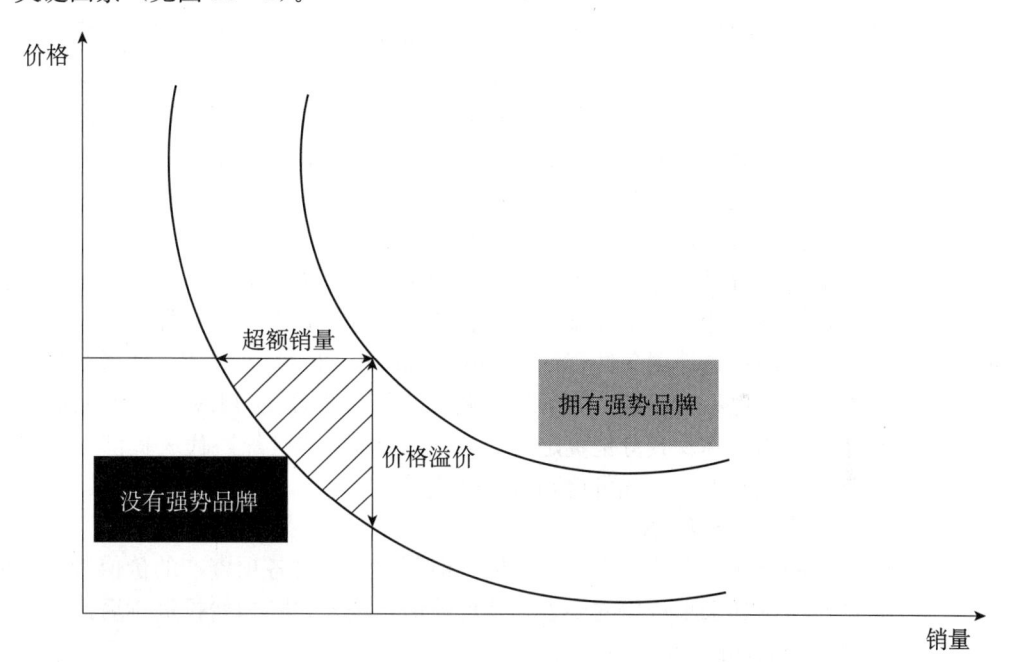

图18-2 什么是品牌资产

需要明确的是"权益"的财务含义，以及将"品牌"概念和"权益"概念结合在一起的潜在含义。从字面意思理解，权益意味着所有者对业务的所有权，即代表着对企业的所有权。尽管它们都是企业资金的来源，也即资产负债表的负债部分，但是权益（亦称作权益证券）与债务证券有所不同。事实上，使用权益的概念将品牌与资产而非负债结合起来了。企业需要在一定时间内进行一定投资，才能建立品牌权益。为了能够准确表达，我们可将其称作品牌资产，而非品牌权益。

奇怪的是，尽管品牌资产的概念将营销学观念与经济及财务观念结合在一起，后续问题仍使相关学者的观点产生分歧。当人们着手衡量品牌资产、探讨如何建立强势品牌时，存在两种不同的观点：基于顾客的品牌资产和财务性品牌资产。

第一种观点（基于顾客的品牌资产）从顾客角度对品牌资产进行衡量。这也引出了多种测量理论。有人认为，只要存在对品牌的偏好，品牌价值就会存在。也有人认为，衡量品牌资产只需简单地测量产品或服务相关特征的效用。前一种方法更为普遍。可以发现，这种观点将品牌作为一种附加值，单独考量产品本身不能解释这种偏好。此时将品牌作为剩余价值进行衡量：

品牌资产＝公开表达的偏好－对产品效用的偏好

我们可以发现，该理论认为品牌超越产品本身而存在一定的影响作用；因此，品牌完全是一种无形的情感维度。然而，世界强势品牌之一宝马汽车的优势及吸引力不仅来源于该品牌传递的所有者形象，还来源于其独特、优异的产品性能。

其他学者（Aaker, 1990）认为品牌价值包含以下所有要素：品牌知识、感知质量、品牌形象、品牌忠诚及专有资产。需要注意的是，这一定义不同于上述定义，将产品包含在品牌资产之中，因为专利让品牌与众不同，更具优越性。

还有学者（Keuer, 1998）从认知角度出发，将品牌视作一系列引起消费者对品牌的不同反应的记忆联想。例如，凯勒将基于顾客的品牌正面资产定义为，顾客对特定品牌的知识能够使其产生比没有该品牌知识的情况下更积极的反应。他将基于顾客的品牌负资产定义为，对特定品牌的知识会引起消费者比正常情况下更消极的反应。需要注意，在品牌资产的财务观点下，并不存在这种负资产的概念。财务性品牌资产的观点由财务分析师提出，其主要职责在于对企业各项资产（有时包括无形资产，也就包括品牌）进行评估。从经济角度来看，品牌资产是对品牌未来所有可取得的收益进行折现后的价值总和。

对品牌进行财务分析，需要我们重点关注"可归因"（imputable）一词。问题在于，可归因于什么？不同于基于顾客的测量方法，财务分析提出了一个简单但基本的事实：品牌是一项条件资产（Nussenbaum, 2003）。确实，如果产品或服务并不存在，品牌也不会存在。为了产生利润或经济附加值（EVA），产品必须已经有一定销量，为品牌及其分销奠定有形基础。这里，"已经"代表提前：在取得利润之前有花费或开支。由此可得到基本公式：

价值＝－I＋R

下面的公式与上述公式完全一致，但更详细，将各项资产的价值考虑在内。由于资产是考虑到未来价值的要素，其价值估计等于扣除初始投资额后该项资产所有的未来预期利润的净现值总和。

$$V = I + \sum_{t=1}^{n} \frac{(R_i - D_i)}{(1+r)^i}$$

将附加值分配到条件资产上，意味着品牌拥有下述前提：
- 已经存在可供分配的价值。
- 生产过程中所需的有形及无形要素都已反映在品牌中。
- 在提前支付了满足生产和分销要求的相关资产后，还有剩余价值或超额利润。

我们认为，应该同时考虑关于品牌资产的两种不同的观点。毕竟品牌是企业促进业务增长的工具：其价值取决于业务增长的目标，二者密切相关。

财务分析结果显示，与品牌的声誉、形象、偏好因素及顾客忠诚无关，如果公司无法取得超额利润收回对已有资产（有形资产和无形资产）的投资，品牌不具有价值。如果无法提供可盈利的产品或服务，声誉或形象本身不能形成价值。

从这一角度出发，简单地认为品牌的"魔力"促使品牌拥有价值是错误的。很多企业家心存上述想法进行品牌收购,但从未将品牌价值真正转变成实际利润。品牌只有获取实际经济利润才具有价值,而品牌资产是基于顾客的概念,似乎有些矛盾。但是,即使品牌名称可以吸引消费者,也不能保证该品牌能在未来给企业带来利润。

可以用具体事例进行说明。已被淘汰的 Ribourel 品牌(房地产开发业务)的案例可充分说明本章主题。该品牌拥有多少价值?事实上它一文不值:该品牌的形象与货币价值紧密相连,但是无法将该形象转化为实际利润。尽管 Ribourel 的品牌概念是强势且富有吸引力的,但这一情形下品牌并不具有经济价值。

有读者可能会想到大宇收购汤姆森汽车的案例。在这一过程中,大宇只象征性地支付了 1 欧元,震惊世界。有人认为,该案例恰恰说明了品牌不具有价值。也有人用公司执行总裁蒂里·布雷顿(Thierry Breton)的观点进行反驳。事实上,布雷顿通过改变公司的商业模式使其扭亏转盈。

同样,如果品牌能够促使消费者支付差异化价格,但建立品牌的成本大于收入,品牌也不具有价值。

因此,我们可以给出有价值的品牌(强势品牌)的定义:强势品牌通过其提供的价值影响顾客,并由可盈利的商业模式支持。

对于这一概念,我们还需注意以下几点:
- 现代竞争围绕品牌的概念和创意进行。品牌名称与引人注意的特定价值联系在一起,是促使消费者做出购买决策的根本原因。
- 品牌强度是指将品牌与上述创意联系在一起的顾客数量。品牌是强大的、可供分享的概念。例如,人人都说宝马汽车质量上乘。
- 品牌必须能够转化为实际经济利益。

由此,我们可以发现纯粹的基于顾客的衡量方法与纯粹的经济测量方法之间既有联系,又存在分歧。两种方法都基于最基本的"价值"概念,但该概念的含义并不相同。从营销人员角度,借用心理学家罗基奇(M. Rokeach)的观点,如果品牌能够激发顾客活力、指导顾客决策行为,那么品牌可以获得理想价值。对于经济学家而言,品牌价值只是一个公式,即价值 $= -I + R$。

因此,强势品牌通过消费产品或服务获得价值,营销和广告活动则为产品或服务的消费赋予意义。然而,如果上述过程不能产生经济附加值,品牌同样不具有经济价值,即这种品牌毫无用处。

品牌的经济方程确实存在,这是品牌价值的两个关键要素之一。

从品牌的经济附加值角度思考

过去多年里,欧美就品牌估值展开了激烈讨论。讨论集中在公司及其损益账户的重要影响方面。
- 何时可在资产负债表中设立关于品牌的科目并进行相关会计核算?只能记录公司收购的品牌吗?如果确实如此,则排除了公司自行开发的品牌。
- 品牌是否需要折旧?如果需要,在什么期间内进行?
- 如何可靠地评估品牌价值?

这些问题不仅仅具有学术价值,事实上,它们对品牌的核心本质及其在生命周期内为公司带来的附加值也有重要影响。由此提出了下述问题:品牌是否存在生命周期?通过回顾我们知道,可以重塑产品的生命周期,包括投放市场、发展、成熟及衰退等各个时期。人们一直认为成熟期意味着对产品付出的努力还不够（产品线延伸太少、全球化扩张不积极等）。

现在，通过推出新产品、淘汰旧产品，品牌能够超越传统的产品生命周期，获得近乎无限的生命周期。然而，品牌是否存在生命周期（生命周期存在，说明品牌需要折旧）会使关于品牌是否需要折旧的争论得出不同结果。如果无法提前确定产品的生命周期，就没有理由对其进行折旧。

但是，我们一开始应该讨论品牌的本质。前面已经提到，品牌不能脱离产品（或服务）单独存在：通过创造差异化优势或实现其所承诺的附加值，品牌可以创造经济价值。但没有产品或服务，品牌无法发挥作用。从这一角度来看，品牌是一项条件资产。只有当企业已经对建立品牌平台（即生产产品或服务）进行资本投资后，品牌才能真正实现其价值。这一点非常重要：品牌是一种附加值，如果想利用品牌取得经济优势，企业必须获取利润，同时需要考虑生产所需的资本（在特定利率 t 下）(Nussenbaum, 2003)。因此，公司必须已经创造经济附加值，其计算公式是：

$$EVA = 扣除税费后的净息税前利润 - t(有形资产 + 营运资本需求量)$$

考虑到基本前提，即品牌是一项条件资产，公式还应考虑有助于该业务发展的其他无形资产的成本，如专利权（对于高科技行业或医药行业而言特别重要）。加入对这些可直接估值的因素的考量后，就要考虑品牌的经济价值和无法直接估值的其他无形资产的价值。

这又一次提出了如何识别其他附加值来源的问题。这从根本上源于世界各地经济及会计实务中的一个基本假设——在考虑产品或服务的生产及分销等因素（无论这些因素是有形、物质的还是无形、非物质的）后，如果品牌能够产生超额利润，品牌才具有价值。

关于条件资产的理论解释了通过进行连续的余额分配来评估品牌价值的方法：息税前利润（EBIT）、扣除税费后的净息税前利润、经济附加值、扣除可直接分配无形资产后的经济附加值。

理论上，品牌估值的过程比较简单（通过一系列的余额分配实现）。虽然方法上没有太多问题，但是企业的信息系统往往为人们在实际工作中进行品牌估值带来困难。为了衡量某品牌的价值，必须首先确定其利润——但是该品牌可能活跃于多个市场，而这些市场的经济体制各不相同，或者品牌与其他资产相比较相对价值有所差异。例如，同一护发品牌的销售情况在各分销渠道的相对重要性并不相同：现代渠道（超级市场或巨型超级市场）最重要，发型师直接销售产品的渠道则相对较弱，尽管发型师的意见可能对顾客产生很大影响。更进一步，对于特定渠道中的特定品牌，由于产品种类不同（是洗发水还是染发产品），品牌对消费者购买决策的影响有所不同。因此，应在特定层面上单独展开品牌分析，而不是试图从整体水平上进行全面评价。接下来的问题是：我们能够获取满足分析要求的相关数据吗？

品牌：一项可识别资产？

根据传统会计实务的经验，如果能够明确识别某资产及其可带来的未来经济利益，则可将该项资产登入账簿。目前各国广泛争论的是资产的识别标准问题。

一些国家采取了较为严格的识别标准：可转让性（transferability）。该条件比较严苛。因为在资产可被转让之前，企业必须取得该资产的相关法律权益，且必须存在交易该资产的市场。另一种识别标准更具经济学基础：是否能将企业的具体收入回溯到该项资产。国际会计准则（International Accounting Standards，IAS）是如何规定识别标准的呢？

在目前的 IAS 下，如果企业拥有与资产相关的权利，则该项资产是可识别的。换言之，与资产相关的权利受到法律保护。因此，根据这一定义，公司无法对其市场份额或用户基础实施法律权利。从 IAS 的角度，可进行会计记录的无形资产应该满足：

- 企业应控制、拥有上述法律权利；
- 该项资产可转让（是分离的）；
- 即使在会计年度之后，该项资产也能为企业带来特定的未来收益。

在法国等国家，市场份额也可出现在资产负债表中。

美国采取的措施更为务实：当企业被合并或收购时，在合并账目中单独记录无形资产，需要满足什么条件呢？有两个方面：可分离性（separability，该项资产可从公司的其他资产中单独转让出来），以及对于特定收益的明确分配。

为了消除不确定性，美国财务会计准则提供了一系列无形资产的列表。美国财务会计准则委员会（FASB）发布第 141 号财务会计准则公告，明确规定了可直接进行收益分配的资产，其中不包括市场份额；专有技术也不在其中，因为这一概念较为抽象（除计算机软件外）。然而，美国财务会计准则中明确包含对顾客数据库的估值。因此，美国财务会计准则对法定财产的关注较少，更多地采取经济性的衡量方法。

新版的国际会计准则类似于美国的定义方法，将流行于世界各地的上市公司。

但是，也存在无法对品牌进行会计核算的情况：品牌属于内部品牌，即由公司自行创建而非从外部购得；或者在收购或合并其他公司时，品牌就已经存在于其他公司。会计核算必须遵循谨慎性原则：品牌究竟价值几何？企业购买方支付的价格可以反映扣除被购买企业的其他资产后的价格上限。如果存在关于该品牌的交易市场，则品牌价值更具实际意义。否则，品牌价值只属于虚拟的潜在价值。在任何国家，比起直接忽略经济价值（品牌）的行为，在报表中记录不可靠会计信息的做法更有害。

价值取决于估值目标

或许听上去有些不切实际，品牌不是只有一项价值，而是具有多项价值：不同价值取决于不同的估值目标。因此，如果估值目标在于衡量某项无形资产为企业做出的贡献，且估值内容将受到审计人员的检查，则估值过程应该遵循谨慎性原则。

类似地，普遍接受的观点是，价值存在于旁观者眼中。例如，只有可口可乐才能为法奇那的小圆瓶支付 10 亿美元。可口可乐的装瓶厂遍布世界各地，很快就能使法奇那的产品销量翻十番。这一运营模式与其可乐产品类似（向装瓶厂销售可乐原液）。百事可乐向怡泉汽水支付的价格要低一些，因为百事可乐的品牌发展规模没有可口可乐大。

最后，出于预测目的得到的品牌价值数据和依据资产负债表记录规则得到的数据肯定有差异。为了预测品牌价值，公司可以纳入对未来发展计划、新工厂及商铺、向其他品类延伸等因素的考量，这让品牌的前景更为明朗。然而，当出于会计目的计算品牌价值时，公司需要遵循谨慎性原则。由于工厂、商铺及延伸只是计划，实际上都不存在，公司无法做出相关预测，也就不能将其纳入估值过程。但是，国际会计准则采取了比美国财务会计准则更灵活的规定，这类计划可以加入品牌价值计算过程。

在可口可乐/法奇那的案例中，我们可以发现一个奇怪的现象：公司视角不同，对应的品牌价值也有所变化。在美国可口可乐公司的合并报表中，对法奇那品牌的估值考虑了新分销渠道的开设可能为品牌带来的增长潜力。而最初拥有法奇那品牌的保乐力加集团，对于此次转让交易中法奇那的品牌价值有不同的估计。

绝对伏特加的品牌财务价值

2009 年，世界排名第二的酒类集团保乐力加以 39 亿欧元购买了绝对伏特加品牌。每年国际品牌咨询公司 Interbrand 都会公布财务价值最高的 100 个全球品牌。这一榜单备受关注，然而有趣的是，绝对伏特加从未进榜，说明 Interbrand 认为其品牌价值不足 30 亿美元（合 22 亿欧元）。那么，我们应该相信哪一方呢？Interbrand 的估计主要基于企业外部数据，而保乐力加集团考虑了收购后绝对伏特加可能为公司带来的所有额外利润。保乐力加集团之所以支付 39 亿欧元，是因为它认为绝对伏特加不值 40 亿欧元。

那么，从哪些方面看绝对伏特加值 39 亿欧元呢？众所周知，价值存在于旁观者眼中。品牌价值不能脱离商业计划。《商业周刊》（*Businessweek*）公布的品牌价值榜固然可以引起人们的广泛关注与讨论（这就是其目的所在），但上面的数字与企业愿意为品牌支付的价格关系不大。2010 年明略行对谷歌品牌价值的估计高达 1 140 亿美元，而 Interbrand 却认为该品牌的价值只有 430 亿美元。事实上，品牌估值是一项只能在企业内部实施的活动。在此过程中，企业会考虑与该品牌相关的未来经营活动能为企业带来的所有利润增长：

● 进行直接销售（绝对伏特加原来的所有者过分注重销量，而保乐力加集团对该品牌实施优质化战略，使得该品牌在中国市场上的价格提升了 40%，而中国市场是其主要成长市场之一）；

● 发挥协同作用（通过在集团的品牌组合中加入世界排名第四的烈性酒品牌绝对伏特加，保乐力加完善了品牌组合，从而促进了组合中其他品牌销售额的增长）；

● 实现规模经济（节约了媒体费用、人力资源成本）。

现在我们能够理解，为什么企业外部的咨询公司提供的品牌估值结果差异很大，且与考虑具体经营情形的公司实际支付的价格关系不大。

估计品牌价值并不只是一项财务活动，它需要公司营销部门和财务部门的员工加强合作。事实上，一听到瑞典政府可能卖掉绝对伏特加的消息，保乐力加集团就集结了财务、营销、分销及销售等各个领域的专家，设立了专门的任务小组。公司还在美国和中国开展了市场调查，以评估该品牌在两个截然不同的国家的发展前景——1979 年美国市场上便推出了第一批伏特加，中国则是伏特加潜在的消费市场。对于保乐力加而言，收购绝对伏特加的盈利性如何？为了回答这一问题，公司必须考虑以下战略问题：

● 该品牌已经是全球品牌，还是需要将其打造成全球品牌？
● 品牌的基本发展策略是什么？公司是否可以采取优质化战略提高其平均价格？
● 品牌目前的内在盈利能力如何？
● 公司是否可以整合分销商利润？
● 绝对伏特加能像在 20 世纪 80 年代那样重新发起一场变革吗？

保乐力加支付的价格是绝对伏特加年利润的17倍，它很清楚自己支付给绝对伏特加的最高价格是多少。百加得-马天尼公司（Bacardi-Martini）收购美国发展迅速的高端伏特加品牌灰雁所支付的价格，是该品牌年利润的23倍。

那么，人们如何确定收购绝对伏特加对保乐力加有利呢？只有品牌可以为公司股东创造价值，上述决策才对公司有益。可从以下两个方面进行评估：（1）公司支付的价格是否低于该品牌能够带来的预期收益（按现金流折现方法计算）；（2）公司是否能够取得超过加权资本成本率（weighted average cost of capital，WACC）的投资回报率，即公司得到的投资回报是否可以超出股东预期（8%）。

评价不同的品牌估值方法

当品牌属于被收购公司资产的一部分时，或在其他需要估计品牌价值的情形下，需要提出确定资产负债表中品牌价值的一系列方法。可以用一张二维图表示这些方法（见图18-3）。横轴指时间（分析立足的时间节点是过去、现在还是将来？），用于区分估值是基于历史成本（打造当前品牌的支出）、当前收益、市场价格还是商业计划（即对未来的预测）。纵轴表示真实/虚拟维度。一些分析主要基于具体事实（历史记录及当前收益）。然而，也有方法更注重关于当前（重置成本法）或未来（现金流贴现法）情况的估计。下面依次分析这些方法。

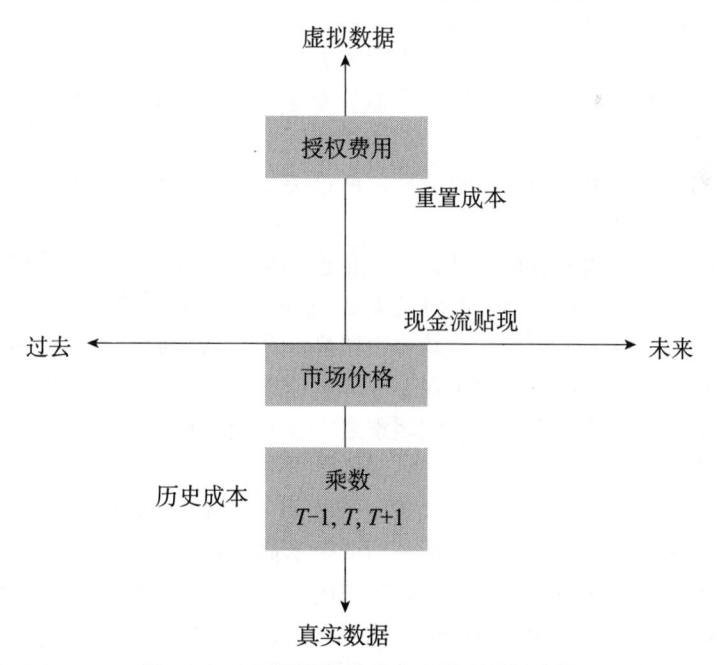

图18-3 不同品牌估值方法的定位示意图

基于历史成本的估值方法

品牌是一项资产，其价值来源于一段时期内的投资（尽管在严格意义上会计人员并不将品牌作为真正的投资）。该方法要累积一段时间内关于品牌的所有支出，如开发费用、市场推广费用、广告传播费用等。这些支出可客观确定，也在企业过去的损益表中有所反映。

分离与品牌相关的直接成本费用，并向品牌分配如销售费用和一般管理费用等间接成本费用，有助于解决一些问题。这种方法虽简单、有条理，却从未考虑以下实际问题：

- 应该考虑什么期间内的成本费用？我们知道，很多品牌的历史相当悠久：可口可乐诞生于1887年，达能诞生于1919年，法国鳄鱼诞生于1933年，圣罗兰诞生于1958年，Dim诞生于1965年。我们是否应该将品牌建立之初的成本费用也考虑进来？每个人都知道一些不再存在的老品牌。公司应该回溯过去，评估过去的广告在今天是否仍发挥作用。
- 应该考虑哪些成本费用？对广告活动的投资拥有双重营销作用：首先在于促进销售，该作用立即对当前销售情况产生影响；其次在于建立有助于未来销售的品牌识别度及品牌形象。实际操作的困难在于，在评估的每一年度，如何分配上述两类作用的权重。另外，在确定未来的销售情况时，我们应该进行几年的预测？最重要的是，我们应了解广告在一段时间内的磨损曲线。如果像有关态度变化持久性的研究指出的那样，广告效用以线性形式在5年内递减，则可确定对应期间内的费用情况，且第 $(n-5)$ 年仅有20%的费用支出。
- 该过程并不只是进行简单的成本加总，还应采用一定的折现率。

除了上述问题的回答具有主观性，基于成本估值还存在一些由于对品牌的理解过于片面而引发的基本问题：

- 建立品牌时，大部分长期投资并不涉及现金支出，因此无法在公司账目中记录。这包括严格的质量控制、累积的专业技术、特定的经验才能、员工的参与，等等。这些都是促使顾客重复购买的必要因素，对于品牌的长期声誉及口碑效应有重要作用。实际上公司无法对劳斯莱斯这类品牌进行会计记录，因为这些品牌不进行任何广告活动。
- 建立强势品牌的重要战略包括选择推出具有竞争性的价格。该价格可能与竞争对手的价格一致，但产品性能要比竞争对手更优。斯沃琪手表就是典型的例子。该品牌的价格本可定得比竞争对手稍高一些，以涵盖产品的创新及升级成本，但斯沃琪决定把价格定得与竞争对手一样，以使品牌的性价比最大化，从而增强品牌吸引力。这是斯沃琪成功的关键因素之一。只记录现金支出的会计核算体系无法反映这类非现金形式的投资。
- 价值只来自广告及营销投资或拥有一定溢价的品牌适合采取这种估值方法，但这种方法不能用于估计劳斯莱斯或圣米高（英国马狮百货公司旗下品牌）等广告活动极少的品牌的价值。另外，过去的支出不能保证企业的当前收益。很多品牌投入重金开展广告活动，但收效甚微，最后被市场淘汰。
- 这种方法适用于企业近期发展的品牌及正处于建设过程中的内部品牌。

基于重置成本的估值方法

为克服基于历史成本的估值方法产生的种种问题，更好的办法是立足当前时点，采用传统方法进行估值——如果企业无法购买某一品牌，重建该品牌的成本是多少？在考虑了众多品牌特征（如品牌知名度、试销购买率及重购率、绝对和相对市场份额、分销网络、品牌形象、品牌领导力、质量保证、在多少国家上市）之后，在特定时期，企业需要多少投资以重建一个类似的品牌？

重新打造可口可乐、怡泉、玛氏、宝康利或马爹利是否可能？答案是否定的。那么贝纳通、邦·奥陆芬（Bang & Olufsen）、萨博或爱普生呢？可能性更大一些。对于某些品牌而言，这一问题根本就不存在，因为人们无法重建它们。环境已经发生了太大变化：

- 在这些品牌诞生的年代，广告支出微乎其微。通过在长时间内建立良好口碑，品牌得以发展壮大。如今，取得1%的媒体占有率的花费如此巨大，通过提高无提示认知建立领导品牌的做法难以取得成功。无论如何，无提示认知总有局限性。为了打开销路，必须避免消费者同时考虑其他竞争品牌，因为记忆的存储容量有限。当前的知名品牌放弃广告就可能在激烈的竞争中遭淘汰。
- 模仿领先品牌的产品性能非常困难。在强大的研发及专门技术的支持下，领先品牌享有持久的竞争优势及稳定的品牌形象。任何挑战者都面临风险。除非挑战品牌也拥有必要的技术，否则消费者重复购买其产品、对其忠诚的可能性极小。
- 大型零售商成为品牌的进入壁垒之一。零售商更愿意在货架上摆放其自有品牌的产品，而将余下的有限位置留给一两个可能成为国际品牌的全国性品牌。
- 最后，考虑到新产品推出的高失败率，我们可以理解，很难确定长期大规模投资的未来收益。投入的金额巨大，意味着企业要冒风险。因此，企业倾向于对拥有强势品牌（这些品牌很可能已经成为市场领导者）的企业发出各种并购要约、采取并购行动。

另外，如果上述阻碍品牌进入市场的因素不再存在，进入市场变得更加可行。尽管不确定因素仍然存在，创建活动也需要时间，但是打造未来领先品牌不再是纸上谈兵。因此，我们很可能得以建立未来的贝纳通。特许经营意味着，即使在主要零售渠道上发展不顺利，企业也能取得更高的市场渗透率。另外，时尚产业愿意接受新的创意。在该领域内，设计样式比技术更重要。计算机服务和高新技术产业也愿意接受新兴技术。总体而言，未来将会出现众多新的国际品牌，针对特定的利基市场。这些品牌可能无法获得广泛关注，但在其细分市场上是领导者。

然而，基于重置成本的估值方法本身十分主观。它需要众多专家的意见，实施过程的标准也比较模糊。最需牢记的是，品牌估值的目标不在于得到某个品牌的具体价值数字，而是了解特定资产的经济价值。成本方法关注要素投入，而经济价值的概念基于产出，即品牌的产出结果而非消耗内容。企业不是通过投资而是通过取得市场统治及领导地位产生利润。

基于市场价格的估值方法

对品牌进行估值时，为什么不衡量市场上类似品牌的价值呢？对房地产或二手汽车的估值就以这种方式进行。人们对每套公寓或每辆汽车仔细检查，给出高于、等于或低于类似产品平均价格的定价。

这种方法很有吸引力，但应用于品牌时存在两个问题。第一，品牌的市场并不存在。虽然涉及品牌的交易公告经常在报纸的财经版面上出现，收购和品牌买卖活动本身数量不多。企业购买品牌，并不是为了再次将其出售。尽管如此，基于1983

年以来的相关交易活动，我们可以得到适用于各个行业的乘数（25～30）。用该方法对品牌进行估值还是可行的。

然而，房地产市场和规模相对较小的品牌市场之间存在巨大的差异。在房地产市场上，买方是价格接受者，市场上的价格相对固定。无论购买者想要如何利用该项房产，其价格保持不变。而对于品牌来说，买方是价格制定者，为品牌设定了特定价格。每位购买者都根据自己的观点，基于品牌可能为自身带来的协同作用或对其未来战略的影响为品牌定价。为什么联合利华耗资1亿英镑购买了著名的芝士品牌波尔斯因呢？主要原因在于联合利华迫切需要利用该品牌在其尚未涉足的芝士业务领域打开销路，来获取各大超市的货架。充分利用强势品牌能让企业进入某些特殊产品的市场。1990年4月，让·路易·雪莱（Jean-Louis Sherrer）被收购，其价格是两个月前骑士先生（Mr Chevalier）收购巴尔曼（Balmain）价格的1/4。对于骑士先生而言，收购巴尔曼为公司进入或重新打入奢侈品市场提供了机会。已经处于奢侈品市场的爱马仕则不必支付这笔费用（Melin, 1990）。

购买价格并非公司为品牌支付的价格，而是品牌与购买者交涉后的结果。将类似品牌的购买价格作为参照而没有考虑背后的特殊原因，忽视了价格中有一部分反映了品牌可能带来的协同作用以及购买者的特殊目标。不同品牌购买者有不同的意图和想法。我们无法委托他人对品牌进行定价。

这就是房地产市场（或广告代理市场）和品牌市场的根本区别。对于前者而言，规范和标准并不依据买方的想法而存在。奢侈品市场上的品牌估值还是经常考虑近期的历史交易活动，并且使用相应的销售收入乘数。

由于基于成本或参照假设市场价格进行估值的方法本身存在缺陷，潜在品牌购买者更倾向于通过确定品牌收购可为企业带来的预期利润进行估值。由于第三种方法基于两大主要思想，我们将对此另外说明。

基于授权费用的估值方法

如果公司同意其他企业使用其品牌，每年能够收取多少授权费用？解决该问题有助于我们直接衡量品牌的经济价值，也可解决可分离性问题。得到的数字也可用于计算一定期间内现金流的现值。困难在于，多数市场并不经常进行授权许可活动。这种活动多发生于奢侈品或纺织品市场。

理论上，我们无法确定这种方法能否恰当地分离品牌价值（Barwise, 1989）。事实上，公司经常通过授权行为进入其品牌尚未进入的国家。然而，授权费用并不仅仅包括品牌使用费，品牌所有者还需要提供全套的基本材料、专有技术和服务以维持品牌的质量水平。

基于未来收益的估值方法

品牌的目标在于成为企业的资产，因此，首先需要明确什么是资产。资产是一项要素。我们可以在合理范围内相信，这项要素能在未来一段时间内产生利润。基于取得品牌所有权可为企业带来的预期收益，可以发展出另一种品牌估值方法。当然，未来收益与购买者意愿之间的关系密不可分。与仅仅希望维持本土品牌现状的购买者相比，希望将其打造成全球品牌的购买者能够取得更高的收益，品牌的价值也会更高。基于未来收益所确定的品牌价值，与品牌未来收购者的特征及其关于品牌的发展战略息息相关。这也解释了收购者为特定品牌公司的定价往往比该公司的市值高得多的现象。公司的市值与其现有业务相关,主要基于其当前情况和数据。收购者的定价还考虑了品牌可能为其带来的协同效应、与其现有市场活动互补的营销活动,以及为其取得特定市场战略地位带来的便利等,因此最终数字偏高。

基于未来收益的品牌估值方法可分为三个独立的阶段(见图18-4):

第一步,分离与品牌有关的净收益(例如,该收益不能与公司本身有关)。

第二步,估计未来现金流。这需要对品牌所在市场进行战略分析。

第三步,选择一种经典的财务方法、特定的折现率和估值期间。

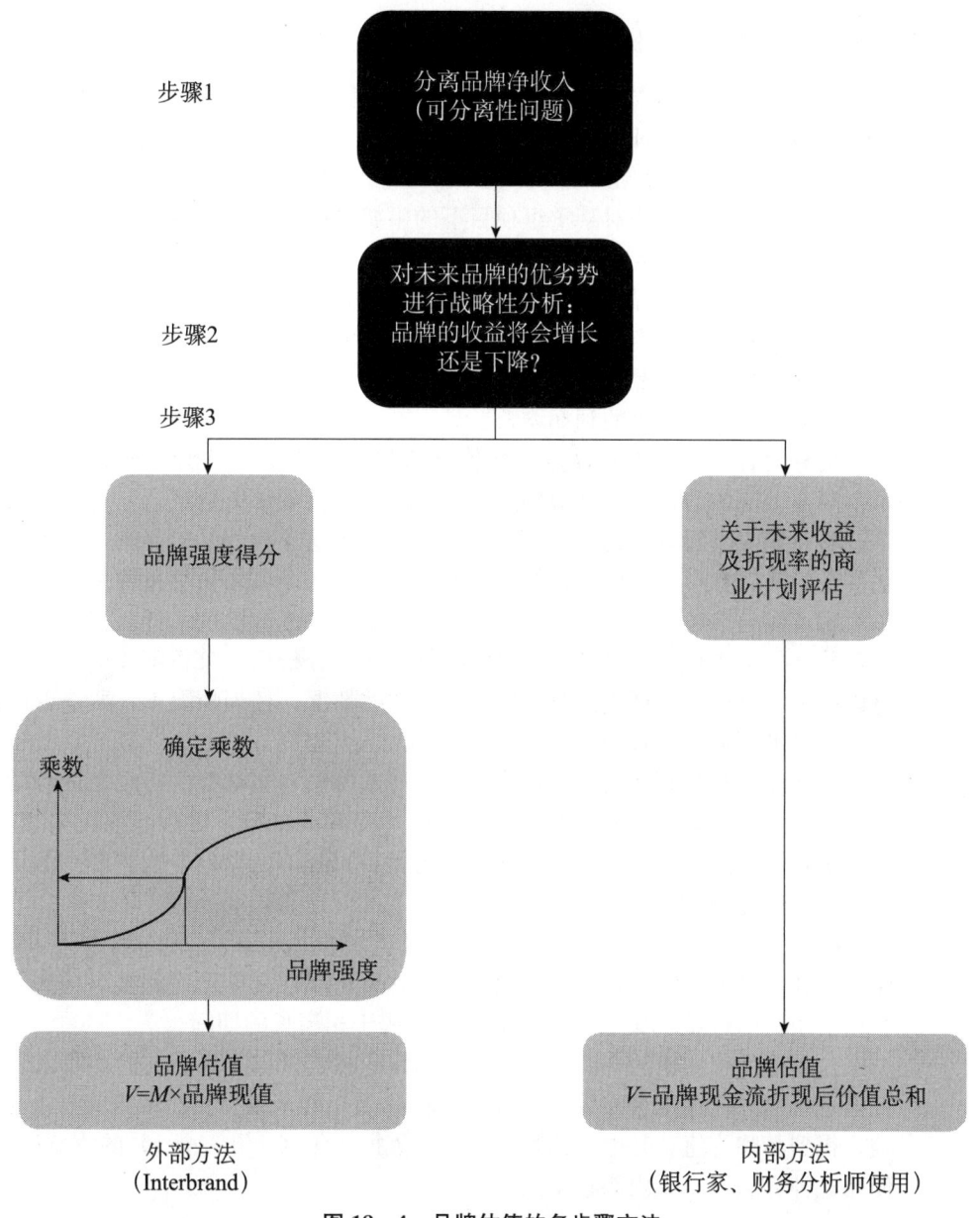

图18-4 品牌估值的多步骤方法

这是对所有投资(包括有形投资和无形投资)进行估值的传统方法。分析师计算 5 年或 10 年期间内由品牌直接带来的年期望收入，所使用的折现率是加权平均后的资本成本率。该资本成本率考虑了将弱势品牌发展成强势品牌过程中可能存在的各种风险（可能减小现值计算中对未来收益的权重）。另外，假设收入不变或以恒定速率无限增加，从而计算超出该期间的残值（Nussenbaum，1990）。所使用的计算公式如下：

$$品牌价值 = \sum_{t=1}^{N} \frac{RB_t}{(1+r)^t} + \frac{残值}{(1+r)^N}$$

式中，RB_t 为第 t 年该品牌可带来的期望收入；r 为折现率；N 年后的残值 = $\frac{RB_n}{r}$ 或 $\frac{RB_N}{r-g}$，g 为收入增长率。

尽管分析师由此发展出多种变形公式，这仍是现金折现方法下的经典模型（Mauguère，1990；Melin，1990）。这种方法下，假设 25 年内轩尼诗干邑白兰地的收入以 6.5% 的速率增长，其品牌价值高达 69 亿法郎（Blanc and Hoffstetter，1990）。

同样运用这种方法对某重组项目下的牛奶品牌肯迪雅进行估值，最终数字约为 18 亿法郎（约合 3 亿欧元）。这是考虑了包含以下两个问题的商业计划后的结果：

● 牛奶属于消费品，肯迪雅未来的销售收入中有多大部分来自营销力度大、差异化强且拥有可覆盖产品溢价的强势识别特征的产品？

● 相对于一般产品，肯迪雅能够制定多高的产品溢价？在牛奶市场上，极小的价格变动可以带来巨大的利润增长。

也有学者对基于未来收益的估值方法提出了质疑，指出了不确定性的三个来源：对现金流的估计、对估值期间的选取以及对折现率的确定。

● 从定义上看，任何预测都存在不确定性。这不仅仅针对品牌，对于采用该方法进行的任何有形或无形投资的估值而言均是如此。如果估值过程未考虑品牌的竞争对手可能向市场推出性能更优的产品，对于品牌现金流的估计就存在问题。这一质疑忽略的事实是，在对品牌的优劣势做出深入分析后，分析师才进行预测。我们可以假设，计算预期现金流时已经考虑了这些情况。任何情况下，所选取的折现率都已考虑了预期的风险因素。

● 质疑选择折现率时存在的主观性。分析师会对其选择的折现率进行敏感性测试，在考虑了相对稳定的企业数据（如平均资本成本率）之后，该比率相对稳定。存在主观性的因素只有风险溢价和未来的通货膨胀率。另外，购买者一般认为品牌会成功，因此相关风险通常为零。

● 最后，也有学者对现金流的计算期间提出质疑。为什么是 10 年而不是 15 年？为什么要提前这么多年进行预测？品牌有可能在几年之后就被市场淘汰，在某些竞争激烈的行业（如笔记本电脑），3 年属于相当长的期间。

这就是品牌估值的来源：应该基于确定的事实（如品牌当前的净收入）对品牌价值进行估计。这也是乘数法估值（见表 1-4）的基础。将品牌当前收益与乘数相乘，得到品牌价值。其中，品牌当前收益依据 3 年（$t-1$，$t+1$）的收益进行估计。使用这种方法不需要内部数据。

基于当前收益的估值方法

谁能预测未来？如何保证商业计划中的预测能够实现？事实上，众多互联网品牌的估值过高的原因在于,这些品牌无法产生任何利润(除了 eBay)。对于这些品牌的估值只基于简单的预测和用于吸引新投资者的商业计划书,品牌创建者可在假象破灭前出售这些品牌。

大型品牌咨询公司 Interbrand 开发了能够解决这一问题的独特品牌估值方法。没有业务就没有品牌。Interbrand 的估值方法主要基于 3 年的收益:去年、今年及下一年度。将每年收益分配到保证经营业务正常进行的投资资本及其他直接无形资产后,可以得到由 3 年收益残值计算得出的加权平均残值。接下来,把被称作"乘数"的数字与这一残值相乘。这也是 Interbrand 独有的品牌估值方法——乘数法的由来。Interbrand 如今采用更传统的现金折现法,这里我们简要介绍为众多品牌进行过估值的乘数法。

在公司的财务估值中,最需要分析的就是价格/收益比率(P/E)。这一比率将公司的市价总值与其净利润联系到一起。比率越高,说明投资者对公司的信心越强,对公司未来利润增长持积极态度。尽管品牌不等同于公司,但背后的原理大体相同:

$$公司:P/E = \frac{权益的市场价值}{已知利润}$$

$$品牌:M = \frac{待计算的价值}{品牌净利润}$$

唯一的差别在于,由于品牌的相关市场并不存在,无法取得其市场价值的真实数据,这也是我们需要计算的内容。这种权益名义上的市场价值,实际上就是企业愿为品牌支付的价格(撇除过高出价因素)。为了计算这一数字,首先需要确定乘数 M 的值,即类似于 P/E 值的各个品牌的具体乘数。

这一方法共四个阶段:

1. 计算合适的净利润。Interbrand 使用过去 3 年($t-2$,$t-1$,t)的利润数据,以防仅用 1 年的数据可能造成估计不准确。纳入通货膨胀因素后,对这些利润数据进行折现。在确定了各年数据的权重后,针对 3 年利润计算加权平均后的利润值。得到的由品牌带来的加权平均税后净利润值是计算过程的基础。

2. 评价品牌强度。该估值方法运用多种营销及战略标准对品牌进行全面评估。Interbrand 只选取其中的七种指标,分别评价品牌的各个方面,并由此得出关于品牌的加权平均总分,如表 18-1 所示(Penrose,1989)。

表 18-1　品牌强度的评价方法

评价因素	最高得分	品牌 A	品牌 B	品牌 C
领导力	25	19	19	10
稳定性	15	12	9	7
市场	10	7	6	8
国际化程度	25	18	5	2
发展趋势	10	7	5	7
支持活动	10	8	7	8
保护	5	5	3	4
品牌强度	100	76	54	46

资料来源:Penrose/Interbrand (1990).

3. 估计乘数值。乘数(反映品牌未来发展前景的指标)和品牌强度分数之间存在某种关系。如果能够准确描绘这种关系，则可根据品牌强度分数计算出该品牌的乘数。为此，Interbrand 建立了 S 曲线模型，用于描绘乘数和品牌强度间的关系。

该模型的基础是 Interbrand 对于近年来多项品牌谈判所涉及的乘数的研究——所涉及行业必须与所研究品牌所处行业相近。Interbrand 引用了拥有最佳可比品牌的公司的 P/E 值，重新分析公司的基本情况及品牌强度，最终建立 S 曲线，描绘乘数与再评估后的品牌强度得分之间的关系（见图 18-5）。

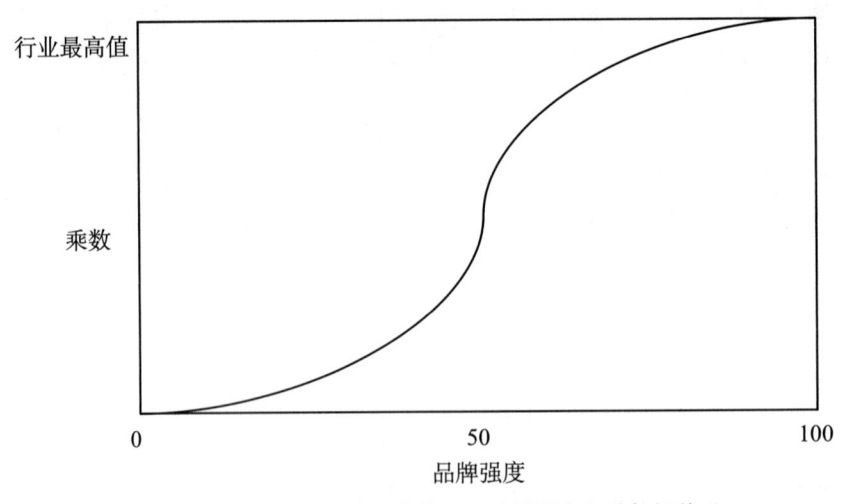

图 18-5 Interbrand 的 S 曲线——品牌强度和乘数间关系

4. 计算品牌价值。将合适的品牌净利润与对应乘数值相乘，得到品牌价值。

可以引用实际案例具体描述该过程。1988 年，利高曼（Reckitt & Colman）就运用乘数法对其品牌进行估值。该公司评估了已经取得领先地位的家庭卫生清洁和食品（调味料）类产品，以及表现平平的医药产品。

第一组品牌的具体情况如下：
- 处于世界领先地位；
- 市场规模不断扩大。除分销商自有品牌外，很少有新品牌进入市场；
- 在英国或其他盎格鲁-撒克逊国家，品牌（如 Airwick）的无提示认知率很高，但在法国稍低；
- 顾客的品牌忠诚度高；
- 具有强势的品牌形象及对质量的保证；
- 对于各个品牌而言，多样化发展的可能性很低。

按照利高曼公司的估计，这些品牌 5% 的利润等于分销商自有品牌的销售业绩。Interbrand 认为，剩余的 95% 都是品牌的毛利润。由品牌带来的收入，可通过在毛利润中扣除对其他净资产的投资回报而得到。之后，根据品牌的重要程度，对前三年的数据进行折现，最终得到剩余的净利润的加权平均值。下面是不同业务的估值结果：
- 家用卫生清洁业务：0.538 亿英镑；
- 食品业务：0.247 亿英镑；
- 医药业务：0.171 亿英镑。

那么，应采用的乘数是多少呢？对于家用卫生清洁业务，选用的是利高曼公司在1985年收购Airwick所使用的乘数。对于食品业务，所用乘数为17。这是基于该领域前几年的数项交易做出的预测，如BSN-纳贝斯克（Nabisco）的收购案例。最后，医药业务使用的乘数为20。事实上，该行业近期几项交易所涉及的乘数接近30，这里选用的数字比行业标准稍低，因为利高曼公司在医药领域的竞争地位稍弱。将不同业务领域的乘数值乘以对应的净收益值，最终可得到品牌的价值估计结果：

- 家用卫生清洁业务：0.538×20＝10.76亿英镑；
- 食品业务：0.247×17＝4.2亿英镑；
- 医药业务：0.171×20＝3.42亿英镑。

比较基于未来收益的估值方法（现金流法）和基于当前收益的估值方法（乘数法）

乘数法诞生于英国，已经成为经典的品牌估值方法。事实上，Rank Hovis McDougall公司和Grand Metropolitan公司都曾经决定在其资产负债表中公布品牌价值，并运用该方法对品牌进行估值。它们的做法引发了一场争论，持续至今。这也是书籍、文章及学术会议最常讨论的估值方法。该方法的过程简单，但难以反映财务分析的严密性。因此，人们常常提出质疑：乘数法的结果是否正确？

首先，乘数法与基于折现后现金收入的传统估值方法本质上并无不同，只是后者的特例。

如果品牌每年可取得连续恒定的现金收入，则该品牌的现值等于：

$$品牌价值 = \frac{RB}{(1+r)} + \frac{RB}{(1+r)^2} + \frac{RB}{(1+r)^3} + \cdots + \frac{RB}{(1+r)^\infty} = \frac{RB}{r}$$

可以看到，乘数实际上等于调整风险因素后的资本成本率的倒数（1/r）。如果年收入及恒定速率（g）增长，则相应的乘数应为：

$$乘数 = \frac{1}{r-g}$$

除此之外应该明确，尽管现金流法基于特定假设进行计算，但我们无法对此予以批评。因为乘数法本身就是一个特殊的假设，其准确性也存在问题。然而，可以认为乘数法的结果是正确的，因为它基于以下内容进行评估：

- 前三年间由该品牌产生的已知净利润；
- 市场数据及管理人员对品牌强度的主观评价；
- 基于类似公司近期交易数据计算得到的乘数值；
- 基于数据库信息得到的反映乘数（或称P/E比率）与品牌强度关系的S曲线。

然而，表面有效不代表这种方法本身就是正确的。Interbrand的方法存在以下不足。

1. 即使市场乘数是历史交易的重要支柱，这些被当作S曲线参数的品牌数据本身就不是反映品牌强度的有效指标。事实上，最后的交易价格反映了公司对品牌价值的估计，但也有报价过高的可能。例如，在Jacob Suchard和雀巢的激烈竞争中，最初的报价为630便士，而最终价格却高达1 075便士！市场价格反映了报价过高的效应，因此对品牌价值有所高估。将市场乘数和品牌强度联系在一起，而后者的对应价值却忽略了报价过高的影响,这种做法很奇怪。由于这一原因,人们开始质疑乘数法的适用性,认为它不适用于衡量并披露未经收购的、企业内部建立的品牌的价值。由于报价虚高,用该方法计算得到的与该资产相关的价值很可能大于品牌的真正价值,因此,即使很多企业使用该方法测量品牌资产的价值,也不能说明乘数法是有效的。

2. 即使市场上不存在报价过高的现象,用于衡量品牌价值的乘数值是从潜在购买者角度确定的。该数值反映了潜在购买者的观点、战略及期望的协同效应。1985 年,BSN 集团放弃了对宝康利品牌的购买,尽管后者的定价比较合适。这一案例不能说明宝康利的价值不及定价高,只能表明在 BSN 集团看来,宝康利的价值比报价更低。1988 年,雀巢公司对该品牌的估值高达数十亿瑞士法郎。因此,将与品牌购买者关系密切的市场乘数和由交易之外第三方确定且未考虑协同效应的品牌强度分数相联系是很不妥的。当企业需要在资产负债表中披露内部建立的品牌的价值时,乘数法存在潜在问题。一方面,公司根据其当前收益将品牌作为一项持续经营的业务进行估值。另一方面,交易市场上潜在收购者对品牌的定价考虑的是完全不同的品牌用途,而乘数值却又根据这些定价数据产生。

3. 目前,没有任何关于 S 曲线图的解释提出该曲线可能存在方差。这一方差可以用来衡量两变量间关系的准确程度。虽然 S 曲线试图使人们相信根本不存在误差,但这是不可能的。单独的品牌强度分数很可能对应多个乘数或至少一系列品牌价值(从中人们发现了 S 曲线)。这种不确定性引发了严重问题,因为乘数的微小改变可能引起品牌财务价值的巨大变化。让我们再次回顾利高曼的家用卫生清洁业务,可以发现:乘数每改变一个单位,品牌价值会增减 0.538 亿英镑。这与会计实践要求的谨慎性、可靠性和合理的确定性原则相悖。

4. S 曲线的准确性不得而知。Interbrand 采用了这样的说法:在成长初期,新品牌的成长速度极为缓慢。但当其由全国知名品牌发展成全球品牌时,品牌可呈指数级增长。最终,当品牌由全球品牌扩张到世界各地时,品牌的发展速度又会放缓。例如,宝康利的购买价格及重售价格即可反映出,该品牌已从全国知名品牌转变为欧洲知名品牌。

由经验可知,品牌易受较大的阈值效应(threshold effect)的影响。品牌与顾客和零售商的强度是逐步发展的。因此,知名度一般的品牌,其价值很可能与不知名品牌差不多。但是,发展到一定阶段后,前者的价值将会显著提升。有关品牌意识的研究指出,在传播活动比较密集的市场,只有品牌的有提示认知达到一定水平,其无提示认知率才会开始上升。这是由记忆容量导致的。相应地,大型零售商正将中端品牌替换成其自有品牌。前者更依赖供应(而不是需求),如果用自有品牌替换,零售商将不再销售中端品牌。因此,这些品牌的前景极其不确定。这使我们相信,使用阶段曲线图描绘品牌强度及乘数(从同一潜在购买者角度进行估计)间关系可能更加准确(见图 18-6)。

总体而言,乘数法使用广泛,但其结果的准确性难以保证。另外,由于其过程简单、使用方便,往往为非专业人士所用。所用乘数值的微小改变会引起品牌价值的巨大变化。从参照乘数和品牌强度的角度看,目前的乘数确定方法是不完善的。对品牌强度的评价基于对各个因素的主观赋权评价。有时这些因素的存在是多余的,且彼此之间具有一定相关性。所以,由此得到的总分很难让人信服。这种只图

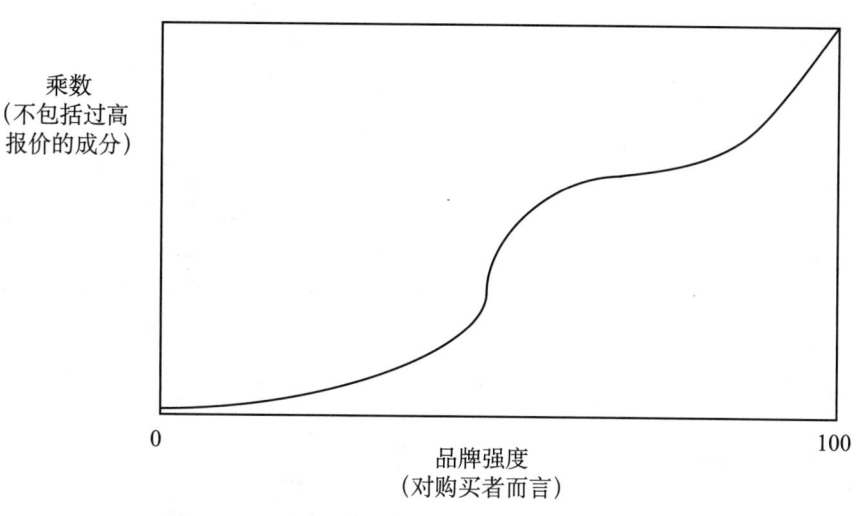

图 18-6 反映品牌强度和乘数间关系的阶段曲线图

便利的做法削弱了乘数法的准确性。乘数法一直强调其准确性，但它与现金收入折现法一样主观性很强。即使将原有的七条评价标准改成上百条也无济于事。这种做法增加了评价标准之间的重复性，使得特定因素占有更高的权重。只要方法本身存在主观性，其实施过程就应保持透明。仅仅对衡量品牌强度的多个标准进行简单分数加总，并不能得到满意的结果。因为赋予权重的过程本身存在诸多暗含的假设前提。应利用品牌的基本属性来制定现实可行的商业计划，以折现后的现金收入加以体现。

最后，乘数法对于乘数值的微小变化十分敏感。将 8 亿分别乘以 7 或 8，所得结果大相径庭。这种敏感性与谨慎性原则有冲突。估计品牌价值从不是一项力求精确的科学活动。但是，乘数变化一个单位，所得数值相差高达几百万英镑令人难以接受。很可能由于这一原因，Interbrand 开始低调地使用传统的财务方法——现金收入折现法（见表 18-2）。

表 18-2 对于品牌财务价值的另一估计结果（2010 年）

排名	品牌	价值（10 亿美元）
1	可口可乐	70 452
2	IBM	64 727
3	微软	60 895
4	谷歌	43 557
5	通用电气	42 808
6	麦当劳	33 578
7	英特尔	32 015
8	诺基亚	29 495
9	迪士尼	28 731
10	惠普	26 867
11	丰田	26 192
12	梅赛德斯-奔驰	25 179
13	吉列	23 298
14	思科	23 219

续表

排名	品牌	价值（10亿美元）
15	宝马	22 322
16	路易威登	21 860
17	苹果	21 143
18	万宝路	19 961
19	三星	19 491
20	本田	18 506

资料来源：Businessweek/Interbrand, 6 August 2010.

实践中的品牌估值

实际工作中，如何运用现金收入折现法对某个品牌进行估值？在公司收购活动中，只要目标公司已被收购方接管，收购企业就有必要在其公司或集团的合并报表中披露目标公司资产的真实价值。这些资产包括有形资产和无形资产，品牌属于后者。

考虑到购买价格往往高于公司实际的账面价值，两者间的差距往往被称作合并价差（consolidation difference）或广义的商誉。这一价差应该根据"公允价值"的大小分配给不同的公司资产，不可分配的价差余额则是狭义的商誉。接下来应该如何确定各项资产，特别是品牌的价值呢？完成该任务可分为以下九个步骤。

1. 将品牌分成若干战略单元。为了分离可归于品牌的附加值，必须自下而上进行分析。首先针对的是产生销量和利润的因素："现金产出单元"和"报告单元"。必须确定各战略单元产生的超额利润，这样才能确定由品牌引起的超额利润的比例。需牢记，不同单元的比例也有不同。另外，各个单元的盈利结构和发展潜力也有差别。

因此，对于清洁及化妆品品牌而言，相应的单元应基于不同渠道的产品进行划分。各产品有其独特的盈利结构；另外，消费者决策过程中该品牌的相对权重也因产品不同而有差异。最后，不同产品或不同渠道的销量及发展潜力也不同。

2. 根据商业计划确定预期利润。和其他资产一样，如果对品牌的使用不能产生任何未来收益，品牌便不拥有任何价值。如何使用品牌？预期销量如何？以什么价格销售？销售和营销费用应该是多少？

此阶段旨在确定各类无形资产应该分配的各单元预期收益的比例，也即经济附加值（EVA）。EVA 的计算过程是：将产品或服务的营业利润减去公司税费，再减去长期投资的成本和营运资金需要量。对长期投资成本的计算要考虑"标准"利率（t），即资本的平均成本。由此可得到下列剩余价值等式：

$$\text{EBIT} - 税费 = t(有形资产 + \text{WCR}) + t'(无形资产)$$

$$净\ \text{EBIT} - t(有形资产 + \text{WCR}) = \text{EVA} = t'(无形资产)$$

式中，WCR 为运营资本需求量。

需要明确的是，上述计算是基于商业计划进行的：是对特定增长假设下各单元未来收益的预测。

3. 从计算得到的EVA中扣除其他可直接测量的无形资产的利润贡献。例如，基于常规价格或为用户分配的虚拟津贴确定专利权价值。需要补充的是，如果品牌只以授权方式经营（如奢侈品牌），可直接确定品牌的利润贡献。这一过程旨在确定其他无形资产可产生的收益，同时也提醒我们，品牌确实是一项条件资产。

4. 那么，剩余价值是不是可分配给品牌的利润部分呢？并非如此：它包含品牌及其他潜在阶段做出的利润贡献。此时，我们需要考虑，针对每一分析单元（即特定分销渠道上的特定产品），消费者的购买决策为品牌赋予的权重。需要整个专家团队对该问题进行解答。但也存在其他解决方案：公司可以征询消费者。典型的调查步骤包括：首先，确定所有的产品选择标准；其次，衡量各个标准在顾客决策中发挥的作用；最后，衡量品牌对与不同标准相关的感知内容的影响。例如，众所周知，品牌对顾客的味觉有较大影响：在盲测中，顾客更偏爱百事可乐，而不是可口可乐；然而，一旦向顾客出示品牌信息，顾客更偏爱可口可乐。相反，品牌识别对于消费者关于其店面陈列的感知并无太大影响。通过汇总不同标准的作用，在评估其作用的过程中分别确定品牌的影响，最终可以得到品牌在购买决策中所发挥的总体影响的比重。典型的加油站品牌的影响的比重为30%，而软饮料品牌可高达70%。

5. 得到上述比重后，我们可以针对每个现金产出单元或报告单元逐年确定商业计划中可分配给品牌的超额利润比重。

6. 由于最终目标在于产生可分配到特定品牌的收入折现总额，我们首先必须确定折现率。折现率的选择取决于我们关于风险的理解，换言之，品牌对附加值的杠杆作用是否长期有效？市场将会如何发展？市场存在竞争的可能性吗？市场是否已经商品化了？市场对价格（即分销商自有品牌）是否敏感？创新发展到什么阶段了？研发潜力如何？等等。

7. 此阶段的目标在于对品牌进行战略审计及风险和机会审计，需评估以下内容（见表18-3）：
——与未来市场相关的风险；
——与品牌及其差异化特征长期地位相关的风险；
——与产品本身相关的风险；
——与公司、员工及用于品牌发展的资金相关的风险；
——与进行地域扩张相关的风险；
——与向其他品类进行品牌延伸相关的风险。

表18-3 评估品牌强度：战略诊断

与未来市场相关的风险	市场发展能力 市场盈利能力 竞争者及零售商品牌的重要程度 预期的技术创新 消费者期望的变化 进入壁垒强度

与品牌价值来源相关的风险	过去广告支持活动的质量 形象和声誉 商标质量及注册 消费者忠诚 分销商态度和忠诚 意见领袖的态度 在市场上的相对位置
与产品相关的风险	专利寿命 相似品牌及产品的可复制性 研发前景
与业务活动的风险	财务支持 战略一致性
发展潜力	向其他地理区域延伸的可能性 特许经营的可能性 向其他品类延伸的可能性

8. 进行战略审计之后，需要利用已经确定的折现率计算可分配到品牌的折现利润总额。品牌的折现利润总额即为品牌的价值，理论上可将品牌价值从商誉中直接分离出来，计算得到的结果可直接披露在资产负债表中。在该阶段，值得推荐的做法是检查所得的品牌价值是否对折现率敏感。

9. 最后，对品牌的估值不应只限于一种方法。对可靠账目和公允价值评估的追求，要求我们使用其他估值方法对上述结果进行反复核对。确实，只有现金收入折现法才具有经济意义上的合理性，这也是官方会计和审计机构普遍接受的方法。但是，其他估值方法也有其存在价值。尽管一定程度上人们不太认可这些方法，但可用它们核对估值结果。公允价值需要通过逐步缩小范围才能得到，而不能对其直接计算。

因此，利用基于授权费用的估值方法检验现金收入折现法的估值结果比较普遍。在实施过程中我们应当计算授权费用率。在预测未来的营业收入时，该费用率需保证授权费用的现值不变。如果该费用率与行业标准一致，则进一步证明了计算结果的准确性。例如，在护发产品领域，欧莱雅向雅歌德桑（Jacques Dessange）支付其3%的产品销售营业额。

如果两种方法的估值结果相差极大，则需对计算过程进行全面反思，加以更正。例如，在某估值过程中，由不可直接计算的无形资产价值得出授权费用率约为30%，这一结果是不现实的。通过分析可确定，应将结果的1/3分配为品牌的价值，2/3则是市场份额（在某些国家，市场份额可作为资产在资产负债表中披露）的作用。

也有其他的计算过程，包括：计算所有无形资产折现后的总价值（上述步骤4），即在运用战略审计矩阵确定折现率之后，计算出EVA总值，然后将无形资产总价值分配到不同的资产上。由此可以发现，该过程与上述计算方法的差异在于：无论是否考虑现金产出单元和产品，该方法默认进行分配的基础大致相同。

品牌估值中的复杂情况

上述过程适用于大多数品牌，也是标准的估值方法。然而，在对特定品牌或特殊市场环境下的品牌进行估值时，我们需要采用其他的方法。

亏损品牌的情况

上述过程的基本前提是，品牌属于条件资产，因此对其价值的计算应扣除生产过程中投入的各种资本的费用。这为估计亏损品牌的价值带来了问题。

上述方法默认存在正利润——如果不能产生利润，品牌的当前业务就不具有经济价值。此时，只有实施具有不同成本结构的商业计划，品牌才能产生收益；而在扣除对产品或服务的生产及分销过程所需的各项有形无形资产费用后，才会剩余超额利润。

因此，财务估值消除了关于品牌的所有幻想：无论其形象或声誉如何，只有得到可盈利的商业计划支持，品牌才能获得价值。之所以称为"幻想"，是因为很多品牌收购者被虚无缥缈的品牌意识或形象数据吸引。经济估值方法提醒我们，除非产生利润，否则品牌形象和声誉一文不值——当然，利润产生的过程还需要其他资产，这些因素也要在估值过程中加以考虑。

活化死亡品牌的情况

企业经常淘汰品牌；为了建立并维持强势品牌，必须将经营活动限制在一部分品牌中，很多品牌因此被淘汰。例如，雀巢公司放弃了 Chambourcy，而标致雪铁龙集团放弃了 Talbot。然而，在经营活动停止多年后，品牌可被再次出售。如果品牌早已没有任何经济活动，也不产生任何利润或亏损，如何运用上述方法估计品牌价值？我们是否能够估计多年来一直处于休眠状态的品牌（如 Talbot，Simca，Studebaker 或 Plymouth）的价值？根据连续计算残值的方法，我们应将其作为包括这些活化品牌的新商业计划的一部分，实际上，这也是品牌购买者在付款前应该做的。

另一种估值方法是，评估死亡品牌的新所有者重新使用这些品牌时的定价或利润。

我们必须从差额利润的角度考虑该问题：尽管企业可为品牌制定较高的零售价格，但是零售商很可能抵制价格的上涨，只向最终购买者传递小幅的价格提升。事实上，这一情况经常发生：当品牌力量较弱，在沉寂较长时间后重返市场时，零售商会利用品牌的这一特点，加大削价幅度。

使用其他估值方法符合品牌产品制造商的利益。比较好的替代方法是基于重置成本的估值方法（重建该品牌、得到其剩余声誉以及取得其在世界范围内的版权所需投入的资金）。通过竞拍进行品牌售卖也是较好的估值方法。

如何估计弱势品牌价值

一些品牌只在法律意义上存在：这些品牌只是名称，不能对消费者产生影响。

如何确定这类品牌的价值？这种情况比较常见。由于建立这些品牌需要投入资金，基于重置成本的估值方法比较合适。例如，为了完成以下活动，现在需要投入多少资金：

- 在对应行业建立一个品牌：名称研究、名称测试等；
- 在所有相关国家注册商标；
- 设计新的商标形象等。

如何估计年轻品牌价值

这种情形类似于前一种情况。一旦证实年轻品牌能够盈利（如时装市场），所销售的商品实际上代表着建立品牌的法律和形象基础（品牌的名称及视觉识别要素）时所节省的时间和资金。不然，就意味着陷入与所有网络品牌投资者面临的相同的危机——通常与成本相关。不同于时装市场的例子，这些品牌不能保证未来可以盈利。没有业务意味着无法获利，这种情况下无法对品牌进行估值。这就是互联网泡沫产生的真正原因：5年的商业计划可能产生一定收益，但乘以 3~7 内的数字，最终的估值结果就会偏高。

如何估计母品牌价值

目前，品牌理论建议企业采取两个层级的架构模式，即包括母品牌和子品牌。具体而言，卡尼尔属于母品牌，Fructis, Ambre Solaire, Feria 和 Graphic 则是其子品牌。那么，我们如何对卡尼尔、巴黎欧莱雅等母品牌进行估值？

首先将品牌细分成若干战略单元，也即现金报告单元。

正是对现金报告单元或产出单元进行分析的要求为评估拥有众多子品牌的母品牌的价值提供了合理的解释。典型的例子有香奈儿和迪奥。假如市场上的香奈儿香水只有带有品牌名称的具体产品，如香奈儿 5 号和香奈儿 18 号，就是子品牌。迪奥香水的情况大体相似：迪奥建立华氏男士香水系列并单独记录损益，原因在于价值只在这一层级上产生。汇总各独立的子品牌的估值，可以得到总体的累计结果，迪奥自身的品牌价值等于扣除旗下各个子品牌的价值后所剩的余额。

关于媒体公布的年度品牌价值榜

即使手头拥有丰富的相关资料，因企业对其无形资产进行估值的工作要求甚高，也需要花费很多精力。那么，我们应该如何看待财经媒体上经常出现的年度品牌价值榜，并对顶级世界品牌赋予价值呢（见表 18-2）？两种估值结果为什么拥有如此大的差异？

品牌咨询公司 Interbrand 是世界上率先提供这类数据的机构。一直以来，Interbrand 共采用了两种估值方法。过去，它尝试从上市公司的年报及其他公开来源取得公开数据，用于计算品牌的 EVA 值。受商业保密性的制约，Interbrand 无法了解公司的商业计划，因而转用公司过去两年的数据进行分析。那么，依据 EVA 如何计算得到品牌价值呢？Interbrand 将 EVA 中可分配到品牌的比重乘以一个数字("乘数"),即可得到品牌价值数据。乘数通过 Interbrand 自行开发的、基于上市公司的价格/收益比率(P/E)分析得到的数据模型产生。价格/收益比率就是一种乘数,将公司的市值与其收益进行比较。以吉列公司为例,其股价是每股收益的 10 倍。

  Interbrand 的模型基于上市公司数据形成。在已知各上市公司乘数(P/E)的情况下,Interbrand 对公司旗下的品牌进行战略分析,过程类似前面提到的品牌战略审计。该品牌战略分析的结果是关于品牌的总体评分,用于评估品牌强度(品牌强度指数)。该得分是基于单独评价标准汇总后的得分(见表 18-1),所选取的标准有领导力、稳定性等。接下来需要建立品牌强度指数和由股票交易中的价格/收益比率(P/E)估计的虚拟乘数之间的数据关系。我们无法完全确立这种关系,但其大致形状如图 18-5 所示。

  运用公开数据为各个品牌计算出特定的 EVA 估计值后,Interbrand 可以计算品牌强度指数。将该指数纳入数据模型,可得到虚拟乘数。接下来的工作就是将该乘数作为可分配到该品牌的 EVA 估计值的比重。

  对于这种用于公布品牌价值榜的外部估值方法,需要注意以下几点。

  这种估值方法主要基于相关外部数据(相对的情形是,公司聘请审计师对其品牌进行估值)。这种方法选用的是上市公司的公开数据,本身就存在诸多错误。另外,外部估值方法无法估计家族企业(如玛氏、李维斯和法国鳄鱼等)的品牌价值,因为这些企业不对外公布运营数据。该方法也无法对合并报表不以品牌作为划分标准的公司进行品牌估值。这种方法没有考虑到销量可能是纯粹需求之外的因素引起的。以航空运输业为例,联盟策略意味着顾客在购买法国航空的机票之后,可以直接搭乘达美航空公司(Delta Airlines)的飞机。另外,需求中的很大一部分受退出壁垒(如空中常客贵宾卡)的影响。这些都不是由顾客偏好引起的纯粹需求。

  还需注意其他重要方面,如价值结果对乘数变化的敏感性、S 曲线的准确程度等。

  近年,Interbrand 放弃使用上述品牌估值方法,转向更为传统的财务估值方法。尽管公开资料中还看不到 Interbrand 对于该方法的使用过程,但是我们可以推测,"未来品牌收益的净现值"的计算方法应该与前文提到的九步骤一致。然而,由于 Interbrand 的估值专家并不了解公司的实际商业计划,也无法取得真实的财务数据,因此人们怀疑品牌未来收益估计值的准确程度。但《商业周刊》每年公布的品牌价值排行榜就是基于这些易受质疑的数据产生的,世界各大财经媒体还争相引用。明略行市场研究公司公布的品牌价值榜 Brandz 则仍然运用乘数法。

国际财务报告准则对品牌估值产生的意外影响

  2005 年起国际财务报告准则正式实施。虽然国际财务报告准则旨在提高品牌价值评估过程中的有序性及连贯性,但该准则的颁布带来了人们事先难以预测的影响——它削弱了资产负债表中披露的品牌资产价值的重要程度。出现这一结果的主要原因在于没有对品牌进行分期摊销。审计及会计师事务所认为需要对无形资产

（如专利权、数据库等）进行摊销处理。1990年，关于品牌的讨论十分激烈，会计人员也开始关注品牌问题。当时，品牌具有难以撼动的霸权地位。资产负债表中披露的未摊销商誉的金额巨大，学者却极为看重这些数字，认为它们是品牌具有强大力量的表现。

会计和审计人员随即认识到，有时需对商誉进行折旧处理，经济危机时期尤其如此。这样，有些公司将会受到双重惩罚：一方面，公司不得不公布财务亏损情况；另一方面，公司还需宣布其品牌价值的丢失。根据国际财务报告准则，每年都需对品牌进行减值测试，以检查品牌价值是否下降。这种减值测试是不对等的：重新评估的品牌价值只会不断下降，而不会有所上升。

为了避免上述情况，会计和审计人员倾向于将商誉进行细分，并向不同的可摊销无形资产分配商誉。品牌价值本身的金额大大减少了。借用欧洲品牌估值专家的观点："这种情况下，品牌只表明其名称对顾客的吸引程度，而不是实现吸引力的途径"（Nussenbaum and Jacquot，2011）。

另外，国际财务报告准则还引起了品牌交易市场上的价格上涨。为寻找可发展为国际品牌的本土品牌，具有全球规模的大公司毫不犹豫地支付巨额款项，由于无须对这些金额进行摊销处理，公司也不应将其归为成本。

评估形象侵害的财务成本

众所周知，良好声誉的建立耗时数年甚至数十年，但短短几周或几个月就能将其毁于一旦。2009年12月到2010年6月间，丰田公司召回了无数汽车。该事件导致丰田在纽约证券交易所的市值蒸发了14%，在东京证券交易所的市值狂降11%（Chevillard and Turpin，2010）。

2010年9月3日，法国一上诉法院对eBay和路易威登集团的案件进行判决。由于eBay默许卖家销售路易威登假货，前者应向后者支付高达570万欧元的赔款。eBay还销售路易威登正品，而奢侈品零售商倾向于在独有店面销售这些产品（这也是奢侈品战略的重要手段）。针对这一行为，法院同样对eBay予以惩罚。对路易威登集团所受损害的财务估计主要基于两项来源：eBay不仅能够收到假货交易产生的佣金，还能收到假货卖家支付的广告费用。无论在网络还是别处，没有人希望通过非法交易活动取得利润。法院还认为，由于eBay的假货交易行为，路易威登多年以来对传播活动投入巨资而苦心经营的良好形象毁于一旦，相应的品牌价值也受到侵害。显然，路易威登集团需要修复其品牌形象。

假货会减少公司正宗产品的销量，利用品牌效应销售劣质产品、破坏顾客对该品牌名称的优越感还会损害品牌资产（Nussenbaum，2010）。上述案例只是众多案例中的一个。为了修复品牌声誉受到的损害，公司必须投入资金重新开展传播活动，当法院对仿冒品制造者进行判决时，应考虑到这一点。

仿冒品制造者不仅存在于奢侈品行业，还遍布医药、汽车配件、香烟等多个领域。在一些国家，仿冒品制造甚至形成产业。品牌就像支票，支票上的金额与支票所用纸张的成本并无关系。它是对信任的衡量。这使得很多人铤而走险，制造仿冒品以获取大笔金钱。

品牌必须向仿冒品制造者施加强大的法律压力。如果某家公司被视作仿冒品制造者,这家公司应为其造成的以下三类损害付出代价:

1. 假货的销售导致原始品牌产品销量下降。为了确定这种类型损失的财务价值,原始品牌必须证明,消费者购买假货是因为他们相信这是正宗的产品或品牌。而现实情况并非总是如此,以相当低的价格购买假劳力士手表的消费者当然知道手表不是真的,况且劳力士手表的定价从不会如此低廉。在这种情况下,法院一般认为,尽管原始品牌的销售情况并未受到影响,但假货的销售行为本身就是对品牌私有财产的侵犯。

2. 未支付授权费用。品牌、商标、经营模式及专利都属于知识产权。是财产就需要对其进行保护,没有人可以不支付租金或授权费用就能使用某项财产。由于使用了原始品牌的名称和标志,仿冒品制造者必须向原始品牌支付授权费用。但是授权费用率应该定为多少?最终确定的费用率不应与通常情况一致,而应是一般情况的两倍以上。原因在于,原始品牌很可能从一开始就不允许仿冒品制造者使用其品牌名称。原始品牌提出的授权费用很可能极高,仿冒品制造者可能无法获得任何利润,因而生产假冒产品。

3. 对品牌资产的稀释。品牌失去其独特性或(和)产品溢价给顾客带来的尊贵感。这类损失是难以估价的。然而,必须确定修复这类损失的成本。为了消除已经造成的负面形象,公司预计投入多少传播资金?与正面信息相比,负面信息流动的速度更快,也更易传播。而与寻常的口口相传相比,广告的成本非常高昂。因此,在 eBay/路易威登的案例中,法院确定的乘数是 4(Nussenbaum,2010)。法院认为,修复该奢侈品牌的成本是假冒奢侈产品销售者向 eBay 支付的所有费用的 4 倍。

Les Marques, capital de l'entreprise, by Jean-Noël Kapferer

972-2-212-53908-0

Copyright © 2007 Groupe Eyrolles, Paris, France

Chinese simplified translation edition © 2019 by China Renmin University Press

All Righst Reserved.

图书在版编目（CIP）数据

战略品牌管理：第5版/让-诺埃尔·卡普费雷尔著；何佳讯等译．--北京：中国人民大学出版社，2020.4
（工商管理经典译丛．市场营销系列）
ISBN 978-7-300-27807-0

Ⅰ.①战… Ⅱ.①让…②何… Ⅲ.①品牌战略—企业管理 Ⅳ.①F273.2

中国版本图书馆 CIP 数据核字（2020）第 004222 号

工商管理经典译丛·市场营销系列
战略品牌管理（第5版）
让-诺埃尔·卡普费雷尔 著
何佳讯 等 译
Zhanlüe Pinpai Guanli

出版发行	中国人民大学出版社		
社 址	北京中关村大街31号	邮政编码	100080
电 话	010-62511242（总编室）		010-62511770（质管部）
	010-82501766（邮购部）		010-62514148（门市部）
	010-62515195（发行公司）		010-62515275（盗版举报）
网 址	http://www.crup.com.cn		
经 销	新华书店		
印 刷	北京昌联印刷有限公司		
规 格	185 mm×260 mm 16开本	版 次	2020年4月第1版
印 张	32.25 插页1	印 次	2021年6月第3次印刷
字 数	820 000	定 价	79.00元

版权所有　侵权必究　　印装差错　负责调换

教师教学服务说明

中国人民大学出版社管理分社以出版经典、高品质的工商管理、统计、市场营销、人力资源管理、运营管理、物流管理、旅游管理等领域的各层次教材为宗旨。

为了更好地为一线教师服务，近年来管理分社着力建设了一批数字化、立体化的网络教学资源。教师可以通过以下方式获得免费下载教学资源的权限：

在中国人民大学出版社网站 www.crup.com.cn 进行注册，注册后进入"会员中心"，在左侧点击"我的教师认证"，填写相关信息，提交后等待审核。我们将在一个工作日内为您开通相关资源的下载权限。

如您急需教学资源或需要其他帮助，请在工作时间与我们联络：

中国人民大学出版社　管理分社

联系电话：010-82501048，62515782，62515735

电子邮箱：glcbfs@crup.com.cn

通讯地址：北京市海淀区中关村大街甲59号文化大厦1501室（100872）